忠县行

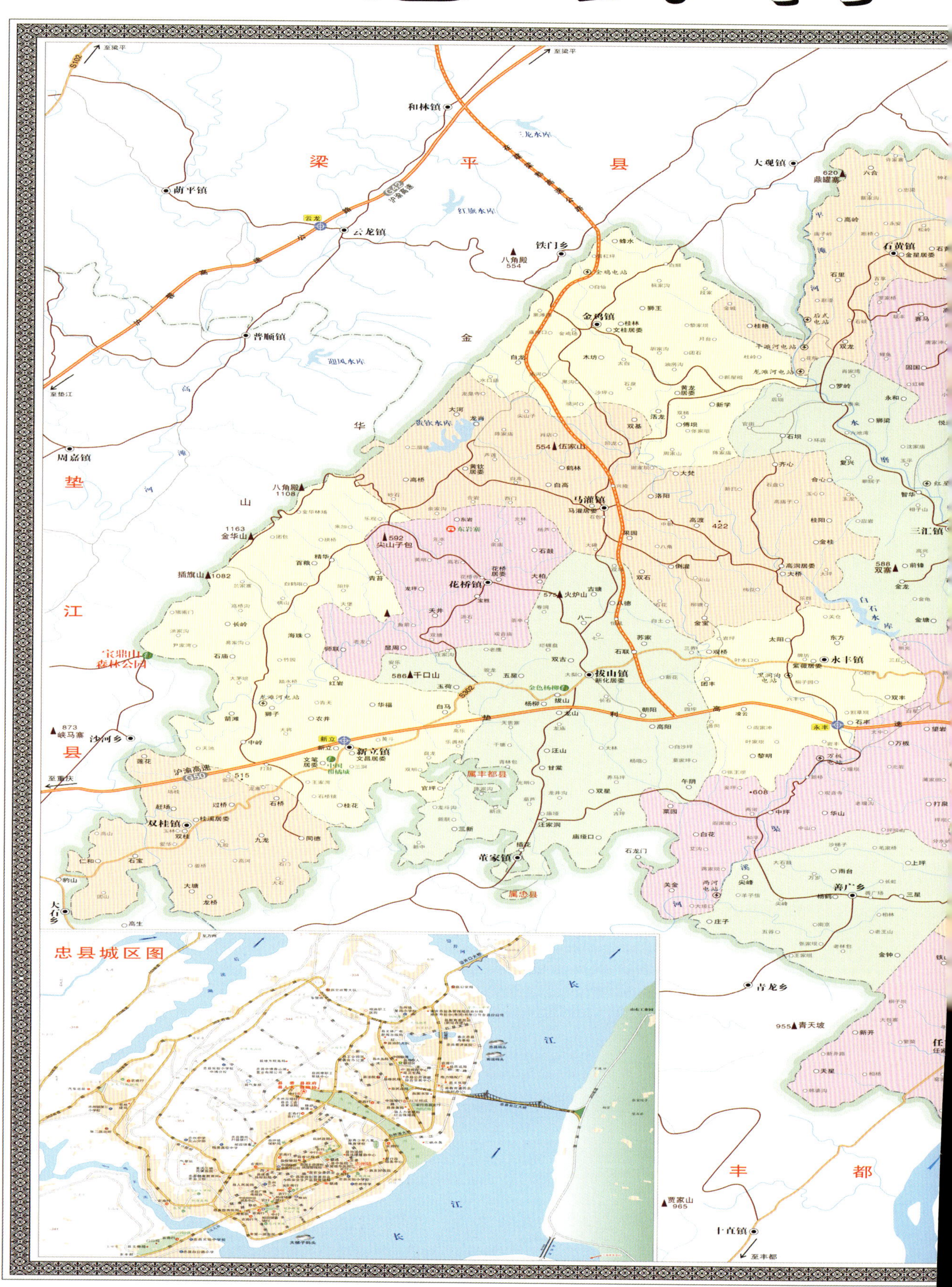

湖南地图出版社 编制 出版

忠县民政局 监制

（内部用图）

图例

符号	说明	符号	说明
★	县政府驻地		高速公路互通
●	乡、镇政府驻地		县道
○	村及居委会		乡道
∘	自然村		风景(点)区
	县界		生态园林
	乡镇界		古迹、古镇
G50	高速公路及编号		水电站
	在建(规划)高速	方斗山▲1680	山峰、高程
S302	省道及编号		河流、水库

比例尺 1:80000

注：a.本图境界仅供参考，不作实地划界依据。
b.图内色带仅作地图整饰内容，不作界线参考依据。

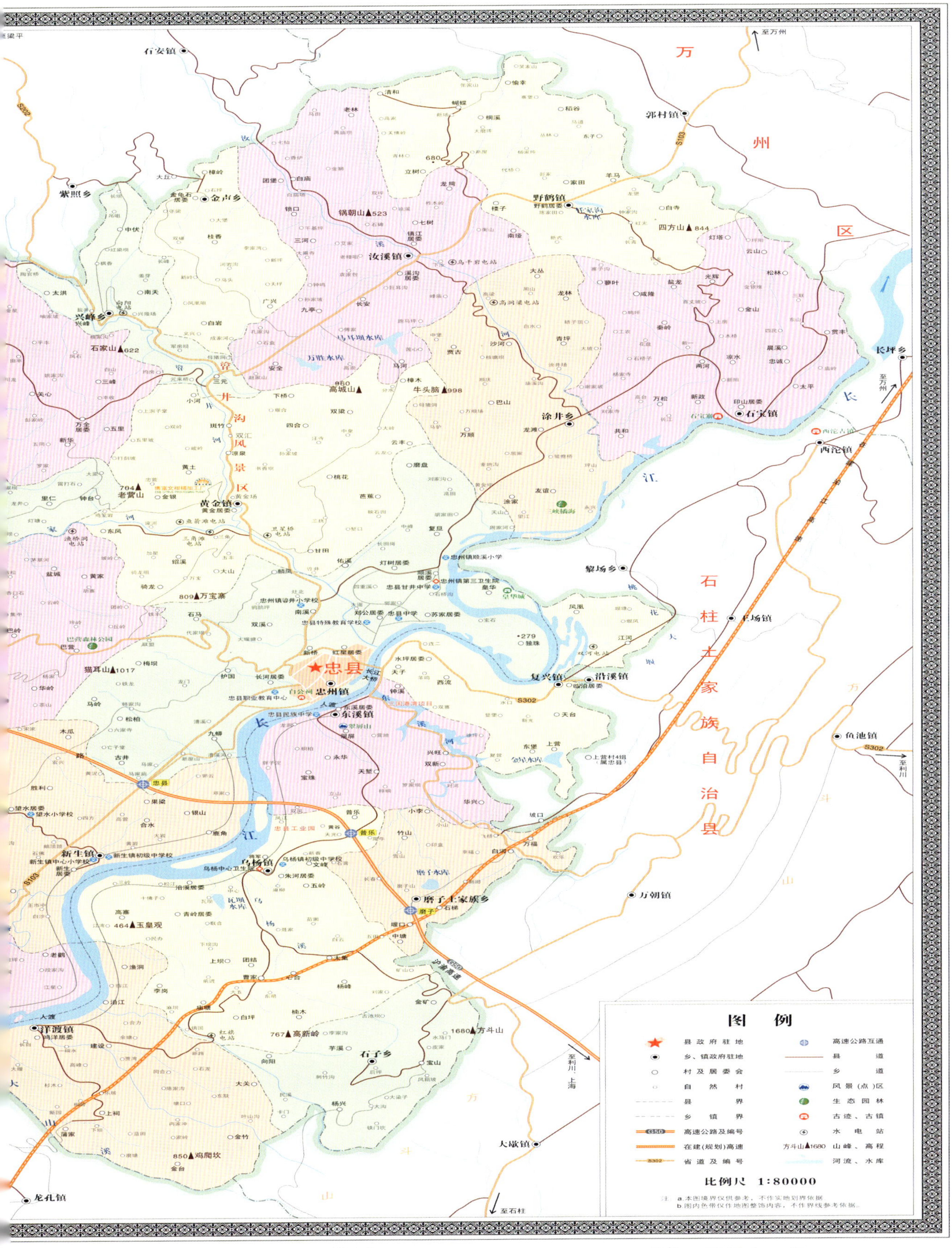

重庆米朗地图传媒有限公司 策划

二〇一三年十一月

忠县年鉴

2018 ZHONGXIAN YEARBOOK

忠县党史研究与地方志编纂办公室 编

图书在版编目（CIP）数据

忠县年鉴. 2018/忠县党史研究与地方志编纂办公室编. --
北京：方志出版社，2018.12
ISBN 978-7-5144-3457-6

Ⅰ.①忠… Ⅱ.①忠… Ⅲ.①忠县－2018－年鉴
Ⅳ.①Z527.194

中国版本图书馆CIP数据核字（2018）第282110号

忠县年鉴（2018）

编　　者：忠县党史研究与地方志编纂办公室
责任编辑：任容庆
出 版 人：冀祥德
出 版 者：方志出版社
地址　北京市朝阳区潘家园东里9号（国家方志馆4层）
邮编　100021
网址　http://www.fzph.org
发　　行：方志出版社图书经销中心
电话（010）67110500
经　　销：各地新华书店
印　　刷：重庆博优印务有限公司
开　　本：889×1194　1/16
印　　张：32.5
字　　数：868千字
版　　次：2018年12月第1版　2018年12月第1次印刷
印　　数：001~300册

ISBN 978-7-5144-3457-6　定价：450.00元

《忠县年鉴（2018）》编纂委员会

顾　　　问：赖　蛟　江　夏　郭　巍　陈加义

主 任 委 员：王建琼

副主任委员：袁大凡　章淑莲　唐代文

委　　　员：彭善平　张治勇　王　毅　董德清　成鸿羽

　　　　　　曹　英　何　云　田玉峰

编 辑 部

主　　　编：田玉峰

副　主　编：袁　征　刘　皇

执 行 编 辑：毛世国

编　　　审：袁　征　刘　皇　彭家梅

编　　　辑：刘春燕　吴　毅

《忠县年鉴（2018）》撰稿人

（按分目先后为序）

毛世国	周　燕	周海峰	冯智峰	廖媛媛	李　东	张　琪
黄　维	姚江玥	刘俊杞	陈　华	田茂均	胡　娜	王亚敏
马　明	张朝虎	胡清海	周定佳	周庆国	李小双	刘　城
蒋　燕	李　璇	姜渝琳	邓信周	张　琼	赵　军	陈秀兰
邱利萍	钟小华	郜林林	邓　莉	刘　清	冉玲霞	潘　琼
李海燕	郑建红	张秀华	李兴华	邓洪波	张作林	陈　令
秦　瑾	陈红波	幸　博	李艳磊	陶于亨	胡晓蓉	秦胜国
李兴洪	王丹萍	秦雄飞	邹　勇	龚小文	陈明瑶	刘　琳
袁小波	肖　念	李　航	戴桂平	周康平	谭　成	钟运香
谭林帮	黄杉杉	杜　帅	肖　燕	管朋云	杜　红	滕召阳
王小洋	张　苇	阎　丽	王　锋	黄　琴	付　静	江　黎
谢天海	王建平	陈建廷	周勇飞	张　莉	黄　建	凌　云
许安龙	黄春林	潘才庆	黄磬莹	程　功	申贺平	刘　璐
张洪霞	马臻祯	叶　菁	刘星晨	杨　曦	蒋金芸	胡　军
余　钟	张永斌	伯春平	郑晓峰	唐云峰	张卢萍	李正巧
刘继会	冉　俊	周利琼	杨庆松	冉佳彬	李俊涛	付艳彬
戚光春	李远东	付秋容	陈光辉	刘　杨	周亚丹	马　翼
周相阳	李佳珉	龚健伟	黄建军	汪郁婷	李成娟	高　波
崔　燕	周华敏	刘　欣	杨梦莹	刘　琴	孙　犁	张晓芹
张丽荣	周　娅	余　倩	潘　雪	沈亚林	明　玲	邹佳杏
黄建林	黄丁倩	秦雪娇	谢　艳	谢　丹		

编 辑 说 明

一、《忠县年鉴》逐年真实、全面、系统地记载和反映忠县改革开放、经济发展和社会进步的情况，收录年度性主要文献和重要资料，旨在为决策服务，为经济导航，为民众提供信息，为修志积累史料，是了解忠县、认识忠县的重要窗口。

二、《忠县年鉴（2018）》是忠县首部公开出版的地方综合年鉴，全书以马克思列宁主义、毛泽东思想、邓小平理论、“三个代表”重要思想、科学发展观、习近平新时代中国特色社会主义思想为指导，坚持辩证唯物主义和历史唯物主义的立场、观点和方法，存真求实，全面、客观、系统地记录忠县2017年政治经济和社会事业发展状况及各行各业的新变化、新成就。

三、《忠县年鉴（2018）》采用分类编辑法，设类目、分目、条目、子目四个层次，全书除图片外，设特载、大事记、忠县概况、中国共产党政权政协、法治、社会事务、街道镇乡、人物、艺文、附录等34个类目，约87万字。根据内容编排，在部分分目下设置副分目，并在文字前后加“·”以示区分分目与副分目。条目标题用黑体字加【 】表示，子目用楷体字表示。

四、《忠县年鉴（2018）》内容收录对象以忠县行政区划为界，凡在区域范围内的机关、团体、企事业单位的信息和资料，不论归属，均收录。收录时限为2017年1月1日至2017年12月31日，个别事物稍加追溯，便于读者了解始末。

五、《忠县年鉴（2018）》稿件由县委各部委、县政府各部门、各事业单位、各人民团体、各乡镇人民政府、各街道办事处、在县中央和市属企业及其他国有企业等负责提供，并经撰稿单位主要领导审核。

六、《忠县年鉴（2018）》编辑采用语体文，使用规范简化字，计量单位一律采用法定计量单位；相关数据资料以《忠县统计年鉴（2018）》为准，个别未纳入县统计局统计范畴的数据，以业务主管部门提供的数据为准。

七、《忠县年鉴（2018）》撰稿人署名于条目右下角，加（ ）表示。若同一个分目中有两个以上条目为同一人撰写，则只在其末一条目后署名。

八、本年鉴附录中的组织机构排序按类目顺序编排，所录入的各级各部门领导，以2017年在岗任职为准。

《忠县年鉴（2018）》编辑部

2018年1月15日

2017年5月10日，中国共产党忠县第十四届委员会第三次全体会议召开　　（摄影 余鸿）

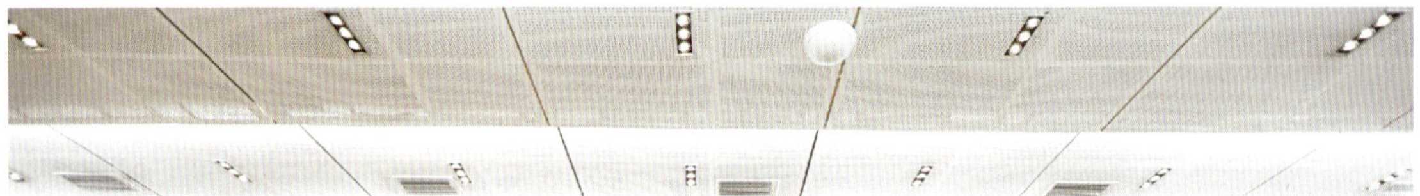

2017年12月6日，中国共产党忠县第十四届委员会第六次全体会议召开　（摄影 余鸿 ）

2017年1月9日，忠县第十七届人民代表大会第一次会议召开　　（摄影 余鸿）

2017年1月8日，政协忠县第十四届委员会第一次会议召开　　（摄影 杨忠明）

重庆特瑞新能源材料有限公司生产车间　　（摄于2017年10月13日·余鸿）

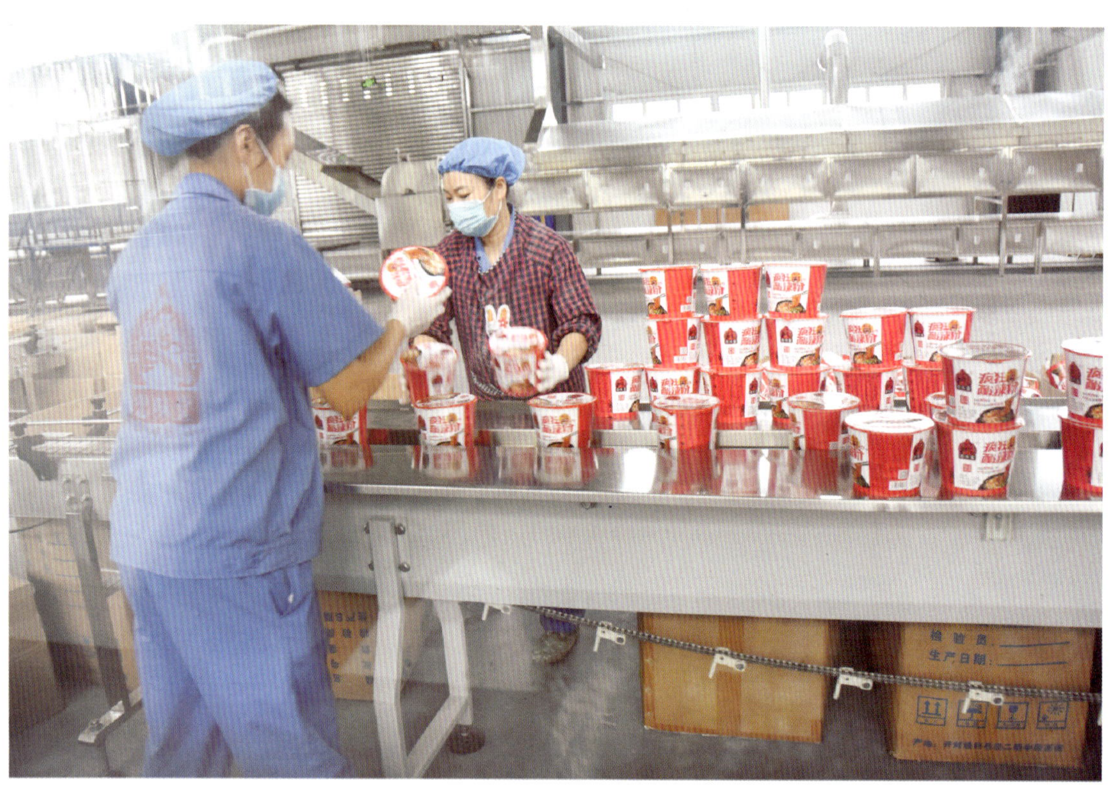

重庆忠味堂有机食品有限公司生产车间　　（摄于2017年9月21日·邓青春）

重庆宇豪光学有限公司手机镜头项目生产车间　　（摄于2017年9月13日 · 邓青春）

重庆长帆新能源汽车有限公司生产车间　　（摄于2017年5月10日 · 邓青春）

位于拔山镇、马灌镇交界处的忠县100兆瓦光伏项目并网发电

（摄于2017年6月29日 · 毛幼平）

忠县南泰电子有限公司生产车间　（摄于2017年6月5日 · 伯华）

2017年3月17日，阳光电源股份有限公司与忠县人民政府签订《200兆瓦光伏发电项目投资协议》（摄影 杨忠明）

2017年4月21日，香港皓天国际控股集团与忠县人民政府签订绿色能源产业科创中心合作协议（摄影 余鸿）

2017年3月4日至6日，县委书记赖蛟在福建威盛机械发展有限公司考察　（摄影　杜岭）

2017年11月18日，忠县五洲国际商贸物流产业园重点工程奠基仪式举行　（摄影　余鸿）

重庆港忠县港区乌杨公用码头一期在建工程　（摄于2017年10月20日・余鸿）

忠县电竞馆在建工程　（摄于2017年10月11日・余鸿）

2017年9月4日，县委书记赖蛟在拔山镇调研三峡橘乡·田园综合体建设试点项目推进情况
（摄影 余鸿）

忠县先正达植保有限公司技术员在兴峰乡三元村讲解花椒下桩技术
（摄于2017年6月11日·杨忠明）

重庆市农业科学院特色作物研究所在乌杨镇团结村开展双季酿酒高粱田间测产验收、再生高粱技术培训　　（摄于2017年7月24日 · 冉海军）

双桂镇九龙生态葡萄园　　（摄于2017年6月9日 · 邓青春）

建设中的忠州购物公园　　（摄于2017年1月3日·县委宣传部供稿）

马灌镇白高村群众借助“大地飞歌”网络销售农产品　（摄于2017年7月20日·杨忠明）

忠县腾仙生态农业发展有限公司电子商务让农产品走向全国

（摄于2017年9月27日 · 杨忠明）

白石镇望岩村便民超市工作人员操作“邮乐购”网络平台

（摄于2017年8月6日 · 邓青春 ）

忠州夜景　　（摄于2017年12月12日 · 余鸿）

忠州广场　　（摄于2017年5月9日 · 余鸿）

绿化忠州大道　　（摄于2017年5月13日·毛世洲）

保洁保畅　　（摄于2017年1月23日·余小飞）

拆除违建亭棚 （摄于2017年6月5日 · 杨峥）

清理“僵尸车” （摄于2017年5月25日 · 袁映映）

2017年8月22日，忠县创建全国县级文明城市指挥部第七次全体会议在县行政中心召开
（县委宣传部供稿）

2017年6月1日，县委书记赖蛟督查文明城市创建工作　　（摄影　余鸿）

2017年3月8日，忠县“干群齐携手·共创文明城”学雷锋志愿服务活动在忠州广场举行
（县委宣传部供稿）

社区志愿者在忠州街道北门路社区一栋居民楼前张贴社区文明公约
（摄于2017年5月17日·杨峥）

2017年2月10日，县委书记赖蛟到忠县中学开展“整合教育资源，合理布局学校”专题调研 （摄影 邓青春）

2017年9月8日，县委书记赖蛟、县人大常委会主任郭巍、县政协主席陈加义等县领导与县优秀教师、优秀班主任、优秀教育工作者合影 （摄影 余鸿）

2017年3月31日，忠县2017年“我们的节日·清明”缅怀先烈祭扫活动在乐天公园忠县革命烈士纪念碑前举行（摄影 余鸿）

位于白公街道银山村的忠州中学迁扩建工程暨县体育中心项目在建工程（摄于2017年8月6日·余鸿）

2017年9月20—23日，柑桔产业绿色发展经验交流暨2017年重庆市柑桔学会学术研讨会在忠县海新大酒店召开 （县科协供稿）

2017年10月12日，第五届忠县青少年科技创新县长奖颁奖仪式在忠县拔山中学校举行 （县科协供稿）

非遗文化演出　（摄于2017年2月12日·县文化委供稿）

忠州博物馆在建工程　（摄于2017年12月12日· 余鸿）

2017年12月23—24日，“大师杯”CMEG2017全国移动电子竞技大赛总决赛在三峡港湾电竞馆举行
（摄影 余鸿）

2017年12月10日，2017长江三峡国际马拉松（重庆·忠县）在县城临江路举行
（摄影 余鸿）

游客游览三峡橘海　　（摄于2017年3月13日·余鸿）

2017年3月26日，黄金镇首届“黄金之恋相约花果山”赏花节开幕　　（摄影 余鸿）

游客从华夏神女2号豪华游轮下船，前往三峡港湾景区观看《烽烟三国》
（摄于2017年3月20日・方天国）

.秦家上祠堂　　（摄于2017年12月6日・赵军）

2017年10月31日，县委书记、县总河长赖蛟，县长、县副总河长江夏督查汝溪镇河长制工作落实情况
（摄影 余鸿）

2017年3月12日，县长江夏、县政协主席陈加义率县绿化委员会成员单位干部职工在忠州大道江边参加义务植树活动
（摄影 余鸿）

2017年1月21日，新能源纯电动公交车在忠县城区正式“上岗”　　（摄影　毛世洲）

忠县蓝天环境有限公司组织清漂队伍在东溪河打捞漂浮物

（摄于2017年3月7日·赵军）

2017年4月10日，县委书记赖蛟、县长江夏率队赴黄金镇甘田村查看地灾情况，部署防治工作 （摄影 余鸿）

2017年9月26日，忠县人民医院新院落成暨重庆医科大学附属第一医院忠县医院签约挂牌仪式举行 （摄影 杨忠明）

2017年4月18日，2017年忠县扶贫开发领导小组会议在县行政中心召开　（县农委供稿）

2017年6月30日，县委书记赖蛟在善广乡调研“普惠金融+肉牛扶贫”项目（摄影 余鸿）

县笋竹科技特派员为白石镇望岩村笋农传授竹笋采挖技术
（摄于2017年3月11日 · 毛幼平）

三汇镇以栀子花产业助推产业扶贫　（摄于2017年5月2日 · 县委宣传部供稿）

黄金镇金银村居民点　　（摄于2017年1月2日 · 县委宣传部供稿）

拔山镇午阴村驻村工作队走访贫困户　　（摄于2017年5月17日 · 县农委供稿）

新立镇2017年“12·4”国家宪法日宣传　（摄于2017年12月4日·张敏）

忠县法院在善广乡杨鹤村设立巡回法庭审理赡养案件
（摄于2017年3月23日·县法院供稿）

2017年3月3日，全县党建工作大会召开　　（县委组织部供稿）

2017年8月30日，乌杨街道、新生街道成立大会召开　　（摄影 余鸿）

2017年2月10日，中共忠县第十四届纪律检查委员会第二次全体（扩大）会议召开
（摄影 余鸿）

2017年12月14日，全县教育系统领导干部家属宣读“贤内助”集体承诺书
（摄影 杨峥）

2017年11月20日，学习贯彻党的十九大精神专题培训班忠县分课堂在县委党校举行

（县委组织部供稿）

2017年10月18日，中共忠县县委中心组党的十九大开幕式集中观看学习会在县行政中心举行

（摄影 余鸿）

2017年11月28日，重庆市委宣讲团成员、重庆师范大学党委书记曾礼到忠县作“决胜全面建成小康社会，开启建设社会主义现代化国家新征程”宣讲报告　（摄影　余鸿）

2017年9月30日，忠县向烈士敬献花篮仪式在城区乐天公园曲廊池广场举行　（摄影　余鸿）

2017年1月4日，县委常委、统战部部长冉启智到重庆瑞竹植物纤维制品有限公司调研企业技改扩能项目进展情况　　（县委统战部供稿）

2017年9月28日，县委统战部组织全县宗教界代表人士集中学习国务院新颁布的《宗教事务条例》　　（县委统战部供稿）

2017年6月19日，民革忠县教育支部在石宝镇蓝天留守儿童之家开展“博爱·牵手留守儿童”活动 （民革忠县工委供稿）

2017年7月 27日，九三学社忠县支社赴成都调研特色效益农业发展 （九三学社忠县支社供稿）

数字忠县

■土地面积	2187平方千米
■年末总人口（户籍人口）	99.73万人
■地区生产总值	271.33亿元
■一般公共预算收入	16.67亿元
■一般公共预算支出	59.62亿元
■工业总产值	398.00亿元
■农林牧渔总产值	59.15亿元
■全社会固定资产投资	246.56亿元
■社会消费品零售总额	85.06亿元
■银行人民币存款余额	413.77亿元
■银行人民币贷款余额	182.74亿元
■外贸进出口总额	1707.95万美元
■旅游总收入	16.23亿元
■城镇居民年人均可支配收入	32107元
■农村居民年人均可支配收入	13298元
■城镇居民年人均生活消费支出	19993元
■农村居民年人均生活消费支出	10230元

目　　录

特　载

大事记

忠县概况

中国共产党　政权　政协

民主党派

社会团体

法 治

军 事

农　业

工 业

交通 通信

城乡建设

环境保护

商贸旅游业

财政税务

金　融

县属国有企业

经济综合管理

非公有制经济

科学技术

社会科学

教 育

文 化

体　育

卫　生

人民生活

社会保障

社会事务

街道 镇 乡

人 物

艺　文

文　献

附　录

索　引

特 载

政府工作报告

——2017年1月9日在忠县第十七届人民代表大会第一次会议上

县长 江夏

各位代表：

现在，我代表县人民政府，向大会报告工作，请予审议，并请政协委员及列席人员提出意见、建议。

一、过去五年的工作回顾

过去五年，我们在中共十八大、十八届三中四中五中六中全会精神和习近平总书记系列重要讲话精神的指引下，在县委的坚强领导下，在县人大、县政协的监督支持下，团结带领全县人民，坚持生态优先、绿色发展，经济社会持续健康发展。2016年，预计全县地区生产总值达240亿元，是2011年的1.8倍。完成固定资产投资282亿元，是2011年的2.5倍。实现工业增加值86亿元，是2011年的1.9倍。社会消费品零售总额达74亿元，是2011年的1.9倍。财政一般公共预算收入实现15.06亿元，是2011年的1.8倍。城乡居民人均可支配收入分别达29100元、12100元，是2011年的1.6倍、1.8倍。

（一）县域经济稳步发展

坚持特色发展，着力壮大县域经济，三次产业结构由2011年的18.6∶43.3∶38.1调整为15∶50.8∶34.2。发展农副产品加工、装备制造、医药、矿产资源及材料加工，培育规模以上工业企业62户，建成7平方千米工业园区框架，全县实现工业总产值327亿元，工业经济成为发展的骨干支撑力量。柑橘、笋竹、生态鱼、优质粮油等现代农业产业体系基本形成，建成柑橘基地2.33万公顷、笋竹基地0.69万公顷、三峡生态鱼牧场0.3万公顷、红豆杉基地0.23万公顷，“派森百”获评中国驰名商标，认证农产品地理标志3个，培育国家级农业品牌5个、重庆名牌产品23个，国家现代农业示范区建设开局良好。文化旅游融合发展，《烽烟三国》大型山水实景演艺成功开演，完成石宝寨景区提档升级、白公祠修缮，建成天子山休闲农业观光园、双桂橘乡荷海等乡村旅游景点，全县累计接待游客1320万人次，实现旅游综合收入31.1亿元。城乡商贸快速发展，永辉超市、苏宁电器等落户忠县，限额以上商贸企业达114户。全国电子商务进农村综合示范县、全国供销合作总社电子商务示范县创建工作取得明显进展，阿里巴巴农村淘宝等入驻忠县，电商经营主体达2293户，农产品商品率达75%。

（二）城乡面貌明显改善

提速城市建设，完善城镇功能，城镇规模不断扩大，城镇化率达41.5%。忠丰、忠万、忠梁三条高速建成通车，新增高速公路69.7千米，高速出口达11个，国道、省道基本实现乡镇（街道）全覆盖。忠州大道、县城沿江综合整治工程西山段、玉溪二桥和环城西路建成通车，汽车总站完成改扩建，城区拥堵有效缓解。建成中博香山湖、香山国际等住宅小区，竣工商品房214万平方米。建成忠州广场二三期、滨江公园等城市公园5个，建成区人均公园绿地面积达10.93平方米。新建停车场（楼、库）40个、新增车位1.05万个，新建和改扩建公交站104个，城区主要街道和城郊结合部实现公交出行全覆盖。注重城乡统筹发展，新建和改扩建农村公路2290千米，行政村通畅率、撤并村通达率均达100%。完成高山生态扶贫搬迁1.33万人，建成农民新村38个，改造农村危旧房3.5万户，建成人行便道1470千米。行政村实现光纤全覆盖。创建全国重点镇3个，市级生态乡镇5个、生态村12个、“美丽乡村”示范点5个。成功创建国家卫生县城和市级文明县城、森林城市、山水园林城市，获全国县级文明城市提名资格。吴林香获评“全国道德模范”，杨钢等9人获评“中国好人”。

（三）改革开放稳步推进

深化供给侧结构性改革，去除房地产库存50万平方米，“营改增”税制改革累计为企业减税1.2亿元，落实重庆市“企业减负30条”为企业减负5823万元。开展以商事制度、投融资体制、财税金融为核心的经济体制改革，市场活力进一步释放，全县市场主体突破4万户，在县金融机构28家。深化农业农村改革，完成地票交易760公顷，培育新型农业经营主体3936个。整合农业项目财政补助资金3017万元，扎实推进股权化改革试点。实施户籍制度改革，累计“农转城”近8万人。推进医药卫生体制改革，加快建立现代县级公立医院管理机制，全面实施基本药物制度。深化行政体制改革，精减政府工作部门3个、事业单位63个，新设街道2个，整合优化职能职责66项。出台“简政放权16条”，完成行业内综合行政执法改革，取消行政审批事项69项、下放12项。完成行政许可网上审批工作，审批时限明显缩短。乡镇（街道）、村（社区）两级服务中心和群工系统实现规范化运行。支持工商联、工会、团委、妇联、科协、侨联、残联、文联、计生协会和红十字会等10个群团组织改革。成功引进年产10万吨特瑞锂电正极材料等优质项目，累计协议引资1050亿元，全县实际利用内资857亿元、外资1354万美元，进出口总额达1.1亿美元。

（四）人民生活逐步提高

坚持把民生作为第一目标，加大财政投入，补齐民生短板，解决了一大批群众最关切的现实问题。累计实施整村脱贫项目505个，72个贫困村全部实现“建八有、解八难”，6.2万贫困群众稳定越过贫困线并实现“两不愁、三保障”，贫困发生率降至0.73%，即将摘掉市级重点贫困县“帽子”。城镇登记失业率控制在3.4%以内，养老、医疗、失业、工伤、生育等五大保险实现政策全覆盖，基本实现人人享有社会保障的目标。建成保障性住房4085套。白石水库等重点水源地得到有效保护，金鸡水库主体工程完工，整治山坪塘5524口，解决33.56万人的饮水安全问题。实施创新驱动发展战略，规模以上工业企业研究与试验发展经费投入逐年增加，创建高新技术企业5户，科技型企业20户、众创空间5户。大力发展教育事业，实施两轮“教育三年行动计划”，新建学校5所，改扩建校舍20余万平方米，“数字化校园”建成使用，投资近1亿元实施学生营养改善计划，化解教育债务2.2亿元，县职教中心被列为市中等职业教育示范项目学校，忠州幼儿园成为重庆市百强幼儿园。卫生计生事业健康发展，县医院迁扩建项目主体完工，18个乡镇卫生院成功创建一级甲等医院，28个乡镇（中心）卫生院、400个村卫生室完成标准化建设，基本公共卫生服务实现全覆盖。“单独两孩”“全面二孩”政策先后稳妥实施。建成社区养老服务站14个、农村幸福院80个，县社会福利中心一期工程主体完工。积极发展文体事业，忠州博物馆、游泳馆主体工程完工，“两馆一站”免费开放。三峡移民工程顺利通过国家终验。获批三峡后续项目201个，完成投资65.7亿元。争取对口支援帮扶资金

1.3 亿元。

（五）生态环境不断优化

深入实施蓝天、碧水、宁静、绿地、田园“五大环保行动”，扎实推进全国首批生态文明示范工程试点县和全国首批生态文明先行示范区建设。城区环境空气质量持续改善。长江干流忠县段及主要次级河流水质达到水域功能要求，城区、乡镇饮用水源地水质达标率分别为 100%、87.2%。建成污水处理厂 33 座、配套管网 385 千米，城区、乡镇污水处理率分别达 96%、86%。三峡库区唯一一个生活垃圾环保一体化处理系统建成投运，城镇生活垃圾无害化处理率达 95%。城市区域环境和道路交通噪声均达到国家标准。植树造林 1.31 万公顷，全县及长江两岸森林覆盖率分别达到 50%、66%。综合治理畜禽规模养殖场 161 家，关闭禁养区养殖场 64 家，完成 22 个村的农村环境连片整治。海螺水泥等重点工业企业完成节能减排任务，万元 GDP 能耗下降 15%。落实排污权有偿使用和交易制度，实现排污交易额 809 万元。

（六）社会大局和谐稳定

全面推进依法治县，社会治理水平不断提高。完成“六五”普法，获全国法治县（市、区）创建活动先进单位。依托群工系统上下联动，积极推进诉访分离，为群众解决各类问题 2.1 万件，集体上访、非正常上访人次明显下降，“移民大县、信访小县”成果进一步巩固。强化社会治安综合防控，完成应急联动指挥中心提档升级，新建和恢复派出所 11 个，乡镇（街道）司法所全覆盖，应急管理体系基本建成。实施公路安保工程 857.5 千米，成功创建 18 个市级安全社区，食品安全工作获全国、重庆市两级人大常委会《食品安全法》执法检查好评，全县未发生重特大安全事故。

（七）自身建设不断加强

扎实开展党的群众路线教育实践活动、“三严三实”专题教育和“两学一做”学习教育，落实中央八项规定精神，政府公信力、执行力明显提升。认真执行县人大及其常委会决议决定，自觉接受法律监督和工作监督，主动接受县政协及民主党派的民主监督，办理人大代表建议 1222 件、政协提案 1010 件，满意及基本满意率分别达 99.9%、100%。坚持依法行政，建立健全领导干部学法用法制度，56 个县政府部门和乡镇（街道）聘请了法律顾问，清理规范性文件 502 件。进一步规范政务公开，扩大公开范围，提升公开质量。切实加强绩效管理和效能监察，干事创业氛围更加浓厚，机关作风进一步改进。

过去五年，全县各行各业积极作为，务实进取。统计工作扎实推进，完成第三次全国经济普查。监察、审计、双拥、消防、民防、老干部、机关事务等工作取得新成绩，民族宗教、对侨台务、老龄、关工委、档案、地方志、保密、慈善、气象等工作实现新发展。

刚刚过去的 2016 年，我们面对艰巨繁重的改革发展稳定任务，坚持以提高经济发展质量和效益为中心，大力发展特色产业，不断完善城乡基础设施，扎实推进生态文明建设，坚持不懈保障和改善民生，顺利完成脱贫攻坚任务，实现了“十三五”良好开局。预计地区生产总值增长 9.5%，固定资产投资增长 8%，工业增加值增长 10.5%，社会消费品零售总额增长 13%，财政一般公共预算收入增长 12.4%，城乡居民人均可支配收入分别增长 9%、11%，获评全国首批农村产业融合发展试点示范县，成功创建国家园林县城、国家农业科技园区，三峡生态鱼牧场获国家农业标准化示范区称号。

各位代表，这些成绩的取得，是县委统筹指挥、科学谋划的结果，是县人大、县政协有效监督、鼎力支持的结果，是全县人民团结拼搏、砥砺奋进的结果。在此，我谨代表县人民政府，向全县广大干部群众，向全体人大代表和政协委员，向各民主党派、工商联、无党派人士、各人民团体和社会各界人士，向离退休老领导、老同志，向驻忠部队、武警官兵、公安干警以及所有关心支持忠县改革发展的各级领导和各位朋友，表示衷心的感谢并致以崇高的敬意！

总结回顾这五年，我们在发展中还存在诸多问题，需要在今后的工作中去努力克服和解决。一是工业经济较弱。工业经济总量小，规模以上工业企业只有62户，与周边区县差距较大。医药、锂电、装备制造等产业缺乏上下游配套企业，产业集群尚未形成。二是城市规模较小。2015年，我县城镇化率低于全国15.96个百分点、全市20.8个百分点。城市骨架尚未拉开，县城建成区面积只有16平方千米，主要集中在州屏片区，人口密度大、道路拥堵、停车难等问题突出。缺乏大型城市综合体、大型专业市场、高端酒店，难以满足城乡居民和旅游消费需要。三是重大基础设施建设滞后。周边区县均已开通铁路，步入高铁时代，而我县开通铁路还要做大量的工作。新生港目前还未开工建设，港口效应显现尚需时日。四是区域竞争激烈。近年来，全市先后有7个县撤县设区。在剩余12个县中，不少县发展势头迅猛，"标兵渐远，追兵渐近"，撤县设区任务艰巨。五是少数干部作风较差。少数干部思想保守、能力不足、作风不实、不敢担当，耽误了建设，影响了开放，阻碍了发展。

各位代表，解决问题是最好的担当。我们将始终坚持问题导向、克难攻坚，不回避、不懈怠，具体抓、抓具体，不断激活内生动力和发展潜力，全力推动忠县科学发展、跨越发展，决不辜负全县人民的重托和期望！

二、今后五年的目标任务

今后五年，是全面建成小康社会的决战决胜期，也是忠县加快发展的战略机遇期。展望未来五年发展大势，世界经济将在深度调整中缓慢复苏，新一轮科技革命和产业变革蓄势待发，我国经济发展的国际环境将逐步向好。目前，我国经济发展步入速度变化、结构优化和动力转换的新常态，正由中低端迈向中高端，转型升级后的中国经济将更加强劲、更有效益。特别是随着我市深度融入国家"一带一路"和长江经济带战略，加快中新（重庆）战略性互联互通示范项目实施和重庆自贸试验区建设，我县借势借力发展的机会更多、平台更广。加之我县特色产业初具规模，城市拓展空间较大，特别是忠丰、忠万、忠梁三条高速建成通车，"大"字型高速路网已经形成，新生港纳入全市重点港口建设规划和中新（重庆）战略性互联互通示范项目规划，我县交通条件明显改善，区位优势逐步显现，发展前景更加看好。我们必须坚定信念、团结一心，牢牢抓住发展机遇，以更加开拓开放的创新理念，更加奋发有为的精神状态，更加科学务实的工作举措，推动忠县经济社会发展再上新台阶！

各位代表，不久前刚刚闭幕的县十四次党代会确定了今后五年的发展思路和奋斗目标，即把握"一个定位"，实施"双特发展思路"，建设"两大平台"，实现"三大目标"。"一个定位"，即把忠县定位为"一带一路"和长江经济带重要节点城市。"双特"发展思路，即发展特色产业、建设特色城市。"两大平台"，即乌杨新区和临港新城。"三大目标"，即"形成四大产业集群、建成特色中等城市框架、全面建成小康社会"。这一发展思路和目标是引领我县未来五年发展的科学路径，是百万忠县人民的共同愿望，我们必须做到走对路、扎实干，认真抓好贯彻落实。

做好今后五年的工作，我们要高举中国特色社会主义伟大旗帜，以邓小平理论、"三个代表"重要思想、科学发展观为指导，深入学习贯彻习近平总书记系列重要讲话精神和视察重庆重要讲话精神，全面贯彻落实中共十八大、十八届三中四中五中六中全会，统筹推进"五位一体"总体布局和协调推进"四个全面"战略布局，坚持以人民为中心的发展思想，坚持稳中求进工作总基调，适应把握引领经济发展新常态，贯彻落实五大发展理念，围绕"一带一路"和长江经济带重要节点城市定位，大力实施“双特发展思路”，加快乌杨新区和临港新城开发建设，形成“医药、锂电、装备制造、柑橘”四大产业集群，建成特色中等城市框架，如期实现全面建成小康社会目标。

要实现党代会提出的奋斗目标，我们必须完成以下主要经济指标。即到2021年，全县地区生产总值在2015年基础上翻一番，达到500亿元；固定资产投资达到500亿元；社会消费品零售总额达到150亿元；招商引资累计到位资金突破500亿元；科技进步贡献率达到50%以上；财政一般公共预算收入达到27亿元，全县综合经济实力明显增强。形成医药、锂电、装备制造、柑橘四大产业集群，产业集聚度明显提高；规模以上工业企业达到160户，全县工业总产值达到700亿元。忠州老城功能进一步完善，乌杨新区初步建成，临港新城初具雏形，构建起特色中等城市框架，城镇化率达到50%。全县及长江两岸森林覆盖率分别达到52%、70%以上，生态环境明显改善。城乡居民人均可支配收入在2015年基础上翻一番，分别达到5.4万元、2.3万元，实现居民收入和经济发展同步增长，城乡居民收入差距进一步缩小，人民生活水平明显提升，小康社会全面建成。在此进程中，力争早日撤县设区！

（一）坚持集群发展，做大县域经济总量

围绕发展实体经济，深入实施创新驱动发展战略，全面提升产业竞争力，加快形成多点支撑、竞相发力的格局。

做强做大特色工业。大力推进新型工业化，建成投产一批重大工业项目，形成医药、锂电、装备制造、柑橘等四大特色产业集群，产值分别达到100亿元、200亿元、60亿元、25亿元，建成渝东北最大的医药产业基地、全市最大的锂电材料生产基地、全国一流的柑橘加工基地。围绕打造工业发展集聚区、县域经济增长极，完善标准厂房、污水处理厂等设施，提升乌杨新区产业承载能力，力争到2021年，入驻企业100户以上，实现产值500亿元。狠抓企业服务，促进各类市场主体共同发展，全县各类市场主体达到5万户。

大力发展特色效益农业。坚持用工业化理念谋划现代农业发展，着力培育新型农业经营主体，延伸农业产业化链条，推动一二三产业融合发展。加快国家现代农业示范区建设，壮大柑橘、笋竹、中药材、甘薯等特色效益农业，建成12个万亩产业示范园。依托国家农业科技园区，推进柑橘产业提质增效，建成高产高效示范果园0.33万公顷，打造中国最大的橙汁加工原料种植基地。发展笋竹、甘薯等农产品精深加工，打造重庆竹产品加工中心和渝东北笋竹高效生态培育基地。扩大“忠橙”“忠州橙汁”区域公用品牌影响，“三品一标”认证农产品比重达51%以上。完善农业基础设施，建成高标准基本农田3.33万公顷。加强农业机械推广应用，农业机械化综合水平达65%。

加快发展特色服务业。围绕制造业升级和群众日益提升的物质文化需求，统筹发展生产性、生活性服务业。高标准打造城市综合体，加快九蟒城市物流暨电商产业园建设，建成一批大型连锁超市、特色商业街，提升忠州·京投国际汽摩机电城辐射力。着力发展农村电商，完善县乡村三级服务体系。推进中国柑橘交易网建设，打造全国最大的柑橘交易中心，年交易额达到50亿元以上。以《烽烟三国》实景演艺为核心，加快完善三国文化产业园配套设施，把三峡港湾旅游度假区建成集文化展示演艺、艺术创意、旅游度假、教育培训等为一体的全域智能旅游原创地、长江流域知名旅游目的地和中国文化创意产业示范区。积极打造集电竞文化乐园、产业孵化中心及其他商业配套为一体的电竞综合体。建成县城至石宝镇沿江快速通道、旅游专用码头，打造一批乡村旅游和城郊休闲旅游精品线路。发展总部结算经济，完善金融服务体系，促进金融业健康发展。

着力抓好创新驱动。强化创新主体培育，促进科研成果运用，积极构建以市场为导向、企业为主体的创新体系，打造渝东北创新高地。围绕医药、锂电、装备制造、柑橘等产业，积极组建产业技术创新战略联盟，不断完善产学研协同创新机制。强化与高等院校、科研院所合作，建立企业技术研发中心。建成行业领军型研发创新中心1家、国家级企业技术中心2家、市级企业技术中心10家。务实推动“互联网+”“+互联网”行动，促进产业转型升级。加强知识产权应用与保护。推进大众创业万众创新，打造众创空间10个。多渠道激发市场主体活力，大力发展民营经济。

（二）推进新型城镇化，加快建设特色中等城市

坚持以人为本、突出特色，加快推进乌杨新区开发、临港新城建设，改造忠州老城，力争到2025年构建起40平方千米、40万人的特色中等城市。

拓展城市空间。完成忠县城市总体规划修编，推进多规合一。突出山、水、桥特色，加快临港新城和乌杨新区建设，建成“一江两岸三片区”城市骨架。坚持以港兴城，以新生港为依托，加快建设港口物流区、产业发展区、商业居住区三大功能区，积极推进新生场镇、高营铺、银山开发，打造12平方千米、12万人的临港新城。结合乌杨依山临江特征，坚持以产兴城，加快新区商业中心、科技孵化中心等建设，完善道路等基础设施，建成产城融合功能配套的新区，力争到2021年初步建成16平方千米、16万人的乌杨新区。

完善城市功能。建成㽏井二桥、玉溪三桥、水（坪）普（乐）公路，进一步畅通城区内外通道。加快城区市政道路建设，优先发展公共交通，建成一批公园广场、停车场（楼、库）、城市便民梯道和慢行步道，解决好交通拥堵、停车难等突出问题。推进供水工程，加快电网改造，建成一批车船用LNG加注站，增强城市综合保障能力。坚持把历史文化融入城市，加快推进半城老街建设，完成鸣玉溪棚户区改造，打造一批体现半淹县城和“忠文化”的特色街区、公共建筑、文化长廊，建成忠县文化生态保护区。抓好县城沿江综合整治，建设美丽滨江经济带。推进智慧城市建设，实现城市管理精细化、数字化。

推进城乡一体发展。科学编制乡镇规划，加强集镇管理，提升小城镇综合服务功能和承载能力。鼓励各乡镇因地制宜，差异发展，打造现代化、智能化特色小镇。大力推进农村信息化，4G通信网络实现城乡全覆盖。推进新农村建设，新建和改造农村公路500千米，改造C、D级危旧房7000户，建成美丽宜居村庄10个。加快水利重点项目建设，新增水库3座，完成全县农村供水管网巩固提升工程。探索乡镇供水体制改革，切实保障农村饮水安全。推动公共服务向农村延伸，促进城乡公共服务均衡发展。

（三）深化改革开放，打造库区开放高地

牢牢把握“一带一路”和长江经济带重要节点城市定位，以改革破难题，以开放添动力，着力提升开放型经济水平。

全面推进各项改革。深化供给侧结构性改革，提高供给的有效性。加快财税体制改革，健全财力与事权相匹配的财政体制。深化投融资体制改革，建立健全投资负面清单、权力清单、责任清单等制度，积极推行PPP投融资模式。深化商事制度改革，全面推行“多证合一”“一照一码”登记。深化农业农村改革，推进农村土地“三权分置”、集体资产量化确权、农业项目财政补助资金股权化改革试点。统筹推进行政体制、经济体制和社会事业等领域改革。

建好开放平台。发挥乌杨新区和临港新城两大平台作用，发展开放型经济。加快乌杨新区建设，提升产业承载能力，主动承接主城及东部沿海地区产业转移。借助长江黄金水道优势，加快新生港建设，确保2018年底建成新生港一期工程，实现开港试运行。按照“前港（港口）中仓（仓储）后园（产业园）”模式，加快港口物流园建设，积极培育“互联网+物流”，大力发展工业、特色服务业等临港经济，建成港口物流区和产业示范区。争取“广（安）忠（县）黔（江）”、渝西高铁等铁路过境设站，改造沪渝高速忠县和普乐出口，推动沿江高速公路北线建设，加快形成铁公水多式联运模式，构建便捷畅通的对外开放大通道。推动智能化港口建设，加快打造区域性物流枢纽。完善口岸功能，争取设立保税港区。

深化交流合作。加强招商引资工作，围绕产业集群、优势资源，实施专业招商、精准招商，努力引进一批投资大、产出高、带动强，符合环保要求的优质项目，加快形成“洽谈一批、签约一批、开工一批、投产一批、达产一批”的推进格局。用好“品味忠州”“忠州故事”区域公用品牌，开发忠县本土产品，支持更多“忠县造”产品“走出去”。新增重庆名牌产品20个，市长质量管理奖提名奖1个。深化对口支援工作，争取无偿援助资金8000万元以上。

（四）加强生态文明建设，保护绿水青山

坚持绿色本底、绿色惠民，着力转变发展方式，促进人与自然和谐共生，加快建设美丽忠县。

加强生态环境建设保护。抓好土地综合整治、三峡后续生态屏障建设、山水林田湖生态保护和修复工程，确保耕地不少于8.29万公顷，常规林地不低于8.49万公顷，长江干流忠县段水质稳定在Ⅲ类标准以上。严格落实河长制，扎实开展重点河段水环境整治。增强水源涵养功能，推进三峡库区消落带治理，加强天池国家森林公园、皇华岛国家湿地公园、精华自然保护区等重点区域保护。实施清洁水源行动计划，加强城乡集中式饮用水源地生态保护，乡镇集中式饮用水源地水质达标率达90%以上。

大力推进绿色低碳循环发展。树立绿色低碳发展理念，构建低碳产业体系，促进产业发展生态化、生态经济产业化，力争到2021年，万元GDP能耗累计下降5%。推广“猪—沼—果”等生态循环种养模式，推动企业循环式生产、产业循环式组合、园区循环式改造。推进园区分步式能源建设，加快水泥等行业节能改造。推进工业“三废”综合利用，倡导绿色生产、绿色生活。建成马耳坝水库中型灌区节水配套改造工程。强化项目集约节约用地，盘活存量土地。加强生态文明宣传，建成石宝生态文明科普基地，增强城乡居民环保意识，引导城乡居民养成勤俭节约、绿色低碳、文明健康的生活习惯。

加强城乡生态环境综合治理。深入实施“五大环保行动”，持续改善环境质量。力争到2021年，城区空气质量优良天数（新标准）保持在292天以上，城区绿化覆盖率达40%以上，城区生活污水集中处理率达98%以上，城区区域环境噪声达到功能区域标准。加强城乡环境综合整治，完善县乡村三级垃圾收运体系，乡镇污水处理设施实现全覆盖。推进生态文明体制改革，试行生态环境损害赔偿制度。鼓励社会资本投资生态文明建设，建成一批试点示范项目。

（五）坚持共建共享，切实保障和改善民生

按照人人参与、人人尽力、人人享有的要求，大力发展社会事业，扩大公共服务供给，让城乡居民共享改革发展成果。

加快发展社会事业。围绕打造重庆教育强县，积极发展学前教育，推动义务教育优质均衡发展，加快普及高中阶段教育，大力发展现代职业教育，新建和改扩建一批中小学校，促进各类教育协调发展。推进健康忠县建设，提升医疗卫生服务能力，县人民医院完成整体搬迁并成功创建国家三级甲等综合医院，基层卫生院标准化建设全部达标。加强重大传染病、慢性病防治和突发公共卫生事件应急处置，基本公共卫生服务水平和居民健康素养明显提升。落实计划生育目标管理责任制，完善计划生育服务体系，促进全县人口均衡发展。强化食品药品监管，努力创建国家食品安全示范城市。坚持保护与开发利用并重，加强非物质文化遗产保护与传承。推进忠州艺术中心、忠县广电中心、忠县档案馆等项目建设，进一步完善公共文化服务体系，加快建设文化强县。推进体育中心建设，建成一批群众性体育活动场所。

加大社会保障力度。坚持就业优先理念，确保新增就业岗位 4.5 万个，城镇登记失业率控制在4.5%以内。健全城乡社会保险体系和城乡居民基本医疗卫生制度，城乡居民医疗保险参保率达 96%以上。积极推进社会化养老服务业发展。实施大病保险制度，发展社会福利和慈善事业，提高困难群众救助水平。落实“三个不变、三个优先”政策，建立健全因病因学因灾致贫救助机制，巩固脱贫攻坚成果。推进三峡后续项目建设，带动移民安稳致富。

加强和创新社会治理。发挥乡镇（街道）、村（社区）两级服务中心、群工系统、信访信息系统等平台作用，全面推进社会治理网格化管理、社会化服务。弘扬法治文化，抓好“七五”普法，提高全民法治意识。弘扬社会主义核心价值观，推动社会信用体系建设。推进信访工作制度改革，维护群众合法权益，防止重大群体性事件发生。完善社会治安防控体系，乡镇（街道）派出所、社区警务室实现全覆盖。落实企业主体、属地管理、行业监管责任，开展打非治违和重点行业专项整治，遏制重特大安全事故发生。强化三峡水库综合管理，保障水库安全运行。增强风险管理意识，进一步完善应急管理体系，健全防灾减灾救灾机制。加强国防动员和后备力量建设，积极创建市级“双拥模范县”。

各位代表，未来五年目标任务已经明确，要把美好蓝图变为现实，我们必须坚持党的领导，破解发展难题，厚植发展优势；必须牢固树立并切实贯彻创新、协调、绿色、开放、共享的发展理念。用新理念破除新障碍，用新理念催生新状态，用新理念引领新实践，努力开创各项工作新局面！

三、2017 年的重点工作

今年是新一届政府的开局之年，是实施“十三五”规划的重要一年，也是推进供给侧结构性改革的深化之年。我们要认真贯彻落实县委决策部署，统筹推进“五位一体”总体布局和协调推进“四个全面”战略布局，坚持稳中求进工作总基调，适应把握引领新常态，牢固树立和贯彻新发展理念，坚持以提高发展质量和效益为中心，坚持以推进供给侧结构性改革为主线，坚持以改革开放创新为动力，全面做好稳增长、促改革、调结构、惠民生、防风险各项工作，促进经济平稳健康发展和社会和谐稳定，努力实现新一届政府良好开局。

今年的主要预期目标是：地区生产总值增长11.5%左右，工业增加值增长 13.5%左右，固定资产投资增长 17%左右，社会消费品零售总额增长13.5%左右，财政一般公共预算收入增长 10%左右，新增研究与试验发展经费投入 5000 万元，实际利用内资增长 12%左右，居民人均可支配收入增长10.8%左右，客货运周转总量增长 17%左右。主要约束性目标为：长江干流忠县段水质满足水域功能要求，居民消费价格涨幅控制在 3%左右，万元 GDP 能耗下降 1%。

实现既定目标，必须抓住关键、突出重点。今年要重点抓好四件大事。

一是建设临港新城。以新生港为依托，打造临港新城，完成投资 10 亿元以上。完成临港新城规划编制、设计、审批等前期工作，完成征地拆迁 100 公顷，场平 43.33 公顷，确保新生港一期工程 4 月开工。加快推进港区施工便道、码头泊位桩基等工程，重点建设 5000 吨级（兼顾 10000 吨级）货运泊位 8 个，其中滚装泊位 1 个、多用途泊位 7 个。加快港区施工便道、进港大道一期工程等项目建设，开工建设进港大道二期工程。推进滨江路银山段沿江综合整治和银山开发。

二是开发乌杨新区。启动乌杨新区规划编制，完成土地利用规划调整，推动乌杨新区产城融合发展。合理布局医药产业、锂电产业、装备制造、农副产品加工基地，实现园区产值 85 亿元以上。完成场平 166.67 公顷以上，加快 12 万平方米标准厂房、乌杨公用码头、110 千伏输变电工程等项目建设，建成园区自来水厂一期，污水处理厂形成日处理7500吨能力，新建新区道路5千米、雨污管网10千米，开工建设13.8万平方米安置房和水普路，规划建设新区学校、医院、商务酒店和公园等，配套完善新区功能。

三是改造忠州老城。加快鸣玉溪棚户区改造，完成55万平方米房屋征收拆迁工作。开工建设鸣玉溪湿地公园、鸣玉溪东环路等项目，整治城中村10万平方米。继续推进香山国际、玉溪锦城等楼盘建设，增强房地产市场活力，力争竣工商品房30万平方米、新开工30万平方米。完善环城西路配套设施，加快鸣玉溪公园二期和棚户区改造还建房等项目建设。启动㽏井二桥建设，推进香山至西山、人民路至忠万路连接道建设，完善香山湖至交巡警大队连接道、香山路拓宽改造等城市路网，加快城市便民梯道建设，方便群众出行。完成红星段沿江综合整治，改造滨江路、高速出口等城区主要节点夜景灯饰，加快形成美丽滨江城市走廊。注重保留半淹县城风貌，启动半城老街项目，进一步提升城市形象。建设北滨（体育）公园、白公生态文化公园等项目，建成区人均公园绿地面积达11平方米。

四是大力招商引资。转变招商方式，抽调55名优秀干部组建专业招商队伍，成立锂电材料、医药产业、装备制造、石材产业、智能终端、柑橘产业、商贸物流、文化产业、旅游产业、电竞产业、总部结算及金融等11个专业招商组和1个综合服务组，变“部门招商”为“部门招商+专业招商”。围绕特色产业，加强产业链招商，壮大产业集群。大力实施精准招商，瞄准长三角、珠三角等重点区域，主动“走出去”，积极“请进来”，在招大引强上狠下功夫。开展以商招商，建立企业、商会联络机制，积极搭建更广泛的招商引资平台。坚持科学招商，严把入口关，提升项目正签率和落地率。力争引进项目100个以上，其中上亿元项目10个以上。全县实际到位资金50亿元以上。

在抓好四件大事的同时，还要统筹做好以下工作。

（一）大力发展特色工业

坚持抓龙头、铸链条、建集群，全力促进工业经济增量提质，力争工业总产值增长14%。

壮大特色产业集群。开工建设天地药业年产100吨氨曲南原料药和尔邦制药年产490吨原料药等项目，积极发展医疗器械、保健品等产业，力争医药产业产值达40亿元。推动锂电产业集群发展，确保年产10万吨锂电正极材料项目形成2万吨产能、启动一期二阶段建设，力争产值达20亿元。抓好长帆——卓能电池生产线、绿远轻钢轻板钢结构等项目，积极引进润星科技数控机床项目，壮大装备制造业。鲜果集35万吨柑橘加工项目一期、主流生物皮渣深加工建成投产。推进忠味堂甘薯及粉丝深加工等项目，建成全伦12万吨笋竹加工项目主体工程，壮大农产品加工业。利用石材资源优势，积极引进石材加工项目，打造西部石材循环产业基地。

加强市场主体培育。落实企业扶持政策，用好工业发展专项资金，助推企业释放产能、增加效益。落实企业“五证合一”、个体工商户“两证整合”，优化市场主体发展环境。推进小微企业创业基地、孵化基地建设，构建一批低成本、便利化、开放式的众创空间。力争新发展市场主体4000户，其中小微企业1000户。实施骨干企业培育计划，力争培育市“双百”企业1户、专精特新企业1户，新增规模以上工业企业5户以上。

提升创新发展水平。实施科技型、高新技术型、创新型企业培育工程，积极争取一批国家级和市级科技项目，鼓励企业扩大生产规模，提升产品质量、技术标准、工艺水平。支持企业建立研发平台，积极推进智能农业机械工程中心建设。力争创建重庆名牌（知名）产品3个、高新技术产品30件，培育高新技术企业3户。推动忠州创业谷创建全市示范性众创空间。强化科技人才队伍建设，选派科技特派员100名。支持企业采用信息化技术，打造市级两化融合企业2户。创新工作方法，搞好要素保障。争取上级资金 40 亿元以上，社会融资 120 亿元以上；保障重点项目建设，争取用地指标 333.33 公顷以上；建成川气东送重庆忠县增压站、香山变电站 10 千伏配电线路等工程。

（二）扎实抓好“三农”工作

深入推进农业供给侧结构性改革，着力提高农业质量和效益，促进农业更强、农村更美、农民更富，实现城乡统筹发展。

发展效益农业。积极引入现代科技成果，大力推广良种良法、高产栽培等技术，提高农业效益。提升粮食、蔬菜、畜禽保供能力，粮食产量保持 40 万吨以上，蔬菜产量保持 24 万吨以上，生猪出栏稳定在 70 万头左右。开工建设柑橘产业国际协同创新中心，完成 1333.33 公顷柑橘果园基础设施建设，新建柑橘果园 333.33 公顷，改造老旧柑橘果园 1333.33 公顷。建设 666.67 公顷生态笋竹示范基地，新建中药材种植基地 66.67 公顷。培育县级农业龙头企业 15 户、新型股份合作社 10 个、家庭农场 20 个。建立县、乡、村三级农业信息平台，完善蔬菜、生态鱼、柑橘、畜产品等质量安全追溯体系，农产品质量安全检测合格率达 98%以上。实施农药、化肥零增长行动，推广绿色防控技术，抓好动植物疫病防控。认证无公害农产品 10 个、绿色食品 3 个。

推进小城镇和美丽乡村建设。分类推进小城镇建设，完成乌杨镇等 4 个镇的控制性详细规划编制，推动环保、水利等基础设施向乡镇延伸。支持石宝镇创建国家园林城镇，支持新立等镇打造特色小镇。改善农村人居环境，持续推进农村“三边一厕”专项整治，切实抓好 145 个行政村（社区）环境整治。统筹推进新农村建设，改造农村危旧房 1500 户，建成东溪兴旺、复兴夏家山和新生钟坝等县级农民新村示范点，完成三峡港湾农村人居环境改善市级示范片创建工作。加强城乡基础设施建设，实施农村公路联网工程，建成洋渡、磨子、马灌、金鸡等 4 条高速公路出口连接道；完成金鸡水库建设，启动黄钦水库扩容和杨家坝水库工程建设，开工建设马耳坝水库和新生片区抗旱应急提水工程，增效扩容农村小水电项目 5 个；完成 0.41 万公顷高标准基本农田建设。

促进农民增收。坚持把发展特色效益农业作为农民长期增收的主渠道。用好 1000 万元返乡农民工创业就业专项补助资金，鼓励农民自主创业。大力开展“田间学校”“雨露计划”“新型职业农民培训”，培养农村实用型人才 3000 人，提高农民增收技能。新增公益性岗位 600 个，促进农民转移就业，增加工资性收入。引导农民积极参与股权化改革，增加财产性收入。抓好惠农政策的落地，增加转移性收入。

巩固脱贫攻坚成果。落实长效机制，继续完善基础设施、配套公共服务。支持贫困村、贫困户因地制宜发展特色效益农业，乡村旅游等产业和家庭种养业，增强“造血”功能，阻止贫困代际传递。落实到户到人帮扶措施，实施民生基因免费检测、扶贫济困医疗救助、教育资助、普惠金融服务等帮扶政策，斩断贫困群众致贫返贫根源。

（三）壮大文化旅游产业

坚持因地制宜，文旅融合，推动旅游业加快发展，力争接待游客人数、旅游综合收入分别增长 11.5%、13.2%。

加快三峡港湾建设。大力引进资金、技术、管理等要素，完善基础设施及配套功能。进一步提升《烽烟三国》实景演艺品质，建成“忠义堂”、商业示范区、主题酒店等项目。推进三峡港湾景区主干道建设，规划建设景区慢行系统。

丰富旅游产品。完成秦家上祠堂等古建筑修缮工程，启动实施巴王庙、陈一伟民居、陆宣公祠等文物复建工程。规划建设电竞产业园，启动电竞综合体一期工程。完善中国柑橘城派森百景区、天子山休闲农业观光园等乡村旅游景点。加强旅游市场开发，推动区域合作，丰富完善旅游精品线路。充分利用微博、微信等媒体，多渠道营销忠县旅游。

完善旅游配套功能。畅通旅游通道，启动县城至石宝镇快速通道、改扩建天子山旅游景区道路。建成忠县旅游集散中心。完善石宝寨景区停车场、游客接待中心及标识系统，加强景区周边景观绿化和环境连片整治，增强旅游景区承载能力。推动餐饮住宿标准化建设，积极发展地方特色餐饮，加快西山五星级酒店建设，创建绿色饭店2家、国家钻级酒家2家、星级农家乐5家、地方特色旅游精品店15家。发展旅游电子商务，实现景点门票、餐饮住宿等消费的网络预订和移动支付。

（四）做大商贸流通产业

优化消费环境，完善产业布局，加快发展商贸流通新业态，为城乡发展注入新活力。

完善商贸物流体系。规划建设城市综合体，完善商业配套设施。规划建设乌杨新区、临港新城的购物、餐饮、住宿、休闲等商业设施，方便居民就近消费。推进重点市场建设，启动柑橘交易中心项目建设，建成高营铺粮食仓储物流园和忠州·京投国际汽摩机电城，建玛特忠县店开门营业。巩固粮安工程建设成果，维护粮食市场流通秩序。持续开展“商贸强镇”工作，推进乡镇商贸“五个一”建设，大力培育农村商贸经纪人，完善乡镇商业设施和农村流通网络。

培育消费热点。改善消费环境，推动中博商业街、北山商业街错位发展。引进知名品牌，丰富商品种类，促进城区商业繁荣活跃。举办迎春展、忠州美食文化节，扩大美食、家居、汽车、地方特色产品等消费，实现展会消费10亿元以上。推动长江游轮常态化停靠忠县，增加旅游消费。加大养老护理、休闲健身等新兴消费扶持力度，大力发展互联网消费，引导实体店线上线下互动。鼓励工业、农业等企业设立销售公司，新增限额以上商贸企业10户以上。

壮大农村电商。加快优生活农村电商物流中心建设，高标准打造县级公共运营服务中心。加快推进九蟒城市物流暨电商产业园建设。建成村级电商服务点300个、村级物流配送点200个，建立“T+1”“1+T”共同配送体系，优化配送路线，提升配送效率。提升农产品“网货转化率”，农产品网上销售额实现3亿元以上。加大农村电商创业扶持力度，培育电商主体50个以上，培训电商创业者2000人左右。

（五）推进重点领域改革

坚持问题导向抓重点、关键突破带全局、结果导向求实效，进一步增强改革定力、激发改革活力，推动各项改革不断取得新成效。

深化供给侧结构性改革。采取破产关闭、兼并重组等方式，清除僵尸企业和空壳公司，切实盘活闲置资产。加强国有企业改革，做大做强政府融资平台。加大乌杨新区、临港新城、棚户区改造等征地拆迁货币化安置力度，力争去除房地产库存15万平方米。建立企业转贷应急周转资金，拓展“助保贷”业务，帮助企业解决生产经营困难。推动优质企业上市融资、增资扩股。落实企业减负政策，优化融资结构，有效降低企业运行成本。引导民间资本理性投资，规范互联网金融业务，坚决遏制非法集资行为。加强政府性债务管控，确保政府债务绿色可控。

统筹推进面上重点改革。改革农村融资机制，扩大财政助农资金“拨改投”试点，持续抓好农村居民房屋产权、林权、土地承包经营权等抵押融资和地票交易，完善农业项目财政补助资金股权化改革、农村集体资产量化确权等制度。推进公立医院改革，巩固完善“1+1+X+N”医联体模式和现代医院管理运行体制，稳步实施分级诊疗制度和全科医生签约服务试点。深化基本药物制度改革，全面推进公立医院药品集中采购。积极推进国库集中支付、政府采购和财税体制改革。完善行政执法体制，提高综合执法效能。

（六）加强生态文明建设

严守“五个决不能”底线，加强生态环境保护和治理，努力让忠县的天更蓝、地更绿、水更清、环境更优美。

加强环境污染治理。落实“大气十条”“水十条”“土十条”，打好大气、水、土壤污染防治三大战役。加强大气污染防控，完成黄标车、老旧车及燃煤锅炉淘汰任务，严控城区道路、码头及施工场地扬尘污染和噪声污染。抓好长江清漂和消落区治理，综合整治黄金河、渠溪河、汝溪河等次级河流。加大农村饮用水源整治力度，强化白石水库等饮用水源地保护。强化农村面源污染防治，完成禁养区畜禽养殖场关闭任务。建立健全环境监察体系，推广环境污染第三方治理。

加快环境工程建设。改造低效林1333.33公顷、抚育森林3333.33公顷，不断提高林分质量。强化长江两岸防护林建设，构建库区天然生态屏障。启动土地整治项目建设，治理水土流失面积13.3平方千米。加快州屏污水处理厂迁建，扩建苏家污水处理厂。启动12个撤并场镇污水处理厂建设，建成乡镇污水管网30千米以上，城镇污水集中处理率达87%以上。基本建成餐厨垃圾处理中心，城镇生活垃圾无害化处理率达100%。推进农村垃圾收运设施设备配套，新建垃圾中转站95座，实现农村垃圾收运全覆盖，农村生活垃圾有效处理率达90%以上。

加大环境保护力度。严格落实“负面清单”、禁投清单及工业项目环境准入规定，坚持建设项目“先评价、后建设”“先验收、后投用”。完成多规合一空间开发评价、生态红线划定和资源环境承载能力监测预警试评价工作，严格管控生态空间。推广使用新能源汽车，发展钢结构等绿色建筑产业。强化三峡水库综合管理，确保蓄退水安全。加强库区地质灾害防治，抓好滑坡和高切坡点的巡查监测预警。

（七）着力保障和改善民生

按照“五个坚持”原则，持续保障和改善民生，确保公共财政支出的60%以上用于民生。

持续做好公共服务。加快鸣玉溪小学、忠州三小、三汇中学、拔山二小等项目建设，进一步优化学校布局，确保“大班额”占比持续下降。促进城乡教育均衡发展，改造薄弱学校15所，改扩建校舍4.37万平方米，确保通过国家义务教育发展基本均衡县评估认定。发展公办幼儿园，鼓励社会力量创办幼儿园。完成县疾控中心迁扩建和县中医院改扩建，建成规范化、标准化乡镇卫生院6个。启动远程会诊中心建设，实现信息互通、资源共享。大力实施文化惠民工程，进一步提升全县公共文化服务效能。推行文化馆、图书馆总分馆制，力争实现城乡电子阅览室全覆盖。启动县广电中心、忠州艺术中心、忠县档案馆建设，举办群众体育活动10场（次）以上。

不断完善社会保障。做好高校毕业生、返乡农民工等重点群体创业就业工作，新增创业就业7000人。推进社保制度改革，开展“五险”统征和稽核，全面落实乌杨新区、临港新城等被征地农民养老保险，加快建立更加公平可持续的社会保障体系。推进基层“三方机制”全覆盖，强化劳动保障监察“两网化”建设，从制度和源头上预防化解劳资矛盾纠纷。加大医疗救助和临时救助力度，强化城乡低保规范化建设。加强社会养老服务体系建设，完善县社会福利中心一期配套功能，新建社区养老服务站3个。推进白公移民安置小区等64个三峡后续项目建设，申报2018年度三峡后续项目10个以上。争取对口支援资金2700万元。启动市级“双拥模范县”创建。

创新社会治理。推行网格化治理、网络化支撑、社会化服务的社会治理新模式，提升社会治理效能和服务群众水平。深化“法律八进”活动，做好法律援助和司法救助工作。健全群众诉求表达、利益协调和权益保护机制，促进人民调解、司法调解、行政调解有机联动，初信初访化解率达97%以上。坚持“三到位一依法”，扎实开展专项治理，及时化解疑难积案。完善治安防控体系，依法严厉打击各类违法犯罪行为。推进应急管理规范化、标准化和综合应急救援基地建设，提高应急处突能力。严格落实“一岗双责”“三个必须”和企业主体责任，强化重点行业领域安全监管，推行第三方安全评估，切实防范安全生产事故。着力防范寄递物流、网约车等新业态风险，积极维护网络信息安全。完成 29 个基层食品药品监督所规范化建设，成功创建重庆市食品安全示范县。完善城市管理体制，加强环境综合整治，提高市民综合素质，力争全国县级文明城市创建成功。

各位代表，今年我们将从人民群众最关心、最急需解决的问题着手，着力办好一批民生实事。建成 5 座渡改桥，改造撤并村公路 150 千米，完成农村公路安保工程 100 千米，新增和优化农村客运线路 7 条，实现农村客运班车 4G 智能监控系统全覆盖，加快城市供水“一户一表“改造，除险加固病险水库 13 座、整治山坪塘 1500 口，改造农村危旧房 1500 户，提高农村义务教育阶段学生营养改善计划实施标准，新建农村文化中心户和县城小区文化室 30 个，购买流动文化服务进村演出 900 场（次）以上，统筹实施新生代农民工职业技能提升和就业技能培训项目。

四、加强政府自身建设

2017 年是新一届政府的开局之年，改革发展稳定任务十分繁重，对政府自身建设提出了更高要求。我们必须牢记使命、勤政为民，苦干、实干、科学干，全面提高政府的执行力和公信力，以实际行动赢得百万忠县人民的信任。

严守规矩，依法行政。进一步增强政治意识、大局意识、核心意识、看齐意识，特别是核心意识、看齐意识，始终在思想上政治上行动上与以习近平同志为核心的党中央保持高度一致。坚决服从市委、市政府和县委的领导，确保政令畅通。自觉接受人大及其常委会法律监督、工作监督和政协民主监督，广泛听取各民主党派、工商联、无党派人士和各人民团体意见。进一步增强干部法治思维，全面贯彻《法治政府建设实施纲要（2015—2020 年）》，落实权力清单、责任清单制度，规范政府工作流程，做到法定职责必须为、法无授权不可为。严格执行重大行政决策公众参与、专家论证、风险评估、合法性审查、集体讨论决定等法定程序，发挥政府顾问作用，提高决策科学化、民主化水平。推进政务公开，主动接受社会监督。

真抓实干，高质高效。强化教育和业务培训，促进干部解放思想、开拓创新，提高办事能力和效率。建立容错纠错机制，促进干部想干事、敢干事。加强平时考核，推进政府工作精细化管理，严格逗硬奖惩，确保各项工作定了就干、高效推进，决策部署及时落实到位。强化督查问责，严肃查处不作为、慢作为、乱作为现象。落实行政审批“两集中两到位”和首问首接、限时办结、一次性告知等制度，进一步抓好网上审批工作，全面实施行政许可标准化，推行并联审批，不断提高审批效率。明确县级部门和乡镇（街道）权限，进一步简政放权，推进“互联网+政务服务”，提升行政效能，让群众和企业少跑腿、好办事、不添堵。

转变作风，服务发展。集中开展机关干部作风专项整治行动，围绕“四个意识”牢不牢、发展思路清不清、工作措施实不实、担当精神强不强、工作成效好不好开展学习讨论、对照检查；围绕是否把纪律和规矩挺在前面，是否坚持了民主集中制，是否存在“一言堂”或议而不决、决而不动等方面开展讨论和检查整改。完善调查研究和联系服务群众机制，切实为群众排忧解难，着力解决征地拆迁、社会保障等事关群众切身利益的问题。加强县乡村三级服务体系建设，深化群工系统应用。降低行政成本，建设节约型机关。

坚守底线，廉洁从政。严格执行《中国共产党廉洁自律准则》《中国共产党问责条例》等制度，落实党风廉政“一岗双责”，健全党风廉政建设与政府业务工作融合机制，加快建设廉洁政府。完善政府采购、工程建设、土地出让、产权交易等领域制度，扎牢制度笼子。加强行政内部监督，坚决查处各类违纪违法行为，努力塑造干部清正、政府清廉、政治清明的良好形象。

各位代表，同志们，宏伟蓝图已经绘就，美好前景催人奋进，新的使命光荣而艰巨。让我们更加紧密地团结在以习近平同志为核心的党中央周围，在县委的坚强领导下，为大力发展特色产业集群，加快建设特色中等城市，实现全面建成小康社会目标而奋斗！

2017年政府工作报告
部分名词解释及术语说明

（按报告出现的先后顺序）

营改增：指以前缴纳营业税的应税项目改成缴纳增值税，增值税只对产品或者服务的增值部分纳税，减少了重复纳税的环节。

建八有、解八难："建八有"，即每个贫困村有一个特色主导产业，有一条硬（油）化村社公路，有一个便民服务中心，有一套落实社保政策到户的具体措施，有一个整洁的村容村貌，有一个坚强有力的村级班子，有一支稳定的驻村工作队，有一个有效的结对帮扶机制。"解八难"，即解决贫困户稳定增收难、便捷出行难、安全饮水难、住房改造难、素质提升难、看病就医难、子女上学难、公共服务难。

两不愁、三保障：扶贫对象不愁吃、不愁穿，保障其义务教育、基本医疗和安全住房。

众创空间：顺应网络时代创新创业特点和需求，通过市场化机制、专业化服务和资本化途径构建的低成本、便利化、全要素、开放式新型创业服务平台的统称。这类平台，为创业者提供了工作空间、网络空间、社交空间和资源共享空间。

两馆一站：文化馆、图书馆及乡镇文化站。

产业集群：指在特定区域中，具有竞争与合作关系，且在地理上集中，有交互关联性的企业、供应商、金融机构、相关产业的厂商及其他相关机构等组成的群体。

一带一路："一带"指的是丝绸之路经济带，"一路"指的是21世纪海上丝绸之路。

中新（重庆）战略性互联互通示范项目：指中国和新加坡在中国西部地区设立的第三个中新政府间合作项目，以重庆直辖市作为项目运营中心，将金融服务、航空、交通物流和信息通信技术作为重点合作领域。

自贸试验区：指在某一国家或地区境内设立的，以优惠税收和海关特殊监管政策为主要手段，以贸易自由化、便利化为主要目的的多功能经济性特区。

乌杨新区：按照产城融合理念，将乌杨场镇纳入城市发展规划，与乌杨工业园区整体布局发展，打造16平方千米的城市新区。

临港新城：坚持以港兴城、港城融合，整体开发建设新生港、新生场镇、银山片区，打造12平方千米的城市新区。

中等城市：指城区常住人口在50万以上100万以下的城市。

三品一标：无公害农产品、绿色食品、有机农产品和农产品地理标志。

一江两岸三片区："三片区"是指忠州老城区、乌杨新区和临港新城。

PPP投融资模式：即Public（政府）-Private（私人）-Partnership（合作关系）的英文缩写，通常译为"公共私营合作制"，是指政府与私人组织之间，为了合作建设城市基础设施项目，或是为了提供某种公共物品和服务，以特许权协议为基础，形成的一种伙伴式合作关系。

多证合一、一照一码：指企业登记时，只发放记载统一社会信用代码的营业执照，不再发放商事主体的组织机构代码证、税务登记证、社保登记证和刻章许可证，营业执照具有以上证照的功能。

农村土地"三权分置"：在坚持农村土地集体所有的前提下，促使承包权和经营权分离，形成所有权、承包权、经营权三权分置，经营权流转的格局。

品味忠州、忠州故事：指未来忠县重点打造的两个区域公用品牌，旨在将我县特色农产品和手工艺品统一包装营销，提升对外知名度。

区域公用品牌：指特定区域内相关机构、企业、农户等所共有的，在生产地域范围、品种品质管理、品牌使用许可、品牌营销与传播等方面具有共同诉求与行动，推动区域产品与区域形象共同发展的产品品牌。

分步式能源：指分布在用户端的能源综合利用系统，具有能效利用合理、损耗小、污染少、运行灵活，系统经济性好等特点。

三个不变、三个优先："三个不变"指帮扶力量、财政扶持力度、扶贫政策3年不变，"三个优先"指财政资金优先培育新型经营主体，优先扶持股份合作产业模式，优先支持贫困村贫困户项目。

五证合一：企业营业执照、组织机构代码证、税务登记证、社会保险登记证和统计登记证等"五证合一"。

两证整合：个体工商户营业执照和税务登记证"两证整合"。

"双百"企业：全市100户重点工业企业和100户成长型企业。

专精特新企业：指专攻某一方面有特长、精细化管理、涉及面独特的高新企业或新领域企业。

粮安工程：粮食收储、供应安全保障工程。

乡镇商贸"五个一"：一个乡镇必须有一个集超市、农贸市场、专卖店和餐饮、金融、通讯、邮政等众多网点于一体的商业集聚区；一个日用品连锁超市（包括"万村千乡市场工程"的乡镇连锁超市）；一个规范化的乡镇农贸市场；一家可满足乡镇居民婚丧嫁娶需要、在当地有一定知名度的餐馆；一家一星级以上的农家乐。

"T+1""1+T"共同配送模式："T+1"即外地产品到达县城后，1日之内运抵乡镇或村级站点；"1+T"即本地产品在1天之内由乡镇或村级站点运抵县城，再运往外地。

助保贷：即由政府提供的风险补偿资金和企业缴纳的助保金作为风险缓释方式的信贷业务。银行可按照风险补偿资金的一定比例向缴纳助保金的中小微企业发放贷款，用于支持企业生产经营周转，减轻融资成本负担。

拨改投：指政府的财政专项资金由无偿拨付转变为股权投资。

"1+1+X+N"医联体：县人民医院、县中医院分别与1所城市三级医院、X个乡镇卫生院、N个村卫生室组建县乡一体化、托管、医疗协作等形式的医联体。

基本药物制度：指对基本药物目录制定、生产供应、采购配送、合理使用、价格管理、支付报销、质量监管、监测评价等多个环节实施有效管理的制度。

五个决不能：决不能以牺牲生态环境为代价追求一时的经济增长，决不能以牺牲绿水青山为代价换取所谓"金山银山"，决不能以影响未来发展为代价谋取眼前利益，决不能以破坏人与自然关系为代价获得表面繁荣，决不能对突出问题束手无策、无所作为，对苗头性问题疏忽大意、无动于衷。

多规合一：国民经济和社会发展规划、城乡规划、土地利用总体规划、生态环境保护规划等各类规划基于城乡空间布局的衔接与协调，是合理布局城乡空间、有效配置土地资源、促进土地节约集约利用、提高政府行政效能的有效手段。

五个坚持：坚持既尽力而为、又量力而行，坚持既当期可承受、又长远可持续，坚持既解决民生实际问题、又持续提升民生水平，坚持既抓实具体民生项目、又建立民生工作长效机制，坚持不断增强民生工作的针对性、实效性、可持续性。

三方机制：由政府（通常以劳动部门为代表）、雇主组织和工会通过一定的组织机构和运作机制共同处理所有涉及劳动关系的问题。

两网化：是指网格化和网络化，网格化是以一个社区为一个网格单位，劳动保障监察机构将全部用人单位的用工和社保情况建立电子档案，劳动监察可以对用人单位采取动态管理；网络化是指建立网络信息平台，实行用人单位和职工情况网络化管理，建立信息平台，及时汇总分析企业用工信息及劳动者的状况。

法律八进：法律进机关、进乡村、进社区、进学校、进企业、进单位、进监所、进中介。

三到位一依法："三到位"是指诉求合理的解决到位、诉求无理的思想教育到位、生活困难的帮扶救助到位；"一依法"是指行为违法的依法处理。

三个必须：管行业必须管安全、管业务必须管安全、管生产经营必须管安全。

两集中两到位："两集中"指一个行政机关的审批事项向一个科室集中、行政审批科室向行政服务中心集中；"两到位"指进驻行政服务中心的审批事项到位、审批权限到位。

大事记

1月

5日　重庆市第四届红樱桃“冬日针爱”大型志愿行动走进乌杨中心小学校，为山区的孩子捐赠志愿者亲手编织的围巾、手套、帽子等。

8日至11日　政协忠县第十四届委员会第一次会议在县行政中心召开。大会应到委员278名，实到委员272名。8日，举行第一次全体会议，审议通过政协忠县第十四届委员会第一次会议议程。政协忠县第十三届委员会主席陈加义代表政协忠县第十三届常委会向大会作工作报告，县政协副主席余成荣代表政协忠县十三届常委会作关于十三届政协提案工作情况报告。11日，举行第二全体会议，审议通过《政协忠县十四届委员会第一次会议选举办法》，陈加义当选政协忠县第十四届委员会主席，余成荣、宋明安、杨胜明、唐代文、陈炎、冉崇政当选副主席，董德清当选秘书长，同时选出常务委员44名。

9日至12日　忠县十七届人大一次会议在县行政中心召开。会议应出席代表314名，出席313名。9日，举行第一次全体会议，县人民政府县长江夏向大会作政府工作报告。10日，举行第二次全体会议，郭巍代表忠县十六届人大常委会向大会报告本届任期五年来的工作，听取和审议县人民法院、县人民检察院工作报告。会议表决通过关于设立忠县十七届人大专门委员会的决定和专门委员会组成人员人选通过办法，表决通过《选举办法》。12日，举行第三次全体会议，表决通过关于忠县人民政府工作报告的决议，忠县2016年国民经济和社会发展计划执行情况与2017年国民经济和社会发展计划、忠县2016年财政预算执行情况和2017年财政预算、忠县环境保护工作情况、忠县人大常委会工作报告、忠县人民法院工作报告、忠县人民检察院工作报告。郭巍当选忠县人大常委会主任，江夏当选忠县人民政府县长；赵友奎、袁大凡、胥朝林、闫宗祥、胡显均当选县人大常委会副主任，同时选举产生县人大常委会委员29名，毛国强、章淑莲、甘露、雷亚平、苏丹、刘杉树、李彬当选县政府副县长，李春燕当选县法院院长，逯反修当选县检察院检察长报经重庆市人民检察院检察长提请重庆市人大常委会批准。

同日　在第十六届中国西部（重庆）国际农产品交易会中，忠县23家企业126个特色农产品参加展示展销，其中有机产品8个、绿色食品35个。交易会期间销售农产品22吨，销售总价38万元，比上年增长32.8%；签约订单22笔4800余万元，比上年增长58%。

21日　6辆纯电动绿色环保公交车，在县城302线路投运，开启城区“绿色交通”时代。

是月

忠县实验小学李从潇、张晋睿被聘为“中国少年科学院小院士”。

忠县人民医院重症医学科汪先忠（专业技术人才类）、忠州酒业公司一级品酒师赵新国（高技能人才类）、忠县健美达农业开发有限公司总经理汪冠军（农村实用人才类）、忠县龄童米业责任公司总经理王光伦（农村实用人才类）4人荣获全市杰出人才突出贡献奖。

忠县良源畜禽养殖有限公司、忠县会华农业开发有限公司、忠县向杨畜禽养殖有限公司通过重庆市农委审核批准，获得无公害农产品产地认定和产品认证。自2015年忠县启动畜产品品牌创建以来，全县已获无公害畜产品产地6个、无公害畜产品7个。

忠县湘芝中药材专业合作社获评国家农民合作社示范社。自2011年至今，忠县有9家农民合作社获此殊荣。

首届忠州“最美警察”经过网友投票和县公安局评审委员会评定后产生。首届忠州“最美警察”共10名，分别是县公安局交巡警公巡二中队民警刘垒、忠州第一派出所民警方会龙、法制大队民警黄亚飞、拔山派出所民警肖朝奉、刑侦忠州中队民警刘又新、白石派出所民警汪东、白公派出所民警李博、特警大队民警杨小龙、交巡警勤务二中队民警张俊、刑事科学技术室民警盛婷丹。

2015年在天津港“8·12”瑞海公司危险品仓库特别重大火灾爆炸事故中牺牲的天津开发区消防支队八大街中队战士杨钢，被公安部追记一等功。

2月

15日　国家体育总局体育信息中心副主任李桂华、大唐网络有限公司总裁兼天天电竞董事长杨勇一行赴忠县，就中国2017电子竞技（CMEG）全国总决赛城市暨忠县电子竞技产业发展进行考察，支持忠县发展电竞产业。

同日　忠县皇华岛湿地公园上榜市规划局、市地理信息中心推出的《重庆观鸟地图》。

是月

忠县花桥镇东岩村、新生镇钟坝村、洋渡镇上祠村、永丰镇东方村上榜《重庆传统村落地图》。

忠县美健达生猪养殖家庭农场负责人汪冠军获第十届“全国农村青年致富带头人标兵”荣誉称号。

重庆云河水电股份有限公司（装备）、重庆派森百橙汁有限公司（消费品）入围重庆市100户“专精特新”中小工业企业名单。

3月

1日　忠县人民政府与天天电竞（北京）网络科技有限公司签订《CMEG总决赛移动电子竞技产业项目合作协议》，2017年至2021年连续五届CMEG总决赛将在忠县举办。天天电竞（北京）网络科技有限公司总裁马宁、县委书记赖蛟、县长江夏出席CMEG总决赛及移动电子竞技产业项目签约仪式。

2日　玉溪三桥破土动工。玉溪三桥系县城西山小区经人民路至香山路连接道路的一部分。桥长305米、宽22米，为城市主干道Ⅰ级，设计时速40千米。总投资7000余万元，由苏州市政园林集团有限公司承建，预计2019年3月建成通车。

3日　中国共产党忠县第十四届委员会第二次全体会议召开。会议决定，同意按法定程序申报撤销乌杨镇、新生镇，设立乌杨街道、新生街道。

4日至6日　县委书记赖蛟赴福建省招商，并在厦门市举办重庆忠县（西部）国际石材产业基地项目推介暨招商座谈会。

7日　重庆市人民政府副市长刘强就推进农业和旅游融合发展到忠县调研。

8日　重庆忠味堂有机食品有限公司与重庆西南大学深度合作研发的甘薯新品种“忠薯1号”，被重庆市农委认证原产地为忠县。

17日　阳光电源股份有限公司副总裁刘磊与忠县人民政府签订《200兆瓦光伏发电项目投资协议》。县委书记赖蛟、县长江夏出席签约仪式。

22日　国务院三峡办副主任雷鸣山赴忠县调研三峡后续项目实施情况。

27日　晚8时30分左右，忠县发生一起刑事案件，忠县人民政府常务副县长毛国强被犯罪嫌疑人王拥杀害。

是月

重庆天地药业有限责任公司的图形商标、忠县胡燃商行的“HURAN 胡燃”商标分别被认定为重庆市著名商标，重庆西厢阁粮油食品有限公司的“西厢阁”牌面粉、大米、生糯粉；重庆市忠州腐乳酿造有限公司的“石宝寨”牌豆腐乳，以及“石宝寨”牌酱油、醋、调味酱等 3 枚有效期满的商标获得重庆市著名商标续展认定。至此，忠县获重庆市著名商标达到 14 枚。

忠县祥鑫建材有限公司生产的预拌混凝土，被重庆市名牌产品协会命名为重庆知名产品。

忠县被农业部确定为第二批国家农产品质量安全创建试点县。

4月

12 日　忠县移动电竞产业项目签约仪式在重庆雾都宾馆举行。副市长谭家玲出席签约仪式，县长江夏代表县政府签约。

14 日　重庆长帆新能源汽车有限公司、合普新能源科技有限公司与忠县人民政府，在合普新能源科技有限公司（上海）签订战略合作协议书，三方合资在忠县建设年产 20 万套电动汽车锂电池包生产项目。

19 日　忠县复兴镇天子山、东溪镇翠屏村上榜市规划局、市地理信息中心推出的《重庆樱桃采摘地图》。

21 日　中国香港皓天国际控股集团与忠县人民政府签订战略合作协议，拟在忠县建设绿色能源产业科创中心，与忠县建立长期战略合作伙伴关系，开展多领域合作。

是月

忠县八斗台、中国柑橘城 · 三峡橘海、中国柑橘城 · 金色杨柳、中国柑橘城 · 派森百景区上榜《重庆乡村旅游电子地图》。

忠县白石镇打泉村茗岳有机茶叶基地上榜重庆市规划局、重庆市地理信息中心推出的《重庆采茶地图》。

全国最大面积的“斑点蛙”养殖基地落户忠县新生镇。

忠县公安局“1 · 30”案专案组被公安部记集体一等功。为建国以来忠县公安史上荣立的第一个集体一等功。

忠县橘城养蜂专业合作社负责人胡辉淑、重庆海螺水泥有限责任公司职工涂万福、涂井乡友谊村党支部书记周康伟被评为市级劳动模范。拔山中学校长杨寿江、县人民医院院长袁军被评为市级先进工作者。

忠县博众蔬菜种植有限公司（基地位于忠州街道麟凤村）、忠县三叶农业开发有限公司（基地位于拔山镇五星村）、重庆鼎通生态农业开发有限公司（基地位于白公街道护国村）、忠县正银农业开发有限公司（基地位于任家镇任家村）和重庆市亲禾园家庭农场有限责任公司（基地位于忠州街道麟凤村）被市农委认定为重庆市无公害种植业产地。至此，忠县共有无公害农产品产地 44 个。

5月

3 日　忠县天池山国家森林公园上榜《重庆森林氧吧地图》。

6 日　忠县红十字志愿者崔安明，被中国红十字总会授予中国红十字志愿服务五星奖章。

8 日　忠县胡燃商行被重庆市协调劳动关系三方委员会授予“重庆市和谐劳动关系 AAA 级企业”荣誉称号，这是忠县继重庆威旺食品开发有限公司之后的第二家企业。

10 日　中国共产党忠县第十四届委员会第三次全体会议召开，全会审议通过《中共忠县县委忠县人民政府关于大力发展特色工业的决定》。

18日　忠县召开十四届县委第二十二次常委会会议，审议《关于加强全县人才工作的实施意见》议题。

是月

忠县《烽烟三国》获评重庆市十佳特色演出。

忠县兴峰小学校报《南天门》获全国学校报刊建设特别奖。

忠县与重庆市文联合创的歌曲《与梦飞翔》获重庆市第十四届精神文明建设“五个一工程”奖。

6月

3日至5日　忠县普降暴雨，过程最大雨量出现在野鹤新场96.1毫米。兴峰、永丰、金鸡、三汇等7个乡镇出现灾情，造成739人受灾，紧急转移安置28人；农作物受灾116公顷，绝收9公顷；倒塌房屋9间5户，严重损坏房屋14间7户；直接经济损失140万元，其中农业损失65万元，基础设施损失21万元，公益设施损失3万元，家庭财产损失51万元。

12日　重庆首个“中国关心下一代教育示范基地”在拔山镇中心小学挂牌，并获赠50万元。中国关心下一代工作委员会常务副主任、中国社会福利基金会关心下一代基金执行主任武韬，重庆市关工委主任肖祖修，重庆市关工委副主任高沙飞，县长江夏，县委副书记陈强出席挂牌仪式。

19日　中国香港五洲国际集团有限公司与忠县人民政府签订《重庆忠县·五洲国际商贸城投资协议书》，拟投资50亿元在忠县九蟒社区建设商贸城。县委书记赖蛟、县长江夏出席签约仪式。

是月

重庆西厢阁粮油食品有限公司、重庆源源龙脉食品有限公司、重庆忠味堂有机食品有限公司、重庆市龄童米业有限责任公司、忠县官坝有明米业有限公司、重庆瑞竹植物纤维制品有限公司6户加工企业进入重庆市级农产品“双百企业”。

“美育圆梦·向祖国汇报”暨庆“六一”少儿艺术精品在北京举行，忠州三小选送的巴乌演奏《美丽的石宝寨》获金奖。

忠县入围全国首批农村生活垃圾分类和资源化利用示范县。

7月

6日　忠县召开十四届县委第二十九次常委会会议，审议《党员干部干事创业容错暂行办法》《加强全县中小学校党的建设工作实施意见》议题。

7日　重庆仲裁委员会忠县仲裁院挂牌成立。

12日　重庆市人大常委会副主任刘学普赴忠县检查贯彻落实《中华人民共和国固体废物污染环境防治法》情况。

13日　忠县人民政府与北京农信互联科技有限公司正式签约柑橘交易中心项目。柑橘交易中心项目将建设在忠县新立镇，项目建设时间为5年，总投资4.07亿元，建成全国柑橘产销大平台和全国柑橘品牌价格形成中心、产业信息中心、科研中心。

17日　忠县人民政府与华西希望·德康集团在海新酒店举行签约仪式，50万头生猪产业一体化项目落户忠县。

24日　重庆市文化遗产研究院开始对忠县移民生态工业园区文物进行保护性发掘，发现位于乌杨街道黄谷村古墓群6个。6个古墓群发掘面积共1600多平方米，发现宋代双室石墓1座，明代双室多室单室墓24座。

25日　中国共产党忠县第十四届委员会第四次全体会议召开，全会审议通过《中共忠县县委忠县人民政府关于加快建设特色中等城市的决定》。

28日　国防大学战役部军训室主任张利华教授应邀做客2017年第3期忠州大讲坛，为忠县300名干部作国防形势专题报告。

是月

任家镇老鹳村八组村民李小琼荣登第60期“重庆好人榜”，获评孝老爱亲“重庆好人”。

重庆市人民政府下发关于撤销忠县乌杨镇、新生镇，设立乌杨街道、新生街道的批复。撤销乌杨镇，设立乌杨街道，乌杨街道行政区域为原乌杨镇行政区域，街道办事处驻玲珑路 18 号；撤销新生镇，设立新生街道，新生街道行政区域为原新生镇行政区域，街道办事处驻新生场 1 号。调整后，忠县辖 4 个街道、19 个镇、6 个乡。

8 月

16 日　重庆市规划局联合重庆市地理信息中心推出《重庆特色植物地图》。其中，为忠县“代言”的植物是柑橘。

17 日　全国卫生计生系统先进集体、先进工作者和劳动模范及“白求恩奖章”表彰大会在北京举行。忠县人民医院获“全国卫生计生系统先进集体”称号。

18 日　忠县召开十四届县委第三十六次常委会会议。审议《忠县“名师名校名校长”工程实施方案》《忠县“名医名院名院长工程实施方案》《忠县“百名法律人才进社区”工作方案》议题。

同日　忠县五洲国际商贸物流产业园项目启动仪式暨园区配套服务签约仪式在忠州陶然国宾酒店举行。拟建成集“新型建材、智能家居、五金电器、汽贸汽配、现代农贸、电子商务、仓储物流、智慧社区、星级酒店、教育机构”等 10 大功能为一体的综合型智慧商贸物流城。

24 日　忠县召开十四届县委第三十八次常委会会议。审议《中共忠县县委巡察工作五年规划（2017—2021 年）》《忠县生态保护红线划定方案》等议题。

28 日　天津大学管理学博士、中关村大数据产业联盟副秘书长颜阳做客 2017 年第 4 期忠州大讲坛，为忠县 300 多名干部作题为《产业大数据赋能区域市场经济》的报告。

同日　国务院医改办、国家卫计委、财政部、中医药管理局联合下发文件（国医改办函〔2017〕116 号），确立 15 个全国公立医院改革首批国家级示范城市和 26 个国家级示范县，忠县成为重庆市唯一的全国公立医院改革国家级示范县。

29 日　忠县创建全国文明县城“志愿服务我参与”活动启动仪式在县城忠州广场举行。

30 日　乌杨街道、新生街道成立大会召开。县委书记赖蛟分别为乌杨街道、新生街道揭牌并讲话，县人大常委会主任郭巍、县政协主席陈加义出席，县委副书记陈强主持。

是月

三汇中学教师刘笙获评重庆“最美好体育人”。

忠州街道十字街社区居民王宗兰荣登第 61 期“重庆好人榜”，获评助人为乐“重庆好人”。

9 月

1 日至 4 日　中国首届特色旅游商品博览会在内蒙古包头国际会展中心举行。忠县忠味堂旅游食品系列（包括方便面、葛根淀粉、精品粉丝三兄弟、忠薯 1 号淀粉等产品）获 2017 年中国特色旅游商品大赛铜奖。

5 日　住房和城乡建设部公布 2017 年各省（区、市）改善农村人居环境示范村名单，忠县花桥镇显周村获评“全国农村人居环境保障基本示范村”。

16 日　忠县人民医院老院整体搬迁至位于县城中博·香山湖小区旁的新院。新院于 2012 年 8 月动工，历时 5 年建设，占地面积 12 公顷，项目总投资 9.5 亿元。

22 日　苏州大学兼职教授、苏州工业园区职业技术学院院长单强做客 2017 年第 5 期忠州大讲坛，作题为《互联网时代产业发展大趋势》的专题报告。

26 日　忠县人民医院新院落成暨重庆医科大学附属第一医院签约授牌仪式举行。重庆市卫生计生委副主任吴良和、忠县人民政府县长江夏、重庆医科大学附属第一医院院长任国胜出席仪式。

29 日　中国共产党忠县第十四届委员会第五次全体会议召开，全会审议通过《中共忠县县委忠县人民政府关于加快建设美丽乡村的决定》。

是月

新立镇百粮村余清泉被共青团中央、人力资源社会保障部授予“中国青年创业新星奖”。

忠县获评国家级出口柑橘质量安全示范区。

忠州街道中博社区居民申忠荣登 62 期“重庆好人榜”，获评见义勇为“重庆好人”。

10 月

10 日　县政府召开第 45 次常委会会议，审议《进一步加强人民法院执行工作的实施意见》《关于深化国有企业改革的实施意见》议题。

11 日　重庆市规划局、重庆市地理信息中心发布《重庆零食地图》，忠县生产的“香山蜜饼”名列其中。

12 日　忠县第五届青少年科技创新县长奖颁奖大会在拔山中学举行。拔山中学丁宁、忠州中学郭艳晨、忠县中学潘虹宇获科技创新县长奖，忠县中学叶絮雷、冉李澳娜及忠县实验小学张晋睿获科技创新县长提名奖。

16 日　由北京农信互联与忠县人民政府联合举办的中国橘城·三峡橘乡·网联天下“中国柑橘网”产品发布会及上线仪式在重庆雾都宾馆举行，将搭建起柑橘全产业链“数据＋电商＋金融”三大平台，开展柑橘电子交易、竞价拍卖交易、现货交易三大业务，形成柑橘互联网平台经济。

27 日　中国国家画院公共艺术研究中心主任、中国国家画院建筑设计院院长王永刚做客忠州大讲坛。

2016 年度全国“五个一百”网络正能量精品评选活动揭晓，忠州日报社原社长王志勇获评“百名网络正能量榜样。”

11 月

1 日　重庆忠县电子竞技公共服务平台上线新闻发布会在忠县海新酒店举行，会上签约合作项目 14 个，标志着忠县电子竞技公共服务平台正式上线运营。

14 日　中央文明委公布《第五届全国文明城市名单和复查确认继续保留荣誉称号的往届全国文明城市名单》。第五届全国文明城市共有 89 个，重庆市忠县、江北区获得“全国文明城市”称号，渝北区、渝中区、南岸区继续保留“全国文明城市”荣誉称号。

15 日　忠县拔山镇获“重庆十大最美小镇”荣誉称号。

16 日　财政部 PPP 专家库入库专家、国家发改委 PPP 专家库定向邀请专家、全国 PPP 示范项目评审专家、重庆市城市建设研究中心政府与社会资本合作（PPP）研究所所长钟韵应邀作客忠州大讲坛。

30 日　忠县佛教协会成立大会举行。县委常委、县委统战部部长冉启智、县政协副主席陈炎为协会授牌。

是月

忠县 7 家企业的 13 件农产品获重庆名牌农产品称号。分别是茗兰茶业的“茗岳”牌雀舌茶叶，源源龙脉食品的良玉水磨糯米粉、“东坡爱”阴米，玉印山旅游的“玉印山”牌忠州豆腐乳（含红油、香辣、白菜、芝麻等 4 个配方产品），西厢阁粮油食品的西厢阁贡米、汤圆粉，官坝有明米业的官坝香米、官坝贡米，自立林业的“向幺妹”牌竹笋干系列产品，美健达农业的美健达生猪。

忠县中学获评首届“全国文明校园”。忠县“忠橙”牌柑橘荣登“2017 中国果品区域公用品牌价值”榜，品牌评估价值 6.2 亿元。

12 月

5 日　县政府召开第 40 次常务会议，会议审议通过《忠县民政局关于将黄金镇黄金社区居民委员会更名为黄金镇卫星桥社区居民委员会的请示》《忠县民政局关于将官坝镇万全社区居民委员会更名为官坝镇丰收社区居民委员会的请示》，同意黄金镇黄金社区居民委员会更名为黄金镇卫星桥社区居民委员会，官坝镇万全社区居民委员会更名为官坝镇丰收社区居民委员会。

6 日　中国共产党忠县第十四届委员会第六次全体会议召开，全会审议通过《中共忠县县委关于把党的十九大精神全面落实在忠县大地上的决定》。

8 日　2017 年忠县重大招商项目签约仪式在重庆雾都宾馆举行，5 个签约项目协议引资 77 亿元。其中，博广环保技术股份有限公司总投资 50 亿元建设碳酸钙循环经济产业化项目，占地 66.67 公顷，项目建成投运后可实现产值 86 亿元；重庆天海电池材料有限公司投资 10 亿元建设年产 2 万吨高纯纳米氢氧化锂项目，占地 6.67 公顷，项目建成达产后可实现产值 30 亿元；振发能源集团有限公司总投资 17 亿元建设年产 100 万千瓦发电设备制造项目、年产 5 万套太阳能光伏标准化模块生产项目和年产 2 万辆专用汽车生产项目。

10 日　由中国田径协会、重庆市体育局、忠县人民政府主办，忠县文化委（旅游局）承办的 2017 长江三峡国际马拉松（重庆·忠县）在忠县城临江路举行。中国甘肃兰州选手邱旺东和肯尼亚选手 kanyata 分别以 2：21：35 和 2：55：57 的成绩获得男女全程马拉松冠军，男女半程马拉松冠军分别被肯尼亚和塞尔维亚选手夺得。

23 日至 24 日　“大师杯”CMEG2017 全国移动电子竞技大赛总决赛在三峡港湾电竞馆举行，来自全国竞技战队的 118 名选手参加《王者荣耀》《球球大作战》《穿越火线》《三国杀》《街头篮球》5 款游戏冠军的争夺。RSG 战队获得《王者荣耀》项目总冠军，TOP 战队获得《球球大作战》项目总冠军，KB 触手战队获得《穿越火线》项目总冠军，于芳白天获得《三国杀》项目总冠军，黑曼巴战队获得《街头篮球》项目总冠军。

是月

花桥镇社事办主任莫贞权被评为重庆市第一届“最美基层民政人”。

忠州商会荣获重庆市“十佳”街道商会荣誉称号。

（毛世国）

忠县概况

基本县情

【地理位置】 忠县位于重庆市中部，地跨北纬30° 03′ ~30° 53′，东经107° 32′ ~108° 14′之间，地处三峡库区腹心地带，是三峡库区8个重点移民搬迁县之一。东临万州区，南连石柱县，西接垫江县、丰都县，北壤梁平区。县城距重庆市主城区180千米，“沪蓉”高速公路穿越县境。土地面积2187平方千米，东西长66.45千米，南北宽60.15千米。

忠县境内呈“三山两槽”地形，系深丘浅丘夹山脉地貌，海拔117米~1680米。境内低山起伏，溪河纵横交错，其地貌由金华山、方斗山、猫耳山三个背斜和其间的拔山、忠州两个向斜构成，属典型的丘陵地貌。浩荡长江，穿流而过，流经88千米。

【历史沿革】 忠县历史悠久，文化底蕴丰厚，文字记载历史达2300多年。忠县古名临江，西汉置县。周朝为巴国地，秦朝属巴郡。王莽新政，改临江为监江，东汉复名临江县。唐贞观八年（634年），因巴曼子“刎首留城”，严颜、甘宁忠勇，“意怀忠信”，御赐临州为忠州（临江县沿旧，属忠州领县）。明洪武年间，并临江县入忠州，州县合一。民国2年（1913年）废忠州为忠县，隶属东川道。民国24年改属四川省第九行政督察区。

1949年12月，忠县隶属川东行政公署万县专区，1953年起属四川省万县管理。1997年3月14日，全国人大八届5次会议表决批准设立重庆直辖市。6月，忠县划归重庆直辖市，仍属万县市代管。1998年2月，设立重庆市万县移民开发区（后设置万州移民开发区），代管忠县等6县。2000年7月10日，撤销万州移民开发区，忠县由重庆市直接管理。

【行政区划】 2006年2月27日，忠县行政区划调整，全县设28个乡镇，行政村331个、社区居委会32个。2014年11月25日，撤销忠州镇，设立忠州街道、白公街道，调整后，忠县辖2个街道、21个镇、6个乡，全县有行政村309个、社区居委会56个。2017年7月13日，撤销乌杨镇，设立乌杨街道；撤销新生镇，设立新生街道。调整后，全县辖4个街道、19个乡镇、6个乡：忠州街道、白公街道、新生街道、乌杨街道、东溪镇、石宝镇、汝溪镇、官坝镇、马灌镇、新立镇、拔山镇、三汇镇、白石镇、任家镇、洋渡镇、复兴镇、野鹤镇、石黄镇、金鸡镇、双桂镇、花桥镇、永丰镇、黄金镇、善广乡、石子乡、磨子乡、涂井乡、金声乡、兴峰乡。全县有行政村301个、社区居委会67个。

（毛世国）

【气 候】 忠县属亚热带东南季风区山地气候。2017年，全县年平均气温18.2℃，较常年（18.0℃）偏高0.2℃；极端最低气温3.4℃（2月12日），极端最高气温40.8℃（8月22日）；年降水量1550.2毫米，同常年同期（1192.8毫米）偏多30%，大雨开始期在3月中旬，较常年偏早30天；年降水日数150天，与常年相比偏少4.6天；年日照时数1041.2小时，较常年（1204.7小时）偏少13.6%。

2017年，忠县主要天气气候事件有暴雨：全县出现“4·9”“5·11”“6·4”“6·24”“7·7”“8·8”“9·2”“9·10”“10·4”9次区域性暴雨天气过

程，其中，“9·10”为今年范围最广，“10·4”为2017年出现最晚；高温：2017年全县≥35℃高温日数为39天，较常年同期（30.3天）偏多8.7天，与2016年持平；极端最高气温为40.8℃（8月22日）；年内共出现3段区域高温过程，分别为7月21日至8月8日、8月15—24日、8月26—28日；连阴雨：全县出现4段一般性连阴雨天气，分别是：6月9日至16日、9月1日至6日、9月18日至25日、10月1至6日；强降温：2017年出现2月21日、10月9日共2次强降温天气，日平均气温分别下降6.3℃和10.9℃。

2017年忠县气温、日照、降水统计表

表1

	1月	2月	3月	4月	5月	6月	7月	8月	9月	10月	11月	12月	年
气温（℃）	9.3	8.9	12.6	17.9	21.1	23.8	29.1	29.7	23.5	18.4	14.0	9.1	18.2（平均）
日照（小时）	6.4	43.4	49.6	105.9	135.3	74.2	224.7	227.9	67.5	52.7	39.3	14.3	1550.2（总）
降水（毫米）	9.6	43.0	66.4	224.6	204.1	264.1	109.2	63.6	282.0	227.3	41.2	15.1	1041.2（总）

2017年忠县极端气温情况表

表2

平均（℃）	极端最低	出现日期	极端最高	出现日期	无霜期
18.3	3.4	2月12日	40.8	8月22日	365天

（周　燕）

【环境质量】 2017年，忠县生态环境质量持续改善。城区环境空气质量优良天数315天，占全年的86.5%；长江干流忠县段及主要次级河流地表水整体水质为优；城区集中式饮用水源地水质良好，达标率100%；声环境质量稳定达标。

环境空气质量状况　城区环境空气中首要污染物为可吸入颗粒物（PM10），其年平均值为57微克/立方米，较上年下降8.1%；二氧化硫年均值为8微克/立方米，较上年下降37.5%；二氧化氮年均值为24微克/立方米，较上年下降27.3%；可吸入颗粒物、二氧化硫和二氧化氮年均值均优于国家二级标准。

降水状况　全年城区统计降水45次，降水pH范围5.04—7.55，其中酸雨1次，酸雨频率2.2%，较上年下降13.6%，酸雨污染持续减轻。

地表水环境质量状况　长江干流忠县段整体水质为优，苏家、洋渡2个监测断面均为Ⅱ类水质，达标率100%，较上年有所好转。长江支流整体水质为优，6条次级河流13个监测断面中满足Ⅱ类水质的断面11个，占比91.7%，较上年增长25%；Ⅲ类水质断面2个，占比8.3%。

集中式饮用水水源地水质状况　忠县城区集中式饮用水源水质较好，达标率100%；29个乡镇（街道）集中式饮用水源地水质达标率85.4%。

声环境质量状况　城区区域环境噪声平均等效声级为55.3分贝，达到二级标准；道路交通噪声平均等效声级为68.2分贝，达到一级标准。社会生活噪声仍是影响城区声环境质量的主要污染源，所占比例为72.3%；其次为交通噪声和工业噪声，所占比例分别为24.7%、3.0%。　（周海峰）

【自然资源】 土地资源 全县土地总面积 218280.3 公顷,其中耕地 87757.88 公顷、园地 17547.26 公顷、林地 62081.71 公顷、草地 2865.09 公顷、城镇村及工矿用地 14128.62 公顷、交通运输用地 4964.45 公顷、水域及水利设施用地 13394.79 公顷、其他土地 15540.50 公顷。全县共有 4 个土类，7 个亚类，19 个土属、66 个土种、78 个变种，常见的有水稻土、冲积土、紫色土、黄壤土。

矿产资源 全县探明矿产资源有天然气、煤炭、石膏、滑石、岩盐、青矾、磷矿、石灰岩、砂岩、页岩、高岭土、耐火黏土、钾长石、硫磺、铁矿、铜矿、沙金、重晶石等 23 种。天然气探明储量 278 亿立方米，煤炭探明储量 873.3 万吨，岩盐探明储量 23 亿吨，石膏探明储量 545.3 万吨，石灰岩探明储量 12.36 亿吨，水泥配料用砂泥岩探明储量 1 亿吨。已开发利用矿产资源 12 种，分别为天然气、煤炭、石灰岩、页岩、砂岩等。岩盐主要分布在石宝、涂井等乡镇，尚未开发利用。(冯智峰)

森林资源 全县林地面积 11.03 万公顷，森林面积 10.99 万公顷。通过实施森林工程、天然林保护工程和退耕还林工程建设，全县森林覆盖率 50.3%，长江两岸水平推进 2 千米范围内森林覆盖率 70%。

动物资源 忠县有野生动物 170 余种，其中，鸟类 100 种，兽类 40 余种，爬行动物 20 余种，两栖类动物 10 余种（青蛙、蟾蜍）。国家一级保护动物有豹、金钱豹、中华鲟、白鲟、麝等 5 种，最近发现虎、熊、猴；国家二级保护动物有水獭、大灵猫、毛冠鹿、金猫、钢鸡、金鸡、黄羊、小灵猫、秧鸡等 9 种。“三有”（国家保护有益的、有重要经济、科学研究价值的）动物有青蛙、蛇、野猪、锦鸡、蟾蜍、野兔等 20 余种。家畜主要有猪、牛、羊等，家禽主要鸡、鸭、鹅等。

植物资源 忠县属亚热带常绿阔叶林盆东岭谷植被亚区，适合多种植物生长。按生物学特性划分为乔木、灌木、草木、藤本植物。有高等植物 1000 种以上，已定名 716 种，隶属 161 科，427 属。其中蕨类植物 15 科、20 属、28 种；裸子植物 139 科，438 属，672 种。国家重点保护一级植物有水杉、南方红豆杉、银杏、苏铁等，二级保护植物有三尖杉、厚朴、楠木、樟树、红豆树、润楠、鹅掌楸、梓叶槭、红椿等，濒危珍稀名木古树有兰科植物（兰草兰花）、黄葛树、桂花树、罗汉树、南方红豆杉、银杏等。按生态类型划分为忠县乔木、灌木植物 71 科，260 种。主要乔木有以松科、柏科、杉科为主的针叶林，占全县用材林面积的 93.3%；以壳斗科栎类（白栎、丝栗、麻栎）为主的阔叶林分布较集中成片。小块的化香树常与柏木、栎类混生；白夹竹集中成片分布在山区，慈竹、寿竹、刺竹等在居民点周围和沿溪河两岸，以小块分布最为常见。经济林以柑、橘、柚、李、梨、樱桃、桃、葡萄、猕猴桃、苹果、枇杷、油桐、油橄榄为主。草本、藤本植物有 450 余种，以禾科、菊科、十字花科、百合科植物最为常见，如金银花。按用途分，用于木材的有 92 种，药用的有 475 种，食品的有 111 种，工业的（造纸、纤维、烤胶）有 55 种，农药的有 6 种。(廖媛媛)

水资源 县域内水资源分为地表水和地下水两大类。忠县属长江水系，长江流经忠县 6 个镇 4 个街道 88 千米，境内有 28 条溪流河汇入长江，流域面积大于 50 平方千米的河流有 8 条。2017 年地下水储量为 2.5081 亿立方米。

地表水资源 2017 年降雨量为 1409.8 毫米，其分布随着海拔高度的增加而增大，从东南向西北方向逐渐减少,2017 年降水总量 30.7987 亿立方米。

境内地表径流 2017 年全县境内当地地表水径流量 18.5692 亿立方米。

地下水资源 全县地下水共分四类：即基岩裂隙水、碳酸盐类岩深水、碎屑岩类裂隙孔隙水、松散岩类孔隙水。主要受大气降水及地表径流补。2017 年，地下水资源量 2.5081 亿立方米。

(李 东)

【旅游资源】 忠县旅游资源丰富，是三峡库区唯一兼具山城、桥城、水城、岛城特征的四面环水的新型旅游城市。境内有三峡港湾国际旅游度假区、有国家AAAA级旅游景区石宝寨、“中国柑橘城”、白公祠、“三峡第一岛”皇华城、天池山国家级森林公园等。

烽烟三国 烽烟三国选址秀美的东溪湖，座落重庆三峡港湾国际旅游度假区忠县三国文化产业园内，距县城仅8千米。长江三峡大型山水实景演艺——烽烟三国，是长江三峡首部古代战争题材、刻画关羽忠义形象的大型山水实景剧，通过35000平方米大场景水上舞台、3200平米水幕投影和3D全息式投影、300米大跨度高速威亚、“五虎上将石柱”大型舞台机械、180度环形移动观众座椅、惊艳的水火特技， 以及300多名演员、50多匹战马，截取关羽忠义一生的重点历史场景如桃园结义、下邳邓降、身陷曹营、千里走单骑、单刀赴会、义释曹操、水淹七军等，场面宏大，气势震撼，激荡心灵。2016年4月首演，演出时长约70分钟，由西安长恨歌总导演李捍忠先生创意执导，该演出填补了三峡文化的空白。

石宝寨 国家AAAA级旅游景区、国家重点文物保护单位、“巴渝新十二景”之一，位于重庆市忠县石宝镇，距县城32千米，是长江三峡黄金旅游带上集山、水、古建筑于一体的“江上明珠”。石宝寨孤峰拔地，四壁如削，形如玉印，传说是女娲炼石补天留下来的一块五彩石，故称石宝。明末农民首领谭宏起义，据此为寨，故名石宝寨。石宝寨建于明万历年间，距今四百多年。红色寨楼依山而建，飞檐展翼，气势雄伟；寨顶古刹天子殿，临岩筑墙，殿宇巍峨，蔚为壮观；更有历代碑刻，名人画像及鸭子洞流米洞等古迹，为石宝寨增添了古朴而神秘的色彩。三峡工程蓄水，将石宝寨变成一座美丽的江中孤岛，石宝寨以其“最美的水寨”“最大的盆景”和“最奇的建筑”之美誉而名扬四海。

白公祠 位于城西鸣玉溪畔，是忠州为纪念唐代大诗人白居易修建的祠庙，也是与洛阳香山“唐少傅白公墓祠”齐名的白居易祠庙之一，1983年被公布为第一批县级文物保护单位，2014年申报为重庆市级文物保护单位。白居易（772—846年），字乐天，号香山居士，唐宪宗元和十三年（818年）至元和十五年（820年）任忠州刺史。明崇祯三年（1630年）忠州知州马易从创修白公祠，历代均有培修，2015年全面修缮。白公祠由白园、乐天堂、醉吟阁、四贤亭、乐天诗廊、咏白诗刻、龙昌寺荷池等景点组成，建筑仿明清风格，是祀先贤、励后学、赏书画、咏诗文的重要文化旅游胜地。白公祠占地7.3公顷，2015年实施白公祠景区提档升级项目，涵盖景区配套功能用房工程、星级厕所新建工程、消防给水工程、道路景观绿化工程、白园——太保祠布展装饰工程、白公祠主体修缮保护等6项工程，总投资1200万元，2016年6月完工并投入使用。

忠州博物馆 位于白公街道白公路28号，占地面积24000平方米；总建筑面积15000平方米，其中历史文化陈列区6000平方米，文物库房2000平方米，功能用房2000平方米，总投资1.4亿元；2013年11月中旬破土动工，2016年8月主体完工，2018年2月10日对外试运行。忠州博物馆是集文物展示、收藏、保护、研究等功能为一体的综合性博物馆，由重庆大学建筑研究设计院设计，风貌为明清仿古建筑。忠州博物馆展陈内容总体分三部分，即人文忠州，为主要文物展览陈列区，是忠州博物馆的主要展区；多彩忠州，为忠州非物质文化保护展示区；忠义忠州，主要陈列忠县本土名人及唐代四贤等忠义文化为代表的人物故事及图片。忠州博物馆“人文忠州”常设展览主要分为五大部分：第一部分，大地史书——先秦时期，展览内容分为六个单元：因盐而聚、中坝文化、渔猎与耕织、盐与巴人、江州以东，其人半楚、文化交融。第二部分，临江风雨——秦汉魏晋南北朝时期，展览内容分为五个单元：融入中原、忠州汉墓、常富贵乐未央、世家大族阙临江、六朝风韵。第三部分，盛世忠州——唐宋时期，展览内容分为四个单元：忠州得名、唐代四贤、唐宋遗珍、皇华城之战。第四部分，移民与工商——元明清时期，展览内容分为五个单元：元代忠州、忠州明清移民、明清之际的忠州佛教、洋渡老街、忠州明代冶锌遗址。第五部分，革命风云——近现代时期，展览内容分为响应辛亥革命、中国共产党领导的忠县革命斗争、抗战时期的忠县、忠县和平解放。这一部分的展览形式以展板内容为主，辅以幻影成像等多媒体手段。馆藏文物方面，忠州博物馆文物藏量共 9109 件（套）。征集方式主要有鼓励捐赠、征集购买等，其中旧藏文物占 9.5%，发掘文物占 90.3%，接受捐赠文物占 0.2%。藏品特色：文物类别丰富，涵括陶、瓷、铜、雕塑造像、武器、牙骨角器、金银、玉器等 23 类；文物基本不断代，具有较好的延续性，从新石器时代的石斧、石锛、石球、纺轮等到近现代的抗美援朝银质纪念章，其中汉代文物占全县文物总量的 66%，且基本为墓葬出土文物，体现了汉代厚葬习俗的盛行，充分体现了古忠州地区制盐技术的先进水平，尤其是陶器制盐阶段，出土的陶尖底杯、圜底罐数量之多，埋藏地层之厚，是三峡地区绝无仅有的。

中国柑橘城·三峡橘海　三峡橘海位于忠县涂井乡友谊村，距县城 18 千米，与石宝寨相邻。三峡橘海始建于 2001 年，面积 866.67 公顷。三峡橘海有五大奇观：花果同树、父子同床、挂果期长、三青三黄、果树寿命长，其中花果同树最为奇特，阳春三月，绿叶簇拥着金黄的橘果，金果点缀着雪白的花朵，白花散发着沁人心脾的芳香，令人心旷神怡，流连忘返。三峡橘海有龙脊观景亭、橘海荷塘、望寨亭、夫妻树、汉墓石屋群等 12 个景点，是游客闻香赏花摘果探幽的最佳去处。三峡橘海不仅风光秀美，而且人杰地灵。当代革命家作家马识途、红岩烈士马秀英，全国劳模、全国道德模范李淑娥，“缺钱不缺德”的全国道德模范提名奖获得者郑定祥等均是三峡橘海人。　（张　琪）

【人口状况】　全县户籍户数 34.7 万户，户籍人口 99.73 万人，比上年减少 0.58 万人。按性别分，男性 51.92 万人，女性 47.81 万人。全县男女人口性别比（以女性为 100，男性对女性的比例）为 108.6。全年出生人口 10172 人，死亡人口 10387 人，迁入人口 21207 人，迁出人口 26864 人。全年人口出生率为 10.2‰，死亡率为 10.4‰，人口自然增长率（户籍口径）为 -0.2‰，人口机械增长率为 -5.7‰。

全县常住人口 72.45 万人，比上年增加 0.78 万人，其中城镇人口 31.31 万人，占常住人口比重（常住人口城镇化率）为 43.21%，比上年提高 1.62 个百分点。　（黄　维）

经济社会发展

【国民经济】　2017 年，全县实现地区生产总值（GDP）271.33 亿元，比上年增长 12.0%。按产业分，第一产业增加值 40.03 亿元，增长 4.4%；第二产业增加值 139.48 亿元，增长 17.6%；第三产业增加值 91.83 亿元，增长 8.3%。三次产业结构比为 14.8：51.4：33.8。三次产业对全县经济增长的贡献率分别为 6.2%、68.7%、25.1%，分别拉动全县经济增长 0.7 个百分点、8.2 个百分点、3.1 个百分点。非公有制经济实现增加值 146.60 亿元，增长 14.3%，占全县经济的 54.0%。其中，民营经济实现增加值 146.56 亿元，增长 14.3%，占全县经济的 54.0%；外商、港澳台经济实现增加值 0.04 亿元，增长 20.7%。

按常住人口计算，全县人均地区生产总值达到 37654 元，比上年增长 10.7%。

全年居民消费价格（CPI）总水平比上年上涨 1.0%。从构成居民消费的八大类商品和服务价格来看，衣着、居住、生活用品及服务、交通和通信、教育文化和娱乐、医疗保健、其他用品和服务分别同比上涨2.8%、1.9%、0.7%、1.5%、3.3%、4.2%、0.8%；食品烟酒比上年下降1.8%。

【农 业】 全年实现农林牧渔业增加值40.03亿元，比上年增长4.4%。其中，种植业28.18亿元，增长3.7%；林业1.34亿元，增长20.2%；畜牧业8.51亿元，增长3.1%；渔业2.0亿元，增长14.7%。

全县农林牧渔业总产值达59.15亿元，比上年增长3.2%，其中种植业、林业、畜牧业、渔业产值分别为37.42亿元、1.97亿元、17.19亿元、2.57亿元，各增长4.7%、17.8%、-2.3%、17.1%。

全年粮食播种面积达到7.94万公顷，较上年增长0.1%。其中，小麦面积0.54万公顷，下降1.3%；水稻面积2.84万公顷，下降0.2%；玉米面积1.02万公顷，下降2.9%。全年油料播种面积1.57万公顷，增长2.2%。蔬菜播种面积1.29万公顷，增长2.7%。全年水果种植面积2.67万公顷，增长1.2%，其中柑橘种植面积2.35万公顷，增长1.3%。

全年粮食总产量41.7万吨，比上年增长0.8%。其中，小麦产量2.01万吨，下降6.5%；水稻产量22.06万吨，增长0.7%；玉米产量6.23万吨，下降6.5%。全年油料产量3.37万吨，增长1.5%。蔬菜产量29.01万吨，增长6.2%。水果产量38.14万吨，增长8.9%，其中柑橘产量33.4万吨，增长6.1%。

全年肉类总产量7.87万吨，比上年增长17.3%，其中猪肉产量5.47万吨，增长6.1%。全年生猪出栏68.63万头，下降1.4%；牛出栏2.62万头，增长9.9%；羊出栏8.12万头，增长14.4%；兔出栏820.93万只，下降9.8%；家禽出栏444万只，增长0.8%。

2017年忠县主要农产品产量

表3

产品名称	单位	产量	比上年增长（%）
全年粮食产量	吨	416985	0.8
#小麦	吨	20065	-6.5
水稻	吨	220570	0.7
油料产量	吨	33735	1.5
蔬菜总产量	吨	290114	6.2
水果产量	吨	381416	8.9
#柑橘	吨	334015	6.1
生猪出栏	头	686295	-1.4
羊出栏	只	81165	14.4
牛出栏	头	26224	9.9
兔出栏	万只	820.93	-9.8
出栏家禽	万只	444	0.8
禽蛋产量	吨	25067	0.3
肉类总产量	吨	78686	17.3
#猪肉	吨	54701	6.1
水产品产量	吨	14100	7.1

（“#”表示其中项）

【工业和建筑业】 全年实现工业总产值398亿元，比上年增长21.2%；实现工业增加值95.87亿元，增长21.1%。工业增加值占全县地区生产总值的比重为35.3%，对全县经济的贡献率达51.7%，拉动全县经济增长6.2个百分点。

全县规模以上工业企业71家，实现产值128.61亿元，比上年增长36.3%；实现增加值43.39亿元，增长25.0%。在规模以上工业中，按轻重工业划分，轻工业实现产值70.5亿元，增长50.0%；重工业实现产值58.11亿元，增长22.7%。按聚集度划分，园区实现产值103.98亿元，增长39.0%；其他区域实现产值24.62亿元，增长25.9%。按产业划分，医药产业实现产值42.78亿元，增长38.2%；锂电产业实现产值 9.08 亿元，增长 329.2%；装备制造业实现产值 9.52 亿元，增长 28.4%；资源加工业实现产值 46.98 亿元，增长 21.4%，其中柑橘加工实现产值 3.22 亿元，增长 60.8%。规模以上工业企业实现销售产值 122.06 亿元，增长 36.3%，其中出口交货值 1.31 亿元，增长 16.9%。

全年规模以上工业企业主营业务收入 120.68 亿元，增长 36.7%。实现利税总额 14.62 亿元，增长 56.1%，其中利润总额 10.95 亿元，增长 52.7%。规模以上工业企业综合能源消耗 71.67 万吨标准煤，增长 4.9%。

全年实现建筑业产值 221.45 亿元，增长 22.6%，其中在本县注册建筑企业实现产值 60.54 亿元，增长 14.5%。全年实现建筑业增加值 43.61 亿元，增长 11.7%，占全县地区生产总值的 16.1%，对全县经济增长贡献率为 17.0%，拉动全县经济增长 2.0 个百分点。

【固定资产投资和房地产开发】 全年完成固定资产投资 246.56 亿元，比上年增长 18.3%。分产业看，第一产业投资 22.29 亿元，下降 11.6%；第二产业投资 55.48 亿元，增长 20.9%；第三产业投资 168.79 亿元，增长 22.9%。

从投资构成看，其中基础设施建设投资 111.47 亿元，比上年增长 50.1%，占全县固定资产投资的 45.2%。从投资主体看，国有投资 130.22 亿元，增长 7.0%，占全县固定资产投资的 52.8%；民间投资 116.34 亿元，增长 34.1%，占全县固定资产投资的 47.2%。从投资行业看，工业投资 55.48 亿元，增长 20.9%，占全县固定资产投资的 22.5%；房地产开发投资 22.76 亿元，下降 12.8%，占全县固定资产投资的 9.2%。在房地产开发投资中住宅投资 17.3 亿元，下降 18.2%；办公楼投资 0.25 亿元，增长 527.4%；商业营业用房投资 2.47 亿元，下降 35.9%。

全年商品房施工面积 212.5 万平方米，下降 6.6%，其中住宅施工面积 163.5 万平方米，下降 5.7%。商品房竣工面积 52.2 万平方米，下降 17.2%，其中住宅竣工面积 41.8 万平方米，增长 21.1%。商品房销售面积 55.8 万平方米，下降 0.5%，其中住宅销售面积 54.3 万平方米，增长 5.6%。竣工商品房待售面积 16.8 万平方米，下降 23.0%。

全县已建成并投入使用的保障性住房 5.07 万平方米。2017 年新建美丽宜居村庄示范点 2 个，完成城市棚户区改造 10.44 万平方米，完成农村危旧房改造 11.5 万平方米。

【贸易和旅游】 全年批发和零售业实现增加值 14.96 亿元，比上年增长 10.0%，占地区生产总值的 5.5%；住宿和餐饮业实现增加值 8.5 亿元，增长 10.7%，占地区生产总值的 3.1%。

全年实现社会消费品零售总额 85.06 亿元，比上年增长 14.2%。分城乡看，城镇实现社零总额 58.42 亿元，增长 14.6%；乡村实现社零总额 26.64 亿元，增长 13.2%。分行业看，批发和零售业实现社零总额 70.59 亿元，增长 13.4%；住宿和餐饮业实现社零总额 14.47 亿元，增长 18.0%。

全年实现批发和零售业商品销售总额 195.48 亿元，比上年增长 19.0%。其中：限额以上批发和零售业商品销售总额 70.76 亿元，增长 21.9%；限额以下批发和零售业商品销售总额 124.72 亿元，增长 17.5%。全年实现住宿和餐饮业营业额 31.09 亿元，比上年增长 20.2%。其中：限额以上住宿和餐饮业营业额 10.62 亿元，增长 29.1%；限额以下住宿和餐饮业营业额 20.47 亿元，增长 16.0%。

全年电子商务交易额 12.12 亿元，比上年增长 31.7%，其中限额以上商贸企业通过公共网络实现商品销售额 3.99 亿元，实现商品零售额 0.43 亿元，比上年增长 91.0%。

全年实现进出口总额 1707.95 万美元（全部为出口），比上年增长 20.6%。全年实际利用内资 207.87 亿元，增长 35.0%。其中，5000 万元以上项目利用内资 186.87 亿元，增长 39.1%；5000 万元以下项目利用内资 21.0 亿元，增长 7.0%。全年实际利用外资 100 万美元。

全年接待旅游人数 479.11 万人次，增长 33.5%。其中，外国人 39.31 万人次，增长 19.1%；港澳台同胞 1.56 万人次，增长 56.6%。旅游综合收入 16.23 亿元，增长 58.2%。全县旅行社 4 家，旅游从业人员 75 人。星级宾馆 5 家，星级农家乐 18 家。

【财政和金融】 全年财政一般公共预算收入 16.66 亿元，比上年增长 10.0%。其中，税收收入 8.75 亿元，增长 17.5%；非税收入 7.92 亿元，增长 2.8%。

全年财政一般公共预算支出 59.62 亿元，比上年增长 14.1%。其中，一般公共服务支出 4.41 元，增长 20.5%；教育、社会保障和就业、医疗卫生与计划生育、城乡社区事务、住房保障等民生事项分别支出 10.99 亿元、6.44 亿元、8.87 亿元、9.5 亿元、1.77 亿元，各增长-7.1%、-2.9%、0.3%、256.1%、5.9%。

全年实现金融业增加值 4.93 亿元，比上年增长 14.0%，占地区生产总值的 1.8%。年末全县金融机构人民币存款余额 413.77 亿元，比上年增长 8.0%，其中住户存款余额 318.12 亿元，增长 10.1%。年末金融机构人民币贷款余额 182.74 亿元，比上年增长 41.8%，其中住户贷款余额 102.21 亿元，增长 54.2%。金融机构人民币存贷比为 44.2%，比上年提高 10.5 个百分点。

【交通和邮电】 全年交通邮政仓储业实现增加值 15.01 亿元，比上年增长 8.7%，占地区生产总值的 5.5%。全年完成货物运输量 1096 万吨，增长 4.5%；实现货运周转量 49.79 亿吨千米，增长 13.9%。完成旅客运输量 1057.5 万人次，下降 4.8%；实现客运周转量 6.7 亿人千米，下降 10.8%。全年水陆客货运总周转量 50.57 亿吨千米，增长 13.5%。

年末全县公路通车里程累计达到 6419.8 千米，其中等级公路 4942.8 千米。全县行政村公路通达率 100%，行政村公路通畅率 100%，行政村客运班车通达率 100%。

年末县籍汽车拥有量 6.87 万辆，比上年增长 28.3%，其中民用汽车 6.43 万辆，比上年增长 22.9%。民用汽车中，私人汽车 6.29 万辆，比上年增长 21.9%，其中小轿车 3.42 万辆，增长 16.3%。公共汽车营运车辆 843 辆，其中客运车辆 551 辆、公交车 72 辆、出租汽车 220 辆。

全年完成邮政电信业务总量 4.65 亿元，增长 9.9%。其中，邮政业务总量 1.43 亿元，增长 20.8%；通信业务总量 3.22 亿元，增长 5.6%。

邮政业全年完成函件平常信件 375 件，比上年减少 615 件；国内挂号信件 8.09 万件，比上年减少 0.12 万件。包裹类业务 14.77 万件。其中，国内普通包裹 0.24 万件，比上年减少 0.16 万件；国内快递包裹 14.53 万件，比上年增加 11.75 万件。特快专递类业务 4.47 万件，比上年增加 0.35 万件。

全县电话用户 64.3 万户。其中，固定电话用户 7.16 万户，比上年下降 4.5 %；移动电话用户 57.14 万户，比上年增长 8.2%。年末固定互联网宽带接入用户 11.19 万户，增长 24.3%。

【教育和科技】 全县有各类学校 231 所，在校学生 114218 人。其中，普通小学校 93 所，在校学生 65532 人；普通中学校 25 所，在校学生 45928 人；职业教育学校 2 所，在校学生 2524 人；特殊教育学校 1 所，在校学生 234 人。全县专任教师 6990 人，其中普通小学教师 3697 人，普通中学教师 3135 人，特殊教育教师 34 人，职业教育教师 124 人。全县拥有幼儿园 103 所，其中民办幼儿园 102 所；在园儿童数 22800 人，其中女童 10773 人。全县初等义务教育阶段入学率 100%，毕业率 100%。全年高考上线人数 6572 人，其中重本 1222 人，高考上线率 98.44%。累计改扩建寄宿制学校 63 所，建立留守儿童亲情室 102 个、“数字校园” 93 所。妥善解决 1224 名进城务工农民子女入学问题，发放各类资助款项0.72亿元，中小学营养促进工程惠及学生9.4万人。

全年组织实施市级重点科技项目5项，实施重点科技攻关项目28项。解决技术难题48项。引进应用新技术48项，推广应用新技术、新成果31项，推广新品种36个。组织开展农村星火适用技术人才骨干培训8.5万人次。实施农业科技项目12项，工业企业科技项目5项。截止年底，有效期内高新技术企业9家。全年申请专利1120件，授权专利215件，其中发明专利7件、实用新型专利162件、外观设计专利46件。拥有高新技术产品28个。建立市级专家大院2个，新成立企业研发中心2个。

【文化卫生和体育】全县公共图书馆藏书16.28万册，较上年增加2.8万册。乡镇（街道）综合文化站29个，农家书屋337个。全年组织文化活动110次。全县广播人口覆盖率99.15%，电视人口覆盖率99.2%。

全县有各类医疗卫生机构886个，其中医院11个、乡镇卫生院42个、社区卫生服务机构4个、诊所（卫生所、医务室）114个、村卫生室713个、疾病预防控制中心1个、妇幼保健站1个。有医疗卫生机构床位数3486张，年末卫生机构人员3963人，其中卫生技术人员3685人。卫生技术人员中执业（助理）医师1779人、注册护士和护师1555人。每万人拥有执业（助理）医师17.8人（户籍口径），每万人拥有卫生机构床位数35张（户籍口径）。婴儿死亡率7.28‰，5岁以下儿童死亡率11.85‰。社区卫生服务中心覆盖率100%。城乡居民合作医疗保险参保率96.2%。

全年获重庆市级以上奖牌70枚，其中体育类奖牌39枚、文化类奖牌31枚。开展各类群众运动会68次，累计建成中小学塑胶运动场31片。

【人民生活】　全县常住居民人均可支配收入21121元，比上年增长11.2%。按常住地分，城镇常住居民人均可支配收入32107元，增长9.6%；农村常住居民人均可支配收入13298元，增长9.9%。

常住居民人均生活消费支出14290元，增长6.7%。其中，食品烟酒支出5149元，增长2.7%；衣着支出956元，增长3.1%；居住支出2800元，增长2.1%；生活用品及服务支出1222元，增长5.1%；交通通信支出1355元，增长20.9%；文化教育娱乐支出1351元，增长20.3%；医疗保健支出1113元，增长12.3%；其他商品和服务支出345元，增长8.2%。

城镇常住居民人均生活消费支出19993元，增长5.0%。其中，食品烟酒支出6593元，增长3.1%；衣着支出1667元，增长0.4%；居住支出3681元，增长2.5%；生活用品及服务支出2012元，增长1.6%；交通通信支出2056元，增长14.2%；文化教育娱乐支出1901元，增长13.7%；医疗保健支出1527元，增长9.6%；其他商品和服务支出556元，增长1.4%。

农村常住居民人均生活消费支出10230元，增长6.4%。其中，食品烟酒支出4121元，增长0.8%；衣着支出449元，增长3.3%；居住支出2174元，增长0.1%；生活用品及服务支出659元，增长7.6%；交通通信支出855元，增长28.6%；文化教育娱乐支出959元，增长27.1%；医疗保健支出819元，增长13.5%；其他商品和服务支出194元，增长18.2%。

全年城镇居民家庭恩格尔系数为32.98%，比上年下降0.6个百分点；农村居民家庭恩格尔系数为40.28%，比上年下降2.26个百分点。城镇居民人均住房面积43平方米，比上年增加3.74平方米；农村居民人均住房面积56平方米，比上年增加2.35平方米。

【社会保障】　全年全社会保险参保161.38万人次，其中，城镇职工医疗保险5.76万人，城乡居民医疗保险83.23万人，养老保险62.17万人，失业保险2.93万人，工伤保险4.14万人，生育保险3.15万人。全年城乡居民合作医疗保险补偿金额（各级财政补助）3.65亿元。全县社会福利单位70个，床位5292张。年末全县有1.85万人享受最低生活保障，其中城镇0.46万人，农村1.39万人；支出低保金7712.4万元，其中城镇2455.2万元，农村5257.2万元。实施农村医疗救助8.69万人，支出救助金额2216万元；城市医疗救助6.29万人，支出救助金额1604.7万元。年末残疾人口60339人，其中已办证人数21926人。

【移民扶贫】 截至到2017年底，全县移民工程累计完成投资57.94亿元，三峡后续工作工程累计完成投资69.3亿元，其中当年完成投资9.85亿元。

全年市级以上财政专项扶贫资金12454万元，其中财政扶贫发展资金9075万元，以工代赈资金756万元，少数民族发展资金130万元。年末全县有贫困户1076户，贫困人口3047人，综合贫困发生率降至0.39%。（姚江玥）

精神文明建设

【概　况】 忠县精神文明建设委员会办公室（以下简称县文明办）于2001年机构改革时内设到县委宣传部，其级别为正科级，主要职责是负责全县精神文明建设情况调研，了解分析精神文明建设工作信息动态，提出意见和建议；制定精神文明建设规划；负责本办综合文字材料；负责落实县文明委及领导交办事项；负责县文明委成员及成员单位日常工作联系；组织、指导全县各种群众性精神文明创建活动；组织评比表彰精神文明先进典型，总结推广先进经验。2017年，县文明办设主任（县委宣传部副部长兼任）1名，专职副主任1名，内设未成年思想道德建设科，设科长1名，工作人员3名。

【全国县级文明城市创建】 成立由县委书记任指挥长，县长、县委专职副书记等7位县领导任副指挥长，50多个部门主要负责人为成员的创建全国县级文明城市指挥部。进一步完善“党委统一领导、党政群齐抓共管、指挥部组织协调、有关部门各负其责、全社会共同参与”的领导体制和工作机制。通过新闻媒体、公益广告、入户宣讲等方式全方位宣传造势，营造浓厚的创建迎测氛围，先后印发《忠县文明礼仪手册》8万册，《文明城市知识知多少》10万册，《文明用餐宣传册》《市民公约》《志愿服务30问》《请对不文明行为说NO》《忠县市民文明手册》《市民文明积分暂行办法》等共计10万余册，张贴《社区居民文明守则》2万张，散发各类倡议书10万份；发放文明城市创建购物宣传袋3万个、宣传画2万张，宣传伞5000把。在公共场所、建筑围挡、公共交通工具、显示屏、橱窗展板、道旗灯箱、车载电视等刊播社会主义核心价值观和“讲文明树新风”公益广告5万余条；在城区草坪安装地插400余块、树吊600余个。在《忠州日报》、忠州新闻网、忠县电视台、忠州手机报等开辟“直击文明”“创建全国县级文明城市知识问答”“创建知识问答”“文明礼仪知多少”等栏目；忠县发布、忠县忠州新闻网等微信公众号开设“文明创建”专栏；开办忠县文明网，建成中国文明网忠县联盟网站；策划开展“网上祭英烈”“文明旅游”等各类网传文明传播活动25次；制作“身边好人”“文明城市创建知识竞赛”等网络专题9个。

搞好创建活动。突出攻坚整治，先后开展“三边一厕”（路边、河边、房边、公厕）、城市管理、“僵尸车”“地锁”等专项整治行动。常态化开展“文明出行·周五劝导”“礼让斑马线·文明我点赞”等志愿服务活动。加强信息互通。编发《文明瞭望哨》简报36期，向中国文明网、重庆文明网、重庆市文明办上报信息500余条；有针对性开展“学雷锋志愿服务”交通“文明劝导”“我们的节日”“社区竞创”等活动，提升市民素质和社会文明程度；组织开展模拟问卷调查和第三方模拟测评；常态开展明察暗访，深层次查找问题、梳理问题、查漏补缺，落实责任单位，并跟踪督导整改落实。按照“稳步推进、全面提升”的建设理念，逐步实施城市基础设施三年行动计划，促进城区基础设施不断完善。新建和改造城区停车场，建成红星桥、福田小区、红星广场、滨江路等5处停车楼（库）并投入使用；加强市政道路建设，不断完善交通网络，完成玉溪二桥、环城西路、香山路拓宽改造工程、中博香山湖至交警大队连接道工程、州屏小学市政道路工程、白公片区市政道路二期工程，城区拥堵问题得到有效缓解。城市环境更加美好。建设北滨体育公园等城市公园，人均公园绿地10.4平方米，县城建成区绿化覆盖率39.78%，成功创建国家园林县城、全国卫生县城；在背街小巷、城乡结合部增设果皮箱、垃圾桶，添置垃圾清运车辆、洒水车辆，城区环境卫生水平有效提升。建设乡镇污水处理厂33座，垃圾片区中转站9个，垃圾无害化处理达到516吨/日；着力整治“僵尸车”、乱停乱靠、乱搭乱建等不文明行为，2017年上半年，全县共清理拖移“僵尸车”325辆，拖移违法停车167台，查处违法停车1152台次；拆除地锁260余个，下达责令限期整改违法行为通知书117份，依法强制拆除违规亭棚伞407个、4587平方米，全县城市环境明显改观，市容市貌更加靓丽。社会秩序更加井然。常态开展“文明行为大倡导”“交通秩序大遵守”等活动，在城市重要节点和人员集散地开展志愿劝导；增设城区交通信号灯3组，安装违停抓拍系统15组，引导车辆、行人各行其道；出台市民文明积分暂行办法，要求执法监管部门和窗口从业人员文明用语、礼貌待人；工商、综合执法、交巡警等部门开展综合执法，城区经营秩序得到有效规范。文化生活更加丰富。大力弘扬“忠勇、诚信、求实、创新”的忠县精神，承办“中宣部核心价值观百场讲坛”，举办“重庆历史文脉传承座谈会”“光明论坛白居易专题讲座暨白居易研讨会”“中韩两忠州文学艺术交流会”等活动，《忠德的多重意义和价值》在全国范围内在线直播。为“逐梦他乡重庆人”人物故事寻访推荐忠县籍名人116位。以“我们的节日”为主题，策划举办端午龙舟赛、白居易中秋诗会、身边好人纪实摄影、学雷锋实践等活动，免费提供文艺演出、文化讲座等612场次，服务群众23.8万人次。市民行为更加文明。通过开展“党员干部示范助推、学生文明牵手助推、社区街巷互动助推、文明单位联动助推”等各类教育助推活动，引导全县广大市民自觉养成文明行为规范，排队乘坐公交车、给老弱病残让座、等候绿灯过马路等文明行为渐成时尚。各类道德模范、先进典型不断涌现。全年涌现全国道德模范及提名奖4人、重庆市道德模范5人，中国好人9人，重庆好人43人，评选出各级各类道德标杆300余人。2017年9月，忠县文明城市创建工作完成网上资料申报工作，入围166个测评城市名单，接受中央文明办测评组测评验收。2017年11月14日，中央文明办公布《第五届全国文明城市名单和复查确认继续保留荣誉称号的往届全国文明城市名单》，忠县正式取得“全国文明城市”荣誉称号，县委书记赖蛟受邀参加全国精神文明建设表彰大会。

【群众性精神文明创建】 在推进全国文明县城创建的同时，不断深化文明单位、文明村镇、文明校园等创建活动。在全县开展2016年度全国、市级、县级文明单位（文明村镇）复查工作，其中继续保持荣誉称号的全国文明单位1个、全国文明镇1个、市级文明单位54个、市级文明村镇9个、县级文明行业4个、县级文明单位481个、县级文明村137个，荣誉称号自然消失的市级文明单位1个、县级文明单位75个，通报批评的县级文明单位2个，限期整改一年的县级文明单位3个、县级文明村1个，撤销荣誉称号的县级文明单位16个、县级文明村1个。新申报全国文明单位1个，全国文明村镇1个，县公安局交巡警大队、涂井乡友谊村分别成功创建全国文明单位、全国文明村。积极参与第一届全国文明校园创建活动，忠县中学成功创建全国文明校园。

【志愿服务】 完善县、乡镇（街道）、村（社区）三级志愿服务组织网络，实现上下联动，逐步建立完善志愿服务嘉奖激励机制。开展公共文化设施、社区、公园及窗口单位学雷锋志愿服务站点规范化建设。开展全国志愿服务信息系统（“志愿云”系统）清理、规范，推进志愿服务工作规范化、制度化运行。全县注册志愿服务组织817个，志愿者11.7万人。开展志愿者服务项目征集策划，重点围绕精准扶贫、文明创建、文化服务、社区服务等志愿服务项目。忠县汇爱志愿者服务队“行走的书宝宝”关爱留守儿童志愿服务项目、县供电公司“贴心服务暖山区”志愿服务项目在首届重庆市志愿服务项目大赛中分别摘得银奖和铜奖。深入开展“衣旧情深”“文明餐桌”“邻里守望”“文明交通”“文明旅游”等“衣食住行游”志愿行动；开展向春天报道——忠县“3·5”学雷锋志愿服务活动、“干群齐携手，共创文明城”集中志愿服务行动等大型活动以及“文明出行·周五劝导我参与”“重庆志愿服务季”“我们一起奔小康”等常态化志愿服务活动，“奉献、友爱、互助、进步”的志愿精神深入人心。开展“重庆市最美志愿者”“最佳志愿服务组织”“最美志愿服务社区”“最佳志愿服务项目”以及“重庆志愿服务季”，各类“最美志愿者”推荐评选。县行政服务中心学雷锋志愿服务站获评重庆市“最美志愿服务站”，牟秀蓉获评重庆市“最美志愿者”，钱小红获评“最美环保志愿者”，黎昌伦提名“最美扶贫志愿者”，李婧婕提名“最美普法志愿者”。

【公民思想道德建设】 开展“文明礼仪我带头·争做重庆好市民”主题活动，开展“礼貌言谈我带头”“爱护环境我带头”“有序排队我带头”“热情让座我带头”“文明出行我带头”“文明上网我带头”等实践活动。为城区每家每户印发《文明城市知识知多少》《亲，请勇敢对不文明行为说NO!》等宣传资料20余万份，提高市民对文明城市创建的知晓率、参与率、支持率。广泛开展道德模范、感动人物、身边好人等推荐评选活动，选树各领域先进道德典型人物。2017年5月、8月，李小琼、王宗兰分获感动重庆月度人物。开展第六届“全国道德模范”“感动重庆月度人物”及“重庆好人”推荐工作，成功推荐马刘洋、李小琼等8人获评“重庆好人”。利用县域各类媒体，向社会广泛宣传好人故事，点赞好人精神，组织开展“身边好人微访谈”活动，积极发挥道德典型的“传帮带”作用，在全社会形成崇德向善的浓厚氛围。深化网络精神文明建设，依托忠县文明网、文明忠州微博、忠县发布公众微信号以及县域各类政务微博、自媒体等开展网络文明传播，倡导网络新风正气，展现忠县人文新貌，传递社会正能量。自主策划“遇见水墨一样的忠州”“万水千山粽是情”“喜迎十九大‘我和国旗合个影’摄影征集活动”等各类网传播活动30余次，利用华龙网、大渝网等主流媒体先后推出“忠县文明七人谈”“2017‘最美忠州人’评选活动”“从300米高空看忠县竟是这样”“2017长江三峡国际马拉松”等系列专题4次，配合中央文明办、市文明办完成“好人365”及其他网传任务100余次。

【未成年人思想道德建设】 深入开展“我的中国梦”主题实践教育活动。利用清明、七一、国庆等重要节点，在全县各中小学校开展清明祭英烈、学习和争做美德少年、童心向党、向国旗敬礼等主题活动，增强青少年学生爱党爱国情怀。加强乡村学校少年宫和未成年人心理健康辅导站建设。建立健全乡村学校少年宫管理、活动项目、经费保障、专兼职辅导员等制度，指导全县12所乡村学校少年宫因地制宜开展特色活动项目，如乌杨小学“农耕文化”、顺溪小学“开心农场”等；承办2017年重庆市乡村学校少年宫培训及工作考评会（二片区），万州、秀山、酉阳等9个区县文明办、教委及107所乡村学校少年宫学校负责人参加培训及述职考评，乌杨小学获特等奖，拔山镇中心小学校、顺溪小学校、马灌镇高洞小学校、新立中学校、复兴镇中心小学校获得二等奖，马灌初级中学校、双桂中心小学校、黄金镇大岭小学校、忠县兴峰乡中心小学校获得三等奖；在全县中小学校、城区各社区建立未成年人心理健康辅导站，配备专兼职人员开展工作。深化“九童圆梦”“红樱桃行动”。春节期间在全县未成年人中开展“寻根乡愁·记住年味——九童圆梦鸡年春节行动”，倡导广大家长带着孩子参与春节传统习俗活动，让孩子记住年味和乡愁；在全县招募25个爱心美食店，举办红樱桃“千店义卖行大善 万人同点爱心菜”公益活动，为山区留守儿童、孤寡老人募集爱心款。

（刘俊杞）

中国共产党　政权　政协

中共忠县县委

【概　况】　中国共产党忠县委员会（简称中共忠县县委）的工作部门有中共忠县纪委（简称县纪委）、中共忠县县委办公室（简称县委办公室，挂县委机要局<县密码管理局>、县委保密办<县国家保密局>）、中共忠县县委组织部（简称县委组织部）、中共忠县县委宣传部（简称县委宣传部）、中共忠县县委统一战线工作部（简称县委统战部）、中共忠县县委政法委（简称县委政法委）、忠县机构编制委员会办公室（简称县编办）、中共忠县县委忠县人民政府研究室（简称县研究室），县委部门管理机构有中共忠县县委忠县人民政府信访办公室（简称县信访办）、中共忠县县委老干部局（简称县委老干部局）、中共忠县县委忠县人民政府督查室（简称县督查室，设在县委办公室），县委直属事业单位有中共忠县县委党校（简称县委党校）、忠县党史研究与地方志编纂办公室（简称县史志办）、忠州日报社。

2017年，全县实现地区生产总值271.33亿元，增长12%；工业总产值128.61亿元，增长36.3%；完成固定资产投资246.56亿元，增长18.3%；社会消费品零售总额85.06亿元，增长14.2%；公共财政预算收入16.66亿元，增长10%；城乡居民人均可支配收入分别达到32107元、13298元，增长9.6%、9.9%。其中GDP增速、工业增加值增速列全市第一，城镇居民人均可支配收入、城镇化率增速列全市第二，社会消费品零售总额增速列全市第三，实际利用内资增速列全市第四，农村居民可支配收入增速列全市第五。成功创建县级全国文明城市、全国县级公立医院改革示范县，摘掉市级扶贫开发工作重点县“帽子”，获评国家级出口食品农产品安全示范区，成为国家农产品质量安全试点县。

【县委全委会】　县委十四届二次全会　中国共产党忠县第十四届委员会第二次全体会议于2017年3月3日召开。县委书记赖蛟主持会议。全会听取县委副书记陈强代表县委常委会就撤销乌杨镇、新生镇，设立乌杨街道、新生街道相关情况所作的说明。会议认为，撤销乌杨镇、新生镇，设立乌杨街道、新生街道，是忠县建设乌杨新区和临港新城“两大平台”的必然要求，是加快城市建设的现实需要，是提高行政效能的重要途径，是强化社会治理的有效方式，有利于忠县加快新型城镇化、推进城乡一体化发展，将为忠县大力发展特色产业集群，加快建设特色中等城市，实现全面建成小康社会目标提供有力的组织保障。会议决定，同意按法定程序申报撤销乌杨镇、新生镇，设立乌杨街道、新生街道。新设立的乌杨街道驻玲珑路18号，新生街道驻新生场1号。

县委十四届三次全会　中国共产党忠县第十四届委员会第三次全体会议于2017年5月10日召开，全会审议通过《中共忠县县委忠县人民政府关于大力发展特色工业的决定》。会议指出，工业化是迈向现代化工业社会不可逾越的发展阶段。大力发展特色工业，符合中央、市委决策部署，符合经济发展客观规律，符合忠县实际，符合人民群众期盼，是推动忠县经济增量提质的必然选择，是加快忠县发展的根本之策。全会提出，今后一个时期，全县上下要深入贯彻习近平总书记系列重要讲话精神和视察重庆重要讲话精神，全面落实新发展理念，坚持集群发展、开放发展、创新驱动、绿色环保、产城融合，力争到2021年形成医药、新材料、智能装备、资源加工四大特色产业集群，实现工业总产值突破700亿元；工业增加值达到200亿元以上，工业增加值率提高3个百分点以上；规模以上工业企业达到160户；工业企业研发投入达到3亿元以上；单位规模以上工业增加值能耗累计下降20%。全会要求，加快特色工业发展，必须统筹兼顾、重点突破，扎实抓好各项重点工作。要扶优做强，以工业供给侧结构性改革为契机，加快现有企业技改扩能，加大培育力度，推动现有企业优化升级，争取到2021年培育50亿级旗舰型企业3家以上、10亿级成长型企业10家以上。要开放发展，进一步强化招商意识，大力开展精准招商、情怀招商、政策招商，提升招商实效，着力引进一批投资大、产出高、效益好、带动能力强的项目，不断增强特色工业发展后劲。要夯实平台，加快建设以工业园区为核心的乌杨新区，打造好特色工业发展的主战场，提升宜居宜业水平，争取到2021年初步建成新区面积16平方千米，其中工业区12平方千米、城镇功能配套区4平方千米。要集群发展，抢抓实施《中国制造2025》、互联网+、大众创业万众创新等机遇，突出抓好制造环节这个关键和全产业链这个重点，积极发挥现有龙头企业和骨干企业的聚集作用，推动关联产业项目集中布局，并孵化衍生一批为龙头企业配套服务的中小企业群体，着力在医药、新材料、智能装备、资源加工以及新兴工业方面构建起连接紧密、相互补充、合作共赢的产业集群体系，做强做大特色产业。要创新驱动，加快实施以科技创新为核心的全面创新，努力提升产业核心竞争力，争取到2021年新培育国家级企业技术中心10户以上，新增高新技术产品60个以上。要把握关键，在改造提升现有企业和实施创新驱动的同时，大力打造本地品牌、推动工业化与信息化融合发展、坚持绿色低碳循环发展，推动以提高工业增加值率为核心的工业经济质量和效益显著提升。全会强调，全县特色工业发展要取得显著成效，关键在于加强党的领导。全县各级各部门要在县委的统一领导下，充分发挥好各级党组织在推动特色工业发展中的领导核心作用，坚决贯彻执行县委、县政府的各项决策部署，着力破解土地、资金、水电气等要素瓶颈，强化政策和人才支撑，进一步解放思想、提高执行力，竭尽全力为特色工业发展提供坚强保障。

县委十四届四次全会　中国共产党忠县第十四届委员会第四次全体会议于2017年7月25日召开，全会审议通过《中共忠县县委忠县人民政府关于加快建设特色中等城市的决定》。全会指出，加快建设特色中等城市，是顺应城市发展规律的必然选择，是加快特色产业发展的强力引擎，是提升区域竞争力的重要途径，是百万忠县人民对美好生活的强烈期盼。全县各级各部门一定要顺应规律，把握大势，进一步坚定建设特色中等城市的信心和决心。全会提出，当前及今后一个时期，全县上下要以习近平总书记治国理政新理念新思想新战略和视察重庆重要讲话精神为指引，扎实践行新发展理念，按照中央城市工作会议“一尊重五统筹”（尊重城市发展规律，统筹空间、规模、产业三大结构，统筹规划、建设、管理三大环节，统筹改革、科技、文化三大动力，统筹生产、生活、生态三大布局，统筹政府、社会、市民三大主体）总体要求，立足“一带一路”和长江经济带重要节点城市的战略定位，特色中等城市的综合定位，三峡库区开放高地、多式联运物流基地、特色产业基地、移动电竞之都的功能定位和“诗意山水·活力港城”的形象定位，坚持以人为核心、港产城融合、延续历史文脉、自然+智慧、有序发展，加快推进特色中等城市建设。力争到2021年基本形成“一江两岸三片区”城市骨架，城市建成区面积达到30平方千米，城区人口达到32万人，城镇化率达到50%，全县地区生产总值达到500亿元，基本建成特色中等城市框架；到2025年，城市建成区面积达到40平方千米，城区人口达到 40 万人，城镇化率达到 55%，全县地区生产总值达到800亿元,全面建成特色中等城市，努力把忠县建设成为“闻者向往、来者依恋、居者自豪”的美好家园。全会要求，建设特色中等城市，要高起点规划城市，加强规划引领，坚持规划先行，不断强化规划功能，切实增强规划的系统性、科学性、权威性。要高质量建设城市，以创新的思维、现代的技术、务实的举措，做到出精品、出形象。要高水平管理城市，提升城市精细化、智能化管理水平，让城市更干净、更有序、更安全。全会要求，建设特色中等城市，必须坚守本底，优化设计，充分彰显“诗意山水·活力港城”城市特色。要精心设计，整合自然环境，诠释历史文化，展现城市精神，运用城市设计讲好“城市故事”，着力塑造特色风貌。要延续文脉，把历史“血脉”和文化“基因”根植于城市之中，杜绝城市“同文化越来越远，同浮华越来越近；同传统越来越远，同西化越来越近”现象，做到“形”“神”并重，“点”“面”结合，打造城市独特的性格和品质，着力营造文化特色。要美化景观，以山为骨、以水为脉、以绿为底，善于融山、融水、融绿，打造近山亲水、绿意盎然、鸟语花香的生态景观，着力凸显生态特色。要创新方式，完善城市治理体系，突出城市治理特色，提高城市治理水平，不断推动城市文明进步，着力展现治理特色。全会强调，建设特色中等城市，蓝图宏伟、使命光荣，任务艰巨、时不我待，必须不断加强和改善党的领导。全县各级各部门务必在战略部署上“扣扣子”，在责任履行上“担担子”，在任务落实上“钉钉子”，切实加强组织领导，创新体制机制，严格问责问效，为加快建设特色中等城市提供坚强保障。

县委十四届五次全会　中国共产党忠县第十四届委员会第五次全体会议于 2017 年 9 月 29 日召开。全会审议通过《中共忠县县委忠县人民政府关于加快建设美丽乡村的决定》，会议指出，美丽乡村是中国社会主义新农村的形象化表达，绿水青山是美丽乡村的天然本底。建设美丽乡村是深入践行“绿水青山就是金山银山”重要理念的必然选择，是百万人民对美好生活的强烈期盼，是再现乡村生机活力的现实途径。当前忠县乡村经济社会发展仍然存在产业质量效益不高、生态基础脆弱、村容村貌杂乱、乡风文明程度不高、居民生活水平不高等突出问题，迫切需要加快建设美丽乡村来解决。会议要求，建设美丽乡村必须紧紧围绕“一兴四美·七彩大地”形象定位，通过大力发展特色效益农业，提升主导产业竞争力，扩大“一乡一业、一村一品、一户一特”覆盖面，呈现出大小并举、种养结合、“接二连三”、持续增值的产业形态和链条；通过做优自然生态、整治人居环境、建设文明乡风、提升民生福祉，实现生态美、村容美、乡风美、生活美；通过以秀美自然的绿水青山为本底，以曲折蜿蜒的乡村道路和大小河流为线条，以色彩交织的种养产业为图案，以匠心独具的特色小镇、传统村落、农家庭院为节点，以大树、小桥、湖泊等为点缀，以洋溢着幸福笑脸的农民群众和城市游客为流动风景，构建起色彩斑斓、朝气蓬勃的七彩大地景观。最终形成经济繁荣、活力四射的特色中等城市与田园风光、浓浓乡愁的美丽乡村相得益彰、各美其美、美美与共的发展格局，共同促使忠县山水“颜值”更高、大地“气质”更佳。会议强调，要紧紧围绕美丽乡村建设“今年起步，三年初见成效，五年大见成效，十年全域覆盖”的目标。坚持政府引导、农民主体；坚持规划先行、以点带面；坚持生态优先、道法自然；坚持“接二连三”、绿色发展；坚持改革开放，创新创业的“五大原则”。力争今年择优启动建设美丽乡村 10—20 个；到 2021 年，建成美丽乡村 100 个、市级特色小镇 1 个、国家级特色小镇 1 个，建成并开放“三峡橘乡”田园综合体；到 2025 年实现美丽乡村全域覆盖，建成市级特色小镇 2 个、国家级特色小镇 2 个，努力把忠县打造成“绿水青山就是金山银山”的重要理念实践示范县。会议要求，要按照《美丽乡村建设指南》国家标准，大力发展公顷均“产值15万元、收益7.5万元”特色效益农业，到2021年实现农业总产值100亿元以上、增加值65亿元以上；大力做优乡村自然生态，让良好生态环境成为人民生活质量的增长点，以“处处美、连片美、全域美”聚人气、生财气、汇文气、扬名气，努力实现生态产业化；大力整治乡村人居环境，坚持因地制宜、分类指导，规划先行、彰显特色，突出重点、以点带面，让村落、场镇“干净卫生、整洁有序”；大力开展乡村精神文明建设，常态化开展群众教育活动，传承乡村记忆，提升乡村自治水平，力争到2021年，“文明户”、“文明村”均达到50%以上；大力增进乡村民生福祉，把老百姓过上好日子作为一切工作的出发点和落脚点，做好乡村普惠性、基础性、兜底性民生建设，确保人民群众安居乐业、社会安定有序。会议要求，建设美丽乡村要强化创新、改革、开放、人才“四大动力”支撑，充分释放乡村动力，不断激发乡村活力。大力实施创新驱动战略，用好用活县委出台的20多条激励政策，鼓励乡村市场主体通过技术创新、产品升级和产业链延伸，培育发展新技术、新产业、新业态、新模式；大力推进乡村综合改革，以农业供给侧结构性改革为抓手，充分发挥政府的有形之手、市场的无形之手和农民的勤劳之手作用；大力开展乡村招商引资，牢固树立“招商引资是经济工作的生命线”理念，引进生态环保型企业，引导优秀人才回流，大力开发乡村旅游项目，唱响忠县乡村旅游品牌；大力培育乡村新型人才，根据美丽乡村建设对人才的需求，建立人才引进机制，培养新型职业农民。会议强调，美丽乡村建设政策性强、影响面广，是一项综合性、系统性的庞大工程。全县各级各部门必须加强组织领导和干部队伍建设、维护群众合法权益、强化督查考核问效，努力为美丽乡村建设提供坚强保障、营造良好环境。

县委十四届六次全会　中国共产党忠县第十四届委员会第六次全体会议于2017年12月6日召开。全会审议通过《中共忠县县委关于把党的十九大精神全面落实在忠县大地上的决定》。全会指出，学习宣传贯彻党的十九大精神，是当前和今后一个时期的首要政治任务。全县各级党组织和广大党员干部要深入学习贯彻中共十九大精神和市委五届三次全会精神，进一步统一思想、明确任务、抓好落实，动员全县广大党员干部群众拥抱新时代、践行新思想、实现新作为，把中共十九大精神全面落实在忠县大地上。全会强调，要牢固树立“四个意识”，坚决维护以习近平同志为核心的党中央权威和集中统一领导。深入学习贯彻中共十九大精神，必须注重从政治上抓落实。全县广大党员干部要牢固树立政治意识、大局意识、核心意识、看齐意识，把维护习近平总书记的核心地位作为第一位的政治要求，更加自觉地在思想上政治上行动上同以习近平同志为核心的党中央保持高度一致，做到思想上充分信赖、政治上坚决维护、组织上自觉服从、感情上深刻认同、行动上始终跟随。要以坚决贯彻党中央决策部署为前提，结合实际创造性地开展工作，确保中央政令畅通，确保局部服从全局，确保党中央始终总揽全局、协调各方。全会强调，要坚持知行合一，深学笃用习近平新时代中国特色社会主义思想。深入学习贯彻中共十九大精神，必须注重从思想上抓落实。中共十九大把习近平新时代中国特色社会主义思想确立为党必须长期坚持的指导思想，全县各级党组织和广大党员干部必须深刻理解把握习近平新时代中国特色社会主义思想的时代背景、科学体系、精神实质、实践要求，坚定自觉地用党的创新理论武装头脑、统一思想、指导实践、推动工作。全会强调，要全面落实党中央战略部署和市委工作要求，扎实推进全县改革发展各项事业。深入学习贯彻中共十九大精神，必须注重从战略部署上抓落实。中共十九大作出中国特色社会主义进入了新时代、我国社会主要矛盾已经转化为人民日益增长的美好生活需要和不平衡不充分的发展之间的矛盾的重大政治判断，作出从全面建成小康社会到基本实现现代化、再到全面建成社会主义现代化强国的战略安排，对统筹推进“五位一体”总体布局和协调推进“四个全面”战略布局作出全面部署。必须坚定不移贯彻中共十九大作出的重大战略部署，坚定不移践行新发展理念，坚定不移抓好“四个扎实”，认真落实市委工作部署，努力实现更高质量、更有效率、更加公平、更可持续的发展。一要着力建设现代化经济体系，加快提升经济发展质量和效益。坚定不移把发展作为第一要务，坚持质量第一、效益优先，深入推进供给侧结构性改革，大力发展实体经济，建立健全市场机制有效、微观主体有活力、宏观调控有度的经济体制，不断增强经济创新力和竞争力，加快打造库区开放高地，建设“一带一路”和长江经济带重要节点城市。二要着力发展社会主义民主政治，健全人民当家作主制度体系。坚持党的领导、人民当家作主、依法治县有机统一，把人民当家作主落到实处，体现人民意志、保障人民权益、激发人民创造活力。三要着力推动社会主义文化繁荣兴盛，加快推进文化强县建设。坚持中国特色社会主义文化发展道路，坚定文化自信，激发文化创新创造活力，充分挖掘并展现“忠文化”，推动社会主义文化繁荣兴盛。四要着力打造共建共治共享的社会治理格局，加强和创新社会治理。坚持人人尽责、人人享有，形成有效的社会治理、良好的社会秩序，使人民获得感、幸福感、安全感更加充实、更有保障、更可持续。五要着力促进人与自然和谐共生，建设山清水秀美丽之地。牢固树立社会主义生态文明观，坚持节约优先、保护优先、自然恢复为主的方针，坚持走生态优先、绿色发展新路，按照“共抓大保护，不搞大开发”要求，守住发展和生态两条底线，推动形成节约资源和保护环境的空间格局、产业结构、生产方式、生活方式。六要着力破除制约发展的体制机制障碍，扎实推进全面深化改革。紧密结合全县实际，无缝对接中央及市委改革部署，加快推进国家及全市赋予的各项改革试点。强化战略导向、问题导向、民生导向，以经济体制改革为重点，统筹推进政治、社会、文化和生态文明建设领域各项改革，提高改革精准度，扩大改革受益面。七要着力维护社会公平正义，深入推进全面依法治县。坚持厉行法治，推进严格执法、公正司法、全民守法，切实把经济社会发展各项工作纳入法治化轨道。全会强调，要突出抓重点、补短板、强弱项，决胜全面建成小康社会。深入学习贯彻中共十九大精神，必须注重从具体行动上抓落实。对标对表中央、市委要求部署，立足忠县经济社会发展实际，决定部署实施“十项行动方案”：一是实施以美丽忠县为主题的“生态优先、绿色发展”行动方案；二是实施以智能化为引领的“创新驱动发展”行动方案；三是实施以四大产业集群为主导的“特色工业发展”行动方案；四是实施以三大开发为抓手的“特色中等城市建设”行动方案；五是实施以田园综合体为示范的“美丽乡村建设”行动方案；六是实施以全域旅游为方向的“文化旅游业发展”行动方案；七是实施以“大商场、大市场、大流通”为目标的“商贸物流业发展”行动方案；八是实施以新生港为重点的“基础设施建设提升”行动方案；九是实施以开放平台为载体的“库区开放高地建设”行动方案；十是实施以民生福祉为导向的“民生改善和社会治理”行动方案。打好“三大攻坚战”：一是坚决打赢“精准脱贫”攻坚战；二是坚决打好“防范化解重大风险”攻坚战；三是坚决打好“污染防治”攻坚战，确保全面建成小康社会得到人民认可、经得起历史检验。全会强调，深入学习贯彻中共十九大精神，必须注重从组织领导上抓落实。全县各级党组织要牢牢把握新时代党的建设总要求，坚持党要管党、全面从严治党，不断提高党的建设质量。要坚定不移落实管党治党责任，坚持和加强党的全面领导；要以党的政治建设为统领，全面推进党的政治建设、思想建设、组织建设、作风建设、纪律建设，把制度建设贯穿其中，驰而不息反腐惩恶，坚决清除孙政才恶劣影响和薄熙来、王立军流毒，着力提升党的建设质量；各级党员干部要不断增强本领，坚决做到忠诚、干净、担当，努力提升担当新时代重任的能力素质，为全县经济社会快速健康发展提供坚强保证。全会一致认为，县委常委会紧密团结在以习近平同志为核心的党中央周围，在市委的坚强领导下，认真落实中央决策部署和市委工作要求，团结带领和紧紧依靠全县广大干部群众，统筹推进“五位一体”总体布局，协调推进“四个全面”战略布局，深入贯彻落实习近平总书记视察重庆重要讲话精神，坚定不移走生态优先、绿色发展之路，大力实施“双特”发展思路，狠抓招商引资和项目建设，推动形成医药、新材料、智能装备、资源加工四大特色产业集群，全县经济保持“高开稳走”的良好态势；加快建设40平方千米、40万人的“诗意山水·活力港城”特色中等城市；着力打造“一兴四美·七彩大地”美丽乡村；从严从实开展“解放思想·提高执行力”干部作风专项整治行动，人民群众对干部的满意度大幅提升；建立“3+1”长效脱贫机制，成功摘掉市级贫困县“帽子”；开展“八大专项行动”和“四大助推活动”，一次性成功创建为全国文明城市。这些成绩的取得，是坚决贯彻习近平新时代中国特色社会主义思想的结果，是坚决落实中央、市委决策部署的结果，是市委、市政府坚强领导的结果，也是全县各级党组织和广大党员干部群众齐心协力、共同奋斗的结果。

【“两学一做”学习教育】 县委制发《关于推进“两学一做”学习教育常态化制度化的实施方案》，建立学习成效前后对比机制，开展“精品党课”评选、党的知识竞赛，推送学习习近平新时代中国特色社会主义思想、中共十九大精神等重点篇目144个，增强全县党员的“四个意识”，坚定“四个自信”。制订出台机关、国企、非公等领域党组织工作活动基本规范，建立健全“党组织和党员动态积分管理”“无职党员设岗定责”等机制20个，指导基层党组织建立并推广夜间课堂、工间10分钟、1+N交流发言等学习制度12个。

【全面深化改革】 全年召开深改会9次，研究涉及17个领域的议题68项，出台涉及改革文件165个，265项改革任务按照年度计划要求完成，65项任务正有序推进。推进供给侧结构性改革，妥善处置“僵尸企业”7家，消化完成房地产库存，累计去除煤炭产能14万吨。改革国有资产管理体制，将46家县属国有企业重组整合为6家，并全部建立现代企业制度。推进纪检体制改革，将35家县级部门纪检机构整合为22家县纪委派驻纪检组。推进县级公立医院改革，药品零差率及单病种付费累计为老百姓减负7000余万元，获评全国县级公立医院改革示范县，改革经验被国务院医改领导小组充分肯定并转发全国学习。推进商事制度改革，新发展各类市场主体5793户。推进群团改革，各群团组织按改革要求顺利完成换届。

【党的建设】 狠抓意识形态工作，筑牢干部群众思想定力。认真落实中央、市委关于意识形态工作的决策部署，坚持把意识形态工作作为党的建设和政权建设的重要内容，纳入党建工作责任制，纳入领导班子、领导干部目标管理，牢牢把握意识形态工作的领导权、管理权、话语权，引导全县广大的干部群众感党恩、听党话、跟党走。严格标准选人用人，锻造一支高素质专业化干部队伍。对标对表“二十字”好干部标准和干部选拔任用工作条例，在三级换届的基础上，调优配强县级部门、县属国有企业、县管学校和县管卫生计生单位领导班子，全年提拔重用干部178名，交流轮岗122名。实施换届后领导班子党政“一把手”实绩回访，进一步摸准研判干部。增强干部教育培训工作的针对性和实效性，举办各类培训班58期，培训各级各类干部6542人次。对违规违纪、党性不强、为官不为的少数干部，开展“党性再锤炼、能力再提升”培训。全面加强基层组织建设，战斗堡垒作用凸显。建立“县委党建工作领导小组、街道‘大工委’、社区‘大党委’”三级党建体系，12个社区完成网格党支部和网格党小组建设。采取情景模拟、2+X互动交流，全覆盖培训党支部书记1058人。进一步规范组织生活，全面推行党支部“主题党日”制度，完成38个后进基层党组织整顿。出台《忠县关于发展壮大新型农村集体经济的实施意见》，指导基层发展集体经济。深化群工系统推广运用，修定《忠县“群工系统”运行管理评分细则》，累计受理反映事项8221件，办结率98.18%，满意率98.7%。准确把握监督执纪“四种形态”，反腐倡廉向纵深推进。持续推进违反中央八项规定精神、群众身边的不正之风和腐败问题专项整治，发现问题线索222个，立案查处24起，党纪政纪处分30人。创新开展领导干部“家访”活动，进一步延伸“八小时外”监督触角。出台《党员干部干事创业容错纠错暂行办法》《党员干部小微苗头性问题发现及处置办法（试行）》，促进干部转变作风、更新观念、勇于作为、大胆创业。发挥巡察利剑作用，完成对23个单位党组织的常规巡察和2个乡镇扶贫领域的专项巡察。持续保持惩治腐败高压态势，加强关键领域、重点环节、要害部门、盲点地带反腐败工作。2017年，全县纪检监察机关立案70件，党纪政纪处分73人，司法处理6人。围绕部分党员干部政治意识不强、思想观念不新、发展思路不清、工作措施不实、担当精神不足、工作成效不好等六个方面重点问题，深入开展“解放思想·提高执行力”干部作风建设专项整治行动。通过学习教育、自查自纠、建立长效机制三个阶段，重拳整治干部作风，累计发现问题线索16件涉及19人，约谈责任人13名，给予党纪处分2人、政纪处分5人。

【经济建设】　实体经济发展　坚持发展新兴产业和提升传统产业“两条腿”走路，坚定不移发展实体经济，加快建设优势突出、特色鲜明的现代产业体系。大力发展特色工业，工业经济提质增效。按照“稳住存量、扩充增量、壮大总量”工作思路，以医药、新材料、智能装备、资源加工为主导，建立10亿元产业发展资金，深入实施企业培育“四大工程”。全县实现工业增加值95.87亿元、增长21.1%；新增规上企业11家，规上工业实现增加值43.39亿元、增长25%。创新发展数字经济，形成一批新增长点。培育发展电子竞技产业，加快打造“电竞小镇”，电子竞技公共服务平台上线运营，20家企业入驻电竞产业孵化中心，建成国内唯一的标准化电竞场馆。积极拥抱大数据，中国柑橘交易中心“柑橘网”上线运行；创新发展总部经济，总部结算初见成效。积极发展文化旅游业，旅游综合收入快速增长。立足人文自然资源优势，推动文旅融合发展。大型山水实景演艺“烽烟三国”完成改版升级，中国柑橘城等乡村旅游蓬勃发展。全县接待海内外游客479.11万人次、增长33.5%，实现旅游收入16.23亿元、增长58.2%。

稳步发展商贸物流业，消费市场活跃。五洲国际商贸城开工建设，建玛特购开业运营。积极开展节庆促销活动，成功创建为重庆市级美食街、特色夜市经济一条街各1个。电子商务快速发展，全年实现电商交易额12亿元，同比增长30%。

招商引资和重点项目建设　组建锂电、医药、装备制造、智能终端、文化旅游等12个专业招商组，实施专业招商、精准招商、资本招商、情怀招商，形成专业招商组、县级部门和乡镇（街道）“三位一体”招商格局。全年签约项目178个，协议引资268亿元，实际到位资金60.2亿元，签约项目数量、到位资金总量创造忠县历史纪录。建成马灌、洋渡、磨子、金鸡4条高速连接道，G50高速忠县和普乐出口扩能改造加快推进，渝西高铁、黔万高铁、黔忠广铁路和通用机场前期工作有序推进。新生港一期工程5个泊位加快建设，将于2018年底建成投用。乌杨新区22万平方米标准厂房等项目加快推进，工业园区建成面积扩大至8平方千米。

提高各级干部把发展思路转化为具体项目的能力，创新重特大项目“领导小组+指挥部”推进模式，建立“一个项目、一套班子”和重大重点项目调度机制，389个重大及重点项目顺利推进。

【政治建设】 坚持把学习习近平总书记系列重要讲话精神，特别是“7·26”重要讲话精神和视察重庆、在推动长江经济带发展座谈会上重要讲话精神，作为首要政治任务。通过县委常委会会议集中学习、县委中心组专题学习和忠州大讲坛专题讲座，把习近平总书记系列重要讲话精神学深悟透，并作为全县工作的基本遵循和根本指针。完全赞同、坚决支持中央对孙政才严重违纪案的处理决定，深入学习贯彻习近平总书记关于做好重庆当前工作的重要指示，认真落实“7·15”全市领导干部会议和“7·17”市委常委会（扩大）会议精神，坚决清除孙政才恶劣影响和薄熙来、王立军流毒。中共十九大召开期间，县委常委会组织领导干部集中收看收听习近平同志所作的政治报告，并开展热烈讨论。中共十九大闭幕后，县委常委会把学习宣传贯彻党的十九大精神作为首要政治任务，举办4期县委中心组学习会，逐字逐句学习中共十九大报告、中纪委工作报告和新修订的《党章》，县委印发《忠县学习贯彻党的十九大精神宣传工作方案》，组建县委宣讲团，成立县委研读小组，开展“六进”宣讲活动。县委常委带头深入基层一线宣讲中共十九大精神，县领导和县管“一把手”撰写中共十九大精神学习心得体会文章253篇，全县开展各类宣讲活动800余场次。县委常委会高度重视加强自身建设，不断加强思想理论和专业知识学习，深入基层开展调查研究，努力提高领导科学发展、驾驭全局的能力，坚持民主集中制，严肃党内政治生活，修订完善《县委常委会议事规则》，严格遵守决策程序，保证权力规范运行，班子凝聚力、战斗力不断增强。

【文化建设】 2017年，忠县围绕中心，服务大局，凝聚正能量，营造好氛围，文化建设取得新进展。创新文化服务方式。数字图书馆、移动图书馆投入运行。全面建成县文化馆图书馆总分馆制服务体系，实现城乡电子阅览室全覆盖。实施文化惠民工程，利用公共文化物联网服务平台，实现“百姓点单、政府提供”的文化惠民服务。实施“城乡文化互动”活动，全年送文艺演出到基层100余场次，开展“传统戏曲进校园”主题活动20场次，举办第二届十佳书香校园评选、全民阅读推广大使等有一定规模的读书活动8次。加强文化传承利用，夯实文化遗产保护工作。完成全县261处未定级文物古建筑挂牌登记保护，开展乌杨工业园区拆迁范围内文物点的调查处理、抢救性保护工作，成功申报市级非遗保护项目14个、市级非遗代表性传承人6人。严格行业管理，有效规范文化市场秩序。建成广播电视监测平台，全县广播电视信号和网吧、KTV、影院、书城等文化市场全部纳入监测平台管理。以“扫黄打非”为重点，开展“护苗2017”等行动，集中专项整治网吧、出版市场和互联网视听节目。积极发展文化产业，培育壮大文化市场主体，繁荣文化艺术创造。

【社会建设】 特色中等城市建设 坚持港产城融合，拓展城市空间、提升城市功能、改善城市面貌，特色中等城市建设有序推进。加快三大片区建设，城市骨架全面拉开。大力开发乌杨新区，加快建设临港新城，加速忠州老城城市更新，大力实施鸣玉溪棚户区改造，完成乌杨、新生撤镇设街道工作。县城建成区面积扩大到20.55平方千米，新增城镇人口1.5万人。提升城市功能，水、电、气、地下管网等基础设施进一步完善，改建城区道路4.86千米，新增停车位2383个。城市公共设施服务水平显著提升，县游泳馆竣工投用，县博物馆对外开放。开展城市设计，城市特色日益彰显。邀请国内外设计大师，对忠州老街、忠州艺术中心、巴蔓子雕塑等城市建设项目进行创意设计。城区夜景灯饰工程加快推进，建成北滨体育公园，提档升级忠州公园、香山公园等城市公园，新增绿地16.2万平方米，“诗意山水·活力港城”特色初显。

脱贫攻坚　一手抓6.2万名已脱贫群众的长效巩固，一手抓现有0.6万名建卡贫困人口的脱贫攻坚，建立“3+1”长效脱贫机制。针对因学致贫返贫的贫困群众，建立“从学前教育到大学毕业”全程帮扶救助机制。针对因病致贫返贫的贫困群众，建立“县级财政兜底、个人自付不超5000元”医疗扶贫救助机制。针对因灾致贫返贫的贫困群众，建立“政府+保险”意外灾害救助机制。为切实解决贫困户增收乏力难题，建立“政府+银行”无抵押无担保“诚信贷”产融结合发展机制，大力实施产业扶贫，累计发放“诚信贷”6756万元。全县贫困人口减少至3012人，贫困发生率降至0.39%，各项扶贫政策全面落实，贫困村基础设施、产业发展等短板进一步补齐。

民生实事建设　大力发展社会事业。制定《关于加快建设库区教育高地重庆教育强县的决定》《关于实施“名师名校名校长”工程的意见》，义务教育发展基本均衡县创建工作顺利接受国务院验收，高考上线率连续30年位居渝东北片区前茅。制定《健康忠县2030规划》《忠县“名医名院名院长”工程实施方案》，搬迁新建的县人民医院投入使用，县中医院、县疾控中心搬迁工作加快推进，免费开展“三测一档”产前无创基因检测6486例。社会保障和救助体系不断完善，新增城镇登记就业人数9850人，城镇登记失业率控制在4%以内。文化体育事业快速发展，数字图书馆、移动图书馆投入运行，成功举办长江三峡国际马拉松赛和全国移动电子竞技大赛总决赛。创新社会治理。推进社区网格化、城乡社区自治、法律工作者进村社“三个全覆盖”，进一步提升社会治理水平。推行以“大事、小事、私事”三事分流、“社区、社会组织、社工”三社联动、“自治、法治、德治”三治并举为内涵的城乡社区自治，初步实现“大事政府主导办、小事社区协商办、私事自己尽力办”社区自治格局。选聘191名法律工作者到村（社区）担任法治副主任，切实帮助基层群众依法办事、用法维权。狠抓安全稳定工作。坚持以群众工作统揽信访工作，依法分类处理信访诉求，落实风险评估，加强源头治理，实现“零聚集滋事”“零进京集访”“零负面炒作”。妥善处理“3·27”刑事案件，扎实开展迎接中共十九大安保维稳等工作，科学有序推进食品安全示范城市创建工作。

美丽乡村建设　践行“绿水青山就是金山银山”理念，启动建设“一兴四美·七彩大地”美丽乡村。发展特色效益农业。加快发展以柑橘、笋竹、生猪、生态水产为主导的生态农业、效益农业、循环农业、品牌农业，华西希望·德康集团50万头生猪产业一体化项目启动建设，阳光新能源200兆瓦农光互补项目并网发电，全年农业增加值增长4.4%。完善农村基础设施。金鸡水库下闸蓄水，黄钦水库扩建工程、龙滩水库移民安置工程建设稳步推进，整治山坪塘1508口，持续巩固提升农村安全饮水工程。继续加强农村交通设施建设，完工验收农村公路通畅工程283千米、拓宽改造工程41千米。整治农村人居环境。开展农村“三清四化七改”行动，改造农村危房959户，完成149个村（社区）垃圾处理设施建设，建成农村小型污水处理设施25处，新增沼气用户950户。花桥镇显周村获评全国农村人居环境保障基本示范村，三峡港湾获评市级人居环境示范片。启动建设美丽乡村示范村。按照“产业兴、生态美、村容美、乡风美、生活美”要求，启动23个美丽乡村示范村建设。全市唯一的国家首批田园综合体试点项目“三峡橘乡”完成前期规划设计，即将开工建设。石宝镇获评国家园林城镇，拔山镇获评重庆十大最美小镇，获评全国美丽宜居村庄1个（新立镇桂花村）、全国绿色村庄2个（复兴镇天子村、野鹤镇白寺村）。

【生态文明建设】 深入实施“蓝天、碧水、宁静、绿地、田园”五大环保行动，切实整改中央环保督察反馈问题，关闭畜禽禁养区养殖场235家，完成2.3万头生猪当量养殖污染治理任务。全年城区空气质量优良天数315天，长江干流忠县段及主要次级河流水质达到水域功能要求，城区、乡镇饮用水源地水质达标率分别为100%、86%，城镇生活垃圾无害化处理率、污水处理率分别为100%、86%，全县和长江两岸森林覆盖率分别为50.3%和70%。倡导绿色发展，万元GDP能耗下降4.5%。推进自然保护区基础设施建设、生态功能提升和生物多样性保护，划定102平方千米生态保护红线。全面落实河长制，每条河流、各个水库均实现河畅、水清、坡绿、岸美目标。落实排污权交易和污染物排放许可制度，实现排污交易额795万元。（陈　华）

【中共忠县县委办公室工作】 中共忠县县委办公室是中共忠县县委的综合办事机构，承担着参谋辅政、综合协调、督促检查、信息传递、会务联络、服务保障等职责，起着联系领导、联系基层、联系群众的桥梁纽带作用，是县委的决策参谋机构和贯彻执行机构。中共忠县县委办公室地处忠州街道中博大道2号，核定行政编制33名、机关后勤服务人员事业编制3名，现有29人，其中，办公室主任1人、副主任3人，县委县政府督查室主任1人，县委县政府督查室副主任1人，一般干部20人，机关后勤工人3人；内设9个科室（秘书一科、秘书二科、综合科、信息科、值班室、行政科、文档科、机要密码保密科、专用通信科）、1个副科级机构（中共忠县县委忠县人民政府督查室，内设督查科、目标考评科2个科室）和1个副科级事业单位（忠县保密技术中心），挂中共忠县县委保密委员会办公室（忠县国家保密局）、中共忠县县委机要局（忠县密码管理局）。

文秘工作　文稿服务。坚持以文辅政，以“工匠精神”起草文稿，努力当好县委的参谋、智囊。全年牵头起草《中共忠县县委关于把党的十九大精神全面落实在忠县大地上的决定》《市委领导批示精神贯彻落实情况的报告》《忠县群团工作评估报告》等县委重要文件50余件，县委主要领导在全县干部大会、全县脱贫攻坚工作大会等重要会议上的讲话（致辞、主持词等）86篇，县委副书记讲话（致辞、主持词等）64篇，县委常委讲话（致辞、主持词等）47篇，各类工作汇报、会议纪要等文稿80篇。树立责任意识，精心把好文稿审核、校对、印发关口，审核以县委、县委办公室名义下发或上报的各类文件文稿546篇。牵头撰写的公立医院改革经验交流材料，被国务院医改领导小组转发全国，并获谭家玲副市长批示；撰写的《强化六种导向，提升督查效能》一文，成为重庆唯一一篇被国务院办公厅督查室评为“优秀”的理论文章；《重庆督查》刊载忠县工作经验文章3篇。

信息服务。坚持全员写信息导向，建立信息工作定期培训、每月通报、考核奖惩等制度，切实加强信息工作。全年出刊《信息摘要》46期、《上报信息汇编》25期、《县委领导活动参阅》50期，向上报送调研类专报信息136条、要情类信息734条、手机报信息1392条，同比分别增加16%、23%、19%，被市委办公厅《信息专报》单条采用3条，综合采用52条；被《每日要情》单条采用21条、综合采用82条；被《“一把手”手机报》采用57条。上报中办调研类专报信息7条、综合信息87条，被中办综合采用24条。2篇信息被市领导单篇批示，其他信息综合批示12次。全年上报市委办公厅信息采用积分993分，排名跃升至全市第12位，被市委办公厅评为“2017年度党委信息工作成效突出单位”。

公文服务。按照“规范、准确、及时、安全”要求，第一时间办理全县党委系统文电的上报、收发、呈送、流转、归档等工作，全年发文780件，上报公文118件，接收来文690件。健全文件传阅制度，分类分级配设传阅专用文件夹，实行批示件、密件及特急件分类阅示制度，为县委领导呈送文件6700余次680余件，向乡镇（街道）、县级有关部门传阅文件2900余次。制定年度县委规范性文件制定计划，及时清理废止过期文件，从严加强对县委规范性文件的前置合法合规审查，全年向市委办公厅备案规范性文件76件，合法合规76件，合法合规率100%。

统筹协调　协调上下保落实。科学合理安排县委和县委主要领导活动，统筹协调“四大家”办公室工作和主要领导活动，最大限度保障县委和县委主要领导工作高效运转，精心筹办各种会议，发挥会议部署工作、推动落实作用。全年牵头筹办县委全会5次，县委常委会会议57次，县委主要领导、县委副书记、县委常委专题研究会议200余次。建立会议交办事项落实情况跟踪问效机制，科学组织部门、乡镇（街道）工作力量，确保件件有着落、事事有回音。

严格督查推落实。2017年，开展中央八项规定精神和市委实施意见贯彻落实情况督查、中央环保督察组反馈意见整改督查等到县专项督查6项8次；分解县第十四次党代会重点工作任务、县委常委会和县政府常务会议定事项等重大会议决策事项900余项；承办县领导批示交办忠州游泳馆项目建设、10万吨锂电正极材料项目建设问题等专项督查29件次；对事关全县改革发展稳定大局的民生实事、重大及重点建设项目等工作实行“一月一督查，一季度一通报”的定期督查通报制度。全年审核印发《督查情况通报》106期，对存在的问题提出意见建议，对工作滞后的责任单位通报批评。

科学考评促落实。参照市委、市政府考核评价相关做法，完善乡镇（街道）和县级部门年度综合考评办法，科学设置考核分组和考核指标，科学分配考核任务及权重，考评体系更加健全权威。结合市对县单项考核项目，对标设立2017年单项考核项目，规范全县单项考核管理。牵头县纪委、县财政局、县人力社保局、县审计局等单位，研究制定精简考核项目、规范执行公务员平时考核标准等方案。

积极参与助落实。全年办公室人员跟随县领导外出招商共计84天，助推招商引资工作。积极参与全国文明县城创建工作，牵头召开全国文明县城创建工作推进会等会议，参与周五文明劝导活动18人次、全国文明城市志愿活动78人次，组织办公室党员干部赴白公路社区开展卫生保洁、关爱留守儿童和空巢老人等活动，协调县教委、县综合执法局、县城乡建委等单位协助白公社区整改滨江路停车场、白公生态花园小区等环境卫生问题，筹备县委主要领导赴白公路社区、乌杨街道督导文明创建工作7次。牵头召开全面深化改革工作会议9次，印发文件53件，开展专项督查3次，助推全面深化改革工作向纵深发展。

党建工作　按照习近平总书记提出的党委办公室同志要有“绝对忠诚的政治品格”要求，以机关党建为抓手，推进“两学一做”学习教育常态化制度化，切实加强县委办公室党员干部的思想建设。按照“先学一步、深学一层”要求，组织党员干部职工认真学习中共十九大、市委五届三次全会、十四届县委三次四次五次六次全会等中央、市委、县委重要会议精神，做到学习时间固定化、学习形式集中化、学习内容政治化，全年集中政治学习19次，撰写心得体会45篇。第一党支部开展的中共十九大精神学习心得交流会，得到县委书记赖蛟充分肯定。针对县委办公室党员人数多，集中开展党组织活动难问题，以科室为单元，将50余人的大支部，拆分为5个小支部，每个支部8至10人，“三会一课”开展实现常态化。全年各支部开展党员大会10次、支部委员会35次、支部书记讲党课5人次。“主题党日”活动做法，被县委组织部推为范本在全县性大会上展示交流。在结对帮扶方面，筹集资金54.6万元用于乌杨街道杨峰村、李岗村2个后进村阵地建设和产业发展，“后进村”变成“先进村”。牵头县司法局、县畜牧局等6个帮联单位制定13项服务清单，捐资20万元，通过城市社区“大党委”，帮助白公路社区完成创建全国文明县城各项任务。免费为石子乡、乌杨街道贫困户购买秀山土鸡苗5880只，实现户户有增收产业。组织县农委、县畜牧局等部门，对贫困群众开展“上门”技术培训，提高贫困群众致富能力。

队伍建设　按照“要求更高、措施更实、效果更好”原则，开展“解放思想·提高执行力”干部作风建设专项整治行动，重点整治政治鉴别力不强，把关不严；工作责任心不强，效率不高和协调配合不好，服务领导断档；专业知识不足，文稿质量不高等问题。建立领导班子成员和干部职工“六个方面”问题整改台帐2本，限时整改，逐一销号。领导班子成员与干部职工开展谈心交心100余人次，撰写剖析材料40篇。按照“重视基层、同台竞技、广纳贤才”原则，加强队伍建设。通过笔试、面试，从部门、乡镇（街道）公开遴选优秀年轻干部6名；通过实绩佐证、民主投票、集体决策方式，提拔中层干部4名。围绕打造高素质专业化干部队伍目标，加强干部队伍培训。选派70人次参加各级各类培训；邀请市、县15名学者、领导对干部职工进行文秘知识、统计常识、财税政策、廉政纪律等方面的培训，提高干部职工的专业素养；开展“好书荐读演讲”“践行五个坚持·争做合格党办人” 主题征文比赛等活动，在活动中促进干部职工将知识转化为能力。以“健康生活每一天”为主题，丰富文体活动，让干部职工在活动中锻炼身体、增强活力，加强交流、增进团结；坚持职工生日慰问、职工困难救助、职工身体体检等关怀活动，帮助生病住院职工领取互助保险款10000余元。抓班子建设。坚持民主集中制，小事班子成员通气、大事按照规矩决策，形成大事讲原则、小事讲风格，补台不拆台、比干劲不比“斗劲”，思想同心、合力谋事的良好局面。完善财务、人事、机关党建等10余项制度，做到用制度管人管事。班子成员严格遵守中央八项规定精神，严禁打着领导的“旗号”办私事，严禁借职务之便谋私利，真正做到一要干事，二要干净。全年县委办公室未发生一起违纪违法事件。3名中层干部被提拔为正科级领导干部、1名正科级干部被提拔为副处级领导干部。

后勤保障　做好政务值班，确保平安稳定。树立“大值班”理念，建立以县委值班室为枢纽，全县各级各部门值班室为节点的值班网络，并以主网为核心，依托相关重点单位，完善舆情信息网络、信访预警网络，构建起横向到边、纵向到底的值班网络体系。合理设置值班班次，科学安排值班人员，实现值班工作24小时不断档。发挥值班室上传下达、接待接访、应急处突等职能作用，全年接待个访（含来电）900余件，当场作出回复410余件，交办各级各部门办理380余件，给予政策解释和思想引导70余件，转交司法处理40余件；综合协调处理新加坡生态城房地产项目延迟交房等引发的集访30余起；协助县领导妥善处理“3·27”刑事案件、过境游轮食物中毒等各类突发事件40余起。

加强机要保密，确保万无一失。加强机要主渠道建设，出台《忠县涉密文件、资料保密管理规范》《忠县涉密会议、活动保密管理规范》等文件，推动涉密文件、涉密会议、信息公开保密审查规范化、标准化。严格定密规范和保密管理，高质量完成互联网出入口监控设备等保密设施设备配备工作，高标准完成中共十九大期间保密专项检查、中高考试卷保密室专项检查等工作，检查计算机1000余台，发现和消除安全隐患39起。加强专用通信管理，全年为政务接待提供专用通信服务4次。推进机要保密机构和人员配备规范化建设。

做好后勤工作，确保运转顺畅。按照“精心筹备、热情接待、厉行节约”原则，完成省部级领导到忠县调研考察政务接待4次、其他政务接待30余次，积极参与长江三峡国际马拉松比赛、CMEG2017总决赛等大型赛事活动筹备工作，牵头完成新生镇、乌杨镇撤镇设街道等重要会议活动24次。完成县委办公室托管的18家单位财务的分离工作。进一步完善车辆调派、维修保养、驾驶员管理制度，全年无一起安全责任事故发生。进一步加强对办公成本、会议开支、政务接待等的监督管理，建设“节约型机关”。　（田茂均）

·纪检　监察·

【概　况】 中共忠县纪委、忠县监察局办公地点设在忠县忠州街道中博大道2号。内设11个科室：办公室、组织部、宣传部、研究室、党风政风监督室（县政府纠正部门行业不正之风办公室）、信访室、案件监督管理室，第一、二、三纪检监察室及案件审理室。下设忠县廉政教育信息中心。机关编制41名（其中行政编制33名，事业编制7名，工勤编制1名），在编在岗39名。

【落实“两个责任”】 坚持党要管党、全面从严治党，突出抓好责任分解、压力传导、责任追究等关键环节，进一步推动“两个责任”（即党风廉政建设党委主体责任和纪委监督责任）落实。印发《忠县县领导和县级部门2017年党风廉政建设和反腐败分工责任制》《忠县落实党风廉政建设“两个责任”清单》，细化分解主体责任16项、监督责任12项，13名县领导和19个部门主动对位、承办落实。严格执行专题报告、述责述廉、定期通报、工作约谈等7项配套制度，定期开展“两个责任”专项督查，及时对“两个责任”落实不好、群众反映较多、社会评价较差的乡镇（街道）和县级部门负责人进行廉政约谈。坚持“一案双查”，全年查处“两个责任”落实不力问题15件，处理党员干部19名。

【作风建设】 开展为期5个月的“解放思想·提高执行力”干部作风建设专项整治行动，发现问题线索16件19人，约谈责任人13名，给予党纪处分2人、政纪处分5人，推动管党治党从宽松软走向严紧硬。推进违反中央八项规定精神专项整治，督促各单位自查整改违规吃喝、违规发放津补贴问题67件，查处违反中央八项规定精神问题20件，党纪政纪处分16人，问责领导干部9人。开展群众身边不正之风和腐败问题专项整治，查处侵害群众利益的不正之风和腐败问题34件，党纪政纪处分30人。加大扶贫领域监督执纪问责力度，开展专项督查3轮，发现问题线索104件，党纪政纪处分11人，组织处理5人。

【执纪审查】 运用监督执纪“四种形态”，强化日常监督执纪，出台《忠县党员干部小微苗头性问题发现及处置办法》，及时纠正小微苗头性问题221起。全年通过函询、批评教育等第一种形态处理党员干部317人，占79%；给予党纪轻处分和组织调整48人，占12%；给予党纪重处分和重大职务调整23人，占6%；给予严重违纪涉嫌违法立案审查14人，占3%。坚持惩治腐败无禁区、全覆盖、零容忍，把握好“树木”和“森林”关系，治“病树”、拔“烂树”、护“森林”，厚植良好政治生态。全年接受信访举报527件次，处置问题线索431件，立案78件，处分83人（含县处级8人），严肃查处李明兵受贿、挪用公款等典型案件。

【政治巡察】 建立县委“五人小组”、常委会专题听取巡察情况汇报机制，制定《县委巡察工作五年规划（2017—2021年）》，统筹安排巡察任务，听取巡察工作汇报5次，严厉处置巡察发现的突出问题。县委巡察工作领导小组着眼“严、准、实”要求，在方向上突出政治定位，在方法上注重规范高效，在内容上坚持问题导向，全年完成对23个单位党组织常规巡察和2个乡镇扶贫领域专项巡察，发现党的领导弱化、党的建设缺失、全面从严治党不力等问题540余件，移交问题线索66件，立案12件，查处6人，约谈曝光整改不力的党组织主要负责人3名。

【体制改革】 落实党中央关于全面推开国家监察体制改革试点的决策部署，县委担负主体责任，成立试点工作小组。县纪委履行专责，按照“五个必须”和“六个牢牢把握”要求，对标对表市委确定的时间表和路线图，抓住职能划转、人员转隶关键，倒排工期、压茬推进，如期完成县监委机关办公地点选址、组织机构设置、涉转干部谈心谈话、人选考察、人员定岗定责、人大选举等基础性工作。

【宣传教育】 推进“两学一做”学习教育常态化、制度化，组织开展“两学一做·重拾信心”征文和“喜迎十九大·党纪党规知识竞赛”等系列活动，促使党员干部尊崇党章、严守党纪。注重家风教育，对近2年内提拔重用、受到组织处理或纪律处分的党员干部开展延伸家访，构筑起反腐败“家庭防线”。开通网络曝光专区，在“忠州清风”微信公众号曝光问题10批次18人。编发《忠县党员干部廉洁从政教育读本》1.2万余册，精选30个本地违纪违法案例，引导党员干部知敬畏、守底线，持续释放“越往后执纪越严”的强烈信号。

【自身建设】 以打造“忠诚干净担当”铁军为目标，开办纪检干部能力提升培训班，全县120余名纪检干部接受集中业务培训5天，17人次被选派参加市级以上业务培训，12名基层纪检干部分批抽调到县纪委机关跟班学习，全县纪检监察队伍精神面貌、能力素质明显提升。从严落实系统内部“两个责任”，加强对纪检监察干部的监督管理。县纪委常委会以身作则、以上率下，带头改进作风，主动接受监督。建立完善“新进干部、工作变动、职务升降、重大奖励、挂职锻炼、外出培训、出国出境、困难挫折、考核结果、信访举报”等“十必谈”制度，严格执行请示报告、请假报备、工作考勤等纪律规定，认真执行监督执纪工作规则，自觉接受党内监督和社会监督，严防“灯下黑”。

（胡清海）

·组织工作·

【概　况】 中共忠县县委组织部办公地址位于忠州街道中博大道2号县行政中心五楼。内设办公室、干部一科、干部二科、干部监督科、干部教育科、干部考核科、人才工作科、组织一科、组织二科、党代表联络科、非公党建科等11个科室，下设参公事业单位党员电化教育中心。机关编制32名，其中行政编制23名，参公编制8名（党员电化教育中心），工勤编制1名；在编在岗28名。至2017年底，全县有基层党组织1169个，党员38688名。

【“两学一做”学习教育实践活动】 推进“两学一做”学习教育常态化制度化。围绕党组织“六有”标准，合格党员“四讲四有”标准，探索推广党组织和党员动态积分管理、无职党员设岗定责等做法。以“四在前、四带头”为载体，开展“党群示范”创建活动，推进“双特”发展思路，引领广大党员干部群众积极投身忠县发展大计。深化落实学习教育成效前后对比机制，全县各级党组织建立整改清单1084个，班子成员整改问题7000余个，新查找问题4264个，普通党员作出整改承诺4.5万个。指导基层党组织深化推广夜间课堂、工间10分钟、1+N交流发言等制度12个，建立“党组织和党员动态积分管理”、“无职党员设岗定责”等机制6个。

【干部选任】 通过回访调研、干部“家访”，坚持班子巡察、经济责任审计“四位一体”全方位、立体化研判干部，完善届初、届中、届末回访调研机制。建立领导干部“家访”制度，将干部考察识别从“工作圈”延伸到“生活圈”“社交圈”，全年家访县管领导干部386人次。坚持事业为上、人事相宜，注重干部专业能力、专业精神的统一，立足全县发展需要，全年调整县管部门领导班子56个、乡镇（街道）领导班子20个、县管学校和卫生计生单位领导班子 19 个，选拔任用县管领导干部 166 名，其中“80 后”干部 22 人。严格落实“凡提四必”要求，落实党委书记、纪委书记在人选廉洁自律结论性意见上“双签字”等措施，坚决防止“带病提拔”，确保全县干部选任风清气正。

【教育培训】 制定《忠县干部专题培训管理办法》《忠县干部赴市外培训管理办法》，全年举办特色效益农业、锂电产业和医药产业等班次 58 期，培训干部 6542 人次。推行“我来当一周村官”体验式教学，在主体班中开展“课前微思考、课中微讨论、课后微小结”三微课堂和“传统文化侵染”教学模式。组织 1324 名干部通过微信公众号、手机 APP 等平台，学习重庆干部网络学院课程。制定《忠县干部教育培训现场教学基地管理办法》，“五个忠于”市级传统文化现场教学基地先后承接全市各类学习培训 51 场次。注重实践历练，选派 62 名干部到专业招商组、市级部门挂职锻炼。

【干部监督】 对党性不强、庸懒散拖干部进行“党性再锤炼、能力再提升”召回培训。委托县审计局对 18 个单位 21 名领导干部开展离任和任期经济责任审计。建立领导班子巡查制度，发现干部违纪违规线索 50 余条，约谈 28 人次。制定《对县管领导干部进行提醒、函询和诫勉操作办法》，开展提醒 16 人次、函询 3 人次、诫勉 11 人次。不断完善干部考核评价机制，削减单项考核项目，减轻基层考核压力。做实平时考核，采取“正面清单+负面清单”方式，实行分级分类考核。开展乡镇（街道）党政主要领导作风专项考评，分类排序，立体画像。制定《党员干部干事创业容错纠错暂行办法》《干部关怀工作意见》，全年容错纠错 3 起，解决干部困难 58 个。

【基层组织建设】 2017 年，全覆盖培训支部书记 1058 人，回引 358 名本土人才到村挂职。将村、农村社区、城市社区书记（主任）基础补贴分别提高到 2100 元/月、2930 元/月、3000 元/月。投入 500 万元，建立社区公益事业发展专项资金，按 1000 元/月、500 元/月落实网格党支部书记和党小组长补贴待遇。完善三级联动体系，制定居民点单、社区分单、街道派单、居民评单“四单”运行机制，以城市党建引领城市基层治理。开展股权化改革试点，带动 249 个村实现集体经济“零”突破。建立“入党申请人—入党积极分子—发展对象”梯队培养机制，严把党员入口关。全覆盖开展基层党组织书记抓基层党建述职评议，问责履行党建责任不力的党组织书记 3 名。以属地工商所党员活动室为阵地，组建“小个专”党组织“讲习所”。优化机关党组织设置，理顺中小学校党建工作体制。

【人才工作】 出台《关于加强全县人才工作实施意见》。设立人才发展专项资金 1000 万元，用于人才引进、培养、奖励和支持人才创新创业。开展人才普查暨 30 万外出务工人员、在外成功人士调查摸底工作。启动忠县“名医名院名院长”“名师名校名校长”工程，配套出台“三名”工程评选管理办法。组织县内 100 名非公企业家、专业技术人才、高技能人才等开展健康体检。举办忠县 2017 创新创业大赛，对获得一二三等奖的分别给予 10000、8000、5000 元奖励，并提供 30 万元免息贷款。开展“岗位大练兵、技能大比武”活动，弘扬工匠精神，评选表彰首届“忠州工匠”7 人。

【自身建设】 开展调研、试点和示范工作，形成高质量调研报告 48 篇。坚持从严治部、严格管理，出台《县委组织部机关财务管理制度》等制度 10 余项。运用“互联网+”和大数据思维，在全县机关事业单位全覆盖推广使用“组工业务综合信息平台”“日常工作辅助信息系统”，提升组织工作科学化、精细化、高效化水平。“忠县组工”微信公众号关注量在全市排名靠前，影响力在全国同类微信

公众号中排名前 22 名。开设忠县党建信息平台、忠县手机台党建专栏、忠州日报组工宣传专栏，进一步拓展影响力。（周定佳）

·宣传工作·

【概　况】 中共忠县县委宣传部（以下简称县委宣传部）办公地址位于忠州街道中博大道 2 号县行政中心五楼，是县委主管意识形态工作的综合职能部门，行政编制 17 名，行政工勤编制 1 名，县纪委驻县委宣传部纪检组编制 3 名。内设机构 7 个：忠县精神文明建设委员会办公室（正局级，简称县文明办）、办公室、理论科、新闻科、宣传科、未成年人思想道德建设科（不占编制）、信息科（不占编制）。2017 年，新增设中共忠县县委网络安全和信息化领导小组办公室，与忠县互联网信息办公室实行“一个机构、两块牌子”。下设忠县网络安全和信息中心，为县委宣传部举办和管理的全民所有制事业单位，机构规格为副科级，核定事业编制 16 名，在职人员 10 名。内设机构 5 个：综合科、网络宣传科、网络舆情科、网络安全协调科、舆情信息科。

【理论武装】 2017 年，深入学习贯彻习近平新时代中国特色社会主义思想、中共十九大精神以及党中央、市委系列重要会议、重要文件精神。全年开展县委中心组（扩大）学习会议 9 场，邀请市委宣讲团成员举办报告会 5 场，现场交流发言 50 余人次，印制理论中心组学习笔记 1.8 万本。

开展中共十九大精神以及市委、县委重大会议精神宣传宣讲，其中中共十九大精神宣讲 1300 余场次；组织理论名嘴、理论快递员深入农村、社区、学校开展理论龙门阵、理论微宣讲 300 余场次；以招商引资、大数据、文明城市创建、城市公共艺术、乡村振兴等为主要课题，邀请中央党校、市委党校等专家学者作专题辅导报告，全年举办忠州大讲坛 8 期，受众 2500 余人次。

县委常委会专题研究全县意识形态工作 2 次，将意识形态工作纳入各级各部门综合目标考核，作为民主生活会、党建述职等工作的重要内容之一。建立意识形态工作应急处置机制，定期召开重点部门联席会议，成功应对处置“3·27 刑事案件”“4·13 过境游轮中毒事件”。

【宣传教育】 采取深化推广普及、融入日常生活、树立先进典型、加强文化培育相结合的方式，在全县范围内开展社会主义核心价值观宣传教育。3 月 30 日，开展社会主义核心价值观主题教育实践活动，在乐天公园举行“我们的节日·清明”祭扫革命先烈活动。6 月 24 日，在拔山镇举行“橘城公益梦想赶场天”千万市民做公益活动。

开展身边好人、最美人物、时代楷模、凡人善举等典型选树、学习宣传活动。举办好家风好家训、节俭养德全民节约、创新乡贤文化、我们的节日等主题活动，大力弘扬核心价值观，在全社会营造讲规矩、讲道德、讲文明的良好氛围。

利用县级各类媒体平台，深化习近平新时代中国特色社会主义思想和中国梦宣传教育。9 月 27 日，举行“喜迎十九大·共筑中国梦”忠县 2017 年庆国庆升国旗暨成人宣誓仪式。10 月，广泛发布学习贯彻党的十九大精神公益广告。12 月 27 日，在体育馆举行“拥抱新时代 践行新思想 实现新作为”新年音乐会，由重庆话剧团演出话剧《幸存者》。

深化全国县级文明城市创建宣传教育。编排“文明快闪”节目，在街道、社区、广场、商场、公园等进行宣传；组织本地摄影家蹲点跟拍道德模范和身边好人的工作和生活，并举办专题摄影展；举办“忠县创建全国县级文明城市大型图片展暨志愿者誓师大会”“创建全国县级文明城市电视知识竞赛”等大型活动，设计制作一系列文明城市创建宣传公益广告，并在全县城乡T型广告、建筑围挡、灯杆广告、LED、宣传栏、宣传展板等进行广泛发布，动员全县市民积极参与全国县级文明城市创建工作。

【网络舆论和舆情信息】　按照县委宣传部、县委网信办于9月19—24日联合举办的第四届国家网络安全宣传周活动要求，开展“网络安全为人民，网络安全靠人民”为主题的系列宣传活动。展出网络安全知识宣传展板48块，印发宣传折页3万份、海报1000份，组织各单位LED显示屏滚动播放网络安全宣传标语200余条次，县电视台滚动播放网络安全宣传公益广告及专题片30余次，通过全媒体平台推送《网络安全法》解读文章、网络安全知识及典型案例等稿件300余篇次。12月20日，县委网信办举办2017年度基层网宣工作业务培训会，围绕舆情信息撰写、网络宣传引导等内容，面对全县各乡镇（街道）宣统委员、网宣员等开展业务培训，提升基层网宣队伍业务水平。12月28日，县委网信办组织辖区相关部门、单位及互联网企业负责人和技术骨干100余人，举办为期两天的2017年网络安全培训和应急演练。培训内容包括《网络安全法》解读、网络监测预警与应急处置管理、网络攻防展示及网络安全通用技术、网络安全事件应急演练等专题。应急演练环节，通过模拟忠州新闻网遭到黑客攻击造成政治类网络安全事件并开展应急处置，提升参训学员防范和应对网络安全事件能力。（刘俊杞）

·统战工作·

【概　况】　中共忠县县委统战部是中共忠县县委主管统一战线工作的职能部门，同时履行忠县人民政府管理民族宗教事务和台侨事务职能，办公地址位于忠州街道中博大道2号。机关内设办公室、干部科、民族宗教科、经济服务科、台侨事务科、忠县统一战线信息中心。机关编制19名，其中行政编制10名，事业编制8名，工勤人员1名，在职人员19名。

2017年，县级统战系统共有县委统战部、县民族宗教事务局、县侨办、县台办、县工商联、县侨联、县社会主义学院、县台联等8个单位。另有民革忠县工委、九三学社忠县支社两个民主党派基层组织以及1个无党派人士社团组织即党外知识分子联谊会。全县乡镇和街道配备专职统战委员29名。

【思想建设】　开展主题活动。引导党外人士开展“不忘合作初心·继续携手前进”学习实践活动，举办学习中共十九大精神座谈会、参观中国民主党派历史陈列馆和廉政教育基地、集中政治理论学习等活动16次。持续开展以诚信守法为主题的非公经济人士理想信念教育实践活动，进一步坚定非公经济人士跟党走的信念。引导宗教界人士培育和践行社会主义核心价值观，坚持开展宗教政策法规学习月活动，支持和组织宗教界举办培训班、季度学习7次。择优建立60名新的社会阶层人士信息库，根据知识结构划分4个小组开展活动。针对性开展专题培训。全年先后举办统战干部、党外干部、基层商会、“百名忠商进高校”、新的社会阶层人士等5个专题培训班，邀请市内外专家学者授课，提升培训质量。开展统战宣传工作。分类编印小学、初中、高中版《统战知识读本》1万册，试点开展统战理论进校园工作。引导党外人士在意识形态领域正确发声，全国“两会”期间上报并被市委统战部采用建言6条。

【政党协商】　支持民主党派、工商联、知联会加强自身建设，动态发展成员46名。调整充实党外知识分子联谊会班子，无党派人士活动平台更加稳健。建立议政建言“绿卡”机制，支持民主党派、工商联、无党派人士深入开展考察调研、举办社会服务活动30余次。认真落实《关于把政治协商纳入决策程序的实施意见》《关于加强政党协商的实施办法》。完善党员县领导联系党外代表人士、新的社会阶层代表人士联谊交友制度。围绕“以乌杨新区为主战场加快做强做大特色工业”、壮大文化旅游产业等主题，举办专题政党协商座谈会、情况通报会、暑期谈心会，组织党外代表人士参与县委举办的各类政治协商活动13次，收集并纳入交办的意见建议30余条，推进年度政党协商计划，广大党外人士议政建言热情高涨，服务全县改革发展效果显著。

【民族宗教统战工作】 贯彻全国、全市宗教工作会议精神，召开全县宗教工作会议，出台关于加强宗教工作的实施意见和责任分工，明确55项具体工作任务，将会议精神纳入全县女少非干部主体培训班培训内容。开展安全大排查大整治大执法行动，督促宗教场所完成隐患整改6处。投入财政资金100余万元，支持宗教界自筹近3000万元，实施6个宗教场所排危建设，其中基督教顺溪感恩堂、新立活动点等2个场所竣工投用。全年未发生一例宗教场所安全事故。指导成立忠县佛教协会，督促宗教团体和宗教场所完善民主管理制度，正常宗教活动总体规范有序。宗教界代表人士生活补助经费、社会保障经费和团体办公经费得到充分保障。建立完善非法宗教活动信息收集、情况上报、应急处置工作机制，加大非法宗教活动和“中华真理教会”等组织在忠活动情况排查治理力度，有效阻断境外势力渗透渠道。深度挖掘宗教优秀文化资源，将149幅佛教文化遗迹拓片移交忠州博物馆，完成《忠县佛教遗址拓片辑录》初稿，启动万福塔、文峰塔重建项目，协同开展全县宗祠资源调查利用工作。

【非公有制经济统战工作】 协同开展人才普查暨30万在外务工人员和成功人士摸底调查，采集437名忠县籍在外非公经济代表人士个人及企业相关信息。组织非公经济人士季度学习3次，举办“畅想青春放飞梦想”“百名忠商进高校”主题活动，注重非公经济代表人士的教育引导，促进非公经济健康发展和非公经济人士健康成长。全面完成乡镇、街道商会换届，按照“领导班子好、团结教育好、服务发展好、自律规范好”的标准强化商会组织建设，忠州街道商会获评“重庆市十佳街道商会”。选派6名干部参加第五批“干部进民企促发展”活动，助力企业转型升级。召开企业挂牌服务座谈会，推动企业对接多层次资本市场。牵头组织2次协调会，专题研究解决瑞竹公司技改扩建、征地、市场推广等问题10余件。认真研究非公企业党建工作，严格落实县委非公工委成员单位职责，积极探索企业发展与党建工作的有效结合点，以“树立非公企业党建制度建设观”为主题，组织人员赴企业开展调研并形成调研报告。

【港澳台海外统战工作】 动态完善港澳台侨数据库，建立县、乡镇街道两级侨情台情台账，落实常态化摸排更新机制。建立“三新”代表人士资源库，海外重点社团、华商的基础信息、联络工作进一步加强。支持县侨联组建“侨联青年委员会”“忠州侨心艺术团”“忠县侨界妇女联合会”“忠县留学生家长协会”等组织，拓宽交流渠道。主动靠前服务长帆汽车、桑德环卫、特锐锂电等侨资企业。县侨联组织全县中小学生、侨界青年参加第17届世界华人学生作文和摄影大赛，选送参赛作品749篇，获评一等奖13篇、二等奖37篇、三等奖45篇。新缔结友好侨联2个。选派干部随团入岛开展交流活动，推介忠县。搞好服务维权，建立困难归侨侨眷档案，个性化制定精准脱贫帮扶方案，并争取资金予以支持。争取中华海外联谊会25万元捐款，援建乌杨街道、新生街道、白石镇、石宝镇、野鹤镇5所海联新农村卫生室。

【统战服务大局】 全力配合全国文明城市创建工作，动员帮联单位、爱心企业捐赠 20 万元支持忠州街道苏家社区开展创建工作。积极参加“百日攻坚”行动，协调相关部门妥善处理苏家社区郭家转盘和忠县中学周围长期存在的乱堆乱码、乱搭乱建以及社区内车辆乱停乱放等问题，部领导干部带队开展责任路段巡查、帮联社区督导等工作，确保创建工作无死角、责任战线无差漏。

持续深化脱贫攻坚行动。积极开展“万企帮万村”“同心惠民生”行动，争取“黄廷方奖学金”、青年才俊工程、爱德基金会以及县内非公经济人士捐赠 103 万元，资助贫困大中学生 322 名。认真履行脱贫攻坚牵头单位职责，组织扶贫集团成员单位开展“寒冬送温暖”“送清凉到农家”等帮扶活动 4 次，走访慰问贫困户 400 余户次。积极开展招商引资活动，先后邀请中冶二局、四川水电公司、福州运福进出口贸易有限公司等企业到忠县考察；县工商联引进的北京洁丽雅保洁有限公司在忠县成立总部结算中心，完成入库税金 700 余万元，引进的分布式光伏发电项目已经投产。

争取民族资金 158 万元，协调各类配套资金 370 万元，用于民族乡实施 4 个基础设施建设、文教卫生等扶贫项目；选送 6 名医护人员参加国家民委“中华民族一家亲”活动并随团学医 15 天，助力少数民族地区医疗发展。推进“民族文化进校园”活动，指导民族乡小学完成民族文艺节目创编、展演和特色民族校园文化打造，指导完成民族乡小学搬迁改建初设方案。促成国家民委武陵山片区民族理论政策研究基地与民族乡开展校地合作，通过编制教材、创作歌谣、设计课程、挖掘传说等方式，夯实乡村旅游文化载体。围绕创建“全国民族团结进步示范乡”目标，将民族团结进步宣传周与脱贫攻坚、党支部主题党日活动、中秋国庆文艺演出相结合，走访慰问少数民族家庭 612 户次、表演民族节目 23 个，民族政策宣传实现基层全覆盖。落实民族政策，积极推进城市民族工作，加强与新疆驻渝工作组联动，做实结对联系，强化情报互通、协作处置和服务管理，协同做好反恐维稳工作，确保重大会议期间民族领域的稳定。

【党外代表人士队伍建设】 认真贯彻全市党外干部培养选拔工作暂行办法，狠抓党外干部发现储备、教育培养、选拔任用各个环节，择优建立统一的党外后备干部名单，将 55 名党外干部纳入个性化培养，在政治培训、实践锻炼、交流轮岗、政治安排和实职安排方面完成率均 100%。积极推荐优秀党外干部，十四届县委以来，全县提拔重用党外干部 8 名，交流安排党外干部 12 名，政府组成部门中配备党外领导干部 14 名，其中 3 名任县级部门正职。党外县人大代表（常委）、党外县政协委员（常委）安排均超过市委规定比例。

（周庆国）

·理论教育与干部培训·

【概　况】 中共忠县县委党校（忠县行政学校、忠县社会主义学院）办公地址位于忠州街道山东路 15 号。内设办公室、教学科、科研科、培训科、总务科、信息科。机构编制 40 名，在编在岗 31 名，其中参公事业编制 26 名，工勤人员 5 名。

【队伍建设】 加强领导班子建设，2 名校中层干部提拔为县管副职领导（专职校务委员），校领导班子人数扩充到 5 人。完善优化科室设置，调整“1 室 4 科”为“1 室 5 科”，变教研科为教学科，增加科研科；优化各科室职能职责，提拔 3 名教师为中层干部。改善师资队伍结构，通过公务员考试招录青年教师 2 名，面向全县选调青年教师 1 名，充实师资队伍；整合县内外教师资源，滚动充实、动态调整兼职教师库，向市级部门及其他区县交流人才

3 名。强化教师队伍培训锻炼，分期组织教师到中央党校、北京大学、复旦大学、山东省社会主义学院、重庆市委党校、苏州市农村干部学院等培训机构参加培训和跟班管理 10 余人次，提升教学和管理水平。

【干部培训】 2017 年，县委党校举办各类培训班 103 期，培训学员 15210 人次。其中，主体班 42 期，培训学员 4415 人次；社会培训班 61 期，培训学员 11795 人次。培训班次方面，全年举办村（社区）干部培训班 12 期、全县行政执法人员培训班 4 期，承办全市学习贯彻中共十九大精神专题培训班（忠县）分课堂 4 期，承接市委党校第 54 期市级部门领导干部进修班和第 66 期市级机关处长进修班，以及巴南、垫江、北碚、南岸党校等校外委托培训班 11 期，新设 2017 年忠县年轻干部、女干部、少数民族干部、党外干部能力提升班，中层干部任职培训班，优秀中层干部培训班、优秀公务员培训班、新进事业人员培训班和市公务员局渝东北片区“双基”公务员培训示范班等班次。为提升忠县干部学历教育，继续设置市委党校在职研究生法学教学点，招收学员 29 名。授课内容方面，针对不同主体班次、专题班次和委托培训班次，制定精细化培训方案。领导干部进修班重理论教育和党性教育，引导领导干部增强党性修养；举办招商引资、特色效益农业、锂电产业、医药制造产业等 10 余个专题培训班，突出精准专业；结合全面从严治党和坚定理想信念要求，在新提拔县管副职领导干部班、公务员轮训班及新闻发言人等培训班中突出党性教育和理论教育，增强干部“四个意识”。教学形式方面，与县委组织部制定现场教学基地管理办法，制作传统忠义文化现场实践基地宣传片，印发传统忠义文化现场实践基地教材 2 套，宣传册 500 份，现场教学取得良好效果。

【科研资政】 围绕县第十四次党代会的发展思路和发展举措，对照“大力发展特色产业集群、加快建设特色中等城市、全面建成小康社会”目标，组织教师深入乡镇、部门调研，引导学员结合学习立足岗位开展调研，就忠县经济社会发展中的突出问题，提出解决建议方案，让资政报告解需求、接地气、有成效。同时，科研人员在一个课题的基础上实现多方运用，促使科研资政成果的最大化。2017 年，县委党校撰写理论文章 49 篇，呈送资政“直通车”《领导参阅》11 期，出版理论内刊《忠州论坛》2 期，市委党校课题立项 1 项（《忠县桂花村建设美丽宜居乡村实践研究》），市社会主义学院课题立项 2 项（《重庆农村基层协商民主制度研究》《健全我国乡镇协商民主制度研究》），申报县级课题 1 项（《忠县文旅融合发展的内在机制与路径研究》）。

（李小双）

·老干部管理·

【概　况】 县委老干部局位于忠州街道巴王路 12 号，是由县委组织部管理的主管全县离休干部和副县（处）级以上退休干部的工作机构。机关行政编制 4 名，实有行政人员 3 名，其中局长 1 名，副局长 1 名。机关内设办公室、老干部管理科、老干部活动科。下设老干部服务中心，事业编制 9 名，现实有 7 名，其中主任 1 名（县管领导干部），副主任 1 名，内设办公室、老干部服务科。

至 2017 年底，全县有离休干部 44 人，县级退休干部 464 人。离休干部中，抗日战争时期参加工作的 2 人，解放战争时期参加工作的 42 人；离休干部享受地厅级待遇 1 人，县级待遇 43 人。离退休干部安置居住在忠县城区的 438 人，乡镇居住的 25 人，县外居住的 45 人。

【落实政治待遇】 坚持每月 15 日组织居住在县

城区的438名离退休干部开展政治学习，全年共组织学习11次，参学人数4500余人（次）；居住在乡镇的离退休干部按时参加当地退管办组织的学习。重点学习习近平新时代中国特色社会主义思想、习总书记系列重要讲话精神以及中央、市、县两会精神、“两学一做”和县委县政府的重大决策。

召开老干部座谈会2次；6名县级领导联系20名同职级的离退休干部。为老干部征订报刊杂志36种，县里分发县团级文件1份，全年组织老干部阅读文件1200多人（次）。县委为每位老干部赠送“忠州日报”1份。

建立局领导接待日制度，每月15、30日为局领导轮流值班接待日，全年接待来信来访46人（次）。召建立完善首问首接制度，召开离退休老干部信访维稳研判会8次。

【落实经济待遇】　离休干部医药费按规定得到实报实销，市属单位离休干部医药费纳入市上统筹，全县离休干部医药费按规定实报实销得到保障。协调解决退休干部医保4人次，合计资金15万元。

对55名特殊困难离退休干部进行帮扶，给予帮扶资金7万元。10名职工每人各帮扶离退休干部1名。抓好《关于进一步加强和改进离退休干部工作的实施意见》（渝委办发〔2016〕44号）的贯切执行，落实老干部节日慰问费68.5万元。专项安排老干部暑期休养、外出参观考察经费55万元。按照《关于调整我市部分建国初期参加革命工作退休干部生活补贴标准的通知》（渝委老〔2017〕81号），联合县财政局、县人社局，调整县部分建国初期参加革命工作退休干部生活补贴标准。按照《关于调整重庆市离休干部护理费和生活长期完全不能自理的离休干部护理费标准的通知》（渝委老〔2017〕97号），调整全县44名离休干部生活护理费，由1700元/月调整至2500元/月。

落实退休干部生活待遇。按照市、县政策，落实生活费、津补贴等。抓好副县级以上退休干部的退休费落实工作，做到按月足额发放。

坚持每周一上“两大”医院（县人民医院、县中医院）看望制度，全年看望生病住院老干部96人（次），节假日上门看望长期生病在家不能行走的老干部69余人（次），配合有关单位办理13名老干部逝世后的丧葬事宜。

举办离退休老干部春节集中慰问大会1次，县“四大家”领导给老干部拜年，发给慰问金和慰问品。县老干局共计筹集资金68.5万元，在春节、端午、中秋、重阳节组织慰问组慰问居住在城区和乡镇的离退休老干部；上门看望长期瘫痪在床的老干部90余人次，送去慰问品和慰问金合计金额2.3万元。陪同县领导慰问德高望重老干部20名，送去慰问金及物资合计1.6万元。代表县委、县政府组织召开离休干部、县级实职退休干部座谈会2次，送去慰问金5万余元。

【组织开展活动】　有2660余平方米的老干部活动室，配备有健身器材、篮球机、乒乓球桌、麻将、川牌、象棋、扑克、跑步机、自行车等活动器材。室外文体活动有羽毛球、钓鱼等。全年参加活动人数1.2万人次。

组织200多名离退休老干部到白石镇巴蔓竹韵春游考察，就地开展丰富多彩的趣味性活动。组织170名离退休老干部分2批到石柱黄水参加为期20天的暑期休养。组织80人次县级实职退休老干部到合川钓鱼城、黄金镇、石子乡、乌杨镇工业园区考察调研。组织20余名老干部在新生街道开展钓鱼比赛。选送6名老干部参加渝东北片区“金秋敬老”钓鱼比赛。选送4名老干部参加在万州举办的麻将、扑克比赛。在五一、国庆期间，组织250余名离退休老干部开展打麻将、斗地主、双扣、乒乓球、电动投篮、猜字谜等系列丰富多彩的趣味性活动。

【离退休干部党支部建设】　对居住在县内的424名离退休党员编入本人所在单位、居委会和村党支部。县公安局、县检察院、县农委、忠州街道、石宝镇、官坝镇、拔山镇等40个乡镇（街道）和部门单独建立离退休党支部。各单位定期开展组织生活会。深入开展“五个好”离退休干部党支部创建活动，组织8名离退休党支部负责人参加市老干部党校的学习培训。

【医疗保健】 积极主动做好县里各大医院的协调工作，为老干部就医提供方便。2017年，组织330余名离退休老干部到忠县人民医院体检中心进行体检，建立健康档案330余份。

【老干部服务大局】 联合县委组织部下发《关于组织离退休老干部开展正能量活动的通知》（忠委老〔2017〕23号）《关于组织全县老干部开展“畅谈十八大以来发展变化展望十九大胜利召开”活动的通知》（忠委老〔2017〕24号）文件，组织全县离退休老干部开展正能量活动，以“六大员”（即经济社会发展调研员、文明出行劝导员、社会舆论引导员、农村邪教信息联络员、社区网格管理员和未成年人成长监督员）为依托，激励全县离退休老干部发挥正能量。开展考察调研活动。经过3个月调研考察，老干部撰写调研报告9篇，为县委县政府工作献计献策。组织全县老干部开展“畅谈十八大以来发展变化，展望十九大胜利召开”建言和调研活动，全县老干部上交畅谈文章和调研报告30余篇。组织老干部参加建言献策会2次，参会人员420余人次，提出意见建议180余条。

【关工委工作】 弘扬“五老”（老干部、老战士、老专家、老教师、老模范）精神，围绕全县中心工作，在服务大局、促进青少年健康成长、推动各项事业蓬勃发展中作出贡献。组织全县关工委系统学习贯彻党的“十九大”精神。组织26名选手参加重庆市“中华魂”主题教育读书活动征文演讲比赛，荣获一等奖13名，一等奖获奖率列全市第一。“关爱明天·普法先行”法治进校园活动走在全市前列。全市中小学法制教育现场会、渝东北片区关工委法制进校园经验交流会于2017年5月、12月分别在忠县召开，忠县23770名青少年参加重庆市网上普法知识竞赛，人平76.08分，列全市第一。2017年6月12日，重庆市首个“中国关心下一代教育示范基地”在拔山镇中心小学挂牌。

【自身建设】 开展“解放思想提高执行力”干部作风整治专项行动，召开专题民主生活会2次、支部民主评议会1次。组织职工开展工会活动和支部活动。全年组织开展工会活动5次、支部活动6次。完善议事规则，通过会议安排工作，研究问题、审定事项形成惯例，全年召开局务会17次、职工会28次、“碰头“会40次。做好公务员平时考核和职工月度考核，全年公务员考核评出“好”等次11人次，事业单位考核评出“好”等次25人次。做好老干部工作调研和信息报送工作，全年向市委老干部局、市关工委、县委办、县政府办报送调研文章、各类信息20余篇、被市采用6篇、县采用4篇。 （蒋 燕）

·机构编制·

【概 况】 忠县机构编制委员会办公室（以下简称县编办）办公地址位于忠州街道中博大道2号。内设综合科、行政机构编制管理科、事业机构编制管理科。行政编制5名，在编在岗5名。直属事业单位1个（忠县事业单位登记管理局），事业编制4名，在编在岗4名。

【机构改革】 行政体制调整 根据行政体制调整、纪检派驻体制改革、承接取消下放行政审批事项和部门安监环保职责急需加强等实际情况，对27个县政府工作部门重新“三定”，调整、理顺部门职责，规范部门职责表述。完成乌杨、新生撤镇设街道后的行政管理体制调整工作。配合安全生产体制改革，在县安监局设立安全生产巡查科，在各乡镇(街道)单独设立安全生产监督管理办公室(科)。配合城市管理执法体制改革，设立城市管理局，并完成相应职能职责划转工作。调整优化网络安全和信息化机构设置，将县委网信办与忠县互联网信息办公室调整为“一个机构、两块牌子”管理体制。配合内审机构体制改革，在全县审计监督对象单位设置内审机构。

事业单位改革　对全县事业单位再次进行职能职责全面清理，将忠县畜牧兽医局等 12 个单位确定为行政类事业单位并上报市编办备案审批。2017 年，撤销事业单位 5 个：忠县环境保护宣传教育中心（忠县环境保护信息中心）、忠县卫生进修学校（忠县健康教育所）、忠县公共资源综合交易管理委员会办公室、忠县矫正帮教服务中心、忠县煤炭工业管理所。整合撤并事业单位 2 个：撤销忠县基本药物采购管理中心（忠县卫生信息中心）、忠县农村卫生院财务核算中心，合并设立忠县医院管理中心；将忠县国家职业技能鉴定所和忠县人力资源培训考试中心整合，组建“忠县人力资源考试培训和职业技能鉴定中心”。新设立事业单位 7 个：忠县航道养护中心、忠县国土房管档案信息中心、忠县法制服务中心、忠县国有资产管理中心、忠县社会治安综合治理信息中心、忠县法律援助中心、忠县自然保护区管理中心。明确和调整忠县人力资源档案管理中心等 10 个事业单位机构规格为副科级，将县非税收入管理局等 5 个单位机构规格由副科级升格为正科级。

行政审批制度改革　至 2017 年 12 月底，全县取消行政审批事项 237 项，承接行政审批事项 131 项，下放乡镇（街道）行政审批事项 11 项（其中县交委 10 项，县工商局 1 项）。清理规范县级行政审批中介服务事项 89 项。保留行政许可类审批项目大项 333 个、小项 191 个。在全县开展行政许可标准化建设工作，完成行政许可事项标准化、行政许可流程标准化、行政许可服务标准化、受理场所设置和管理标准化和监督检查评比标准化“五位一体”的标准体系文本编制工作，顺利通过行政许可标准化建设市级验收。

【机构设置】　2017 年，全县有县级党政群机构 54 个，其中县委工作机构 8 个（含纪委）、县委部门管理机构 2 个，县政府工作部门 28 个（含审计局、不含监察局），县政府派出机构 2 个，民主党派 2 个，群众团体机构 10 个，人大机关 1 个，政协机关 1 个。乡镇级行政机构 29 个，其中街道办事处 4 个，乡镇机关 25 个。各级各类事业机构 401 个。

【编制管理】　至 2017 年底，县级党政群机关行政编制 744 名，县编委实际下达到各部门 744 名；政法专项编制 618 名，县编委实际下达 618 名；街道行政编制 232 名，县编委实际下达 232 名；乡镇级行政编制 863 名，县编委实际下达 863 名（含市里下达的周转编制 20 名）;各级各类事业编制 13749 名，县编委实际下达 13749 名。全年实现各级各类编制均有余编。

【登记管理】　按照“便民、服务、高效”的办事宗旨，全面推行事业单位网上登记和年度报告公示制度，全县登记事业单位法人 419 个，注销 10 个，全年法人年度报告公示应公示 419 个,实际公示 419 个，公示率 100%。

【中文域名】　完成 484 个政务和公益专用中文域名注册，加强和规范党政群机关和事业单位网上名称管理。

【表彰奖励】

国家部委表彰奖励项目

表 4

获奖单位	授奖单位	奖项名称	授奖时间
忠县机构编制委员会办公室	中央机构编制委员会办公室	机构编制工作先进集体	2017.1

（李　璇）

·政策调研·

【概　况】 中共忠县县委忠县人民政府研究室办公室位于忠州街道中博大道2号，内设文秘一科、文秘二科、综合科、调研科。核定行政编制11名，在编在岗9名。

2017年，县委县政府研究室围绕“争做智囊、勇创一流”目标，按照“精、高、新、快”要求，全力完成县委、县政府交办的各项任务。

【政策调研】 全年完成县委十四届三次、四次、五次、六次全会和《政府工作报告》等全县性重要会议讲话材料53篇，工作汇报等综合性文稿24篇，经验交流及会议发言7篇，书信致辞10篇，署名文章6篇，累计完成各类文稿122篇。其中，理论文章《争当“绿水青山就是金山银山”重要理念实践示范县》被《重庆日报》刊载，《自己时代精神的精华》被《当代党员》杂志刊用，《一座闪耀文明之光的活力港城》被《重庆行政（公共论坛）》杂志刊用。围绕融入“一带一路”和长江经济带建设、脱贫攻坚、特色产业、特色城市建设、美丽乡村、卫生与健康、教育、文化旅游等重点工作开展专题调研，积极研究管用可行的工作措施，促进各项工作落地。全年共开展竹产业发展、农产品质量安全、乡村旅游发展等10个课题调研。与县农委、县畜牧局、县林业局、县果业局等部门组成调研组外出学习考察10余次，深入各乡镇（街道）、部门开展调研30余次。全年形成调研报告9篇，编印《调查研究》3期，编发《决策参考》28期，编印《陈敏尔同志在重庆讲话精神摘编》3期。

【服务大局】 统筹协调，主动融入，服务全县中心工作。推进“两学一做”学习教育常态化制度化，起草相关讲话材料2篇，干部职工100%参学，组织集中学习30余次、交流发言12人次。抓好脱贫攻坚工作，起草全县脱贫攻坚讲话、汇报等文稿3篇；与11户建卡贫困户建立“一对一”结对帮扶，选派党员1名全脱产开展驻村工作；入户走访慰问100余人次，为贫困村、贫困群众解决具体问题27个，捐资捐物计1.6万元。开展“解放思想·提高执行力”干部作风专项整治行动，起草全县作风建设相关讲话3篇，开展作风整治专题学习讨论6次，室领导和干部职工对照查找问题50余条，并分别建立整改台账，限时完成整改目标。严肃开展专题民主生活会，修订完善制度24个，新建财务内审等制度3个。积极参与全国县级文明城市创建，起草有关文稿4篇，开展保洁志愿服务50余人次，参与“文明出行·周五劝导我参与”志愿服务活动20余人次。推进全面深化改革各项工作，牵头负责的民主法治专项小组各项改革任务均按照要求落到实处。参与县委政务值班、信访接待，全年参与接访300余次，协调解决上访群众的信访困难和问题。积极参加中共十九大、市委五届三次全会、县委十四届三次四次五次六次全会精神宣讲工作，2人加入县委宣讲团；开展“六进”活动，进企业宣讲 3 次、进机关宣讲 2 次、进农村宣讲 2 次。

【自身建设】 每周召开一次集中学习会议，学习贯彻党的基本理论、基本方针和现阶段政策及中央、市、县领导的重要讲话精神，加深对国情、市情、县情和现阶段的工作任务的认识和理解。全年组织集中学习会 30 次，编辑学习资料 30 期。依托现代信息技术手段，通过微信群、QQ 群学习交流各类材料 200 余篇。加强网络在线学习，全室干部职工均 100%达到规定学时。抓好干部的选拔任用，重点抓好年轻干部、后备力量的培养，加大干部交流力度，推荐提拔县管副职领导干部 1 名，交流重用县管副职领导干部 1 名，提拔内设机构科长 2 名，交流内设机构科长 5 人次，向市纪委、县政府办等部门输送干部 3 名，新进工作人员 3 名。坚持每周一集中研究工作例会制度，确保各项工作按序推进、有效落实。2017 年，1 名职工获评全国“百名网络正能量榜样”，1 名职工增补为县政协委员，1 名职工被表彰为县巾帼建功标兵。认真履行党风廉政建设“两个责任”，遵守中央、市委和县委有关反腐倡廉规定，班子成员始终保持清正廉洁本色。室党支部 4 人受县委、县政府嘉奖。

（姜渝琳）

·信访工作·

【概　况】 中共忠县县委忠县人民政府信访办公室办公地址位于忠州街道广场西路 10 号附 15 号。2017 年 5 月 25 日，下发文件（忠编发〔2017〕51 号）县编委同意增核行政编制 3 名，共有行政编制 10 名，另有机关工勤编制 1 名。2017 年 7 月 19 日县编委下发文件（忠编发〔2017〕102 号）同意将县信访办内设科室调整为综合科、信访科、复查科、督查科和维稳科，共 5 个科室，核定科长职数 5 名。2017 年 4 月 11 日，县编办下发文件《同意忠县信访投诉受理中心增核事业人员编制的批复》（忠编办〔2017〕14 号）同意县信访投诉受理中心增核事业编制 1 名，事业编制总数核定为 12 名；2017 年 5 月 25 日，县编办印发《关于同意忠县信访投诉受理中心增核领导职数的批复》（忠编办〔2017〕40 号），同意县信访投诉受理中心增加副主任 1 名；2017 年 7 月 11 日，县编办印发《关于同意调整忠县信访投诉受理中心内设机构职责的批复》（忠编办〔2017〕54 号）同意县信访投诉受理中心内设科室调整为信访投诉科、舆情监管科和网络维护科 3 个科室。

【“三基”建设】 规范职责，配齐干部。进一步理清科室职能职责，增设并规范县信访办内设机构 5 个，新增县信访办行政编制 3 个，新增下属事业单位县信访投诉受理中心副主任（副科级）职数 1 个。从县级部门考察 3 名公务员调入县信访办，并通过基层遴选调入公务员 2 名、事业人员 2 名。

规范业务，准确分类。依法规范开展复查复核工作，完成市交办的积案化解和老户转化。按照诉访分离要求，在自排的 19 件疑难信访案件和 19 件重大矛盾纠纷隐患中，分类进入涉法涉诉范畴的案件 7 件，应限期化解的案件 18 件，可纳入疏导教育的信访案件 13 件。依法把社会稳定风险评估作为重大决策的前置程序和“刚性门槛”，全年完成重大社会稳定风险评估项目 25 个，其中准予实施 24 个，暂缓实施 1 个（完善相关工作后准予实施），提前消除项目建设的各类风险隐患。

规范场地，完善设施。投入资金近 200 万元，新租用信访办公场所 1200 平方米，规范完善县群众来访接待中心，出台对应的工作方案和管理办法，至 2017 年底，全县已有国土、建设、人社、民政 4 个部门入驻。

【宣传表彰】 以“我在基层做信访”主题宣传活动为契机，在忠州日报、忠县电视台等媒体开设专栏，并依托微信、微博、官方公众号等新媒体平台，宣传展示信访干部全心全意为群众排忧解难的优秀事迹，传播正能量，激发基层信访干部队伍活力。以开展“百日攻坚”行动为契机，结合新形势下信访工作实际，化解一批久拖未决的矛盾纠纷和疑难信访问题。在市维稳办开展的“迎接十九大忠诚保平安”活动评比考核中，忠县获得满分，县移民局和县信访办王晓蓉分别被市人社局记集体二等功和个人二等功。联合县人社局以县政府名义记功嘉奖先进集体4个、先进个人66名。

【接访下访】 全年信访信息系统登记受理群众信访事项8024件次、10506人次。围绕“六个一批”工作任务，全面落实领导干部“四访一包”工作制度和定期阅批群众信访事项制度，全年县领导接访下访1191件次、1289人次，解决群众问题1180件；乡镇（街道）和县级部门领导接访下访10878件次、12334人次，解决群众困难和问题10854件次，群众满意率98.8%。

【队伍建设】 以推进“两学一做”学习教育常态化制度化为抓手，认真学习中央、市委及县委推进全面从严治党的文件和会议精神，教育引导党员干部切实增强“四个意识”特别是核心意识和看齐意识。全年开展党组中心组（扩大）专题学习会5次，撰写心得体会20余篇。通过“信访业务大讲堂”、岗位练兵、业务知识讲坛等方式，提升干部业务能力，打造素质过硬的信访干部队伍。认真执行党组议事规则和决策程序，全面落实民主集中制要求，重大事项决策、重要人事任免、大额度资金使用等都严格依法依规、有序推进，全年未发生 “三重一大”事项个人代替组织拍板行为。严格落实“三会一课”、民主生活会、组织生活会、民主评议党员、党性分析及谈心谈话等制度，教育引导党员增强党的意识、强化组织观念、遵守组织纪律。以“解放思想·提高执行力”作风整治专项行动为契机，以促进问题真解决、作风真转变、工作真落实为出发点，完成整改内容12项25条。利用党组（扩大）会、主任办公会、职工会教育引导全体干部职工反腐倡廉，管好用好手中权力，带头遵纪守法。

（邓信周）

·对台事务·

【概　况】 中共忠县县委台湾工作办公室、忠县人民政府台湾事务办公室（合称忠县台办）实行一套机构、两块牌子，于2001年在统战部挂牌，隶属于忠县县委、县政府领导。台办主任由统战部副部长兼任。主要职能职责：负责对全县广大干部、群众和台胞、台属进行党的对台工作方针政策的宣传教育；协调处理本县涉台的重大活动、重大事项。至2017年底，全县有台胞326人、台属1626人；台资企业1个（忠县南泰电子有限公司），台属企业1户（忠县点燃传媒有限责任公司）。

【宣传教育】 深入宣传党的对台工作方针政策，全年累计培训各级党政干部700余人次。召开全县台胞台属代表人士中秋、春节座谈会、季度学习例会4次。推进归口管理，强化协调指导，规范审批干部赴台交流，加强管理和行前教育工作。注重交流交往，邀请中国台湾彰化县议会议长和有关台资企业负责人赴忠县考察，组织1名干部参加“重庆市海峡两岸交流促进会赴台交流团”，赴台开展经济、文化等交流活动。

【服务维权】 全年走访调研涉台企业2次，协调解决涉台事宜2件，切实维护台胞台属权益。动态调整县台情基础台账，对重点联络人员队伍和台胞台属代表人物库进行分类完善。开展《重庆市台湾同胞投资保护条例》抽样调查和台资企业聘用中国台湾劳工情况调研，了解辖区内台资企业经营、生产中需要政府部门协助解决的问题和困难。会同台联深入开展扶贫济困工作，全年走访慰问重点和贫困台属30余人，发放慰问金1.5万余元。

（周庆国）

·民族事务·

【概　况】 1984年成立忠县人民政府民族宗教事务科。2001年10月，县级机构改革，成立忠县民族宗教事务局，在县委统战部挂牌。2015年1月，县委统战部机关调整内设机构，撤销民宗台侨科，设立民族宗教科（民宗科）负责全县民族宗教事务工作。

至2017年底，忠县有少数民族35个14211人，其中土家族12401人、蒙古族46人、回族34人、藏族21人、苗族491人、彝族223人、壮族305人、布依族162人、满族43人、侗族141人、瑶族38人、黎族31人、白族39人、傈僳族22人、哈尼族23人、傣族23人、佤族10人、水族18人、拉祜族13人、朝鲜族9人、纳西族1人、仫佬族6人、仡佬族51人、羌族6人、布朗族5人、畲族3人、景颇族4人、达斡尔族1人、德昂族1人、俄罗斯族1人、东乡族2人、毛南族1人、阿昌族2人、怒族1人、土族16人、其他未识别民族17人。

【创建工作】 持续推进磨子土家族乡创建全国民族团结进步示范乡工作，在全县范围内开展民族团结进步宣传周活动，将活动周与脱贫攻坚、党支部主题党日活动、中秋国庆文艺演出相结合，大力营造创建氛围；持续推进"民族文化进校园"活动，促成国家民委武陵山片区民族理论政策研究基地与民族乡开展校地合作；继续跟进外来少数民族维权服务站建设，落实9名领导干部"一对一"联系外来少数民族群众，对接新疆驻渝工作组共同做好县内流动少数民族服务管理工作。

【政策落实】 按政策规定为60名少数民族考生享受普通高校招生照顾政策有关情况进行核实并提供证明材料，为2名群众更改民族成份。

【帮扶工作】 结合精准脱贫、农村人居环境综合整治、民族领域各项重点工作等，累计投入各类资金553万元，实施建设项目4个，助力民族乡改善教育、卫生条件，增强特色产业发展能力；争取市少数民族青年才俊工程资助忠县少数民族优秀贫困大学新生19名。

（周庆国）

·宗教事务·

【概　况】 忠县有佛教、天主教、基督教三大宗教，信众约3万人，其中佛教信众约7000人、天主教信众约8000人、基督教信众约15000人；开放宗教活动场所16处，即三台寺、高峰山开禧寺活动点、金刚山广积寺活动点；天主教天池教堂、圣伯多禄·圣保禄堂、马灌镇活动点；基督教忠州福音堂、顺溪感恩堂、拔山恩泽堂、新立镇活动点、马灌镇活动点、花桥镇活动点、石宝镇活动点以及3个"以堂带点"活动场所即永丰、白石、双桂镇学习点。有忠县佛教协会、天主教爱国会、基督教三自爱国会等3个宗教团体。有宗教教职人员10名，其中佛教比丘3名，天主教神甫2名、修女1名，基督教长老2名、副牧师1名、传道员1名。

【宗教事务管理】 召开全县宗教工作会议，协助县委、县政府出台《关于加强宗教工作的实施意见》，指导全县宗教工作。在宗教界开展"宗教政策法规月"学习活动，落实宗教界代表人士季度学习会制度，引导宗教界人士坚定立场、发挥积极作用。开展夏季消防检查整治、安全隐患大排查大整改、日常安全维护等系列安全整治活动。着力解决宗教领域实际问题，安排财政资金102万元实施场所排危，调整宗教团体办公经费至5万元/年、推进佛教遗迹文峰塔万福塔重建。

全年召开涉及宗教方面的会议9次、全县宗教界代表人士季度例会（学习会）4次。与全县27个乡镇、2个街道以及各宗教团体、宗教场所签订《2017年度民族宗教工作责任书》，完善宗教工作“三级网络两级责任制”。落实双岗双考机制，将宗教工作纳入全县党建（统战）工作、综治工作考核内容。将宗教工作纳入社会治安综合治理网格化（试点）工作统一部署，明确把民族宗教基层基础信息收集工作作为网格长、网格员职责，并纳入工作考核。巩固治理非法宗教活动专项行动成果，教育引导转化参与非法宗教活动信徒，宗教领域总体稳定。

【服务社会】 以“宗教慈善周”活动为载体，引导宗教界积极参与社会慈善事业，全年引资近50万元，资助贫困学生和孤儿200余名。

（周庆国）

·督查工作·

【概　况】 中共忠县县委忠县人民政府督查室于2006年成立，主要职能职责为县委、县政府督促检查工作和牵头负责全县综合目标考评工作。配备行政编制8名，其中领导编制3名，内设目标考评科、督查科。

【督查督办】 把抓落实作为督查考评工作的责任和担当，围绕市委、市政府和县委、县政府重大决策部署以及领导关心、群众关注的热点难点问题，切实提升督查效能，不断完善考评体系，促进各项政策措施落地见效。

围绕重大决策督查　牵头迎接市委督查室和市政府督查室对忠县贯彻落实中央“八项规定”精神和市委实施意见、“三个风险”防控、防汛防地灾工作等专项督查8次。分解并跟踪督查县委常委会和县政府常务会议定事项1175项、县第十四次党代会重点工作任务和2017年政府工作报告目标任务347项、县委第十四届三次四次五次全会决定事项458项，明确责任单位和完成时限，采取书面督导、实地督查、暗访复核相结合的方式开展专项督查，对各事项推进情况进行定期通报。

围绕中心工作督查　牵头开展人大代表建议和政协委员提案办理情况、老干部意见建议办理情况督查；联合县发展改革委对民生实事、重大及重点建设项目、招商引资工作开展专项督查，实行“月督查、季通报”，强化对推进缓慢项目的实地督查；会同县创建办开展国家县级文明城市创建工作督查9次，及时通报创建点位整治效果，推动城区环境治理；会同县交委、县环保局等部门对非法码头整治、中央环保督察组反馈意见整改情况实行专项督查，严格落实县领导要求每周一次督查通报指示，确保相关工作顺利通过市级验收；会同县安监局开展安全工作大排查大执法大整治活动督查，对不达标的及时下达整改意见通知书；会同相关职能部门，抓好脱贫攻坚、普惠金融农行诚信贷、禁养区养殖场关闭治理、三峡后续项目建设、城区大气污染防治、松材线虫除治工作、防汛防地灾工作等具体工作的专项督查。全年开展专项工作督查82次，形成督查通报68份。

围绕领导批示交办督查　承办县委书记赖蛟批示交办的忠州游泳馆项目建设、鸣玉溪棚户区国有企事业单位还建房项目建设、忠州街道南溪村村民反映问题、黄金镇绍溪村村民反映问题、海顺石化反映问题、马灌镇道路修建问题等专项督查6次，承办县长江夏批示交办的电竞场馆及配套设施项目建设、10万吨锂电正极材料项目建设、医药产业园项目建设、重大及重点项目用地报件工作、土地矿产卫片执法工作等专项督查6次，承办县委副书记陈强批示交办的中星小学改扩建项目建设、三汇镇群众来信、官坝镇群众来信等专项督查5次，承办其他分管县领导交办事项12件次。

【目标考评】 进一步健全考核机制，完善考评体系，加强考核过程管理，充分发挥考评工作的激励导向作用，切实调动各级各部门干事创业的积极性。

强化对接市级考核力度。根据市对县2017年度考核指标，进一步落实进位目标和责任，完善关联考核措施，改进对部门承办市级考核指标的加减分挂勾办法。完善县内目标考评体系。对全县目标考评体系实行分步骤、全方位修改完善，突出考核导向性。调整考核分组，将全县29个乡镇（街道）分为4个考核组，县级部门划分为6个考核组。印发《2017年度乡镇（街道）和县级部门党政领导班子与县管领导干部考核及综合目标考评指标》《2017年度乡镇（街道）和县级部门综合目标考评结果运用办法》。有效规范全县单项考核管理，结合市对县单项考核项目，对标设立2017年单项考核项目，清理单项考核项目17个，保留单项考核2个。

（赵 军）

忠县人民代表大会

【概 况】 忠县人大常委会办公地址位于忠州街道中博大道2号，县第十七届人民代表大会设三个专委会，即法制委员会、财政经济委员会、城乡建设环境保护委员会。至2017年底，县第十七届人大常委会组成人员35名，其中主任1名，副主任5名，委员29名。常委会设“五室四委一中心”，即办公室、信访办公室、法制委员会办公室、财政经济委员会办公室、城乡建设环境保护委员会办公室、人事代表工作委员会、预算工作委员会、农业工作委员会、教科文卫工作委员会、信息中心。机关编制38名，在编在岗31名，其中行政编制22名，事业编制4名，工勤人员5名。

【县人民代表大会】 忠县第十七届人民代表大会第一次会议于2017年1月8日至12日在县行政中心一楼一会议室召开（行政中心一楼二会议室、一楼可视电话会议室设为分会场）。大会应到代表314名，实到代表311名，列席人员199名。大会听取和审议忠县人民政府工作报告；审查和批准忠县2016年国民经济和社会发展计划执行情况的报告与2017年国民经济和社会发展计划；审查忠县2016年财政预算执行情况的报告和2017年财政预算草案，批准忠县2016年财政预算执行情况的报告和2017年县级财政预算；审查和批准忠县人民政府环境保护工作报告；听取和审议忠县人民代表大会常务委员会工作报告；听取和审议忠县人民法院工作报告；听取和审议忠县人民检察院工作报告。大会选举产生新一届县人大、县政府和县法院、县检察院“两院”领导班子，并进行宪法宣誓。

【县人大常委会会议】 县十七届人大常委会第一次会议于2017年2月28日在行政中心县人大常委会会议室举行。会议听取和审议乌杨镇、新生镇撤镇设立乌杨街道、新生街道相关事宜的议案。县人大常委会主任郭巍主持会议，县人大常委会副主任赵友奎、袁大凡、胥朝林、闫宗祥出席会议。县人民政府副县长刘杉树、县人民法院院长李春燕列席会议第一项议程。

县十七届人大常委会第二次会议于2017年3月29日在行政中心县人大常委会会议室举行。会议审议通过设立忠县第十七届人大常委会代表资格审查委员会的决定；颁发忠县第十七届人大常委会委员当选证书、忠县第十七届人大各专门委员会组成人员证书；审议县人大常委会主任会议、县人民政府县长、县人民检察院检察长提请的人事任免案，任命县人大常委会委办负责人、县人大各专门委员会办公室负责人和县政府工作部门负责人共35名。县人大常委会主任郭巍主持会议，县人大常委会副主任赵友奎、袁大凡、胥朝林、闫宗祥、胡显均出席会议。县人民政府副县长章淑莲、县人民检察院检察长逯反修列席会议。

县十七届人大常委会第三次会议于2017年5月25日在行政中心县人大常委会会议室举行。会议听取和审议县人民政府关于白石水库水资源保护及污染治理工作情况的报告、县人民政府关于忠县城乡总体规划编制情况的报告和县人民政府关于文化旅游融合发展工作情况的报告，审议有关辞职议案和人事任免案。县人大常委会主任郭巍主持会议，县人大常委会副主任赵友奎、袁大凡、胥朝林、闫宗祥、胡显均出席会议。县人民政府副县长雷亚平、县人民法院院长李春燕、县人民检察院检察长逯反修列席会议。

县十七届人大常委会第四次会议于2017年7月11日在行政中心县人大常委会会议室举行。会议听取和审议县人民政府关于2016年县级财政决算情况的报告、县人民政府关于2016年县级财政预算执行和其他财政收支情况的审计工作报告、县人民政府关于柑橘产业发展情况的报告和县人大常委会执法检查组关于《中华人民共和国公路法》实施情况的执法检查报告，审议有关人事任免案。县人大常委会主任郭巍主持会议，县人大常委会副主任赵友奎、袁大凡、胥朝林、闫宗祥、胡显均出席会议。县人民政府副县长雷亚平、县人民法院院长李春燕、县人民检察院检察长逯反修列席会议。

县十七届人大常委会第五次会议于2017年7月24日在行政中心县人大常委会会议室举行。会议审议有关人事任免案，听取和审议关于许可对县十七届人大代表张莉采取拘留强制措施的议案。县人大常委会主任郭巍主持会议，县人大常委会副主任赵友奎、胥朝林、闫宗祥、胡显均出席会议。县人民政府副县长章淑莲、县人民法院院长李春燕、县人民检察院检察长逯反修列席会议。

县十七届人大常委会第六次会议于2017年8月8日在行政中心县人大常委会会议室举行。会议听取和审议县人民政府关于县十七届人大一次会议代表建议办理情况的报告，听取和审议关于撤销乌杨镇、新生镇设立乌杨街道、新生街道后人大工作有关事项的议案。县人大常委会主任郭巍主持会议，县人大常委会副主任赵友奎、袁大凡、胥朝林、闫宗祥、胡显均出席会议。县人民政府副县长邓美涛、县人民法院院长李春燕、县人民检察院检察长逯反修列席会议。

县十七届人大常委会第七次会议于2017年8月29日在行政中心县人大常委会会议室举行。会议听取和审议县人民政府关于2017年上半年经济工作情况的报告、县人民政府关于2017年上半年财政预算执行情况的报告、县人民政府关于重点民生实事落实情况的报告和县人民检察院关于控申检察工作情况的报告，听取和审议人大工作制度新增与修订情况的汇报，审议有关辞职议案和人事任免案。县人大常委会主任郭巍主持会议，县人大常委会副主任袁大凡、胥朝林、闫宗祥、胡显均出席会议。县人民政府副县长邓美涛、县人民法院院长李春燕、县人民检察院检察长逯反修列席会议。

县十七届人大常委会第八次会议于2017年9月26日在行政中心县人大常委会会议室举行。会议听取和审议县人民政府关于全县水资源保护情况的报告并作出相应决定、县人民政府研究处理县人大常委会关于忠县城乡总体规划编制情况报告的审议意见情况的报告、县人民政府研究处理县人大常委会关于柑橘产业发展情况报告的审议意见情况的报告、县人民政府研究处理县人大常委会关于文化旅游融合发展工作情况报告的审议意见情况的报告和县人民政府研究处理县人大常委会关于白石水库水资源保护及污染治理工作情况报告的审议意见情况的报告，审议有关人事任免案。县人大常委会主任郭巍主持会议，县人大常委会副主任赵友奎、胥朝林、胡显均出席会议。县人民政府副县长邓美涛、县人民法院院长李春燕、县人民检察院检察长逯反修列席会议。

县十七届人大常委会第九次会议于 2017 年 10 月 31 日在行政中心县人大常委会会议室举行。会议听取和审议县人民政府关于将 2017 年新增地方政府债券资金纳入财政预算调整的报告、县人民政府研究处理县人大常委会关于《公路法》实施情况执法检查报告的审议意见情况的报告和县人大常委会代表资格审查委员会关于代表资格的审查报告。县人大常委会主任郭巍主持会议，县人大常委会副主任赵友奎、胥朝林出席会议。县人民政府副县长邓美涛、县人民法院院长李春燕、县人民检察院检察长逯反修列席会议。

县十七届人大常委会第十次会议于 2017 年 11 月 21 日下午在行政中心县人大常委会会议室举行。会议听取和审议县人民政府研究处理县人大常委会关于县十七届人大一次会议代表建议、批评和意见情况报告的审议意见情况的报告，听取和审议县人大常委会主任会议提请审议的《关于召开忠县第十七届人民代表大会第二次会议的决定》等相关草案的议案。县人大常委会主任郭巍主持会议，县人大常委会副主任赵友奎、闫宗祥、胡显均出席会议。县人民政府副县长邓美涛、县人民法院院长李春燕列席会议。

县十七届人大常委会第十一次会议于 2017 年 12 月 15 日在行政中心县人大常委会会议室举行。会议听取和审议县人大常委会代表资格审查委员会关于代表资格的审查报告、县人民政府关于特色中等城市建设情况的报告、县人民政府关于 2017 年县级财政预算调整情况的报告、县人民政府关于 2016 年县级预算执行和其他财政收支审计查出问题整改落实情况的报告、县人民政府研究处理县人大常委会关于 2017 年上半年财政预算执行情况报告的审议意见情况的报告、县人民政府研究处理县人大常委会关于 2017 年上半年国民经济和社会发展计划执行情况报告的审议意见情况的报告、县人民政府研究处理县人大常委会关于重点民生事实落实情况报告的审议意见情况的报告、县人民检察院研究处理县人大常委会关于控申检察工作情况报告的审议意见情况的报告、县人大常委会主任会议关于提请审议调整忠县第十七届人民代表大会第二次会议召开时间的议案，会议审议有关人事任免案。县人大常委会主任郭巍主持会议，县人大常委会副主任赵友奎、袁大凡、胥朝林、闫宗祥、胡显均出席会议。县人民政府副县长邓美涛、雷亚平、县人民检察院检察长逯反修列席会议。

【人大监督】 2017 年，县人大常委会开展《公路法》实施情况的执法检查，配合市人大开展《固体废物污染环境防治法》《农业技术推广法》执法检查以及《重庆市国有土地上房屋征收与补偿条例》《重庆市献血条例》立法调研；开展全县社会养老服务情况、全县特色工业发展情况等专题询问 2 项。

分别听取和审议县人民政府关于文化旅游融合发展工作情况的报告，县人民政府关于《忠县城乡总体规划（2015 年编制）》情况的报告，县人民政府关于白石水库水资源保护及污染治理工作情况的报告，县人大常委会执法检查组关于《公路法》实施情况的执法检查报告，县人民政府关于柑橘产业发展情况的报告，县人民政府关于 2016 年县级财政预算执行和其他财政收支的审计工作的报告，县人民政府关于 2016 年县级财政决算情况的报告，县人民检察院关于控申检察工作情况的报告，县人民政府办理县十七届人大一次会议代表建议、批评和意见情况的报告，县人民政府关于 2017 年上半年国民经济和社会发展计划执行情况的报告，县人民政府关于 2017 年上半年财政预算执行情况的报告，县人民政府关于 2017 年重点民生实事落实情况的报告，县人民政府关于特色中等城市规划建设情况的报告，县人民政府关于 2017 年县级财政预算调整情况的报告，县人民政府研究处理县人大常委会关于文化旅游融合发展工作情况报告的审议意见情况的报告，县人民政府研究处理县人大常委会关于《忠县城乡总体规划（2016 年编制）》情况报告的审议意见情况的报告，县人民政府研究处理县人大常委会关于白石水库水资源保护及污染治理工作情况报告的审议意见情况的报告，县人民政府研究处理县人大常委会关于柑橘产业发展情况报告的审议意见情况的报告，县人民政府研究处理县人大常委会关于《公路法》实施情况执法检查报告的审议意见情况的报告，县人民政府研究处理县人大常委会关于县十七届人大一次会议代表建议、批评和意见情况报告的审议意见情况的报告，县人民政府关于 2016 年县级财政预算执行和其他财政收支审计查出问题整改情况的报告，县人民检察院研究处理县人大常委会关于控申检察工作情况报告的审议意见情况的报告，县人民政府研究处理县人大常委会关于 2017 年上半年国民经济和社会发展计划执行情况报告的审议意见情况的报告，县人民政府研究处理县人大常委会关于 2017 年上半年预算执行情况报告的审议意见情况的报告，县人民政府研究处理县人大常委会关于 2017 年重点民生实事落实情况报告的审议意见情况等专项工作报告 25 项。

作出《关于设立忠县第十七届人大常委会代表资格审查委员会的决定》《关于接受成君同志辞去忠县人民代表大会法制委员会委员职务请求的决定》《关于批准 2016 年县级财政决算的决议（2017 年 7 月 11 日县十七届人大常委会第四次会议通过）》《关于许可对个别代表采取拘留强制措施的决定》《关于撤销乌杨镇、新生镇设立乌杨街道、新生街道后人大工作有关事项的决定》《关于接受吴彪同志辞去忠县人民代表大会财政经济委员会委员职务请求的决定》《关于加强水资源保护的决定》《关于批准 2017 年新增地方政府债券资金列入县本级预算调整方案的决议（2017 年 10 月 31 日县十七届人大常委会第九次会议通过）》《关于召开忠县第十七届人民代表大会第二次会议的决定》《关于批准 2017 年县级财政预算调整方案的决议（2017 年 12 月 15 日县十七届人大常委会第十一次会议通过）》《关于推迟忠县第十七届人民代表大会第二次会议召开时间的决定》等重大事项决定 11 项。

开展县政府推进法治政府建设情况、工业园区建设发展情况、财政专项资金绩效评价情况、全县义务教育均衡发展工作、生态循环农业发展情况及农产品质量监管建设情况、全县社区矫正工作、重点工业项目建设情况、高速公路连接道建设、全县重点水利基础设施建设、棚户区改造、忠州老街规划情况、物业管理工作、新农村建设（人居环境整治）情况、县人民医院搬迁建设情况、装备制造业发展情况、全县中心场镇风貌改造工作、全县公共文化服务工作、全县精准扶贫成果巩固情况、行政审批工作、科技型企业培育情况、乌杨新区和临港新城规划建设情况、全县一二三产业融合发展情况、"七五"普法工作、笋竹产业及林下经济发展情况、计划生育特殊家庭扶助政策落实情况、全县特色产业发展情况、全县环境保护工作情况等考察调研工作 27 项。

【代表工作】 加强学习培训，提升代表能力素质　通过邀请市人大相关领导、专家开展专题讲座，常委会领导集中培训辅导，常委会组成人员专题学习，乡镇人大主席座谈会等形式加强代表培训。全年举办培训会 6 次，培训县人大代表 760 余人次。

拓宽履职平台，创造履职行权条件　健全完善并落实常委会领导接待代表制度，倾听代表意见建议，持续推动有关部门认真解决代表反映的问题。坚持代表列席人大常委会会议和参与人大常委会活动制度，全年邀请 40 余名代表列席县人大常委会会议，邀请 130 余名市、县人大代表参加县人大

常委会组织的考察调研、专题询问和执法检查，推荐50余名代表参加县“一府两院”及有关部门活动，拓展代表对常委会工作参与的广度和深度。坚持重大情况通报、免费赠阅报刊资料，扩大代表知情知政面，全年通报有关情况1200余人次，为代表免费赠阅《公民报》等报刊资料1580余份。

强化联动协同，开展代表主题活动 围绕“密切联系群众、推动富民兴忠”主题，开展以考察调研献良策、招商引资做贡献、检查评议问实效为主要内容的“助推特色产业发展‘三大行动’”代表主题活动。联动全县近2000名市、县、乡（街道）三级人大代表，围绕医药、锂电、装备制造、资源加工四大产业集群、特色效益农业和生态旅游业发展等工作，开展专题考察调研活动1296次，检查监督活动565次，撰写考察调研报告125篇，提出意见建议3968条，解决发展难题856个。忠县代表工作和联动开展代表主题活动的做法及成效得到市人大常委会高度评价和肯定，受到市人大表彰（市四届人大代表工作先进单位）并作大会经验交流发言。

加强检查督办，抓好代表建议办理 构建多元化代表建议交办督办工作体系，健全完善书面交办、集中交办、重点督办、现场督办、询问督办、满意度测评等机制，持续推动代表建议办理由“答复型”向“落实型”转变。县十七届人大一次会议代表建议办理落实和基本落实率达到80%以上，认真有效办理代表建议逐步成为推动政府改进工作的重要抓手。

【人事任免】 坚持贯彻县委意图、充分发扬民主和严格依法办事有机结合，修订完善人事任免制度，严格规范人事任免程序，逐步探索创新和建立健全任前知情沟通，任时依法提请、法律考试、任职承诺、无记名票决、颁发任命书、任职宣誓，任后工作依法监督和满意度测评等任免工作机制，提升人事任免的制度化规范化水平。2017年，组织开展任前法律知识考试6次，64人参加考试并进行任前表态发言；依法任免国家机关工作人员84人次；依法补选缺额县人大代表，组织129名选举任命的国家机关工作人员进行宪法宣誓。

【基层人大工作】 坚持深入贯彻中央、市委和县委加强县乡人大工作意见精神，设立人大乌杨、新生街道工委，出台《忠县人民代表大会常务委员会街道工作委员会会议议事规则》，促进人大街道工委工作规范、有序。坚持常委会领导分片联系指导乡镇人大工作，强化乡镇人大工作指导。指导乡镇依法规范开好首次年中人代会，听取和审议乡镇人民政府专项工作53项，依法选举乡镇人大副主席22名。全县29个县人大代表小组组织县人大代表1889人次，集中视察61次，专题调研215次，联系群众活动327次，联系群众68993人次，收集社情民意6733条，协助解决群众反映的突出问题3256件，化解各类矛盾纠纷2395件。扩大代表对常委会工作的参与，邀请代表列席常委会会议355人次，提出178条建议，代表参加常委会开展的执法检查、视察调研活动422人次。组织开展县人大代表履职培训760余人次。

【表彰奖励】

市级表彰奖励项目

表5

获奖单位	授奖单位	奖项名称	授奖时间
忠县人民代表大会常务委员会	重庆市人民代表大会常务委员会	市四届人大代表工作先进单位	2017.9

（胡 娜）

忠县人民政府

【概　况】　县人民政府设置工作部门 28 个（含县审计局），2017 年 10 月新设立县城市管理局。县监察局与县纪律检查委员会机关合署办公，列入政府工作部门序列，不计入政府机构个数。县委教育工作委员会与县教育委员会合署办公；县农村工作委员会与县农业委员会合署办公。县城乡建设委员会加挂县民防办公室牌子；县农业委员会加挂县农业综合开发办公室、县扶贫开发办公室牌子；县文化委员会加挂县旅游局牌子；县移民局加挂县三峡水库管理局牌子。县政府派出机构 2 个（县工业园区管委会和县行政服务中心管理办公室），县人民政府直属事业单位 4 个（县档案局、县畜牧兽医局、县国家农业科技园区管理中心、县供销社）。

【县政府全体会议】　2017 年 2 月 17 日，召开县政府第一次全体（扩大）会暨廉政工作会，明确 2017 年经济社会发展的目标任务，安排部署 2017 年政府工作。会议强调，认清形势、统一思想，圆满完成《2017 年政府工作报告》提出的目标任务；明确目标、落实责任，确保各项工作按时按质推进；突出重点、抓住关键，以点带面推进各项工作；转变作风、狠抓落实，建设务实高效、廉洁廉政政府。

2017 年 12 月 28 日，召开县政府第二次全体（扩大）会，会议审议 2018 年《政府工作报告》（征求意见稿）。

【县政府常务会议】　2017 年，县政府召开常务会 43 次，审议通过或原则通过政策性文件及有关事项 360 项，主要涉及 8 个方面：

经济建设　包括《中共忠县县委忠县人民政府关于大力发展特色工业的决定（送审稿）》《中共忠县县委忠县人民政府关于加快医药产业发展的实施意见（送审稿）》《中共忠县县委忠县人民政府关于加快推进锂电材料产业发展的实施意见（送审稿）》《忠县人民政府关于大力发展特色工业的若干政策意见》《忠县人民政府办公室关于促进电竞产业发展的若干政策意见》《忠县人民政府关于进一步推进竹产业发展的意见》《忠县现代商贸服务业发展“十三五”规划》。

改革开放　包括《中共忠县县委忠县人民政府关于印发<忠县深化县管企业负责人薪酬制度改革实施方案>的通知（送审稿）》《忠县人民政府关于鼓励支持创新主体培育的实施意见》《忠县人民政府办公室关于盘活利用部分国有资产支持县属国有企业发展的通知》《县属国有企业改革总体方案》《忠县银行业金融机构支持地方经济发展评价管理办法》《忠县人民政府办公室关于推进农村产权流转交易市场建设的实施意见》《忠县人民政府关于农村教育闲置校舍资产盘活利用的实施意见》《县级行政审批中介服务事项清单》《忠县公共服务事项目录》《调整行政许可类项目审批时限方案》。

城乡统筹发展　包括《中共忠县县委忠县人民政府关于加快建设美丽乡村的决定（送审稿）》《中共忠县县委忠县人民政府关于建设特色中等城市的决定（送审稿）》《中共忠县县委办公室忠县人民政府办公室关于推进村级集体经济又好又快发展的实施意见（试行）（送审稿）》《2017—2019 年柑橘疫情防控方案》《忠县实施乡村振兴战略建设美丽乡村工作方案》《忠县水利发展“十三五”规划》《乌杨镇新生镇撤镇设街道方案》《2017 年城市棚户区改造工作方案》《忠县汝溪镇总体规划修编（2015—2030 年）》《“十三五”忠县新型城镇化规划》《忠县城市规划区建筑弃土消纳场布局规划》《城区智慧停车一体化运营方案》《忠县港区岸线总体规划方案》《2018—2020 年忠县棚户区改造专项规划》《忠县土地利用总体规划调整方案（2006—2020 年）》。

社会事业和民生保障　包括《中共忠县县委忠县人民政府关于加快建设库区教育高地重庆教育

强县的决定（送审稿）》《忠县教育事业“十三五”发展规划》《忠县文化体育旅游发展“十三五”规划》《忠县社会治理“十三五”规划》《忠县卫生计生发展“十三五”规划》《“健康忠县 2030”规划》《忠县“十三五”农业农村发展规划》《忠县旅游业发展奖励扶持暂行办法》《忠县城乡医疗救助实施细则》《忠县人民政府关于进一步健全特困人员救助供养制度的实施意见》《忠县人民政府办公室关于进一步做好全县建卡贫困户人口健康扶贫医疗救助工作的通知》《忠县临时救助办法》《忠县最低生活保障条件认定细则（修订）》《忠县土壤污染防治行动计划工作方案》《忠县全面推进公立医院综合改革实施方案》《忠县“十三五”加快残疾人小康进程规划》《忠县残疾预防行动实施方案（2016—2020 年）》《忠县残疾人创业就业扶持补助办法（试行）》《忠县支出型贫困家庭救助实施细则》《忠县消防事业发展“十三五”规划（2016—2020 年）》《忠县安全生产“十三五”规划》。

生态环保　包括《中共忠县县委办公室忠县人民政府办公室关于印发<忠县环境保护工作责任规定（试行）的通知>（送审稿）》《忠县生态保护红线划定方案》《忠县人民政府办公室关于进一步加强三峡水库忠县市库区消落区管理的通知》《忠县节水型社会建设“十三五”规划》《忠县人民政府办公室关于印发 2017 年进一步推进辖区非法码头专项整治工作方案的通知》包括《2017 年忠县长江河道砂石资源开采权拍卖方案》《忠县 2017 年禁养区畜禽养殖场（户）关闭工作实施方案》《忠县湿地县级自然保护区修编方案》《忠县天池县级自然保护区总体规划》《长江三峡忠州湿地自然保护区总体规划》。

政府自身建设　包括《忠县人民政府工作规则（送审稿）》《忠县人民政府议事决策规则（试行）（送审稿）》《忠县人民政府关于县政府工作分工的通知》《设立忠县城市管理局方案（送审稿）》。

【经济发展】　2017 年，全县实现地区生产总值 271.33 亿元，增长 12%；实现财政一般公共预算收入 16.7 亿元，增长 10%。新增规上工业企业 11 家，累计 71 家；规上工业实现增加值 43.39 亿元，增长 25%。389 个重大及重点项目完成投资 116.17 亿元，增长 123.4%，拉动固定资产投资增长 18.3%。全年实现社会消费品零售总额 85.06 亿元，增长 14.2%。全体居民人均可支配收入 2.11 万元，增长 11.2%。贫困人口减少至 3012 人，综合贫困发生率降至 0.39%。抓特色产业发展，医药、锂电、装备制造、资源加工四大产业集群不断壮大，实现工业增加值 95.87 亿元、增长 21.1%，工业增加值占 GDP 的比重为 35.3%，对全县经济的贡献率为 51.7%，拉动 GDP 增长 6.2 个百分点。出台特色工业发展 25 条、电竞产业 19 条等扶持政策，落实社保降费等减负措施。积极开展情怀招商，建立 30 万外出人员信息库，全年签约项目 178 个，协议引资 268 亿元，实际到位资金 60.2 亿元，签约项目数量、到位资金总量创造忠县历史纪录。工业园区建成面积扩大至 8 平方千米。发展电子竞技产业，启动建设 3.2 平方千米电竞小镇。推进中国柑橘交易中心建设，“柑橘网”上线运行，线上交易额突破 1 亿元。创新发展总部经济，实现结算额 6 亿元，入库税金 5000 万元。文化旅游业提档提速，全年接待海内外游客 479 万人次，增长 33.5%；实现旅游综合收入 16.2 亿元，增长 58.2%。商贸物流业加速发展，电子商务实现交易额 12 亿元，增长 30%；实现客货运周转量 50.57 亿吨千米，增长 13.5%；批发零售销售额 195.48 亿元，增长 19.0%；住宿餐饮业营业额 31.09 亿元，增长 20.2%。

【城镇建设】　坚持港产城融合，不断拓展城市空间、提升城市功能、改善城市面貌。完成忠县城乡总体规划编制和多规合一“一张图”编制，完成乌杨新区、临港新城规划及电竞小镇城市设计。改建城区道路 4.86 千米，电竞小镇市政主干道实现油化，县城滨江路红星段建成通车。新建停车场5个，新增停车位2383个。县游泳馆竣工投用，忠州博物馆即将开放，“过夜港”及旅游集散中心主体工程完工。完成城区夜景灯饰一、二期工程，三期工程加快推进。建成北滨体育公园，提档升级忠州公园、香山公园，新增绿地面积16.2万平方米。商品房销售55.8万平方米，建筑业产值221.45亿元。乌杨、新生撤镇设街道，县城建成区面积扩大至20.55平方千米，新增城镇人口1.5万人，城镇化率43.21%。新生港进港大道一期建成通车，G50高速忠县互通扩能改造、天子山旅游环线等项目加快推进，马灌、洋渡、磨子高速公路连接道建成投用。完成城市综合执法体制改革，设立县城市管理局。建成智慧环卫云平台，数字城管与公安视频系统实现无缝对接。

【美丽乡村建设】 2017年，启动建设示范村23个，以点带面加快打造美丽乡村。柑橘、笋竹、生猪、生态水产等四大特色效益农业不断壮大，茶叶、中药材等特色产业和休闲观光农业蓬勃发展。全年农业增加值增长4.4%。累计流转农村土地46466.67公顷，流转率54.6%。新增农业企业126家、农民合作社27家、家庭农场10家、种养大户124户、专业化社会化服务组织74个，创建国家级农业标准化示范区1个，新增重庆名牌农产品13个，新认证无公害农产品22个、绿色食品5个。完成农村公路通畅工程283千米、拓宽改造41千米，安装农村公路安全护栏100千米。新建高标准农田1620公顷，整治山坪塘1508口，金鸡水库下闸蓄水，加快推进黄钦水库扩建工程。改造农村电网10千伏线路95千米，增加变台190台。4G网络、宽带光纤实现全域覆盖。开展农村“三清四化七改”行动，完成农村环境连片整治项目7个，建成三峡港湾农村人居环境示范片。改造危房959户，新增沼气用户950户，完成149个村（社区）垃圾收运设施建设，25处农村小型污水处理设施正常运行，12个撤并场镇污水处理设施项目有序推进。

【生态环保】 践行“绿水青山就是金山银山”理念，坚定不移走“生态优先、绿色发展”之路，深入实施“蓝天、碧水、宁静、绿地、田园”五大环保行动，长江上游生态屏障建设成果持续巩固。划定102平方千米生态保护红线，创新建立招商引资项目环评专家预审制度。实施有机肥替代化肥行动，全年减少不合理施肥991吨，减少使用农药1.3吨。落实排污权交易和污染物排放许可制度，实现排污权交易额795万元。推进环境资源“费改税”工作。加强能源资源节约和循环利用，万元GDP能耗下降4.5%。完成三峡后续规划生态环保项目15个。为全县308条河流、102座水库明确河长，长江干流忠县段及主要次级河流水质达到水域功能要求。全县和长江两岸森林覆盖率分别为50.3%、70%。完成中央环保督察反馈问题年度整改任务。关闭畜禽禁养区养殖场235家，治理2.3万头生猪当量养殖污染，淘汰黄标车344辆。加强城市大气污染防治，全年城区空气优良天数315天。综合治理中小河流13.9千米。建成并运行乡镇污水处理厂27座，城区和乡镇饮用水源地水质达标率分别为100%、86%。“村收集、镇运输、县处理”农村垃圾收运处置体系持续巩固，城镇生活垃圾无害化处理率和污水处理率分别为100%、86%。

【深化改革】 加大改革推进力度，妥善处置“僵尸企业”7家，淘汰落后产能企业3家，盘活“空壳公司”4家。持续推进“放管服”和税收征管体制改革，全面深化商事制度改革，大力发展非公有制经济，新发展市场主体5793户。全面推行“营改增”。规范国有资产管理，设立县国有资产管理中心。积极推进国有企业改革，将45家企业重组整合为6家一级公司，并建立健全现代企业制度。强化县、乡、村三级医疗体系建设，城乡居民基层首诊率70.7%，县域内就诊率93%，药品零差率及单病种付费累计为老百姓减负 7000 余万元。建立金融机构服务实体经济评估机制，年末贷款余额 182.74 亿元、增长 41.8%，存贷比提高 10.5 个百分点。推进 122 个村（社区）集体资产量化确权改革，开展股权化改革和普惠金融试点，累计发放“助农贷”6400 万元、“诚信贷”6756 万元。推进建设工程领域审批改革，政府投资类和社会投资类项目审批时间分别缩短到 82 天、75 天。

【依法治县】 全面推进依法治县，社会治理水平不断提高。推进城乡社区网格化管理、社区自治、法律工作者进村（社区）“三个全覆盖”。推进“七五”普法，依法打击邪教组织，加快建设立体化社会治安防控体系，严厉打击各类刑事犯罪，应急处突、反恐防暴能力不断增强。持续排查化解各类矛盾纠纷和风险隐患，常态化开展安全生产隐患大排查、大整治、大执法，有序推进食品安全示范城市创建工作，确保一方平安。

【民生民利】 全年民生支出 37.3 亿元，增长 11.9%。实施名师、名校、名校长“三名”工程，改扩建校舍 5.67 万平方米，忠州中学迁扩建工程加快推进，义务教育发展基本均衡县创建工作通过国务院验收。实施名医、名院、名院长“三名”工程，搬迁扩建的县人民医院投入使用，县中医院、县疾控中心搬迁加快推进，免费开展“三测一档”产前无创基因检测 6486 例。建立“3+1”精准脱贫长效巩固机制，累计发放扶贫小额贷款 1610 户 6430 万元，发放教育脱贫资助资金 1257 万元、健康扶贫救助资金 700 万元。社会保险参保人数累计 163 万人次，征缴各项社会保险费 10.2 亿元，发放养老金 17.3 亿元，发放低保及医疗灾害救助金 1.3 亿元，完成 31 个敬老院消防整改。城镇新增就业 9850 人，城镇登记失业率控制在 4%以内。完成三峡后续项目年度投资 27.6 亿元；现农村移民后期扶持直补资金 15625 人 936 万元，投资 1.1 亿元启动实施 8 个城镇移民小区和农村移民村精准帮扶项目；争取对口支援建设项目 19 个 2782 万元。全年送文艺演出到基层 1143 场次，放映惠民电影 7120 场。新增农村数字电视用户 8000 余户。开展群众性体育活动 100 余场次。（王亚敏）

【忠县人民政府办公室工作】 忠县人民政府办公室是忠县人民政府的综合办事机构、决策参谋机构和执行机构，办公地址位于忠州街道中博大道 2 号。内设综合科、秘书科、信息科、会务联络科、文档科、行政科、外事科、政务值班科、应急救灾科，核定编制人数 26 人（行政编制 24 人，工勤编制 2 人），实有职工 26 人（行政编制人员 24 人，工勤编制人员 2 人）。举办和管理的事业单位有忠县应急应战指挥平台运行维护中心、忠县机关事务管理局、忠县公共资源交易中心、忠县机关后勤服务中心。

文秘服务　2017 年，统筹完成《政府工作报告》《县政府全体会议上的讲话》等综合材料 64 件，完成向国家农发办领导、市领导等汇报材料 119 件。全年运转公文 6228 件，制发文件 1364 件，档案整理 2248 件，全年对 11 个单位 18 件公文进行催办。以县政府办公室召开的全县性会议共 73 次，县政府常务会 40 次（审议议题 337 个）、会议联络 3500 余人次，实现办会零差错、联络零失误。积极推进棚户区改造、黔忠广铁路、新生港、电竞小镇等重大项目建设，协调化解新加坡生态城、外迁湖南部分移民返忠等信访问题。开展政务督查催办 71 次，召开各类协调会、推进会 29 次，办理人大代表议案建议和政协委员提案 428 件，办结率均 100%，满意率分别为 97.1%、99.1%。

信息调研　2015 年，深入基层一线调研 806 人次，共计 695 天，为领导决策提供意见建议 171 条。上报信息被市政府办公厅信息刊物和市政府公共信息网采用 222 篇，编印《政务简况》48 期。

应急管理　坚持领导带班，值班人员 24 小时

政务值班制度，处置突发事件171件次，实现应急处置“零”失误。加强全县应急队伍建设，充实县、乡镇（街道）、村（社区）三级综合应急救援队伍，全县综合应急救援队伍23700余人。修订《忠县突发性地质灾害应急预案》等县级应急预案6个、乡镇（街道）级应急预案 60 余个，开展长江饮用水源污染综合应急演练等县级应急演练3次，指导8个片区开展联动演练6次。通过忠县电视台、全县数字校园、公交车载视频等多种方式滚动播放防灾减灾应急知识短片，提升群众风险防范意识和自救互救能力。提高公开电话（信箱）办理质量和时效，全年办结公开信箱1041件、公开电话146件。

政务接待　完成各项政务接待及重大活动承办任务，完成重大接待 64 批次，牵头承办长江三峡国际马拉松比赛、“大师杯”CMEG2017总决赛等重大活动6次。

平台中心建设　进一步优化公文办公系统，完善政务办公系统后台各项功能，完成 2017 年政府系统网站普查和抽查工作，整改修复系统漏洞 40 起。政府门户网站全年发布各类信息 8910 条，清理无效链接 113 个，整合僵尸栏目 24 个，新增栏目8个。

党建工作　以支部“主题党日”“解放思想、提高执行力”等学习教育活动为载体，组织召开机关党委会、支部大会、支委会集中学习 27 次，邀请县政府主要领导和县纪委相关领导讲十九大精神专题党课，召开专题民主生活会和组织生活会，征集意见建议45条，梳理班子及个人问题86个，全部按时整改到位。组织召开办公室党组会，把党建工作与业务工作同部署、同落实。“三重一大”问题始终坚持“集体领导、个别酝酿、民主集中、会议决定”，坚持党组书记末位表态和“一把手”不直接分管人财物等制度。通过办公室廉政微信群，编发廉政信息及时传达党风廉政工作要求、案例警示通报、节假日廉政提醒。创新通过电话抽查、微信抽查等方式探索对党员8小时之外监督。采取日常检查、专项检查、重点督查等方式，加强对领导班子成员履行“一岗双责”情况和干部职工遵守党风廉政建设相关规定情况的督促检查。在端午、中秋、元旦、春节等重要节假日开展公务用车专项检查12次，在7、8月份开展违规升学宴谢师宴专项检查和违规公款购买消费高档白酒等专项检查15次。利用日常工作辅助信息系统等平台推动干部管理科学化、规范化。进一步完善《规范党政公文处理程序》《办公室信息考核》等制度，梳理工作规则、会务活动、公文处理、政务督查与公开、机关事务管理、干部队伍建设、机关党建等方面制度46个。完善公务员考核办法，并严格落实奖惩机制。认真开展党员干部述职述廉测评，定期开展交心谈心和听取党员思想、工作汇报。组织参加全县国庆升国旗暨成人宣誓仪式、创建全国县级文明城市等活动。

自身建设　2017年，新提拔县管领导干部4名，交流县管领导干部5名，3次调整班子成员分工，2次调整办公室科室负责人，对6人进行岗位交流，激发干部队伍工作热情。

精准扶贫　2017年，县政府办公室扶贫集团帮扶新生街道，会同县移民局等5个成员单位与新生街道13个村（社区）开展结对联建，筹集80万元解决困难20余个。结对帮扶涂井乡11个村855户贫困户，开展送物资、送技术等活动4批次。

（马　明）

·人力资源·

【概　况】　忠县人力资源和社会保障局办公地址位于忠州街道州屏环路 57 号。内设办公室、财务人事科、信息科、社会保障管理科、事业人员管理科、监督监察科、教育培训科、政策法规科、人力资源管理科、公务员管理科、工资福利科、劳动关系科。核定行政编制 24 人，在编在岗人数 21 人；工勤编制 2 个，在编在岗人数 2 人。下设县社会保险局、县就业和人才服务局、县劳动人事争议仲裁院、县人力资源档案管理中心、县人力资源和社会保障监察大队、县人力资源考试培训和职业技能鉴定中心、县军队转业干部管理中心。核定事业编制 113 人，事业工勤 3 人，在编在岗人数 97 人。县纪委派驻县人力社保局纪检组 3 人。

【重点群体就业创业】 高校毕业生方面，开展“高校毕业生网络招聘会”等专项招聘活动 40 场次，完善离校未就业高校毕业生信息库，精准定制服务高校毕业生 382 名，实现全部就业。开展应届高校毕业生 SYB 培训 84 人，累计发展大学生就业见习基地 16 家，《蓝莓规模化种植》等大学生创业项目获得全市“泛海扬帆”项目资助。返乡农民工方面，深入市外忠县农民工集聚地，在春节民工返乡高峰期，通过大型广告牌、电子显示屏、微信公众号、电视报刊等渠道，广泛宣传农民工返乡就业创业政策，积极引导返乡民工就近就地就业创业。全年回引农民工就业创业 8367 人，开展农村劳动力技能培训 3000 余人。举办 2017 年创新创业大赛，猪太郎特色休闲食品加工项目荣获全市“渝创渝新”创新创业大赛三等奖。贫困人员方面，实施就业兜底行动，动态掌握 2017 年未脱贫家庭成员基本信息，全年安置 978 名贫困人员在农村公益性岗位就业。

【人才队伍建设】 落实2016年度全县公务员和参公人员统计，以县政府名义表彰2016年度优秀等次公务员586名，记三等功96名。严格公务员登记，加强资格核查甄别，全年登记公务员93名。强化公务员非领导职务晋升，副科级晋升为正科级12名。稳步推进公务员平时考核工作，公务员日常绩效管理初见成效。2017年，初定职称223人，完成中小学教师、工程系列中初级职称评审工作，评审中级508人、初级145人，高、中、初级配置比例更加合理。认真完善各系列职称评审标准，取消职称计算机考试科目。持续推进事业单位岗位设置工作，坚持空岗聘用、竞聘上岗原则，聘用岗位2300个。推进事业单位及工勤人员平时考核工作。修改完善《忠县机关事业单位公开遴选工作人员暂行办法》，全县机关事业单位遴选工作人员159人。通过公开招录招聘引进人才743人，其中公务员157人，事业单位工作人员586人。办理各类人员调动608人，为忠县专业招商组等县内重点项目或临时机构抽调工作人员99人。完成专技人员继续教育及公务员、参公人员公需科目培训12000余人，事业单位新进人员岗前培训160人、网络培训420人，优秀公务员培训140人，中层干部任职培训120人，公务员轮训300人，专技人员岗位培训200人，渝东北片区“双基”公务员示范培训60人。弘扬工匠精神，开展“巴渝工匠2020”大家谈主题征文和“忠州工匠”推荐评选活动；“首席技师工作室”已建1个，在建1个；1人获“市级技能大师”称号。“橘城厨工”和“橘子姐”家政培训品牌效应初步形成。引进市工贸高级技工学院和市工程技工学校在忠县定向招收建卡贫困户和农村困难家庭子女就读，在免除学费、住宿费基础上，每年利用再就业资金资助3000元/生，已招生就读30人。重庆市海新运业集团有限责任公司、重庆市忠州水轮机厂、重庆市旺亘科技有限责任公司、重庆市星博化工厂等4户企业被确定为全市100家“岗位大练兵，技术大比武”活动重点示范企业。

【军队转业干部管理】 2017年，接收军转干部13人，其中计划分配6人、自主择业7人。落实企业军转干部政策，开展军转干部慰问活动，定期为企业军转干部提供健康检查，用心服务企业军转干部和自主择业军转干部，加强思想交流，答疑释惑，疏通情绪，队伍总体稳定。

【工资调整管理】 完成2016年度全县机关事业单

位工资统计和公务员工资试调查工作，完成全县机关事业单位人员工资正常晋升，开展机关工作人员职务变动和事业单位工作人员岗位变动的工资调整审批，推进机关事业单位新录用人员连续工龄及工资认定，开展全县机关参公单位2016年年终奖和增发1个月规范津补贴审批工作，审批机关事业单位退休职工326人。

【就业服务信息化建设】 2017年，依托忠县人力资源台账、重庆就业信息系统，对全县劳动者就业失业状况、职业技能和创业培训、公益性岗位、创业担保贷款和高校毕业生服务等信息数据实行实名制管理，实现人力资源基础数据录入、更新维护常态化。推广应用“蓝金领”人力资源智慧服务平台，全年完成人力资源台账调查登记600515名，登记率99.9%。对49户样本企业实施企业用工和失业动态监测，准确掌握劳动者就业失业数据，全年新审批就业失业登记证1310个，持证人数累计74777名，持证率91%以上，登记失业率控制在3.5%以内。

【表彰奖励】

国家部委表彰奖励项目

表 6

获奖单位	授奖单位	奖项名称	授奖时间
重庆市忠县人力资源和社会保障监察大队	国家人力资源和社会保障部	2017 年全国清理整顿人力资源市场秩序专项行动突出成绩	2017.9

（刘 城）

·外 事·

【概 况】 抓好因公出国的审批办理、行前培训和证件回收等工作，赴巴西、阿根廷团组招商引资于 2017 年 12 月初顺利成行。抓好县域涉外活动备案工作，及时上报长江三峡国际马拉松比赛涉外选手名单，并密切关注外籍参赛人员动态，未发生涉外事件。 （马 明）

·侨 务·

【概 况】 1981 年 12 月，忠县人民政府侨务办公室（简称县侨办）成立。2001 年县级部门机构改革，侨办与县委统战部合署办公。设主任 1 名，由县委统战部副部长兼任。主要职能职责：负责对全县广大干部、群众和侨胞、侨眷进行党的侨务方针政策的宣传教育；协调处理本县涉侨的重大活动、重大事项。忠县有海外侨胞、港澳同胞 1085 人，分布在美国、英国、日本、加拿大、意大利等 31 个国家或地区；有侨眷属（含港澳台眷属）2481 人，散居全县 29 个乡（镇）街道；侨资侨属企业 35 家，涉及电子零件加工、医药、房地产开发、商贸、观光农业等行业。

【侨务工作】 引进中华海外联谊会、中国华侨公益基金等捐助，援建海联新农村卫生室 16 所，筛查白内障患者 8600 余人，其中 362 名患者接受免费手术重见光明。着力服务维权，协调解决涉侨事项 2 件次。建立 29 名困难归侨侨眷档案，制定个性化扶持方案确保精准脱贫，慰问贫困侨眷属 200 人次，发放慰问金 5 万元。指导成立忠县侨联桑德环保志愿者协会、忠县侨界妇女联合会等 11 个侨界协会组织和 29 个乡镇街道基层侨联。

（周庆国）

·机关事务·

【概　况】 忠县机关事务管理局位于忠州街道中博大道 2 号，内设综合科、政务接待科、行政科、安全保卫科、节能科、财务科、内审科。机关编制 12 名，其中参公编制 11 名，工勤人员编制 1 名，在编在岗 10 名。

【公务接待】 贯彻执行中央“八项规定”精神要求，罗列公务接待负面清单，明确公务接待“禁区”；严格执行公务接待事先审批制度，来宾接待以本地特色菜、农家菜为主，除外事活动和招商引资外，公务接待一律不上酒水。全年接待来宾 103 批 2720 人次，其中省部级领导 13 批、市厅级领导 21 批。完成 2017 长江三峡国际马拉松和 2017CMEG 总决赛后勤保障任务。

【公共机构节能】 开展 2017 年公共机构节能宣传周活动，通过政务平台发布手机提醒短信 1100 余条，发放节能宣传画册 112 套 336 幅，张贴节能提示语 1000 余条。在县行政中心开展节约型公共机构示范单位创建活动，与节能改造公司签订能源合同管理协议，改造升级四、五级能耗为二级能耗的分体空调 168 台，更换 LED 节能灯 6972 支，安装节能插座 40 个、电梯电能回馈器 4 台，节能率 23.33%。将全县 517 家公共机构纳入能源资源消费统计，通过信息化手段报送能耗统计数据，共同完成重庆市对忠县节能目标考核任务。

【公务车辆管理】 组建跨部门公务用车服务平台，对“四大家”及未核车部门实行集中服务保障，全年累计派车 2100 余次。完成第二批公车改革车辆拍卖工作，拍卖取消车辆 25 台，拍卖金额 19.9 万元，成交金额 46.3 万元，溢价率 132.66%。完成留用的 24 辆车转移登记、保险过户、加油卡限牌、ETC 变更、车辆 GPS 安装、“公务用车”标示张贴工作。公车管控坚持“总量控制、只减不增、集中审批、分散购买、严守底线”原则，全年购置一般公务车 9 辆、特种专用车 4 辆，报废 4 辆。

【办公用房管理】 开展机关、企事业单位占有及实际使用办公用房状况清理，摸清党政机关和企事业单位房产情况。将县经济信息委 1037 房和县统计局 1039 房调剂调给县纪委办公；针对县信访办接待厅面积不够的问题，积极配合协调通过租赁方式解决业务用房所需；对有意向入驻副行政中心的单位及时开展调研摸底，提出可行性意见。

【行政中心管理】 增派10名特勤人员入驻行政中心，配合驻地公安、物管公司安保人员落实“全天候24小时”巡逻制度。更换火灾自动报警系统，淘汰过期、破旧灭火器64套；在行政中心地下车库、食堂门口及东西门设置车牌识别系统或电子伸缩门，加强车辆出入管理，严格车辆登记；升级改造行政中心安防系统，新增数字监控系统50套，增配安监、无线一键报警、周界入侵报警监控等系统8套，对35个重点办公室安装集密码输入、指纹识别、高清摄像和报警管理为一体的可视门铃系统；在南门及收发室安装安检、访客系统，来访人员需扫描身份证等规范证件，并打印凭条，待来访结束核实签字才可离开，堵牢访客私自进入漏洞。协助信访办做好上访人员的劝阻、疏导工作，全年接待来访登记1.5万余人次，盘查无通行证车辆600余辆。

【后勤服务】 改善办公条件。对电力、消防、电梯、楼顶网架及局部干挂墙砖等设备设施进行大排查大整治，整改安全隐患5处；投入资金20万元，安装直饮水器8台，解决行政中心干部职工饮水安全问题。做好日常维修维护。物管公司工程部强化日常维修维护保障，全年受理水、电、木维修500余次，空调维修98次；进行配电系统低压、电容及电路维修、保养36次。提升餐饮水平。以创建职工满意食堂为目标，组织开展调研，探索供餐服务新模式，在原有早中餐基础上，增加晚餐提供服务。全年服务干部职工用餐约19万人次，其中处级以上领导干部用餐约0.8万人次，接待上级领导客人200余批2800余人次，未发生任何食品安全事故。

（张　琼）

政协忠县委员会

【概　况】 政协忠县委员会机关办公地点位于忠州街道中博大道2号，内设办公室、提案委员会、经济发展委员会、科教文卫体委员会、社会法制和城乡建设环境保护委员会、农业委员会、委员联络委员会和社情民意信息中心。机关职工 41 人。至 2017 年底，全县有市政协委员 4 名，县政协委员 281 名。

【全委会议】 2018 年 1 月 10—13 日，政协忠县第十四届委员会第二次会议在行政中心一楼一会议室召开，264 名政协委员出席会议。会议听取和审议县政协主席陈加义所作的常务委员会工作报告，副主席宋明安所作的提案工作报告。与会人员列席县人大十七届二次会议，并讨论“一府两院”工作报告和其他工作报告。会议听取县委书记赖蛟、县政协主席陈加义在闭幕式上的讲话。会议表彰 2017 年优秀政协委员 20 名、优秀提案 15 件、提案承办先进单位 15 个、提案办理先进个人 15 人。会议增补选举李宗文、谢桂芳为政协忠县第十四届委员会常务委员。会议通过政协忠县第十四届委员会第二次会议决议。

【常务委员会议】 2017 年 3 月 30 日，在县政协议政厅召开政协十四届一次常委会，县政协副主席余成荣主持会议，常委会组成人员参加会议，县委组织部、县农委、县果业局等单位负责人及县政协副秘书长、各专委会主任及副主任列席会议。会议学习传达全国政协十二届五次会议精神，听取“增强贫困地区‘造血功能’巩固脱贫攻坚成果”情况通报，协商“加快柑橘果园地提档升级改造，为‘两基地’建设提供有力支撑”情况，审议《2017 年政协协商、通报、考察、调研、评议评估工作计划》《县政协 2017 年工作要点》和《县政协常委会工作规则》，会议听取《提案审查情况报告》，会议通过有关人事任免，颁发县政协第十四届常务委员当选证书。县政协主席陈加义讲话。

2017 年 7 月 31 日，在县政协议政厅召开政协十四届二次常委会，县政协副主席余成荣主持会议，常委会组成人员参加会议，部分政协委员、县发改委、县财政局、县商务局等单位负责人暨驻县政协纪检组长、副秘书长、委办主任或副主任列席会议。会议听取半年国民经济计划执行及半年财政预算执行情况通报，会议协商加快忠县农村电商产业发展工作，会议通过有关人事任免。县政协主席陈加义讲话。

2017 年 9 月 8 日，在县政协议政厅召开政协十四届三次常委会，县政协副主席余成荣主持会议，常委会组成人员参加会议，部分政协委员、县政府办、县教委、县交委等单位负责人暨驻县政协纪检组长、副秘书长、委办主任暨副主任列席会议。会议听取“临港新城规划建设及争取铁路过境忠县规划建设”情况通报，政协委员提案办理情况通报，会议协商促进义务教育均衡发展工作。

2017年11月16日，在县政协议政厅召开政协十四届四次常委会，县政协副主席余成荣主持会议，县政协常委会组成人员参加会议，县委政法委、县工业园区办暨驻县政协纪检组长、副秘书长、委办负责人列席会议。会议听取忠县司法改革工作情况通报，协商加快忠县工业园区基础设施配套建设情况。县政协主席陈加义作十九大精神专题学习辅导。

2017年12月27日，在县政协议政厅召开政协十四届五次常委会，县政协主席陈加义，副主席余成荣、宋明安、杨胜明、唐代文、冉崇政，秘书长董德清及常委会组成人员参加会议，县政府常务副县长邓美涛列席会议，县政协副主席余成荣主持会议。会议讨论“一府两院”及计划、财政、环保工作报告。

【职能履行】 政治协商 县政协常委会议、主席会议紧扣特色工业发展，专题议政工业园区基础设施建设，提出“以超常规力度推进园区基础设施建设，提高项目承载能力，从根本上改变制约项目达产见效和落地生根的现状”等16条意见建议，得到县委县政府采纳。专题协商招商引资工作，从“注重项目质量，强化要素保障，改善服务环境，紧盯大项目精准招商”等5个方面建言献策，为县委、县政府科学决策提供有益参考。围绕医药产业基地、特瑞新材料、港口物流等项目，开展调研视察活动，建言工业经济提质增效，促进产业结构优化，加快建设优势突出、特色鲜明的现代产业体系。举办“创新创业，推动实体经济发展”委员论坛活动，呼吁营造企业发展环境，发挥企业家精神，培育经济发展新动能，共同推动实体经济发展。县政协常委会议专题听取黔忠广铁路和渝西、黔万高铁前期规划工作情况通报，建议相关部门在对接、规划、争取等环节做好跟踪服务工作，抓住机遇，早圆忠县铁路梦。县政协常委会围绕“三农”问题履职尽责，把各界人士的思想和行动统一到落实“一兴四美、七彩大地”美丽乡村建设的目标任务上来。县政协常委会议聚焦柑橘果园提档升级改造协商议政，提出“重视科技支撑能力建设，坚持晚熟鲜食柑橘和加工原料柑橘协调发展，推进基地果园提质增效”等16条建议，助推柑橘产业“两中心两基地”建设。立足农业产业发展安全，连续3年开展柑橘疫病防控监督性视察，围绕解决好“柑橘产业安全意识、基层防控责任落实、专业防控队伍建设、疫病源头风险防控”等5个方面建言，得到县委、县政府高度重视。着眼教育公平和教育质量提升，常委会议就义务教育均衡发展进行深入协商，提出优先发展教育事业、有效配置教育资源等建议。协商农业供给侧结构性改革，提出“加快调整农业品种结构，培育新型经营主体，提高农业‘四化’水平”等建议，被吸纳到县委、县政府决策中。专题协商长江两岸绿化和三峡生态屏障建设工作，建议要处理好经济发展和生态保护的关系，切实呵护好“一江碧水、两岸青山”。常委会议、主席会议还分别就农村电商发展、农业科技服务体系建设开展专题协商，围绕破解集体经济“空壳”难题开展调研，提出意见建议。

民主监督 探索创新评议评估新形式，通过“面对面”意见表达、“背靠背”问卷调查、“点对点”沟通反馈、“实打实”整改回应等监督方式，提升监督实效。落实县委交办任务，将联动性强、群众反映突出的城乡建设领域行政审批改革工作作为民主监督重点，探索进行政协评估，所形成的评估报告得到县委、县政府主要领导批示。聚焦牵涉面广、群众关注度高的棚户区改造工作开展政协评估，将收集的20余条意见建议向被评估单位反馈，得到相关部门高度重视。

加强和改进提案办理方式。自政协忠县第十四届一次会议以来，常委会收到委员提案240件，立案交办116件，提案办复率100%、委员满意率99.05%。9件县领导直接督办的重点提案，由各承办单位主要负责人亲自办理落实，政协常委会进行民主评议并现场通报评议结果。开展提案办理“回头看”工作，对2016年度5件提案进行二次督办，提案的民主监督作用得到有效发挥。

突出民生导向开展监督性考察。连续两年对农村人居环境整治进行定向定点考察，确保整改落实见效。开展跟踪考察，对乌杨新区推进、人民医院迁建进行进度跟踪，全年3次深入现场，了解项目进度，促进加速推动。开展热点考察，围绕群众关注度较高的文体场馆建设、城乡居民家庭医生签约服务、新学校建设等热点问题开展委员集中考察，从大局上、长远上提出务实建议。专题听取城镇垃圾收运、无害化处置和污水处理运行管理问题情况通报。开展监督性考察活动，把饮水安全放在突出位置，聚焦城区饮用水源建设和保护，呼吁切实抓好饮用水源地保护工作。认真落实大沙河、渠溪河“河长制”，集中考察农村人居环境整治情况，督办《关于推进畜禽养殖粪便污染治理的建议》重点提案，助推农村生态环境改善。全年开展主席会视察、委员集中考察18次，编发考察专报14期，获县委、县政府领导批示12期，部门办理回复10期，加快电竞场馆、忠州中学迁建等重点工程的建设步伐。

参政议政　围绕“深化公立医院改革”提出推进分级诊疗、深化人事制度改革等6条协商建议，对推进忠县医疗改革起到积极作用。农业农村改革、司法体制改革、“营改增”和“放管服”改革等专题协商会提出的意见建议，为县委、县政府决策提供有益参考。关注法院“执行难”问题，报送的调研报告得到县委主要领导重视，推动县委出台《关于进一步加强人民法院执行工作的实施意见》和“百日攻坚行动”的开展。专题调研精神障碍患者医疗保障问题，呼吁社会各界尊重、关爱、救助精神障碍患者，努力改善生活和医疗保障环境，引起县委、县政府关注，并着手规划迁建新址。围绕农村公路建设、养老服务体系建设、城区老旧电梯运行等民生热点问题，开展调研考察活动，反映群众诉求，提出意见建议。专题听取创建活动推进情况通报，围绕创建重点和难点问题开展监督性考察活动，向县委、县政府报送考察专报，督促文明创建工作全方位开展、深层次拓展。主席班子成员积极承担网格分工任务，指导白桥溪等7个社区有序开展创建工作。动员委员和机关职工响应号召，积极参加文明创建“百日攻坚”行动和志愿服务，全力开展创建活动。形成领导带头示范、委员广泛参与的“大合唱”创建格局，推动全国文明城市成功创建。

组织委员到鸣玉溪社区调研老城拆迁情况，提出“多拆少建留空间，增绿添园促品质”等9条建议。组织委员考察新生港、银山片区征地拆迁等重点项目规划建设情况，从港产城融合发展、改善城市面貌等方面提出建设性意见15条。关注智慧城市和城市有形文化建设，从“加强城市色彩规划，塑造城市特色风貌，建设城市综合性大数据中心”等方面提出建设性意见，被吸纳到县委《关于加快建设特色中等城市的决定》中，助推“诗意山水·活力港城”特色中等城市建设。

社情民意　全年收集编报委员反映社情民意信息50期，报送市政协26期，转报全国政协8期。《深化农业补贴政策改革亟需加紧配套》《建议将“快递”等新兴领域纳入“限塑令”范畴》《建议将鸣玉溪建成城市内陆文化湿地公园》等信息得到市、县领导批示。跟踪办理县领导批示信息，通过召开办理协调会议促进建议落实。

【传递正能量】　深化主题实践活动。发挥委员主体作用，深入开展“传递正能量·委员进万家”“立足本职促发展·当好委员献良策”履职实践活动，共促共推忠县发展。

开展界别活动。经济、工商联界委员开展“送政策送法规送服务”进企业活动，服务企业发展；农业、无党派界委员联合开展“委员进基层聚智献策”活动，切实为群众排忧解难；教育、共青团界委员关注青年人才培养，举办知识讲座；中共、特邀、科技等界别委员开展技术助农业、建言促发展活动；工会界委员组织开展劳动技能竞赛，激发干部职工爱岗敬业。

开展片区委员小组活动。新设置乡镇（街道）片区委员小组 10 个，制定《片区委员活动实施意见》《片区委员活动考核办法》，促进委员履职，广泛传递社会正能量。乌杨片区小组专题调研农村公路建设，积极建言献策；东溪片区小组围绕天子山生态区建设开展调研，报送的社情民意信息供县政府决策参考；马灌片区小组进企业开展走访慰问，关注企业发展；汝溪片区小组走进村社、学校开设法治课堂、开展法律援助，助推乡村精神文明建设，为美丽乡村建设助力。

开展委员进万家活动。以“主席联系常委、常委联系委员、委员联系群众”活动为载体，引导县政协各参加单位和界别委员深入基层为群众办实事、解难事、做好事。民革忠县工委组织民革党员开展“博爱佳园”“博爱超市”建设系列爱心活动，唱响“博爱”品牌；九三学社忠县支社组织九三社员开展“健康保健专家课堂”活动，受到群众广泛欢迎；县工商联组织委员开展“百名忠商”进高校活动，为企业家能力提升搭建平台；妇联界委员组织实施“巾帼促农”行动，帮助贫困家庭增收；侨联界委员开展“侨爱心光明行”活动，为白内障患者送去“光明”。2017 年，全县政协委员累计走访群众 800 余人次、企业 46 家，帮助解决各类问题 72 个。

开展脱贫攻坚活动。县政协主席会议成员牵头 7 个帮扶集团，深入贫困村开展基层党组织对接，改善贫困村基础设施，帮扶困难群众发展生产、解决现实难题。倡导开展“我为脱贫攻坚做件事”活动，继续在脱贫攻坚行动中建功立业。2017 年，县政协委员助力脱贫攻坚办实事好事 130 件，提供各类咨询 259 次，筹资助学 100 余万元，协调项目 29 个。

【文史宣传】 积极参加市政协理论研讨，参与市政协重点课题理论研究，提交理论成果《基层人民政协协商民主探索与研究》。报送《不断创新民主监督形式切实提高民主监督实效》《提高“四个能力”推进基层政协协商民主建设》等理论研讨文章，受到市政协领导高度评价。参与市政协“加快重庆实施创新驱动发展战略”专题调研，提交的《关于加快我市农业科技成果转化运用的调研报告》得到市政府和市政协领导充分肯定。做好文史资料征集、研究工作，完成《政协忠县志》（1999—2016年）编辑出版。强化政协宣传工作，在《人民政协报》《重庆政协报》等各级媒体刊发稿件 78 篇，宣传通联工作被市政协评为一等奖。

【联谊交友】 尊重和保障各民主党派、工商联、知联会和无党派人士的民主权利，为他们履职建言搭建平台，通过邀请参加议政发言、共同视察调研、组织协商座谈、报送提案信息等形式，支持参与政协各项履职活动，发挥参政议政作用。2017 年，各党派团体在政协会议上协商交流 40 人次，参加视察调研 72 人次，提交提案 46 件。加强政协与各委员所在单位的沟通联系，通过走访委员和举办新年茶话会、忠县政协成立 60 周年座谈会等形式，团结社会各界人士，凝聚人心。以加强与非公有制经济人士团结联系为主题，开展“政协走亲”活动，2017 年，开展“滇商”“粤商”走亲活动，走访云南、广州等地忠县商会，通报发展情况，增进乡情友情，积极促进产业回归、资本回归。

【自身建设】 深入学习贯彻中共十八大、十八届历次全会精神和习近平总书记系列重要讲话精神。中共十九大召开后，政协党组会议、主席会议第一时间传达学习，召开常委会议专题辅导和部署，组建宣讲小组深入政协各参加单位、界别群众开展宣讲。引导全体政协委员和各党派团体、社会各界人士深刻领会习近平新时代中国特色社会主义思想丰富内涵，准确把握新时代发展社会主义民主政治和推进人民政协工作的重要部署，进一步统一思想，凝聚共识，不断增进政治认同、思想认同、理论认同、情感认同，自觉坚持中国共产党的领导，树立“四个意识”，坚定“四个自信”，在政治立场、政治原则、政治道路上同以习近平为核心的党中央保持高度一致。

落实全面从严治党要求，发挥政协党组领导核心作用，争创“学习型党组、堡垒型支部、旗帜型党员”，增强党组织的凝聚力、战斗力、执行力，不断激发全体党员的干事创业热情和创新争先活力。按照中央和市委、县委统一部署，围绕学习贯彻中共十九大精神、“两学一做”学习教育和“解放思想，提高执行力”干部作风建设专项整治行动，强化政治理论学习，坚持党组每月集中学习、支部每周集中学习制度，开展集中学习 45 次、交流讨论 16 次、专题民主生活会 2 次。把纪律和规矩挺在前面，严格落实中央八项规定精神，驰而不息纠“四风”。深入推进党风廉政建设，支持县纪委驻政协机关纪检组履行监督执纪问责职责。

注重委员履职能力提升，努力提高委员队伍整体素质，实施“请进来”和“走出去”培训计划，邀请市政协联络委领导赴忠县开展委员履职专题讲座，选送委员分批前往全国政协培训中心参加政协理论专题培训。积极创新委员履职的考核、监督和激励机制，制定《忠县政协委员乡镇片区小组工作考核办法（试行）》，健全履职档案，规范履职行为，增强委员主体意识、尽责意识。

规范完善《忠县政协常务委员会议工作规则》《忠县政协主席会议工作规则》《政协忠县委员会提案办理协商办法》《委员乡镇片区小组活动工作规则（试行）》等制度、规则 8 项，推进政协工作制度化、规范化和程序化。加强“学习型、创新型、服务型”机关建设，提高办文办会办事效率，强化综合协调、信息沟通、后勤保障等工作，不断提升政协机关服务水平。（张朝虎）

民主党派

民革忠县工作委员会

【概　况】　民革忠县工作委员会办公地址位于忠州街道中博大道2号。机关编制3名，其中行政编制2名，在编在岗2名；事业编制1名，在编在岗1名。

【队伍建设】　2017年，新发展民革党员12名，全县累计有民革党员90名。其中，女党员35名，占38.9%；本科以上学历党员64名，占71.9%；中级职称42名，占46.8%；市管领导干部1名，县管领导干部11名，市人大代表3名，县人大代表7名（常委6名），市政协委员1名，县政协委员34名（常委11名）。10名民革党员担任民革重庆市第五届委员会各专门委员会委员（理事）。举办2017年民革党员综合素质提升培训班，组织全县民革党员接受党风廉政警示教育，加强自身修养和廉洁自律。组织18名新党员参加民革重庆市委会举办的2017年新党员学习培训会。民革党员周利华参加中共重庆市委统战部开展的第九批市级党外代表人士实践锻炼。

【参政议政】　参与中共忠县县委、民革重庆市委组织的忠县特色产业发展、农业供给侧结构性改革等课题调研，形成调研报告2篇，得到相关领导的肯定并被采用。市县“两会”期间，向民革重庆市委报送市级集体提案素材6篇、向县政协报送集体提案6篇，其中唐代文提交的《关于破解农村家庭因病致贫返贫问题的建议》作为市委会集体提案被市政协立案，冉华琼提交的《关于规范农村自来水价的建议》作为县政协重点督办提案。全年报送社情民意信息30余篇，其中，市政协采用3篇，市委统战部采用5篇，县政协立案6篇。与县委统战部联合选聘34名民革党员担任各乡镇（街道）和县级相关部门的特约人员，配合参与聘请单位的重大事项监督评议，向聘请单位提出建设性的意见和建议60余条。

【教育宣传】　组织带领全体党员学习贯彻中共十九大精神及习近平系列重要讲话精神。参加“不忘合作初心，继续携手前进——纪念民革成立70周年”知识竞赛。参加中共忠县县委统战部举办的部分党外代表人士参观中国民主党派历史陈列馆活动，并聆听“历史的丰碑、制胜的法宝”专题讲座。全年利用各种宣传舆论阵地凝聚党员思想，民革中央网站和《团结报》采用信息5篇，《重庆政协报》《重庆民革、民革重庆市委网站等市级媒体采用信息13篇。县级主流媒体刊发忠县民革工作宣传信息30余条。编发《忠县民革工作简报》12期。

【社会服务】　开展精准扶贫工作，累计捐款捐物160余万元。逢春节、重阳等重大传统节日，前往博爱佳园开展慰问活动；定期在民革党员之家开展“博爱健康讲堂”“博爱故事会”等志愿服务活动；长寿金摇篮博爱幼儿园的挂牌，使“博爱幼儿园”惠及范围实现新拓展。社法专委会响应民革市委会和中共忠县县委号召，开展“百名法律专家进社区”法治宣传活动；5月，在汝溪镇开展送法下乡法治文艺演出启动仪式暨“六五”世界环境日宣传月活动；11月，组织部分专委会委员在县职教中心、新生中学等4所学校开展“法律进校园”普法知识讲座；开展“12·4”国家宪法集中宣传活动；“博爱牵手·法律服务中心”开展法律咨询活动和法律知识讲座 12 场次，受益群众 236 人；承办法律援助案件 48 件，帮扶困难群众 73 人次；三汇镇里仁、泰来两所小学成功纳入民革上海市委“博爱图书，十年百馆”公益计划，6 月，里仁小学受赠图书 500 册。推荐 8 名符合条件的企业家党员加入民革重庆市委第五届企业家联谊会。

【祖统工作】 祖国统一专委会定期组织学习中共中央对台工作大政方针和习近平总书记系列对台重要讲话精神。推荐县文物局副局长曾艳加入民革重庆市委祖统委，为涉台参政议政工作打开了思路。

【机关建设】 提高程序化、规范化、制度化建设水平，做好党员服务工作。春节前夕，民革忠县工委主任、县政协副主席唐代文率队慰问民革老党员、一线党员和困难党员 10 名，为生病党员送去组织的关怀和新春祝福。组织机关专干参加民革重庆市委组织的各类学习培训。严格执行中央“八项规定”，规范办文、办会、办事流程，不断提升服务意识和执行能力，保证机关工作高效运转。

【表彰奖励】

先进集体

国家部委表彰奖励项目

表 7

获奖单位	授奖单位	奖项名称	授奖时间
民革忠县工委	民革中央	民革全国组织建设工作先进集体	2017.11
民革忠县工委	民革中央	民革全国社会服务工作先进集体	2017.11
民革忠县工委	民革中央	《团结报》发行征订工作优秀奖	2017.11

先进个人

国家部委表彰奖励项目

表 8

获奖个人	授奖单位	奖项名称	授奖时间
唐代文（女）	民革中央	2017 年民革全国参政议政工作先进个人	2017.11
刘淑（女）	民革中央	2017 年民革全国参政议政工作先进个人	2017.11

（陈秀兰）

九三学社忠县支社

【概　况】 九三学社重庆市委员会忠县支社（以下简称九三学社忠县支社）办公地址位于忠州街道中博大道 2 号。行政编制 1 名，有工作人员 2 名。

【教育宣传】 组织全体社员学习贯彻落实中共十九大精神以及九三学社十一大、中共重庆市委、中共忠县县委重要会议精神。坚持支社每季度集中学习例会制度。全年向九三学社重庆市委员会网站上报并被采用信息 20 篇，《重庆社讯》收录 2 篇。

【队伍建设】 注重新社员入社前的培训教育考察。组织支社领导、社员参加九三学社重庆市委举办的各类培训活动，增强多党合作政治共识和支社凝聚力。坚持人才强社战略，积极稳妥发展新社员。新发展社员 8 名，共有社员 21 名。其中，本科以上学历 20 名，占 91%；高级职称 10 名，中级职称 5 名。市管领导干部 1 名，县管领导 8 名；县人大常委 2 名，县政协常委 4 名、政协委员 7 名。

【参政议政】 承担社市委“全国政协双周协商”调研课题，参与起草《农村中小学校园餐食管理存在的问题和建议》调研报告，被社市委主委屈谦作为全国政协双周协商座谈会大会发言材料，受到社中央、社市委高度肯定。承接社市委常委课题，提交调研报告《关于推动我市特色效益农业发展的建议》通过专家评审，并作为社市委集体提案提交市政协。参加中共忠县县委举办的政治协商活动，形成调研报告 2 篇，其中《乌杨新区基础设施建设存在的问题和建议》在 2017 年暑期谈心会上得到县委主要领导肯定并批示转交相关部门办理，《忠县旅游产业发展的思考及对策》作为 2017 年 12 月县委专题政党协商座谈会大会发言资料，受到县委领导肯定。全年向县政协、县委统战部报送社情民意信息 28 篇，其中被市政协采用 1 篇、市委统战部采用 2 篇、社市委采用 4 篇、县政协采用 4 篇、县委统战部采用 17 篇。

【社会服务】 开展九三学社科普讲座“健康保健专家课堂”“法制课堂”活动，组织支社医卫界专家到县老年大学、香怡社区举办健康养生讲座 3 场次，组织支社法律专家开展法制宣传进学校进社区活动 2 场次；联合县中医院，组织 20 余名专家到乌杨镇开展大型义诊活动，发放健康宣传资料 800 余份，义诊 400 余人次；开展“关爱儿童，共度欢乐六一”活动，组织石宝、义兴等七所小学的 20 名孤、贫儿童到县城过节，并发动社员与困难儿童结成对子，给予长效帮助；争取社中央资金开展科普教育帮扶，全年争取社中央科普经费 13 万元，助力忠县双桂镇初级中学校开展科普教育扶贫活动；开展九三学社红舞鞋爱心帮扶活动，建立九三学社红舞鞋爱心教育基地，为忠县辖区内热爱艺术的孤、贫儿童提供免费艺术教育，全年免费培训儿童 18 人次 200 课时。

【自身建设】 完善支社机关《学习制度》《会议制度》《议事制度》《领导班子分工制度》《财务管理制度》《固定资产管理制度》《慰问制度》《档案管理制度》《优秀社员评选办法》《参政议政信息工作奖励办法》等相关制度；建立完善社员档案和公文档案；展示组织文化，将九三学社标识、宗旨装饰上墙，开辟支社活动剪影展示专栏；设置机关图书阅览角。

（邱莉萍）

社会团体

工商联

【概　况】 忠县工商业联合会（简称县工商联）是县委领导的具有统战性、经济性、民间性的人民团体，与“忠县总商会”实行“一套班子、两块牌子”合署办公。办公地址位于忠州街道红星路28号附1号。机关内设办公室、会员部、经济部。机关行政编制5名，使用县委统战部信息中心事业编制2名，实际在岗人员9名（其中主席、党组书记编制分别在县人大常委会和县委统战部）。

【思想政治教育】 深入开展以“守法诚信、坚定信心”为重点的理想信念教育实践活动，发挥优秀企业家、商会负责人的示范引领作用，引导广大非公有制经济人士认清宏观政策走向、把握经济发展态势，贯彻“四个意识”，坚定发展信心。2017年，开展基层商会负责人、百名忠商进高校暨民企转型升级、全县非公经济人士季度学习会等各类专题培训6期，培训非公经济人士600余人。

【基层商会建设】 2017年4月，召开全县乡镇（街道）商会换届动员大会。完成全县29个乡镇（街道）商会换届，新建白公街道商会，选举会长、秘书长各1名，副会长224名，发展会员1342名。组织覆盖率100%。2017年11月25日，广东省重庆忠县商会召开第一届会员代表选举大会，何红强当选首届商会会长，谢杰当选执行会长，王亚林当选秘书长；2017年12月19日，重庆市忠县忠商企业联合商会筹备组正式成立。开展“四好商会”建设，制定《关于开展四好商会”建设的通知》，加强对基层商会先进典型的培育、宣传和指导，促进基层商会均衡发展，涌现出忠州、白公、石宝、马灌、任家、复兴等基层先进商会。2017年12月，忠州街道商会被重庆市工商联命名为重庆市“十佳”街道商会。

【企业服务】 以搭建服务平台、创新服务机制为重要内容，开展企业服务工作。2017年，县民营企业商务纠纷人民调解委员会通过召开联席会、座谈会等形式，收集并反馈民营企业困难和问题40余件，协助企业办理审批手续18件，协调解决经济纠纷2起；9月，联合县公安局开展“重庆市公安局服务民营经济30条”专题学习，推荐6家企业负责人担任县公安局监督员，推荐24家企业与县公安局经侦大队结队帮扶，助推涉企30条落地；11月，与县委组织部开展“暖心行动”，组织县部分非公企业家59人及高级管理人才15人在忠县人民医院开展免费体检；12月，与县委统战部、县委组织部联合启动第五批“干部进民企促发展”活动，选派6名机关干部到忠州酒业、亿清佳华光伏能源等6家企业挂职锻炼，指导企业发展，帮助企业解决实际困难；12月15日，与县检察院联合建立服务保障民营经济健康发展工作机制。

【精准扶贫】 开展“万企帮万村”精准扶贫行动，不断完善“万企帮万村”精准扶贫管理台账。县内175家民营企业加入29个扶贫集团，累计投入帮扶资金1.9亿元，通过产业、就业、技能、公益等形式，帮助4326个建卡贫困户14125人实现精准脱贫。发挥驻村工作队传、帮、带、导、扶等作用，帮助黄金镇东风村6个贫困户13名贫困人口实现脱贫。

【招商引资】 2017年，县工商联先后接待成都忠县商会、昆明忠县商会、天津重庆商会、浙江台州重庆商会、重庆湖北孝感商会等商会来访，对接北京洁丽雅保洁有限公司、天津津渝装饰有限公司、深圳联合金融控股有限公司、海南科源藿香科技开发有限公司、深圳辉叡欣温室工程有限公司、天天电竞（重庆）网络科技有限公司、深圳宗基投资发展有限公司等企业，宣传忠县发展形势和招商引资政策，洽谈项目28个，引进北京洁丽雅保洁公司、重庆亿清佳华光伏发电有限公司、衣世界服装批发城，全年实现产值2亿余元，完成税收1200余万元。

【参政议政】 2017年，县工商联组织工商联界别政协委员，围绕特色工业发展和企业转型创新发展开展调研，撰写调研文章17篇。3—5月，开展2016年“上规模民营企业调研”“企业社会责任调研”“民营企业转型升级难点问题调研”“涉企政策30条落实情况调研”等课题调研。8—12月，牵头渝中区、北碚区、江津区、巫溪县、石柱县、万盛经开区工商联等7个区县工商联，开展市工商联“一家牵头、多家参与”“我市民营企业参与社会化养老服务业发展的现状”课题调研，形成《我市民企参与社会化养老服务业发展研究》报告，并被市工商联评为一等奖。11月，针对光伏发电项目在推进中遇到的实际困难，深入任家镇龙翔村等调研分布式光伏发电站运行情况，提出改进经营模式、强化惠农贷发放力度等建议，推动分布式光伏发电项目成为忠县精准扶贫重点项目。12月，组织23名民营企业家深入拔山、马灌等乡镇，围绕县委十四届五次全会关于建设“一兴四美，七彩大地”美丽乡村精神开展调研，引导民营企业积极投身美丽乡村建设。

【表彰奖励】

先进集体

国家部委表彰奖励项目

表9

获奖单位	授奖单位	奖项名称	授奖时间
忠县工商业联合会	中华全国工商业联合会	2016年全国“五好”县级工商联	2017.3

（钟小华）

总工会

【概　况】 忠县总工会办公地址位于忠州街道中博大道2号，内设办公室、基层工作部、服务发展部，编制6名，其中常务副主席1名，副主席4名（其中挂职1名，兼职1名），实有工作人员8名。下属副科级事业单位忠县职工服务中心，编制6名，实有4名。至2017年底，县总工会辖基层工会635个，会员18万余人。

【组织建设】 召开忠县工会第十次代表大会，选举产生忠县总工会新一届领导班子、第十届委员会委员、经费审查委员会委员、女职工委员。推选13名代表参加重庆市工会第五次代表大会。

理顺工会组织层级。印发《关于完善工会组织做好工会换届选举工作的通知》《关于完善核对组织关系网络图的通知》等文件，严格规范工会名称、选举程序及人员配备。在全市率先开展县级模范职工之家创建工作，华龙网和中国网分别登刊《忠县完成县级模范职工之家验收工作》，忠县公路养护中心工会委员会、忠县新生初级中学校工会委员会、重庆新生港建设发展有限公司工会委员会、国网重庆市电力公司忠县供电公司工会委员会等4个单位创建合格“县级模范职工之家”。县实验小学校创建合格“重庆市模范职工之家”，县中医院、忠州三小创建合格“重庆市模范职工小家”。罗辉华荣获“重庆市十佳职工信赖娘家人”称号，重庆威旺食品有限公司、重庆市海新运业集团有限责任公司成功创建市级基层工会改革示范单位。

开展工会干部培训，提升干部履职能力。将工会干部培训纳入全县干部教育培训计划，全年举办综合素质班 1 期，互联网+工会、困难职工帮扶管理等业务培训 6 期，培训工会干部 2000 人次。组织机关干部职工学习中共十九大及习近平总书记系列重要讲话精神 16 次，撰写心得体会 29 篇。

【财务经审】 坚持依法收缴工会经费，严格经费管理，优化支出结构，集中财力办要事。争取财政支持，落实行政事业单位按工资总额 2%的比例计提工会经费以及将总工会和职工服务中心人员纳入财政预算，实行工会经费支出项目化管理。印发《忠县工会经审工作要点》《关于开展工会经费自查审计工作的通知》，启动工会经费抽查审计工作，组成审计组 4 个，抽查审计工会组织 20 个，形成 20 份审计建议书，促进了工会经费规范管理。

【劳动竞赛】 出台《关于在全县广泛开展“岗位大练兵、技能大比武”劳动技能竞赛的通知》《关于做实劳动竞赛的意见》，突出实岗竞赛模式。以“当好主力军·建功‘十三五’”为主题，组织全县各级工会开展技能大赛 230 场次，引领各行各业创造创新进入新常态。联合县教委、县城乡建委等在全县开展教学技能、焊工等技能大赛 13 场，提升全县职工技能水平。组织优秀职工参加渝东北片区厨艺、焊工、汽车维修、刺绣等技能大赛，均获得较好成绩。

弘扬劳模精神、工匠精神。涂万福、袁军、杨寿江、周康伟、胡辉淑等 5 人获评“重庆市劳动模范和先进工作者”；在全县各行各业开展寻找“忠州工匠”活动，王顺孝、王顺良、周照文、何克于、唐谦、王忠兵、邓志红等 7 人荣获“忠州工匠”称号；开展忠县第三届职工职业道德建设评选表彰活动，成佳忆、王海洋、王洪刚、向治华、范涛、胡兰心、徐勇、唐清华、聂东芳、程靖等 10 人荣获标兵个人；忠县文物局、忠县特殊教育学校、忠县工商行政管理局忠州工商行政管理所、忠县行政服务中心管理办公室、忠县社区矫正管理局、忠县气象局、忠县就业和人才服务局、忠县地方税务局纳税服务中心、重庆新生港建设发展有限公司、重庆聚融建设（集团）股份有限公司等 10 家荣获标兵单位 10 个、标兵班组（科室）5 个。

【帮扶维权】 职工帮扶　2017 年，全县建档困难职工人数从上年的 1364 人降为 449 人。完善《忠县特困职工管理办法》，加强困难职工档案动态管理。县“四大家”主要领导、分管领导带队赴一线慰问职工，全县各级工会开展到一线送清凉活动 10000 余人次。筹资 183 万元慰问困难职工 2060 人次，筹资 29.5 万元资助 59 名困难大学新生入学。实施就业再就业技能培训，开展就业培训 1200 人次。

深入企业指导工资、女职工权益保护、劳动安全卫生等专项集体合同的签订履行工作。深化指导员在行动活动，全年指导重庆市海新运业集团有限责任公司、忠县胡燃商行等企业新签集体合同 22 份，签订率 93%，覆盖职工 26134 人。签订工资集体协商专项合同 29 份，女职工劳动保护专项合同 18 份。指导海螺水泥公司召开职代会，并见证集体合同签订仪式。

组织职工参加互助保险活动，全年参加互助保险 2.84 万人次，其中非公企业 6 家 500 余人次，全年理赔 302 人次，金额 65.1 万余元。联合重庆三峡银行为职工办理惠工卡 2100 张，新签购物、加油、健身等增值服务3项。

继续发挥乌杨工业园区、忠州一小、顺溪小学市级“爱心妈咪小屋”示范点引领作用，推动忠州二小等2家单位积极申建“爱心妈咪小屋”示范点。为2个重庆市户外劳动者“爱心驿站”市级示范点配备空调、饮水机、微波炉等设备，让环卫工人在辛苦工作期间感受到工会“家”的温暖。

突出互动引导、线上服务等功能，采取集中培训+上门服务方式，扩大“互联网+工会”的影响力和受益面。全年召开工作推进会3次，市总工会网络工作队工作人员亲临基层工会指导工作。全县使用APP会员数量11509人，占比63.3%。全年在忠县总工会官方网站更新新闻130篇，上报市总网站信息99条。

法律维权 加大法律援助力度，聘请热心公益、业务能力强的律师4名，进驻忠州等4个镇街开展法律公益援助活动，切实维护职工合法权益。全年进企业、社区开展法律知识讲座10余场次，发放资料3000余份，接待职工来电来访113人次，提供法律援助3件，挽回经济损失80余万元，覆盖职工5000余人。联合县人力社保局开展农民工工资清欠工作，检查企业9家，在建项目12个。以三月法治宣传月、橘城公益赶场天、“12·4”宪法宣传日等活动为载体，宣传劳动合同法、重庆市集体合同条例，全年开展宣传活动20余场次，发放资料4000余份。开展“尊法守法·携手筑梦”服务农民工公益法律服务行动，联合县司法局召集3名公益律师，深入农民工群体集中的乡镇、街道、社区及工地，公益法律服务活动。组队参加全市“安全伴我行”安全文艺创作比赛，忠县选送作品《底线》荣获全市二等奖。（邰林林）

共青团

【概　况】 共青团忠县委员会（以下简称团县委）办公地址位于忠州街道中博大道2号。内设办公室、青少年工作部，挂靠希望工程办公室、未成年人保护委员会办公室、大学生志愿服务西部计划忠县项目部管理办公室、保护母亲河领导小组办公室，机关行政编制5名，在编在岗5名。下辖事业单位青少年服务中心，事业编制8名，在编在岗5名。至2017年底，全县有共青团员30257名。

【宣传教育】 围绕“青春喜迎十九大·不忘初心跟党走”主题，在全县共青团系统组织策划宣讲、交流和文艺活动120余场，覆盖青少年群体20余万人次；开展“不忘初心跟党走”主题团日专项活动80余场，覆盖青少年群体14万人次。依托忠县共青团微信公众号、微博、QQ群，创作发布主题舆论宣传信息50余条，转发相关文化产品70余件，自创10余件，关注转发数60000余人次，点赞数5000余人次。下发《关于在全县集中开展“学习总书记讲话，做合格共青团员”教育实践的实施方案》，在全团系统组织开展团员深入学习习近平总书记系列重要讲话精神和治国理政新理念新思想新战略，特别是关于青少年和共青团工作重要论述，学习团章、团史和团内相关文件。以主题团日活动为载体，组织团支部书记岗位能力大比武及团干部联系青年等活动。实施“1+100”机制（1名团干部联系100名青年），动态覆盖率和完成率均100%。

【共青团改革】 制定时序刚性任务清单与推进共青团全面深化改革任务表，落实从严治党、从严治团。落实改革目标任务，解决好团建工作中“四缺”问题：一是巩固青少年工作阵地建设，将忠县青少年宫更名为忠县青少年服务中心，明确公益性质，职能职责进一步规范完善；二是增加忠县青少年服务中心事业编制4名，公招纳新上岗2名；三是争取市、县两级青少年事业发展经费 29 万元，调增创新创业、志愿者服务等部分活动经费；四是配齐团县委班子人员，增加县级专职副书记1名，县级专、挂、兼职班子人员7名。

【团组织建设】 扩大组织覆盖，成立乌杨、新生街道团工委和新生港务公司团委，继续夯实教育、金融、工业园区、非公组织等4个团工委，在忠县嘉壹科技有限公司、胡燃商行、忠县心一社会工作服务中心、忠县义龙社会工作服务中心等成立非公团组织 10 个。依托青年之家·城乡市民学校、青年联谊交友、青年创新创业等平台联建及困境家庭青少年共同帮扶、青年社会组织联席会等载体，推进29个乡镇（街道）区域化团建和青年共建工作。

成立推进从严治团工作领导小组，下发从严治团文件，每月定期召开领导小组会议1次。结合“团干部常态化联系基层制度”，线上线下推进“1+100”直接联系青年工作。召开团干部党风廉政工作会，强化团干部队伍作风建设。督导859个团支部开展团支部书记年度满意度测评工作。督导 85 个基层直属团组织通过重组改选、换届等方式配齐配强班子，下级团支部全部纳新补齐配置。

团员队伍管理和团员发展以中学、中职为重点，兼顾其他行业领域团组织，严控团青比例和团员发展规模，实行“一员一号”，推行入团先当志愿者制度。组织各中学（中职）团委团员青年集中收看《入团第一课》，广泛举行规范化的“离队、入团”及成人礼仪式，强化团员意识教育。五四期间集中评选表彰“两红两优”团员100名，提升团员的先进性和荣誉感；推进“共青团员先锋岗(队)”创建工作，首批推出5个。从严分类开展团费收缴工作，按标准要求使用专项经费，做好相关凭证备案，实现团组织全覆盖。建立和落实团“三会两制一课”，充分激发团员、团干部、团组织作用，普遍形成长效机制，更好地促进团的健康发展。全面实施团组织负责人带头讲团课制度，并将团组织动态情况予以记录。

【“网上共青团”建设】 推进“青年之声”工作，坚持在网上与青年共话、答疑解难，每周实现动态更新。坚持把团的重点工作纳入平台建设运营中，吸引更多热情、有志青年关注共青团青年工作，发挥正能量的引导、陪护作用，保持“青年之声”平台天天有交流、周周有整体动态更新、月月有标准数据报表。突出联系服务青年工作，着重开设青年问题答疑、青年权益维护等栏目，利用共青团微信公众号、微博等大力宣传“青年之声”平台。抓实“智慧团建”工作，在“智慧团建”系统上线第一时间，下发文件并同意开展培训，集中完善各级团组织、专职团干部、挂职团干部、兼职团干部、体制内团员的信息录入，完成率 100%。做好网络舆论引导工作，大力推广微信公众号、微博、QQ 群等平台，增设“青年维权”“青年之声”等版块内容，常态化保持在重点工作、重大事件及承接重要任务事项等方面正能量发声宣传，全年累计发布原创信息110条，转发信息1200余条，“粉丝”数量常态保持在 1.4 万人左右。全面推行“青年点单”工作方法，团组织开展活动向基层共享、向青年开放形成常态化，全年联合县总工会、县妇联、忠县之家志愿者服务队开展青年联谊交友活动4场，联合县科协开展科普大讲堂4场，创办《忠州青少年》杂志4期。加大非公团建引向互联网新媒体从业行业力度，扩大共青团工作在互联网发声和开展互惠合作，利用“本地头条”“忠县之家”等联合开展青年联谊交友、创新创业交流等活动，圈粉效果和反响热度明显。

【服务青年工作】 团干部直接联系青年工作 制定实施“1+100”团干部常态化联系普通青年工作机制，利用大数据系统，适时通过分类开展青年活动、巡诊联系青年问题、摸排青年思想动态等形式，动态录入并完善联系服务信息。全年52名专、挂、兼团干部联系青年5300余人次，集中开展线上线下互动250次，收到点赞2300余个，其中团干部直接通过手机端联系服务青年实现全覆盖。开展“走进青年、转变作风、改进工作”大宣传大调研活动，制定专项行动实施方案，通过改革攻坚推进会予以同步部署，直接推动82名全团直属和重点团组织专（兼）职团干部参与活动，结合巩固和拓展共青团改革工作、常态化运用新媒体+大数据平台、重要时间节点针对性共互动活动以及有关业务工作等，对辖区968个基层团组织进行“走、转、改”大宣传大调研行动，形成各类调研报告或建议性材料60余篇。实施团县委机关经常性开放活动，瞄准深化共青团改革联系服务青年，更好地创造一切条件实施机关经常性开放工作机制，尝试有针对性、有特色地举办开放活动，畅通扩大联系服务青年渠道，扩大覆盖面，提高知晓度和满意度。全年举办机关经常性开放活动4场，线下直接联系邀请青年参与近200人次，收集建议意见30余条，全县青年联谊交友、青年创新创业、青年志愿服务和新媒体等相关工作进一步得到优化。

青年志愿服务工作　推广运用“青年之声”“暖青汇”志愿服务平台，打造“党团干部+专业社工+青年志愿者”服务品牌。5月，成立忠县青年社会组织联席会，首批吸纳全县最具影响力的10家青年社会组织，统筹引导参与各市民学校周末课堂、防毒拒毒、暑期自护、科普大讲堂等常态志愿服务公益活动10批42场次，发布专题微信、微博信息和简报快讯50余篇。12月，组织参与长江三峡国际马拉松（重庆·忠县）、CEMG移动电子竞技等重要赛事志愿服务2300余人次。利用“青年之家云平台”引领全团集中开展“3·5”学雷锋志愿服务、“青年之声”婚恋交友等主题活动10余场。抓好青年创新创业服务工作，举办青年创新创业就业交流活动2场，新建“忠县青少年社会实践共建基地”10个。举办青年创新创业就业双选会2场，参与者1300余人，实现257人与企业成功牵手。成立“重庆市青年创新创业促进会十五（忠县）分会”，依托忠县电子商务服务中心打造县级青年创新创业服务站，首批吸纳45人入会。举办青年创新创业主题活动7场（含年会活动1场，青年创新创业置业联谊交友活动2场），整合推介土特产品16种。实施“青锋”计划项目工作，引导本土青年创业者参与青创超市项目对接落地。组织参与“五小创新”赛活动，依托各级团组织尤其是学校系统，大力开展科普类创作和比赛，常态化保持辖区30余所中小学近12万学生融入创新热潮，全年获市级以上奖项60余个。

【精准扶贫】　推进农村青年创业致富“领头雁”培养计划和贫困地区青年转移就业工作，举办青年电商、新型职业农民、种养殖技能等培训15场1260人。争取市级“希望小学建设”援建项目资金30余万元。发起“冬日阳光·温暖你我”“依旧情深”等大型活动3场，覆盖困境人员1600余名。探索搭建“青年公益扶贫”平台，联合举办活动3场，帮扶近300户。开展机关团干部对接贫困户及困境学生工作，全年投入帮扶及慰问经费近6万元。

（邓　莉）

妇联

【概　况】　忠县妇女联合会办公地址位于忠州街道中博大道2号。内设办公室和维权部。机关编制7名，其中，行政编制6名，事业编制1名，在编在岗7名。

2017年，忠县妇女联合会下辖82个县属及在县市属单位、企业女工委、妇委会和29个乡镇（街道）、368个村（社区）妇女联合会。设忠县农村妇女“双学双比”活动领导小组办公室、忠县妇女儿童工作委员会办公室、忠县妇女权益保障委员会办公室、忠县家庭教育研究会办公室等。全年基层妇女及组织先后荣获市级表彰15项31个。

【助推经济发展】 开展“巾帼建功”行动 深化巾帼文明岗创建，促进女职工岗位建功。在机关、企事业单位和两新经济组织不断拓展巾帼文明岗创建领域，至2017年底，全县有国家级巾帼文明岗6个、市级巾帼文明岗37个、县级巾帼文明岗124个。深入开展巾帼志愿者行动，全县累计安装爱心呼唤器2000个，结对帮扶老人2100余名。

开展“巾帼兴业”行动 举办“春风送岗位”活动，与县人社局、县总工会等单位联合举办创业就业促进行动、返乡农民工创业就业大型招聘会等活动，促进女性创业就业。开展家政服务培训，先后在县职教中心、十字街社区等举办家庭保洁、老人护理、月嫂等家政服务培训5次，培训妇女240余人次。

开展“巾帼促农”行动 打造“巾帼柑橘互助组”特色品牌，建立巾帼柑橘示范基地13个、互助组235个，吸纳3.9万名留守妇女进行管护；依托县委、县政府发展“农村淘宝”新举措，加大宣传动员力度，鼓励农村留守妇女投身互联网经济，组织开展农村淘宝业务培训，300余名农村留守妇女成为村淘合伙人；落实县妇联“五个一”联系服务妇女群众制度，与县扶贫办联合实施“渝大嫂”巾帼种植业脱贫增收项目，争取扶贫资金35万元，帮助野鹤镇楼子村、永丰镇黎明村94户贫困家庭增收；加大柑橘、笋竹、肉牛等种养殖实用技术培训，培养巾帼科技示范带头人150余名；投资10万元，在白公街道九蟒村种植桃树、柑橘树1.33公顷；充分凝聚女性创建力量，发展“巾帼家庭农场”，大力培育女大户、女能人、妇字号专业合作社等农业基地向规模农场发展。

【参与社会治理】 特色活动 围绕塑造“诗意山水·活力港城”形象，构建“一兴四美·七彩大地”美丽乡村，加快“发展特色产业集群、建设特色中等城市、全面建成小康社会”目标，先后开展“十百千万”基层培训、“情暖童心·相伴成长”困境儿童关爱团辅、家庭教育流动学校百场讲座进万家、“守护花季”主题法治巡讲、“忠德助文明·艺术润家风”采风创作、庆祝建国68周年暨巾帼献计招商·助推经济发展演讲比赛、“社交礼仪”专题培训、巾帼林管护、“市人大代表在行动·慰问交巡警送清凉”“百千万”巾帼大宣讲等活动。

节庆活动 三八节期间，举办庆“三八·传家风”表彰活动，表彰“三八红旗集体”10个、“三八红旗手标兵”10名、“三八红旗手”10名、“五好文明家庭”10个；六一期间，开展“情暖童心·相伴成长”六一慰问活动，送去书包4393个、床上用品260套。在端午、中秋、重阳、春节等传统佳节开展慰问活动，全年走访慰问贫困妇女儿童和空巢老人等500余人，送去慰问金及慰问物品折合人民币8万余元。

资助活动 开展“春蕾圆梦行动”，为4名贫困大学生和14名贫困高中生发放助学资金补助30000元；开展秋季助学志愿服务活动，为6名贫困学生发放爱心书包、爱心牛奶以及助学金8000余元；开展“馨语心愿”农村“两癌”贫困妇女关爱活动，发放牛奶100余箱；开展“贫困母亲”“两癌”救助活动，为全县52名“两癌”妇女发放救助金52万余元。

家庭美德建设 以“忠”文化引领，推动良好家风建设日常化。举办“庆三八、传家风”暨表彰大会，表彰“五好文明家庭”10个，颁发全国五好文明家庭奖1个及市级最美家庭奖3个；开展“扬家风传家训”梦想驿站主题活动，免费发放家风家训春节福袋5000余份；举办“国学与人生道德讲堂”“拒绝职务犯罪·家庭助廉无悔”专题讲座、家风润万家“最美家庭”主题故事分享会等活动；

在全县开展五好文明家庭创建、寻找最美家庭、好公婆好媳妇评选、好家风好家训征集、“写家训·晒家风”书画、“我家子女初长成·家风家训伴成长”手抄报等主题活动。

【妇女儿童权益保护】 利用“三八维权周”、禁毒月宣传、法律进校园、“三下乡”等活动，广泛宣传《忠县妇女儿童发展规划（2011—2020年）》《妇女权益保障法》《未成年保护法》《重庆市家庭促进条例》《反家庭暴力法》等法律法规，在学校、社区开展“让孩子远离毒品”“不让毒品进我家”等宣传活动，增强广大妇女儿童知法、守法意识。圆满完成2016年度妇女儿童纲要（规划）监测评估工作。挂牌成立忠县婚姻家庭纠纷人民调解委员会及忠县法律援助中心驻县妇联工作站。县人民法院、县司法局知名律师为人民调解员，对涉及婚姻家庭的案件进行调解，维护妇女儿童的合法权益。开展家事审判工作，县妇联与县人民法院以“大胆探索、先行先试”为工作原则，以法律、情感双干预机制为工作主线，不断探索家事审判和矛盾化解的新路子，全年受理案件471件，结案449件，调撤率70.16%，发出人身保护令7份，适用财产申报43件，因当事人不如实申报，判决减少分割夫妻共同财产1件，委托调解18件。开展人民陪审员工作，全年陪审涉及侵害妇女儿童权益案件10余件，发挥县、乡镇、村社区信访代理员、信访信息员作用，先后代理、调解各类维权案件及纠纷50余件，结案率100%。开展关爱山区留守儿童的红樱桃行动。在永丰镇团丰村、白石镇望岩村、兴峰小学等建立妇女儿童活动中心、红樱桃家园、留守儿童之家，筹资近20万元配备心理健康辅导书籍、心理健康成长玩具、青春期卫生用品发放室等。

【队伍建设】 坚持“党建带妇建、妇建服务于党建”，树立新时期妇女组织的新形象。县妇联班子把落实全面从严治党主体责任和党风廉政建设责任制与全县妇女儿童发展工作同部署、同落实、同检查、同考核。利用支部会、职工会专题研讨等形式，系统学习习近平总书记系列讲话、党章党规、中共十九大精神，开展主要领导和分管领导给党员干部讲廉政党课活动，严格落实“三会一课”、支部主题党日、民主生活会、组织生活会、民主评议党员等制度，在“两学一做”学习教育中，利用微信公众号“橘乡女将”创新“手机党课”网上教育模式，以多样化、趣味性的方式向基层妇女干部宣传党章党规、系列讲话等内容。开展廉政文化进家庭活动，通过好家风好家训征集、最美家庭评选、领导干部家属廉政座谈会等形式，营造以廉为荣、以贪为耻的良好氛围。开展“转作风、访妇情、解民忧”主题调研活动，就妇女创业、依法维权、家庭服务业发展、民生项目实施等方面进行深入调研，形成调研报告4篇。 （刘 清）

科 协

【概 况】 忠县科学技术协会（简称忠县科协）办公地址位于忠州街道中博大道2号。内设办公室、服务部。机关编制4名，在编在岗4名。2017年，县科协有所属团体51个，其中乡镇（街道）科协29个，县级企业科协2个，县级园区科协1个、县级学协会11个、县级农技协8个。

【科普活动】 以“科技活动周”“全国科普日”“温暖驿站”“橘城公益赶场天”“三下乡”等活动为契机，开展科学知识普及宣传，全年向群众发放科普宣传手册、反邪教宣传资料、科普宣传海报等资料13000余份，接受群众咨询400余人次。组织召开首个“全国科技工作者日”座谈会及走访慰问基层科技工作者活动。承办柑橘产业绿色发展经验交流暨2017年重庆市柑橘学会学术研讨会。帮助笋竹、甘薯、高粱等规模化农业产业成立农技协，并参加首届重庆市农技协联合会成果展。编印《忠县市民科学素质》1 万册。在《村官杂志》科普专栏进行科普知识宣传。为 29 个乡镇（街道）征订重庆市科技报各 1 份。为 20 个社区、3 所学校安装科普云终端，扩大科技知识的查阅平台和共享资料的云服务。参加市第二届科协改革研讨会论文征集活动，报送的论文《浅谈农业科技服务体系建设的途径–科技服务能力提升的载体的探索》获三等奖。忠县柑橘联合协会获 2017 年基层科普行动计划国家级奖补，县三峡库区现代化柑橘科普基地获“十佳农村科普示范基地”。

【青少年科技活动】 举办县级青少年科技竞赛活动。12 月 9 日，县科协与县教委联合在香山小学校举办忠县第二十五届青少年科技模型大赛，来自全县 20 所学校的 1200 余名选手参加比赛。比赛分四驱车竞速赛、航海模型对抗赛、航空模型飞行障碍赛 3 个竞赛项目。获四驱车竞速赛一等奖的有 86 人、二等奖 105 人、三等奖 132 人；获航海模型对抗赛一等奖的有 31 人、二等奖 28 人、三等奖 41 人；获航空模型飞行障碍赛一等奖的有 27 人、二等奖 38 人、三等奖 55 人。选出 168 名中小学生参加 12 月 16 日在万州举行的第 28 届重庆市青少年科技模型大赛（渝东分赛场），忠县获优秀组织单位，参赛学生获一等奖 10 人、二等奖 10 人、三等奖 56 人，有 12 名指导教师被评为优秀指导教师，2 名裁判被评为优秀裁判员。

选送 20 余名选手参加第 32 届重庆市青少年科技创新大赛（2017 年 4 月 6—9 日），获一等奖 3 个、二等奖 5 个。2017 年 5 月 13 日，参加第二届重庆市青少年科学素养大赛，获特等奖 2 人、一等奖 5 人。忠县获第 32 届重庆市青少年科技创新大赛优秀组织单位奖、第 2 届重庆市青少年科学素养大赛优秀组织单位奖。

全年先后组织参加国家级、市级青少年科技创新大赛、机器人大赛、小小实验家、模型大赛等多项比赛，共有 160 余名选手获奖。第 28 届重庆市青少年科技模型大赛优秀组织单位奖。

组织忠县 3 名学生参加全国科学营活动。12 月 5—6 日，科普大篷车走进忠县，在忠县中学、复兴小学、新立中学等 6 所学校开展活动，为学生带去一场丰富的科普盛宴。

【青少年科技创新】 2017 年 5 月，县科协联合县科委、县人社局、县教委等部门举办忠县第五届青少年科技创新县长奖评选活动。拔山中学丁宁、忠州中学郭艳晨、忠县中学潘虹宇获县长奖，忠县中学叶絮雷、忠县中学冉李澳娜、忠县实验小学张晋睿获县长奖提名奖。

【科协代表大会】 11 月 15—16 日，忠县科学技术协会第八次代表大会在县行政中心召开。全县各行各业的代表、特邀嘉宾共 250 余人参会，市科协巡视员张基荣，县委常委、组织部部长郭建伟，县政府副县长章淑莲、县人大常委会副主任袁大凡出席大会。大会审议通过第七届委员会工作报告。八届一次全委会选举张建辉为忠县科协第八届委员会主席，袁军、高芳进、黎娟为副主席，选举石圣洪、张建辉、罗百花、袁军、高芳进、谭胜才、谢厚华、黎娟等 8 人为常务委员。（冉玲霞）

侨联

【概　况】 忠县归侨侨眷联合会（以下简称县侨联）办公地址位于忠州街道中博大道 2 号。机关编制 2 名，在编在岗 3 名，其中，行政编制 2 名。2017 年，全县有县级侨界协会组织 9 个，基层侨联组织 27 个，委员 62 名。

【群众工作】 元旦、春节期间，县侨联开展“送温暖、献爱心”走访慰问活动，集中慰问全县归侨、侨眷、眷属、新侨 200 户，发放慰问金和慰问品折合人民币 5 万余元。以县委县府举办的“科技活动周”为平台，先后到官坝镇、金鸡镇、永丰镇及忠州城区等制作展板、设立咨询台、张贴标语、发放宣传资料等开展侨法宣传活动，通过乡镇统战委员，深入全县各乡镇、村社、院落走访调查全县侨眷属情况，全面准确掌握全县归侨侨眷的基本信息，建立侨联数据库软件系统。

引进重庆工商大学对忠县特殊教育学校开展捐资助学活动，现场对 50 名贫困学生捐赠现金 10 万元及价值 5 万元的学生用品；对接侨爱心公益基金组织，开展“侨爱心光明行”“天籁列车”助听器发放和冬衣捐赠等活动，累计捐款捐物 1000 万余元，惠及 14 所小学 5600 余人。传承中华文化，向重庆市侨联“一网一刊”投稿 135 篇，被重庆市侨联评为“宣传先进集体”；组织世界华人学生作文大赛，获得一二三等奖共计 238 篇，获中国侨联“世界华人学生作文大赛优秀组织奖”。

【参政议政】 3 月，召开六届九次全委会，通过《凝心聚力 砥砺前行 为决胜全面建成小康社会贡献侨界智慧和力量》工作报告；12 月，召开第七次归侨侨眷代表大会，选举范小洪为主席，杨华为副主席，秦雄飞为挂职副主席，叶兴德、张培明、刘西军为兼职副主席。侨联大力支持政协侨界委员参政议政。通过联谊交流、座谈会、培训会等形式，围绕产业发展、生态文明、文化教育、城市管理等社会民意深入调研，积极建言献策。全年组织调研视察活动 2 次，撰写县政协调研报告 1 份，上交提案 3 份、社情民意 5 份。

【维护侨益】 深入创锐生态农业公司、鲜果集橙汁有限公司等侨属企业，了解企业存在的困难和发展过程中面临的问题，专程走访相关职能部门进行政策咨询和协调处理，努力为企业排忧解难。处理侨界信访事项6件次，接待侨眷属来访300余人次。围绕中共十九大精神及县委十四届六次全会“依法治县”工作思路，聘请重庆朗鉴律师事务所律师担任县侨联法律顾问，为侨界群众提供专业的法律保障服务。印发《中华人民共和国归侨侨眷权益保护法》及《实施办法》等侨法工作手册、宣传资料 2000 余份，通过开展侨法知识竞赛等侨法宣传活动，营造良好的依法护侨氛围，维护县侨界群众的合法权益。

【海内外联谊】 元旦、春节期间，县侨联通过发送电子邮件、慰问信函等方式向海内外侨胞传递问候与祝福。建立海外人才名录库，与 100 余名海内外重点华人华侨保持经常性联系。在市侨联组织下，到北京、辽宁、新疆喀什地区等 13 个侨联考察学习，缔结友好侨联，加强工作联谊和沟通。继续保持与市内友好区县侨联活动与交往，共建联谊平台，实现侨务资源信息共享。与福建省石狮市侨联保持友好侨联关系，坚持互通工作信息。

（潘 琼）

残联

【概 况】 忠县残疾人联合会（以下简称县残联），办公地址位于忠州街道大桥路 14 号。2017 年 10 月 19 日，中共忠县县委印发《关于调整部分单位党组（委）设置的通知》（忠县委〔2017〕145 号），设立中国共产党忠县残疾人联合会党组。机关内设办公室、服务部。在编在岗 5 人，其中理事长 1 人、副理事长 1 人、副调研员 1 人、享受正科级待遇 1 人、主任科员 1 人，挂职副理事长 2 人，兼职副理事长 1 人。下设忠县残疾人服务中心，2017 年 1 月 5 日，县编办同意核定忠县残疾人服务中心内设机构领导职数2名，其中办公室主任1名，服务科科长1名。核定编制6名，在编在岗人员5名。

【残疾人组联】 县政府残工委由县政府办等30个部门组成。全县29个乡镇（街道）设立残联，368个村（居）委各配备社会保障协管员1名。村、社区设立残疾人协会，成立“肢残、聋哑、盲人、智残亲友、精残亲友”等五个残疾人专门协会。制定《忠县残联系统换届工作方案》和《忠县残疾人联合会换届工作指导意见》。11月，完成全县残联系统换届工作，选举产生新一届残联领导班子，推举出席重庆市残联第五次代表大会的代表。在县党校举办为期3天的残疾人事业工作会暨业务培训会议，强化基层服务能力。强化各专门协会规范管理，加大经费投入，支持和配合各专门协会举办节日例会、文化体育、书香活动、法律培训等8次。

贯彻落实《重庆市实施中华人民共和国残疾人证管理办法细则》，调整忠县核发第二代残疾人证等级评定小组成员，严格残疾人证核发及管理工作，全县持证残疾人21935人，全年核发第二代残疾人证1500个，其中为瘫痪在床的残疾人提供上门办证服务148人次。以“残疾人基本服务状况和需求调查”为突破口，深入基层开展走访调研，对全县残疾人的信息数据进行动态更新。

【残疾人教育】 开展《对6—17岁残疾儿童青少年未入学情况专项调查》，对摸底调查出的180名未入学儿童青少年采取普通学校随班就读、特殊教育学校就读、送教上门的方式解决入学问题；县特校招收学生222人，全县残疾儿童少年义务教育入学率达97.6%以上；222名学龄前残疾儿童享受入园救助；救助贫困残疾人大学生43名。在县特校开展《中国手语》家长培训学校，持续在县电视台播放《中国手语新闻周刊》，在忠州日报设《阳光之约》专栏，在公共场所展播《中国手语》助残公益广告。

【残疾人创业就业】 对300名残疾人开展技能培训和就业指导，为13名残疾人增加新的生存技能；选送2名残疾人参加2017年重庆市残疾人技能竞赛，获得“个人最佳风采奖”和“团队道德风尚奖”；争取大渡口区残联援助残疾人“优客尚品”创办电商平台1个，电商培训残疾人40余名。协议引进中国51社保“互联网+残疾人就业基地”落户忠县，助推残疾人就业增收和地区经济发展。

【残疾人康复】 根据《忠县残疾预防行动实施方案（2016—2020年）》，确定评估及服务机构、建立工作队伍。成功转介68名0—6岁残疾儿童免费到康复机构进行康复训练或实施肢体矫治手术，并发放康复训练补贴9万余元；免费为61名白内障患者实施复明手术；为470多名贫困精神病患者实施住院救助和服药救助；适配助视器、助听器等辅助器具2500余件，价值850余万元；为县人民医院赠送轮椅50台，解决患者行动不便困难；对全县持证残疾人实施康复需求采集，为3264名有康复需求的残疾人提供康复服务，服务率92.3%。

【残疾人文体】 为金鸡镇回龙村和狮王村、新生街道文化站、兴峰乡文化站申报创建重庆市残疾人文化体育示范点；组织开展“五个一”（读一本书、看一次电影、游一次园、参观一次展览和参加一次文化活动）“携手盲人·共享阅读”和“推进残疾预防·健康成就小康 ”等文化活动；为500户重度残疾人开展送体育康复器材进家庭服务活动；忠县特殊教育学校张桂林获得2017年重庆市“十大最美特教人物提名奖”；盲人田林代表重庆市参加全国第九届中国残疾人文艺汇演西部赛区（重庆）笛子独奏《大青山下》荣获二等奖；组织5名轮椅运动员参加重庆市2017年残疾人乒乓球锦标赛，何家兰荣获女子组第四名；组织2名残疾人参加2017年重庆市盲人象棋精英赛，张蜀江荣获第二名，忠县获团体第二名。

【残疾人维权】 完善残联机关干部下访制度，严格落实领导干部和工作人员政务值班制度及公开接待群众来访制度。落实专人管理网上信访系统，实行信访登记录入制度，推行残疾人信访代理制，免费为残疾人提供法律援助 64 件；举办残疾人法律知识讲座 4 次，通过电视、报刊专题宣传 3 次，宣讲残疾人惠民政策并派发宣传册 3500 本。全年接待来信来访 120 余件，交办转办案件结案率 100%。全年无上市进京和集体上访事件发生。

【党的建设】 组织收看、宣讲中共十九大精神 5 场次，征订《党的十九大报告学习辅导百问》及党报党刊。专题研究部署党建工作 5 次，听取专题汇报 3 次；制定残联党组中心组学习计划；严格落实“三会一课”、民主生活会、组织生活会、民主评议党员、党性分析及谈心谈话等制度，全年召开民主生活会 3 次，定期召开支部大会，开展交心谈心 40 余人次；领导班子成员带头讲好党课 8 场次，撰写心得体会 23 篇；评选表彰优秀共产党员 3 名，认真组织开展“支部主题党日”活动，党员自觉佩戴党徽，每月重温入党誓词，按月足额交纳党费，公布党费收缴情况。做好城市基层党建工作，与中博社区党委开展共建文化活动室、助力全国文明县城创建。加强党风廉政建设和反腐败工作，落实“一岗双责”。开展“解放思想、提高执行力”干部作风建设专项整治行动，党员领导干部深入基层 460 次，以“五个零”服务工作标准（即服务受理零推诿、服务方式零距离、服务过程零差错、服务质量零投诉、服务对象零区别）创新开展工作。积极配合县委巡察组开展巡察工作，制定巡察整改工作方案，建立巡察反馈问题整改台账，实施《首接首问责任制》，健全完善公务接待等制度 8 个。结合经济责任审计，认真开展财务清查，加强项目资金监管。

（李海燕）

文联

【概 况】 忠县文学艺术界联合会（简称县文联）是中共忠县县委领导的、由忠县各文艺家协会和文艺骨干组成的人民团体，是重庆市文联的团体会员。办公地址位于忠州街道滨江路 18 号，机关在编在岗人员 4 名，其中主席 1 名，专职副主席 1 名。2017 年，全县有文艺家协会 8 个（忠县作家协会、忠县书法家协会、忠县美术家协会、忠县摄影家协会、忠县音乐家协会、忠县舞蹈家协会、忠县戏剧曲艺家协会、忠县民间文艺家协会），文艺会员 544 名，其中团体会员 3 个。

【思想建设】 11 月 30 日，县委宣传部、县文联举办“重庆市市级文艺家协会会员深入学习贯彻习总书记系列重要讲话精神”专题研讨班（忠县班），全县 60 余名市级文艺家协会会员参加为期 2 天的培训，重庆市文联党组成员、副主席杨矿作“马克思主义文艺观的最新时代表达”专题辅导，重庆工商大学教授王逸虹以“以人民为中心，讲好中国故事”为题进行戏剧创作辅导，与会学员观看《阎肃同志先进事迹报告会》录像视频。通过培训，提升忠县文艺工作者思想理论水平，坚定以“人民为中心”文艺工作方向，诠释德艺双馨深刻内涵，与会文艺会员深受教育和启发。

【文艺惠民】 2 月 24 日，县文联组织 60 名县美术家协会、县书法家协会志愿者为忠县中学赠送优秀作品 100 余幅，助推忠县中学校园文化建设，提升学校文化品位。3 月 8 日，县文联组织 50 名文艺志愿者参加在忠州广场举办的“向春天报到——干群齐携手，共创文明城”学雷锋志愿服务活动，助力全国文明县城创建，为群众写家风家训、教唱歌曲、赠送文艺书籍等，组织摄影志愿者为涂井敬老院赠送摄影作品 60 余幅。3 月 19 日，县委宣传部、县文联、县文明办、县戏剧曲艺家协会与新立镇党委、政府联合举办以“贴近生活、服务发展、共创文明”为主题的忠县文艺志愿者送文艺下乡慰问演出活动，60余名演职人员在新立镇橘城广场为新立镇父老乡亲及中小学生500余人奉献歌舞、器乐独奏、相声、小品、戏曲、民间技艺等精彩节目，丰富群众精神文化生活。5月26日，县书法家协会与县创建办、县文明办、县教委、县交巡警大队、忠州二小联合举办“我们的节日·端午——忠县2017年手拉手文明行”主题活动，展出书法作品100余幅，忠州二小师生进行歌舞、书法、绘画、剪纸等表演，弘扬中华优秀传统文化，彰显学校素质教育成果。

【文艺交流】 1月14日，县摄影家协会邀请重庆市摄影家协会副主席颜正华到忠县举办《摄影之外》专题讲座，忠县摄协会员和摄影爱好者70余人聆听讲座。2月10日，忠文化丛书《神奇㽏井》出版发行座谈会在县文联多功能厅召开，县文化系统代表和部分县作协骨干会员50余人交流发言。3月3日，重庆市作协主席陈川一行赴忠县专题调研基层作协组织建设和文学创作情况，希望忠县作家充分利用本土丰富的文化资源和创作素材多出作品、出好作品；知名作曲家、音乐人、重庆师范大学音乐创作文化发展中心主任周亚辉教授应邀在县文联多功能厅为忠县音乐家协会会员及部分中小学音乐教师100余人作“忠县文联大讲坛——音乐创作浅谈”专题讲座。3月23日，“忠县文联大讲坛——《镜头说事》”纪实摄影专题讲座在县文联举行，特邀市摄协副主席鞠芝勤主讲，县摄协会员和摄影爱好者50余人聆听讲座。4月8日，由重庆市文联、重庆市音协共同主办的2017“百人百作”音乐创作采风活动走进忠县，采风团成员到白公祠、忠州老街等地聆听县民间艺人竹琴弹唱、民间吹打和田间艺人的民歌小调等表演，挖掘重庆地方民俗音乐元素，丰富巴渝音乐创作题材。6月17日，万州区舞蹈家协会副主席蒲庆云一行赴忠县舞协开展联谊活动，就协会组织建设、人才培养、协会发展、艺术创作等经验进行交流。10月14日，忠县文联大讲堂“时空观念影响下的当代书法创作专题讲座”在忠州二小举行，重庆市书法家协会副主席曾学斌受邀主讲，县书协会员及部分书法教师100余人聆听讲座。10月19日，县文联副主席、县书协主席谢晓明被市文联推荐到重庆广播电台“精彩人生”栏目作访谈节目，分享书法创作感悟。

【文艺活动】 3月22日，县文联组织30余名书法、美术、摄影、文学志愿者走进官坝镇开展“贴近生活·服务发展·共创文明”为主题的志愿服务活动，为留守老人儿童拍摄照片，为群众赠送书画作品。4月14日，县文联组织20余名文艺会员赴白石镇巴岭村开展“竹之韵·巴蔓行”采风创作活动，围绕“巴蔓竹韵”乡村旅游创作作品，用艺术提升景区文化内涵，助推笋竹产业发展。4月22日，县摄影家协会“深入生活·扎根人民”聚焦老年事业的“最美夕阳红”摄影创作活动启动仪式在县“博爱佳园”老年公寓举行，20余名摄协志愿者参加仪式并开展为期5个月的创作拍摄活动，对推动全社会关注、关心老年人生活起到积极作用。5月5日，县文联组织书协、美协骨干会员10人走进马灌中学开展文艺志愿服务活动，创作并捐赠书画作品50余幅。6月5—9日，县文联与县妇联、县总工会、团县委联合开展“忠德助文明·艺术润家风”采风创作活动，邀请10名深圳画家赴石宝寨、三峡橘海、白公祠等地及忠县部分最美家庭人物家中采风创作，并举办创作成果展，展出作品30余件。8月21日，由县委宣传部、县文联、忠州日报社、县广播电视台主办，县音乐家协会、县文化馆承办，忠县青少年服务中心、忠县香山小学校、忠县星启点音乐中心协办的忠县第二届“白居易音乐奖”器乐大赛在忠县香山小学举行。102名选手报名参赛，16名选手晋级参加决赛，甘军二胡独奏获民族乐器类一等奖，廖彬宁钢琴独奏获西洋乐器类一等奖，其余选手分获民族乐器类和西洋乐器类二、三等奖。10月10日，由县文联、民革忠县工委、梁平区文化委、梁平区文联、开州区文联、云阳县文化馆、万州区文联"写生中国"三峡分部共同主办，重庆市美术家协会、"写生中国"中国油画写生俱乐部学术支持的"足迹三峡"2017美术写生作品巡回展在县文联展厅首展并举行开展仪式，展出渝东北片区70名画家近年的写生作品75件，含油画、水彩水粉、中国画等。10月16日，由中共忠县县委、忠县人民政府主办，县委宣传部、县文联承办，县摄影家协会协办的忠县美丽乡村摄影作品展暨第17届中国平遥国际摄影大展"Hello，重庆！"作品巡回展"在忠县文联多功能厅举行，展览期10天，展出"美丽乡村"摄影作品30幅、2017第17届中国平遥国际摄影大展"Hello，重庆！"摄影作品70幅。

【文艺成果】 书画作品　谢晓明隶书条幅《登西岳》获重庆市文联2017年度重点文艺创作项目扶持资助。谢晓明书法作品入展第八届全国楹联作品展。

歌曲音乐作品　歌曲《三峡橘海》（词/刘显兴　曲/邹晓林）在渝东北片区"岁月记忆"原创歌曲创作征集活动中获优秀奖，歌曲《我们的梦想》（词/余建萌　曲/冉启东）、《吊脚楼》（词/牟廉玖　曲/邹继世）获提名奖。重庆市文联与忠县县委宣传部组织创作的音乐作品《与梦飞翔》获重庆市"五个一工程奖"，县委宣传部获"五个一工程奖"组织工作奖。

摄影作品　出版忠县美丽乡村摄影作品集《家园》、蹲点纪实摄影作品集《忠县美丽乡村教师》。谭卫高摄影作品《百家姓·百姓家》获重庆市文联2017年度重点文艺创作项目扶持资助。全年有6件摄影作品入选重庆市第七届摄影艺术作品展，其中刘海英《我们仨》（组照）获记录类银奖，谭卫高《百家姓·百姓家》（组照）获艺术类银奖；刘海英《最美孝心少年》（组照）、詹剑《我们和国旗合个影》、汤泉月《光影斑驳的轨道铜元局站》、谭卫高《忠州十八巷》（组照）获记录类优秀奖。

文学作品　出版长篇小说《大唐贤刺史白居易》（郑京鹏著）、诗集《光是孤独的》（陈传贵著，笔名凹汉）。李佳骏撰写的长篇小说《万历二十年：抗日援朝》获第二十六届"东丽杯"梁斌小说奖三等奖。

（郑建红）

计划生育协会

【概　况】 忠县计划生育协会（简称县计生协会），办公地址位于忠州街道大桥路10号。机关内设办公室、联络部、发展部。有参公事业编制6名，在编在岗5名，其中会长1名（由离任县领导担任，不占编制），常务副会长职数1名，专职副会长兼秘书长1名，兼职副会长1名，挂职副会长2名、正副部长（主任）3名。

【组织建设】 加强县、乡、村三级组织建设，2017年6月，按照县委办印发《忠县村（社区）计划生育协会换届选举工作实施方案》要求，完成村（社区）、乡镇（街道）计生协按照《方案》换届工作，做到乡镇（街道）计生协会长由分管领导兼任，村（社区）计生协会长由党组织书记或主任兼任。2017年10月，成立县计生协会党组，设党组书记1名、党组成员2名。2017年11月，召开县计生协会第八次会员代表大会，听取并审议通过第七届理事会工作报告，选举产生第八届理事会理事、常务理事、会长和副会长。第八届计生协理事会理事53名、常务理事21名，选举丁远奎为会长，龚学庆、彭洪平、张光霞、张青玲、申黄承5名为副会长。

【生育关怀行动】 以深化生育关怀、创建幸福家庭为核心，开展致富发展、贫困母亲帮扶、助学圆梦、计生保险、真情关爱等五大行动，建立完善生育关怀机制，用好生育关怀基金，切实服务计生民生。

致富发展行动 投入项目启动资金131万元，实施幸福工程项目—救助贫困母亲行动，对运行中的所有幸福工程项目进行检查评估，项目运行效果良好。顺利收回黄金镇芭蕉村2组袁翠容、周成文夫妇的生猪养殖项目资金 29 万元，收回汝溪镇白庙村7组秦小梅、谭军夫妇的面条加工项目资金10万元，并退还全国人口福利基金会。

特困帮扶行动 落实“4+1+X”结对联系制度。完善计生特殊困难家庭帮扶措施，对计生特殊家庭，以户为单位，落实结对联系人“4+1+X”名，实行一户一档管理。全县统一制作有帮扶责任人、签约医生、县卫计委或县计生协会联系人的亲情连心卡，保证结对帮扶制度落实、工作落实。

助学圆梦行动 结合精准扶贫工作，投入资金7.5万元，按每人3000元标准，资助25名计生贫困独生子女大学新生入学。

计生保险行动 投入资金 20 余万元，按购买服务方式为全县 1056 名计生特殊家庭人员购买住院护理险；引导、鼓励计生家庭 3462 人参加计划生育意外伤害保险，并给予每户补助6元，增强计生家庭防范风险能力。

真情关爱行动 利用元旦、春节、“5·29”等节日慰问计生贫困户 60 户，送去现金和物资折合人民币近400元；救助失独家庭8户，送去救助资金 2000 元。发动全县各级计生协会走访慰问困难家庭、失独家庭500余户，发放慰问品、慰问金30余万元。

【宣传倡导】 利用“5·29”会员活动日、“7·11”世界人口日等节庆日，联合县卫生计生委在石宝镇、永丰镇举办以“关心留守儿童、关爱空巢老人、积极创建全国文明城市”“关注流动人口健康、人人参与共建共享”为主题的大型宣传活动；利用春节前夕农民工返乡高峰期，在县汽车总站出入口开展“把健康带回家”“新市民健康城市行”等活动。邀请县级相关专家，到花桥镇中心小学校为五、六年级学生举办青春健康知识讲座，到永丰镇紫薇社区、忠州街道十字街社区、白桥溪社区为老年人宣讲高血压、冠心病、糖尿病等慢性病预防控制知识。

（张秀华）

红十字会

【概　况】 忠县红十字会办公地址位于忠州街道大桥路 10 号。内设办公室、服务部。机关事业编制5人，在编在岗5人。

【组织建设】 2017年12月17—18日，忠县红十字会第五次会员代表大会在县行政中心召开，197名正式代表和27名特邀代表参加会议。会议审议通过《忠县红十字会第四届理事会工作报告的决议》和《关于忠县红十字事业2017—2021年发展规划的决议》。选举产生忠县红十字会第五届理事会理事、常务理事，会长、副会长，监事长、副监事长、监事；通过关于聘请第五届理事会名誉会长、聘任第五届理事会秘书长的决定。聘请陈强、刘杉树为县红十字会第五届理事会名誉会长；母银华当选为县红十字会第五届理事会会长；范涛当选为县红十字会第五届理事会副会长；黄大勇当选为县红十字会第五届理事会挂职副会长；陈永亮当选为县红十字会第五届理事会兼职副会长；聘任颜璐为县红十字会第五届理事会秘书长；成立忠县红十字会第五届监事会，沈辉隆、李兴华、聂宗权分别当选为监事长、副监事长、监事；继续聘请刘荣琼、彭国洪到红十字会工作，并招聘志愿者吴素萍协助开展忠州街道十字街社区博爱家园项目建设后续工作。

【捐赠救助】 2017年，忠县红十字会全体会员全力开展募捐和救助活动，做实“红十字博爱助学”“红十字博爱送万家”等品牌服务项目，全年募集并发放救困物资价值800余万元。

利用元旦、春节筹资开展“红十字博爱送万家”活动，慰问贫困家庭200户，送去棉被、棉衣、食用油、大米、糖果等物资；为因病致贫、缺乏劳动力、经济状况极差的108户困难群众家庭送去棉衣108件，价值5194.8元；为新生镇敬老院送去棉被20床、棉衣20件、大米20袋，价值6000元；为新生街道、任家镇、涂井乡等10个乡镇募集棉被500床、棉衣600件、家庭包80个；为特困中小学生发放博爱助学金13万元；为4名建卡贫困户大学新生提供助学金2万元；为14岁以下白血病和先天性心脏病儿童20人次提供专项医疗救治；开展“夏送清凉”活动，为县交巡警送去矿泉水200件、解暑饮料100件，并向他们宣传防暑降温知识。为全县基层医务工作人员发放从石家庄以岭药业股份有限公司募集的10件3600盒连花清瘟胶囊，价值78840元；为全县29个乡镇（街道）医疗机构及村级卫生室募集一批价值735万余元的无偿捐赠药品。救助贫困家庭31.2万元，对口帮扶资金6.5万元，助推全县脱贫攻坚工作。

【科普宣传】 实施“线上宣传”，借助县电视台、忠州日报、忠州新闻网、县手机电视台、忠县之家等新闻媒体和网络平台，广泛传播红十字扶危、济困、助弱的人道博爱精神；实施“线下宣传”，利用“5·8”世界红十字日、无偿献血日等活动日，在城区广场、社区、学校等开展集中宣传活动，传播红十字运动基本知识，引导群众支持和参与无偿献血、造血干细胞、遗体和器官捐献；免费为机关、学校、医院领导订阅《中国红十字报》《博爱》杂志各210余份；发放《逃生知识手册》《重庆市遗体器官捐献条例》、无偿献血资料、艾滋病防治手册等宣传资料5000余份；全年招募286人次志愿者深入全县各个乡镇（街道）、村（社区）宣传无偿献血、造血干细胞及遗体和人体器官捐献；组织县人民医院医务人员为600余名群众开展免费义诊服务。全年在市级红十字会报刊杂志登载信息11篇，在市红十字会网站登载60余篇，华龙网采用1篇，在《忠州日报》登载县红十字会宣传信息11条，在县电视台播放5条，手机台发布10条。县红十字会荣获中国红十字会总会报刊宣传工作先进集体三等奖。

【卫生救护】 2017年，以强化师资培训入手，从全县教育系统选派2名懂医疗、乐于奉献的教师到市红十字会接受救护技能培训。加强与交通、社区等部门协调配合，从重点行业、重点人群开始，逐步扩大红十字会初级卫生救护培训范围，应急救护培训进农村、进学校、进机关、进校园、进企业基本实现全覆盖。

组织驾驶员行业卫生救护培训工作，全年完成培训8804人次，做到驾驶卫生救护培训全覆盖。开展应急救护培训“五进”（进农村、进学校、进机关、进校园、进企业）工作，提高群众应急救护及逃生能力，全年完成普通人群卫生救护知识培训10501人次，发放《应急救护知识手册》10000余册、《应急救护知识培训证》9000余本。为全县75所中小学校7268名师生讲解并演示止血、包扎、固定及心肺复苏等应急救护知识，提高面对突发灾难、紧急事故和意外伤害时的自救互救意识和技能。在忠县中学、拔山中学、涪井中学开展青少年自救互救知识进校园活动，组织13000名学生开展“全国红十字青少年自救互救知识竞赛”活动，荣获中国红十字总会最佳组织一等奖。

【“三献”工作】 与县电视台、忠州日报社等新闻单位合作，开设专栏、录制专题片和新闻片，及时报道宣传无偿献血工作中的典型人物和先进事迹，普及无偿献血知识。主动与各献血单位联系，安排专职人员跟随采血队伍进驻乡镇（街道），做好献血人员贴身服务，营造良好的无偿献血社会氛围。2017 年，7551 名适龄公民献血 11487 单位，2297400 毫升，无偿献血量占临床用血量的 141.87%；采集造血干细胞血样入库 315 人份；新增遗体捐献登记 12 例，实现遗体捐献 2 例。

【表彰奖励】

先进集体

国家部委表彰奖励项目

表 10

获奖单位	授奖单位	奖项名称	授奖时间
忠县红十字会	中国红十字会总会	《中华人民共和国红十字会法》暨全国红十字应急救护知识竞赛最佳组织一等奖	2017.8
忠县红十字会	中国红十字会总会	报刊宣传先进集体三等奖	2017.9

（李兴华）

法 治

政法委及综治

【概　况】　中共忠县县委政法委员会办公地点位于忠州街道中博大道2号，内设办公室、执法监督科、国家安全工作科、流动人口管理服务科和政治部。县社会管理综合治理委员会办公室与县委政法委合署办公，县委防范和处理邪教问题领导小组办公室和县法学会挂靠县委政法委，有行政人员编制12名，机关工勤人员1名，实际在岗12名。下设忠县社会治安综合治理信息中心，事业编制3名，实际在岗2名。2017年，县委政法委学习贯彻习近平新时代中国特色社会主义思想，以“做好党的十九大安保维稳工作”为主线，增强平安忠县建设、法治忠县建设和政法队伍建设，全县政法系统综合满意度得分95.7分，司法公信力得分95.93分，政法系统群众安全感调查指数97.75%，继续排列全市和组内前列。

【平安忠县建设】　县委政法委统筹开展政治安全、社会稳定、社会治安、公共安全、网络安全等五大风险隐患排查整治，从更宽领域、更高起点、更高水平上打造平安忠县。深入贯彻落实总体国家安全观，抵御敌对势力的渗透；开展反恐防暴和严密防范打击邪教活动，全年处置邪教非法活动21起，破获“全能神”案件14件，确保重要时间、节点全县安全稳定。健全完善社会矛盾预防化解机制，信访形势稳中向好。全县各级领导接访下访11965件次、12873人次；调解纠纷12611件，成功12528件，成功率99.3%；排查重点矛盾纠纷和社会隐患19件、化解17件；累计审查备案社会稳定风险评估项目31个。推进社会治安防控体系建设，开展“渝安2号”严打整治专项行动，依法严厉打击各类违法犯罪，全年立刑事案件现案1092起，同比下降40.13%，破案1652件，同比上升1.16%；加强特殊人群的服务和管理，落实涉稳重点人员管控措施，刑释人员安置帮教和社区矫正人员无脱管漏管，对严重精神障碍患者落实“5+1”管控责任。加强公共安全风险管控，强化重点行业、重点领域、重点场所风险隐患排查治理，2017年，全县发生各类生产安全事故11起，死亡12人，无较大及以上生产安全事故发生，事故死亡人数占市下达控制指标的60%，公共安全平稳可控。统筹运用政法资源和社会资源，加强正面宣传，落实舆论管控机制，妥善应对、处置一批涉忠政法敏感案事件，营造良好舆论环境。

【改革和法治建设】　坚持改革和法治双轮驱动，推进司法体制和社会治理体制改革。协调配合推进县法院、县检察院司法责任制改革，首批员额法官检察官遴选任用、职业保障制度、薪酬改革任务全部完成。大力配合、落实国家监察体制改革相关工作。加强对各类案件、案件各环节的法律监督，自觉接受社会监督和外部监督，牵头组织律师、法律工作者认真开展案件质量评查，有效避免冤假错案。从严规范司法人员与当事人、律师、特殊关系人、中介组织的接触、交往行为，防止利益输送。深入推进普法依法治理，全年，各级各部门开展各类普法宣传2904场次，在村（社区）上法治课1714场次，开展“法律进万家”20万户次；在县内媒体制作播出普法节目67期，刊登案例评析232期，发布信息85条；组织330名领导干部参与职务犯罪庭审旁听，干部职工参加法治理论考试合格率 99%。创新社会治理，推进城市社区网格化管理，在忠州街道、白公街道城市社区实现网格服务管理工作全覆盖；创新开展城乡社区自治，推行“三事分流”“三社联动”“三字并举”，调动社区居民参与自治的积极性和主动性，实现自我约束、自我管理、自我服务、自我发展；法律工作者进村（社区）实现全覆盖，全县 368 个村（社区）配备法治副主任。

【服务经济社会发展】 进一步整顿和规范市场经济秩序，营造公平竞争的市场环境，全年批捕制假售假、合同诈骗等案件 5 件 12 人，起诉 11 件 14 人；起诉非法吸收公众存款等涉众型经济犯罪 2 件 2 人；监督查处非法采矿犯罪 1 件 1 人；依法审结各类民商事案件 3561 件，及时化解涉房地产行业历史遗留问题引发纠纷 260 余件。加强诚信体系建设，将 309 人纳入失信被执行人名单库公开曝光。坚持司法便民利民惠民，县政法各部门以抓窗口服务为切入点，实现便民窗口信息化、规范化；优化便民诉讼网络建设，因地制宜推广“田坎法庭”“院坝法庭”；为困难群众缓减免交诉讼费 23 万元，办理拖欠民工酬薪、追索赡养费等支持起诉案件 76 件，办理法律援助案件 1170 件；司法救助 8 件，落实司法救助金 30.5 万元。

【政法队伍建设】 加强思想政治建设。开展“解放思想、提高执行力”干部作风建设专项整治行动，狠抓党性教育、政治方向教育、政治纪律和政治规矩教育、作风教育；积极开展个性化思想教育，做好政法干警思想引导、情绪疏导工作。加强履职能力建设。政法各部门建立“网络+培训+考核”机制，以普训式大课堂和各种精品专业小课堂相结合，分层次按需求培训，促进广大干警随时随地随案学习，全年县政法各部门组织、送培干警 500 余人次。加强纪律作风建设。贯彻落实中央八项规定精神和市委实施意见要求，完善岗位职权利益回避制度，坚持以“零容忍”态度惩治执法司法腐败。全年政法队伍无违纪违法行为发生。（邓洪波）

公安

【概　况】 忠县公安局办公地址位于忠州镇红星路 48 号。2017 年，有政法编制 536 名，在职人民警察 513 名，占全县实有人口的 0.486‰，文职 240 名，协勤队员 130 名；派出所民警 191 名，占全局在职民警总数的 37.23%；警务室 59 个（其中社区警务室 27 个、驻村警务室 32 个），社区民警 72 名，占派出所警力的 37.7%；刑侦民警 61 名，占全局在职民警总数的 11.9%。2017 年具体机构设置有：指挥中心、政治处、办公室、纪检监察室、警务保障室、法制大队、情报信息中心、国内安全保卫大队（下设反恐怖工作办公室）、刑事侦查大队（下设内务中队、技术中队、一中队、有组织犯罪中队、警犬技术中队、情报中队、忠州中队、东溪中队、汝溪中队、拔山中队）、经济犯罪侦查大队、技术侦查大队、治安管理大队（下设一中队、二中队、三中队）、出入境管理大队、网络安全监察大队、校园安全保卫大队、交通巡逻警察大队（下设综合中队、秩序中队、事故预防及处理中队、车辆管理所、勤务一中队、二中队、三中队、四中队、公路巡逻一中队、二中队、三中队）、看守所、拘留所、忠州镇第一派出所、第二派出所、第三派出所、新生派出所、乌杨派出所、东溪派出所、石宝派出所、汝溪派出所、黄金派出所、官坝派出所、三汇派出所、白石派出所、马灌派出所、拔山派出所、新立派出所、双桂派出所、洋渡派出所、任家派出所、磨子派出所、金鸡派出所、野鹤派出所、花桥派出所、复兴派出所、善广派出所、石子派出所、金声派出所、兴峰派出所、涂井派出所。

【维护稳定】 十九大期间，县公安局全面落实联勤联控责任巡防机制和应急处突机制，实行城区3个交巡警流动警务平台和5个治安岗亭双轨运行机制，投入3万余人次警力昼夜开展巡逻防控，获市公安局集体嘉奖，4人荣立市公安局三等功，30人受市公安局嘉奖。全面加强社会公共资源信息整合，采集上传社会信息200万余条，采集社会信息大类52类、226种，成功将6家停车场进出车辆信息数据纳入到公安网互联互通管理；重点人员在控率、信息完整率、黄色管控率均100%，通过重点人员管控红色指令抓获犯罪嫌疑人32人，黄、橙、蓝三色预警打击115人，人案研判打击处理2人，临时布控抓获违法犯罪嫌疑人115人；撰写报公安部材料631篇，其中公安部情报中心网页挂网采用60篇；通过信息研判协助破获案件176起，抓获犯罪嫌疑人134人；发起情报协作423条，反馈154条，公安部情报协作系统挂网宣传25篇。网络监察方面，全年上报涉警、涉稳、涉政治安全等敏感信息6890条，完成“涉疆”“翻墙软件”等专项有害清理工作30余次，上报有害信息220余条；上报“伪基站”“网络招嫖”“涉枪爆”“公民个人信息”“考试信息”等违法线索352条；参与导控331次，发表贴文、评论18.9万余条；开展落地调查35次，电子勘验80件，出具电子勘验笔录67份；破获网络涉枪案，缴获高压气枪23支，抓获犯罪嫌疑人11人。信访维稳方面，全年接收信访事项216件次，办信办访216件次，办理率100%，来信来访总量同比下降26%；受理初信初访事项200件，办结200件，办结率100%；办理公安内网40件次，办结率100%；市政府公开信箱来信68件次，同比减少11.68%；办理县公开信箱来信63件次，同比增加85.29%；办理党政内网来信29件次，同比增加107.14%。护校安园专项行动，清理校园周边出租户384户，暂住人口926人；排查重点人员、高危人员，及肇事、肇祸、精神障碍患者145人；排查整改交通隐患3起、消防隐患1起、其他安全隐患12起。

【刑事侦查】 2017年，忠县公安局立刑事案件1230起，同比下降31.78%；立八类案件44起，同比下降2.22%；立侵财案件1005起，同比下降35.66%。破案1716起，同比上升1.18%，其中破八类案件44起，同比上升22.22%；破侵财案件523起，同比下降19.91%；起诉犯罪嫌疑人421人，同比上升0.24%，其中主要犯罪358人，占80.4%，全年完成目标任务344人的104.07%。成立反诈工作小组，第一时间开展涉案资金止付、涉案账户冻结以及资金流、信息流、取款视频的查询追踪，全年止付、冻结涉案银行卡585张，冻结金额89万余元；打击电诈团伙8个，刑拘97人，破案375起，发案同比下降26.1%。全年立经济犯罪案件42起，同比下降46.83%；破案20起，抓获犯罪嫌疑人43人，起诉15人，挽回经济损失186万余元。大数据应用实战方面，运用公安云搜索、SIS、电子围栏等大数据平台分析研判案情，采集有效涉案156件，其中涉案目标人视频105件，目标车视频51件，利用视频破案137件，打击犯罪嫌疑人67名；利用人脸图像直接比中22人，确定并抓获16名犯罪嫌疑人；利用视频协助解决工作事务51件，解决群众求助事件67件；通过合成作战配侦协查264件，按期反馈257条，按期反馈率97.35%，反馈满意257条，反馈满意率100%；通过合成作战系统研判打击团伙34个，打击团伙人数177人。破获重大要案方面，成功破获卢某良等以冒充黑社会打电话恐吓实施诈骗案、詹某华等人诈骗案等多个大型团伙诈骗案，其中破获公安部督办任某新等人侵犯公民信息案获市公安局集体三等功。贯彻落实刑事案件现场勘查“一长四必制”要求，利用刑事技术直接比中案件172起、带破刑事案件200余起，刑事技术工作在全市“盗抢骗”犯罪专项行动中排名第9。全年勘查各类现场1082起，法医临床鉴定589起，法医病理鉴定167起，尸检144具，活体检验512起，物证检验67起，出具检验鉴定、报告书664份。禁毒方面，全年捣毁吸毒窝点10处，破获毒品案件57起，同比增长32.6%；公诉67人，同比增加45.6%；缴获毒品8.6千克，同比增加21.1%。其中，破获刘某权等人运输贩卖毒品部督目标案件，抓获犯罪嫌疑人6人，缴获毒品3千克。全年查获吸毒人员217人，同比增加37.3%；社区戒毒79人，同比增加23.4%；强制隔离戒毒42人，同比增加23.5%。

【治安管理】 全年受理治安案件2329起，同比下降59.73%，查处2304起，同比下降59.67%；结案2269起，同比下降58.75%；查处违法人员920人，同比下降83.58%；治安处罚698人，同比下降84.41%；警告22人，同比下降99.43%；罚款146人，同比下降9.88%；拘留530人，同比上升9.96%；强制戒毒27人，同比上升107.69%；社区戒毒40人，同比上升150%。户籍管理，全年受理各类户口业务80299起，其中户口迁移12563人，出生入户10103人，死亡注销10316人，补录户口224人，消重149人，变更更正民族6人、出生日期65人、姓名454人；办理第二代指纹居民身份证59742人，其中区县内跨所办理2632人次，市内跨区县办理404人次，跨省办理二代证299张，办理临时身份证954张；新登记流动人口21636人，登记人户分离人员4093人。缉枪治爆专项行动，全年收缴枪支35支、铅弹105发、军用子弹29发，雷管51枚，管制器具1把，弩2把，烟花爆竹7626件，查处易制爆化学品案2256件，全年涉危涉爆案事件“零发生”。建立毒品预防教育基地1个，禁毒宣传阵地18个，禁毒宣传园地134个；开展三月法治禁毒宣传、禁种铲毒宣传、6月禁毒宣传月宣传、春秋季在校学生毒品预防教育等禁毒宣传1500余次。全年社区戒毒执行率92.3%，社区康复执行率96.5%，在册吸毒人员核查率94%。“一标三实”基础信息采集工作，标注街路巷信息666条，标注率100%，采集标准地址信息85万余条，常住人口标注量71万余条，实有房屋信息55万余户，房屋照片7155条，实有单位信息50835家，从业人员信息30037条；通过“一标三实”基础信息采集工作，注销死亡应销未销人员户口5042人，解决无户口人员落户50人，获取违法犯罪线索10条，破获刑事案件1起，抓获违法嫌疑人9名，救助服务群众315人次。深化行业场所“放管服”改革，检查行业场所7591家次，全年通过旅馆业治安管理信息系统上传信息73.68万条，协助破案86件；备案新增娱乐场所5 家，其他行业场所34家，取缔非法行业场所2家，查处行业场所治安案件130余起；通过旅馆系统报警抓获上网逃犯23人，在旅馆内抓获违法犯罪嫌疑人233人；开展行业场所教育培训13次，组织开展防止艾滋病等宣传活动3次。消防专项治理，排查社会单位5997家次，整改火灾隐患11553处，下发责令改正通知书5617份、行政处罚决定书168份、临时查封决定书52份，责令“三停”72家，罚款76.24万元，拘留24人；协调改造35栋老旧居住建筑消防设施，新增市政消防火栓70个，建立取水码头3处；组织开展消防宣传活动320场次，印发消防安全知识读本3.5万册，制作消防公益广告4部，拍摄消防题材微电影1部，发放宣传资料5万余份。全年发生火灾23起，死亡1人，直接经济损失41.805万元。

【交通管理】 全年查处各类交通违法行为15.15万件，行政拘留35人，暂扣机动车辆2629辆，暂扣或吊销驾驶证977本；新建3个重点路口渠化岛、35组交通监控设备，新增、更换交通标志792块，施划交通标线3.655万平方米，增设道路物理隔离桩750米，规范设置人行道隔离栏2120米，增设临时停车位2237个；通过交通监控设备查处闯红灯、违法停车、超速等违法行为3.27万件，通过缉查布控系统实施严重违法车辆精准定位、快速拦截查处3511件。全年累计办理车驾管业务10.41万件，办理新增机动车12254辆、驾驶人12357人；组织

AB类驾证审验学习2880人，各类驾证清分考试学习751人，电动车违法学习1564人次。全年累计报废老旧车994辆，淘汰黄标车326辆，完成率108.7%，排名全市31个区县第9位；全年处置各类交通警情63365起，发生各类交通事故3359起，同比下降17.81%，死亡27人，同比下降6.9%，伤507人，同比上升7.87%，直接经济损失151.44万元，同比上升72.05%；侦破死亡交通事故肇事逃逸案件4件，打击交通肇事犯罪嫌疑人23人。开展交通专项整治，查处醉酒驾驶47件、非法黑校车1辆、严重超员危险驾驶2件，打击危险驾驶罪嫌疑人40人、交通肇事罪嫌疑人22人。加强重点源头管理，开展重点督导895家次，督促整改落实问题54个；不定期清查重点车辆及驾驶人的违法、事故未处理、逾期未检、记分超分等隐患725条次，及时通报运管部门84份，督促企业处理交通违法594条、审验驾驶证384人、解聘驾驶人5人。开展各类大型主题活动14场次，开展点对点宣传682条次，曝光严重违法和典型案例181起，为民服务34件，各级媒体刊登宣传稿件142篇，国家级采用23篇，市级采用50篇。

【监所管理】 忠县看守所和拘留所以确保监所和队伍两个安全为核心，落实“人防、物防、技防、联防”建设标准，增强监管场所安全防控能力。忠县看守所全年收押各类犯罪嫌疑人576人次，投送罪犯至监狱26次163人，办理各类提讯会见2962人次、各类出所641人次、变更强制措施509人次、留所服刑人员115人次，提请检察机关对不适宜继续羁押人员变更强制措施14人次，深挖犯罪工作获取线索19条，协助破案7起，抓获犯罪嫌疑人3人。至2017年底，忠县看守所连续47年无安全责任事故，队伍连续38年无违法违纪事件发生。拘留所全年收拘676人，其中女性151人。组织调解各类社会矛盾17起，其中成功化解各类社会矛盾16起，向社会开放宣传30次，接待各类参观、会见人员114人次。

【法制建设】 2017年，忠县公安局强化执法规范化建设，自主创新建立讯（询）问视频截图与嫌疑人进出办案区登记表上传制度、依法扣押财物告知制度、疑难案件集体研究制度、《案例评析办法》等制度，得到市公安局认可。严把案件审核关，加强法制员、执法办案领导、法制部门和局领导四级审核制度，实现每件案子统一审核、统一出口，提高案件办理质量。全年审核刑事案件2624件，打击420人，逮捕172人，取保候审385人，监视居住62人；审核行政案件1793件，行政处罚888人；审核强制隔离戒毒案件42件，决定强制隔离戒毒42人；案件管理中心巡查案件5467条，办理行政诉讼和行政复议8件，未有撤销和败诉。加强执法办案场所建设，健全执法安全制度，科学规范办案区的使用和管理，落实办案区办案制度，防止刑讯逼供、涉案人员非正常死亡等执法安全事故发生。全年对46个执法办案单位进行执法质量考评，执法质量达到优秀的单位17个，占36.9%；执法质量达到良好的单位28个，占60.9%；执法质量达标的单位1个，占2.2%。组织开展法治理论知识考试和公安机关执法资格考试，提高执法民警的法治意识和执法能力。全年，开展执法培训4次，累计培训400余人次，报名参加公安机关执法资格考试的民警340余人。开展全民普法和守法的法制宣传教育，以“12·4”国家宪法日、“6·26”国际禁毒日、“1·10”宣传日等为载体开展法制进社区活动；坚持法制宣传教育进校园，加大对青少年的法制宣传力度，提高青少年的法律素质；积极利用专业网站、微信、微博等新兴媒介与广播、电视、报纸等传统媒体，开设普法专栏；全年组织开展法制宣传40余次，普法群众3万余人次。

【警务保障】 2017年，投入58.2万元加强对基层所执法执勤设备的配备和更换，投入83万元采购技术侦查设备进行更新换代，投入 3.7 万元采购户政设备，投入 8.5 万元配备文职、特勤、处突队员服装，投入 5.2 万元对应急装备和设备进行更换维护。设施建设方面，总投入 170 万元完成忠州二所装修并入驻，投入 200 余万元新建白石派出所办公楼，投入 21.4 万元对新恢复的涂井派出所进行升级改造，投入 97.9 万元对看守所监控系统进行升级改造，投入 90 余万元对基层所队的房屋进行维修，投入 121.2 万元对武警中队技防设施进行升级改造，新增安装基层所队公安语音专线电话 88 部。

【队伍建设】 2017 年，县公安局扎实开展“两学一做”学习教育和“迎接十九大忠诚保平安”主题教育活动。开展集中学习 6 次，组织开展中共十九大精神宣讲会 115 场次，学习习近平总书记系列重要讲话精神 38 篇，班子成员讲党课 26 次，开展中心组学习 12 次，指导各支部开展通过主题党日活动、三会一课等形式专题学习 12 次，撰写心得体会 513 篇。推行“轮值轮训、战训合一”训练模式，分警种、分层次举办警务实战培训。全年有 24 名新警参加市局组织的初任民警培训，83 名参加警衔晋升培训，423 名参加市局和县里组织的各类培训。贯彻落实党风廉政建设和反腐败工作，组织民警观看《警钟》教育片 6 场 1032 人次，转发典型案例 31 次，组织专题讨论 68 次；组织集中教育学习 5 次，挂网下发纪律通知 8 条，发送廉洁短信 3000 余条；对 49 名交流新提拔领导干部进行廉政审查和廉政谈话，集中约谈科所队长 195 人、新警 24 人，对 12 名涉及子女高考民警约谈并签订承诺书，召开警示专题会议 68 场次；开展明察暗访 118 次，纪律督检 36 次。全年开展现场督察 1200 余次，受理举报投诉案件 38 件，受理群众电话投诉 200 余件，办理维权案件 16 件，维护被侵权民警 24 人，处理侵犯民警执法权益人员 24 人，其中追究刑事责任 3 人，行政拘留 21 人；开展由市局民意监测中心推送的警务回访 332 次、满意度问卷调查 25491 次，完成有效问卷 3836 份。县公安局交巡警大队以忠县创建全国文明县城为契机，荣获第五届“全国文明单位”荣誉称号，成为全市公安机关唯一获此殊荣的单位。

【表彰奖励】

先进集体

国家部委表彰奖励项目

表 11

获奖单位	授奖单位	奖项名称	授奖时间
重庆市忠县公安局交通巡逻警察大队	中央精神文明建设指导委员会	“全国文明单位”	2017.11

（黄 维）

检 察

【概 况】 忠县人民检察院位于忠州街道州屏环路 60 号。内设职务犯罪侦查局（下设综合科、侦查一科、侦查二科）、职务犯罪预防局、侦查监督科、公诉科、刑事执行检察科、民事行政检察科、控告申诉检察科、案件管理中心、办公室、政治处、监察室、法律政策研究室、检察技术科、法警大队、第一中心检察室、第二中心检察室，在职检察干警 82 人。

【刑事检察】 公诉部门受理审查起诉案件328件537人，分别同比增长7.54%、10.72%，上年未结案件13件28人；审结321件533人，审结率94.34%，其中提起公诉266件426人，不起诉37件77人（微罪不诉27件46人，存疑不诉8件25人，法定不诉2件6人），改变管辖11件20人，拆案处理1件3人，并案处理3件4人，公安机关撤回案件3件3人；全年无罪判决案件和撤回起诉案件。适用认罪认罚从宽制度处理案件112件182人，其中提起公诉109件179人，分别占起诉总数的40.98%、42.02%，不起诉3件3人；起诉适用速裁程序的案件59件65人，适用简易程序案件34件51人，适用普通程序案件16件63人，适用速裁程序处理案件分别占比54.13%、36.31%；对提起公诉的60人提出确定型量刑建议，119人提出幅度型量刑建议，确定型量刑建议占比33.52%。

未成年人刑事检察科受理未成年犯罪嫌疑人案件38件47人（包括公诉案件12件19人），其中，在未检案件中，审查起诉未检案件19件21人，审查批捕案件7件7人。

侦查监督科受理公安机关提请审查批捕案件138件192人，连同上年结存案件6件11人，共审结144件203人。经审查批准逮捕130件171人，批捕率84.23%，比上年同期上升8.8%；捕后判缓刑4件4人，拘役2件2人，捕后不诉1件1人，无捕后绝对不诉、被判决无罪情况；不批准逮捕14件32人，不捕率15.76%，其中事实不清、证据不足不批捕5件20人，无社会危险性不捕8件11人，不符合管辖规定不捕1件1人。

【诉讼监督】 公诉部门向公安机关发送书面纠正违法通知书5份，口头纠正违法40次，启动非法证据排除程序3件，向侦查机关发出追漏通知13份，追诉漏犯69人，追诉漏罪2条。依法提请刑事抗诉案件1件1人，并由上级法院将该案发回重审。

加强刑事立案和侦查活动监督，全年书面纠正公安机关侦查活动中的违法行为17件，其中刑讯逼供2件，辨认程序违法1件，违法扣押5件，讯问程序违法3件，询问程序不合法1件，刑拘后未及时送看守所3件，违法指定居所监视居住1件，不批准逮捕未及时解除羁押措施2件。

加强刑罚执行和监管活动监督，纠正看守所监管活动中涉及违法使用械具、应当释放而未释放、收押人员与凭证不符等违法行为18件。建议处理在刑事执行活动中违法的公安民警（辅警）3名。与看守所召开联席会议4次，开展监所安全防范检察32次，发现并督促监管部门消除安全隐患7起，监督纠正社区矫正活动中的违法行为12件，监督纠正社区矫正人员刑期计算错误案件4件，建议对5名违规的社区矫正执法人员进行处理。通过三年持续监督，纠正法律适用错误的错案1起。

【职务犯罪预防与查办】 职务犯罪预防 贯彻落实习近平总书记“预防职务犯罪出生产力”重要论断，深入开展生态环保、重点工程建设等专项预防。落实惩防职务犯罪专项报告、年度报告制度，全年向县委、县人大、县政府、县政协提交报告2件。坚持惩防并举，向发案单位或主管部门提出检察建议4件，针对县审计局发生的挪用公款、玩忽职守职务犯罪案件及时提出检察建议，审计、金融系统全面清查，促进堵漏建制。会同县邮政公司开展“预防职务犯罪邮路”活动，深入县委党校等机关单位开展预防宣讲13场，举办职务犯罪案件庭审警示教育1次，组织500余名党员干部到重庆市廉政教育基地、长寿预防职务犯罪警示基地接受警示教育，筑牢拒腐防变思想防线。

职务犯罪查办 全年立案查办各类职务犯罪9件11人，其中贪污贿赂案件7件9人，玩忽职守案件1件1人，挪用公款、受贿及滥用职权案件1件1人；要案1人、大案9人，其中500万元以上特大案件3人，1000万元以上案件1人；立案数量同比上升 10%，立案规模与 2016 年持平。侦查终结移送审查起诉 7 件 9 人，其中起诉到法院开庭审理 5 件 7 人。

【案件管理】 全年受理各类刑事案件 533 件，其中要求移送部门或单位整改规范后予以受理的 43 件。制作各类法律文书、工作文书 26000 余份，均及时送达相关当事人或部门，保证各项诉讼活动开展。设计制作案件卷宗材料专用袋，实现案件材料密封对外流转，切实减少窃密泄密失密发生的可能性。

积极开展案件质量评查工作，保证案件质量。完成对 2016 年度及 2017 年 1 至 6 月办结案件的规范化检查，评查案件 642 件，发现执法办案中存在的“审查事实认定不全面”等 9 个方面 19 处不规范问题，并督促相关责任人及时整改。

抓好辩护人接待工作。安排律师等辩护人阅卷 127 件次。全面推行卷宗刻录制度，刻录光盘 131 张，切实保证辩护人执业权利；对不符合条件的，要求其补齐材料后再申请阅卷，全年要求补正材料 15 人次，无被律师等诉讼参与人投诉、申诉现象发生。

【控告申诉检察】 全年受理群众来信来访 175 件次。从种类看，受理举报 2 件，占 1.14%；受理控告 18 件，占 10.29%；受理申诉 91 件，占 52%；其他信访事项 64 件，占 36.57%。从来源看，来信 88 件，占 50.29%；来访 87 件，占 49.71%。内含涉法涉诉信访 91 件，均为诉讼监督类信访，分别移送到民行科 82 件、侦查监督科 6 件、公诉科 2 件、控申科 1 件。全年办结刑事申诉案件 2 件，其中不服法院生效刑事判决申诉案件 1 件，不服检察机关处理决定的刑事申诉案件 1 件，均息诉罢访。

【民事行政检察】 开展“基层民行检察工作推进年”活动，办理各类民行申诉案件84件。协助上级院办理抗诉案件获再审改判1件，办理生效裁判监督案件6件，发出再审检察建议1份获县法院采纳并裁定再审。密切关注群众诉求，加大对侵害产权、追讨抚养费等弱势群体维权案件的支持起诉力度，办理支持起诉案件76件。依法维护司法权威，对裁判正确的民行申诉案件认真做好释法说理、服判息诉工作。

【监察体制改革试点】 提高政治站位，强化责任担当，坚决拥护、坚决服从、坚决支持监察体制改革，认真贯彻落实全市深化国家监察体制改革试点工作动员部署会议精神，全力配合县纪委做好侦防职能、机构、人员转隶工作，加强政策解读和正面引导，做好转隶干警思想政治工作。深入开展清理积存线索、积案、涉案款物工作，扎实做好案件、线索、档案、设备等的处理、移交等准备工作，确保监察体制改革顺利推进。

【公益诉讼】 以生态环境和资源保护、食品药品安全、国有财产保护、国有土地使用权出让为重点，发挥法律监督职能，促进依法行政、严格执法。全年摸排公益诉讼案件线索5件，对1起涉及国有土地使用权出让、损害国家利益和社会公共利益多年的案件，向县国土局发出诉前检察建议，收到整改回复，有效维护国家和社会公共利益，促进行政机关依法履职。

【检务公开】 坚持把检察权置于人民监督之下，主动接受人大、政协和社会各界的监督，确保检察权依法正确行使。全面梳理县第十七届人民代表大会第一次会议代表所提意见建议，逐条研究整改落实。向县人大常委会专题报告控告申诉检察工作，认真研究整改落实审议意见。提请县人大常委会任免检察人员6人。深化人民监督工作，提请人民监督员监督职侦案件9件9人。深化阳光检务，开展“防治校园欺凌，护航未成年人成长”主题“检察开放日”活动2次，邀请县人大代表、政协委员、人民监督员走进检察、监督检察。深化检务公开，公开案件程序性信息523条、法律文书304份。加强检察新媒体建设，“两微一端”推送信息200余条。

【队伍建设】 坚持把纪律和规矩挺在前面，全面落实中央八项规定精神和市县实施意见。全面落实意识形态工作责任制，加强思想教育、价值引领、阵地控制，认真履行“两个责任”，落实“一岗双责”，推动全面从严治党从严治检落到实处。加强党纪检纪学习，推进纪律教育常态化，引导干警讲政治、守规矩、遵法纪。抓好作风建设，认真开展“解放思想·提高执行力”干部作风专项整治行动和院纪律作风自查自纠活动，切实纠正作风顽疾。强化内部监督，推进检务督察制度化，将监督管理寓于平时、融入经常、紧贴业务，修订完善《车辆管理办法》等制度，开展司法责任制落实情况专项督察，促进内部管理更加科学、执法办案更加规范。准确运用监督执纪“四种形态”，开展日常谈话 69 人次、提醒谈话 10 人次，实名通报 3 人次，报送市检察院立案查处违纪 1 人。主动接受、积极配合市检察院党组专项巡视，聚焦问题、整改落实。

聚焦实战、注重实训、突出实用，通过承办重大疑难案件、承担市检察院课题研究、邀请法学教授来院授课、开展检校合作等方式强化锻炼培养，派员参加各级各类教育培训 50 余人次，开展示范庭、观摩庭等深化岗位练兵，提升“三类人员”职业素能。通过招录、选调形式，引进 8 名人才充实检察队伍。

【表彰奖励】

先进集体

国家部委表彰奖励项目

表 12

获奖单位	授奖单位	奖项名称	授奖时间
忠县人民检察院公诉科	全国妇联	“全国巾帼文明岗”	2017.4

（张作林）

法 院

【概 况】 忠县人民法院办公地址位于忠州街道新华支路 2 号。设监察室、政治处、办公室、审管办、新闻宣传科、研究室、立案庭、刑庭、民一庭、民二庭、小额诉讼庭、行政庭、审监庭、技术室、执行局、民事财产保全中心、法警大队、人民法庭等部门 21 个，其中包括第一人民法庭（驻新立镇）、第二人民法庭（驻白石镇）、第三人民法庭（驻汝溪镇）、第四人民法庭（驻东溪镇）等 4 个人民法庭。全院有员额法官及其他工作人员 113 人，其中，员额法官 45 人，占 39.82%；法官助理 41 人，占 36.28%；书记员 6 人，占 5.31%；司法行政人员 13 人，占 11.51%；司法警察 8 人，占 7.08%。2017 年，受理案件 10373 件，审执结 9581 件。

【刑事审判】 审结一审刑事案件 256 件，判处罪犯 374 人。审结彭某某、杨某某共同挪用县投资审计中心公款一案，依法认定彭某某涉案金额 1034.3 万元，杨某某涉案金额 854.09 万元，该案是忠县近年来涉案金额最大的挪用公款案，二被告一审均被判处有期徒刑十年六个月。加强人权司法保障，启动非法证据排除程序12次，证人、鉴定人、侦查人员等出庭作证和说明情况28人次。注重诉讼权利保护，建议法律援助机构为21名被告人指定辩护律师。

【民事审判】 审结一审民事案件2962件。向物业服务行业发出司法建议，促进群众居住环境品质提升和物业服务行业健康发展。注重矛盾纠纷的实质化解，将调解贯穿于案件办理全过程，调解、撤诉率55.28%。推进"全域立案"改革试点，因案开展微信、QQ送达，切实"让数据多跑路，群众少跑腿"。针对物业服务、商品房预售等案件特点，发放立案材料清单，确保当事人一次性完成立案登记。积极开展"百名法律人才进村（社区）"活动，完善案件回访帮扶机制，巡回审判案件863场次。

【商事审判】 审结一审商事案件3442件，结案标的额11.28亿元。审理涉同正小额贷款公司系列案件28件，组织当事人达成调解协议，结案标的额1.76亿元，及时将涉案企业相关资产解封解冻，保障其正常生产经营。加强破产审判工作，化解过剩产能，推动"僵尸企业"有序退出市场。围绕全县"双特"发展思路，加强司法保障。争取上级法院支持，依法审慎处理新加坡生态城系列案件，成功拍卖并交付涉诉资产，协调解决业主集中上访等涉稳问题。

【行政审判】 审结一审行政案件177件。审理原告重庆天运生物液体燃料有限责任公司不服被告忠县地方税务局土地增值税征收一案，依法判决驳回原告诉讼请求，保证全县税源稳定，维护税负公平。加大行政和解工作力度，实质化解行政争议。持续推动行政机关负责人出庭应诉工作，全年行政机关负责人出庭应诉23人次。通过走访座谈、邀请行政机关干部旁听案件庭审、为行政执法人员授课等方式，加强与行政机关的良性互动，提出司法建议2件。

【执行工作】 执结案件2744件，执行到位金额3.13亿元。争取县委对基本解决执行难工作的领导和支持，推动形成"党委领导、政法委协调、人大监督、政府支持、法院主办、部门配合、社会参与"的综合治理执行难工作格局。依托淘宝网等网络平台，运用"互联网+"开展网络司法拍卖，其中单笔最大成交金额4.1亿元，为当事人节约佣金371万元。增强当事人诉讼风险意识，引导当事人依法申请诉讼保全，共保全涉案资产3.53亿元。针对涉民生、金融等5类重点案件，深入开展"百日攻坚"专项行动。

【司法改革】 落实"让审理者裁判，由裁判者负责"要求，法官在职责范围内对办案质量终身负责。制定院庭长办案管理办法，院庭长带头审理重大、疑难、复杂、新类型案件；全年院庭长办理案件3713件，占结案总数的38.75%。开展以审判为中心的刑事诉讼制度改革，开展刑事案件认罪认罚从宽制度试点工作，审结认罪认罚刑事案件148件175人。转变家事审判理念，深入推进家事审判改革。

【队伍建设】 贯彻落实中共十九大精神，深学笃用习近平新时代中国特色社会主义思想，落实全面从严治党要求，推进"两学一做"学习教育常态化制度化，加强干警履职能力建设，努力锻造忠诚干净担当的法院队伍。2017年，全院6个集体和12名个人受到县级以上表彰，刑庭被市二中法院记集体三等功一次。 （陈　令）

司法行政

【概　况】 忠县司法局办公地址位于忠州街道果园路15号。局机关内设社区矫正管理局、办公室、政工科、法治宣传科（忠县普法工作办公室）、基层工作管理科、法律服务管理科、法律援助工作管理科，设29个基层司法所，有政法编制62名、司法行政干警56名，财政全额拨款事业编制人员4名。下设忠县法律援助中心、重庆市忠县公证处2个事业单位，管辖重庆兴忠律师事务所、重庆泰源律师事务所、重庆冠凯律师事务所、重庆开颜律师事务所、重庆胜锐律师事务所、重庆朗鉴律师事务所、忠县忠州法律服务所、忠县东溪法律服务所、忠县乌杨法律服务所、忠县司法鉴定所等10个行业管理单位。2017年6月，成立中共忠县司法局机关党委，下辖5个党支部，其中2个非公党组织。

2017年，县司法局被中华全国调解员协会表彰为"人民调解宣传工作先进集体"，被县委、县政府评为县精神文明单位、爱国卫生红旗单位、2017年度安全生产工作目标考核先进单位；社区矫正局被县总工会评为"标兵单位"；4名干警分别受到国家、县表彰。

【普法依法治理】 县委印发《关于构建"谁执法谁普法"普法格局的实施方案的通知》，各单位根据普法责任，按时申报年度普法工作任务，形成责任明确、工作机制健全、工作保障有力运行机制。加强干部职工法治教育，组织1.7万余名全县机关、企事业单位工作人员参加年度法治理论知识考试，177名领导干部参加年度法治理论抽考，160名新提任领导干部参加法律知识考试，330余名领导干部参加职务犯罪庭审旁听并撰写心得体会。实施青少年法治教育大纲，开展"关爱明天·普法先行"法律知识竞赛活动，推进学科教学渗透法治教育，学校、家庭、社会"三位一体"的青少年学生法治教育网络基本形成。引导村（居）民学法用法，通过法律咨询、现场答疑、送法入社区、上法治课、知识竞赛等方式开展法治宣传活动；编印与农民群众生产生活相关的《农民法律知识手册》发送到农民手中，让农民群众时刻感受农村法治宣传教育的浓厚氛围。拓宽法治宣传教育阵地，首个社区法治之窗、青少年法治教育基地分别在忠州街道香怡社区、忠州实验小学建成。新开辟忠县手机台司法行政栏目和手机报e同学法专栏。开展普法示范活动，大幅提升县城社区群众普法知晓率；白公街道长河社区创建的全国民主法治示范社区顺利通过市级验收；县普法办组织印发《以案释法100例》30000册。

【人民调解】 全年排查纠纷962件，调解民间纠纷10442件，调解成功10359件，调解成功率99%以上。进一步健全人民调解组织，强化对人民调解工作的指导力度。全县有调委会458个，其中乡镇（街道）调委会29个、村居调委会364个、企事业单位调委会34个、交通事故调委会1个、医疗纠纷调委会1个、劳动争议调委会29个。全年指导基层调委会87个，指导或参与重大疑难纠纷调解87件。开展乡镇（街道）、村（居）人民调解员培训36次3043人，检查人民调解卷宗7307件。在白公、马灌、新生、拔山中心司法所新成立矛盾纠纷急诊室，通过矛盾纠纷集中受理、分流化解、结案回访等手段，联合多部门及时化解社会中的矛盾冲突。加强调解经费管理，严格执行"两查两报一公示"，认真核查人民调解案卷，按程序公示、报告、发放。全年核查医调委、交调委调解案件1023件，抽查乡镇（街道）各调委会调解案卷450件，发放调解补贴32.38万元。

【法律援助】 法律援助中心受理各类案件1170件，其中民事1048件、刑事110件、行政12件。办结法律援助案件825件，为当事人避免或挽回经济损失1919.44万元，其中农民工642.21万元。全年开展各种法律援助宣传80场次,办理展板64块，开展法律援助培训29场次，散发法律援助口袋、围腰、法律援助服务指南等各种宣传资料近9万余份。全年开展法律援助业务培训6次，参加案件庭审旁听24次，回访受援人119人次，季度通报4次；把好援前、援中、援后监督关，规范法律文书格式，强化案件质量验收，案件合格率100%。优化便民服务方式，开展书面申请、网上申请、邮寄申请、上门申请等申请方式；开辟“绿色通道援”，对见义勇为、拖欠农民工工资等六类事项免于经济困难审查；简化申请审批程序，对因涉及时效、保全等特殊援助事项，实行先受理后审批。加强与县公安局、县检察院、县法院的沟通协调，开展认罪认罚刑事法律援助工作，全年通知律师100人次，为209人提供法律帮助。加强法律援助经费监管，严格执行法律援助经费支付管理规定，足额支付法律援助案件补贴。

【律师工作】 贯彻落实关于保障律师执业权利的文件精神，推行公检法联席会议制度，出台《关于深化律师制度改革的实施意见》，为律师执业提供有力保障。6家律师事务所办理各类案件674件、担任法律顾问115家；3家法律服务所办理各类案件708件，担任法律顾问50家；县公证处办理各类公证案件1633件；县司法鉴定所完成法医临床鉴定199件。规范法律服务管理,组织律师开展“两学一做”学习教育活动和中共十九大精神专题学习，提高党员律师的政治觉悟性和敏锐力。在律师联合支部开展“忠县律师爱心之家”活动，加强律师、法律工作者执业能力培训，强化案卷质量评查工作。全年开展律师、法律工作者业务培训6次，查阅律师、公证、司法鉴定、基层法律服务案件卷宗403件，电话回访200余人次，满意度100%。认真落实律师参与信访值班、信访接待和处理维稳工作。全年安排律师到信访办值班50人次，协助接访县领导解决相关法律问题；局领导和相关科室人员到县信访办值班16次32人，协助解决相关涉法涉诉案件问题；安排援助律师参与县维稳事件的处理26人次；受理县维稳办审查出具的法律援助建议函5件，为可能影响社会稳定的350余人提供法律援助。

【社区矫正和安置帮教】 本着宽严相济、从严矫正、规范执法的原则开展社区矫正工作，全年，累计接收社区矫正人员148人，解除136人，入矫宣告及解矫宣告罪犯284人。对社区服刑人员落实“五个一”制度，加强日常矫正教育，教育罪犯尊法、守法，确保罪犯不漏管脱管。组织社区服刑人员按时周报告9216人次，教育学习4608人次，参加社区服务4608人次，办理社区服刑人员居住地变更审批19人次，请假审批或备案审查52人次，审前社会调查评估72人次。对不假外出、不遵守教育学习和社区服务规定等违反社区矫正监督管理规定的社区服刑人员，给予警告13人次，责令书面检讨16人次；对违反监督管理规定情节严重的2名社区服刑人员，向法院提请撤销缓刑建议书。加强监督检查，把社区服刑人员违规违纪苗头消灭于萌芽，重新犯罪行为预防于未然，从源头治理社区矫正人员违法犯罪，确保社区矫正安全。

开展刑满释放人员衔接、安置、帮教工作，全年结转建档帮扶刑释人员639人，重点帮教69人，全部落实必接必送，解决临时生活救助20人，落实低保1人，完成未成年子女排查帮扶50人次，在狱罪犯核查率100%、回执率100%。拓宽就业新渠道，引导社会力量参与社区矫正帮扶工作，协调兴峰五金厂、苏家制衣厂等用工单位，成功安置近30名社区矫正人员和刑释人员，并为企业成功争取相关优惠政策；组织23名刑满释放人员参加SYB创业培训并取得SYB合格证。创新帮扶方式，首次与监狱衔接未成年子女帮扶工作，落实服刑在监的未成年子女助学帮扶2人。成立心理咨询志愿服务队，为有需要的刑满释放人员提供心理指导，全年接受心理辅导的刑满释放人员 63 人。

【队伍建设】 认真开展中共十九大精神学习宣传和“两学一做”学习教育活动。加强反腐倡廉建设，落实“两个责任”和“一岗双责”。加强机关建设和班子建设，明确班子成员在分管的范围内为从严治党责任人，确立各部门负责人是本部门责任人，制定完善责任，层层传导工作机制。班子成员分工明确，落实 AB 角，按照“集体领导、民主集中、会议决定”的议事决策要求研究“三重一大”事项。认真开展“主题党日”活动，每月一次“主题党日”活动，通过班子成员讲党课、现场缴纳党费、请退休老干部讲革命传统、参与法庭庭审旁听谈体会等形式，丰富主题党日内容。落实“三会一课”，加强学习型机关建设。组织职工开展“多读书、善读书、读好书”活动，书写经典感悟近 200 条。将主题实践活动的开展与司法行政工作同安排同部署，找准结合点，增强党员干部先锋模范意识，职工队伍素质得到明显提高。

【表彰奖励】

先进集体

国家部委表彰奖励项目

表 13

获奖单位	授奖单位	奖项名称	授奖时间
忠县司法局	中华全国人民调解员协会	2017 年度人民调解宣传工作先进集体	2017.6

先进个人

国家部委表彰奖励项目

表 14

获奖个人	授奖单位	奖项名称	授奖时间
梁庆辉	司法部	全国模范人民调解员	2017.5
汪冰鑫	司法部	第三届全国“关爱明天·普法先行”青少年普法教育活动先进个人	2017.8

（秦 瑾）

军事

人民武装

【概　况】 忠县人民武装部办公地址位于忠州街道大桥路22号。内设军事科、政治工作科、保障科、民兵训练基地、民兵武器仓库。现役军人编制6名，事业单位编制12名。

【政治工作】 开展“维护核心、听从指挥”主题教育活动。突出忠诚核心、拥戴核心、维护核心这个根本，把学习贯彻习主席系列重要讲话精神特别是国防和军队建设重要论述贯穿始终，与庆祝建军90周年相结合，引导干部职工进一步铸牢忠诚品格、聚力强军兴军，坚决维护习主席这个核心，坚决听从党中央、中央军委和习主席指挥。持续抓好学习贯彻十九大精神“进军营”活动。组织宣讲队成员深入各类集训队、辖区部队、各民兵应急分队开展宣讲活动，开展榜样面对面宣讲活动。抓好理论辅导，党委班子成员加强对十九大精神的解读，帮助干部职工加深理解；邀请军地专家学者进军营进行理论宣讲，增进官兵学习理解；组织开展心得体会展评，激发官兵学习热情。深入开展讨论交流，重点围绕“如何认识党的十九大的深远历史意义和重大现实意义”“如何理解党的十九大提出的重大理论观点、重大战略思想、重大工作部署特别是对国防和军队建设明确的方针原则和任务要求”“如何迅速掀起学习宣传贯彻十九大精神热潮，切实用党的创新理论武装头脑、指导工作、推动单位建设”等问题进行讨论交流。充分发挥政工网、微信群互动性强特点，积极参与网上讨论。持续推进“两学一做”学习教育常态化制度化。采取专题学习讨论、党员承诺践诺、每月讲党课等形式，运用身边事例现身说法，不断将“两学一做”学习教育活动向基层延伸。以抗美援朝老战士古臣坤事迹为原型，拍摄制作《今生第99万次拥抱》微电影，荣获国家“国防万映”三等奖。6月29日，组织人武部全体干部职工、全县专武干部到忠县革命烈士纪念碑前进行重温入党誓词活动，激励大家不忘初心，沿着革命先烈的足迹砥砺前行。

【军事工作】 组建民兵综合应急分队。10月27日，依托县职教中心教职员工、适龄学生组建100人民兵综合应急分队，破解民兵应急分队组织虚化、功能弱化、规范化建设落后、常态化水平不高等问题，打造应急拳头力量。组织专武部长集训。6月19—30日，组织29个乡镇（街道）49名专武干部开展政治教育、法规理论、基本业务、基础体能、军事技能、组织指挥等6类20个科目的集训，有效解决专武部长队伍专武不专、能力不强、职能弱化等问题，提升专武干部讲政治、爱武装、精业务的能力素质。组织民兵骨干集训。11月6日起，分3期每期7天组织全县29个乡镇（街道）300人民兵骨干参训。集中对政治教育、民兵常识、条令条例、队列训练、轻武器操作等共同科目及森林灭火、抗洪抢险、维稳处突等专业科目及基础体能、基本技能及日常养成等7个考核科目进行培训，并将考评成绩全县通报，纳入乡镇（街道）年终目标考核重要内容。按照连队化管理，组织开展军容风纪检查及内务卫生和作风纪律评比活动，强化组织纪律观念，激发集训荣誉感。完成全县高一新生军事训练。8月24日—9月9日，完成全县8所高级中学及职教中心7000余名高一新生军训及国防教育。开展国防动员潜力调查。对照西部战区目录中新增的重点潜力，协调组织国防动员各专业办公室认真组织潜力数据审核、录入和上报工作。坚持依法征兵、廉洁征兵、高质量征兵，严把体格检查关、政治考核关和审批定兵关，完成年度征兵任务。市征办下达忠县征兵任务370人，实际完成378人（含女兵3人），其中征集大学生169人，大学生占比45.1%。

【国防教育】 开展国防教育、双拥共建活动。县人武部组织村居书记、主任开展国防教育培训的主要做法被警备区转发，《解放军报》《中国国防报》以“打通武装工作落实的最后一公里”为题，报道县人武部做法。9月，结合开展第17个全民国防教育日、重庆市第7个全民国防教育宣传周活动，开展系列国防教育宣传活动。普及国防知识，全县各级党政机关和企事业单位组织一次国防知识学习或国防形势报告，全县中小学校采取课堂教学或课外活动开展一次国防教育，各村、社区利用橱窗、板报等加强国防教育宣传，人武部收集汇编系列国防法规确保全县高三学生人手一册，用好用活仪式教育，结合全县欢送新兵仪式启动全民国防教育宣传月活动，利用学生军训开训结训仪式进行国防教育授课，组织全县各级领导干部和各界代表举行一次升国旗仪式和一次公祭活动；在辖区人流密集区和商业繁华区、标志醒目处均张贴标语、悬挂横幅、制作展板，全县中小学校每个班级开展一次国防教育主题班会或创办一期墙报，忠州电视台、报社等县属媒体开辟专栏进行跟踪宣传报道。做好拥军优属工作。全县对2017年入伍的新兵和被县评选表彰的“最美忠州子弟兵”的家庭以及现役官兵困难家属开展走访慰问活动，以拥军优属的实际成效暖兵心稳军心。

【参建参治】 开展驻村扶贫帮困工作。2017年，县人武部保障科人员常驻拔山镇午阴村开展精准扶贫帮困工作，每月驻村14天，全年驻村168天。驻村人员认真入户调查，收集贫困户资料，掌握其家庭情况，宣讲国家帮扶政策，引进和参与扶贫项目实施与管理，协调处理信访纠纷，参与森林防火等安全隐患排查及柑橘疫情普查防控等工作，人武部帮扶的12户贫困户全部脱贫。开展创建全国文明县城活动。7月1日起，组织全体干部职工开展为期2个月的文明巡查活动，劝导市民文明言行及相关配合工作。（陈红波）

武警部队

【概 况】 中国人民武装警察部队重庆市总队执勤第四支队执勤二大队忠县中队重新建于1984年4月，2018年1月由武警重庆市总队第四支队二大队忠县中队转隶到武警重庆市总队执勤第四支队执勤二大队忠县中队（以下简称中队）。中队驻忠州镇街道主要担负忠县看守所固定目标看守勤务。

【思想政治建设】 抓好党建工作。以习近平新时代中国特色社会主义思想、习近平“强军兴军”思想为指导，大力加强思想政治建设，充分发挥党支部战斗堡垒作用和党员先锋模范作用，确保部队建设的正确方向。

抓政治理论学习。制定《政治教育计划》，学习贯彻中共十九大精神、习近平系列重要讲话精神、三级党委扩大会议和“两会”精神，抓好“四反”教育，统一官兵思想，树立官兵听党指挥的理念，强化官兵政治意识、大局意识、核心意识和看齐意识，在思想上政治上行动上与党中央、中央军委、武警总部保持高度一致。组织官兵开展主题演讲、知识竞赛、观看红色电影等活动，深化理论教育效果。做好落榜考生、身体有病、家庭困难、想有包袱战士的心理疏导和思想稳定工作，保证其思想不抛锚、行为不失控。

抓好组织建设。重点抓好两个群众组织（团支部、军人委员会）建设，搞好两个组织骨干培训；抓好三支队伍（干部队伍、党员队伍、士官队伍）；

以思想作风建设为重点，增强官兵爱岗敬业意识。集中组织学、抓住重点学、区分层次学，以强化党性修养、提高能力素质；通过签订《目标责任承诺书》《党员承诺书》及每月评比优秀共产党员和共青团员等活动，激发官兵创先争优的积极性。

【能力建设】 强化军事训练。开展“两官”编组作业，提高军官、士官组织指挥和教学能力；贯彻新《军事训练与考核大纲》，坚持每天体能训练，完成队列、擒敌拳、应急棍术、刺杀、专勤专训、射击、警棍盾牌术、哨兵反袭击等科目训练；加强专勤专训和适应性训练，开展“战斗精神”和军事训练价值观大讨论，积极推进群众性练兵活动，提倡科学练兵，实行军事民主。提高勤务质量。勤务编排新老、强弱搭配，提高“三员一兵一组一班”的协同配合能力；加大对各级执勤人员监督力度，落实相关责任；以“不打招呼、不设预案”的方式拉动部队，开展紧急出动、追逃和营区反袭击演练，提升指挥员指挥部队处置情况和部队官兵快速反应能力；每月开展执勤标兵、优秀领班员、优秀网络查勤员和优秀哨兵评选活动，激发官兵内在动力。开展敌情、社情、狱情和隐患的排查治理，坚持每月对执勤中“两病”软隐患和物防中存在的硬隐患及时进行梳理、治理，有效杜绝事故隐患。2017年，完成临时勤务49余次，出动官兵237余人次，完成春节执勤、国庆巡逻、犯罪嫌疑人转监押解等勤务。

【正规化建设】 开展“远学成武事迹、近学身边典型”活动和《条令条例》等法规制度学习，加强人员管控，落实枪弹管理等规章制度，筑牢安全发展基础。每月开展“四无安全月”推进活动、“十查十看”活动，设置安全工作倒计时牌，集体诵读安全警示语；落实手机使用规定、请销假规定、值班规定和治酒规定等制度，提高安全规范意识，全年无违纪现象发生。落实总队、支队“正规化建设现场会”精神，抓好“四项设施”（训练、工作、生活、执勤）和“五防一体化”（人防、物防、技防、联防和犬防）建设。强化后勤管理，增强综合保障能力。搞好战备物资储存，提高应急保障能力；抓好爱装管装教育，物资管理落实计价挂账，提高后勤规范化管理水平；发动官兵种植蔬菜，丰富官兵“菜篮子”；严把实物验收关和留验制度，搞好伙食调剂，官兵伙食满意率100%。

（幸 博）

消 防

【概 况】 忠县公安消防大队（又称中国人民武装警察部队重庆市忠县消防大队）位于忠县忠州街道大桥路26号，下辖大队部、忠州消防中队、乌杨消防中队。

【火灾防控】 以消防安全委员会为平台，每季度召开工作例会，研判辖区消防安全形势，安排部署消防工作。与29个乡镇（街道）、15个行业部门、134个消防安全重点单位签订《消防安全工作责任书》，组织乡镇（街道）、行业部门、公安派出所、重点单位责任人、管理人等目标人群进行业务培训。对辖区易燃易爆危险场所和火灾高危单位消防安全责任人和管理人进行集中约谈，督促辖区所有火灾高危单位购买火灾公众责任险。新建新生街道政府专职消防队，并投入执勤。至2017年底，政府专职消防队伍达到6个，灭火救援能力进一步提升。

【监督执法】 以冬春火灾防控、夏季消防检查等系列行动为抓手，部署开展防火分隔设施专项检查和安全疏散通道等7项专项治理，重拳整治火灾隐患。与县经信委、县安监局、县民政局、县教委、县卫生计生委等部门联合对易燃易爆场所、劳动密集型企业、商市场和涉老、涉幼和医院等场所开展消防安全检查。全年检查各类单位5997家次，督促整改火灾隐患 11553 处，下发责令改正通知书 5617 份、行政处罚决定书 168 份、临时查封决定书 52 份，“三停”单位 72 家，罚款 76.24 万元，行政拘留 24 人。

【抢险救援】 大队以冲锋在前保平安为目标使命，以苦练精训为方法，强化部队战斗精神培育，圆满完成中共十九大、“长江三峡国际马拉松”“全国移动电子竞技大赛”等 10 余次消防安保任务。全年接处警 419 起，其中火灾 307 起，抢险救援 27 起，社会救助 85 起，抢救财产 433.6 万元；与上年同比火灾次数下降 13.7%，火灾四项指标连续三年呈下降趋势，辖区连续多年未发生较大以上火灾事故。

【消防宣传】 在报纸和电视台开辟专栏，传播消防安全知识、曝光违法违规行为；利用手机短信和微信、微博平台向党政领导、企业责任人、社会群众发送消防安全知识，及时反映全县消防工作开展情况；依托消防科普教育基地，定期开展社会群众消防体验活动。广泛组织社会单位开展消防应急疏散演练，引入第三方中介机构，免费向政企、事业单位提供消防宣传培训服务。印制消防安全知识读本 3.5 万本，为全县 80%的中小学生免费发放消防安全教材。选聘 51 名社区消防宣传大使和消防志愿者开展消防安全“七进”活动，制作消防公益广告 4 部，拍摄消防题材微电影 1 部，发放宣传资料 5 万余份。

【队伍建设】 把学习宣传贯彻中共十九大精神作为大队首要政治任务，邀请县委党校专家到队作党的十九大精神专题讲座，组织官兵撰写“学习十九大，消防怎么办”主题征文 40 余篇。深化班子领航能力，大队党委坚持贯彻民主集中制，进一步加强和规范党内政治生活，打造政治坚定、作风优良、勤政廉政、奋发有为、坚强有力的领导班子核心。构筑基层坚强战斗堡垒，忠州中队党支部顺利通过总队第二批示范基层党组织验收；优化党团组织结构，中队团支部获评总队 2017 年先进团支部，一名战士荣获优秀青年团干部。严格督促和引导考学战士做好应考准备，1 名战士顺利考入军校，保持中队连续两年考学提干良好态势。

（李艳磊）

人民防空

【概　况】 2015 年 2 月机构改革，忠县人民防空办公室职能整体并入县城乡建设委员会，内设“民防科”，挂“忠县民防办公室”牌子。县民防办主任由县城乡建设委员会主任兼任，并确定县城乡建设委员会 1 名领导分管民防工作。机关编制 3 名，在编在岗 3 名，其中行政编制 2 名（含领导 1 名），工勤人员 1 名。

【人防建设】 推进“一网四系统”建设，制定《忠县民防指挥信息系统维护管理规定》；完成 5 台固定警报及控制终端建设，全县防空警报鸣响率 100%；制定《忠县民防应急疏散基地管理规定办法》，实现疏散基地建设及管理制度化、标准化。制定《忠县民防应急通信保障预案和各种专项应急预案》，全年累计组织、参与各类应急通信保障训练、演练 40 余次；完成忠州街道香怡社区和香山社区“两防一体化”建设；继续推进民防教育“五进”活动，全县民防知识教育开课学校 29 所，实现全县初级中学民防知识教育全覆盖。加大对红星广场人防工程的维护管理力度，做到定期检查、及时维护，在“百日纳凉送爽”活动中，累计接待纳凉市民 9000 余人，群众满意度 98%。

（陶于亨）

农 业

综 述

【概　况】 忠县农业委员会（简称县农委）办公地点位于忠州街道果园路 3 号附 11 号。内设办公室、人事科、财务科、法规科、安全监管科、行政审批科、发展计划科、信息科教科、农机管理科、农综资金计划科、农综项目管理科、扶贫综合科、扶贫项目科、社会扶贫科、综合改革科、内审科、县委农工委办公室，下设农业行政执法大队、农村经济经营管理站、渔政渔港管理站、农机监理站 4 个参公单位，有农业科技推广中心、种子管理和植保植检站、重庆市农业广播电视学校忠县分校、农业环境监测站、农产品质量安全中心 5 个全额拨款事业单位。有在职职工 130 名，其中公务员 29 名（含委领导 5 名），机关工勤人员 3 名，参照公务员法管理的事业单位人员 32 名(含工勤人员 3 名)，事业单位人员 66 名，其中专业技术人员 51 名、职员 5 名、工勤人员 10 名。

全年粮食种植面积 79384 公顷，与上年基本持平。其中，小麦面积 5441 公顷，减少 1.3%；水稻面积 28397 公顷，减少 0.2%；玉米面积 10193 公顷，减少 2.9%。全年油料种植面积 15651 公顷，增长 2.2%。全年粮食总产量 416985 吨，比上年增产 0.8%，其中，小麦产量 20065 吨，减产 6.5%；水稻产量 220570 吨，增产 0.7%；玉米产量 62300 吨，增产 1.6%；油料产量 33735 吨，增长 1.5%。

2017 年全县主要农产品产量

表 15

指 标	单位	产量	比上年增长 (%)
全年粮食产量	吨	416985	0.8
小麦	吨	20065	−6.5
水稻	吨	220570	0.7
油料产量	吨	33735	1.5

【农村经营管理与改革】 新型农业经营主体发展与体系构建　2017 年，培育以农民合作社、家庭农场为重点的新型农业经营主体，逐步建立起以家庭承包经营为基础、以新型农业经营主体为骨干、以社会化服务组织为支撑的现代农业经营体系。农民合作社稳步健康发展。至 2017 年底，全县累计发展农民合作社 679 个，比 2016 年增加 4 个，入社成员 13.23 万户，农民参合率 51.39%，比 2016 年增加 0.54 个百分点；累计发展农村新型股份合作社 138 个，入社农户 3.5 万户，土地折价入股面积 7400 公顷；累计培育发展县级示范社 40 个、市级示范社 26 个、国家级示范社 9 个。家庭农场发展迅速，至 2017 年底，全县按照自主经营、因地制宜、适度规模原则，培育发展家庭农场 397 家，其中从事种植业 135 家、养殖业 228 家、种养结合型 34 家。2013—2017 年，全县认定县级示范农场 40 家、市级示范农场 13 家。

农村集体产权制度改革与农村融资机制创新　扩面开展农村集体资产量化确权改革试点，按照《关于印发重庆市农村集体经济组织清产核资实施方案和重庆市农村集体资产量化确权改革试点实施方案的通知》(渝府发〔2014〕41 号）和《忠县农村集体资产量化确权改革试点工作方案》(忠府发〔2014〕22号）要求，继忠州街道灯树社区、官坝镇固国村等7个村（居）试点之后，综合考虑忠县农村集体经济组织成员组成和集体经济组织“三资”结构情况，于2017年底在全县29个乡镇（街道）中选择122个村（居委）启动集体资产量化确权改革。启动农村土地承包经营权确权登记颁证工作，根据《重庆市人民政府办公厅关于印发重庆市进一步深化农村土地承包经营权确权登记颁证工作实施方案的通知》（渝府办发〔2016〕209号）和《重庆市农村土地承包经营权确权登记颁证工作技术规程》（渝农发〔2017〕149号）要求，制定《忠县农村土地承包经营权确权登记颁证工作实施方案》（忠府办发〔2017〕140号），成立领导机构，建立联席会议制度，决定由县公共资源流转交易中心公开招标购买社会服务完成技术工作。农村融资机制创新建立“三贷两保两贴”组合融资，累计为全县250多个农业经营主体担保贷款1.6亿元，余额1.12亿元；助农贷0.7亿元，余额0.5亿元；普惠金融诚信贷余额0.6亿元；农产品生产环节灾害保险和农产品销售环节收益保险覆盖水稻、油菜、柑橘、生猪、水产等主要产业，保额最高8.94亿元；对全县8797万元农业贷款贴息214.53万元，启动农业担保贷款担保费补贴。

农业项目财政补助资金股权化改革与农村财务管理　2017年新整合资金3691万元，采取“农业企业（合作社）+产业基地+村集体+农户（贫困户）”模式，2786名贫困人口享受保底分红55.72万元，12个村集体享受保底分红20.7万元。加强和规范农村财务管理。制定《忠县农村集体经济组织专用票据管理办法》，为村（居）集体经济组织购买市统一制定的专用发票2.6万本130万份；全县351个村（居）实行财务公开和会计委托代理，29个乡镇（街道）全面实行会计电算化。

农村土地承包管理与多种形式的适度规模经营　进一步建立健全农村土地承包经营权纠纷调解仲裁体系及工作机制，加大对农村土地承包经营权纠纷的调解仲裁力度。2017年，全县调解、仲裁农村土地承包及流转经营纠纷213件。农村土地经营权有序流转，适度规模经营健康发展。2017年，全县农村土地流转面积46480公顷，涉及农户15.5万户，土地流转率54.83%，土地流转面积分别比2010年和2016年增长18.23%和0.3%，土地流转率分别增加5.88和0.35个百分点；家庭农场、专业大户、农业企业发展适度规模经营面积32566.67公顷，适度规模经营率38.42%，适度规模经营面积分别比2010年和2015年增长21.51%和2.29%，适度规模经营率分别增加4.98、0.99个百分点。开展农村土地承包经营权抵押登记和设施农业用地的审核工作。探索农村土地承包经营权抵押登记信息管理制度，研究制定、规范完善抵押登记制度和工作机制，推进农村金融服务改革，增加农民的财性收入。至2017年末，累计审核设施农用地362宗，占地面积502480公顷。

农民负担监管与减负惠农政策落实　健全减轻农民负担长效机制，依法加强监管。继续完善和落实涉农收费文件“审核制”、涉农收费和价格“公示制”、村级组织公费订阅报刊“限额制”、农民负担“监督卡制”、涉及农民负担案（事）件“责任追究制”等制度，建立健全涉及农民负担政策文件会签、信息公开和备案制度，推行农村基础设施建设项目审核制度，严格落实有关政策，从源头上制止加重农民负担。强化一事一议筹资筹劳规范化管理，全年按照规定程序和标准审批一事一议筹资筹劳项目23个，涉及金额61.16万元。

农经体系建设、农村经营管理基础工作及农经统计监测　继续抓好农村经济统计年报、半年报、年终预报工作和农民合作社、家庭农场发展、农民负担管理、农村“三资”管理、农村土地承包管理等业务统计工作。继续开展基础研究，探索改进统计调查方法，落实农经统计报送制度，认真开展统计分析，发挥好决策服务作用。加强重大问题调研，围绕深化农村经济体制改革、创新农村经营体制机制等方面的重大问题，开展新型农业经营体系和农村集体资产量化确权改革等课题研究，为全面深化改革提供决策参考。

发展壮大农村集体经济　根据《中共忠县县委办公室忠县人民政府办公室关于印发发展壮大农村新型集体经济的实施意见（试行）的通知》（忠委办〔2017〕131号），会同县委组织部在复兴镇天子村召开农村集体经济发展现场观摩会，把发展壮大农村集体经济纳入对乡镇党委政府年度综合目标实施考核。全县351个涉农村（居委）中，无集体经营收入的“空壳村”由2016年底的284个下降到2017年底的213个。

【农业现代化建设】　2017年，围绕农业供给侧结构性改革工作主线，以促进农业增效、农民增收、农村增绿为核心，坚持走农业绿色发展道路，提升农业可持续发展水平。全年大力发展柑橘、笋竹、生猪、生态水产等四大主导特色效益产业，因地制宜发展蔬菜、茶叶等特色种养业，全县特色产业基地面积44万公顷，公顷产值超15万元的有1.2万公顷；柑橘、水稻、大豆、竹笋加工体系初步形成；天子山城郊休闲、三峡橘海、中国柑橘城、涛声依旧、橘乡荷海、巴蔓竹韵、金色杨柳等为代表的休闲观光农业逐步提档升级。争取市级特色效益切块资金2360万元，牵头实施特色效益农业产业项目31个。完成对2016年第二批农民工等人员返乡从事农业创业项目补助的申报、汇总，组织相关部门对131名申报个人（项目）的核查、兑现工作；对79名业主用于农业产业发展的1.22亿元贷款贴息276万元；在柑橘、生猪、笋竹开展灾害保险和收益保险。重庆市忠县国家现代农业示范区加快推进，2017年全县农业现代化实现度68.6分。

【农业对外合作】　2017年，县农委实施招商项目6个，实际完成投资13370万元；组织忠县2家农业龙头企业（重庆市忠县忠州腐乳酿造有限公司、重庆玉印山旅游开发有限公司）及产品（石宝寨牌豆腐乳、玉印山牌豆腐乳）参展2017年中国广西南宁调味品博览会；组织忠县26家农业企业及产品参加重庆市人民政府主办的第十七届中国西部（重庆）国际农产品交易会，参展企业规模质量超历年之最，忠橙柑橘、三峡生态鱼作为忠县知名品牌获大会推介，忠县展团荣获大会优秀组织奖及签约奖。2017年签订“忠县生猪健康养殖及产业融合发展示范项目”“忠县优质茶叶基地生产关键环节技术咨询与指导”等2个县校合作科技咨询协议，对2016年度“重庆忠县竹纤环保维餐具营销策划方案”“忠县甜橙皮渣有机肥试验与示范项目”“‘农旅融合’—天子山农业科技大观园星创天地总体规化”等3个县校合作项目开展结题评审。

【特色农业产业】　2017年，全县蔬菜播种面积12733公顷，总产量29.3万吨，总产值51880万元，分别较上年增长1.9%、2.1%。其中，商品蔬菜播栽面积2768公顷，商品蔬菜产量10.72万吨，商品蔬菜产值22560万元；全县常年性蔬菜基地面积1382公顷，本地蔬菜上市量10.11万吨，产值22150万元。

全县发展柑橘、笋竹、生猪、生态水产等四大特色主导产业，其中柑橘基地面积23466.67公顷，鲜果产量31万吨，同比增长8.7%，产值29万元，较上年增长7.2 %；全县竹林面积11733.33公顷，其中笋竹面积7133.33公顷，笋竹产量25225吨，产值10000万元，分别比上年增长0.94%、-19.4 %、-20.1%；全县生猪养殖场438个（年出栏100头以上），其中规模化标准化养殖场64个（年出栏500头以上），全年出栏70.13万头，存栏44.19万头，猪肉产量54701万吨，分别比上年增长-1.73%、-1.93%、-1.94%；全县水产养殖面积3343公顷，水产品产量13604吨（其中淡水捕捞产量880吨，淡水养殖产量12724吨），同比增长7.2 %，水产经济总产值3.3亿元，同比增长23%。其中，水域牧场养殖面积 1349.67 公顷，产量 1200 吨，较上年增长 20%；产值 4536 万元，较上年增长 35 %。全县特色产业基地面积 4.4 万公顷，产值超万元的有 1.2 万公顷。

【农业品牌创建】 2017 年，全县新增茗岳·雀舌、良玉水磨糯米粉、东坡爱阴米、玉印山牌忠州豆腐乳（红油）、玉印山牌忠州豆腐乳（香辣）、玉印山牌忠州豆腐乳（白菜）、玉印山牌忠州豆腐乳（芝麻）、西厢阁贡米、西厢阁汤圆粉、官坝香米、官坝大米、官坝贡米、向幺妹牌竹笋干系列产品、美健达生猪等重庆名牌农产品 13 个，全县有效期内重庆名牌农产品数量 24 个。全年兑现 31 名业主 55 件产品农业品牌创建补助资金 110.64 万元，累计兑现农业品牌创建补助资金 405.807 万元。

（胡晓蓉）

种植业

【概　况】 2017 年，全县粮食播种面积 7.94 万公顷，较上年增长 0.05%；粮食总产量 41.70 万吨，较上年增长 0.8%；农业增加值 27.58 亿元，较上年增长 1.4%。

【优质粮油示范】 2017 年，发展新型农业经营主体水稻规模种植大户，实施优质水稻高产示范项目，给予多项财政政策支持，即土地流转补贴 3750 元/公顷、作业补贴在上级给予的机插秧 450 元/公顷基础上县级财政再给予 900 元/公顷、新大户在重庆市农机购置补贴基础上给予等额补贴（每户农机购置总补贴不超过 30 万元）。新立、双桂、花桥、拔山、马灌、官坝、汝溪、野鹤、黄金 9 个镇 19 个水稻规模种植大户参加优质水稻高产示范，申报种植水稻 312.47 公顷，其中县农委组织验收合格的有 16 户，种植优质水稻 263.8 公顷，包括 2014 年培育的忠县晨帆农机专业合作社、雷定凡、忠县东旭水稻种植专业合作社、仕钦农场 4 个大户，种植优质水稻 121.27 公顷；2015 年培育的忠县彬铭农业开发有限公司、忠县官坝镇田野农机专业合作社、忠县泽民家庭农场、毛昌凡 4 个大户，种植水稻 59.07 公顷；2016 年培育的忠县洪藤家庭农场、杜永全、刘登坤 3 个大户，种植水稻 33.67 公顷；2017 新申报的忠县马灌合通供销有限责任公司、孙龙春、徐隆锋、周定光、卿绍淑 5 个大户，种植水稻 49.8 公顷。统计 16 个合格大户的稻谷产量，263.8 公顷稻田产稻谷 2646.84 吨，总产值 731.18 万元；平均公顷产 10033.5 千克，比全县水稻平均公顷产 7767 千克增产 2266.5 千克，增产 29.2%，平均公顷产值 27717 元。

实施优质杂交油菜高产示范，使用产油大县奖励资金，由政府统一采购，免费发放 10000 公顷优质杂交油菜需要的种子、颗粒硼肥和速溶硼肥，推广“德新油 59”“三峡油 5 号”“鼎油杂 3 号”“川油 36”“油研 57”优质杂交油菜品种，总产优质油菜籽 2.38 万吨，平均公顷产 2380.5 千克。在马灌、拔山、新立 3 个镇实施高产核心示范片 166.67 公顷，主推“选用良种、培育壮苗、规范早栽、配方施肥、加强田管、病虫综防”杂交油菜绿色优质栽培技术，经测产考种验收，核心示范片平均公顷产油菜籽 2508 千克，较全县油菜平均公顷产 2232 千克增产 12.4%。

【农业支持保护补贴】 2017 年，全县 228726 户种粮农民获得农业支持保护补贴资金 7605.2 万元，户均补贴 332.5 元。完成 22 个种粮大户 223.3 公顷的申报、乡镇核查、县级检查验收等工作。

【农业科技推广与培训】 选聘农技专家 2 名，确定农业技术指导员 250 名。选择主导产业 4 个（蔬菜、大豆、笋竹、油菜），遴选、培育农业科技示范户 2500 户，确定农业科技示范基地 2 个（优质水产试验示范基地、红叶冬桃科技试验示范基地）。培育生产经营型新型职业农民 600 名，现代青年农场主 15 名，确定新型职业农民（现代青年农场主）创业孵化基地 2 个（忠县向妹撑绿竹种植专业合作社、重庆猪太郎农业股份合作社）。

【种子生产管理】 2017 年，围绕“品种种植安全、供种数量安全、种子质量安全、种子生产安全”中心任务，加强种子生产管理和种子质量监管。采取网上备案和网下备案相结合，对全县 18 家种子批发商登记备案水稻品种 96 个、玉米品种 106 个。

由于种子市场疲软、企业经营不善，重庆皇华种业股份有限公司暂停两杂种子生产工作；四川万德科技有限公司在忠县发展水稻制种生产 13.33 公顷，其中永丰镇太阳村 8.33 公顷、拔山镇八一村 2 公顷、永丰镇观桥村 3 公顷，制种组合为宜香优 2905，入库杂交水稻种子 25.5 吨。在种子生产的关键时期做好田间抽查工作，重点检查隔离条件和田间去杂去劣情况，对发现的问题进行督促整改。配合万州区种子质量检验站对忠县辖区内种子批发商经营的种子进行质量监督检测，抽查批发商 6 户，抽查率 35.3%；检测水稻样品 6 份、玉米样品 6 份，代表种子数量 200 吨；水稻种子合格 6 批次，合格率 100%；玉米种子合格 6 批次，合格率 100%。

加强品种种植面积统计工作，2017 年全县推广的水稻品种 96 个，种植面积 27860 公顷；玉米品种 106 个，种植面积 10327 公顷；小麦品种 8 个，种植面积 8625 公顷；油菜品种 10 个，种植面积 11017 公顷；大豆品种 8 个，种植面积 10410 公顷；马铃薯品种 6 个，种植面积 7166 公顷。

全年受理种子质量纠纷来电来访 103 人次，处理信访案件 12 起，没有群集群访事件发生。

【植物保护与检疫】 植物保护　全年编发《农作物病虫情报》9 期，对水稻、玉米、小麦、油菜等农作物及柑橘的主要病虫进行发生程度、发生面积、防治时间或高峰期准确预报，大春农作物病虫预报准确率 96.67%，小春作物病虫预报准确率 95%。开展柑橘红黄蜘蛛、柑橘矢尖蚧、柑橘粉虱等病虫害的系统调查和大面积普查，柑橘主要病虫预报准确率 96.6%。水稻、小麦、玉米 3 种作物统防统治作业面积 24146.67 公顷次，覆盖率 34.5%。实施病虫绿色防控和农药减量行动计划，示范推广使用二化螟信息素 433.33 公顷次，激健 733.33 公顷次，全年实施绿色防控措施 28220 公顷次，覆盖率 34.98%，减少化学农药施用量 20%。

植物检疫　实施杂交水稻产地检疫品种 1 个，面积 12.33 公顷，产量 50000 千克。实施柑橘苗木产地检疫品种 22 个 85 万株。市外调入水稻小麦玉米油菜种子 98 批次，113645 千克；柑橘苗 10 批次，475500 株；李、桃、梨子、猕猴桃苗木 8 批次，25000 株。签发《植物检疫要求书》14 份、《植物检疫证书》16 份（其中出省证 2 份，市内证 14 份）。

开展柑橘大实蝇监测、普查与防控工作，全县设置监测点 300 个，有虫监测点 54 个，收实蝇标本 3515 头。经鉴定，柑橘大实蝇 28 头，南亚实蝇 3212 头，宽带实蝇 231 头，黑颜实蝇 72 头，未诱集到橘小实蝇。10 月，28 个乡镇（街道）开展柑橘大实蝇疫情普查，柑橘大实蝇发生面积 2826.87 公顷，新增 1261.87 公顷。其中，柑橘大实蝇发生乡镇 20 个（其中柑橘基地乡镇街道 18 个，新增忠州街道、涂井乡；非柑橘基地乡镇 2 个，分别为官坝镇、金声乡），新增发生村 62 个。实施果瑞特点喷技术，诱杀成虫 1329.33 公顷；20 个乡镇捡拾落果、摘除虫果面积 2826.87 公顷，处理虫果 121.6 万千克，全县柑橘大实蝇防控虫果率在 0.75%—2%；选用“果瑞特”，采取“点喷+挂罐”方法诱杀大实蝇试验示范，示范面积 93.33 公顷；点喷 150 株/公顷，橘园周边杂树林每 4—5 株挂 1 个罐，每 7 天换药 1 次。悬挂“快黏”粘虫板 18000 张诱杀大实蝇成虫试验示范，150—180 张/公顷；在大实蝇成虫羽化期，采用仿生诱集球诱杀柑橘大实蝇成虫，效果显著。拔山镇悬挂仿生诱集球 80 个，粘柑橘大实蝇成虫 305 头，平均每个球诱杀 3.8 头；双桂镇试验点 50 个仿生诱集球，粘柑橘大实蝇成虫 175 头，平均每个球诱杀 3.5 头。

全年稻水象甲发生面积 13780 公顷，分布在 17 个乡镇（街道）153 个村（居委），移秧田平均受害丛率 81.52%，幅度 23%—100%；平均受害株率 43.37%；平均受害叶率 24.76%，幅度 4.46%—82.54%。以建制乡镇为单位开展稻水象甲防控 15652 公顷，选用 20% 氯虫苯甲酰胺在秧苗移栽前 7 天喷雾带药移栽、30% 唑磷毒死蜱乳油在本田喷雾防控越冬代成虫和一代幼虫，防控效果 95%以上。

继续通过养虫网对白芒锦天牛成虫生物学习性进行饲养观察。重点对柑橘园白芒锦天牛越冬虫态、成虫补充营养、取食部位及嗜好、产卵及孵化等进行调查和观察。在永丰镇双丰村柑橘果园使用塑料防虫网防杀成虫试验，面积 6.67 公顷，防治效果 95%以上。

【农产品质量安全】 国家农产品质量安全县创建 县政府印发《关于加强农产品质量安全监管工作的通知》，制定创建农产品质量安全县方案。成立忠县农产品质量安全工作领导小组，将农产品质量安全工作纳入“十三五”农业发展规划，明确工作任务和责任指标。县政府与各乡镇（街道）签订《农产品质量安全监管工作目标责任书》，农产品质量安全考核纳入政府目标考核所占比重为 5%。

农产品质量安全监管 对从事种植和水产养殖牲畜养殖的业主建立监管名录，纳入生产经营主体监管名录 1216 家，并建立生产经营主体“黑名单”制度。与农产品生产经营单位签订农产品质量安全责任书，落实主体责任。强化投入品监管，建立农业投入品市场准入管理和生产经营主体监管名录制度。对全县农业投入品批发企业及乡镇农资经销网点进行拉网式检查，严查禁用农业投入品，督促建立完善进销台帐，推行建立进货查验制度。开展农药、违禁物质、水产品禁用药物和有毒有害物质、农资打假等专项整治行动，对全县 50 多家农资企业、200 多家农资经销和 1216 家种植、养殖基地进行拉网式检查，严查农业投入品使用，严控农药安全间隔期。全年立案查处违法案件 15 件，处罚没款 3 万余元。推进质量追溯管理，至 2017 年底，全县有 28 名乡镇管理员、39 家农业企业在平台注册，47 批次产品生成二维码，逐步实现农产品生产、收购、贮藏、运输全环节可追溯。

检验检测 开展基层农产品质量安全监管人员培训，全年培训基层安全监管人员 200 余人次。举办从业人员农产品质量安全培训班 46 期，培训人员 3000 余人次。加大对农产品生产基地检测力度，对县内 1216 家生产企业和基地、批发市场等农产品质量进行定期和不定期监测，县级完成果品蔬菜农残抽检报告 11 期，抽检样品 8619 个，合格率 99.5%；水产品抽检样品 32 个，合格率 100%。对在检测中发现的问题，加大跟踪监督力度，落实整改措施。全县 29 乡镇（街道）监管机构全年定性检测农产品样品 208800 个，检测合格率 98%以上。

标准化生产 制定水稻、玉米、柑橘、竹笋、生态鱼、蔬菜等农产品标准化生产技术操作规程，督促农产品生产企业、农民专业合作社、家庭农场、生产大户等严格按照质量控制规范和技术规程实施生产。通过农民培训、科技入户、技术辅导和示范区的辐射带动，全县共建立标准化生产基地 25 个、26666.67 公顷。

“三品一标”认证 全年新增无公害农产品基地 10 个、无公害农产品 32 个、绿色食品 8 个。至 2017 年底，全县有效期内“三品一标”107 个，其中无公害农产品 64 个、绿色食品 39 个、有机食品 4 个。

（胡晓蓉）

柑橘产业

【概　况】　忠县果业局办公地址位于忠州街道香山二路14号附17号，内设办公室、生产发展科、产业管理科和科教信息科，核定人员编制 19 名。主要负责执行果品产业发展有关法律法规和方针政策，制定全县果品产业发展规划和计划，制定果品产业生产布局、结构调整、基地建设、抚育管理等方案并组织实施，指导和督促乡镇及专业合作经济组织果品产业发展等。

2017 年，全县柑橘总面积 2.33 万公顷，总产量31万吨，综合产值29亿元。忠县柑橘产业成为重庆市柑橘产业的核心区、全国柑橘的示范区。

【基地建设】　推进基地果园提质增效。完成柑橘果园基础设施建设项目1353.33公顷，新修灌溉及喷药管网300千米、园区机耕道13千米、生产作业便道55千米、蓄水池2000立方米；利用现代农业示范工程项目1250万元，在永丰、拔山、新立等地开展老果园改造及支持“鲜果集”橙汁公司建立加工原料基地果园；整合产业发展资金和亚行贷款项目，启动新建标准果园 166.67 公顷。推进三次产业融合绿色发展。投入1000万元财政资金在1333.33公顷柑橘基地果园开展有机肥替代化肥，推进“猪—沼—果”种养结合循环农业，建设农牧结合、种养平衡、生态循环示范基地666.67公顷。实施全县柑橘疫病防控三年行动计划（2017—2019年），遏制柑橘疫情防控严峻形势，出台忠县果业局《关于进一步规范柑橘种子、苗木和接穗等繁殖材料调运工作的函》，配合县农委植保站对全县2.33万公顷柑橘果园进行拉网式柑橘疫情普查，加大柑橘植物检疫执法力度，确保柑橘产业发展安全。在18个柑橘基地乡镇建立协保员制度，完成柑橘种植保险 1.33 万公顷，增强柑橘产业抵御市场风险能力。

【改革创新】　专题研究并出具《忠县果业局关于严禁柑橘基地果园随意高接换种和建立大规模果园承包风险防范机制的函》（忠果业函〔2017〕3号），对果园品种改良和适度规模经营作出具体要求，果园经营风险得到进一步的控制。大力培育市场主体，发展农业公司、家庭农场、种植大户、专业合作社等新型经营主体，至 2017 年底，全县从事柑橘种植的新型经营主体333家，其中农业企业169家，家庭农场 19 家，大户 98 家，专业合作社 47家；全县规模经营面积面积2.13万公顷，占全县柑橘果园面积的93%；核心区果园流转率100%。

【科技园区建设】　重庆忠县（柑橘）国家农业科技园区建设科技支撑示范工程项目顺利通过验收。搭建“一站三院六园”的科技示范推广体系，研究集成优质丰产适用技术体系，建成近万亩柑橘优质高效栽培和现代高新技术应用示范基地，带动忠县柑橘产业技术进步和效益提升。培养一批具有高新技术和装备应用能力的新型农民，形成一批自主知识产权成果与标准，其中国家软件著作权4项，实用新型和发明专利12项，企业技术规程15项，开发出橙皮果胶、柑橘皮渣生物有机肥等新产品。柑橘国际同创新中心建设稳步推进，全年完成立项、可研、选址、地勘、方案设计、初步设计、房屋拆迁，进入施工设计和开工阶段。柑橘区试验基地新栽植新品种组合 48 个，共计 364 株，为县柑橘品种储备打下坚实基础。开展品种固形物含量定期监测，初步掌握柑橘品种固形物含量变化趋势规律，为全县果农掌握柑橘最佳采摘期提供科学依据，推动“忠橙柑橘”“忠州橙汁”品牌打造。

【重大项目】　2017年，实施重大项目7个、重点项目1个，计划总投资3.6亿元，全年完成投资3.754亿元，占 104%。其中，柑橘交易中心建设项目完成投资 4540 万元，在忠县注册重庆田联柑橘网络科技公司；完成柑橘网交易、金融及保险服务平台开发并启动线上交易试运行功能测试，启动忠县、重庆、北京3个旗舰店和12家线下运营中心及6家合作核心企业建设，举办柑橘网产品发布会，建成柑橘交易中心展示大厅，完成柑橘网上线交易用户培训，实现线上交易额2亿元，金融贷款4000万元，农户宝理财金额1000万元。忠县35万吨柑橘加工项目，完成10万吨榨汁生产线安装调试和试生产加工鲜果1500吨，开工建设鲜果接收料仓、保鲜大罐、灌装车间、灌装生产线、冷库、参观通道等主体工程。派森百橙汁有限公司技改扩能项目，完成4个冷藏大罐的订购和场坪，扩大产能3000吨。柑橘科普旅游基地建设项目，中国柑橘城核心区规划通过县规委会评审，完成中国柑橘时空馆、柑橘科技博览馆、文化长廊方案设计，建成四季采果园。柑橘采后商品化处理项目在乌杨工业园区落地，占地2.2公顷，产能5万吨，建成鲜果处理加工厂主体工程及订购鲜果处理生产线及设备。柑橘高标准示范园建设项目，配套完成166.67公顷示范基地果园的道路、灌溉管网、土地整形改良等基础设施，推广绿色栽培先进技术。柑橘果园基础设施建设项目，完成1666.67公顷果园灌溉及喷药管网、园区机耕道、生产作业便道工等基础设施改造。

【招商引资】 2017年，外出招商引资50天，拜访北京农信互联科技有限公司、四川陶然农业科技发展有限公司、重庆市农业资产管理经营有限公司、四川联谊果品包装厂等企业14家；接待天津渤海商品交易股份有限公司、北京农信互联科技有限公司、中合农发商贸集团有限公司等来访企业47次。完成签约项目3个，开工项目3个，策划项目2个，完成合同引资金额4.575亿元，到位资金1亿元，其中由北京农信互联投资的柑橘交易中心项目，协议总投资4.075亿元，到位资金4540万元；由四川联谊果品包装厂投资柑橘商品化处理中心项目，合同金额2000万元，到位资金2000万元，建成投产；重庆市农业资产管理经营有限公司以股权投资方式入股鲜果集橙汁公司，合同金额3000万元，到位资金3000万元。

【柑橘品牌】 围绕“建立机制、统一形象、开拓渠道、网络营销、活动落地、广告宣传”六大主线，打造“忠橙”“忠州橙汁”两大区域公用品牌；授权20个企业，培育10个企业品牌，创建1333.33公顷示范基地。通过统一包装、统一果贴标、统一宣传物料等，统一品牌形象，形成价值合力。开拓线上渠道。开设“忠橙”官方网站，打造“忠橙”营销窗口；开设“忠橙”微信微博自媒体平台；举办“忠橙献礼·甜蜜相伴”情人节网络专题活动。开拓线下渠道。通过布局重庆直营店，开拓北京、上海、中国香港营销渠道，开设“忠橙”电商官方旗舰店，培育电商经销店，带动10家生鲜电商专业平台。举办“忠橙”品牌发布暨产销对接会、第二届“忠橙骄傲柑橘评选大赛”暨采摘文化节、“忠橙”重庆商圈春节主题活动、“花果同树·忠橙有约”大型网络直播活动，吸引1千万人目标消费者深度关注品牌。布局机场广告、重庆主城商圈广告、交通广告、社区广告、产地氛围广告，品牌信息覆盖2000万人。2017年，忠县柑橘成功创建国家级出口农产品质量安全示范区。

【柑橘科技】 开展2015年度忠县特色效益农业7个科技项目实施情况中期评估，督促项目承担单位如期推进项目实施。完成中国柑橘研究所承担的2014年柑橘皮渣有机肥试验示范项目结题验收工作。策划晚熟柑橘高品质栽培技术试验示范等科研项目8个，从县校合作200万元捐赠经费中立项30万元，技术支撑忠县柑橘国际协同创新中心建设。编制农业部“部级绿色高产高效示范园创建项目”申报方案。组建3名市级柑橘专家、5名县级柑橘科技特派员团队，重点解决全县柑橘产业高接换种杂柑规模化黄化问题。承办完成县五次全委会会前“柑橘产业制高点打造”课题调研任务。牵头承办县科协与县果业局联合承办的“柑橘产业绿色发展经验交流暨2017年重庆市柑橘学会学术研讨会”，作《几个高换品种在忠县的表现》主题演讲。协助相关科室承办的“中国橘城·三峡橘乡·网联天下”柑橘网产品发布会，完成“中国橘城·三峡橘乡·网联天下——重庆市忠县柑橘产业发展情况”的主题演讲PPT汇报材料起草。洽谈四川陶然公司“忠县柑橘杂交育种园”建设项目，推进柑橘国际协同创新中心科技工作。（秦胜国）

畜牧业

【概　况】 忠县畜牧兽医局办公地址位于忠州街道巴王路88号。内设局办公室、人事科、财务科、审计科、行政审批科、畜牧科、兽医科；下设4个事业单位，其中直属副科级事业单位1个（忠县畜牧兽医服务中心）、副科级参公事业单位1个（忠县动物卫生监督所）、股级事业单位2个（忠县动物疫病预防控制中心、忠县畜牧生产技术推广站）。总编制324人，在编在岗318人，其中参公事业编制20人、事业编制296人、机关工勤编制2人；有高级畜牧（兽医）师42人，中级125人，初级118人，专技人员占91.8%。

2017年，全县出栏生猪70.13万头、肉牛3.58万头、肉羊8.06万只、家禽550万羽、肉兔820.93万只、存栏蜂2.7万箱；肉类总产量8.08万吨、禽蛋总产量2.27万吨；年末存栏生猪47.05万头、牛8.87万头、山羊7.45万只、家禽453.27万羽、肉兔190.8万只。畜牧现价产值22.7亿元。全年无区域性重大动物疫情、重大畜产品质量安全事件发生。

【重点项目与招商引资】 完成7个肉牛标准化规模养殖场、15个肉羊标准化规模养殖场建设。完成双桂镇生态养殖小区建设项目实施方案制定和申报，争取纳入2018年县级产业发展资金项目建设。全年完成固定资产投资0.52亿元，建筑产值0.41亿元，超额完成目标任务。

按照“龙头企业+公司+农场”模式，围绕“种、养、料、加”四个核心，打造生猪产业链发展一体化、畜禽粪污资源化、利用一体化和种养循环农业发展一体化。全年引进50万头生猪产业一体化项目1个，涉项资金13亿元。

【产业转型升级】 全年规划启动畜禽健康养殖项目4个、现代特色效益农业市级切块资金畜牧业项目3个、国家畜禽养殖标准化示范场创建项目2个。申请专项资金1510万元，占总投资的47.8%。阿兴记祖代种兔场成功创建为国家畜禽养殖标准化示范场。验收兑现2016年特色效益农业市级切块资金畜牧业项目19个、中央现代农业资金山羊项目12个、生猪调出大县奖励资金项目2个，兑现项目补助资金982万元。全年兑现27个猪场农户103头母猪良种补助资金2.06万元。积极推广应用养殖场标准化建设、畜禽粪污资源化利用和现代繁殖等新技术，完成33个畜牧产业发展资金扶持项目的技术指导，全年良种肉牛冷冻精液配种改良3986头，产犊牛4014头，同比分别增长19%和21%。成功申报认定无公害畜禽产地认定和产品认证各8个。自2015年忠县创建无公害畜产品品牌以来，先后创建无公害畜产品产地认定14个，其中猪3个、肉牛1个、肉羊5个、肉兔3个、家禽2个；畜产品认证15个，其中猪3个、肉牛1个、肉羊5个、肉兔3个、家禽3个。

【畜禽养殖】 标准化规模养殖　全县指导发展新型畜牧业经营主体97家，建成畜禽规模养殖场18家，其中生猪5家、肉牛5家、山羊7家、肉兔1家，备案畜禽规模养殖场496家。

生态循环养殖　完成中央环保督查整改问题2个，即关闭禁养区内235家畜禽养殖场（户）、督促张凤国猪场完善粪污处理设施与资源化利用配套。完成2.2万头生猪当量畜禽养殖污染整治工作。积极开展白石水库水资源保护工作，牵头关闭一类保护区和敏感区内养殖场（户）11家，制定二、三类保护区内55家养殖场还田管网建设初步计划。做好政协重点提案《关于推进畜禽养殖粪便加工还田，治理畜禽养殖污染的建议》办理，被县政协评为提案办理先进单位。

【动物疫病防控】 *基础免疫* 落实春秋集中免疫、三旬分类免疫、规模养殖场自主免疫、包片兽医亲自免疫、挂牌兽医巡回督导等制度，采取动物免疫、消毒、普查、监测、监管等综合措施，实现免疫密度率、圈舍消毒率、疫病普查率、疫情监测率、防疫监管率均100%，免疫抗体合格率70%以上。

动物检疫监管 严格动物产地检疫申报和检疫、出证等程序，严格运输交易环节检疫监管，全县设立肉牛临时屠宰场（点）5个，开展检疫监督检查368次，出动执法人员754人次，下达整改通知95件，立案查处动物卫生违法案件5件，结案3件，罚款2940元。

动物疫病监测 开展H7N9流感专项普查，下发配套文件5个，对全县所有家禽免疫、发病、死亡、调运等情况开展普查，普查养殖场点202个、农户4.59万户、家禽278.36万只。养殖环境消毒130.22万平方米，禽交易（宰杀）市场消毒1.95万平方米。采集监测血清样品5182份、拭子样品952份，未发现家禽发病死亡及人感染H7N9病例。推进动物疫病自行检测机制，开展专题培训，与规模养殖场签订动物疫病自行检测责任书，采取委托检测方式有序开展动物疫病自主检测工作。

动物疫病流行病学调查 全年按猪、牛羊和家禽三类设置专项流行病学调查点24个，开展常见病和突发疾病排查19例次，定期开展流行病学分析评估和疫情预警，增强动物疫病风险防范能力。

【质量安全监管】 严格执行动物产地检疫和生猪屠宰检疫规程，年产地检疫猪20.03万头、牛0.62万头、羊0.5万只、禽64.58万羽、兔19.31万只，屠宰检疫生猪10.49万头。严格动物及动物产品运输交易环节检疫监管，全年开展活畜禽市场、活禽屠宰点、农贸市场、超市检疫监管检查128次，交易市场检查畜1.07万头、禽2.15万羽、动物产品76.8吨，公路检查猪40批次716头、牛16批次151头、羊2批次164只、禽26批次8795只、兔11批次2387只，均未发现问题畜产品。开展养殖环节和屠宰环节病死畜禽无害化处理，养殖环节和屠宰环节病死畜禽无害化处理率100%。强化畜牧行政执法监管。出动执法人员1448人次，抽检兽药产品批次17个、生产饲料样品1个、饲料原材料2个，立案查处3起，均已结案。

【生猪养殖保险】 2017年，指导、督促保险公司开展生猪保险10.34万头，发生理赔案件1552件，理赔生猪3787头，赔付金额248.65万元；牛投保3204头，理赔172头，赔付金额101.7万元；羊投保7542只，理赔635只，赔付金额39.17万元；种兔投保1.73万只，理赔3971只，赔付金额47.65万元。

【精准扶贫】 县畜牧兽医局是县纪委扶贫集团成员单位，对口帮扶马灌镇高桥村。安排专职驻村扶贫队员3名帮助马灌镇高桥村“建八有”、帮助贫困户“解八难”，先后投入扶贫资金40万元用于产业发展，发放建档贫困户慰问金12万元。开展产业扶贫技术培训2次，赠送仔鸡苗3000只。2017年脱贫12户，全村85户建档贫困户脱贫80户。

【队伍建设】 强化政治教育培训。组织畜牧科技人员开展时事政治学习、作风专项整治、“两学一做”常态化制度化、廉政教育基地警示教育等，切实增强政治意识、大局意识、核心意识、看齐意识。

强化业务技能培训。在全县畜牧系统开展多种形式的新技术培训、兽医卫生监督执法培训、畜产品质量安全监管培训、年度继续教育和动物检疫大比武竞赛等活动，对150余名新型职业农民开展系统知识培训。开展专业技术人员公开招聘和职称评聘，全年公开招聘畜牧兽医类专业毕业的大学生5名，评定初级专业技术人员19名，申报评定中、高级专业技术职称45名。（李兴洪）

渔业

【概　况】 2017年，忠县渔政渔港监督管理站更名为忠县渔政渔港管理站，行使渔业生产、渔政渔港管理和渔业“三大安全”职能，原忠县渔政渔港监督管理站承担的行政执法职能划转到忠县农业行政执法大队，承担的行政管理职能收归忠县农业委员会履行。

全县渔业生产方面，通过技术培训、技术指导、技术咨询，调整渔业产业结构，通过开展渔业项目申报，进行水产品快速抽检，拓展水域牧场水面，渔业生产发展较好。全年水产品总产量14100吨，渔业产值3.1亿元，分别同比增长7.63%、19.23%。渔政渔港管理方面，通过加强渔船检验和渔港管理，强化渔船安全、水产品质量安全和渔业生态环境安全的检查和审查，全年无渔业安全责任事故发生。

【渔业生产】 1月，组织全县有稻田养殖意愿的业主到合川、大足、铜梁等地参观学习先进养殖技术和管理经验，提高养殖户综合素质；开展技术指导，发放水产技术、鱼病防治等宣传资料1000份；开展水产养殖技术和鱼病防治咨询，接待咨询人数1100余人次；推广池塘内循环微流水养殖技术、鱼菜共生综合种养技术、微孔增氧技术、鱼鳖混养技术、稻田综合种养技术，增加水产养殖的经济效益及生态效益；指导养殖户增添水质监测、四周监控、电动抬网、电动载鱼等机械，节省水产养殖劳动力成本。组织申报市级现代特色效益农业水产项目16个，其中：稻田综合种养类项目5个，池塘、水库内循环微流水项目3个，其他渔业类项目8个，申报补助资金300万元；市级现代特色效益农业渔业良种工程建设项目1个，补助资金20万元。启动澧溪河生态湿地渔业园设计规划和涪井口渔港码头建设。

【渔政渔港监督管理】 贯彻执行国家、市、县有关渔业和渔政渔港管理法律法规和政策规定。开展捕捞渔民禁渔护渔、水生野生动物保护，发布渔业航行警告和通告，指导渔业船员培训，承担实施渔业船员考试发证等具体工作，负责全县小型渔业船舶监督检验（法定检验）以及检验业务统计上报工作。

【渔业安全】 *渔业船舶安全* 强化渔船安全目标责任制，与沿江各乡镇签订渔船安全委托执法书，与全县渔船船主签订安全承包责任书263份。做好渔船隐患排查和现场检查，完成378艘渔业船舶年度检验工作，办理渔民互保488份，全县无一起渔业船舶安全事故发生。

水产品质量安全 不定时对全县20家规模化养殖企业水产品进行快速检测，未发现孔雀石绿、氯霉素、呋喃类药物残留。

渔业水域生态环境安全 开展鱼类资源增殖放流，全年放流鱼种158万尾，其中鲢鱼70万尾、鳙鱼22万尾、草鱼17万尾，胭脂鱼8万尾、中华倒刺鲃11万尾、瓦氏黄颡鱼11万尾、长吻鮠11万尾、南方鲇8万尾。两位渔民误捕的长1.8米以上的中华鲟及时还江。审查《重庆港忠县港区新生作业区一期工程对三峡库区忠县段水生生态环境影响专题评价报告》和塘土坝、勾连碛、大碛脑、秤杆碛、烧边碛5个采砂区的《水生态影响评价专

章》，提出生态补偿措施意见。

【渔业行政许可】 换证审批捕捞许可259份，发放重庆市重点保护野生动物驯养繁殖证3份，驯养繁殖品种为黑斑侧褶蛙和细鳞裂腹鱼。

【渔民减船转产】 通过渔业油价补贴政策的调整，有3户捕捞渔民申请减船转产，销毁、拆解捕捞渔船3艘，辅助渔船1艘，兑现减船转产补贴20.7万元。至2017年底，全县渔业有船舶374艘，其中捕捞渔船256艘、辅助渔船114艘、养殖渔船4艘。

（胡晓蓉）

林 业

【概 况】 忠县林业局办公地址位于忠州街道巴王路22号。内设办公室、造林绿化科、资源管理科、产业发展科、野生动植物保护科、财务统计科、行政审批科和忠县森林公安局，下辖忠县森林病虫防治检疫站、忠县退耕还林还草领导小组办公室、忠县湿地保护管理站、忠县森林防火指挥部办公室、忠县天然林保护管理中心、忠县林木种苗站、忠县自然保护区管理中心和忠县国有林场。现有编制125名，在编在岗112名，其中行政编制18名，机关工勤人员1名，政法类编制13名，事业编制80名（其中参公编制15名）。

【国土绿化】 坚持“见缝插绿、能栽则栽”原则，抓好“3·12”全民义务植树活动，全年完成人工造林3333.33公顷，迹地更新2666.67公顷，森林抚育5333.33公顷，低产林改造1333.33公顷，异地植被恢复300公顷，珍稀植物培育133.33公顷，公益林管护57333.33公顷，规划“多彩江岸，筑美忠州”城周森林质量提升项目286.67公顷。采用分区分段布局方式，重点打造局部特色景观，形成长江南岸彩化景观廊、城市生态屏障、春雾繁花段、忠义流芳段、步履云霞段、纵览苍翠段、橘香漫城区的“一廊一屏障，四段一片区”景观结构，全年实施33.33公顷。林地面积、森林面积、林木蓄积实现“三增长”目标，构建起库区天然生态屏障。

【退耕还林工程】 稳步推进退耕还林，完成新一轮退耕还林补植补造7866.67公顷，退耕还林荒山造林续建项目693.33公顷。

【资源保护管理】 林地保护 把林地放在与耕地保护同等重要位置，从总量控制、分级保护、差别管理等三个方面，严格执行《忠县林地保护利用规划（2010—2020年）》，通过推动严格林地“一张图”管理，严格林地用途管制，严格征占用林地项目审批，严肃查处毁林开垦行为等“四严”措施，实现林地保护与县域经济同步协调发展，守住84666.67公顷林地“红线”。

森林资源调查 完成森林资源一类调查工作，全县133个固定样地中，较5年前新增林业用地样地9个，新增有林地10个，忠县近5年来森林面积和森林蓄积实现“双增长”目标。

森林防火 累计投入3000万元，在重点林区建成防火公路107.9千米。开展森林火灾隐患排查，做好风险数据登记，及时整改销号。突出管控重点，在进山路口等关键部位增设森林防火检查站，增派重点林区和森林火灾高发区的森林防火巡护人员，加大防火督查力度；减少火灾人为影响，及时消除隐患；乘上速度加快反应，前移扑火器具；除去陋习树新风尚，夯实群防基础等“加减乘除”四法狠抓森林防火基础工作。至2017年底，全县实现近5年森林火灾“零”发生目标。

森林病虫害除治 完成2017年松材线虫病集中除治任务，疫情得到有效控制，松材线虫病发生面积、发生小班、枯死松树实现“三下降”目标。

投入2103万元，悬挂诱捕器3000套，飞防松墨天牛2次，控制松墨天牛种群数量。严格执行松材线虫病疫区疫木及其制品管理规定，基本控制住松材线虫病疫情扩散蔓延。

野生动植物和湿地保护管理　抓好野生动植物资源保护和野生动物疫源疫病防控工作，全年无破坏重点保护野生动植物资源行为和无重大保护野生动植物驯养繁殖展演安全事故发生。开展消落带湿地生态保护和恢复重建造林26公顷，编制《忠县湿地保护修复制度实施方案》，到2020年实现湿地总量管控12238.33公顷。

自然保护区管理　整改中央环保督察事项，成立县自然保护区管理中心，启动湿地自然保护区调规工作。

【笋竹产业】　2017年，出台《忠县人民政府关于进一步推进竹产业发展意见》，召开忠县竹产业融合暨招商引资座谈会。建成官坝粗加工厂及万吨笋竹加工厂，支持瑞竹公司成功研发竹纤维环保餐具餐盒，扶持自立公司开发竹炭系列产品，初步形成以鲜笋、笋干、环保餐具餐盒、竹炭为主的竹产业商品体系。其中，瑞竹公司生产的竹纤维餐具先后获得2017年中国（上海）国际竹产业博览会金奖和第十四届中国林产品交易会金奖，重庆望帆农业发展有限公司生产的竹笋干获得中国绿色食品发展中心“绿色食品”认证。重庆全伦公司投资5500万元，新建12万吨笋竹加工项目正在加快建设之中。发展八斗台低碳竹海和巴曼竹韵乡村旅游接待中心2家，促进竹文化和生态旅游的快速发展。

（廖媛媛）

水务

【概　况】　忠县水务局办公地址位于忠州街道大桥路17号。机关内设办公室（挂信访科牌子）、组织人事科（挂审计科牌子）、财务科、水利科、规划计划科（挂县农村电气化办公室、县水利工程招投标管理办公室牌子）、水文水资源科（挂县节约用水办公室）、基建项目科、供水科（挂县水质监督中心牌子）、行政审批科、安监科，下设县防汛抗旱江河管理指挥部办公室、县水行政监察大队、县水利工程质量监督站、县水土保持站、县水务服务中心、忠县黄钦水库管理所、忠县马耳坝水库管理所、忠县忠石大堰管理处8个事业单位。局机关行政编制15名，在职人员15名，其中局长1名，副局长3名，科长（主任）10名，机关后勤服务人员事业编制1名。事业编制222名。在职职工210名。

2017年，共申请到位市级以上补助资金1.9098亿元。全年完成固定资产投资7.2亿元，完成率100%；完成建筑业产值5.08亿元，完成率100%。

【项目建设】　忠县大型水利工程　完成金鸡水库工程大坝上游护坡、防浪墙、下游格构护坡、排水沟、上坝公路、管理房装修、导流洞封堵等项目，完成溢洪道、取水塔土建结构及金属结构、设施设备安装调试，完成大坝下游量水堰、坝区31个变形观测墩、左右岸绕坝渗流孔施工，枢纽工程全部完工。完成总干渠1.48千米渠道施工、引水工程白水大堰4.48千米渠道整治，完成借水管道黑滩沟、河水坝取水口施工及3.2千米管道安装，完成东干渠2.8千米渠系施工，完成枢纽区水环保工程招投标工作。2017年7月7日，金鸡水库枢纽工程顺利通过下闸蓄水阶段验收。全年完成投资6459万元，占年度投资计划的102.5%。

忠县小（一）型水利工程　杨家坝水库于2017年12月26日开工建设。杨家坝水库位于白公街道马岭村，已纳入忠县“十三五”扶贫规划，是县城重要备用水源，兼有农业灌溉、灌区人畜饮水、防汛抗旱等综合功能。项目总投资概算13900万元，由水库枢纽工程及灌区工程两部分组成，集雨面积3.53平方千米，总库容188.37万立方米，最大坝高29米，大坝坝型为埋石混凝土重力坝，最大坝底宽23.77米，坝顶宽5米。杨家坝水库建成后能有效解决白公街道3个村360公顷农田灌溉用水、近2000人口饮用水及6000头牲畜饮水。

电站增效扩容改造建设　2017年，投资886.76万元，完成三角滩、汝溪、桐油滩、高洞梁、黑洞油、柏杨、德成、丰收等8座电站增效扩容改造建设任务，完成水电发电量11656万度。

河道治理　全年完成河道治理长度5.59千米，治理水土流失面积12平方千米，完成中央及市级投资504万元。

【饮水安全】　完成农村安全饮水巩固提升项目5个，累计完成投资6356万元，受益人口6.84万人，农村集中供水率84%，农村自来水普及率80%。

【防汛抗旱】　严格落实防汛抗旱行政首长负责制，县防汛抗旱指挥部与各乡镇（街道）和小（一）型以上水利工程管理单位签订防汛抗旱安全目标管理责任书，在忠州报公示102座（2座中型、7座小（一）型、93座小（二）型）水库的行政责任人、技术责任人、管护责任人。储备物资，组建队伍。成立由县水务局技术骨干及武装部官兵组成的100人县级抗洪抢险应急救援队，在29个乡镇（街道）、4个重点水利工程管理单位成立防汛应急抢险队；设立黄钦水库管理所、马耳坝水库管理所、忠石大堰管理处3个防汛物资储备仓库；5月7日，举行忠县金鸡水库防汛应急演练。成功应对“6·24”“7·7”“9·18”“10·3”等多次暴雨袭击。加强业务培训，6月、9月，在忠县行政学校分别举办2017年忠县防汛抗旱业务及河长制培训班、2期基层水利人员业务知识培训班，共计培训人员191人次。

成功应对“9·18”大暴雨。9月18日凌晨，忠县出现强降雨天气，截止18日16时，全县普降大到暴雨，金鸡、马灌2个乡镇的4个雨量站达大暴雨，最大降雨量出现在金鸡蜂水村（128.1毫米），最大小时雨量出现在金鸡蜂水村（62.3毫米）。受此次强降雨影响，全县河流水位普遍上涨，金鸡河段涨幅4.5米，三汇河段涨幅4.2米，兴峰河段涨幅2.1米，汝溪河沙河段涨幅1.7米，汝溪河白庙段涨幅1.1米。金鸡、三汇、汝溪、野鹤等乡镇出现灾情，造成5092人受灾，紧急转移安置1459余人（其中包括金鸡小学师生1000余人）；农作物受灾563公顷；倒塌房屋1间1户，严重损坏房屋33间10户，一般损坏房屋28间10户；直接经济损失5177万元。灾情发生后，县委、县政府采取各项措施抢险救灾。气象、水文、防汛、国土等部门密切跟踪雨水情发展趋势，及时发布汛情水情短信预警35783人次。及时启动防汛应急响应。灾情发生后，县防汛抗旱指挥部于9月18日9时30分起启动防汛Ⅳ级应急响应，及时开展抢险救灾工作。县委书记赖蛟、县防汛抗旱指挥部指挥长县委常委袁德祥、防汛抗旱指挥部副指挥长县水务局长王精华赶赴受灾严重的金鸡等镇了解灾情、指导抢险；全县水务系统干部职工停止休假，组织4个防汛抢险专家组，深入受灾乡镇、河流，现场指导处置灾情；县防汛指挥部和县水务局、县交委等防指成员单位和乡镇出动抢险车辆25台，现场指挥组织转移抢险和抢通城永路、渝巴路共13处塌方路段。由于抢险及时，应急处置得当，全县没有因暴雨洪灾引发人员伤亡事件。

【水利管理】　加大河道巡查力度，严格涉河建设审批。2017年，完成河道管理范围岸线划界624.1千米。全年查处水事案件14件，调解水事纠纷22件。

2017年，完成白石水库水资源保护高洞河河段1.7千米综合整治；全年将用水总量严格控制在1.69亿立方米以内，万元工业增加值用水量与2015基准年相比下降13%以上；农田灌溉水有效利用系数为0.4798；水功能区水质达标率81%；用于全县水资源管理、节约和保护费用占年征收水资源费的210%。

【泽润公司】 重庆泽润水务有限公司成立于2016年4月，是忠县集水利项目建设、乡镇供水工程管理为一体的国有控股公司，公司地址位于忠州街道大桥路17号。公司主要经营范围为水资源的开发与利用；从事建筑相关业务（凭资质证执业）；集中式供水；管道安装、维修；电力生产（不含需经许可或审批的项目）；销售给排水工程配套器材及零配件、民用建筑材料（不含危险化学品）、五金、水电设备。2017年12月29日，公司股权由忠县水务局移交给忠县畅达建设投资有限公司，公司在职员工127人。从建设“现代化、智能化、标准化”乡镇供水企业出发，已接管乡镇水厂及供区33个，供水能力6万立方米，供区人口超过38万人，高于县自来水公司城区供水人口18万人。

（李 东）

农田水利

【概 况】 2017年，全县投入劳动积累工593万个，投入各类水利建设资金52400万元。修复水毁工程230处；新建干支渠39.85千米，清淤渠道262千米；治理河段3.356千米，新增堤防5.585千米，疏浚河道14.1千米；新建农村供水工程5处；除险加固病险水库7座；整治完工山坪塘1500口，新修小水池668口，维护85口；新修泵站1处。新增供水能力25.78万立方米，恢复蓄水能力305.33万立方米；新增灌溉面积366.67公顷，恢复灌溉面积2020公顷，新增节水灌溉面积933.33公顷；治理水土流失面积4.64平方千米。开展全县农田灌溉水有效利用系数测算分析工作，2017年忠县农田灌溉水有效利用系数达到0.4798。年末大中型水库移民后期扶持现金直补人口241人，发放直补资金14.46万元；完成大中型水库移民后期扶持资金926.56万元。完成马耳坝中型灌区续建配套与节水改造项目干支渠（沟）疏浚39.39千米，干支渠道衬砌防渗27.9千米。

（李 东）

农村扶贫开发

【概 况】 忠县扶贫开发办公室办公地址位于忠州街道果园路3号，为忠县农业委员会挂牌单位，由县农委扶贫综合科、扶贫项目科、社会扶贫科3科室负责扶贫开发工作，有工作人员13名，其中正式职工8名，从乡镇借用工作人员5名。

2017年5月20日，市扶贫开发领导小组渝扶组发〔2017〕3号文件批复“忠县达到扶贫开发重点区县的退出标准，准予退出”，标志着忠县整体摘掉市级扶贫工作重点县帽子。实现全县整体性脱贫摘帽后，全县坚持当期脱贫与长效巩固两手抓，一手抓全县时有的2046户5838名建卡贫困人口较高标准的脱贫，一手抓已脱贫的6.2万人的长效帮扶巩固。制定《忠县“十三五“脱贫攻坚规划》。先后召开全县脱贫攻坚工作大会、县扶贫开发领导小组全体会议、全县脱贫攻坚工作推进电视电话会等扶贫会议15次。各乡镇（街道）主要负责人与县委、县政府签订脱贫攻坚及成果巩固责任书。开展脱贫攻坚“回头看”，全面落实问题整改。完善、深化实施各类政策保障，确保精准扶贫政策落地。实施贫困村提升工程，推进产业扶贫、金融扶贫。进一步凝聚社会扶贫力量，加强对驻村工作的管理。推进涉农资金整合，开展精准扶贫档案规范管理等。9月，全县召开深化脱贫攻坚工作电视电话会议，重新调整县扶贫开发领导小组组成人员，县委书记赖蛟、县长江夏同时担任县扶贫开发领导小组组长，实行双组长制。按市要求，调整全县现行贫困人口减贫计划，2017年减贫任务由原先的5000人调整为3246人。至年底，全县实际减少贫困人口1202户3446人，超额完成3246人市级考核任务；全县贫困人口减少到1076户3047人，综合贫困发生率下降至0.39%。

【**扶贫资金投入**】 2017年，全县财政扶贫资金投入28422万元，其中市级及以上安排的财政扶贫整合资金24909万元，县级财政安排3513万元。市级以上财政专项扶贫资金12454万元，包括由扶贫部门管理的财政扶贫发展资金11505万元，由发改委管理的以工代赈资金756万元，由民宗部门管理的少数民族发展资金133万元，国有贫困农场资金60万元。全年财政专项扶贫资金用于到人到户的扶贫资金9465万元。全年计划实施扶贫项目980个，实际实施扶贫项目1210个。其中投向基础设施项目1079个6363.75万元，产业扶贫项目115个3747.25万元，易地搬迁项目9个846万元，社会事业扶贫项目2个2800万元，金融扶贫项目2个557万元，扶贫培训项目1个80万元，贫困户慰问和小额扶贫信贷项目2个860万元。制订《忠县统筹整合使用财政涉农资金管理办法》，开展涉农资金整合，全年整合涉农资金2.3亿元。

【**基础设施建设和公共服务**】 2017年，全县各行业扶贫部门切实履行职责，开展行业扶贫工作。完成通畅工程、联网通达工程127个，完工里程305千米。实施安全饮水提档工程，全县自来水普及率80%，集中供水率84%，供水保障率96.6%。整治贫困地区环境，完成274个村（社区）垃圾设施建设，建成农村垃圾压缩转运站8座、垃圾收集点2000处，无害化处理农村陈腐生活垃圾5.8万吨，治理覆盖面90.4%，有效处理率100%。新建农村污水处理厂4座，累计建成运行27座，农村卫生厕所覆盖率52.83%。完成4个高山生态移民村以及64个中心村电力配套建设，新增配变269台，新建10千伏线路87.91千米，新建0.4千伏线路15.89千米，全县行政村光纤通达实现全覆盖。县扶贫开发领导小组出台《忠县精准扶贫到户到人工作方案》，以"12个到户到人"增收性、保障性和励志性精准扶贫措施为抓手，细化完善教育扶贫、卫生扶贫、培训转移就业、易地搬迁及危房改造、基本生活保障等各项精准扶贫到户政策。至2017年底，全县有低保兜底建卡贫困户2909户6820人，发放低保救助金2380万元；全年完成贫困户危房改造758户，累计完成"十三五"易地扶贫搬迁贫困户4210人。

【**整村扶贫建设**】 2017年，市级以上财政专项扶贫资金投入全县贫困村项目建设8967.75万元，主要用于72个贫困村整村扶贫奖补、基础设施提档升级和公共扶贫事业发展。加大原下达的整村脱贫项目建设进度，相关项目报账实行一月一通报制度。10月，在2014年确定的72个贫困村、"十一五"期间确定的贫困村以及对标排查未达到"建八有解八难"标准的非贫困村中，精准识别出白公街道松柏村、乌杨街道白坪村和太集村、马灌镇白高村、白石镇菜园村和巴岭村、涂井乡贾古村和万顺村、黄金镇芭蕉村、善广乡庄子村、野鹤镇愉幸村、花桥镇龙坪村、石黄镇高岭村、洋渡镇金台村和金竹村、石宝镇咸隆村、金声乡白岩村等17个相对贫困村。县扶贫开发领导小组下发《忠县贫困村提升工程工作方案》，以17个相对贫困村为重点，开展全县贫困村提升工程。按照实事求是、分类指导，问题导向、查漏补缺，稳定脱贫、持续发展要求，突出基础设施、主导产业、美丽乡村、集体经济、公共服务、乡风文明、乡村治理、基层组织8大重点，统筹解决贫困村共性突出问题与贫困户精准到户问题，巩固脱贫成果，增强造血能力，确保实现稳定脱贫。

【**产业扶贫**】 实行产融结合的产业扶贫新式，将扶贫产业发展与金融扶贫相结合。制订《忠县“十三五”产业精准扶贫规划》，出台《2017—2020 年产业到户扶贫项目指导意见》，围绕柑橘、生猪、笋竹、茶叶、中药材等特色种养产业，编制有市场、易操作、见效快的项目 16 个，通过驻村工作队和帮扶责任人逐一发放到户，引导和指导贫困户选择合适的产业发展项目。大力实施特色产业推进行动，柑橘、笋竹等特色骨干产业链向全县贫困区域、贫困群众延伸覆盖。加强电商扶贫，全力解决 11 个电商“空白村”问题。开展资产收益扶贫，实施龙头企业、专业合作社等市场主体享受产业扶持政策与带动贫困户增收情况挂钩。继续实施财政扶贫资金股权化改革试点，全县安排产业化扶贫股权化资金 1163.5 万元，经申报评审，确定下达股权化改革试点项目 18 个，覆盖 15 个乡镇 23 个贫困村 4563 名建卡贫困人口。

【金融扶贫】 与县农行、农商行、邮政银行合作开展“普惠金融诚信贷”，对有贷款需求、有脱贫意愿、有脱贫能力、有信用意识的贫困户产业发展，给予 5 万元以下、期限 3 年、免担保免抵押、基准利率诚信金融贷款。完善风险防控体系，建立产业发展普惠金融诚信贷风险补偿金 2800 万元，对贫困户产业发展进行贷款贴息，对到期不能偿还贷款的贫困农户进行风险承担。对全县 19567 户贫困户进行调查摸底，建立贫困户信贷需求信息数据库，筛选有贷款需求的农户 4779 户，入库资金 21069 万元。将金融扶贫工作纳入年度目标考核，每月一次督查通报。开通普惠金融诚信贷绿色通道，农户仅需“一证一纸”（身份证和申请书）即可办理贷款。2017 年，全县扶贫小额信贷新增贷款 6526.8 万元，较 2016 年增加 6257 万元；新增贷款贫困户 1650 户，获贷率 8.69%。忠县被重庆市扶贫开发领导小组办公室考核通报为“工作良好区县”。

【扶贫资金监管与监督执纪】 完善监管制度建设，针对扶贫项目发包、监督、验收、报账等历史遗留问题，明确所有经评审确定的扶贫项目必须是项目所在乡镇（街道）作为第一责任单位、发包方，规范合同文本、验收报账程序和方法。相关乡镇（街道）和村民委员会必须与县扶贫办签订扶贫项目质量、安全、进度、信访、廉政五合一承诺书，严把财政扶贫项目库建立、资金安排、过程监管、竣工验收、项目报账“五大关口”。2017 年，针对中央巡视组巡视重庆指出的问题，结合忠县在接受“1+3”脱贫验收、考核、资金审计及暗访督查发现的问题，全面“回头看”，查找问题根源，落实整改。全年接受市级督查 4 次，县内开展督查 4 次。县委巡察办抽查双桂镇、花桥镇，对扶贫领域相关工作开展情况进行专项巡察。年初，配合做好市审计局对忠县的 2016 年扶贫资金审计。针对市审计局 2016 年 9 月至 2017 年 3 月期间对忠县 2 次扶贫资金审计所指出的问题，县政府先后召开 2 次专题会议，分解落实整改任务，向市审计局和市扶贫办及时提交审计问题整改落实情况报告。

做好信访接待工作，全年处理办结市转各类信访件 15 件次，县内接处各扶贫信访 85 件次。全年未发生到京到市上访、集访和较大影响的信访件。

【扶贫培训与转移就业】 组织扶贫对象参加实用技术培训、“雨露技工”培训、创业培训、扶贫公益培训和致富带头人培训，全年开展县级以上扶贫各类扶贫培训 4727 人次。其中，“雨露技工”培训：全年组织 24 批 1017 名农村贫困人员到扶贫培训基地校，开展中药材种植、特色菜制作、鲜面制作、美容美发、挖掘机驾驶维修培训。政策业务培训：组织贫困村新任干部到市参训，在市扶贫指导中心举办 60 人规模的乡镇扶贫干部业务能力提升培训忠县专班；5 月 12 日召开全县驻村工作队队员、72 个贫困村党支部书记、县扶贫办全体职工共计 380 人参加全县贫困村驻村工作队队员培训会。实用技术培训和励志培训：12 月，县农委（扶贫办）组织

20 个宣讲小组，到全县各村包括 72 个贫困村开展党的十九大精神宣讲及“摒弃等靠要思想，实现自主脱贫”的励志培训教育 400 场；完成 384 名贫困大学新生财政扶贫资金不低于 5000 元的一次性兜底资助；12 月初，市扶贫办“榜样面对面”十九大精神暨基层脱贫攻坚先进事迹宣讲团到乌杨街道进行宣讲；忠州镇磨盘村脱贫户周利琼被推荐为市扶贫脱贫典型宣讲团成员。

与县人力社保局联合出台《关于进一步加强就业创业扶贫工作的通知》，全年提供扶贫公益岗位 1007 个，全部安排用于农村贫困人员。11 月，县扶贫办组织 20 名贫困劳动力到两江新区某电子厂务工就业。

【社会扶贫】 县外社会扶贫　市农委系统 39 个单位党支部与忠县 39 个贫困村党支部继续开展结对共建，市农委 39 个直属党支部为 39 个贫困村引进项目 6 个，扶持产业 18 个，捐赠资金及物资 38.58 万元；全年募集市级扶贫集团捐赠资金及物资 470 万元。落实新加坡连氏援助资金 67 万元，支持 3 个贫困村人畜饮水项目，于 11 月初全部完成。市农委扶贫集团募集 30 万元农业扶贫助学金，资助贫困学生 60 名。市国资系统“雨露工程”救助贫困大学生 150 名，发放资助金 75 万元。金科集团资助 750 万元，帮助石子乡发展乡村旅游；陶然居投资 7000 万元建设宾馆并定点收购农产品。五洲国际扶贫捐赠 100 万元、永辉超市集团捐赠 50 万元物资，救助贫困户 5000 余户。

县内社会扶贫　部分调整 29 个县级扶贫集团的牵头县领导及帮联乡镇。继续保持 1.8 万名干部与 2 万户建卡贫困户的结对帮扶关系。组织开展“10·17”第四个“中国扶贫日”活动，其间，全县 21 个乡镇（街道）举行爱心捐赠仪式，募集爱心捐赠款 108 万余元，29 个县级扶贫集团募集帮扶资金 315 万余元，引进扶贫帮扶项目 28 个。全年募集市级扶贫集团捐赠资金物资 470 万元，县级扶贫集团捐赠资金物资 3371 万元。

年初调整优化全县 72 支驻村工作队，调整后的每个驻村工作队由 2 名县级扶贫集团成员单位干部、1 名乡镇（街道）驻村干部和 1 名大学生村官组成。加强驻村工作管理，出台《关于进一步加强驻村帮扶工作助推脱贫攻坚的通知》《关于进一步加强贫困村驻村工作队管理的通知》等文件，完善贫困村驻村工作 7 方面 20 条工作职责。全面落实驻村工作待遇，县财政安排经费 92.16 万元，为每个驻村工作队落实工作经费 1 万元，并对考核优秀的驻村工作队奖励 2000 元。安排财政资金 5.76 万元，为 288 名驻村工作队成员每人购买 200 元的人身意外伤害保险。

【扶贫对象动态调整】 根据《重庆市扶贫开发领导小组办公室关于开展 2017 年度农村扶贫对象动态调整的通知》（渝扶组办发〔2017〕102 号）等文件精神，严格按照贫困对象识别标准、流程和方法开展扶贫对象动态调整管理工作，精准识别贫困对象和精准识别脱贫对象。坚持实事求是原则，重点关注“一个区域”（非重点贫困地区）、“三类群体”（低保、外出务工、新入户籍和无户籍人群）。严格按照“整户转、原地住、未享受任何城镇居民的政策、‘两不愁、三保障’问题尚未解决”四个条件，进一步核准“农转非”贫困对象。以“四进七不进、一出三不出”为具体标准，通过政策宣传、业务培训、进村入户、信息采集、民主评议、公示公告、比对核实、全程监督等工作环节，坚持“八步、两评议两公示一比对一公告”的流程识别确认贫困户和脱贫户。至 2017 年底，全县共动态调整新识别建卡贫困户 249 户 849 人（其中农转非贫困对象 5 户 12 人），因病因灾返贫 14 户 42 人。识别脱贫退出贫困户 1202 户 3446 人，完成市减贫目标计划 3246 人的 106.2%；结合市办反馈的低保名单，全面排查、逐一核实 2017 年度脱贫退出纯粹靠低保兜底的贫困户，进行脱贫回退处理 8 户 36 人；

通过自查和审计，核实建档立卡贫困户（包括已脱贫不享受政策人员），确定稳定脱贫对象45户166人，稳定脱贫回退对象11户39人。至2017年底，全县累计清退“四类人员”（建卡贫困户家庭成员中有购买享受型小车、有商品房、属股东、属财政供养人员）1172户4693人。

【年度脱贫成效考核检查评估】 1月上旬，忠县作为5个受检区县之一，代表重庆市接受国务院扶贫成效省际间交叉考核，宁夏考核检查组先后到野鹤镇、复兴镇、花桥镇、新立镇、拔山镇进村入户调查，对忠县2016年脱贫攻坚工作给予高度评价。12月下旬，先后接受重庆市2017年扶贫工作成效考核交叉检查和第三方评估。渝北区交叉检查组一行10人于12月25—29日到野鹤镇桐溪村、白寺村，新立镇石庙村、官坪村，黄金镇斑竹村、东风村，乌杨街道高寨村、庙堂村、兴合村等4个镇（街）9个村开展交叉检查，走访农户241户；12月29—30日，由西南大学组成的区县2017年扶贫成效考核第三方评估组一行20人到官坝镇碾盘村、龙坪村，金鸡镇蜂水村、木坊村进村入户调查，重点对贫困对象精准识别、精准退出进行评估。

【创新“3+1”长效扶贫兜底机制】 为破解因病致贫、因学致贫、因灾致贫和致富无路四大难题，全县创新建立“3+1”长效扶贫兜底机制：立足根除因病致贫，创新建立健康扶贫医疗救助兜底保障机制；着眼破解因学致贫，创新建立全学段教育扶贫保障机制；全面化解因灾致贫，创新建立“政府+保险”灾害救助机制；落脚实现全面小康，创新建立“普惠金融诚信贷”推动造血式扶贫机制。忠县此创新举措，得到上级领导肯定，先后被《重庆日报》等多家主流媒体报道和市委办公厅、市政府办公厅工作简报刊载。忠县脱贫攻坚先进经验被《重庆日报》以《脱贫与致富奔小康走同一路径，忠县精准扶贫改穷貌，勠力同心奔小康》为题专版宣传报道。

（胡晓蓉）

农业综合开发

【概　况】 全县农业综合开发项目由县农业综合开发办公室组织实施。县农综办为县农委挂牌机构，内设农综资金计划科、项目科。2017年，完成2016年度农业综合开发土地治理项目3个，均为高标准农田建设项目；完成产业化经营项目3个，其中财政补助项目1个，财政贴息项目2个；完成市级集中科技推广项目2个；市级专项资金项目3个。所建项目均通过市级验收。

【项目实施】 *土地治理项目* 完成土地治理项目3个：马灌镇高标准农田建设项目、复兴镇高标准农田建设项目（专业合作社）、复兴镇天子山片区高标准农田建设项目（第二批），实际完成高标准农田建设1166.67公顷。新建机耕路4291.7米，整治维修山坪塘2口，耕作便道13247.5米，路带沟10053.1米，排灌沟4787.6米，蓄水池11口，囤水田17口，拦山堰4处，引水管道2461.9米，灌溉管网14910米，泵房及抽水设备3座（台套），化肥池3口，蓄水池7口，拦水堰4处，机建桥13座。

产业化经营项目 完成财政补助项目1个，2016年度重庆派森百橙汁有限公司实施的“重庆市忠县年产1000吨橙皮丁新建项目”。经结算送审确认完成总投资845万元，财政补助资金400万元（中央财政资金250万元，市级财政补助资金120万元，县级财政补助资金30万元），企业自筹445万元。完成贷款贴息项目2个，重庆三峡建设集团有限公司实施的2016年“忠县新立镇果皮果渣垃圾资源化利用项目”，固定资产贷款5000万元，2015年1—12月利息支出304.49万元，贴息140万元；重庆高鹏生态农业有限公司实施的2016年

"忠县特种功能稻建设项目"，流动资金累计贷款868万元，2015年1—12月利息支出30.97万元，贴息23万元。

市级集中科技推广项目　完成市级集中科技推广项目2个。忠县新立镇文笔柑橘专业合作社依托中国农业科学院柑橘研究所项目技术，在新立镇文笔村实施的2016年忠县柑橘省力化施肥与病虫害绿色防控技术示范推广项目，项目财政投资50万元；忠县瑞丰农作物种植股份合作社依托中国农业科学院柑橘研究所，在马灌镇果园村、高桥村，实施的2016年忠县生态循环农业示范推广项目，项目财政投资50万元。

市级专项资金项目（自然灾害损毁修复及基础设施配套建设项目）完成市级专项资金项目3个。忠县拔山镇政府实施的"忠县2016年度拔山镇自然灾害损毁修复及基础设施配套建设项目"，经审计确认完成项目投资28.65万元；忠县白公街道办事处实施的"忠县2016年度白公街道自然灾害损毁修复及基础设施配套建设项目"，经结算送审确认完成项目投资11.66万元；重庆三峡建设集团忠县柑橘有限公司实施的"忠县2016年度新立镇自然灾害损毁修复及基础设施配套建设项目"，经结算送审确认完成项目投资31.6万元。

【资金投入】　在全县土地治理项目总投资中，用于实体工程直接费2283万元，非实体工程193.7万元，其中工程监理费49万元、科技推广措施46万元、项目管理费33万元、管护费26万元，项目可研及实施计划、实施方案编制费用14.8万元，勘测设计费24.9万元。

完成产业化经营项目总投资1008万元。其中，2016年忠县新立镇果皮果渣垃圾资源化利用项目完成总投资845元，中央财政资金250万元，市级财政资金120万元、县财政配套30万元，业主自筹资金445万元；2016年忠县新立镇果皮果渣垃圾资源化利用项目中央财政资金贷款贴息140万元；2016年忠县特种功能稻建设项目中央财政资金贷款贴息23万元。

完成市级集中科技推广项目总投资100万元。其中，2016年忠县柑橘省力化施肥与病虫害绿色防控技术示范推广项目，完成项目财政投资50万元；2016年忠县生态循环农业示范推广项目，完成项目财政投资50万元。

完成市级专项资金项目总投资71.91万元。

【重点项目引入】　忠县三峡橘乡田园综合体项目　2017年7月27日，忠县被国家农发办确定为重庆市首个国家级田园综合体建设试点项目。项目区规划面积1866.67公顷，涵盖新立、双桂2个镇10个村（社区）、62个组（社），项目区总人口3.58万人。三峡橘乡田园综合体建设试点项目重点规划布局柑橘产业示范园、新立高速服务区特色口岸、青龙湖湿地公园、忠小橘世界、橘香小镇、中国柑橘城、橘乡荷海、长江花卉植物园等核心景区。通过3年努力，将建成"中国橘城·三峡橘乡·田园梦乡"。项目预算总投资32.59亿元，实现三大目标：建成三峡库区绿色发展的典范，建成中国第一个柑橘产业精品田园综合体和柑橘特色小镇，成为生态美、百姓富的全面小康示范区。项目建成后，年接待游客可达100万人次，实现总产值30亿元，项目区农民人均收入可达3万元以上。

重庆市忠县利用亚洲开发银行贷款农业综合开发长江绿色生态廊道项目　项目计划总投资8200万元，实施区域为新立镇官坪村、白马村、双柏村、新立社区、华福村、农井村、红岩村。项目区建设内容主要为水土保持工程、绿色循环农业工程和机构能力建设，规划面积3325.87公顷，改扩建生态经济林1533.33公顷，其中新建生态经济林555.33公顷、改建生态经济林978公顷，建成长江绿色生态廊道，实现经济、社会、生态三者协同发展目标。项目建成后，新增柑橘种植面积555.33公顷，新增柑橘产量9797吨，新增综合产值3亿元，人均增收1703元。

【基本口粮田项目建设】 全国新增千亿斤粮食生产能力——忠县2016年度田间配套工程建设项目分别在忠县新立镇官坪村、长岭村（320公顷）和双桂镇九龙村、石桥村、过桥村（313.33公顷）实施，总投资1282万元。其中，新立项目区新建：3.5米宽机耕道4635米，4.5米宽机耕道550米，1.8米宽耕作道539米，2.0米宽耕作道1701.8米，（0.6米×0.9米）堰沟45米，（0.4米×0.5米）堰沟532米，整治山坪塘2口，新建蓄水池4口，PE75灌溉系统2189米；双桂项目区新建：3.5米宽机耕道2254.5米，3.5米宽连田砼机耕道102米，1.8米宽耕作道19291.2米，1.8米宽登山梯道共计121.5米，1.8米宽青石板耕作道82.5米，1.2米青石板耕作道470米，（1.2米×1.2米）沟上路595米，整治山坪塘2口，新建囤水田2口，新开挖航道1处。2015年度巩固退耕还林成果专项工程基本口粮田建设项目分别在双桂镇、复兴镇、白公街道三地建设，总投资900万元，每标段均为建设面积266.67公顷，投资300万元。2016年完成一标段双桂镇九龙村、过桥村项目建设任务，建设面积266.67公顷。2017年完成二标段白公街道和三标段复兴镇工程建设任务量，其中二标段白公街道完成建设面积266.67公顷，具体建设内容包括：4.5米宽机耕道2617.4米，2米宽耕作道1542.9米，2米宽路带沟（其中2米宽平直路458.2米、路边沟0.5米×0.6米445.2米），涵管Φ300有12处、Φ600有13处、Φ800有14处，稻田整形0.69公顷，夯筑田坎408米，引水管Φ160PE1828.5米、Φ50PE599.5米，新建蓄水池1口，整治山坪塘1口，村委处堡坎1处，天然气管道加固1项；三标段复兴镇完成建设面积266.67公顷，具体建设内容包括：3.5米宽机耕道2479.5米，2米宽耕作道206.2米，1.6米宽耕作道29.1米，1.2米宽耕作道61.4米，2米宽C25砼路带沟78米，2米宽C20砼路带沟1408.8米，1.2米宽C20砼路带105.5米（含梯步29.4米），1.6米宽沟上路（沟0.9*1.2米）247.8米，1.6米宽沟上路（沟0.5*0.6米）413.5米，2米深堰沟252.9米，1.2米深堰沟241.3米，0.6米深堰沟35米，稻田整形2.13公顷，新建蓄水池3口，整治山坪塘1口，拦河堰塘1口。（胡晓蓉）

农业行政执法

【概　况】 忠县农业行政执法大队办公地址位于忠州街道果园路3号，内设办公室、执法一科、执法二科、执法三科、执法四科，编制25名，在编在岗21名。

2016年12月29日，忠县机构编制委员会《关于调整农业行政执法职能推进农业综合行政执法的批复》（忠编发〔2016〕156号）明确忠县农业行政执法大队为正科级事业单位。主要职责是负责宣传贯彻执行国家、市、县有关农业行政执法的法律法规、方针政策，制定农业行政执法工作计划并组织实施；承担农业法律、法规、规章赋予由农业行政主管部门（畜牧兽医除外）履行的行政执法职能；负责农作物种子（含果树、蔬菜）、农药、肥料、农产品质量安全、农业植物新品种保护、农业转基因生物安全、植物检疫、农村环保能源的执法检查和违法案件的行政处罚工作；负责农机执法检查和违法案件的行政处罚工作；负责基本农田、蔬菜基地、无公害农产品、无公害蔬菜和绿色标志的执法检查和违法案件的行政处罚工作；负责农村集体资产、农村财务、农村承包合同、农民负担、基本农田保护管理的执法检查和违法案件的行政处罚工作；负责对渔港、渔业船舶、渔机具、渔药、有害水生动植物、渔业水域污染等的执法检查和对违法案件的行政处罚工作；负责依法开展经常性的农业投入品市场执法检查和生产经营假冒伪劣农业投入品违法案件的行政处罚工作；负责受理公民、法人和其他社会组织对违法案件的举报，并做好调查处理结果回复和调解工作；负责执法工作总结和执法统计上报工作，承办市里交办的跨区域协查案件；完成上级交办的与农业行政执法有关的其他工作。

【法治宣传】 2017年，开展“谁执法、谁普法”法律普及活动，集中加强对普及《种子法》《农产品质量安全法》等涉农法律法规的宣传，提高农产品生产经营主体对食用农产品非法添加和滥用农药、化肥、食品添加剂等行为及其危害性的认识，增强农民朋友的质量安全意识和维权能力，营造专项整治活动良好社会氛围。全年出动宣传人员700余人次，开展咨询活动28场次，发放各类农资安全宣传手册2000余册，制作宣传板报3期。

【行政执法】 全年开展农资打假、农机安全执法检查、非法捕捞、农产品质量、农业投入品、秸秆焚烧等专项行动40余次。在农资打假专项行动中，以是否经营假劣农资、未审定（登记）农资、标识标签不合格农资及禁、限用农资等为重点，对辖区内农资生产、经营单位及网点实行拉网式检查，保证农资市场监管不留盲区死角；在非法捕捞专项整治中出动执法车辆100余次，渔政执法艇60余次，对全县300余家渔船及渔民全面清查，在专项行动中查获非法捕捞及无证捕捞案1起，处罚金额2000余元；在农机安全执法检查中，全年开展农机安全执法检查500余次，未发生一起重大安全生产事故；在植物检疫大排查大执法过程中，查获非法调运、经营无植物检疫证书调运、经营应施检疫植物、植物产品案1起；在禁止焚烧秸秆专项治理中，在各乡镇人口集中地区悬挂横幅100余幅，全年责令整改30余次。

对管辖区域经常性监督检查，全年出动600余人次，对全县29个乡镇（街道）200余家农资经销商、500余家农产品生产企业、300余艘渔船、600余辆农业机械进行执法检查，查获各类违法案件22件，对违法违规经营户发出责令整改通知书16次；简易程序案件18件，处罚款金额0.12万元；一般程序立案5件，结案4件；没收违法所得和处罚款金额0.64万元，处没收违法农资产品900余千克。农业执法抽样送检农药产品42个、肥料产品2个，农产品39个。

【自身建设】 全年职工轮流组织业务学习28次。组织执法人员参加市级执法培训5起30人次。参加片区联合执法5人次，区县交流学习12人次。

（王丹萍）

农业机械

【概　况】 2017年，全县完成机耕作业96400公顷、水稻机械插秧1000公顷、机收作业12507公顷、土地深松整地作业250公顷，农业耕、种、收综合机械化水平达到50.8%。

【农机推广】 2017年推广耕整地机械3063台（套），六行乘坐式水稻插秧机6台（套），植保机械211台（套），收获机械136台（套）（其中联合收割机38台，割草机98台），粮食烘干机4台（套），农产品初加工机械40台（套），畜牧水产养殖机械34台（套），拖拉机9台（套）（其中90马力以上拖拉机2台），其他机械1台（套）。全年推广农机具3504台（套），兑现农机购机补贴353.72万元，鼓励和引导农民对农机的投入资金1147.74余万元。

【农机化发展】 2017年，培育水稻高产大户8户，通过粮油高产创建补贴大中型农机具14台（套），补贴资金30.231万元。水稻生产基本实现全程机械化作业，机插秧工作在各乡镇（街道）起到良好示范效果和较好辐射带动作用，特别粮食适度规模经营社会化服务组织的发展，适应了现代特色效益农业发展要求的生产经营机制。在收割季节，家庭农场、种粮大户、农机专业合作社等社会化服务主体开展农机跨区机收作业，实现县域外社会化服务。

【农机监理】 深化平安农机创建，建成部颁标准“平安农机”示范村（居）6个（石黄镇石黄村、石鲤村、双龙社区居民委员会，兴峰乡兴峰居委、太洪村、三元村）、示范乡镇2个（石黄镇、兴峰乡）。

开展农机安全生产宣传教育活动。利用微信、手机报、电视、报刊等新闻媒体，宣传农机安全生产知识和变型拖拉机专项整治的内容。全年出动农机安全宣传车178辆次，发放《农机安全生产知识手册》3100本，《平安农机倡议书》和农机安全宣传单35000份，发送手机安全警示短信2100余条，制作农机安全警示路牌18块，开展全县性农机手安全复训4期600余人。

开展变型拖拉机专项整治工作。成立全县变型拖拉机安全整治工作领导小组，制定《全县变型拖拉机安全专项整治方案》。全年清理本籍拖拉机1109台、外籍拖拉机1044台，建立外籍拖拉机“一车一档”“车辆统计资料卡”各847台套，清理微耕机38970台、收割机689台、农田作业拖拉机110台、插秧机279台；新培训考试拖拉机驾驶员142人，办理拖拉机证142本。强化行业监管职责，与各乡镇（街道）签订《2017年度农机安全生产目标管理责任书》29份；县农机监理站、农业服务中心、村（居）民委员会与农机驾驶操作人员签订农机安全生产责任书9100余份。

建立农机公安联席会议、信息制通报与共享制度。农机监理和农机警务室人员坚持开展节假日安全巡查和日常安全检查常态化，全年组织开展农机安全检查280次，出动车辆350车次，排查农机安全隐患85起，整改85起，参加执法检查的各级农机监理人员3600人次；协助公安办理一般程序案件5件，办理简易处罚350件，处罚0.96万余元。全年农机事故死亡人数为零，无重特大农机事故发生。

【农机培训】 2017年举办农机培训会11次，受训人数4528人，其中农机管理人员58人、农机技术人员241人、农机监理人员68人、农机操作工4161人。对“农业–026”特有工种职业技能进行鉴定。忠县工作站按照市农委要求，以及“农业–026”特有工种职业技能鉴定所文件的规定来执行。4月，对22名拖拉机驾驶人鉴定，合格21人；6月，对石黄镇、三汇镇农业机械操作工104人鉴定，合格98人；7月，对洋渡镇、野鹤镇农业机械操作工100人鉴定，合格93人。（胡晓蓉）

工 业

综 述

【概 况】 忠县经济和信息化委员会办公地址位于忠州镇中博大道2号。2016年，机关内设办公室、经济运行科、投资规划招商科、能源环资科、政策法规科、信息化管理科、安全监管科、组织人事科、纪检监察室，下辖1个事业单位，忠县企业服务中心。领导职数6名，其中，正职1名、副职4名、纪委书记1名。机关行政编制25名，事业编制6名，工勤编制3名。

2017年，全县完成工业总产值398.00亿元，增长21.2%；实现工业增加值95.87亿元，增长21.1%；其中规上工业完成总产值128.61亿元，增长36.3%；实现规上工业增加值43.39亿元，增长25.0%；工业税收3.02亿元，从业人员4万人。全县工业用电量6.35亿千瓦时，同比增长9.9%。其中规上工业用电量5.69亿千瓦时，增长11.6%。

【产业发展】 2017年，忠县发展医药产业、新能源、智能装备、资源加工等四大产业集群，规上产值实现128.61亿元，其中，医药产业实现产值42.78亿元，占规上工业产值比重33.3%；新能源产业实现产值9.08亿元，占比7.1%；智能装备实现产值9.52亿元，占比7.4%；矿产加工实现产值46.98亿元，占比36.5%。全县规上企业73户，产值超过10亿元企业2户，产值超过1亿元企业25户，2户企业（重庆天地药业有限公司、重庆海螺水泥有限公司）被确定为市100户重点企业，2户企业（重庆云河水电股份有限公司、重庆派森百橙汁有限公司）被确定为全市专精特新企业。 （秦雄飞）

工业园区

【概 况】 忠县工业园区是2006年经重庆市人民政府批准成立的市级特色工业园区，园区规划面积32平方千米，其中正在建设的乌杨新区，规划面积16平方千米，已建成6平方千米框架。忠县工业园区管理委员会（以下简称县工业园区管委会）为县政府派出机构，办公地址位于忠州街道新华路25号。内设综合科、土地征管科、规划建设科、招商服务科、财务统计科、安全监督管理科，创建和举办忠县工业园区信息科技服务中心。机关行政编制9名，在职人员6名；工业园区信息科技服务中心事业编制15名，在职人员11名。

2017年，忠县工业园区完成固定资产投资30亿元，实现工业总产值121亿元，税收2.2亿元，新增加劳动力用工500人，分别同比增长15.3%、22.1%、8.6%、6.9%。市对县经济指标年度考核中，园区工业集中度达到75%，产出强度达到69亿元/平方千米。

【园区保障】 土地保障 加快土地报批，调整土规148.67公顷，获取土地计划指标126.73公顷，全年获取市国土房管局土地批文92.4公顷。加快征地拆迁，督导配合乌杨街道开展“进农户、解民难、促拆迁”乌杨新区拆迁攻坚行动，完成征地拆迁377.47公顷，拆迁销号1960户，机械拆除房屋1817户，搬迁坟墓3066座，兑付征地拆迁补偿款6.5亿元；完成石子海螺砂页岩配料矿山征地15.67公顷，拆迁57户152人，搬迁坟墓80座，动迁10千伏电力线路1条、移动铁塔1座，新建出行道路3.8

千米，扩建道路 800 米，动迁人口 65 人；完成装备制造基地地上文物搬迁保护、地下文物发掘保护和光伏发电项目前期 213.6 公顷土地流转工作；全年共完成征地拆迁 393.13 公顷。加强用地管理，出资 1.8815 亿元回购重庆高速集团、云河专汽等资产，严格管控企业用地规模，防止“圈地”行为，协助新引企业特瑞公司收购园区“空壳”或“僵尸”厂房 8.9 万平方米，确保集约节约用地。

资金保障　争取财政资金 4.29 亿元，并将党校房屋、生态工业园 1 号及 2 号标准厂房、原川江车辆厂房、原天运乙醇酒精厂部分资产划拨到园区平台公司。采取棚户区改造、特许经营等融资模式积极向银行融资，取得融资指标授信 28.5 亿元，到位资金 17.2 亿元，启动通旭公司信用评级发债工作。积极采取 EPC 等模式引入社会资本参与乌杨公用码头、12 万平方米标准厂房等园区基础设施配套建设。合理节流资金，按工程进度拨款，科学制定偿债计划，全年偿还存量债务本息 4.13 亿元，缓解园区资金压力。

【基础设施建设】　健全机制。建立乌杨新区建设微信群，健全项目包干制度、现场巡查制度、工作人员记实制度、周周推进工作例会制度、联系会商制度等系列制度，为园区建设提供制度保障。立足“特色工业发展主战场、产城融合发展示范区”功能定位，加快编制忠县乌杨新区总体规划和控制性详细规划。高效率推进项目建设。发扬园区干部“敢干事、会干事、不出事”奋斗精神，筑牢“底线”思维，坚持“5+2”“白+黑”“晴+雨”努力奋战在建设一线。园区二期 180 公顷场平、龙兴大道（主二路）等项目顺利开工。乌杨新区中学完成项目用地场平和施工前期工作。10 万平方米标准厂房、5 万平方米倒班房、特瑞预留区场平等项目完成施工前期工作。投资 2.3 亿元完成乌杨公用码头（一期）工程总量的 75%。投资 9000 万元完成 C 区安置房工程总量的 60%。投资 8000 万元基本完成 12 万平方米标准厂房中 5 万平方米的主体工程建设。装备制造基地一期 44 公顷场平完成工程总量的 88%。投资 4000 万元畅通园区二期主一路南北连接道，主一路北段完成路基开挖回填工作。投资 3500 万元完成园区污水处理厂一期一阶段（日处理 7500 吨）建设。投资 560 万元完成农副产品加工基地边坡治理。

【招商服务】　全年主动“走出去”招商 110 天，拜访企业 59 家，接待企业 52 家；协助专业招商组引进项目 7 个，协议引资 27.38 亿元；牵头策划项目 5 个，引进项目 5 个，协议引资 62 亿元，到位资金 4.5 亿元；跟踪在谈项目 7 个。企业服务大幅提升。细化分解目标任务，建立项目推进微信群，落实专人跟踪服务，及时解决企业、项目遇到的问题，兑现优惠政策补贴款项 4000 余万元，确保招商引资项目顺利入驻，促成特瑞一期、鲜果集柑橘加工、三昇源电子产品、宇豪手机镜头等 4 个项目投产。产业发展以四大特色产业为引导，依托特瑞锂电、天地药业等龙头企业，加快推进锂电正极材料及医药产业基地、装备制造基地拟入驻项目建设，特色产业集群发展基础更加坚实。

【安全稳定】　投入安全环保整改资金 400 余万元，编制完成安全生产事故应急预案、环境突发事件应急预案，组织安全环保培训 1000 余人次，开展安全生产大排查大整治大执法 332 次，排查整改安全隐患 1039 条，实施环境保护监督检查 68 次，排查环保隐患 106 条；完成原天运酒精厂废液处置、园区道路安防设施设置、山东工业园及原川江车辆厂标准厂房消防管网整改等工作。园区安全保护总体形势稳定，未发生一起安全环保事故。信访工作平稳可控，全年开展信访稳定隐患排查 130 余次，妥善处置中铁集团、庆之都、佳鼎洗煤工程款及民工工资兑现等系列信访隐患问题；协调处置企业之间矛盾纠纷，严厉打击违法搭建、无理抗拆、非法阻工等违法行为，园区发展大局安全稳定。

（邹 勇）

医药工业

【概 况】 2017年，忠县围绕医药产业，打造忠县医药产业园。依托天地药业，巨琪诺美制药等2户重点企业，主要生产头孢类原料药、颗粒剂、片剂、胶囊剂、口服液、小容量注射剂、煎膏剂等药品。重庆天地药业有限公司被重庆市经济和信息化委员会列为2017年重庆市100户重点工业企业；重庆巨琪诺美制药有限公司投资8000万元启动"现代中药制剂扩建项目"，建成投产后年产值可达10亿元以上。2017年，重庆天地药业有限公司、重庆巨琪诺美制药有限公司等2户医药企业实现产值42.78亿元，同比增长38.2%；占规上总产值的33.23%。

（秦雄飞）

新能源

【概 况】 忠县依托重庆特瑞新能源材料有限公司、重庆天海电池材料有限公司、重庆市鑫旭锂电池有限公司、重庆天辉能源科技有限公司、重庆皇华钙业（集团）有限公司、重庆皇华矿业有限公司等6户重点企业，大力发展新能源材料、锂电池、清洁能源的研发、制造、销售。2017年，新能源产业规模以上企业实现产值9.08亿元，同比增长329.2%；占规上总产值的7.1%。

（秦雄飞）

智能装备

【概 况】 忠县围绕全市主导产业发展，抓住国家发展新能源汽车等政策机遇，大力培育新能源电动汽车、水轮机为主的装备制造业。依托重庆长帆新能源汽车有限公司、重庆云河水电股份有限公司、忠县三峡水电设备制造有限公司等企业，生产新能源电动汽车、水轮机、发电机等产品。重庆云河水电股份有限公司荣获2017年重庆市100户"专精特新"中小工业企业。2017年，引进重庆振渝新能源科技有限公司、重庆忠州智能制造有限公司、重庆振鑫专用汽车有限公司、惠州市锦睿鑫五金制品有限公司、深圳豪辰光学有限公司等5户企业，投资53.85亿元盘活僵尸企业闲置资产7亿元。2017年，装备制造产业规模以上企业实现产值9.52亿元，增长28.4%；占规上总产值的7.4%。

（秦雄飞）

资源加工

【概 况】 忠县利用柑橘、石灰石、石材等资源优势，发展农副产品加工及矿产资源产业。形成以重庆派森百橙汁有限公司、重庆市忠州腐乳酿造有限公司、重庆海螺水泥有限公司、重庆聚融建设股份有限公司等企业为龙头，生产派森百橙汁、腐乳、水泥、绿色新型建材、防水材料、建筑密封材料、建筑涂料等产品为支撑的资源及材料加工集群。2017年，重庆海螺水泥有限公司、重庆聚融建设股份有限公司等23户矿产资源及材料加工企业实现产值46.98亿元，同比增长21.4%；占规上总产值的36.5%。

（秦雄飞）

电 力

【概 况】 国网重庆忠县供电有限责任公司位于忠州街道山东路31号，以建设和运营电网为核心业务，经营区域覆盖全县29个乡镇（街道），供区面积2187平方千米，供电服务人口99.73万人。公司设有办公室（党委办公室）、发展建设部（项目管理中心）、党委组织部（人力资源部）、财务资产部、安全监察质量部（保卫部）、监察审计部（纪委办公室）、党建工作部（工会、团委）、电力调度控制中心等8个职能部；设运维检修部（检修分公司）、营销部（客户服务中心）、物资供应中心等3个业务实施机构；设忠县海银送变电工程有限公司、重庆润德供电服务有限公司忠县分公司集体企业2个。

全年完成售电量8.05亿千瓦时，同比增长9.66%；综合线损率完成5.70%，比年计划下降0.1个百分点。至2017年底，公司累计连续安全运行4131天，安全生产实现“八不发生”目标。公司在忠县重点项目目标考核中获一等奖。

【电网结构】 2017年，公司有变电站19座，主变38台，容量975.85兆伏安。其中，属地化运维220千伏变电站1座，主变2台，容量360兆伏安；110千伏变电站5座，主变10台，容量444.5兆伏安；35千伏变电站13座，主变26台，容量171.35兆伏安。

35千伏及以上线路48回，长774.33千米（含高压电缆4.809千米）。其中，属国网重庆市电力公司资产220千伏线路6回，长205.476千米；110千伏线路14回，长217.325千米；35千伏线路28回，长351.5271千米。国网重庆忠县供电公司属地运维220千伏线路6回，长205.476千米；10千伏馈线（大馈线）109条、长2472.59千米，其中架空导线长度2305.45千米，电缆导线长度167.11千米，电缆化率6.64%。架空绝缘导线长度537.84千米，架空绝缘化率21.43%。配电变压器3076台、容量652685兆伏安，站用变2台、容量100兆伏安；配电开关1280台，其中柱上开关281台、站内开关999台；配电开关站13座、环网箱81座、配电室95座、箱式变175座。0.4千伏：长度16050千米，其中架空导线长度15880千米。

【电网规划与建设】 滚动修编《忠县2017—2020年电网发展规划》，“十三五”期间规划投资4.6亿元，新建110千伏变电站1座，35千伏变电站2座，新建及改造10千伏配变545台；新建110千伏线路11千米，新建及改造35千伏线路151.36千米、10千伏线路534.54千米。启动110千伏普乐输变电工程、35千伏水坪输变电工程、35千伏驼三线路增容改造工程、35千伏镇江站增容工程前期工作，开展土地调规、可研设计。深化片区业主项目部管理，抽调运检、调控、安监、物质等部门人员组建业主项目部，建立定期协调机制，加强现场施工安全、质量、进度管控。

【供电服务】 创新服务机制。树立“管业务必须管服务、管人必须管服务”大服务理念，抓服务意识教育和服务案例培训，增强员工服务责任意识；落实发展、运检、安监、营销、集体企业等部门协同服务工作机制，提升业扩报装、故障报修、停电平衡等服务快速响应能力和应急联动机制；成立大客户办公室，加强大客户的差异化服务，开展对大客户用电咨询、业务办理、用电成本诊断分析、安全用电等增值服务工作，为忠县工业园区、重点项目、重要客户提供差异化增值服务。推广线上服务。实现客户“掌上电力”手机APP及95598互动服务网站“全天候24小时”线上办电和用电报装服务，全年新增用户线上申请2416户，占新申请业务的92.47%，其中高压客户网上申请100%；推进企业电费定向支付办理24户，个人银行代扣275085户，代扣成功率78.02%，全年线上缴费34521笔。支持企业发展。跟进忠县入驻企业用电需求，支持企业发展，及时完成拔山100兆瓦光伏电站上网，黄金中石化压气站、特瑞、电竞场馆等重要客户投运。开展大客户走访和座谈，了解用电问题，提供用电咨询，及时执行电价文件，为企业降低用电成本。开展大客户直接交易，降低海螺、特瑞、压气站等用户用电成本。和谐外部环境。出台《服务忠县双特思路专项举措》，完成特瑞一期、新生港等重点项目建设用电。完成水坪电竞城35千伏变电站建设，保障全国移动电子竞技大赛总决赛如期举行。阳光新能源100兆瓦光伏电站提前并网发电。跟进乌杨工业园区、临港新城等电力建设，促请政府及时出台《关于加快电网建设的意见》。

（龚小文）

天然气

【概　况】 重庆忠县燃气有限责任公司位于忠州街道乐天路21号，主要从事城市燃气输、配、售，管道设计、安装、维修，燃气具安装、维修，天然气设备及零部件供应，具有国家城市燃气经营资质、燃气具安装维修资质及管道工程安装专业承包三级资质。公司资产总额为18000余万元。2017年，公司设办公室、财务科、市场科、经营管理科、技术安全科、工程抢险科，在册职工88人。2017年，天然气供区覆盖忠县新旧城区及顺溪、复兴、乌杨、磨子等乡镇（街道），管理天然气客户9万余户。安装各类燃气主支管道347千米、阀井100座、调压箱（柜）1103台，建苏家、水坪配气站2座。

【燃气供应】 2017年，公司供应天然气2604万立方米。8月31日开始对非居气价端底；从9月1日起，将商业、集体、工业用气价格由每立方米2.5元调整为每立方米2.36元；从9月28日起，将车用CNG最高销售价格由每立方米3.27元调整为每立方米3.15元。

【安装维修】 2017年，发展安装天然气3765户。全年开展户内隐患整治（“一户一表”改造）2800户、工商客户专项整治121户、入户安检“三集中”隐患整治3250户。

【市场拓展】 苏家CNG、LNG加气（注）站建设。完成苏家CNG加气站及LNG储备调峰加注站建设，CNG加气站于8月22日投入运营。推介使用燃气中央空调，完成走访项目客户40个，与正在规划建设的忠义大酒店达成使用燃气中央空调意向，全年发展鲜果集厂和锂电池厂工业企业2家，并分别于2月、6月实现供气。

【企业管理】 持续推进企业“六化”（全面管理精细化、工程建设标准化、安全生产本质化、运行设备星级化、客户服务优质化、检查考核常态化）管理，完成《企业“六化”管理指导书》修订。印发《员工岗位工作标准及行为准则》。公司保持重庆市级文明单位、重庆市燃协“十佳和谐企业”和“文明服务示范窗口单位”，荣获燃气集团综合先进单位、安全先进单位、“四强党组织”荣誉称号，在县市属国有企业单位考核一等奖。

（陈明瑶）

石 油

【概　况】 中国石油重庆销售忠县经营部（简称中石油忠县经营部）位于忠州街道忠州大道巴王路9号附2号，是中国石油天然气股份有限公司在忠县设立的专业销售子公司，是忠县最大的国有全资石油企业，主要从事成品油批发、零售业务和非油商品销售及服务，资产总值 1933 万元。2017 年，中石油忠县经营部设综合办公室、营销科，下辖 12 个加油站，在岗员工 90 人。

【业务经营】 中石油忠县经营部拥有中国石油“兰—成—渝”输油管道作资源保障，建立先进物流、配送、销售、服务管理系统，履行政治、经济、社会“三大”责任，按照“国际先进、国内一流”要求，打造“管理精品、形象精品、服务精品、效益精品”一流企业。全年实现成品油销售 4.31 万吨。

（刘 琳）

自来水

【概 况】 重庆市忠县自来水有限公司位于忠州街道香山一路 2 号，为重庆市水利投资（集团）有限公司全资子公司，内设综合办公室、党群处、计划财务处、经营处、工程处、水质检测处、安监处、安装队、营管所、生技处，在岗职工 96 人。公司水质检测实验室，具备国家规定的 47 项检测能力。

公司经营范围主要包括城市自来水生产、供应，管道安装维修，给排水器材销售，市政工程三级施工。供水范围包括忠州（白公）街道城区及周边村社、水坪小区、乌杨场镇及乌杨工业园区，供水面积 27 平方千米，服务人口约 20 万人。有水厂 4 座：香山水厂（日供水能力 5 万吨）、苏家水厂（日供水能力 2.5 万吨）、乌杨街道水厂（日供水能力 0.18 万吨），乌杨工业园区水厂（在建，日供水能力 2 万吨），日总供水能力近 10 万吨，能够满足生产生活用水需要。

2017 年，公司经重庆市供水管理处审定为二级供水企业，被市水利局评审为职业健康安全管理体系安全生产 A 级企业。

【业务经营】 2017 年，完成售水量 917.2 万吨，实现营业收入 4588 万元，上缴税金 356 万元；城区自来水注册用户 61810 户，其中一户一表 55753 户，二次供水用户 5547 户；落实民生实事“一户一表”改造工作，完成城区“一户一表”改造 850 户。

（袁小波）

交通　通信

交通综述

【概　况】 忠县交通委员会办公地址位于忠州街道果园路22号。内设办公室（挂信访科牌子）、组织人事科（审计科）、法制科、综合规划科（挂县铁路建设办公室牌子）、财务科、建设管理科（挂交通工程招投标管理科牌子）、养护管理科、综合运输管理科（挂县交通战备办公室牌子）、安全监督管理科（挂应急管理办公室牌子）、行政审批科。机关编制19名，其中行政编制16名，工勤人员3名。在编在岗15名。

2017年，忠县交通委员会下属10个事业单位，分别是忠县公路局、忠县道路运输管理所、忠县港航管理处、忠县交通行政执法大队、忠县交通工程质量安全监督站、忠县交通运行监测与应急调度中心、忠县公路养护中心、忠县交通规划研究设计院、忠县交通运输档案管理中心、忠县航道养护中心。

2017年，全县完成交通固定资产投资17.96亿元，完成水陆客货运总周转量50.57亿吨千米，增长13.5%。

【公路建设】 2017年末，全县公路总里程6370千米，其中高速公路109千米，规划国道156千米、省道271千米、县道800千米、乡道1200千米、村道3834千米。全县行政村公路通达率、公路通畅率、客运班车通达率均为100%。忠（县）万（州）、忠（县）梁（平）、忠（县）丰（都）3条高速公路顺利通车，形成G50沪渝、G69银百、G5515张南“大”字型高速公路网，高速公路总里程109千米，拥有11个互通出口，惠及12个乡镇。

【航运建设】 2017年末，全县有营运船舶68艘/13.2万载重吨，其中客船27艘，货船41艘。长江黄金水道流经忠县88千米，全部为一级航道；规划岸线总长27.26千米（已批准使用8.99千米）；支小河流12条88.3千米，航道总里程176.3千米。各类码头27个，渡口145个，泊位71个，最大泊位能力5000吨级。（肖　念）

道路建设与运输

【概　况】 全县有营运机动车3138辆，其中客运车864辆/1.6万客位；货运车辆2824辆/7536吨位。全县班线客运公司6家，客运线路170条，班车546辆。其中省际班线9条，班车33辆；县际班线23条，班车65辆；县内班线65条，班车266辆；农村短途线路73条，班车182辆。包车客运公司1家，客车10辆。公交客运公司1家，公交线路21条，公交车72辆。出租客运公司2家，出租车220辆。6家客运站（2家三级客运站，4个四级客运站），197个农村客运招呼站。2017年完成客运量1086万人，同比下降2%；客运周转量68273万人千米，同比下降6%；货运量531万吨，同比增长2%；货运周转量49118万吨千米，同比增长6.3%。

【道路基础设施建设】 洋渡、磨子、金鸡、马灌等4条高速连接道及忠州龙潭、石宝大洞子、洋渡合力渡改桥、忠州灯家湾、新生黄岭头车行桥建成通车。G50沪渝高速忠县互通扩能改造工程、G50沪渝高速普乐开放式停车区扩能改造工程开工建设。国道 G350 沿溪大桥至忠县长江大桥段、官坝至陶官桥公路、三元至梁平界路面大修工程完工通车。金声乡至九亭岔路口公路、花桥镇至“五十三公里”公路、善广乡至新生镇等路面大修工程开工建设。完成农村公路油化硬化工程 153 千米，安装农村公路安全护栏 100 千米，新增设农村公路警示桩 21.7 千米，安装 18 处漫水路段（桥）防护栏 1528 米，完成危桥改造 3 座，设置交通标志标牌 434 块。

【道路运输行业监管】 交通行政执法 全年出动执法车辆 8200 车次，巡查公路 84 万千米，巡航 1305 海里。例行检查客货运车辆 16800 辆，检查港口码头 238 次、渡口渡船 622 次，检查道路运输企业 180 次、水上运输企业 108 次，查处交通违法案件 1056 件，下达违法行为告知书 170 份。检查超限运输车辆 17731 台/次，查处车辆 94 台/次，卸载 68 台/次，卸载货物 208.85 吨，超限率控制在 1%以下。

行业安全监管 以“平安交通”“道路运输平安年”“安全生产大排查大整治大执法”等专项行动为载体，以农村客运、危险货物运输车辆、客渡船舶、重点建设工程等为重点，召开 4 次全体会议、10 次行业安全工作例会、18 次专题安全会议安排部署，组织开展交通运输安全生产联合大检查 100 余次，检查企业 676 家次，发出督查检查通报 10 期，发现隐患 656 起，整改 656 起，整改率 100%。开展公路阻断、车站码头消防、防恐反恐等应急演练 6 次，紧急出动应急抢险 35 次，深夜抢险排危 6 次，疏通交通中断 10 处。交通工程质量安全可控。全年办理质量安全监督手续 74 份，发出公路（水运）工程质量监督抽查意见通知书 16 份、公路工程质量鉴定报告 144 份；开展安全监督、综合监督、专项监督检查共计 196 次，排查一般安全隐患 215 处，下达抽查意见通知书 66 份。办理行政处罚案件 12 起，结案 11 起，处罚金额 5.5 万元。

运输市场管理 新增 302 公交线（汽车总站——建委 去程：汽车总站—行政副中心—长河社区—张家湾—职教中心—邓家丫口—邓家丫口<1>—胥家丫口—梯子口—金山沟—白公祠—澜凯花园—电影院—重北—三峡风—人民银行—建委。返程：建委—二小—香山宾馆—金水门—澜凯花园—白公祠—样子口—胥家丫口—邓家丫口<1>—邓家丫口—职教中心—张家湾—长河社区—行政副中心—汽车总站），6 台新能源公交车，新开辟 205 公交线路 1 条（黄金水岸—人民医院 去程：黄金水岸—白公派出所—狮子坝—任家巷子—临江广场—白桥溪—广场西站—迎宾大厦—燃气公司—乐天花园<南>—乐天花园<东>—聚云路—人民医院<东门>。返程：人民医院<东门>—乐天小学<1>—乐天小学—交警大队—乐天花园<东>—乐天花园<南>—燃气公司—迎宾大厦—家福—中博世界城—广场西站—白桥溪—临江广场—任家巷子—狮子坝—白公派出所—曼子路—黄金水岸），调整 306 公交线至人民医院（去程：汽车总站—李家沟—桃子湾—天桥—交警大队—乐天小学—人民医院—香山湖南门—半边街—锦绣六期—隧道口—中博隧道。返程：中博隧道—隧道口—中博广场—中博世界城—政府东门—广场东路—香山湖南门—人民医院—乐天小学—交警大队—天桥—桃子湾—李家沟—汽车总站）。建成忠州、白公、拔山、涂井、复兴等乡镇（街道）农村客运招呼站 20 个，维修整治农村客运招呼站 69 个。新增拔山至午阴、金宝村，双桂至龙桥、四方碑至新生等农村客运线路 4 条，恢复城区至万顺场农村客运线路，优化延伸里仁至复兴村、官坝至复兴村、金龙至中和场客运线路 3 条。对全县 600 余名公交车、出租车驾驶员进行职业道德、文明礼仪、安全法律法规知识培训，行业从业人员文明素质进一步提升。96096 交通服务热线受理市民群众投诉、建议、咨询、求助等问题 8920 件，群众对热线服务质量的满意率 99.54%。

（肖 念）

水路建设与运输

【概　况】 辖区有港航企业 22 家，营运船舶 58 艘，运力规模 14.2 万吨、1462 客位，港口码头 35 座、泊位 41 个。全年完成客运量 4.5 万人，同比增长 12.5%；旅客周转量 2861 万人千米，同比增长 11%；货运量 556 万吨，同比增长 5.3%；货运周转量 446539 万吨千米，同比增长 14.2%。

【水运基础设施建设】 新生港按 PPP 模式全面开工建设，全年累计完成投资约 10 亿元。9 月 8 日招标挂网，9 月 28 日公开招投标。至 2017 年底，港口前沿孤岛场平完成，大宗材料堆场、搅拌站等场地基本成型，工地实验室建设、水上施工 1—3 号栈桥搭设完毕，水工结构图全部 380 根桩基的超前钻孔施工同步进行，陆域清表全面完成，正在进行大规模土石方挖填施区。忠县“过夜港”项目改造完成，包括“过夜港”及旅游集散中心主体工程、2 艘趸船技改及 2 座 5000 吨级地锚设置，累计完成投资 3 亿元，完成投资进度 100%。港口航道基础建设。完成乌杨生态工业园公用码头设施一期工程 3 个 6000 吨级货运泊位 175 米水位以下基础工程及码头堆场的 65%，全年完成投资 2.6 亿元；东溪河航道整治、辖区获批的 7 道渡口、2400 余米水毁梯道修复、112 个渡口应急地锚建设全部完工。加强港口岸电建设工作，万港忠县分公司、大美游轮公司投入资金对忠县客运、石宝客运码头进行岸电设施改造。

【水运市场管理】 清理规范性文件，完善行政审批办事流程，推进行政许可“一站式服务、一窗口受理、一网站办理”，水上交通网审平台运行良好。有序实施客船实名制，3 家客运港口企业全部纳入监管。加快推进诚信体系建设，大美三峡公司荣获“长江诚信港航企业”称号。做好春运、“清明”“五一”“国庆”及寒暑假等重点时段的客运趋势研判，制定运力保障机制，实现旅客“零滞留、零投诉”。争取专项资金，将客渡船承运人责任保险提高至每座 100 万元，进一步提升经营者抗风险能力。开展航运市场秩序专项整治工作，对辖区 9 家运输企业 45 艘船舶开展 2017 年度水路运输经营者资质核查，核查通过率 100%。推进辖区客渡船舶安全性能提升和运力结构调整，争取市级补助资金 479 万元，拆解老旧客渡船 27 艘，客运结构更加优化。

【水运安全监管】 地方海事管辖水域持续保持“零”事故、“零”伤亡和“零”经济损失目标。全年出动执法车 210 辆次、艇 69 艘次，检查港航企业 215 家次，船舶 376 艘次，发现各类隐患 220 件，整改到位 220 件，累计投入整改资金 41 万元。坚持落实“一岗双责”制、安全例会制、重点督查制、24 小时领导带班值守制、重点时段现场值班制，保障节假日、重要会议、汛期、库区蓄退水期等重要时段水运安全。强化安全宣传培训工作。开展《重庆市港口条例》宣贯培训、“防灾减灾日”“安全生产月”等宣传活动 6 次，发放宣传资料 26800 余份，悬挂宣传横幅 38 条；举办船员基本安全知识、应急知识、乡镇监管人员业务知识、港口从业人员基本安全知识 5 期 314 人次。开展安全专项整治行动。深入推进汛期安全、平安交通、大排查大整治大执法等专项整治工作，排查整改安全隐患，提高水运从业者的安全责任意识，辖区水运安全形势持续向好。强化应急救援工作。组建由 6 名具有丰富的水上抢险工作经验和专业知识的人员组成“水上应急抢险专家咨询组”，提取专项资金购置储备救生衣、救生圈、灭火器、船用救生包、钢丝绳、抛绳器、吸油拖栏等 38 类水上交通应急抢险物料、设备和机具，落实应急船舶，由专人对应急物资、装备、船舶进行维护保养，随时处于待命状态。加大船舶动态监管。通过水上交通管理监控系统、短信、微信等方式，向港航企业及船员发送水文、气象及灾害天气预警信息135条。接收船舶报警16次，水上交通管理监控系统平均在线率97%以上，客渡船上线率70%以上；成功处置“黄金5号”游轮“疑似食物中毒”、白石水库紧急泄洪、船舶溢油、船舶航行中乘客突发疾病等4次突发事件；加强东溪河、龙滩河航道航标等设施的巡查维护，根据水位变化情况，及时调整航标，并在浅滩、暗礁和过窄的航段设置警示标志，确保航道安全畅通。加强船检源头管控。全年完成船舶营运检验145艘次、船舶春运附加检查58艘次，发放船检证书126套，无逃检、漏检船舶现象，检验合格率100%；按照年初计划，对辖区8艘运输船舶执行吨位丈量，核发吨位证书；推进船检管理规范化建设，实行“一船一档”管理，落实专人管理船舶技术档案，资料无缺失。全年未发生一起船舶检验质量安全责任事故。

【非法码头专项整治】 组建整治工作领导小组，从13个县级部门抽调人员，按“一案一策”、一个乡镇（街道）一名县领导督查指导，一座非法码头一名整治办领导、一名乡镇（街道）“一把手”、一名乡镇（街道）分管领导、一名村（社区）干部的机制，对12座非法码头和3座取缔散货功能类集镇码头进行专项整治，共完成120万吨砂石存量清运工作，生态复绿面积12.47公顷，播撒草籽、菜籽2780千克，植树4861棵，收回非法占用岸线1498米。 （肖 念）

海事监督管理

【概 况】 重庆忠县海事处（2005年10月，重庆石柱海事处归并重庆忠县海事处管理）是重庆海事局的派出机构办公地址位于忠州街道滨江路29号。下设新生、忠州、石柱三个长江巡航救助执法大队。有在职职工34人，外聘临工16人。主要负责管理长江干线大山溪（上游航道里程449千米）至石漕溪（上游航道里程383.2千米）65.8千米水域，即忠县洋渡镇、乌杨镇、新生镇、任家镇、忠州街道、白公街道、复兴镇、涂井乡、东溪镇、石宝镇及石柱县沿溪镇、黎场乡、西沱镇所辖的长江干线水域的安全监督和防污管理工作。

【海事监管】 2017年，忠县海事处把握辖区安全监管重难点，保障22.1万人次旅客、1172.3万吨货物、37947台滚装车辆的运输安全。辖区实现“三零”（“零事故、零污染、零险情”）目标，安全形势持续稳定。

客渡船监管到位，结合渡船“斑马线行动深化年活动”，严格落实“116”机制，全年开展客渡船船员安全培训2次。危险品船舶严格落实“115”长效机制，实施全过程跟踪，确保危险品货物安全进出港。对滚装船实施24小时监管，落实砂石船舶“162”长效监管机制和分类管理，严厉打击砂石船舶违法行为，禁止砂石船舶超载。

（李 航）

港航建设

【概 况】 重庆市万州港口（集团）有限责任公司忠县分公司（简称万港忠县分公司）位于忠县忠州街道滨江路28号，公司下设办公室、财务室、安全办、调度室、客运部、苏家货运作业区、石宝旅游码头作业区等部室。公司有职工35人，具有大专及其以上学历人员16人，拥有各类专业技术职称人员25人。

【基础设施建设】 客运方面，拥有红星客运码头、石宝客运码头。其中，红星客运码头拥有设计规模为3000吨级客运泊位1个、1000吨级客运泊位2

个，年通过能力 180 万人次，使用岸线长 250 米，设置 65 米钢质囤船 2 艘；修建有 13000 平米客运综合大楼，拥有宽敞明亮的旅客候船厅。石宝客运码头拥有设计规模为 3000 吨级客运泊位 2 个，年通过能力 14 万人次，使用岸线长 150 米，设置 65 米钢质囤船 2 艘。

货运方面，在北岸修建有 3000 吨级全机械化作业的苏家件杂码头，7000 平方米堆码库场，10 吨级的龙门吊、浮吊、双轨货运缆车，能同时满足两艘 3000 吨级货船装卸作业，是忠县机械化程度最高的码头。拥有年吞吐量 200 万吨的新生深水港多用途码头。

【经营发展】 2017 年，万州港发忠县分公司完成货运吞吐量 15.2 万吨，停靠旅游船 2032 艘次。忠县过夜港及旅游集散中心项目 2017 年 8 月完成项目竣工验收，旅游商业已经投产，旅游换乘中心具备换乘功能，接待中心正进行二次装修之中。

（戴桂平）

邮 政

【概 况】 中国邮政集团公司重庆市忠县分公司位于忠州街道果园路 20 号。2017 年 8 月，分公司机构设置为 7 个室（部）：综合办公室、市场营销部、运营管理部、金融业务部、包裹快递部、渠道平台部、集邮与文化传媒部；4 个生产班组（队）：投递组、车队、保安队、技术组；10 个支局：新生支局、拔山支局、新立支局、乌杨支局、白石支局、官坝支局、涂井支局、黄金支局、城区支局、马灌支局。拥有邮政所 68 个、服务网点 68 处，邮路总条数 5 条，邮路单程总长度 1200 千米。

【邮政业务】 全年总收入累计完成 1.38 亿元，完成确保目标 103.77%、奋斗目标 102.3%，高于全市平均进度 0.34 个百分点，全市排名第 11 位，片区排名第 3 位；同比增幅 17.56%，高于万州片区平均增幅 2.28 个百分点；金融类业务收入 11592 万元，全市排名第 8 位，收入占比 83.79%；邮务类业务收入 2092.98 万元，同比增幅 45.32%，收入规模全市排名由 2016 年 22 位上升至第 18 位。

全年总资产 86.90 亿元，新增总资产 13.01 亿元，其中余额 74.09 亿元，全市排名第 8 位。储蓄余额净增 8.27 亿元，增幅 12.56%，排名全市第 10 位，较 2016 年上升 6 位。在忠县金融市场占有率 23.29%，同比提升 0.5 个百分点。新增余额市场占比 28.21%，全县同行排名第二。

2017 年邮政业务收入情况

表 16

专业	收入	同期数	增幅	计划	进度	占比
金融	11592	10185	13.82%	11151	103.95%	83.79%
分销	609	432	40.97%	595	102.37%	4.40%
包裹快递	446	254	75.47%	440	101.34%	3.22%
报刊	292	281	3.84%	301	97.11%	2.11%
集邮	261	166	56.63%	260	100.21%	1.88%
函件	251	196	27.78%	235	106.73%	1.81%
电商	231	107	115.97%	221	104.70%	1.67%
其他	143	131	9.38%	127	112.73%	1.03%
机要	3	3	4.35%	3	98.01%	0.02%
合计	13835	11768	17.56%	13333	103.77%	100.00%

2017年，公司实现净利润5746.14万元，收入利润率41.64%；人均劳产率41.56万元，较2016年提升8.88万元，增幅27.17%；企业总成本9000万元，其中人工成本8089万元，占总成本的89.88%。

【运营建设】 邮政基础设施建设 2017年，投入708万元，新购置九亭、金鸡2处营业用房，完成玉溪、金天门等5个网点房屋装修改造，新建洋渡、乌杨、新生、涂井等14个职工小家和分公司机关食堂，完成县中心金库迁址及升级装修改造。实现中央预算项目集中支付，完成“十二五”普服、三农项目验收工作。

网运时限管理 2017年8月，分公司利用电子地图分拣维护上线时机，对所有网点实施绘制电子围栏，形成封闭区域，作为指定投递机构的服务范围，实现邮件信息化、自动化分拣，进一步提高邮件处理质量。通过营业、投递、运输生产作业计划表，跟踪管控各相关人员操作处理流程，加强邮件全程时限管理。完成处理中心分拣皮带机、装卸机的购置安装，对场地进行适当改造，实现接卸、分拣、投递在同一平面作业，优化处理流程，加快处理速度，减少重复搬运，提高装卸、分拣、投递时限。采取增配邮运车辆、租赁新能源汽车、增加车投人员等措施，加强城区包裹投递和揽收能力。增配手持智能终端45台，提升包裹揽收效率。

农村电商平台建设 2017年，新建农村电商村级服务站102个，累计建成363个，进度达103%，其中标准型服务站48个，简易型服务站54个。邮掌柜有交易网点292个，活跃度80.44%；A类掌柜30个，占比8.26%；邮助手激活数78个，绑定率99.72%，签到率37.85%；实现代购9.49万元。地方特色忠县馆引入商家8家，上线产品数量85个，产生代购5797笔，代购金额11.83万元；实现交易23935笔，销售额22.67万元。平台招商10家，上线产品数量420个，实现批销额495.13万元，带动批销参与率71.9%。开通便民缴费系统掌柜146户，全年交易1.98万笔，交易额109.97万元，掌柜转介548.37万元。扫码付二维码台牌推广17户，交易金额9.49万元。

信息化支撑能力建设 全年完成新一代寄递平台系统、EPR系统、无着邮件系统上线工作。完成邮件处理中心和投递站视频监控接入集团公司远程集中监控系统工作，处理全程可视可控，防范操作风险。个人客户营销系统、代理金融辅助系统、积分换礼系统、渝邮惠系统应用逐渐成熟，“村社建档”“一点一策”等工作的开展实现“特色化”服务目标。

惠民联动建设 2017年，分公司联合忠县文化委举办第二届文化惠民活动和第一届忠县邮政舞林争“坝”比赛，引导市民参与、欣赏、体验、享受邮政带来的文化大餐，收集有效客户信息1630条，微信公众号新增客户202户，成功转介客户482户，带动新增金融资产1466万元，转介简易险214笔，并联动发展卡、手机银行、包裹寄递等业务。

【队伍建设】 抓职能部室工作作风整顿，遏制职能部室“混、和、飘、慌”等现象。开展各支局、所对职能部室提意见和建议，其中综合办收到26个单位提出建议26条，市场营销部收到21个单位提出建议18条，金融业务部收到28个单位提出建议26条，运营管理部收到20个单位提出建议15条，文化与传媒部收到16个单位提出建议9条，包裹快递部收到19个单位提出建议12条，渠道平台部收到25个单位提出建议15条。职能部室针对基层单位提出的意见、建议，组织开展批评与自我批评，机关工作作风取得明显效果。

强化人才队伍建设。2017年7月、11月，分别组织113名所主任、理财经理等参加户外拓展训练，全面提升员工专业能力、团队精神。举行支局长助理、理财经理竞聘，选拔“想干事”的青年员工到支局长助理、理财经理的岗位上磨炼成长。开展重点业务技能、服务能力培训，分期组织理财经理从转型理念、礼仪培训、客户维护、客户营销、过程管控等多角度提升个人业务理论水平和业务实操能力。2017年，分公司大专以上学历326人，占91.13%。其中，本科学历120人，占36.81%；专科学历206人，占63.19%；高中及以下人员30人，占9%。通过机构改革，打造新的人才梯队，2017年选拔竞聘中层干部3人、部门负责人4人，专业序列人员23人、支局长10人，选拔所主任17人，竞聘上岗理财经理35人。专业人才建设取得成效，2017年，何勤、罗爱民、韩小红、秦威、廖大春等5名职工被市分公司评聘为“6+1”业务发展能手、认定李杨莉助理经济师、刘海成中级经济师任职资格。

丰富员工文体生活，增强企业的凝聚力和向心力，2017年开展元宵晚会、庆国庆迎中秋、跨年趣味活动等大型活动。加快职工小家建设，逐步配齐职工小家家电、家具设施等。通过企业文化理念上墙、行业杯篮球比赛、气排球比赛、“立足岗位争一流、踏马出征展风采”演讲比赛等活动，丰富企业内涵，铸造企业灵魂，促进企业健康发展。响应市分公司“暖冬计划·关爱一线员工”活动号召，投入资金8万多元，为网点员工、经警队、车队、投递组人员等一线员工发放保暖内衣、羽绒服等物资，惠及员工345人。对特殊困难员工帮扶11人次，有2名特困人员纳入市总工会帮扶计划。

（周康平）

电信

【概　况】 中国电信股份有限公司忠县分公司位于忠州街道果园路16号。2017年，内设二级部门5个：综合管理部、销售服务部、网络部、政企客户部、综合服务支撑中心；三级部门5个：监控维护中心、客户服务支撑中心和3个渠道中心；经营单元16个：东城支局、西城支局、中心支局、拔山支局、新立支局、马灌支局、三汇支局、官坝支局、汝溪支局、石宝支局、城郊支局、乌杨支局、新生支局、行客组、校园中心、商客支局。有重庆市电信传输局在忠县的派出机构1个：忠县电信传输分局。至2017年底，公司有员工130人，其中合同制员工86人，外包代管人员44人。

【业务发展】 2017年，分公司以党建为统领，围绕集团公司转型3.0战略和市公司强区行动，实现重点业务规模发展：移动用户新增4.8万户（其中4G用户新增3.3万户），达到11万户；宽带新增1.5万户（其中光宽带用户净增1.3万户），达到6.3万户，市场份额占到70%以上；固定电话数7.6万户；电信电视4.8万户，实现主营业务收入7.8亿元。

【网络建设】 2017年，农村光网覆盖纵深推进，FTTH端口数量12.3万个，覆盖用户24.4万户；完善以波分、城域网、IPran为骨干的本地网络，互联网出局带宽100G；有1X基站182个，1800M4G基站466个，800M4G基站777个，室分40个，4G网络覆盖率95.8%。保证620余千米的汉渝等国家一二级通信干线正常运行。

（谭　成）

移动

【概　况】 中国移动通信集团重庆有限公司忠县分公司位于忠州街道州屏环路2号，公司内设综合部、销售部、建设维护部、集团客户部，1个自办营业厅——中博商城旗舰店。2017年末，公司有在职员工94人。

【业务经营】 2017年，4G用户突破20万户大关（规模207270户），4G用户渗透率56%；宽带用户净增1.8万户，宽带用户达到4.16万余户；4G+终端用户15.2万户，开通VOLTE功能用户6.97万户；手机上网用户300880户，上网普及率79.67%；移动数据流量使用增幅73.85%，人均流量使用4GDOU达到1651M，较上年底提升307M。

【网络建设】 全年新建TD-LTE基站243个，GSM基站17个，NB（FDD）基站78个，驻地网建成量76703户，驻地网户线数176000户，截止2017年底，分公司有GSM基站499个，TD-LTE基站1160个，NB基站78个，专线1264条，光缆6736.44皮长千米，杆路1209.23杆千米，管道6.6（自建）、57.331（合建）管程千米，直埋36.958沟千米（自建）。 （钟运香）

联通

【概　况】 中国联合网络通信有限公司忠县分公司办公地址位于忠州街道乐天路17号附5号，是中国联通在忠县设立的分支机构。2017年，分公司内设综合部、销售服务支撑中心、建设维护中心；成立城区、乡镇、政企等3个营销服务中心，有各类员工48人。

【业务经营】 忠县分公司以“一个核心、两个转变、三个增长、四个保障”经营思路，实施混改战略，推进公司内部“瘦身健体”。全年实现业务主营业务收入4441万元。

【网络建设】 2017年，开展FDD-LTE 4G组网建设，全年新建4G基站88个，宽带FTTH光网改造覆盖13500户，实现忠县城区全光网覆盖。

（谭林帮）

城乡建设

城乡规划

【概　况】 忠县规划局办公地址位于忠州街道香山三路2号附7号。内设办公室、城市规划管理科、村镇规划管理科、测绘科，下辖规划研究中心和城乡规划设计院2个事业单位。局机关行政编制7名，在岗8名。规划研究中心事业编制14名，在编在岗11名。城乡规划设计院事业编制15名，在编在岗10名。

【规划编制】 完成《忠县城乡总体规划》编制。启动忠县城市总体规划修编，相继完成基础资料收集、规划论证等工作任务。开展忠县城市总体规划局部修改，并通过市规划局技术审查，确定规划用地范围，按程序报市政府审批。开展忠县“多规合一”编制工作。成立“多规合一”编制工作领导小组，召开专题工作会议2次，对城乡规划、国土资源利用类规划、生态环境保护类规划和其他规划进行整合，完成规划底图确认并经县政府审定，形成“一张图”成果。控制性详细规划有序推进。完成州屏、苏家片区控制性详细规划维护更新；完成高营铺、银山控制性详细规划的重新编制；完成水坪电竞小镇控制性详细规划修改。各类专项规划的编制。开展城市中心区、忠州老街专项规划编制；完成临港新城规划和电竞小镇城市设计；完成《忠县城市规划区建筑弃土消纳场布局规划》。镇乡规划编制有序开展。指导黄金镇、花桥镇、野鹤镇等镇完成总体规划修编，完成126个村域现状分析及规划指引和51个村建设规划；指导编制完成新立镇特色小镇策划及概念性规划；完成田园综合体规划初步成果；完成拔山朝阳寺、东溪冯家院子优秀历史建筑挂牌工程；提交《历史文化街区划定和历史建筑确定工作计划》。

【规划管理】 加强城乡规划制定和修改工作的管理。严格执行技术评审和行政评审制度，重大建设项目邀请市级专家及领导参与评审，建立首席规划师对建设项目规划设计方案的预审机制，全年审议项目20余项。依法进行建设项目和建设工程的规划管理。全年召开城乡规划委员会5次，审议《忠县城乡总体规划（2015—2030年）》《忠县县城美丽山水城市规划》等议题46个。全面深化体制机制改革。成立行政审批与规划管理科，优化规划审查程序，简化内部审签环节，缩短审批时间，提高审批效率。制定并出台《忠县规划管理工作制度》《关于进一步加强控制性详细规划修改管理工作的通知》《关于进一步提高我县规划设计和建筑工程设计方案质量的通知》等规范性文件。加强规划督查。按照新修订的《重庆市城乡规划条例》，对规划编制与修改、实施及规划目标任务（含规划编制、规划实施管理、违法建筑整治）完成情况实施监督检查，增强规划的刚性与严肃性。严格运用区县城乡规划一体化平台办理规划行政许可。2017年，办理选址意见书49件；用地规划许可41件，用地面积322.51万平方米；工程规划许可46件，建筑面积63.2万方米；竣工规划核实确认45件，核实建筑面积87.77万方米；规划公示36件。

【基础测绘】 加强测绘地理信息支撑，推动测绘和地理信息化建设。全年完成忠县地理国情年度更新、忠县综合县情系统建设、县城用地遥感解译及建筑物信息更新；完成县城规划区州屏、白公、九蟒片区 1∶500 数字化地形图基础测绘 13 平方千米；完成忠县全覆盖排查整治“问题地图”专项行动大检查并通过市联合检查组现场检查验收。推进地理信息公共服务与应急保障、测绘成果汇交、地图编制、测量标志保护、测绘法宣传、测绘资质年审、测绘年报等日常管理工作。 （黄杉杉）

城市建设

【概　况】 忠县城乡建设委员会办公地址位于忠州街道香山路 23 号。机关内设科室 11 个：办公室、组织人事科、财务统计科、纪检监察室、建筑管理科、城市管理科、村镇建设科、城市建设科、污水垃圾管理科、安全督查科、民防科。下属事业单位 9 个：忠县城镇建设办公室、忠县建设工程施工安全监督管理站、忠县建设工程招标投标办公室、忠县建设工程质量监督站、忠县建设工程质量检测站、忠县城市建设档案馆、忠县市政园林管理所、忠县环境卫生管理所、忠县村镇建设服务中心。在编在岗人员 158 人，其中机关 26 名（行政编制 23 名，工勤人员 3 名），参公编制 15 名，事业编制 117 名。2017 年 12 月 26 日，原忠县市政园林管理所、忠县环境卫生管理所职能职责及人员划转忠县城市管理局。

2017 年，全县扩大城镇建成区面积 1.1 平方千米，达到 41.91 平方千米；城镇化率 43%，同比提高 1.5 个百分点。县城区增加绿地 16.2 万平方米，其中公园面积 13 万平方米。城市及城镇生活垃圾无害化处理率均 100%，城市及城镇污水集中处理率分别为98%和88%。全年完成固定投资41.5万元。

【房地产开发】 2017 年，全县房地产开发企业 32 家，其中县内企业 27 家，县外企业 5 家。全年完成房地产开发投资 22.76 亿元，同比下降 12.8%。在建房地产开发项目 28 个（其中新开工项目 2 个，续建项目 26 个），在建商品房施工面积 212.48 万平方米，新开工商品房建筑面积 51.8 万平方米，同比增长 594.36%。竣工商品房面积 52.18 万平方米，同比下降 17.23 % 。预售商品房面积 55.82 万平方米，同比下降 5.84% 。

【重点项目建设】 2017 年，由县城乡建委负责实施的重大重点及民生实事项目 37 个，其中重大项目 25 个，完成投资 14.5 亿元，占计划任务的 122%；重点项目 8 个，完成投资 2850 万元，占计划任务的 114%；民生实事项目 5 个，完成投资 3.41 亿元，占计划任务的 115%。招商引资方面，全年协议引资 9.38 亿元，到位资金 2.6 亿元。成功引进重庆碧桂园冠联实业有限公司，拟投资 36 亿元参与白公片区剩余土地开发；重庆国泰集团拟投资 30 亿元，整体打造滨江路 9、10 号地块文旅商业综合体项目。

按照完成县委第十四届四次全委会筹备工作要求，牵头起草《中共忠县县委忠县人民政府关于加快建设特色中等城市的决定》，会同县督查室将特色中等城市相关目标任务细化分解到各责任部门和单位，跟踪落实建设特色中等城市拟定的 101 个项目 1093.03 亿元投资重点项目进度情况。代县政府起草《特色中等城市规划建设情况报告》，并经县人大常委会审议通过。围绕“诗意山水・活力港城”特色中等城市形象定位，启动实施项目 64 个。

【市政建设】 市容环境卫生基本实现精细化管理。建成智慧环卫云平台，坚持“以克论净”（指以扬尘的克数即重量来衡量道路的干净程度，主干道“以克论净”指道路扬尘控制的标准，每平方米不得高于 3 克）亮化考核标准，全年实现城区清扫面积 193.3 万平方米，垃圾无害化处理率 100%。市政设施维护改造。累计修补铺设人行道渗水砖、美心砖、大理石砖、广场砖4万平方米，修补城区车行道破损路面1.5万平方米，改造县城零星管网6千米；投入5600万元完成城区夜景灯饰一、二期工程，城市夜景更加绚丽；新建成停车场5个，新增停车位2383个，路内新划设小车位488个、摩托车位1526个。城市园林绿化提档升级。投入1004万元专项整治城中村5.8万平方米；投入3700万元建成北滨体育公园并向市民开放。提档升级忠州公园、香山公园、乐天公园等城市公园，高标准改造城区主干道绿化、补植行道树、增建园林景观，城市文化、品位凸显。石宝镇成功创建国家园林城镇。

【民生实事】 按照《重庆市2018—2020年忠县棚户区改造专项规划》棚改工作要求，完成2018—2020年棚改规划编制并上报市政府。全年争取棚改贷款和专项补助到位资金30.9亿元，完成棚户区改造1417户16.26万平方米，超额完成市政府下达给县委、县政府的城市棚户区改造目标考核任务。

全年投资2710万元，完成全县剩余149个行政村及涉农社区农村环境综合治理收运保洁基础设施建设，并对农村区域垃圾治理运行工作实施补贴，完善全县农村垃圾收运保洁设施设备，基本实现农村垃圾收运和保洁工作全覆盖。全年投资1750万元，完成马灌、东溪（三峡港湾）、义兴、坪山4座污水处理厂主体及16.2千米配套污水管网建设，并投入试运行。（陶于亨）

村镇建设

【中心镇建设】 完成石宝、新立、拔山、乌杨、东溪、复兴、汝溪等7个场镇综合整治方案编制工作；新立镇、石宝镇纳入市级特色小镇建设，石宝镇完成人民广场及步行街提档升级工程、场镇道路油化工程、停车楼工程、星级公厕等特色小城镇项目。乌杨街道被评为市级特色商贸镇，双桂镇成功创建市级乡镇商贸服务中心。

【美丽宜居村庄建设】 以自然村庄或院落为主体，配套建设“六通”“六有”等基础设施和公共服务设施，全年建成东溪兴旺村和钟溪村2个美丽宜居村庄。

【传统村落保护】 重点实施洋渡镇上祠村和永丰镇东方村2个全国传统村落保护工作（属中央财政支持）。对上祠村原建筑进行修缮，新建部分人行步道；对东方村传统村落基础设施进行完善，修复院坝，新建公厕2座和部分人行便道。编制《花桥镇东岩村传统村落保护与发展市级示范方案》，上报市城乡建委审核。汝溪镇长安村获第五批全国传统村落申报资格。

【农村人居环境整治】 成功创建三峡港湾农村人居环境市级示范片。三峡港湾农村人居环境市级示范片位于长江之滨南岸，涉及东溪、复兴2个镇6个行政村1258户3775人，幅员面积7.67平方千米，2017年9月顺利通过市级验收。

改善农民居住条件。实施农村环境绿化美化亮化工程，花桥镇显周村获得全国首批改善农村人居环境保障基本示范村称号，忠州街道麟凤村、拔山镇五星村、汝溪镇马河村、新立镇文笔社区、三汇镇金龙社区、白石镇打泉村、东溪镇翠屏村、金鸡镇蜂水村、磨子乡小李村被评为市级绿色村庄。全年评选表彰整洁庭院814户，有35个村安装太阳能或节能路灯共1630盏。全年完成农村危房改造959户。

修改完善拔山、新立、双桂生态美丽乡村示范带建设方案，即以新立一镇（场镇）一园（柑橘产业园）为核心，向拔山金色杨柳和双桂橘乡荷海延伸，形成拔山、新立、双桂美丽乡村旅游示范带景观通道。

【农村污水垃圾治理】 按照“户分类、村收集、镇转运、县处理”的城乡协同收运处理生活垃圾模式，重点推进农村垃圾治理工作，全县294个行政村垃圾收运及保洁体系实现正常运转。全年垃圾处理设施接收处置城乡生活垃圾13.3万吨，城镇生活垃圾无害化处理率100%，农村生活垃圾有效处理率97.67%。全年县城区和乡镇建成区分别征收生活垃圾处置费610万元和330万元。

全年投资10000万元，新建成移民工业园、马灌镇（扩建）、东溪镇、任家镇义兴场、坪山场等污水处理厂5座，新增污水处理能力1.12万吨/日。全县累计建成投运城镇污水处理设施29座，建成污水管网327.44千米，污水处理能力7.43万吨/日。投资3500万元，新建撤并老场镇及居民点污水处理站20座，新增污水处理能力0.22万吨/日。全县农村区域累计建成污水处理设施50座，污水处理能力0.57万吨/日。建成并投入运行海螺焚烧污泥处置线，无害化处理污泥能力50吨/日。全年城市污水处理率98%，城镇污水处理率88%，污水处理设施产生的污泥无害化处理率100%。全年县城区和乡镇建成区分别征收生活污水处理费705万元和277万元。

建筑业

【概　况】 2017年，全县有建筑业企业89家，实现在地建筑业产值235亿元，增速19.8%。其中，忠县本地企业实现建筑业产值58.5亿元，县外市内企业实现建筑业产值12.22亿元，市外企业实现建筑业产值164.28亿元。全年征收城市建设配套费1.3亿元。

【建筑资质管理】 2017年，新增建筑业施工总承包三级企业2家，专业承包1家，市政总承包一级增项1家，三级资质升二级1家。全县建筑业企业累计89家，其中一级施工总承包企业有5家，二级企业15家，三级企业27家。全年新注册二级建造师62人、一级建造师65人，完成岗位人员培训统考735人，继续教育421人。

勘察设计管理　全年开展勘查设计外业见证工作抽查项目12次，约谈勘察设计企业6家，通报批评勘察设计单位20家。完成建设工程初步设计43件，施工图审查备案113件。

建筑节能管理　全年完成绿色建筑初步设计审批50.8万平方米，强制执行建筑节能及绿色建筑的执行率在设计阶段和施工阶段均为100%；完成建筑节能初设专项审查39件，能效测评103项，实现建筑节能工作全闭合管理。2017年4月，忠县玉溪锦城、香山湖六期、过夜港旅游集散中心三个项目代表市建委接受国检。

【工程安全质量监督】 创新监管模式，对电竞场馆、忠州大剧院、12万平方米标准厂房、粮食仓储园等实行EPC模式项目和技术要求较大的玉溪三桥等项目进行监管，确保项目建设质量和安全。2017年，共监督工程项目242项，房建工程176项，建筑面积3876.63万平方米，市政工程66项，工程造价11.1亿元。建筑质量安全管理水平在渝东北片区继续保持领先地位。投入100余万元，建成忠县建筑工程远程智能监控中心，持续开展“两防”专项整治，安全监管项目未发生安全死亡事故。参加重庆市第二届建设行业技能大赛总决赛获团体一等奖，手工木工以单项成绩第一名荣获一等奖，管道工以单项成绩第三名荣获二等奖。

【清欠维稳工作】 建立农民工实名制、银行代发工资制、建设单位代发制等制度，全年处理拖欠民工工资项目5个，涉及民工125人，工资及工程款585余万元，同比下降76%。

【表彰奖励】

先进集体

国家部委表彰奖励项目

表 17

获奖单位	授奖单位	奖项名称	授奖时间
忠县花桥镇显周村	住建部	全国农村人居环境保障基本示范村	2017.9

市级表彰奖励项目

表 18

获奖单位	授奖单位	奖项名称	授奖时间
忠县城乡建委污水垃圾管理科	重庆市人民政府	2012—2016 年度生态文明建设先进集体	2017.12

（陶于亨）

城市管理

【概　况】 忠县综合行政执法局办公地址位于忠州街道滨江路 19 号。内设办公室、政工监督科、法制科、综合业务科。下设执法支队 6 个，其中城区支队 2 个（县综合执法局第一、二支队，为参照公务员法管理的副科级事业单位），乡镇划片区设置支队 4 个（县综合执法局第三、四、五、六支队，为参照公务员法管理的股级事业单位）。全局编制 59 名，其中行政编制 10 名，参公事业编制 49 名。在编在岗 56 名。

2017 年，依法查处市容环境、园林绿化、违法建设等案件 171 件，其中一般程序案件 99 件，简易程序案件 72 件；受理各类信访投诉举报 468 件；办理县人大代表建议 4 件、县政协委员提案 3 件，办结率、满意率均 100%。

【数字城管】 2017 年 1 月，忠县数字城管系统升级改造通过市城管委终验，并于 4 月升级为三期平台。借助公安 373 个摄像头实施数字城管，全时段、全方位对城区主次干道进行实时监控，通过视频监控主动发现占道经营、乱搭乱建、道路抛洒、车辆乱停放、市政设施损坏等方面的城市管理问题 387 件。推广运用城管通和处置通 APP 上报城市管理案件 25330 件，结案 25330 件，结案率 100%。利用民生服务系统、市政舆情系统主动发现网络舆情信息 142 件。受理 12319 热线咨询及投诉 230 件，并按时全部办结。通过定位手机、网络签到、视频监控拍照、记录车辆行驶轨迹等举措，实时监控工作人员履职情况，并按照“及时受理、快速处置、限时办结”原则，及时调度 12 个相关部门处置城市管理问题。

【城市管理】 2017 年，县综合执法局按照县委、县政府统一安排部署，加强市容环境综合整治，全力助推全国文明城市创建。

引摊入点规范占道经营　落实“门前新三包”规定，加强坐商归店管理，建立坐商档案，签订责任书和承诺书，全年有效规范坐商归店 1628 家。规范设置瓜果蔬菜直销区、夜市摊区、小商品摊区 5 处，安置流动摊贩 330 余人次，规范夜市烧烤摊 89 家。6 月，启动亭棚伞专项整治行动，依法强制拆除主次干道违规亭棚伞 523 个、7822

平方米。

增设车位规范停车秩序　在城区人行道规范设置摩托车停车点64处、泊位1127个，小汽车临时停车场14个、泊位388个。在州屏环路、香山路、滨江路等重点路段设置隔离桩4320个，从源头上阻止机动车乱停放。与县交巡警大队启动联合执法工作，集中拖移各类“僵尸车”384辆，依法拆除各类地锁794把，对乱停乱靠车辆开展贴单处罚756辆，移送交巡警处罚1886辆。

清理广告规范宣传行为　对城区18条主次干道开展整治，发放宣传单5500余份，下达责令限期整改通知书1127份，拆除违规户外广告587块、3562平方米。清除主次干道“牛皮癣”12000余处，语音追呼当事人电话号码558个，制止乱贴乱画285起，实施处罚197起，暂停电话号码使用63个。

设站检查控制扬尘污染　在主要城区出入口设置脏车入城检查岗亭5个、扬尘控制检查站2个，禁止脏车入城2263辆次，督促车辆冲洗1860辆次。采取定时定点定责“三定”措施排查夜市烧烤90家，推广使用环保无烟烧烤炉具32家，督促整改28家，依法取缔违规露天烧烤46家。牵头规划打造红星滨江夜市街，总用地面积1.859万平方米，设置夜市（小吃）摊位35个、烧烤摊位20个，解决城区违章占道夜市和露天烧烤问题。严禁露天焚烧行为，及时制止焚烧垃圾、熏制香肠腊肉等违规行为47起。

巡查管控保护园林绿化　加强损绿毁绿、绿化缩水行为的处罚力度，全年依法查处损绿毁绿案件5件，责令当事人恢复绿化面积86平方米；规劝、制止在树上牵绳挂物、晾晒衣物、摘折花枝等行为364人次。

【城管改革】　完成城市管理执法体制改革，明确综合执法职能职责，理顺执法体制机制。完成56名执法队员和140名协管员执法服装的采购、制作和发放。推行执法全过程记录，为一线执法人员配备执法记录仪51台。规范协管员的聘用和管理。完成56名执法人员持证上岗和资格管理。

【扶贫工作】　制定《忠县综合行政执法局帮扶集团2017—2020年扶贫规划》，协调帮联单位筹集资金70万元助推善广乡扶贫事业发展。协助发展肉牛养殖、白芷种植等支柱产业。开展党建帮扶，结对联建，局机关党支部按“3+X”模式与庄子村党支部开展“四个一”的党建帮扶（即1次上党课、1次支部活动、1次入户指导、1次党员座谈）4次，确保村党支部带领群众从思想上、行动上支持产业发展，实现脱贫致富。

【队伍建设】　学习贯彻中共十九大精神，开展专题学习8次，交流发言12人次，聘请县委党校副校长进机关宣讲1次，撰写心得体会22篇，组织干部职工参加征文、网上知识竞赛活动56人次。开展“解放思想、提高执行力”干部作风建设专项整治行动、“强基础、转作风、树形象”活动和“两学一做”学习教育活动。组织专题学习6次、专题学习讨论6次，撰写心得体会61篇；召开民主生活会1次，开展督查20次，修订完善制度5个，优化内设科室4个。加强法律法规学习培训，完成16名处级和科级干部培训任务，对新招录的执法人员开展任前培训2次，提高执法办案水平。

（杜　帅）

移民工作

【概　况】　忠县移民局办公地址位于忠州街道新华路6号。内设办公室、移民规划科、计划财务科（挂移民资产管理科牌子）、三峡移民工作科、后期扶持科、移民工程管理科（挂安全生产监督管理科牌子）、水库管理科、经济合作科（挂对口支援办公室牌子)、移民就业培训科、移民信访科，下属事业单位忠县移民资产管理中心。机关编制 32 名，在编在岗 34 名，其中行政编制 21 名，实有 22 名；工勤编制 1 名，实有 5 名；下属事业单位编制 10 名，实有 7 名。2017 年，忠县移民局荣获全市维稳安保工作先进集体，记二等功，是全市移民系统唯一受表彰单位。

【三峡后续工作】 2017 年度获批项目 24 个，总投资 35 亿元，到位专项补助资金 4.63 亿元；申报获批 2018 年度三峡后续项目 14 个，申请三峡后续专项资金 5.5 亿元；全县累计到位专项资金 33.78 亿元。加快实施已批复项目建设，上级累计批复忠县三峡后续项目 206 个，其中开工 205 个，开工率 99.51%。完成三峡后续项目年度投资 27.6 亿元。重点项目建设顺利实施，县城沿江综合整治工程西山段累计完成投资 4.4 亿，红星段完成投资 1.9 亿元，㽏井河二桥进场施工，滨江路苏家段进行施工图设计，全面完工红星移民小区创业一条街改造工程，移民小区综合帮扶项目进展顺利。

【后期扶持】 落实后期扶持扶助工作。按时足额兑现三峡库区农村移民后期扶持直补资金 15625 人次 935.6 万元，兑现城镇移民困难补助 26782 人次 1071.5 万元；安排农村后期扶持结余资金项目 21 个，资金 1865 万元；安排解决移民遗留问题结余资金项目 27 个，资金 1122.2 万元。

启动实施移民安置小区综合帮扶和农村精准帮扶项目。县城白公、红星、苏家等 5 个移民安置小区和乌杨、洋渡等 5 个集镇移民安置小区综合帮扶项目开工建设，近 3 万城镇移民受益。开工建设复兴镇凤凰村、江河村等 5 个农村移民安置区精准帮扶项目。全年完成移民培训 1824 人，就业扶持 207 人，高职资助 137 人。

移民工程招投标管理和工程质量安全监管规范。项目公开招投标率 100%，安全检查 135 次，整治隐患 685 处。化解移民信访矛盾纠纷，成功处置“8.21”外迁湖南岳阳县移民回访事件，移民来信来访处置率和办结率均 100%，全县移民信访总体可控。

【对口支援】 加强与山东省、沈阳市、重庆市大渡口区对口支援合作，到位无偿援助资金 2782 万元，实施公益事业援建项目 19 个。实施人才培训项目 3 个，计划援助资金 110 万元。完成对口支援人才培训 117 人，其中新提拔县管副职领导干部 45 人，非公党组织书记 34 人，移民小区社区管理人员 38 人。全年签约经济合作项目 2 个，总投资 9 亿元。在谈意向经济合作项目 1 个，协议投资 1.2 亿元，全面完成年初工作目标任务。

【三峡水库管理】 印发《关于进一步加强三峡水库忠县库区消落区管理工作的通知》，落实部门责任。集中开展消落区“八乱”行为、非法码头整治、禁养区畜禽养殖场(户)专项整治行动，全县侵占库容和消落区土地的行为得到有效遏制。完成全县消落区调查和综合利用初步规划。加强水库巡查，对 159 个居民点采取专业监测和群测群防方式进行监测，确保安全。积极争取蓄水影响、避险搬迁资金，全年累计搬迁 96 户 328 人，恢复设施 5 处。完成中央环保督察 15 个项目问题整改工作。积极推进国务院三峡办挂牌督办的 2 个侵占三峡水库库容的整改工作。东溪河河长制工作有序推进，“一河一档”“一河一策”等工作有序开展。

（肖 燕）

环境保护

【概　况】 忠县环境保护局办公地址位于忠州街道州屏环路 19 号，内设办公室、污染防治科、行政审批科、生态环境保护科、法制与宣传教育科，下辖忠县环境行政执法支队（副科级参公事业单位，办公地址位于忠州街道州屏环路 27 号）、忠县生态环境监测站。机关及下辖事业单位编制 67 名，在编在岗 57 名。其中行政编制 9 名，在编在岗 8 名；参公事业编制 28 名，在编在岗 26 名；事业编制 30 名，在编在岗 23 名。

2017 年，忠县环境保护局认真履行环境保护统一监管职能，践行“绿水青山就是金山银山”理念，坚定不移走“生态优先、绿色发展”之路，实施“蓝天、碧水、宁静、绿地、田园”五大环保行动，协调推进中央环保督察反馈问题整改，强化治污减排措施，严格环境监管执法，全县环境保护工作取得显著成效，生态环境质量持续改善。

【中央环保督察整改】 县委、县政府先后 8 次召开专题会议研究部署整改工作，各责任单位将问题整改作为重要政治任务加以推进。配套湿地保护与恢复资金 294 万元，设立自然保护区专门管理机构。完成水上加油站风险评估与应急预案登记备案 2 家。完善周家溪滚装码头污水沉淀设施及污水收集管网 355 米。落实白石水库水源地在线监控、1170 米隔离网及保护区界桩等饮用水源保护措施。完成忠县工业园区规划环评跟踪评价、环境风险评估、应急预案编制以及 3 家沿江沿河化工企业“一企一档”登记。编制备案农机加油站环境风险评估 8 家。关闭禁养区生猪当量 20 头以上畜禽养殖场 235 家。实施乐竹水泥、成名煤矿等企业遗留场地污染整治 2 家。建成乌杨工业园区污水处理厂和 7 个农村环境连片整治、12 座撤并场镇污水处理设施，落实已建成垃圾填埋场渗滤液处理设施建设资金 1500 万元，并完成初设、环评等前期工作；开工建设州屏污水处理厂搬迁苏家污水处理厂扩建工程。完成三峡后续规划生态环保项目 15 个。关停非法码头 11 座，取缔 3 座，整改完善 1 座，收回非法占用岸线 1350 米。实施农药、化肥零增长行动，测土配方施肥技术推广覆盖、主要农作物肥料利用、农作物病虫害统防统治覆盖“三率”分别达到 88%、36%、35%以上。在渝东北片区率先完成中央环保督察 2017 年整改任务。

【“五大环保行动”】 实施“蓝天行动”，创建和巩固扬尘控制示范工地 5 个、扬尘示范道路 5 条。搬迁城区野马洗染燃煤锅炉 1 台。落实海螺水泥错峰生产。完成全县烧结砖瓦企业环境综合整治 33 家。淘汰黄标车和老旧车辆 344 辆，更新环保型公交车 6 辆，城区累计现有 CNG 公交车 60 辆，双燃料出租车 220 辆。安装忠县殡葬服务管理中心（火葬场）废气治理设施。整治餐饮业油烟污染 6 家，规范夜市烧烤 90 家，取缔 74 家。巩固高污染燃料禁燃区 14.1 平方千米。实施“碧水行动”，完成白石水库城市集中式饮用水源地规范化建设，编制磨子水库等 5 个不达标集中式饮用水源地达标治理方案并完成年度整治任务。建成 19 个撤并场镇（含 7 个农村环境连片整治）污水处理厂、乌杨工业园区污水处理厂和船舶废弃物收运码头。完成加油站地下油罐防渗整治 19 家（其中搬迁或关闭 7 家），停业整治 18 家。安装船舶生活污水、垃圾收集处理设施客货船舶 44 艘。实施“宁静行动”，整治三峡风酒店空调外机噪声扰民案件 1 件，查处违法施工建筑企业 2 家，创建市级安静居住小区 1 个。实施“绿地行动”，坚守 8.47 万公顷林地“红线”，有效管控公益林5.73万公顷，新、改、补造林1.55万公顷、经济林933.33公顷，生态修复湿地自然保护区540公顷。新增绿地16.2万平方米，建成北滨体育公园。编制完成“土十条”忠县贯彻实施方案和《忠县生态保护红线划定方案》。实施“田园行动”，严格畜禽养殖区划管理，关闭禁养区畜禽养殖场235家，治理畜禽养殖污染生猪当量2.3万头，建成200个村（社区）垃圾设施和农村小型污水处理设施25座。推广农业秸秆综合利用新技术，秸杆综合利用率86%。主要污染物总量减排，完成苏家污水处理厂在线监控设施设备安装并与环保部门联网，出水水质达到一级A标排放标准，全县28座污水处理厂每月污水处理量达到考核要求。“五大环保行动”目标任务完成率居全市第二。

【生态文明体制改革】 编制完成忠县生态保护红线方案，划定保护总面积102.2平方千米，建立红线范围内拟建或在建重大基础设施、民生工程及其他类项目正面清单。完成环保机构监测监察执法垂直管理制度改革，强化环保部门和环境监测、环境行政执法机构职能，设置并明确乡镇（街道）和13个县级相关部门环保机构及职能，印发执行《忠县环境保护工作责任规定（试行）》。全面落实排污权交易和污染物排放许可制度，完成有偿交易企业50家次，交易金额795万元。积极推进环境资源“费改税”，2018年1月1日开征环境保护税。建立环境资源承载能力监测预警体系，编制完成《忠县资源环境承载能力试评价报告》。全面推行“河长制”，建立总河长、副总河长、县河长、乡镇河长、村河长，覆盖全县308条河流、102座水库的河长管理体系。强化综合目标考评体系生态环保考核，纳入县级综合目标考核和县管“一把手”平时考核的重要参考内容，参照市级生态环保考核设置县级生态保护考核分值和权重。建立环保与公安、检察、法院机关环境司法联动机制。

【环境监督管理】 严格执行环境影响评价法、建设项目环境保护管理条例、重庆市环境准入规定、禁投清单等法律法规和工业园区规划环评等政策文件，落实重大项目环评专家预审制度，切实把好环境准入关。全年审批建设项目环境影响评价文件42件、登记表备案644个，建设项目竣工环保验收36个，否决水性油墨生产等项目3个，无越权审批、乱审批行为。认真落实控制污染物排放许可制度，按照固定污染源排污许可分类管理名录和重庆市相关规定排污许可，全年核发重庆市污染物排放许可证69个，弟兄纸业、海螺水泥、天地药业国家污染物排放许可证3家。落实“双随机”抽查制度，累计出动执法人员1495人次，检查监管对象638家次，整改环保问题46个。深入开展各类环境执法专项行动，全年累计开展烧结砖瓦窑整治、饮用水源保护、长江经济带化工企业、环保利剑等环保执法专项行动近20个，发现并解决环保问题138个。及时查处群众投诉、回应群众关切，坚持“54812369”环保举报热线24小时人工值班，全年受理查处环境污染投诉471件。对环境违法行动“零容忍、出重拳”，加强查封扣押、限产生产、停产整治、按日连续处罚、移送行政扣留等手段运用，严厉打击恶意环境违法行为，全年累计立案处罚环境违法案件61件，处罚金额193余万元，停产整治13家，查封2件，行政拘留1人。切实保障环境安全，修订《忠县重污染天气应急预案》《忠县环保系统突发环境事件应急预案（2014年修订）》，编制企业环境风险“一源一事一案”29家，排查整治汛期、“两会一节”等重点时期重点领域环境风险隐患19处（个），举行多部门突发环境事件综合应急演练。安全处理天运酒精厂高浓度有机废水，妥善处置“9·3”重庆气矿万州采输气作业区忠县末站因安全事件引发的突发环境事件。

【环境监测】 强化环境质量例行监测，城区环境空气质量实行24小时连续自动监测，每月实施长江及辖区主要次级河流18个断面20个点位水质预警监测和苏家、白石水库集中式饮用水源地水质监测，对城区功能区 7 个、道路交通 20 个、300M*300M 网络 101 个点位环境噪声等例行监测，适时监控环境质量变化趋势、发布环境空气质量周报和超标预警通报。加强污染源监督性监测，不定期开展海螺水泥等 3 家国控污染源和 78 家市县控污染源监督性监测和执法监测，确保污染物达标排放和控制污染物排放总量。严格环境监测质量控制，积极参与市环境监测中心 6 个密码样考核，与市环境监测中心 3 个国考断面水质比对监测、与涪陵区生态环境监测站 11 对数据比对监测，确保环境监测数据真实准确，并通过市质监局样品考核和市环保局环境监测资质认定。积极推进环境监测自动化，启动 3 个、策划 8 个地表水自动监测站和忠县第二座空气自动站建设，计划 2018 年建成投入运行。

【环境宣传教育】　开展环保世纪行活动，举行“6·5”世界环境日、橘城赶场天、普法月等社会宣传活动 10 次，城市社区环保讲座 12 场次，进社区、进校园环保法律法规宣讲 5 次，累计发放宣传资料 4 万余份、环保购物袋 6000 余个。专设环保宣传车 1 辆，开展城乡日常流动宣传。发布环保新闻报道 100 余篇，监控处理网络环保舆情 15 件。生态文明“十进”宣传活动范围延伸至农村和景区。开展第四届生态文明知识竞赛，参赛群众 24000 余人次。普及中小学生环境教育，生态文明与环境保护纳入地方中小学教学课程和学业水平测试，积极开展“生命之水”等科普教育活动，参与学生 7000 余名，评选县级优秀教师 10 名，先进学校 5 所，创建市县级绿色学校 3 所。加强党政干部生态文明培训，县委党校、县行政学校将生态文明纳入各级党政干部培训重要内容，全年开展县级部门、乡镇（街道）党政干部环境保护专题培训 300 余人次，开展对环委会成员单位、乡镇（街道）、招商组党政领导干部、社区、重点排污单位负责人“一法三条例”培训 243 人次；发放生态文明与环境保护书籍 300 余册，邀请市级环保专家讲课 4 人次。

【服务县域经济发展】　创新环保服务机制，实现所有环保审批事项在县行政服务中心“一站式”办结。整合环评审批专家预审、部门联审、局内会审 3 个审查环节，为电竞场馆、香山路拓宽改造、五洲国际商贸城、三峡港湾实景演出（一期）等项目节省行政审批时间。分别为五洲国际商贸城、长帆新能源汽车等项目在落地前、开工后、投产前三个阶段上门服务 100 余人次。加强前端环保服务，邀请市级环评专家提供天地药业医药产业园、纳米碳酸钙、天辉锂电池、思泉电解液等项目技术咨询服务 35 人次。指导协助解决入园企业和新生港等重大项目建设过程中的废气、污水处理、扬尘控制等具体环保问题。积极服务招商引资，分赴四川、江苏、广东等省市开展招商引资活动，主动与四川机械制造、江苏科技产品研发、绿远钢结构等项目进行洽谈，成功招商签约四川德康 50 万头生猪产业一体化项目、真三维交互式 3D 数字监控系统开发制造等 2 个项目，完成协议总投资 54320 万元，实现到位资金 8500 万元。积极参加锂电产业等博览会、渝洽会等大型招商活动，全程紧盯在谈、在建项目，广泛收集投资意向和信息，宣传忠县招商引资环境和政策，吸引广大企业投资兴趣。

【党的建设】　落实从严治党要求，年初层层签订党风廉政建设目标责任书。推行廉政风险点防范管理，将风险点教育贯穿于各项工作中。建立健全党风廉政建设各项规章制度，以制度管人、管事。定期召开党风廉政专题会，组织观看警示教育片，促进全系统职工树立正确的人生观和价值观，筑牢拒腐防变的防线。全年无市环保局党组关于区县环保局领导班子考评“负面清单”所列情形，无县委关于党风廉政建设、社会治安综合治理、生态环保、安全生产、扶贫工作等考评“一票否决”事项，全年全系统 3 人受到市县通报表彰。

（周海峰）

商贸旅游业

商贸流通

【概　况】 忠县商务局办公地址位于忠州街道乐天支路 1 号。内设办公室（挂信访科牌子）、组织人事科（挂商务局直属机关党委办公室牌子）、市场监测科、现代流通科、电子商务物流科、粮食管理科、外经外贸科（挂招商引资科牌子）、现代服务业科、特种商品科（挂商务执法队、安全监管科牌子）、行政审批科。机关编制 24 名，其中行政编制 22 名，事业编制 2 名，在编在岗 24 名。

2017 年，全县社会消费品零售总额实现 85.06 亿元，同比增长 14.2%，增速位居考核组第一位、全市第三位；商品销售总额 190.5 亿元，同比增长 19%。对外贸易进出口 1707.95 万美元，同比增长 20.59%，增速位居考核组第三位；实际利用外资 100 万美元，同比增长 100%，增速位居考核组第一位。

【流通体系建设】 拔山、乌杨、汝溪 3 个“市级中心镇商业”及石宝、新立、白石、官坝、马灌 5 个“县级中心镇商业”商贸网络设施进一步健全完善，双桂镇成功创建“市级乡镇商贸服务中心”。胡燃商行、江中渔翁大力发展连锁经营，胡燃商行在全县建成 20 余家门店。京投·建玛特购建材市场、粮食仓储物流园、再生资源集散交易中心等建设重大项目基本完成。引进投资 50 亿元的五洲国际·忠州商贸城、投资 3.5 亿元并开业营运的建玛特购建材市场，改变忠县商贸格局，提升忠县商贸业档次，增强忠县商贸业聚焦辐射综合实力。

【电子商务】 忠县电子商务通过国家中期绩效评估并获全市第二名，全年实现电子商务交易额 12.1 亿元，同比增长 31.6%。建成农村电商镇级服务站 17 个，村级电商服务点 308 个。建成“中国柑橘交易网”，并与全国 8 个柑橘产地运营中心合作，全年交易额突破 1 亿元，为柑橘果农发放贷款 4000 余万元。围绕大众创业、万众创新理念，启动农村电商千人培训计划，组织 38 期培训 18721 人次，全县电商主体增至 585 个。

【会展促销】 举办 2017 年忠州美食节暨特色菜品创新大赛和 2017 年首届重庆忠县名特小吃美食节，全县有 50 余家农特产品生产加工企业、40 余家餐饮企业参与现场售卖，50 余名餐饮服务员参加餐饮服务技能大赛。组织企业参加渝洽会、渝交会和其他博览会、展览会和经贸洽会，全年会展促销直接收入 5000 万元，拉动消费近 4 亿元。投资 2000 余万元的巴国故里项目建成投入营运。

【餐饮发展】 创建“国家钻级酒家”1 家（重庆渔源餐饮文化有限公司）、“国家级绿色饭店”2 个（忠县汝江大酒店、忠县巴忠餐旅集体有限公司）、“星级农家乐”5 个（四星级：巴曼竹韵，三星级：花田溪谷、乡里小院、玉兔馆、银山饭庄）。

【行业监管】 2017 年，对全县液化石油气经营储存场所、成品油、商场、市场，餐饮场所、粮食储存、再生资源行业开展专项检查 14 次，发放安全宣传资料 12950 份。全年出动执法人员 938 人次，检查企业 469 家次，发现安全隐患 452 起，整改隐患 377 起；下达限期整改隐患通知书 24 份，削除隐患 75 处，整治率 100%；责令停产停业 1 家，关闭1家。

【外贸招商】 全年接待客商44批次、外出洽谈43批次，积极对接五洲国际、曲速创投、大美医药、红星美凯龙、深圳航运集团、宁波太平洋百货等企业。完成招商引资项目8个，完成策划项目3个，正签五洲国际万商商贸城、大美医药总部基地、曲速无限投资基金、义乌小商品忠县商城等招商引资项目6个，合同引资额72.7亿元，实际到位资金5.3亿元，完成县政府年初下达目标任务的204.03%。

粮油购销

【概　况】 2017年，完成重庆市下达忠县1万吨县级粮食储备收购入库任务，粮食年购销量由4.6万吨增加到15万吨，储备粮规模由3.5万吨增加到12万吨。建成县级应急供应网点35个，县级应急加工企业3个，应急储运企业14个。按照“五个一”工作思路，实施“中国好粮油”行动示范工程，实现粮食安全、产业发展、农民增收、经济增效四大目标。全县4个企业5个项目获准“中国好粮油”实施项目，总投资3863.19万元，其中，中央财政投资1000万元，市级财补贴700万元。粮食安全行政首长责任制考核获得全市优秀等次，忠县储备粮有限公司荣获重庆市2014—2016年度市级储备粮管理先进单位。　（管朋云）

供销商业

【概　况】 忠县供销合作社联合社（简称忠县供销社）办公地址位于忠州街道忠州大道红星路3号附9号。2017年，内设办公室、经济发展科（挂烟花爆竹专营科牌子）、企业管理科（挂信访科牌子）、财务科、审计科。机关编制16名，在编在岗17名，其中参公事业编制16名，工勤人员1名。有直属企业5家（农资、土产、日杂、贸易、商联），全资企业2家（资产公司、农产品公司），参控股企业8家，基层社8个（忠县新生丰华供销有限责任公司、忠县乌杨瑞丰有限责任公司、忠县石宝合舟供销有限公司、忠县汝溪宏鑫供销有限责任公司、忠县马灌合通供销有限责任公司、忠县白石合程供销有限公司、忠县三汇民丰供销有限责任公司、忠县㽏井合兴供销有限责任公司）。资产总额4.47亿元，其中属县供销社所有2.94亿元，占65.82%。供销服务网点覆盖全县95%的行政村和85%以上的农户。2017年，实现销售收入14.48亿元，占目标任务的107.3%；实现利税1889万元，占目标任务的106.9%。

【合作经济组织建设】 2017年，全县有各类农民合作社742个，其中股份合作社132个，联合社9个，农民专业合作社601个。新发展注册登记农民合作社27个（其中，股份合作社8个）。全县入社农户8万余户，占全县农户的26.37%，涉及土地14312.6公顷，占耕地面积的24.4%；股份合作社成员出资总额3.01亿元，社均263万元。累计培育部级示范农民合作社12个、市级示范农民合作社16个、县级重点农民合作社34个，合作社注册商标品牌26个。县供销社与兴办企业、专业合作社建立“三种关系”（股权合作、资本纽带、产销协作），盘大做强社有企业。依托忠县农民合作社服务中心开展50个县级重点农民合作社、重点农产品经纪人的培育示范，引领带动农民群众脱贫增收。通过引领创办、资金注入、项目扶持、人才培训、市场开拓、产供销等形式，履行全县农民专业合作社的组织、指导、培育、服务等职能。

【经济发展】 服务“三农” 全年实现销售总额130673.25万元，占年计划的107.3%。其中，售给居民及社会集团消费品33938万元，同比增长5.47%；售给农民的农业生产资料8223万元，同比基本持平；社办企业农业产品销售额1149万元，同比增长6.7%；连锁经营销售额69268万元，同比增长3.3%；电子商务销售额19983万元，同比增长7.25%。资产总额44701万元，所有者权益35135万元，汇总实现利润1889万元，同比增长6.2%。化肥销售量2.61万吨，占全县市场份额的70%以上。

新网工程 争取市县供销社产业项目建设资金，整合系统网络资源和连锁经营网点改造，实现连锁网点覆盖全县行政村。全县设乡镇（街道）农资连锁经营超市29个，村级农资便民店321个，“两店”（农资放心店、日用品放心店）建设150个，健全“1+29”（县农产品公司+29个乡镇街道促销队）农产品营销网络，农副产品销售购销网点80个。设烟花爆竹专营网点683个、桐君阁药店102个。推广“一网多用，双向流通”，规范完善连锁企业，至2017年底，全系统有龙头企业8个、各类配送中心6个、城镇超市7个、绿优鲜加盟店20个、再生资源加盟站点174个。

电子商务 通过供销e家、重庆土特产交易中心、市供销社电子商务中心开展实质性商务合作，设立忠县土特产馆，新培育网货产品5个，电商化改造乡镇基层服务市场网点3个；累计推送30多个特色品牌农产品线上线下展示展销，年销售额1.2亿元以上。

项目建设 在马灌镇建成2500平方米忠县农副产品加工厂，主要开展烘干、切片、粉碎等初加工；建成200立方米冷藏库，购置配送车辆1辆，填补忠县供销社系统冷链物流空白；在沪渝高速路沿线建成T型广告牌4块，开展农特产品广告；建设中药材示范基地146.67公顷，指导中药材项目建设4个，扶持资金120万元；在忠县石宝寨旅游商业圈启动“乡土忠州”O2O体验馆建设，拟将原石宝合舟供销公司办公楼一楼商业网点改建成忠县农产品区域公用品牌和特色农产品展厅，全年完成方案设计和施工设计、立项、项目概算审查批复等相关工作。

社会化服务 2017年，县财政支持县供销社农业社会化服务，安排120万元资金发展中药材产业，安排250万元专项资金，其中农业信息化专项资金100万元、石宝供销社电商改造专项资金150万元，推动供销社创新实践为农服务。全年托管土地近200公顷实施水稻全程社会化服务，为农户提供机耕机种、机防机收、加工销售等统一服务；流转土地40公顷，主要种植水稻、中药材、榨菜、花椒、蔬菜等，并与太极集团签订保底收购协议，带动周边农户稳定增收；以马灌供销社为试点开展全程农业社会化服务，购置耕田机、拖拉机、收割机、抽水机、机动喷雾器等58台，组建16人的农业社会化服务队开展机械化作业，全年完成机耕333.33公顷、机插66.67公顷、机防200公顷、机收133.33公顷，实现种植农户、基层供销社、服务组织多方双赢。传统服务业经营稳健发展，落实烟花爆竹零售点“两关闭”“三严禁”政策，2017年关闭不合格烟花爆竹专营户200余户，全县有烟花爆竹专营网点683个。

【资产管理】 推进社有企业市场化经营管理，制定资产公司经营管理内控制度4个；清理回收近5年社有资产遗漏租金10万元，收回历史欠款19.54万元；排查整治社有资产房屋安全，与社属企业签订资产安全目标责任书，全年开展安全生产检查34次，查出隐患并整改36件，筹资重点维修安全隐患部位3处；协调解决改制历史遗留问题3个、涉法涉诉信访事项4个；协同县政府解决公益性单位办公用房问题，购买社有资产1处、服务城市社区阵地建设1处。

【联合社建设】 加强县社机关办公管理、党务群团、意识形态等工作，开展“解放思想·提高执行力”干部作风建设专项整治行动，推动“两学一做”学习教育常态化制度化。优化调整科室职能职责 5 个，完善机关管理制度 10 个，调整科室负责人 4 人，增补班子成员 2 人。坚持周工作例会、党建专题学习、主营业务发展、资产经营管理、财务审计监督等制度化规范化管理，结合为农服务、重点项目、精准扶贫、阵地建设等开展“主题党日”活动 10 余次，参与人员 300 余人。整顿转化后进基层党组织 1 个，创建非公党建示范点 2 个，开展基层党建交流会 2 次。加强党风廉政建设，协助查处违纪违法案 4 人次，接待群众来信来访 200 余人次。帮扶永丰镇东方村开展精准扶贫 100 余人次，扶持资金 2 万余元。（杜 红）

烟草商业

【概　况】 重庆市忠县烟草专卖局（分公司）办公地址位于忠州街道红星路 28 号。内设办公室、综合科、专卖科、专卖内管与法制监督科、财务审计科、政工科、客户服务部，下设汝溪、乌杨、新立 3 个基层站点。有编制 94 人，在岗 81 人，内退 13 人。

【卷烟销售】 2017 年，辖区销售卷烟 16562 箱（5 万支/箱），同比下降 2.5%；实现卷烟销售收入 4.4 亿元，同比持平；上缴税金 6529 万元，同比增长 3.6%。

【专卖管理】 全年查处涉烟违法案件 201 起，案值 84.5 万元；受理许可 261 件，准予许可 259 件。（滕召阳）

盐　业

【概　况】 重庆市盐务管理局忠县分局、重庆市盐业（集团）有限公司忠县分公司，实行两块牌子，一套班子。其前身为成立于 1965 年的万县盐业运销站的下属机构——忠县盐业批发部（隶属于四川省盐务管理局）。1997 年重庆直辖后，改称为重庆市盐务管理局忠县分局、重庆市盐业总公司忠县分公司（2008 年改称为重庆市盐业（集团）有限公司忠县分公司），系市属国有企业。按照国务院《食盐专营办法》《盐业管理条例》与《重庆市盐业管理条例》的规定履行辖区食盐专营与盐政管理双重职能。公司内设综合保障部、市场运行部，在职职工 17 人。

【商品经销】 全年实现盐商品销售 2614 吨，其中食品用盐销售 1330 吨；非盐商品销售额 732 万元。

【盐业执法】 会同县经信委、县食品药品监督局、县公安局、县卫计委、县工商局等部门，在全县范围内开展食盐安全联合整治行动。全年出动检查人员 425 人次。检查经营户 942 余户，食品加工用盐企业及工业用盐企业 40 余家，查获盐业违法案件 11 件，查获盐产品 171.361 吨；清退召回不合格盐产品 17.2 吨。（王小洋）

地方特产

【“石宝寨”牌忠州豆腐乳】 “石宝寨”牌忠州豆腐乳以优质非转基因大豆为原料，采用传统工艺，加入数十味名贵中药材、香辛料、白酒，经自然发酵精酿而成。其内含多种维生素和氨基酸，能健脾开胃，增进食欲，特别是其富含纳豆激酶，人体吸收后对高血压等心脑血管疾病有一定的预防、控制作用。近年来，通过营销网络的建设，“石宝寨”牌忠州豆腐乳在全国各大中城市设立代理商 16 个，经销商 1500 多户，产品远销英国、加拿大、澳大利亚等国家和地区，并形成配套完善的综合服务系统。

【派森百 NFC 橙汁】 又称非浓缩还原橙汁。选用全球优质加工类甜橙，在果实巅峰期采摘，离树 24 小时榨取，经过瞬间巴氏杀菌，采用冷链灌装，最大限度保证橙汁的风味及营养。派森百 NFC 橙汁，百分之百“零”添加。主要终端产品为派森百牌非浓缩橙汁，规格有 1000、500、330、248 毫升 4 种。2009 年，重庆市人民政府将其作为对外接待专用饮品，在国庆 60 周年和庆祝反法西斯战争胜利 70 周年时，作为指定宴请饮品。先后取得卫生许可证、中国国家认证认可监督管理委员会的出口许可认证、绿色食品证书、日本食品环境检查协会的认可、全球权威认证机构 SGS 的 HACCP 体系审核、ISO9001 体系审核等。2012 年 12 月，被评为重庆市著名商标和重庆市名牌产品；2013 年 8 月，被评为重庆市名牌农产品；2016 年 1 月 15 日，经中国绿色食品发展中心审核，该产品被认定为绿色食品 A 级产品，许可使用“绿色食品”标志；2016 年被评为中国驰名商标，是我国非浓缩橙汁饮品中第一个自主品牌，填补我国无高端橙汁饮品的空白。销售网路除重庆外，已完成北京、上海、深圳、广州、成都、武汉、石家庄、乌鲁木齐、杭州、昆明、长沙、济南、青岛、天津等城市和地区的销售布局。

【乌杨白酒】 乌杨白酒采用传统固态小曲酒生产工艺，引用乌杨镇特有的山泉，选择上等高粱、大米、小麦等粮食为原料，采用传统故态小曲酒生产工艺精心酿造，封坛地下窖藏而成，具有醇、甜、香、净、爽之风格，多年来一直享有“沿河上下走、好喝不过乌杨酒”的赞誉。1992 年，获首届巴蜀食品节银奖，重庆市酒类行业第一、第二届产品质量行评金奖，2012 年 4 月，忠县人民政府命名“乌杨白酒”牌白酒为 “忠县地方名特产品”。2013 年 8 月，重庆市商业委员会认定：重庆忠县酒业有限公司“乌杨白酒”为“重庆老字号”。2013 年 11 月，“乌杨白酒”荣获第十二届中国西部（重庆）国际农产品交易会消费者喜爱产品称号。2014 年 2 月 20 日，忠县“我最喜欢的生态农产品评选活动”组委会授予“乌杨白酒”2013 年度“我最喜欢的生态农产品”称号。2014 年，其传统生产技艺晋 “重庆市非物质文化遗产”名录。同年 12 月，“乌杨白酒”商标经审定为“重庆市著名商标”。2015 年 1 月，“乌杨白酒”500g 瓶装乌杨白酒荣获第十四届中国西部（重庆）国际农产品交易会消费者喜爱产品称号。2011—2015 年度荣获渝、湘、赣、鄂、闽、桂（五省一市）酒类行业产品质量检评金奖。

【“汉阙将军坊”高粱酒】 忠县乌杨将军酒业有限公司“汉阙将军坊”高粱酒以乌杨本地小米高粱为原料，引龙高地下泉水人工酿酒，其酒色清亮透明，清香扑鼻，酒度高而不辣，醇和甘爽，香气浓郁，回味悠长。2010 年 9 月，取得“汉阙”商标注册证。2012 年，创建为忠县知名产品。2014 年 10 月，取得“汉阙将军坊”商标注册证。2015 年，获湘、鄂、赣、闽、渝四省一市白酒最具增值潜力奖。2016 年，获湘、鄂、赣、闽、桂、渝五省一市白酒质量检评金奖。2017 年，获“重庆老字号”称号。

【“西厢阁”牌汤圆粉】 “西厢阁”牌汤圆粉以优质纯糯米为原料，用传统水磨工艺，结合现代先进设备精制而成，具有糯性强、粉粒度细、精度高、粉色白、膨胀性能好等优点。制成熟食后口感细腻，不浑汤，营养丰富。2013 年 6 月，西厢阁汤圆粉和阴米被农业部评为绿色食品。2013 年，“西厢阁”商标被评为重庆市著名商标。2014 年 8 月，西厢阁牌汤圆粉被评选认定为 2014 年重庆名牌农产品。

2016年9月，“西厢阁汤圆粉”再次获得绿色食品论证证书；2017年1月，“西厢阁”商标续展认定为“重庆市著名商标”；10月，“西厢阁汤圆粉”复审获“重庆名牌农产品”。

【“良玉”牌汤圆粉】 “良玉”牌汤圆粉采用忠县当地绿色食品糯稻基地糯米为原料，具有糯性强、粉粒度细、精度高、粉色白，膨胀性能好，本味清香，营养品质高，风味特征好等特点。2002年，忠县明珠食品厂注册“良玉”商标。2007年，获QS生产许可认证。2008年，产品获无公害农产品认证。2009年，稻谷基地获无公害基地认证。2009年，获中国西部国际农产品最受消费者喜爱产品。2010年“良玉”牌汤圆粉获中国绿色食品认证。2011年，“良玉”牌汤圆粉获重庆市名牌农产品评定。2012年，“良玉”商标获重庆市著名商标；“良玉”糯米获中国绿色食品认证。2013年，“良玉”牌汤圆粉续获中国绿色食品认证。2015年，“良玉”牌食品被重庆市人民政府评定为重庆老字号特产。2016年，“良玉”牌汤圆粉生产技艺被重庆市人民政府列为非遗文化保护；2017年10月15日16时45分，“良玉”汤圆粉传承技艺作为重庆代表性非遗文化由重庆市政府支持拍摄在重庆电视台农村公共频道首播15分钟，继而在腾讯等媒体进行播放。

【“忠州”牌系列大米】 重庆龄童米业有限责任公司（简称龄童米业）成立于2006年5月，是一家集粮食种植、收购、销售、储备、精加工为一体的综合型股份制企业，主要产品有“龄童贡米”“忠州”特米、“忠州”油米、“龄童”大米、“梅坝”贡米、“龄童”保鲜米、天山雪米、高山大米等。“忠州”牌系列优质大米，富含铁、锌、硒、钙等多种重微量元素，具有米色光亮、晶莹饱满、天然清香、口感舒润、营养丰富、回味悠长等特点，深受广大消费者喜爱。2010年6月，“龄童”大米获国家工商行政管理总局商标注册。2013年3月，“龄童”大米加工通过国家质量管理体系认证。2014年8月，龄童贡米被中国绿色食品发展中心认定为绿色食品A级产品，许可使用“绿色食品”标志。2016年10月，“天山雪米”经新疆生产建设兵团环境保护科学研究所认证为有机产品；11月，取得国家粮食局颁发的粮食收购许可证。2017年8月，“龄童”贡米经中国绿色食品发展中心审核，被认定为绿色食品A级产品。

【“西厢阁” 牌系列大米】 重庆西厢阁粮油食品有限公司（简称重庆西厢阁粮油）主要产品有“西厢阁”大米、“西厢阁”特米、“西厢阁”油米、“西厢阁”贡米、“四方山”贡米等。“西厢阁”牌系列大米以最佳生态环境及无公害基地种植的优质稻谷为原料，采用先进生产加工工艺流程和全程自动化质量监控手段精制而成，产品具有营养丰富、米质晶莹剔透、口感柔韧细腻、气味清香上口之特点。2012年10月，“西厢阁大米”获中国无公害农产品认证。2013年8月，“西厢阁油米”获重庆市名牌农产品称号。2016年9月，“西厢阁特米”获重庆名牌农产品；2017年10月，“西厢阁”贡米被重庆市名牌农产品评选认定委员会评选为“重庆名牌农产品”。

【官坝系列大米】 忠县官坝友明米业有限公司（简称官坝友明米业）主要产品有“官坝”大米、“官坝”香米、“官坝”特米、“官坝”贡米等。2012年，“官坝大米”商标被评为忠县知名商标，官坝香米、官坝特米、官坝大米、官坝油米获得无公害食品认证 。2014年8月，“官坝”香米被重庆市名牌农产品评选认定委员会评选为认定为“重庆名牌农产品”。 2015年6月，忠县官坝友明米业有限公司及无公害水稻产地被重庆市农业委员会认定为“无公害农产品产地”；7月，“官坝”大米被重庆市名牌农产品评选认定委员会评选为认定为“重庆名牌农产品”；12月，忠县官坝友明米业有限公司及无公害水稻产地经农业部农产品质量安全中心审定，获“无公害农产品”证书。2017年10月，“官坝”香米、“官坝”贡米被重庆市名牌农产品评选认定委员会评选为认定为“重庆名牌农产品”。

【“半城”牌野笋干】 2012年，忠县菜篮子农业科技发展公司生产的“半城”牌野笋干被命名忠县地方名优特产。产品含有丰富的蛋白质、纤维素、氨基酸等，其低脂肪、低糖、多膳食纤维等特点，有助食、开胃、清凉败毒等功效，深受广大消费喜爱，被誉为“蔬中第一品”。产品主要销往北京、武汉、成都、达州、万州等地，并通过QS质量体系认证。

【“忠橙”牌柑橘】 忠县“忠橙”牌柑橘包括晚熟橙类、晚熟杂柑、晚熟夏橙、福本脐橙、忠州锦橙等品种，以福本脐橙、纽荷尔脐橙、塔罗科血橙、红美人橘橙、沃柑、W.默科特、春见橘橙为主推品种。“忠橙”牌柑橘果实橙红，果大汁多，色泽亮丽，无核或少核，肉质脆嫩化渣，风味浓郁，品质极优。2008年，中国果品流通协会授予忠县“中国柑橘城”称号。忠县柑橘先后获“重庆市名果”称号、“重庆市名牌产品”、重庆市“名优柑橘金奖”和“群众最喜爱产品”；被国家农业部评为“优质农产品”，被认定为中国国际农业博览会名牌产品；“中华名果”称号；2010年，“忠县柑橘”获国家地理标志保护认证；2015年，忠县荣获“中国农产品批发市场行业发展30年中国优质柑橘生产基地”称号。2015—2016年，统一柑橘品牌，开展“三品一标”（无公害产品、绿色食品、有机农产品和地理标志）认证，全县统一使用“忠橙”和“忠州橙汁”品牌。2015年，“忠橙”商标经中华人民共和国国家工商行政管理总局审批成功注册，“忠橙”牌柑橘被中国果品流通协会授予“2015年中国果品百强品牌”称号，并通过国家质检总局生态原产地产品保护认证。2017年，忠县“忠橙”牌柑橘荣登中国果品区域公用品牌评估价值榜，价值6.2亿元。

【美健达生猪】 2012年，重庆美健达农业开发有限公司成立后，采用国际公认的洋三元肉猪生产技术，利用长白猪、大白猪和杜洛克猪，通过三元杂交成功生产出独具特色、绿色生态的“美健达”生猪品牌。2013年10月，“美健达”商标成功注册。2015年11月，“美健达生猪”被农业部认定为无公害农产品，同时重庆美健达生态生猪养殖场所在地拔山镇苏家村被重庆市农委认定为无公害生猪产地。2017年，“美健达”商标被评为忠县知名商标。2017年10月“美健达生猪”被重庆市农委认定为重庆名牌农产品。

【“三峡鱼”牌有机生态鱼】 2012年，重庆市三峡生态渔业股份有限公司三峡生态渔业获得国家科技部“重大星火计划项目”支撑，被列为国家三峡鱼生态养殖标准示范区。公司有国家级、省市级原（良）种场4个66.67公顷，包括铜梁长薄鳅良种场、长寿白甲鱼原种场、长吻鮠良种场和四大家鱼良种场；长江三峡库区天然水域牧场3个区县4000公顷；四川省广安水库733.33公顷；贵州省3333.33公顷生态养殖产品供应基地；广东省高州水库、龙潭水库生态养殖5333.33公顷；甘肃省碧口水库、苗家坝水库冷水性鱼类生态养殖2000公顷；湖南省、湖北省8000公顷大宗淡水鱼批发货源基地；营销渠道有三亚湾和盘溪水产批发市场配销中心以及区县授权专销商（包括北京、广州）、直营（专卖）店、大型商超、“三峡鱼”连锁餐饮、电子商务平台等。“三峡牌”有机生态鱼采用水体自有的浮游植物、浮游动物、底栖生物和水生植物等天然饵料饲养而成，肌肉有纹理感、口感有韧性、无泥腥味，富含各种营养物质。“三峡鱼”主要产品有：各类优质水产苗种；商品鱼主要有长江白鲢、花鲢、江河湖库小杂鱼（冰鲜）及长江水系天然生态甲鱼、野生大口鲶、土鲫鱼、翘壳、清波、花仙子、三文鱼（鲑鳟类）等。“三峡鱼”产品被重庆市评为“质量安全放心品牌”“名牌农产品”“消费者信得过农产品”和国家“无公害农产品”“有机食品”认证，其生产基地获“农业部水产健康养殖示范场”称号，同时获得 ISO 001-2000 质量管理体系认证证书。

【“茗岳”牌系列有机茶叶】 重庆茗兰茶业发展有限公司位于忠县白石镇打泉村，成立于 2010 年，注册资金 200 万元。公司茶叶加工设施齐全，加工工艺先进，年产有机茶 5 吨左右。公司生产的茗岳牌有机茶是忠县第一个获有机认证并连续五年通过有机复评认证的有机产品。主要品种有：碧螺春、雀舌、竹叶青、毛峰等，其中茗岳·雀舌 2011 年获“中国（重庆）国际茶博会”金奖，2012 年重庆“三峡杯”银奖，2012 年“重庆名特食品”称号，2013 年重庆十大名茶“提名奖”，2013 年冬季西部农交会“消费者喜爱产品”。2014 年，“茗岳·雀舌”获重庆名牌农产品称号。2015 年，“茗岳·碧螺春”获名牌农产品称号，同年 5 月重庆茗兰茶业发展有限公司通过百度实名认证。

（管朋云）

对外贸易

【概　况】 2017年，全县办理自营进出口经营企业22家，8大类86个产品远销美国、意大利、加拿大、印度、澳大利亚、日本、中国香港等23个国家和地区，重点出口企业3家（重庆天地药业有限责任公司、重庆云河水电股份有限公司、重庆市君子林服饰有限公司）。外贸进出口总额1707.95万美元，同比增长20.59%，增幅位居考核组第三位。实际利用外资总额100万美元，总额位居考核组第二位，同比增长100%，增幅位居考核组第一位。

（管朋云）

旅游业

【概　况】 全县有旅行社 4 家（重庆天都国际旅行社、重庆天一国际旅行社有限公司、忠县长江国际旅行社有限公司、重庆飞友国际旅行社有限公司），旅游从业人员 75 人。

全年接待旅游人数 479.11 万人次，增长 33.5%。其中外国人 39.31 万人次，增长 19.1%；港澳台同胞 1.56 万人次，增长 56.6%；陆上组团游客超过 14 万人次，豪华游轮组团游客超过 45 万人次；过夜游客 148 万人次。旅游综合收入 16.23 亿元，增长 58.2%。

【旅游发展】 大型山水实景演艺《烽烟三国》和东溪河漂流成功推向市场，烽烟三国 2017 年演出 267 场，接待游客 108534 人次，收入 923.64 万元，白公祠提档升级完工重新开园，使以二日游为主要产品的忠县目的地旅游目标得以实现。

至 2017 年底，忠县有星级宾馆 5 家（三星：巴国大酒店、重庆大美长江三峡游轮股份有限公司海新酒店、忠县三峡风大酒店、日月大酒店有限公司，二星：香枫山酒店），星级农家乐 18 家（四星：忠县九龙生态园、忠县南湖休闲山庄、巴曼农家乐，三星：龙泉山庄、金泊生态休闲乐园、橘城休闲山庄、忠县绿景休闲会所、忠县周家溪农庄、重庆汝华餐饮有限公司、忠县梦花湾农家乐、一九八农家乐、撮一顿农庄、天子山假日山庄、忠县官庄岭农家乐、忠县乡里农家乐、银山饭庄<忠县白尧餐饮有限公司>、<花田溪谷重庆晨日农业开发有限公司>、忠县望年楼辣子兔餐馆）。宾馆、酒店、农家乐、农特产品、土特产品等配套要素迅速向旅游聚集靠拢，住宿、餐饮等消费大幅增长，2017年，星级宾馆住宿业营业收入 3978 万元、餐饮业营业收入 14216 万元，星级农家乐餐饮业营业收入 2100 万元。

2017年，全县大力发展乡村旅游，形成以柑橘、笋竹、红豆杉为产业基础的融观光、休闲、采摘、体验于一体的乡村旅游业，涌现出涂井三峡橘海、双桂橘乡荷海、新立中国柑橘城、拔山金色杨柳、白石巴蔓竹韵、马灌香村甜园、复兴天子山、黄金花田溪谷、石子八斗台等乡村旅游景点。大力发展旅游商品，培育出忠州豆腐乳、派森佰橙汁、忠味堂粉丝、阴米、汤圆粉、香山蜜饼、黎氏咂酒、无花果、茗岳茶叶、乌杨白酒、忠威玛卡咔酒、忠州草橘、“土肥富”百合产品系列旅游商品。忠州腐乳酿造有限公司开辟旅游观光廊道，开发豆腐宴，丰富游客体验，促进旅游商品销售。忠味堂粉丝参加全国旅游商品大赛，获铜牌奖。（张 琪）

财政税务

财 政

【概　况】 忠县财政局办公地址位于忠州街道州屏环路 40 号。内设办公室、预算科、政府债务管理科、预算绩效管理科、国库科、行财科、金融科、综合科、基层财政科、社会保障科、企业科、国有资产监督管理科、农业科、经济建设科、政府采购管理科、会计科、监督科等 17 个科室，下设忠县非税收入管理局、忠县会计集中核算中心、忠县国库集中支付中心、忠县财政投资评审中心、忠县国有资产管理中心等 5 个事业单位。机关及下属事业单位编制 126 名，在编在岗 99 名，其中行政编制 28 名，事业编制 69 名，工勤人员 2 名。

【预算执行】 2017 年，全县一般公共预算收入完成 16.67 亿元，同口径增长 10%，其中，税收收入完成 87451 万元，同口径增长 17.5%；非税收入完成 79155 万元，同口径增长 2.8%。在税收收入中，增值税、营业税、企业所得税、个人所得税、城市维护建设税、契税等主要税种分别为 3.3 亿元、0.53 亿元、1.3 亿元、0.58 亿元、0.35 亿元、0.82 亿元，同口径分别增长 66.5%、-91.7%、15.2%、10.3%、17%、-28.2%。全县政府性基金预算收入 10 亿元，同比下降 39.6%。

全县一般公共预算支出 596168 万元，同比增长 14.1%；全县政府性基金预算支出 176360 万元，同比下降 37%。

忠县财政 2017 年收入情况表

表 19　　　　单位：万元

项　　目	实际完成	与上年同期比较	
		上年同期	增长%
一、一般公共预算收入小计	166606	151407	10
（一）税收收入	87451	74402	17.5
增值税	32924	19772	66.5
营业税	528	6359	-91.7
企业所得税	13046	11324	15.2
企业所得税退税			
个人所得税	5761	5225	10.3
资源税	2069	1908	8.4
固定资产投资方向调节税			
城市维护建设税	3458	2956	17
房产税	3589	2080	72.5
印花税	1058	880	20.2
城镇土地使用税	5139	6055	-15.1
土地增值税	7773	2496	211.4
耕地占用税	3872	3883	-0.3
契税	8234	11464	-28.2
烟叶税			
其他税收收入			

续表

项目	实际完成	与上年同期比较	
		上年同期	增长%
（二）非税收入	79155	77005	2.8
专项收入	3063	6467	-52.6
行政事业性收费收入	23792	20475	16.2
罚没收入	2717	9408	-71.1
国有资本经营收入			
国有资源（资产）有偿使用收入	48603	40532	19.9
其他收入（政府住房基金收入）	980	123	696.7
二、政府性基金预算收入小计	100022	165570	-39.6
其中：国有土地使用权出让收入	99113	163550	-39.4
三、中央两税收入合计	36336	23190	56.7
1、增值税	31631	18664	69.5
2、消费税	4705	4526	4
四、财政收入分部门征收进度	166606	151407	10
财政部门征收	79155	81053	-2.3
地税部门征收	50155	51132	-1.9
国税部门征收	37296	19222	94

忠县财政2017年支出情况表

表20　　单位：万元

项目	实际完成			与上年同期比较	
	小计	县级	乡镇级	上年同期	增长%
一、一般公共预算支出小计	596168	547878	48290	522616	14.1
一般公共服务	44104	29516	14588	36615	20.5
外交					
国防	259	259		514	-49.6
公共安全	16827	16827		18973	-11.3
教育	109921	109865	56	118362	-7.1
科学技术	2962	2962		2932	1.0
文化体育与传媒	7506	6599	907	7425	1.1
社会保障和就业	64433	49699	14734	66357	-2.9
医疗卫生与计划生育	88686	87710	976	88448	0.3
节能环保	21962	20715	1247	20784	5.7
城乡社区	95009	93974	1035	26684	256.1
农林水	89116	75502	13614	84741	5.2
交通运输	19090	19087	3	19184	-0.5
资源勘探信息等	10550	10550		7848	34.4
商业服务业等	2286	2279	7	2425	-5.7
金融				20	-100
援助其他地区					
国土海洋气象等	1698	1698		1437	18.2
住房保障	17737	16614	1123	16745	5.9
粮油物资储备	459	459		410	12
债券付息	3563	3563		2675	33.2
其他支出				37	-100
二、政府性基金预算支出小计	176360	173066	3294	280054	-37.0
其中：国有土地使用权出让金支出	105609	105184	425	155250	-32.0

【服务发展】 发挥财政统筹和财政资金引导作用，服务经济发展。全年安排债券资金9亿元，统筹协调项目融资工作，支持工业园区、新生港、棚户区改造等市县级重点项目建设，促进库区经济发展与移民安稳致富、库区生态环境建设与保护。积极争取上级专项资金，整合县级产业发展资金，助推四大产业集群发展，提升经济发展内动力。全面实施“营改增”，落实企业减税降费1.83亿元，兑现招商引资优惠政策6.4亿元。全年县内银行新增贷款51.1亿元，同比增长39.6%，存贷比42.2%，提高9个百分点；支持发放“助保贷”“助农贷”“农业担保贷”“诚信贷”“扶贫小额贷”3338家3.1亿元，安排各类创业贴息资金2024万元。支持国家文明县城创建、市容环境综合整治等城市基础设施建设，推进旅游品牌提档升级，优化全县发展环境。

【民生保障】 全年安排民生支出37.7亿元，占一般公共预算支出的63.3%，同比增长11.9%，其中整合财政涉农资金2.44亿元，落实专项扶贫资金1.34亿元。一是优化支出结构，提升民生保障水平。教育方面，安排4600万元用于校舍维修改造、设施设备配备等；安排5529万元加大学生营养改善投入力度，提高补助标准，改善学生营养质量；投入1.02亿元保障义务教育发展基本均衡县创建工作的开展，并顺利接受国务院验收；安排2000万元教育扶贫专项资助资金，对家庭经济困难学生实现学前到大学兜底资助全覆盖。社保方面，全年统筹拨付养老金17.3亿元，其中补发70635人退休养老金6011万元，平均提高工资标准5.6%；安排4.6亿元专项用于医疗保险，全年报销医疗费用4亿元；安排2.2亿元全面实施城乡困难群众医疗救助、临时救助、节日慰问、特困人员救助和救灾资金落实；发放低保救助金2380万元，实现2909户建卡贫困户6820人低保兜底；落实贫困残疾人生活和重度残疾人护理补贴541万元。医疗方面，统筹安排资金2.45亿元，支持公立医院改革，取消药事服务费，调整部分医疗服务项目价格，落实公立医院取消药品加成分类补偿机制政策；安排2000万元支持县人民医院迁扩建；建立医疗扶贫救助机制，全年安排742万元，实施医疗救助22907人次。住房保障方面，安排资金3073万元用于高石坎二期和水坪小区廉租房项目建设；安排保障性住房租金补贴29万元解决低收入群体住房困难；安排4181万元完成贫困户危房改造758户、易地扶贫搬迁2500人、残疾人危房改造130户。就业保障方面，安排就业补助资金2805万元兑现就业补助政策；安排344万元对“4050”人员及企业下岗职工实施社保补贴；安排672万元对失业人员、农村贫困人员、移民开展职业技能培训；安排1278万元支持公益性岗位补贴。二是注重公平共享，优化城乡资源布局。投入1017万元实施农村安全饮水工程，新建水池4300立方米。统筹安排资金1.3亿元支持农村公路建设、改造和养护，完成农村公路通畅工程283千米。投入4701万元推进一事一议财政奖补及美丽乡村项目建设，完成村社便道及乡村道路492千米。投入1.1亿元支持农村人居环境改善和城镇污水、垃圾综合处理，整治村容村貌30000平方米。安排2424万元专项用于提高乡村教师待遇，优化教师资源配置。安排900万元用于乡镇医院改造，推进基层医疗卫生服务能力提升。发放耕地地力保护、生态效益补偿、退耕还林、农机具购置、大中型水库移民等财政直补资金1.8亿元。三是倾力和谐稳定，增进百姓福祉。投入385万元支持乡镇政务综合服务大厅改扩建。安排803万元支持全县安全生产和创建食品药品安全示范县。安排325万元支持社区网格化建设和百名法律人才进村社。安排5892万元用于落实村干部工资待遇。安排3631万元兑现落实计划生育家庭各项奖扶政策以及资助参加城乡居民合作医疗保险。安排2582万元用于全县畜禽禁养区养殖场关闭和黄标车淘汰。安排654万元落实城区公共交通运行补助，265.8万人次享受免费优惠出行。

【财政改革】 贯彻《预算法》，全面推进财政改革，提高财政科学化、规范化、精细化管理水平。一是完善部门预算编制。完善预算编制体系，提高预算科学性和年初到位率。提高预算透明度，加大信息公开力度，全县除涉密部门外有153个预算单位向社会公开预决算信息和“三公经费”信息。落实中央“八项规定”精神，强化预算支出执行，严格控制一般性支出，确保“三公经费”只减不增。清理盘活存量资金，统筹结余结转资金1.26亿元，用于保民生、补短板。二是完善预算绩效管理制度体系。加强绩效目标管理，提高绩效目标管理覆盖率，不断强化绩效预算全过程管理，对项目资金大于50万元的事项全部实行项目绩效目标管理。确定基本公共卫生服务等7个重点评价项目、特色效益农业等10个自评项目和高石坎二期项目等4个专项自评，资金总额3.01亿元。强化评价结果应用，将评价结果与支出结果调整、预算资金安排有机结合，提高财政资金的使用效益。三是深化国库集中支付改革。依托财政大平台一体化网络，实时监控国库资金和单位资金流向，全年办理集中支付业务14.69万笔113.46亿元。开展国库集中支付电子化管理改革试点工作，将11个预算单位纳入试点；8家银行代理电子支付业务，电子支付系统总体运行平稳。四是稳步推进国有企业改革。通过分类整合重组国有企业、整合优化国有企业资源配置、完善公司法人治理结构、经营管理体制和全面加强国有企业党的建设等措施，整合重组一级重点国有企业6家、二级（子）公司14家，国有参股企业6家，实现政企分离，国有企业监督管理逐步理顺，法人治理结构不断完善。做优做大国有企业，安排资本金2.1亿元、公益性项目补助资金8900万元，盘活利用经营性及闲置国有资产2.76亿元，支持国有企业发展。圆满完成市政府交办的剥离国有企业办社会职能工作任务。厘清县属国有企业债权债务和资产情况，做好二级（子）公司的运营管理移交工作，出台《县属国有企业管理暂行办法》《县属重点国有企业负责人经营业绩考核和薪酬管理暂行办法》等配套制度，确保企业健康持续发展。五是规范政府购买服务工作。制定政府购买服务项目实施方案和基本流程，实施政府购买服务9项、3842万元；推动政府职能转变，促进事业单位分类改革和转型发展，增强事业单位提供公共服务能力。

【财政监管】 贯彻落实县人大决议决定和审查意见，坚持依法理财，从严管控支出、债务，确保资金安全高效。一是加强政府债务管理防风险。健全风险评估和预警机制，制定政府性债务风险处置预案，进一步规范融资举债程序，组织开展融资违规担保整改和以政府购买服务名义违法违规融资整改工作，加强国企债务管理，督促国企规范办理融资业务，建立“借用还”和“责权利”相统一的机制，年末债务余额41.5亿元，控制在债务限额范围内。二是打击非法金融活动。全年排查企业、机构72家，确保不发生金融风险事件。三是加强地方金融机构监管。招商建设三峡港湾基金加速中心，全程跟踪服务盛合嘉富私募基金项目，打造创新型基金资金洼地。组织开展小贷、担保金融机构现场检查6次。安排5000万元增资兴农融资担保公司。监督指导通达公司收购重组同正小贷公司，并协助化解不良债务。四是强化政府采购管理。进一步规范政府采购流程，严格审批采购方式，完善政府采购电子交易平台，更新政府采购评审专家数据库，加强政府采购评审专家管理，依法处理政府采购投诉，强化政府采购全程监管。全年实际完成采购金额2.2亿元，节约资金1800万元，节约率7.6%。五是加强财政投资评审管理。拓展财政投资评审，加强评审精细管理。全年完成各类评审、评估、核查项目392个，送审金额43.4亿元，审定金额39亿元，净审减不合理资金4.4亿元，综合审减率10.1%；各类资产评估确认值5.7亿元。

六是强化财政监督管理。推进行政事业单位内控制度建设，强化财政政策、专项资金执行情况监督检查。健全资金使用预警控制和痕迹化管理机制，实现项目资金风险防控监督和绩效管理。加强涉农资金监管，专项整治群众身边不正之风和腐败问题，涉及财政资金4亿元。对19个单位开展检查工作，查出违纪违规问题资金1250万元，依法依规进行处理。

【机关党建】 强化党建主业意识。认真履行第一责任人职责，全年召开党组会17次、党建专题会6次、党风廉政建设专题会4次，研究党建议题10项。落实民主集中制，完善《党组议事规则》，坚持“三重一大”决策机制。落实“一岗双责”，督促班子成员、支部书记履行党建责任，定期听取汇报，研究解决具体问题。夯实党建基础，按期完成5个党支部换届工作，选优配强基层组织班子。加强党支部建设，严肃党的组织生活，督导5个党支部常态开展“三会一课”“支部主题党日”活动；组织开展党支部专题组织生活会和党员民主评议，开展党建自查工作4次并及时查漏补缺。严格党内政治生活，局党建第一责任人以普通党员身份参加支部组织生活7次、“支部主题党日”活动8次，上党课2次；组织召开班子专题民主生活会2次，开展干部交心谈心56人次，征求班子及成员意见建议53条，查找班子问题28条，落实整改措施57条。加强理论学习，全年主持党组中心组学习12次、职工集中学习13次、宣讲报告2场次、学习讨论15场次，专题学习中共十九大报告、中纪委工作报告和新修订的《党章》；开展中共十九大知识竞赛活动，干部职工撰写心得体会98篇；推进“两学一做”学习教育常态化制度化，全年支部累计集中学习41次；建立学习成效前后对比机制，巩固学习教育成效；落实意识形态工作责任制，教育引导职工坚决抵制社会不良现象。加强作风建设，认真履行全面从严治党主体责任，强化党风廉政宣传教育，开展“解放思想、提高执行力”干部作风建设专项整治行动，职工自查自纠问题169个，健全机关内控管理制度13项，优化办事流程9项；严格干部平时考核工作，强化日常工作辅助信息系统对干部职工的管理、监督和考核运用；开展节假日期间作风建设专项督查14次，约谈干部9人次。落实重点任务，明确专人负责“群工系统”接办件办理、12371党建信息平台数据维护；撰写网评25篇，组工信息工作列县政府部门第4位；落实全市基层党建工作座谈会任务，建立“四个专项排查”长效机制，全体党员按时足额缴纳党费。严格执行干部任用政策法规，交流调配干部10人；结合上年度党建述职问题细化落实整改措施20条。组织全体党员查找问题100余条，整改销号率96%。围绕中心抓党建促发展。牵头精准脱贫帮扶，全年整合财政涉农资金2.44亿元，落实专项扶贫资金1.34亿元。牵头扶贫集团为兴峰乡争取项目投入293万元，帮助理清发展思路，破解集体经济收入难题。选派驻村工作队员2名，督导帮扶人落实帮扶措施，为民办实事180余件。结对联建基层党组织，组织扶贫集团成员单位与兴峰乡各村（社区）党支部结对联建，帮助南天村解决问题7个，后进组织整顿到位2个。组织在职党员开展进社区活动，筹资筹劳帮联兴峰乡、忠州街道顺溪社区开展全国文明县城创建工作。服务基层组织建设，安排1160万元用于支持服务群众专项工作及便民服务阵地维护管理，安排5601万元用于提高村（社区）工作人员补贴、兑现社区专职工作人员养老保险，发放离任村干部和农村老党员生活补助1437万元，落实农村党员活动经费155万元；安排非公党组织工作活动经费53万元。推进国企党建，坚持党建工作与国企改革任务同步谋划、党的组织及工作机构同步设置、党组织负责人及党务工作人员同步配备、党的工作同步开展，将“四步工作法”纳入公司章程，健全重点国有企业党组织6家。

（张　苇）

国家税务

【概　况】 重庆市忠县国家税务局位于忠州街道大桥路 11 号。内设办公室、机关党委办、政策法规科、收入核算科、财务管理科、货物和劳务税科、所得税科、征收管理科、纳税服务科、人事教育科、监察室、风控中心等科室 12 个，设事业单位信息中心 1 个；下设直属单位稽查局 1 个，第一税务所、第二税务所、第四税务所、第五税务所、第六税务所、第七税务所、第八税务所、办税服务厅等派出单位 8 个。有在职职工 131 人。

【税收收入】 2017 年，全局组织税收收入 87799 万元，完成市局年度调整计划 83000 万元的 105.8%，同比增收 29490 万元，增长 50.6%，剔除“营改增”扩围 34044 万元，实际增长 26.6%。完成地方级税收 37298 万元，完成县政府调整计划 34200 万元的 109.1%，同比增收 16135 万元，增长 76.2%。其中，增值税入库 64197 万元，同比增长 68.4%，增收 26083 万元；消费税入库 4705 万元，同比增长 4%，增收 179 万元；企业所得税入库 12998 万元，同比增长 25.6%，增收 2646 万元；车购税入库 5899 万元，同比增长 11%，增收 583 万元。

【税收管理】 积极推进税收综合改革，2017 年 1 月，在全市国税系统率先启动并实施以转变征管形态、提高征管效能为核心内容的税收综合改革，改原按地域名命名税务所为按序列设置第一至第八税务所，将偏远税务所驻地收缩到城区，实现“重点税源集中管理、典型行业统一管理、一般税源属地管理、风险应对专门管理、特定事项指定管理”的税收综合改革目标。联动推进税收征管改革，与县地税局合作，召开联席会议 2 次，完成八大类 40 项合作事项；建立忠县联合办税服务厅，联合开展税收分析、稽查、税源调查、风险应对，整顿全县税收秩序。成立风控中心，建立中高级风险集体审议制度，提高税收风险应对质效，税收风险管理日趋成熟。由县政府牵头成立税收共治工作领导小组，制发《忠县构建税收共治工作体系实施方案》，将县级各部门单位和各街道、乡镇纳入共治体系，初步构建起 “党政领导、税务主责、部门合作、社会协同、公众参与”的忠县税收共治格局。

【依法治税】 加强法制基础制度建设，健全《法制建设领导小组工作制度》等 8 项制度，成立内控机制建设领导小组，加强对《重庆市税收征管保障办法》等法律法规的学习，通过开展税收宣传月、法制宣传日、税法知识进课堂等活动，提高全民依法诚信纳税意识，营造依法治税环境。严格按照相关政策，加大税收优惠政策落实、核查和后续管理，全年为 6 户企业办理即征即退增值税额 1328.21 万元，为 535 户企业办理增值税减免优惠税额 5345.92 万元，为 411 户企业办理免税收入 112437.09 万元，为 350 余户小微企业、西部大开发企业减免所得税近 4000 万元，为 70 户农林牧副渔等农业企业减免应纳所得额近 2500 万元，办理出口退税免抵退税额 1292.81 万元。

【纳税服务】 2017 年 3 月 1 日，由忠县人民政府购置装修，县国税局、县地税局共建共管的忠县办税服务厅正式投入使用，实现统一办公地点、功能分区、窗口设置、业务办理、工作规范、服务制度、争议调处、应急处置、内部管理、内部思想等“十个统一”，实现纳税人“进一家门、到一个窗、办两家事”的愿望，成为忠县推进“放管服”改革的亮丽名片。大力推行实名办税、一票清税、一表集成等便民服务，在全市纳税人满意度调查中排名第 12 位。抓好纳税信用等级管理工作，评定 A 级纳税人 69 户，B 级 1128 户。

【信息化建设】 以信息化为导向，抓好办税厅升级共建，实现办税服务厅“一人一窗一机一屏一POS”。对内网网站进行改版，新辟“党建工作”“专题专栏”等功能模块。应用“互联网+税务”思维，做好“金税三期升级版”“防伪税控系统”“数据综合应用平台”等十余个税收系统日常运行维护。强化基础设施，购买联想台式机 12 台、奔图黑白打印机 10 台、彩色打印机 1 台、京瓷复印机 1 台。抓好网络安全工作，严格控制网络病毒爆发率。

【自身建设】 学习宣传贯彻习近平新时代中国特色社会主义思想和中共十九大精神，先后召开党组中心组扩大会议专题学习 6 次，分层组织学习讨论 20 余次，征集党员干部撰写心得体会近 200 篇。推进“两学一做”学习教育常态化制度化，固化三会一课、主题党日等七项配套措施，形成横向到边、纵向到底党建制度体系。抓好党支部建设，大力弘扬“税务文化”和忠县“忠文化”，深入开展“讲、学、思、誓、做”系列活动，在创建全国文明县城、长江三峡国际马拉松赛和 CMEG 电子竞技决赛等活动中开展志愿服务 1000 余人次。落实党风廉政主体责任和监督责任，局党组书记履行党风廉政建设第一责任人职责，局党组成员履行“一岗双责”。落实监督责任，加强对重大事项决策、领导干部选拔任用、行政管理权和税收执法权的监督，促进权力规范透明运行。强化廉政教育，建立《忠县国税局干部职工家访制度》《忠县国家税务局干部职工小微苗头性问题发现及处置办法》等制度，开展全局干部职工廉政学习，全年在县局网页“纪检监察”栏目刊发文章 322 篇，实现廉政教育横向到边、纵向到底管理，2017 年，连续第 12 年被重庆市国税局和县委、县政府表彰为“党风廉政建设先进单位”。

加强业务教育培训，建立每周星期四学习制度，固化周四下午为全局干部政治、廉政及业务定期学习时间，周四晚上为 35 岁以下青年干部业务学习时间；联合县地税局、县工商局举办文明礼仪培训、“解放思想、提高执行力”和全员警示教育讲座，提升干部职工政治素质和业务能力，2 名职工被评为重庆国税系统税收业务能手。严格绩效考核管理，细化考核指标，与数字人事相结合，实现绩效管理的信息化、规范化和科学化。加强队伍建设，全年，职工晋升职级 17 名，新选拔任用中层干部 7 名，晋升主任科员 6 名，76 名一般职工和 10 名中层干部进行交流轮岗，按期转正定级新招录公务员 6 名，新招录公务员 9 名，配合市国税局选拔稽查局长 1 名。 （阎 丽）

地方税务

【概　况】 忠县地方税务局位于忠州街道中博支路 3 号，机关内设 5 科 2 室：办公室、政策法规监督科、税收政策与征收管理科、收入规划核算科、非税收入管理科、组织人事科、监察室，下设 3 个直属机构：稽查局、税收风险监控中心、纳税服务中心，6 个派出机构：重点税源管理税务所、忠州税务所、白公税务所、石宝税务所、汝溪税务所、拔山税务所。有在职职工 102 人。其中，中共党员 59 人，大专以上学历 102 人，注册税务师 4 人，律师 3 人，初级会计师 46 人，中级会计师 8 人，高级经济师 2 人。

县地税局担负着全县企业所得税、个人所得税、资源税、城市维护建设税、房产税、印花税、土地使用税、土地增值税、车船税、耕地占用税、契税、烟叶税等 12 个地方税种和养老保险费、失业保险费、医疗保险费、工伤保险费、生育保险费、教育费附加、文化建设事业费、地方教育附加费、工会经费、残疾人就业保障金等基金费的征收管理工作。2017 年，累计组织各项税费收入 196587 万元，同口径增长 21.14%，净增收入 34303 万元。其中，税收收入实现 71970 万元，同口径增长 13.72%，净增收入 8684 万元，税收收入中县级收入完成

50155 万元，同口径增长 17.59%；非税收入完成 124617 万元，同比增长 25.88%，净增收入 25619 万元。

【“放管服”改革】 深化“放管服”做好“加减乘”。与县国税局联合打造办税服务厅，实践“统一办公地点、统一功能分区、统一窗口设置、统一业务办理”模式。在简政放权上做好“减法”，下放涉税审批权限 51 项，将管理要素向事中事后转移，将事前审核的要素向事中阻断、事后监管转移。在后续管理上做好“加法”，构建纳税服务体系，实施纳税服务“科室实体化、扁平化终端运作”模式；加强税收日常督察工作。在优化服务上做好“乘法”，以《全国税务机关纳税服务规范 3.0》为指南开展纳税服务；开展二级“12366”纳税服务热线；简并涉税事项流程，纳税人正常办理涉税时间由原来的 20—30 分钟缩短到 5—7 分钟；深入推进“五证合一”“一照一码”；开展全国第 26 个税收宣传月活动、“纳税人学堂”培训活动，编发《忠县税务手机报》30 期；运用“云企信”平台开展纳税服务；推进存量房交易制度改革并实现成功上线，全年共计享受优惠 5612 户次，减免税收 3612.47 万元。

【税收征管】 税种管理。加强企业所得税日常征管，全年入库企业所得税 19619 万元，同比增长 13.26%；加强个人所得税征管，重点对行政事业单位个人所得税扣缴情况进行清理，其中征收工资薪金所得个人所得税 4718 万元，同比增长 46.33%；加强土地增值税征管，对达到清算标准的 13 个项目进行清算，入库土地增值税 7773 万元，同比增长 211.42%。行业税收管理。加强房地产业管理，开展房地产业土地增值税清算、房地产行业的企业所得税汇算清缴和房地产行业股权转让清理工作，实现税收 20482 万元，同比增长 41.35%；加强金融业管理，对全县 27 个金融保险单位进行税务检查，实现税收 3132 万元，同比增长 33.50%；开展“四清六查”“百日行动”，实现企业所得税收入 8821.99 万元，土地增值税收入 1705.32 万元，营业税收入 1055 万元。实施构建税收共治工作体系，实现信息管税、合作管税，全年获取各部门涉税信息 121769 条，挖掘税源 6603 万元，入库税收 6518 万元；牢固构筑“聚沙工程”，与城区 5 个居委会签订委托代征协议并实施各类税费代征工作，全年代征各类税费 574.77 万元。

【依法治税】 开展普通税务干部法治轮训和法制干部法治专题培训，落实税收行政执法责任制，扎实开展税收工作日常大督察。加大税收执法力度，对 3 家企业实施税收强制执行。强化重大涉税事项审理，对 13 户停产企业房产税、土地使用税减免和征收方式认定进行审理。整顿和规范税收秩序，开展重点税源户轮查、区域税收整治，组织开展金融保险业税收专项清理，开展打击发票违法犯罪活动。与县国税稽查、公安经侦协作，对 6 家单位开展联合检查，累计查补入库税收 2564 万元。

【队伍建设】 加强廉政教育，筑牢干部职工纪律规矩意识。开展“解放思想，提高执行力”干部作风专项整治活动；集中组织观看廉政专题片、集中学习各级通报典型案例；抓住元旦、春节等重要节日节点，通过微信、短信等发送廉政提醒信息近 30 条。聚焦主责主业，发挥纪检监察职能职责，全年开展重点、专项工作日常督察 3 次，定期明察暗访 12 轮次，对检查发现的问题予以教育纠正；认真落实廉政跟踪回访制度，没有发现干部职工有为税不廉情况。

狠抓职工政治学习。确定每周一下午为全局职工政治学习时间，局机关、税务所分别集中学习。开办“职工夜校”，利用每周三晚上，对全局职工集中进行 2 个小时业务大培训，全年举办夜校 38 期。积极培养优秀人才，认真落实好市局“841”工程，全年 2 名职工考取中级会计师，1 名职工考取律师资格。鼓励职工参加学历教育，26名职工在长江师范学院参加国家全日制学历教育，其中11名职工取得本科学历，15名职工取得专科学历积极培养优秀人才。3名职工获得市地税局“共产党员示范岗”荣誉称号，1名职工获得市地税局“征管能手”称号，新提拔4名年轻职工为副职科所长。全年先后举办文明礼仪培训1期、提升执行力培训1期、廉政讲座2期、国防教育讲座1期，干部队伍素质进一步提升。（王　锋）

金融

综述

【概　况】 2017年，全县紧紧围绕经济社会发展目标，积极做好金融业服务于重点项目、实体经济、“三农”发展、中小微企业等工作，服务县域经济结构调整，做大做强金融产业，创新服务方式和产品，构建良好金融生态环境。全年实现金融业增加值4.93亿元，比上年增长14.0%，占地区生产总值的1.8%。全县金融机构人民币存款余额413.77亿元，比上年增长8.0%；金融机构人民币贷款余额182.74亿元，比上年增长41.8%。

【银行金融业】 2017年，忠县有10家银行业金融机构。其中，政策性银行1家：农业发展银行忠县支行；股份制国有商业银行4家：工商银行忠县支行、农业银行忠县支行、中国银行忠县支行、建设银行忠县支行；邮政储蓄银行忠县支行；重庆市地方商业银行3家：重庆农村商业银行忠县支行、重庆银行忠县支行、重庆三峡银行忠县支行；县级法人银行1家：重庆忠县稠州村镇银行。

银行存贷规模持续增长，截止2017年末，忠县10家银行业金融机构存款余额413.77亿元，比年初新增30.78亿元，同比增长8%，增速位列渝东北片区（万州区、开州区、梁平区、垫江县、丰都县、忠县、云阳县、奉节县、巫溪县、巫山县、城口县）第7名；贷款余额182.74亿元，比年初新增53.84亿元，同比增长41.8%，增速位列渝东北片区第2名；存贷比44.16%，比年初提高10.5个百分点，增速位列渝东北片区第2名。2017年，忠县人民政府与农业银行重庆市分行开展合作，创新“普惠金融诚信贷”信贷产品，累计向1673户农户发放贷款6756万元，缓解广大农村地区贷款难问题。

【保险金融业】 2017年，忠县有保险业金融机构14家。其中，财产保险机构7家：中国人民财产保险忠县支公司、中国人寿财产保险忠县支公司、太平洋财产保险忠县支公司、平安财产保险忠县支公司、阳光财产保险忠县支公司、大地财产保险忠县支公司、安诚财产保险忠县支公司；人寿保险机构7家：中国人寿保险忠县支公司、中国人民寿险保险忠县支公司、太平洋寿险保险忠县支公司、平安寿险保险忠县支公司、阳光寿险保险忠县支公司、泰康寿险保险忠县支公司、幸福人寿保险忠县支公司。2017年，县财政安排827万元投保水稻、玉米、能繁母猪、生猪、森林、柑橘等政策性农业保险，安排463.5万元为所有建卡贫困人口投保“脱贫保”，确保不因灾、因病、因意外返贫。

【证券金融业】 2017年，忠县有证券业金融机构2家：西南证券公司忠县营业部、国泰君安证券公司忠县营业部。忠县本土企业在全国中小企业转让股份系统（“新三板”）挂牌2家：聚融集团和大美游轮。2017年，在西南证券的保荐下聚融集团成功定向增发5800万元。

【新型金融业】 2017年，忠县有新型金融机构2家，重庆市忠县同正小额贷款公司和重庆市忠县新源小额贷款公司。2017年6月，重庆市通达投资有限公司收购重组重庆市忠县同正小额贷款公司（名称仍为重庆市忠县同正小额贷款公司）。全年贷款余额3.08亿元；融资担保公司1家：重庆市忠县兴

农融资担保公司，注册资本金1亿元，年末在保余额2.15亿元。（张 苇）

银行

【中国人民银行忠县支行】 概 况 中国人民银行忠县支行办公地址位于忠州街道州屏环路67号。内设职能科室5个：办公室、国库会计股、货币信贷与调查统计股、货币金银股和保卫股。有在册职工28人，退休职工9人。

2017年，全县有银行业金融机构10家，分别为工商银行忠县支行、农业银行忠县支行、中国银行忠县支行、建设银行忠县支行、农业发展银行忠县支行、重庆银行忠县支行、重庆农村商业银行忠县支行、邮政储蓄银行忠县支行、三峡银行忠县支行、稠州村镇银行。设立分支机构173家，从业人员1419名。小额贷款公司2家：同正小额贷款有限责任公司、新源小额贷款有限责任公司，证券公司2家：国泰君安、西南证券。

货币信贷 至2017年底，全县各金融机构人民币存款余额413.77亿元，较年初增加30.78亿元，增长8.04%；贷款余额182.74亿元，较年初增加53.84亿元，增长41.76%；存贷比由年初33.65%提高到44.15%。

绿色金融、科技金融、普惠金融发展。制定《忠县2017年信贷工作的指导意见》，推动政府制定《忠县2017年绿色金融工作实施方案》，由农行忠县支行增设绿色金融事业部，人保财险探索研究开展绿色保险。积极参与、协调、促成中国农业银行重庆市分行与忠县人民政府签订合作协议，在忠县开展普惠金融专项贷款试点工作。至2017年末，全县累计投放普惠金融专项贷款1673户6755.7万元，余额6641.3万元，惠及29个乡镇（街道）1649户农户。与重庆市农村商业银行、重庆市农业担保公司合作，分别推出“助农贷”和“农业融资风险保证金”。全年累计发放“助农贷”贷款4248万元，余额4782万元，发放“农业融资风险保证金”700万元。推进扶贫再贷款发放工作，向忠县稠州村镇银行发放扶贫再贷款2000万元。

农村土地承包经营权抵押贷款试点工作。制定《农村承包土地的经营权抵押贷款试点方案》，印发全县执行。至2017年末，土地承包经营权抵押贷款余额8860万元，新增6945万元，累计发放12445万元，实现全县土地承包经营权抵押贷款稳步增长。

征信管理 2017年，建立农村信用信息基础数据库系统，授权各家银行为农村信用信息基础数据库系统管理机构，新设个人自信报告自助查询机1台，提升个人征信查询便利度。全年累计查询个人征信报告8923人、企业信用报告174户，发放机构信用代码1223户、变更机构信用代码815户。

金融服务 支付环境建设。2017年末，全县162个银行网点全部接入大小额支付系统，乡镇覆盖率100%，交易量和交易额分别为19.12万笔217.62亿元。银行卡受理市场建设进一步加强，全年新增特约商户2696户，ATM机、POS机4569台，各类银行卡受理终端业务量878.93万笔。网上支付、移动支付、电话支付等非现金支付得到进一步推广，全年通过非现金支付交易量和交易额分别为237.66万笔473.82亿元。农行“四融平台”建设稳步推进，全年布放“四融”机具81台，办理业务12654笔，交易金额448.07万元。

经理国库。配合财政部门做好国库集中支付电子化管理改革，县国库集中支付电子化（无纸化）项目于2017年8月4日正式上线，实现通过财税库银横向联网系统缴纳税款。2017年末，办理各级预算收入34.10亿元，其中中央级7.13亿元，省级0.3亿元，县级26.66亿元；办理社保基金征收11.75亿元。

现金管理。落实现金服务“三项工程”、小面额现钞供应“三项制度”、现金管理“两项措施”，督促全县银行机构与3077户中小商户、492个农村现金服务点、5个重点零售企业签订现金服务合作协议。保证小额零钞供应，全年县内银行机构通过签约服务点投放10元以下小面额零钞3648万元，回收残损币4138万元。强化银行机构残损币鉴定、兑换窗口服务，落实残损币首兑责任制，加大残损币兑换工作的考核权重。2017年，全县银行机构鉴定残损币289笔，金额58923元；残损币回笼17572捆，超额完成11.22%。新增1个“硬币自循环爱心兑换点”，全县4个兑换点共兑换硬币4万余元，硬币外部沉淀难以回收和兑换难问题得到有效缓解。

人民币（美元）反假工作。加大反假货币知识宣传力度，建立“忠县反假货币宣传”微信公众号，不定期推送反假人民币等金融知识。借助该公众号联合重庆市万州钱币学会开展反假货币能手网络评选暨反假货币知识答题抽奖活动，提高公众号关注度。2017年，该公众号累计推送金融知识28条，点击量81万余人。设立反假货币监测点，按月汇总、分析上报假币监测数据。2017年，全县收缴假人民币36.49万元，同比增长90.4%。其中，公安机关收缴19.89万元，同比增长112.3%；银行机构收缴16.59万元，同比增长65.8%。全县收缴假美元1300元，抓获犯罪嫌疑人6名。

金融稳定　加强对辖区金融运行情况的监测，维护金融稳定。开展2016年金融机构综合评价，约见评价结果排名末位的农行忠县支行领导班子。开展2017年防范和打击非法集资宣传活动和金融违法广告治理工作。召开征信信息安全工作会议，依法落实征信接入机构征信信息安全主体责任。2017年，开展专项执法检查5次，涉及征信、统计、国库、支付结算、反洗钱5个领域，对农业银行、重庆银行、重庆农村商业银行、三峡银行、邮政储蓄银行忠县支行等5家银行机构和人保寿险忠县支公司1家机构开展检查。对重庆忠县稠州村镇银行和重庆农村商业银行忠县支行2家反洗钱法人和非法人义务机构开展反洗钱分类评级考核工作。联合中国人民银行梁平支行开展反洗钱走访工作，对太保寿险忠县支公司开展反洗钱书面质询，督促金融机构依法合规经营。（黄　琴）

【中国银行股份有限公司重庆忠县支行】　概况　中国银行股份有限公司重庆忠县支行位于忠州街道大桥路7号。2017年，支行内设综合管理部、业务发展部和营业部，下辖忠州支行、州屏支行。在岗从业人员53人，中共党员18人，具有大学本科及以上学历38人。

业务发展　存款业务。2017年末，各项人民币存款日均余额14.6亿元，公司存款日均余额6.6亿元，个人存款日均余额8亿元。

贷款业务。2017年末，各项贷款存量余额4亿元，其中，公司贷款时点余额9500万元；个人贷款存量余额3.1亿元，占贷款总额的76.6%。

盈利能力。2017年，实现计费净收3700万元，其中非利息净收入920万元，拨备前利润2300万元。

金融服务　主动参与全县招商工作，与重庆海创环保科技有限公司、天天电竞（重庆）网络责任有限公司、重庆市忠县五洲国际万商商贸城有限公司等一批招商企业建立合作关系。支持重庆忠味堂有机食品有限公司、重庆瑞竹植物纤维制品有限公司等7家企业参加“中国—匈牙利中小企业跨境投资与贸易洽谈会”，与匈牙利企业开展商务对接，获得客户好评。与中银国际证券公司高频联动，为忠县城市发展、基础设施建设、新城拓展等提供咨询、顾问服务，并达成初步合作意向。

利用微信、进社区（学校、企业）等形式，宣传本行大额存单、步步高、聚财通等重点产品，带动个人存款增长；开展商圈建设，建成“忠州商圈”（大型商圈名称），并策划首刷优惠“惠聚中行日”等系列活动，实现优惠活动多样化；新投放个人住房贷款近2000万元，支持174户家庭购买住房。

助力全国文明城市创建活动，自发组成志愿服务工作队，在城区大街小巷劝阻不文明行为500余人次；组织员工进学校、社区、乡镇、商圈开展“金融知识进万家”活动11次，向客户宣传金融知识、防范金融风险；与县财政局协办“打击非法集资”活动，现场宣讲打击金融诈骗、维护客户利益等内容；组织本行中高端客户参加忠县首届“长江三峡国际马拉松赛”，获得10余户公司客户转介，新增公司存款近1000万元。

金融扶贫　与新生街道胜利村党支部开展“党建共建——金融精准扶贫”活动，派出2名员工驻村扶贫，推荐3户贫困户向县农行获得扶贫贷款15万元；与石子乡党委开展以“如何利用银行信贷资金促进石子乡经济发展”为主题的金融知识进乡镇活动；与忠县恒谷农业发展有限公司达成绿色信贷项目合作意向；通过金融精准扶贫项目，为重庆瑞竹植物纤维制品有限公司发放项目贷款1500万元，带动149户建档贫困户脱贫，获《重庆市级金融扶贫示范企业》称号；参与总行“公益中行”互联网平台扶贫新模式，主动承担社会责任，落实精准扶贫要求。（付　静）

【中国建设银行忠县支行】　概　况　中国建设银行忠县支行位于忠州街道中博大道4号，内设综合管理部、业务管理部、客户部，有营业部、巴王路支行、红星路支行3个营业网点。2017年，支行有员工62人，其中在岗员工51人，长病休1人，退休员工10人。

业务发展　负债业务。至2017年末，支行一般性存款余额16.24亿元，比年初新增1.1亿元。其中对公存款7.49亿元，比年初新增0.52亿元；个人存款8.67亿元，比年初新增0.57亿元。

资产业务。至2017年末，支行各项贷款余额14.59亿元，较年初新增0.41亿元；个人类贷款余额13.22亿元，较年初新增1.11亿元。

利润。全年支行实现净利润3396万元。

运营管理　提升员工素质。通过集中培训、网络学习、现场指导等形式集中学习国家的产业政策、信贷政策、各类贷款管理办法，不断提高信贷人员业务素质，增强信贷政策、制度执行的准确性；随着系统版本的不断升级，新业务、新流程逐渐电子化，支行拟订专业培训计划，组织网点经理、营运主管、客户经理和柜员学习系列相关制度、业务操作流程、内控管理文件，促使员工坚持合规操作业务，减少核算差错和违规行为，提高业务核算质量。开展岗位练兵，采取请进来与走出去、现场教学与网络学习、理论与实践相结合的方式，提升服务技巧和服务礼仪培训，推进优质文明服务；严格责任落实。支行定期到网点调查研究并对工作中出现的疑难问题及时给予指导，加强问题的整改落实。定期召开部门和网点工作例会，听取营管各项工作开展情况及下阶段工作安排，提出具体工作要求，形成学优秀、找短板、共进步的良好氛围；健全考核。完善支行运行内控质量管理、员工积分管理等考核办法，将业务指标、风险管理指标、网点标准化建设等指标纳入全年运行管理绩效考核，做到从支行到部门、到网点、到现场管理、再到柜员上下联动，齐抓共管把运管理工作落到实处。

风险防控　按照总分行安保工作要求，坚持“平安建行，人人有责”原则，开展“平安建行”创建活动，坚守“不发生重大恶性案件、不发生重大安全事故、安全维稳”三条底线。落实支行《监控值班人员值班制度》和《远程监控管理制度》，根据业务发展和网点建设需要，及时充实保安人员加强银警协作 ，共建安全网络。加强日常性安全教育，强化应急演练，定期检查和督导；发挥专业外部欺诈风险管理工作职能，突出外部欺诈风险防范和案件排查，从防范道德风险、制度风险、操作风险、信用风险入手，将安全检查贯穿到相关业务条线，做到“四个延伸”，即在时间上向八小时外延伸，在思想上向可能产生道德风险的行为表现方面延伸，在业务上向操作细节上延伸，在手段上从单纯现场排查向非现场排查方面延伸。通过采取对公众客户教育、前台、大堂主动识别拦截，强化开户环节管控，做好客户遭遇电信诈骗举报投诉等举措，为客户追讨受骗资金。协助配合公安机关对涉案账户及时查复、紧急支付、快速冻结等绿色通道处理，打击各类欺诈行为，维护客户利益；全面掌握县内信贷资产风险变化情况和不良贷款清收处置进度，加强存量潜在风险贷款管理，对不良贷款客户进行逐户梳理，建立台账，一户一策制定化解方案，及时排查梳理到期贷款本息，做好到期贷款和应收利息的催收工作，严格控制贷款向下迁徙，最大限度维护信贷资金的安全。至 2017 年末，支行不良贷款余额 754 万元，比年初新增 513 万元，不良率 0.52%，比年初新增 0.34 个百分点；支行信用卡不良金额 181 万元，比年初新增 50 万元，在分行处于较低水平。

金融服务　多措并举，全力支持县域实体经济发展。围绕县内经济发展状况和发展方向开展市场调研，从区域准入、机构准入、客户准入三个方面，优先支持符合国家产业经济政策、信用良好、经营现金流稳定、担保能力强的实体经济客户贷款。全年为忠县鸣玉溪滨湖东路棚户区改造授信 2 亿元，实现贷款投放 5000 万元；依托“助保贷”全年实现贷款投放 3640 万元。把个人住房贷款作为保民生、促发展的重中之重，全年为个人住房贷款投放 4.8 亿元，其中公积金贷款投放 1.02 亿元，较年初新增 1.63 亿元。践行普惠金融，依托大数据开发出信用贷、pos 贷、善融贷、结算透等产品，与国税总局合作推出“云税贷”产品，实现小微企业手续简化，无纸化全网上快捷申请支付，进一步提升客户体验。全年实现各类大数据小微快贷业务 51 户，投放支用金额 3321 万元。支持居民消费金融需求，优化信用卡用卡环境，拓展商户“惠兜圈”业务，推出信用卡分期通业务，全年实现信用卡新增发卡 1815 户，新增惠兜圈商户 196 户，分期通实现投放 9801 万元。依托大数据推出个人工薪、公积金客户快贷业务，实现个人快贷随借随用，申请支用秒付，全年实现个人快贷投放 6113 万元，年末余额 2640 万元。运用科技手段，为学校开发的“学易付”系统，已在忠县中学使用，忠州中学、拔山中学与支行签订合作意向书，上线使用稳步推进，为学生家长提供了灵活方便的缴费渠道，也为校方提供了灵活高效的缴费数据和查询、统计业务。为医院开发的“医易付”系统，并为县人民医院、县中医院实现上线。为党建工作开发的“党费云”系统，实现“党费云”单位 31 个。在金融创新，渠道转型中，投入使用 25 台自助设备为客户提供 24 小时服务；投入智慧柜员机、自助对账设备、自助对公填单设备 17 台，为客户提供高效率的免填单开户、开卡、转账交易、缴费、还款和特殊业务，以及自助对账、对公交易凭证自助填单。　（江　黎）

【中国工商银行股份有限公司忠县支行】　概　况　中国工商银行股份有限公司忠县支行位于忠州街道巴王路 16 号，内设综合办公室、公司业务部、个人金融业务部，下辖支行营业部、广场支行、州屏支行、红星支行 4 个对外营业网点。有在岗员工 58 人，其中有专业技术职称 46 人，大学专科以上 35 人。设党总支部委员会，下设 4 个支部。

业务发展　存款业务。2017 年末，本外币全部存款余额 16.1 亿元，比年初增加 9132 万元，增加 6.01%。其中，储蓄存款余额 12.27 亿元，比年初增加 7431 万元，增长 6.45%；对公存款余额 3.84 亿元，比年初增加 1701 万元，增加 4.64%。

贷款业务。2017 年末，贷款余额 11.16 亿元，比年初增加 8877 万元，增加 8.64%。贷存比 69.30%，比年初增加 1.68 个百分点。

新兴业务。全年办理票据贴现业务 28 笔，金额 2862 万元，实现利息收入 60 万元，销售法人理财产品 5600 万元，财智卡 50 户，新开单位结算帐户 134 户，签发银行承兑汇票 130 笔 1510 万元。

中间业务。新增代发工资单位15个，新增代发人数716人，新增代发额293万元；新发信用卡1956张，信用卡收单额9.43亿元，信用卡消费3.6亿元；新增灵通卡6015张，理财金卡456户，新增POS商户66户、POS机66台；个人网上银行8904户，个人网上银行证书5868户，个人电话银行7441户，个人手机银行7618户，工银E支付7313户，完成企业网银专业版74户，电子银行交易额7.82亿元，网银交易额8.12亿元；个人理财产品销售4.01亿元，代理销售国债86万元，保险776万元，基金2672万元；销售惠农产品588万元。

2017年，支行实现拨备前利润4913万元，比上年同期增加272万元，增加5.86%。

运营管理　坚持过程控制理念，营造“全员参与、全程控制、主动管理、综合治理”的风险管理氛围，遏制风险事件反弹；强化“十大重点领域和关键环节”治理，确保业务检查到位、问题整改到位、责任追究到位。加大奖罚力度，充分运用考核激励机制，严把风险管理事前布控关、事中监审关、事后检查关；加强学习培训，现场管理人员在提升自身业务素质的同时，通过晨会，班后会、自学等形式，带动全员熟练掌握操作技能和业务知识，引导柜员谨慎处理每一笔业务，不断提升运营风险管理水平。全面开展“学制度、固基础，抓落地、强执行”活动，结合总分行下发的《风险提示》《典型案例》等风险提示信息，抓好集中培训、专题辅导、警示教育等工作，促使管理者和每一名员工对制度规范心存敬畏，行有所止，树立遵章守纪的“底线”和规章制度的“红线”意识。

风险防控　强化案防工作领导，明确各职能部门的案件防范责任，充实案防工作领导小组，建立行长负总责、分管领导和部门负责人各负其责工作机制；抓好案防履职建设，以责任书的形式将案防责任层层分解到各部门和网点，落实到人，行长与各部门负责人签订责任书，部门负责人与每位员工签订责任书；坚持案防例会制度，每2个月召开案件防范分析会，听取专业部门工作汇报，做到案防分析会有记录、有议案，对提出的议案确定解决方案和措施，落实承办、督办部门，规定完成时限；抓实案件风险排查管理，围绕加强内部管控遏制违规经营和违法犯罪，对重点工作和环节进行排查，加强重点领域和关键部位的风险防控，开展内控合规文化建设和案防教育活动，不断深化案防工作机制，夯实内控合规工作基础，控制风险事件发生；开展整治银行业市场乱象、“三违反”、“三套利”、“四不当”、“两加强”整改等工作，认真组织自查自纠活动。

金融服务　规范服务标准，大堂经理全面、准确、及时地了解和掌握各类客户金融服务需求，针对不同的客户群体提供差别化和精细化服务；优化服务流程，通过现场识别客户需求，引导客户办理高低柜业务，实时监测客流量，灵活启动绿色通道缓解客户排队现象；提升客户体验，对智能化设备使用率、业务分流率等环比升降情况进行梳理和分析，落实好合理排布和定期维护工作，在促进营销的同时提升客户的体验；强化督导检查，加强监测分析，摸清多发问题规律，认真整改服务薄弱环节。2017年，在农村设立6个助农取款服务点，办理取款业务3000笔155万元。加强对农民工特色服务，办理取款业务19650笔2.16亿万元；发放有金融功能的社保卡23万张，启用17万张。全年涉农贷款余额2.08亿元，比年初增加4447万元，增长27.2%。开展金融精准扶贫工作，向扶贫联系的善广乡捐款3万元，2017年结对帮扶对象全部实现脱贫。

（谢天海）

【中国农业银行股份有限公司忠县支行】　概况　中国农业银行股份有限公司重庆忠县支行位于忠州街道大桥路6号。2017年，公司内设综合管理部、风险管理部/信用管理部、财会运营部、公司业务部、个人金融部、机构业务部，有营业网点14个（营业部，乌杨、石宝、汝溪、官坝、马灌、新立、拔山、白石、中博大道、广场、巴王路、东坡、州屏路支行），在职员工 211 名。

业务发展　存款业务。2017 年末，支行本外币各项存款日均余额 73.79 亿元，比年初增长 5.63 亿元，完成年计划的 187.67%。其中个人日均存款余额 65.25 亿元，比年初增长 5.05 亿元，完成年计划的 168.33%。

贷款业务。2017 年末，支行各项贷款余额 27.75 亿元，年内增加 1.99 亿元。其中，个人贷款余额 11.94 亿元，年内增加 9086 万元；对公贷款余额 15.81 亿元，年内增加 1.08 亿元。不良贷款控制余额 1398.66 万元，不良贷款率 0.5%，比年初下降 635.52 万元，其中，个人不良贷款（含信用卡）比年初下降 89 万元，法人不良贷款比年初下降 543.9 万元。

利润。2017 年末，支行实现净利润 6858 万元，完成年计划的 94.85%。

服务“三农”　金融扶贫示范点建设。按照上级行及县人民银行要求，对支行选定的乾芳农业、顺生金属、派森百橙汁有限公司 3 户金融扶贫示范企业进行精准帮扶，实现企业增收，3 户企业共计吸纳贫困人口 16 户，产业带动贫困人口 16 人。经县人民银行组织的金融扶贫示范点验收，乾芳农业开发公司、顺生金属制品有限公司为县级示范企业，派森百橙汁有限公司为市级金融扶贫示范企业。2017 年末，全行法人客户涉农贷款余额 13.14 亿元，比年初增加 2.24 亿元，增长 20.53%。

金穗精准扶贫贷暨“诚信贷”投放。2017 年 2 月，农行重庆分行与忠县人民政府签订普惠金融合作协议，支行组建普惠金融团队，与各乡镇（街道）沟通衔接，对全县贫困户进行摸排调查。2017 末，全行农户贷款余额 1.04 亿元，比年初增加 5567 万元，其中农户小额贷款余额 6641 万元，较年初增加 6628 万元。全年累计发放精准扶贫贷暨“诚信贷”1673 笔 6756 万元，居全县金融机构之首，年增量列全市“三农行”第二位。

惠农 e 通“四融”平台布放。2017 年末，支行“金穗惠农服务点”开业 38 家，在全县无农行网点的 62 个场镇选址服务点 53 个，布放惠农 e 通“四融”平台 81 台，累计办理业务 12654 笔 448 万元。

布放自助银行。9 月 22 日，三汇镇离行式自助银行开门迎客，为三汇片区乡镇、村社的广大农户提供便利、快捷的基础金融服务。

（王建平）

【中国农业发展银行忠县支行】　概　况　中国农业发展银行忠县支行位于忠州街道巴王路 26 号。内设办公室、信贷业务部、会计结算部，有职工 33 人（退休职工 10 人）。其中，中级经济师 4 人，中级会计师 1 人，助理经济师 5 人，助理会计师 1 人；本科学历 10 人，大专学历 10 人；共产党员 10 人。

业务经营　存款业务。2017 年末，支行存款余额 17.48 亿元，比年初增长 2.6 亿元；日均存款余额 13.8 亿元，比年初增长 3.74 亿元；人均存款 7599 万元。

贷款业务。2017 年，投放贷款 14.5 亿元，贷款余额 30.28 亿元，较上年增长 11.47 亿元，日均贷款余额 20.73 亿元。

中间业务。2017 年，实现中间业务收入 23.61 万元，人均 10265 元。

经营绩效。2017 年，收入成本率 10.75%；利润 5784.84 万元，人均利润 257.1 万元，资产利润率 2.77%；不良贷款及比例为“零”。

金融服务　2017 年，审批贷款转型项目 4 个 28.95 亿元，转型成功后累计投放 3.6 亿元；开展棚改项目百日行动和扶贫过桥贷款融资模式营销，扶贫过桥贷款项目 4 个 7 亿元，棚改项目 2 个 12.3 亿元；储备整体城镇化项目、忠县国家级田园综合体项目、2018—2020 年棚户区改造项目、高标准农田项目 8 个 60 亿元。　　　　（陈建廷）

【重庆银行忠县支行】　概　况　重庆银行忠县支行位于忠州街道中博大道 3 号附 1 号。内设营业部、公司业务部、零售业务部、综合部、风险部，有员工 25 人，其中合同制员工 18 人，派遣制员工 7 人。

业务经营　存款业务。2017 年末，支行存款余额 15.27 亿元，比 2016 年增加 5.81 亿元。

贷款业务。2017 年末，支行表内贷款余额 8.63 亿元，表外贷款 9.89 亿元，互联网金融贷款 19.24 亿元，比 2016 年增加 29.67 亿元。

盈利能力。支行全年实现报表利润 5105 万元，纳税 800 余万元。

金融服务　支持县重点项目建设，2016 年 12 月，忠县人民政府与重庆银行总行签订“双创基金”框架协议，计划 2 年内向忠县投入资金 50 亿元，用于支持忠县基础设施建设、支柱行业及重点企业发展，第一笔资金 9.89 亿元已于 2017 年 3 月 8 日到位。助推中小企业发展，为重庆市忠州腐乳酿造有限公司、重庆忠州酒业有限公司、重庆西厢阁粮油食品有限公司、重庆忠味堂有机食品公司等忠县本地知名企业的发展壮大提供信贷支持，中小企业贷款余额突破 3 亿元，比年初增长 3600 万元；支持弱势群体再就业，对下岗失业人员、返乡农民工、复转军人、登记失业的高校毕业生发放再就业小额贷款 46 户 535 万元，覆盖涂井乡、复兴镇、乌杨街道、新生街道、任家镇。　（周勇飞）

【重庆三峡银行忠县支行】　概　况　重庆三峡银行忠县支行位于忠州街道红星梯道 1 号附 6 号，内设综合部、业务部、营业部。有员工 17 人。

业务发展　2017 年末，各项资产业务余额 17.48 亿元，较年初增加 4.33 亿元。各项存款日均余额 10.27 亿元，其中，公司存款日均余额 6.8 亿元，储蓄存款日均余额 3.48 亿元；各项贷款余额 6.03 亿元，较年初增长 1.14 亿元，增长 23%。公司贷款 5.57 亿元，较年初增长 9334 万元，增长 20%。个人贷款 4619 万元，较年初增长 2084 万元，增长 82%；表外资产业务 11.45 亿元。

2017 年末，支行公司客户数 244 户，较年初新增 68 户。个人客户数 24363 户，较年初新增 5365 户。小企业授信客户数 82 户，较年初新增 47 户。信贷资产质量保持优良，全年未新增不良贷款。连续保持“零”案件率和“零”事故率目标。

金融服务　三峡银行创新方法和渠道，为政府项目提供融资服务。在现有的融资项目中，除表内贷款外，还有委托贷款、私募债、自有资金债务定向融资工具等形式发放；配合政府置换 4 个项目资金，由政府提前归还贷款 3.05 亿元；重点支持锦农笋竹、红高雷生态农业、贝鼎林业、卓垦农业、溪田花谷等当地优质小微涉农企业；履行社会义务，做好扶贫工作。通过赞助、广告、派员参加等方式参与“长江三峡国际马拉松”赛事活动，向赛事承办方赞助资金 4 万元；参与忠县公安局扶贫集团帮扶工作，对接帮扶白公街道护国村贫困户 14 户，帮扶对象于年末全部实现脱贫。　（张　莉）

【重庆农村商业银行股份有限公司忠县支行】　概　况　重庆农村商业银行股份有限公司忠县支行位于忠州街道巴王路 49 号，内设农业及个人业务部、公司业务部、信贷及风险管理部、结算与现金管理部、计划账务部、人力资源部、稽核部、保卫监察部、综合部，1 个集中作业中心，下辖 60 个营业网点（含营业部）、20 个贷款中心，有在岗员工 473 名。

业务发展　2017 年末，支行各项存款余额 148.10 亿元，比年初增加 14.21 亿元，增幅 10.61%，存款总量及增量均居全县银行业第一。各项贷款余额 47.90 亿元，比年初增 15.74 亿元；缴纳各项税金 5130 万元，居全县金融机构之首。

经营产品　支行与县人民政府合作，开办“助农贷”业务，促进忠县农业产业结构调整和农村经济发展；推出国内保理、结售付汇业务、国际贸易融资业务、远掉期黄金、信托财产保管、福费廷、跨境外汇资金集中运营、固定资产项目意向性贷款承诺函、园区工业厂房按揭贷款、固定资金贷款、流动资金贷款、农村建设用地复垦项目贷款、苗木抵押贷款、机械设备按揭贷款、农民专业合作社贷款等国际业务及公司贷款；推出小微增信贷、小微“增好贷”、小微客户联保贷款、税易贷、农村专业大户（家庭农场）贷款等小微企业贷款；推出个人留学贷款、小微企业便捷贷、个人二手房屋按揭贷款、个人车位贷款、个人助业贷款、行政事业单位工作人员信用贷款等个人贷款产品。

支行除开办传统存贷业务，还为客户提供代理保险、理财、贵金属等业务。

结算渠道　支行结算渠道畅通，“80000网点联城乡”，开通全国支票影像系统、银行本票、银行汇票、大额支付系统、小额支付系统、人行通、农信银结算系统；方便快捷的个人、企业网上银行，能够满足各类客户的结算需求。开通“江渝移动金融”，实现随时随地缴纳移动、电信、联动、水电费及交通罚款等费用；与实体店合作开办“江渝惠”业务，为客户提供地方特产、家用日化、家具家纺、时令生鲜、粮油调味、生活电器等优惠的“网络团购”平台，实现商户与用户“共享优惠”；通过该APP平台办理太平洋车险，可时时享受最低商业车险保费优惠；缴费驿站有ETC、彩票充值等更多缴费功能；移动金融具备转账汇款、信用卡、江渝基金宝、理财产品、云微贷、商易贷及无卡取款等众多金融服务功能。

金融服务　在金融领域中实现“三首”“三最”。“三首”，即缴纳税金在县10家经营性银行之首；存、贷款规模位居全县银行之首；是忠县首个存款余额突破100亿元的银行。“三最”，即发放贷款最多，全年累计发放各类贷款67.61亿元；支持力度最大，贷款余额约占全县贷款总额的三分之一；支持行业最广，涵盖工业、农业、加工业、运输业、制造业、房地产、旅游观光业等。

服务领域凸显“三创新”。创新服务渠道，支行在乡村设立便于自助服务点的基础上，率先推出忠县唯一具备银行卡及存折存取功能的“循环机”，村民足不出村便可享受支行提供的金融服务，弥补当地无金融服务机构的空缺。创新贷款产品，支行与县人民政府合作，创新开办“助农贷”业务，2017年，支行为美健达农业、春垦农业等40户企业发放“助农贷”4782万元。融资渠道创新，向总行争取政策，将“微粒贷”落户于忠县，成为忠县银行业最先开通“网络信贷”结算地的银行。

信贷领域突出6个“助推”。助推重点项目落地。全年为县棚户区改造项目授信9亿元（支用4亿元），向天地药业有限公司发放贷款0.7亿元、重庆赛诺生物有限公司发放贷款1亿元，为忠县人民医院授信5亿元；用好“便捷贷”，助推企业“扩能增效”。全年向19户企业发放贷款11420万元，帮助忠州腐乳酿造、忠味堂有机食品、忠州酒业等公司实现“扩能增效”。用活“发展贷”，助推企业共建“美丽乡村”。全年为辰日农业等5户企业发放“发展贷”贷款2450万元。强推“123产业融合贷”，助推“高标准农田”项目落地。全年为高鹏农业等24户企业发放贷款585万元。稳推“江渝扶贫贷”，助推贫困户“脱贫致富”。全年为230户建卡贫困户发放扶贫贷款974万元。推进“创业担保贷”及其他个贷产品，助推个私经济发展。全年累计投放创业担保贷6215万元，为595户农户实现“老板梦”；发放57470万元信贷资金，帮助1283户个体户盘大盘强。　（黄　建）

【中国邮政储蓄银行股份有限公司忠县支行】概　况　中国邮政储蓄银行股份有限公司忠县支行（简称邮储银行忠县支行）位于忠州街道中博大道38号附7号，内设综合管理部、个人金融部、公司业务部、“三农”事业部，下辖营业部、广场支行、巴王路支行、石宝镇支行、汝溪镇支行、永丰镇支行、双桂镇支行7个自营网点和63个邮政金融代理网点。有在册员工100人，其中研究生1人，大学本科36人，大学专科63人。

业务经营　个人业务。2017年末，居民存款余额 159915.74 万元，全市排名第 8 位；大理财全年累计销量 20337.76 万元。

资产业务。2017 年末，贷款结余 80236.15 万元，净增 9888.26 万元。其中，经营性贷款净增 7602.6 万元；消费类贷款净增 2285.66 万元。三农贷款放款 33229 万元，全年净增 7067 万元。

公司业务。2017 年末，公司业务存款余额 72798.66 万元。

金融案防　2017 年，在所辖网点开展“强履职、治顽疾、回头看”“员工行为管理巩固年活动”“三违反、三套利、四不当、十乱象”“十条禁令”专项整治活动和专项检查工作。完善物防、技防、人防设施，增强网点安全防范综合实力，安全保卫和案件防控工作继续保持“零事故、零风险、零案件”目标。（凌　云）

【重庆忠县稠州村镇银行】　概　况　重庆忠县稠州村镇银行位于忠州街道中博大道 38 号。设有办公室、风险管理部、综合运营部、个人金融业务部、业务拓展一部，下辖拔山支行、白桥支行、白公支行，有在岗员工 69 名。

业务经营　存款业务。2017 年末，全行资产总额 9.11 亿元，较年初增加 1.49 亿元，增幅 19.55%；各项存款余额 7.33 亿元，较年初增加 1.29 亿元，增幅 21.36%（其中储蓄存款余额 3.33 亿元，较年初增长 44.16%；对公存款余额 4 亿元，较年初增长 7.24%）；日均存款 7.93 亿元，较年初增加 2.13 亿元，增幅 36.72%。

贷款业务。2017年末，各项贷款余额5.21亿元，较年初增长3.37%（其中，涉农贷款余额4.64亿元，占比89.16%）；支行小微零售贷款余额3.79亿元，较年初增长100.11%，占全部贷款余额的比重较年初提升35.19个百分点；200万元以下小微贷款余额2.62亿元，较年初增长10.70%；小微贷款客户数329户，较年初增加218户，增幅196.40%。全年实现基础业务净收入4556.93万元，同比增加769.56万元，增幅20.32%。

经营利润。2017年末，实现净利润1551.18万元，同比增加212.35万元；累计纳税450.94万元，同比增加133.68万元。

产品创新　2017 年，推出银团贷款，该贷款种类是指获准经营贷款业务的两家或两家以上银行基于相同贷款条件，依据同一贷款合同，按照约定时间和比例，通过代理行向借款人提供本外币贷款或其他授信业务；推出固定资产项目贷款，该贷款品种是指本行向符合国家规定的企（事）业法人及其他组织发放的，经有权机关核准立项的，用于满足借款人生产建设的固定资产投资项目需求的本外币贷款；继续运用“抵全贷”、“续贷通”、“市民贷”、“无缝对接续贷款”、“公积金信用贷”等信贷产品，切实服务“三农”、服务小微，满足广大中小、微企客户及个体工商户及“三农”客户融资需要；推出“定期宝”业务，“定期宝”存款业务是基于传统一年期、两年期、三年期存款业务设计的，通过附加签约提供给客户的一款新型定期人民币存款产品。该产品根据附加签约信息，将到期时支付的利息按约定的付息周期提前支付给客户。该产品的付息周期可分为按月、按三个月、按半年及按年四种，客户可根据存款期限选择付息周期，签约期内不允许变更付息计划。

综合管理　全面开展制度梳理工作，全年新制定或修订制度 11 项。以“员工行为管理巩固年”“三违反、三套利、四不当”“银行业市场乱象整治”等专项治理工作为契机，强化内控合规管理；通过开展专题讲座，出台并组织学习《员工职业操守》《违规行为处理办法》，开展警示教育活动，加强宣导，防范合规风险。加大员工行为排查力度，确保“三防一保”案件“零”发生。修订案件防控工作制度，推进案件防控体系建设，开展年度案防评估工作和接受第五轮安全评估工作，严防案件风险；全年通过社会招聘引进录用 6 人，邀请教育专家开展“德建名齐·做人之道”专题讲座，提升员工思想品行和德才素养。组织党员和中层以上干部参观忠县廉政教育基地，树立安全意识、廉政意识、风险意识和合规意识，杜绝违法违规现象的发生；依托发起行在线学习平台，组织开展监管制度和业务知识学习活动，推动线上学习与线下培训协同发展。全年参加支行长研修、客户经理、合规沙龙、计算机安全员、移动展业、电子商业汇票系统业务、首贷出险业务案例剖析、柜面沟通、营销与服务、声誉风险管理、反洗钱、授信政策、征信查询管理、最高法院总对总查控系统、事后监督等培训项目17个，累计培训员工300余人次；加强企业文化建设，以新春团拜会、行庆、妇女节、端午节、中秋节、马拉松竞赛等为契机，组织开展稠行进万家、送金融知识进村入社等营销宣传活动，加大对经营理念、企业文化、金融产品等的宣传引导，提升品牌形象和员工队伍活力。（许安龙）

保险

【中国人寿保险股份有限公司忠县支公司】 概 况 中国人寿保险股份有限公司忠县支公司（简称中国人寿忠县支公司）位于忠州街道巴王支路13号，有固定资产1406余万元，综合办公大楼营业面积2205平方米，内设总经理室、综合部、客户服务中心、教育培训部、个险销售部、团险部、银保部，下设汝溪、乌杨、石宝、官坝、白石、三汇、拔山、新立、马灌、东溪、双桂、黄金、新生13个营销服务部。有从业人员1032人，其中在册员工40人，保险营销员992人（个险部920人、团险部10人、银保部62人）。

业务发展 公司经营人寿保险、健康保险、意外伤害保险等各类人身保险业务及经中国保险监督管理委员会批准的其他业务。2017年，公司保费总收入20366万元（长期新单保费18225万元，短期保险2141万元），营业支出20423万元，营业税金及附加334万元。全年处理各类赔款案件12346件，支付11488万元。（黄春林）

【中国人民财产保险股份有限公司忠县支公司】

概 况 中国人民财产保险股份有限公司忠县支公司（简称人保财险忠县支公司）位于忠县忠州街道巴王支路11号，设有综合部、出单分中心、理赔分部，下辖忠州、汝溪、拔山、乌杨4个乡镇营销服务部，及新立、双桂、马灌、金鸡、永丰、白石、三汇、官坝、石黄、兴峰、石宝等“三农”保险服务站，有从业人员100人。

业务发展 人保财险忠县支公司经营机动车辆保险、财产保险、工程保险、船舶保险、货运保险、责任保险、信用保险、意外伤害保险、健康保险、农业保险等业务，拥有保险产品3200余种。全年实现保费收入8666.5万元，同比增长646.88万元，增幅8.06%，市场份额继续保持忠县财产保险市场业内第一。全年出险有效立案11653件，增幅35.13%，支付各险种赔款4331.71万元，提存未决赔款准备金3090.16万元。上缴各类税金327万元。

服务体系建设 关注民生，开展扶贫保险；开展支农融资业务，解决“三农”融资难、融资贵等问题。聚焦“三农”，推动保险从支农惠农向富农强农转变。保障民生，综治保险、民房保险，为广大居民安居乐业提供安全保障。服务实体经济振兴，发展首台套、新材料、科技保险、小微企业贷款保证险等业务；对接国家治理现代化建设，拓展绿色保险、安责险、医责险、政府救助保险、法律类保险、电梯保险、巨灾保险、军队保险等业务；对接健康中国战略，在大病保险、长期护理保险、医疗救助保险等领域，为人民群众提供全方位全周期健康保险服务。适应新经济、新技术时代特征，以“互联网+”思维，搭建e-picc官网商城、人保APP、客户服务平台、人保V盟、VIP企业团购为载体的B2C、O2O销售服务模式；坚持为客户创造价值，不断升级客户服务体验，客户满意度、品牌

影响力行业持续领先。（潘才庆）

【中国平安财产保险股份有限公司忠县支公司】

概　况　中国平安财产保险股份有限公司忠县支公司（简称平安产险忠县支公司）位于忠州街道红星梯道2号附10号，内设经理室、综合部、业务办理区、洽谈室及销售服务区。从业人员21人，其中，外勤8人，内勤员工13人。

业务发展　2017年，公司开办机动车辆保险、短期健康险、家庭财产损失险、企业财产损失保险、意外伤害保险、建筑工程保险、安装工程保险、货物运输保险、船舶险、能源保险、一般责任把配线、信用险、代理国内外保险机构检验、理赔等险种。建立电销、网销、直销、车商、银保及综合开拓销售渠道。根据客户需求为客户提供上门送单。

全年累计实现保费收入5331.06万元，增速13.65%，市场份额位居忠县财产保险市场业内第二。全年报案量3287件，已决案件3357件，支付各险种赔款2680.5万元，提取未决赔款准备金639.73万元。（黄磬莹）

【中国太平洋人寿保险股份有限公司忠县支公司】

概　况　中国太平洋人寿保险股份有限公司忠县支公司（简称太平洋寿险忠县支公司）位于忠州街道红星路19号附12号，公司下设总经理室、组训室、办公室、财务室、综合部、续收部、理赔部、外勤部等13个部门。从业人员1009名，其中内勤员工25名，外勤员工984名。

业务发展　太平洋寿险忠县支公司以经营个人寿险为主，以法人渠道保险，产寿交叉销售为辅。2017年，公司实现规模保费3121万元，排名重庆市分公司第九名，被评为甲A机构。全年实现个险业务标保收入14933万元，法人渠道条线累计450万元，服务营销条线累计3103万元保费，产险交叉销售800万元；全年办理理赔案件736件，理赔金额600余万元。（程　功）

【中国太平洋财产保险股份有限公司忠县支公司】

概　况　中国太平洋财产保险股份有限公司忠县支公司位于忠州街道大桥路21号，内设经理室、综合科、客户服务部、业务科，拥有固定资产50万元，办公大楼营业面积500余平方米。有从业人员28余人，其中在册员工18人，保险营销员13人。公司开办机动车辆保险、船舶保险、财产保险、家庭财产保险、货物运输保险、工程保险、责任保险、农业保险、意外伤害保险、短期健康保险等10余类保险产品，300多个险种，在大型商业风险、政府采购、行业统保等集中型业务以及车辆保险、家财险等分散性业务中，占有全县财产险市场近23%的市场份额。

业务发展　2017年，公司实现保费收入4165万元，其中车险保费收入3888万元、船舶险保费收入20万元、企财险保费收入150万元、意外健康险保费收入80万元、责任险保费收入27万元；处理各类损案3327件，支付赔款1878万元。

（申贺平）

【泰康人寿保险股份有限公司忠县支公司】　概　况　泰康人寿保险股份有限公司忠县支公司（简称泰康人寿忠县支公司）位于忠州街道中博大道13号附12号，办公面积250余平方米。内设总经理室、组训室、外勤部经理室，有综合内勤服务岗、续期客户服务岗等功能区。公司有内勤员工3人，外勤员工100人。

业务发展　公司以经营个险为主，团险为辅，通过完善的个人保险、团体保险渠道，为客户提供寿险、健康险、意外险、投连险、年金险等保险产品。致力于互联网保险业务的创新与开拓，整合线上、线下保险服务，提供普惠保险产品，全力打造“互联网保险”第一品牌。

2017年，公司坚持“诚信销售、客户至上”经营理念，产品涵盖教育型、养老型、医疗型、风险保障型、分红年金等种类，实现个险标准保费收入

213万元，累计赔付20件，金额53万余元。

（刘 璐）

【阳光人寿保险股份有限公司忠县支公司】 概况 阳光人寿保险股份有限公司忠县支公司位于忠州街道巴王路72号，是阳光人寿保险股份有限公司重庆分公司下辖的四级机构。内设个险总经理室、个险组训室、柜面综合内勤、一柜通服务部、续期客户接待室及团险服务部等部门。在岗内勤人员5人，续收专员6人，团险专员1人，综合金融专员1人以及保洁1人。外勤业务部门5个：领航部、骄阳部、零点部、腾飞部、青春部，在职业务人员198人。

业务发展 公司以经营个险为主，以团体保险、财产保险等综合理财交叉销售为辅。2017年，支公司实现个险新保收入1545.4万元，续收保费6912.2万元，团险特殊效果累计保费70万元，综合金融新增保费380万元，上缴税收突破58万元，全年累计理赔案件169起，累计赔付金额189.6万元。

（张洪霞）

县属国有企业

重庆市通达投资有限公司

【概　况】 重庆市通达投资有限公司成立于2005年12月16日，注册资本3.54亿元。主要承接城镇基础设施项目建设和重大民生工程建设；承担项目建设资金的投融资；按照相关职能部门授权承接土地储备和土地开发工作；承担所属国有资产运营管理，实现国有资产保值增值；进行房地产开发、城市开发建设、市政公用工程施工总承包、建筑装修装饰工程专业承包等；开展物业管理、停车场经营服务、策划项目投融资方案及盈利模式等。办公地址位于忠州街道香山三路5号附1、2号。公司内设综合部（人力资源部）、财务部、工程部（质量安全部）、规划发展部、融资部、资产部、法务审计部。下设子公司3个：重庆忠文化投资发展有限公司、忠县蓝天环境有限公司、重庆市忠县融通移民资产管理有限公司。有人员48名，其中公司领导6名，一般聘用人员42名。

至2017年底，通达公司（含子公司忠文化公司）总资产142.84亿元，公司净资产总额105.83亿元，负债总额37.01亿元，负债率26%。

【改革重组】 根据《中共忠县县委办公室、忠县人民政府办公室关于印发<县属国有企业改革总体方案>》（忠委办发〔2017〕15号）和《中共忠县县委办公室、忠县人民政府办公室关于深化国有企业改革的实施意见》（忠委办发〔2017〕16号），在县城乡建委和县移民局配合下，忠县蓝天环境有限公司、忠县融通移民资产管理有限公司顺利完成交接，成为通达公司的子公司。

【重大重点项目建设】 公司投身全县经济社会发展大局，承担全县除乌杨新区、临港新城外的城镇基础设施、重点产业、环境保护、社会福利（含安置房）等公益性项目建设运营，完成滨江公园、高石坎廉租房、水坪西流安置房、胥家垭口安置房等重点、重大项目投资建设。2017年，新开工项目5个，续建项目22个，启动项目前期工作15个，进入项目结算2个；完成重点、重大项目22个，完成固定资产投资12亿元，完成建筑业产值10亿元。

【资金保障】 公司采取银行贷款、政府债券置换、申请财政专项资金等方式，切实加强政府融资工作，全年实现放款金额48.11亿元；新审批贷款39亿元。公司在2017年二季度末成功退出小平台，8月，公司主体信用评级达到AA，为公司直接融资提供坚实保障。稳步推进传统银行融资工作，中国开行、农发行、兴业银行等银行贷款到位45.11亿元，发行川金所“非公开定向债权投资工具”到位3亿元；对接国开行、农发行，就全县异地扶贫争取专项贷款、基金、政府债券，配合县发改委审查各乡镇项目资金拨付工作。狠抓资金调度，保障公司稳定运转。按时归还银行借款本金及利息9.23亿元，其中本金5.77亿元，利息3.46亿元。组织资金揭牌土地及购买地票4.74亿元。

【国有资产管理】 坚持以市场运作为导向，确保国有资产保值增值。2017年，公司稳步推进平台公司市场化转型，积极开展资金筹措、资产扩增、资本运营；进一步规范加强经营性资产租金管理工作，通过对出租资产的周边进行走访和市场调查，按市场行价调整租金额度，实行竞价出租，全年完成房屋资产营运收入 270 万元。完成 306 个行政事业单位经营性房屋资产的调查清理，核实有效产权 49 处，约 5 万平方米房屋资产划转工作，为公司增加资产约 5.6 亿元；储备土地 14.53 公顷，新征土地 12.51 公顷，为全县各招商引资企业提供土地保障；出让土地 5 宗，面积 15.6 公顷，获得土地出让金 2.8027 亿元。

【安全生产】 公司建立安全生产管理网络，成立以董事长为组长、分管安全生产的副总和部室负责人为成员的安全生产领导小组，形成覆盖全公司的安全生产管理网络。层层落实安全目标责任制，公司安全第一责任人与分管安全的副总签订安全生产责任书，分管副总与部室负责人签订安全生产责任书，部室负责人与现场代表、施工员等签订安全生产责任书，明确安全生产目标。强化安全工作常态化管理，每月召开一次安全生产例会和每周到工地进行日常巡查，加强安全生产的监督管理，密切与施工单位安全责任人的沟通，确保各项目施工过程安全。加大对自有资产的巡查管理，每季度组织资产部人员到各处资产进行巡查，对危旧房屋及时整修改造，全年无一般及以上安全生产事故发生。

【信访维稳】 牵头组织相关部门解决水坪、西流、高石坎等拆迁历史遗留问题，协调相关部门，加大对全县的拆迁安置房采购分配工作，在玉溪锦城采购安置房 450 套、保障性住房 173 套，并于 2017 年 11 月顺利分房，保障白公一期 173 户、博物馆 15 户拆迁群众的利益。切实履行政治责任，参与解决宝狮公司、弘海铭都、皇华三千里、缘梦花园、天鹅湖岸、团丰农业、渝粮集团、交旅集团等项目的历史遗留问题。公司全年接待群访 10 起，信访 100 余件，做到件件有回音、次次有答复。

【自身建设】 以"解放思想、提高执行力"干部作风建设专项整治行动为契机，组织党员、职工学习习近平总书记系列重要讲话及学习党章、党纪党规；开展专题民主生活会、职工研讨会，严格执行"三重一大"，完善党委会、董事会、监事会、经理层办公会议事规则和决策程序，召开党委会 8 次、董事会 6 次，经理层办公会 6 次，决策事项 114 个；主动开展交心谈心活动，教育引导全司党员干部坚定信念、端正态度、适应新时代，实现新作为，重新修订完善公司党建纪检、行政管理、人力资源、资金财务、审计稽核等内控管理制度 40 余项，规范公司公文、印章、车辆、信访等的管理，整治庸懒散拖等不良作风。严格落实党风廉政建设主体责任，切实履行"一岗双责"，带头规范学习、生活、工作"三圈"，严格执行领导干部个人重大事项报告等规定，全司干部职工一年来没有一起违纪违规事项发生。

坚持"以人为本"发展理念，营造有利于员工创造创新和协调发展的企业文化，切实发挥公司的社会效益。强化制度管理。公司新建《公司资产监督管理办法》，完善《公司管理制度》《公司考核制度》《公司薪酬管理办法》等制度 40 余项。发挥群团组织作用，公司工会、妇委会、团委等群团组织利用"三八"妇女节、"五四"青年节等节假日开展登山比赛、厨艺大比拼、庆"五四"创意诗朗诵、冠名忠县第六届夏季"通达杯"篮球比赛等活动，并获忠县第六届夏季篮球联赛"通达杯"男子公开组第三名，忠县第二届"工业园区杯"男子篮球赛优秀组织奖。积极参与社会公益事业，公司投入 600 余万元分别在滨江路九、十号地块设立宣传标语广告牌，在西山建设临时停车场及安全防护栏等；组织开展"人人动手，创造健康环境"主题活动 3 次，积极参加创建全国县级文明城市的活动。突出关爱下一代，收集整理愿望清单，为东溪小学 30 名留守儿童送去新衣、登山鞋、课外读本，全力履行国有企业政治责任和社会责任。（马臻祯）

重庆市通瑞农业发展有限公司

【概　况】　重庆市通瑞农业发展有限公司成立于2007年6月6日，是经县政府批准、忠县财政局出资成立的国有独资一级平台类公司，注册资金29700万元。主要承担乌杨新区范围内开发建设、项目投融资和园区经营管理、国有资产保值增值、招商引资、企业服务，包括产业布局、产城融合及工业领域项目建设。承担乌杨新区和城市基础设施建设项目、三峡移民后续项目、基础产业及支柱产业领域的重点项目和土地整治项目建设投资。办公地址位于重庆市忠县忠州街道新华路25号。内设综合管理部（法务监理部）、土地保障部、规划管理部、工程建设部、招商服务部、资产财务部、安全监管部（社会事务部）。公司现有人员48名，其中公司领导6名，一般聘用人员42名。至2017年底，公司资产总额约69亿元，负债52亿元，净资产17亿元，资产负债率75%。

【土地保障】　加快土地报批。按照独立项目组件报批，项目用地严格执行投入产出的强度及《工业项目用地控制标准》，全年获取土地批文91.2公顷。加快征地拆迁。督导配合乌杨街道开展“进农户、解民难、促拆迁”乌杨新区拆迁攻坚行动，完成征地拆迁377.47公顷，拆迁销号1960户，机械拆除房屋1817户，搬迁坟墓3066座，兑付征地拆迁补偿款6.5亿元；完成石子海螺砂页岩配料矿山征地15.67公顷，拆迁57户152人，搬迁坟墓80座，动迁10千伏电力线路1条、移动铁塔1座，新建出行道路3.8千米，扩建道路800米，动迁人口65人；完成装备制造基地地上文物搬迁保护、地下文物发掘保护和光伏发电项目前期213.6公顷土地流转工作。出资1.88亿元回购重庆高速集团、云河专汽等资产，严格管控企业用地规模，防止“圈地”行为；协助新引企业特瑞公司收购园区“空壳”或“僵尸”厂房8.9万平方米。

【资金保障】　争取财政资金4.29亿元，并将原县委党校房屋、生态工业园1号及2号标准厂房、原川江车辆厂房、原天运乙醇酒精厂部分资产划拨到通瑞公司。采取棚户区改造、特许经营等融资模式，向银行融资指标授信28.5亿元，到位资金17.2亿元。启动通旭公司信用评级发债工作。采取EPC等模式引入社会资本参与乌杨公用码头、12万平方米标准厂房等公司基础设施配套建设。合理节流资金，按工程进度拨款，科学制定偿债计划，全年偿还存量债务本息4.13亿元。

【安全稳定】　投入安全环保整改资金400余万元，编制完成安全生产事故应急预案、环境突发事件应急预案，组织安全环保培训1000余人次。开展安全生产大排查大整治大执法332次，排查整改安全隐患1039条；实施环境保护监督检查68次，排查环保隐患106条。完成原天运酒精厂废液处置、公司道路安防设施设置、山东工业园及原川江车辆厂标准厂房消防管网整改等工作，公司全年未发生一起安全环保事故。开展信访稳定隐患排查130余次，妥善处置中铁集团、庆之都、佳鼎洗煤工程款及民工工资兑现等系列信访隐患问题，协调处置企业之间矛盾纠纷，严厉打击违法搭建、无理抗拆、非法阻工等违法行为。

【基础建设】　建立乌杨新区建设微信群，健全项目包干、现场巡查、工作人员记实、周周推进工作例会、联系会商等制度，为公司建设提供制度保障。立足“特色工业发展主战场、产城融合发展示范区”功能定位，加快编制忠县乌杨新区总体规划和控制性详细规划。高效率推进项目建设。公司二期180公顷场平、龙兴大道（主二路）等项目顺利开工；乌杨新区中学完成项目用地场平和施工前期工作；10万平方米标准厂房、5万平方米倒班房、特瑞预留区场平等项目完成施工前期工作；投资 2.3 亿元完成乌杨公用码头（一期）工程总量的 75%；投资 9000 万元完成 C 区安置房元工程总量的 60%；投资 8000 万元基本完成 12 万平方米标准厂房 5 万平方米的主体工程建设；装备制造基地一期 44 公顷场平完成工程总量的 88%；投资 4000 万元畅通公司二期主一路南北连接道，主一路北段完成路基开挖回填工作；投资 3500 万元完成园区污水处理厂一期一阶段（日处理 7500 吨）建设；投资 560 万元完成农副产品加工基地边坡治理。

【招商服务】 主动“走出去”招商 110 天，拜访企业 59 家，接待企业 52 家，协助专业招商组引进项目 7 个，协议引资 27.38 亿元；牵头策划项目 5 个，引进项目 5 个，协议引资 62 亿元，到位资金 4.5 亿元；跟踪在谈项目 7 个。细化分解目标任务，建立项目推进微信群，落实专人跟踪服务，及时解决企业、项目遇到的问题；兑现优惠政策补贴款项 4000 余万元，确保招商引资项目顺利入驻；促成特瑞一期、鲜果集柑橘加工、三昇源电子产品、宇豪手机镜头等 4 个项目投产，其中特瑞项目一期 10 条生产线全面投产，每月产量 1200 吨，并启动二期建设。以四大特色产业为引导，依托特瑞锂电、天地药业等龙头企业，加快推进锂电正极材料及医药产业基地、装备制造基地拟入驻项目建设，特色产业集群发展基础更加坚实。 （邹 勇）

重庆新生港建设发展有限公司

【概 况】 重庆新生港建设发展有限公司（以下简称新生港公司）于 2016 年底成立，与重庆市忠县临港新城建设发展有限公司（以下简称临港新城公司）实行“两块牌子、一套班子”运行。主要承担新生港及临港新城范围内的开发建设、项目投融资、招商引资和经营管理等。办公地址位于白公街道白公环路 83 号。公司设立党委会、董事会、监事会、经营管理层。内设综合管理部（挂法务监审部牌子）、招商发展部、财务管理部、工程管理部、安全管理部，有职工 29 人（其中事业单位抽调 6 人），其中中层及以上干部 10 人（党政班子成员 5 人，中层干部 5 人），办事员 17 人，驾驶员 2 人。

【发展定位】 按照“前港中仓后园”布局，开发建设新生港，完善铁公水集疏运体系，同步推进新生港物流园区建设。坚持以港兴城、港城互动，按照港口物流区、产业发展区、商业居住区的功能分区，把 12 平方千米的临港新城打造成为“诗意山水、活力港城”重要组成部分。按照市场化要求加快转型发展，创新融资模式，加强资产运营，提升自主经营能力，大力招商引资，加快推进港产城融合步伐，支撑特色中等城市建设，逐步将公司转型打造成为从事港口管理运营、商贸物流、招商引资、城市开发建设、经营管理的高效运行、效益突出的多元化国有公司。

【运行模式】 以新生港为依托，打造具有较强影响力、辐射力、带动力的现代化综合物流企业。承担忠县县域内政府投资港口的经营管理职能，以港口、航运、船舶代理、综合物流及其延伸服务为主营业务，通过新生港+广忠黔铁路，连接渝新欧铁路，使“江海直达”通过重庆转口的货物，可直接通过忠县新生港连接“渝新欧”，对接陆上新丝绸之路经济带，整合铁、公、水资源构建多式联运全程物流经营平台，支撑重庆长江上游航运中心建设，打造“一带一路”和“长江经济带”的重要节点。争取国家和市上政策支持，批准在新生港设置二类口岸和保税港区，拓展物流领域，由中转物流向全程物流的转型，以新生港“前港中仓后园”为基础，构建以仓储、加工、配送、贸易、物流地产为主的综合物流平台，使之成为“规模化生产资料交易和结算中心”。参股的重庆物流金融服务股份有限公司，依托其集中统一大平台所提供的组织增信、授信风控、数据处理和后台结算服务，参与市级一体化物流金融服务体系建设，争取重庆物流金融服务股份有限公司在新生港设立子公司，解决物流企业发展难题，全方位服务物流企业、物流基地、物流关联企业发展，支撑总部物流和总部进出口贸易等企业落地。

以临港新城建设为契机，融入“生态、科技、智慧”理念，形成以城市开发、运营管理为主业，以商贸、旅游、物业管理经营为辅业的多元化发展道路。强化临港新城范围内的新城土地开发管理，坚持生态优先，利用银山的优良山水基底条件打造“宜居宜业宜游”的高端低密度的梦想宜居品质社区，利用高营铺区域便利的条件汇聚商业商贸、商务金融等门户商贸服务功能，展示忠县对外开放的高地及城市形象展示。沿长江岸线打造形成一条滨江风情体验带，融合发展各类亲水商业、餐饮、创意、旅游等业态。完善作为城市综合服务提供商的能力，在物业经营管理、基本生产生活公共产品提供等方面着力，在实现开发一座城的同时全方位服务一座城，实现新城和公司的良性协同发展。

【业务发展】 2017年，公司完成固定资产投资12亿元。以PPP模式招商，引入中交第二航务工程局有限公司，投资27亿元建设新生港一期工程首批泊位5个，7月全面启动工程建设，完成年度投资10亿元；采取企业拆借、争取政府债券资金、银行贷款等方式取得资金计划10亿元，启动银山片区征地拆迁、忠州中学迁建及县体育中心、银山安置点及市政道路等项目建设，完成年度投资2亿元。

（叶 菁）

忠县畅达建设投资有限公司

【概　况】 忠县畅达建设投资有限公司（简称畅达公司）位于忠州街道果园路22号。公司内设综合管理部（挂法务监审部牌子）、规划发展部、资产运营部、工程技术部（挂总工办牌子）、工程建设部、财务管理部、安全监管部，编制70名，在编在岗职工32名。2017年底，公司资产总额143047.95万元，所有者权益42694.82万元，利润总额21.37万元，净利润16.03万元，净资产42694.82万元，自营业务实际收入619.67万元。

【营业范围】 从事交通建设项目开发、建设、经营、管理及投融资；从事建筑相关业务；承担交通运输经营项目，开展县辖区内内河客渡船、城市客运出租车、通用航空等经营业务；交通工程试验检测；公路养护、公路及市政公用工程建设（凭资质执业）；绿化植物种植、销售，园林绿化及养护；干线公路沿线广告设计、制作、发布、招租；建筑机械设备出租；汽车租赁及停车服务；为国内企业提供劳务派遣；交通安全设施工程建设；现代农业综合开发；土地整治、开发、复垦；农副产品生产及销售；农业生产物资销售；农业新产品新技术研究推广；水资源开发利用；林业开发；林业工程咨询；地籍测绘、房产测绘、行政区域界限测绘，土地勘测定界，工程测量，土地规划、设计；土地调查，互联网地图服务，地理信息系统工程；燃油经营等其他业务。

【改制改革】 2009年8月10日，畅达公司经县政府第37次常务会议批准组建。2014年9月，经政府同意注册资本金增至1亿元。2017年，根据县委、县政府《关于印发县属国有企业改革总体方案》（忠委办发〔2017〕15号），畅达公司优化组建为县属国有一级功能类公司，以承担全县交通、农业、林业、水务等基础设施项目建设、现代农业综合开发、项目投融资、交通运输项目及公益性项目投资建设任务为主业，以服务社会、惠及民生、提供公共产品和重点项目建设为主要目标。将重庆卓立农业发展有限公司、忠县园艺场、忠县农机石油储供总站、重庆播绿林业投资有限公司并入畅达公司。改革后下辖6个子公司和2个参股公司：忠县渝路交通工程试验检测所有限公司、忠县畅达汽车租赁有限公司、重庆市忠勤汽车服务有限公司、重庆泽润水务有限公司、重庆博图勘测规划有限公司、重庆市忠县金土土地开发整治有限公司；忠县拌德畅达沥青搅拌有限公司、重庆田联柑橘网络科技有限公司。公司根据改革和现代企业制度要求，逐步完善法人治理结构和内部管理制度，提升制度规范化、标准化水平，推进公司转型升级，切实保障国有企业改革逐步到位。

【项目建设】 至2017年底，公司累计投资超10亿元，建设完成环城西路改造工程、洋渡等4条高速连接线工程、龙潭等5座渡改桥项目。2017年，实施重大重点交通项目27个，完成投资4亿余元，开工建设G50沪渝高速忠县高速出口改造项目项目、新生港口物流园区道路工程（一期）、柑橘国际协同创新中心等项目；加快推进水（坪）普（乐）路、汝（溪）涂（井）路、田园综合体、杨家坝水库、高标准农田等建设项目前期工作。

（刘星晨）

重庆橘城旅游投资开发有限责任公司

【概　况】 重庆橘城旅游投资开发有限责任公司办公地址位于忠州街道香山二路1号附19号。内设（部室）综合管理部、工程建设部、产业发展部、财务统计部、资产管理部、法务监审部。公司编制40名，在编在岗28名。

公司主要负责三峡港湾国际旅游度假区项目、忠州老街城市更新（棚户区改造）项目、电竞股权投资项目等县域旅游文化体育及现代服务的开发建设和运营管理。公司注册资本为17600万元。

【运营管理】 *改革重组* 2017年，公司完成改革组建工作，理清发展方向，明晰经营模式、发展目标，完善公司组织架构；摸清二级公司主营业务，完善各二级公司的发展定位、职能职责、经营目标、改革划转、治理结构等工作；完成对二级公司的资产接管工作；帮助天盾保安公司新增物业管理职能，促进二级公司拓展相关产业链条。

公司法人治理结构 按照国有企业“三重一大”工作要求，就公司重要事项决策、重大项目安排、大额资金使用等事项，均依法依规依章提交公司党委会集体讨论决定，重大事项报县国资管理中心和县分管领导审批。公司全年召开党委会会议11次，审议重大议题89个。

管理机制体制 制定《公司组建方案》《党委会议事规则》《董事会议事规则》《监事会议事规则》《总经理办公会议事规则》《财务管理制度》《员工管理制度》等公司核心管理制度，规范公文管理制度、保密制度、采购管理制度、车辆管理制度、食堂管理制度、人事管理制度等系列分项制度，形成公司上下、部室之间各司其职、各负其责、运转高效、监督有力的运行机制。

【业务发展】 *三峡港湾建设项目* 完成三峡港湾40公顷建设用地手续报批；230户拆迁安置任务完成90%；双层厕所和后大门建成投用，完成忠义堂主体结构施工，酒店和商业街项目完成场平建设，消防水池、边坡治理基本完工，居民安置点进入桩基施工阶段。

忠州老街棚改工程 完成忠县老城片区棚户区项目立项、可研编制、环评报告编制和评审事宜；确定征迁范围以及 CD 级房屋鉴定等前期摸排工作；开展项目规划设计公开招投标工作，形成项目规划设计初步方案；完善总体规划设计和修建性详细规划，提交县规委会审议后启动实施。

电竞产业 通过考察、评估、审核等程序，完成对天天电竞 6.5%股权投资；打造电子竞技平台建设，建成电竞产业孵化园，签电竞企业约 20 家、2 家电竞俱乐部落户忠县，成为本地电竞战队；完成孵化中心天天电竞（重庆）公司及电子竞技确权中心、检测中心、评估中心、新媒体中心的相继落户；电竞产业展示厅正式对外开放；助推忠县电子竞技公共服务平台上线运营；围绕电竞小镇设计规划，系统分析研究电竞小镇产业链条、业态布局、收益回报，编制电竞小镇招商方案、招商手册和招商 PPT，启动对外推介招商；参加中国厦门电子竞技产业博览会，宣传忠县电竞产业，并成立忠县电竞厦门办事处。

大型赛事活动 2017 年 12 月 23—24 日，公司成功举办全国移动电子竞技总决赛，在赛事筹备、赛事运行、安保维稳、交通运输、票务推广、氛围营造、组织保障等方面获得好评；12 月 10 日，做好首届长江三峡国际马拉松比赛的筹备和招商工作，组织参赛选手 2000 余人次，募集马拉松赛事资金和物资赞助近 100 万元，形成政府搭台、企业办赛、全民参与的市场化新路子，树立了赛事品牌形象，提升了忠县的知名度、美誉度。

开展与社会投资人的解约清算 按照县委、县政府部署，公司努力进行资金筹措，切实做好还本付息、临时接管三国文化产业园的运营管理工作，保障“烽烟三国”实景演艺项目安全平稳运行；积极做好风险防控工作，有理有利有节地开展与社会投资人的解约清算等工作，组建专门小组进行协商谈判，做好平稳顺利接管三峡港湾项目各项准备工作，确保项目收归国有、项目资产保值增值。

争取相关景区经营权益 针对忠县核心景区石宝寨、白公祠经营效益有限，旅游资产尚未盘活的实际情况，公司以县属国企改革为契机，借鉴市内及周边区县相关景区的成功经验，探索对景区所有权、管理权与经营权分离，在确保文物保护职能不变的前提下，将景区经营权益划转橘城公司，切实把资源优势转化为产业优势，做大做强企业主营业务，增加公司经营收入，增强公司融资能力，促进全县旅游项目的开发经营和整合联动。

（杨 曦）

重庆兴忠投资发展有限公司

【概　况】 重庆兴忠投资发展有限公司办公地址位于忠州街道州屏环路 46 号附 5—2，系县政府于 2017 年 9 月 28 日正式注册成立的第一家县属国有投资企业，注册资金 5 亿元。公司设立党委会、董事会、监事会、经营管理层，内设综合管理部、投资发展部、法务监审部、风险控制部、资产财务部，下辖重庆市先发投资咨询有限公司、重庆市忠县同正小额贷款有限责任公司、重庆市忠县兴农融资担保有限公司 3 个二级公司。在编在岗员工 64 名。

【经营范围】 重庆兴忠投资发展有限公司，经营范围包括投资管理、控股管理、资产管理、资本管理、财务管理、股权投资（基金）及管理、投资咨询（财务、财税、融资、金融、金融服务、理财、贷款），企业重组兼并顾问及代理等。重庆市先发投资咨询有限公司，经营范围包括从事编制项目建议书、项目可行性研究报告；项目申请报告，资金申请报告；规划咨询，评估咨询、工程设计、工程造价咨询、招标代理、工程监理、设备监理、项目管理等。重庆市忠县同正小额贷款有限责任公司，经营范围包括在重庆市范围内开展各项贷款、票据贴现、资产转让和以自有资金进行股权投资。重庆市忠县兴农融资担保有限公司，经营范围包括贷款担保、票据承兑担保、贸易融资担保、项目融资担保、信用证担保等融资性担保业务；兼营诉讼保全担保业务，履约担保业务，与担保业务有关的融资咨询、财务顾问等中介服务，以自有资金进行投资，监管部门规定的其他业务。

【业务发展】 重庆兴忠投资发展有限公司　基金投资：与重庆曲速无限股权投资基金管理有限公司组建重庆光年股权投资基金合伙企业（有限合伙），募集资金20000万元；完成盛合嘉富基金、皓天国际基金管理公司调查和注册资料的准备；参与“三峡港湾基金加速中心”前期筹备和后续推进工作；参与碳酸钙循环产业园10亿元产业基金项目对接。财务投资：完成重庆融创视讯科技有限公司真三维交互式3D数字监控系统开发制造项目一期投资150万元；对海顺石化10万方成品油库及10座加油站项目、长寿新三板挂牌创新层企业纽米科技项目进行投资调查，起草项目投资建议书。股权划转：根据改革组建方案和县委常委会、县政府常务会议定事项，开展股权划转前期工作，对特瑞股份、天天电竞、融创视讯等划转标的企业基本情况、股权构成情况、主要财务指标等进行摸底调查，并根据股权转让相关要求准备划转资料。

重庆市先发投资咨询有限公司　全年完成工程咨询、工程造价、工程设计、招标代理等项目159个，实现营业额674万元，纳税78万元，净利润139万元，资产总值1200万元。完成造价咨询乙级资质申报，启动招标代理资质申报工作。启动与四川众望安全环保技术咨询有限公司合作组建混合所有制公司，并启动重庆原建筑设计有限公司的收购工作。

重庆市忠县同正小额贷款有限责任公司　公司原系民营企业，于2017年被通达公司收购，转为国营企业。2017年，完成分期还款化解10户28笔，金额21322万元，占收购价格28500万元的74.8%；诉讼1笔，贷款本金3000万元；以物抵债1笔，贷款本金21.25万元。

重庆市忠县兴农融资担保有限公司　2017年，担保92户，担保贷款21120万元；实现经营收入730万元，纳税45.72万元；提取拨备310.39万元，实现利润85.3万元。

【运营管理】 公司组建　截至到2017年末，初步完成公司组建方案、机构设置、公司注册、办公室选址、内控制度建设等工作，成立中共重庆兴忠投资发展有限公司支部委员会和团支部、工会、关工委等基层党群组织。

人才队伍建设　通过校园招聘和向社会、银行等金融机构招聘等方式，招聘大学生6名，有工作经验员工8名，其中2名分别担任重庆市忠县兴农融资担保有限公司、重庆市忠县同正小额贷款有限责任公司总经理；先发咨询公司引入工程咨询、工程造价、工程设计、招标代理专技人才6名。通过购买网课、专业书籍、组织外出培训等方式，不断提升职工业务水平。全年有50余人次参加建设项目、实业、产业、商业贸易、基金、股权、风险控制、专业技术等专业知识培训，2名职工通过基金从业资格考试；先发咨询公司5名员工分别获得中级、初级技术职称。（蒋金芸）

经济综合管理

经济发展改革

【概　况】 忠县发展和改革委员会办公地址位于忠州街道中博大道2号，内设机构11个：办公室、综合改革科、重点项目科、投资科、产业发展科、社会发展科、稽察科、价格管理科、招商科、节能科、行政审批科。编制17人，其中行政编制16人，事业编制1人，在编在岗17人。举办和管理的下属机构4个，其中派出机构1个，县价格检查所，编制11人。在编在岗11人；正科级事业单位2个，忠县经济信息中心和忠县投资促进中心。其中，忠县经济信息中心事业编制12人，在编在岗11人；忠县投资促进中心事业编制20人，在编在岗12人。参公事业单位1个，忠县价格认证中心，编制5人，在编在岗5人。

【国民经济发展】 2017年，全县实现地区生产总值（GDP）271.33亿元，增长12.0%。固定资产投资总额246.56亿元，增长18.3%。实际利用内资207.87亿元，增长35.0%。城镇常住居民人均可支配收入32107元，增长9.9%；农村常住居民人均可支配收入13298元，增长9.9%。

【规划编制】 统筹推动完成全县“十三五”专项规划编制17个，牵头编制完成《忠县农村人居环境整治三年行动实施方案》等专项规划。完成忠县与江苏张家港、重庆两江新区等地“飞地经济”合作构想编制，相关合作项目有序推进。围绕“港产城”融合发展，联合北京盛裕集团开展“忠县港产城融合发展战略研究”课题研究。围绕县委、县政府重点关注领域，切实发挥决策参谋助手作用，完成“忠县推进PPP模式的情况简析”等《决策参考》课题研究。

【项目投资】 深入研究国家产业政策和投资方向，积极加强项目策划、包装、申报，全年申报项目53个，争取交通、农业、三峡后续建设、易地扶贫搬迁、典型流域农业面源污染综合治理、教育现代化推进、养老服务体系建设等项目资金3.73亿元。其中，中央预算内投资2.79亿元，市级补助8464.5万元。创新投融资模式，7个PPP项目进入市发展改革委PPP重大项目库。

2017年，全县项目投资分为重大、重点项目及民生实事三大类。其中，7大类247个重大项目完成投资112.98亿元，占年度计划总投资额125.85亿元的89.8%。从投资完成情况看，城市建设、基础设施、能源环保、园区平台、产业发展、社会事业、商贸物流等6类项目分别完成投资19.82亿元、23.96亿元、9.43亿元、20.69亿元、14.74亿元、20亿元、4.23亿元，分别占年度计划的104.6%、87.7%、99.4%、80.8%、88.1%、84.5%、105.5%。从项目形象进度看，71个基础设施项目中，新生港口物流园区一期、G50沪渝高速谭家寨隧道维修处治等53个项目完成年度建设目标任务，占项目总数的74.6%；25个能源环保项目中，忠县乌杨特瑞110千伏输变电、100兆瓦农光互补光伏发电等20个项目完成年度建设目标任务，占项目总数的80%；17个园区平台建设项目中，忠县移民生态工业园区（二期）基础设施建设、12万平方米标准厂房等13个项目完成年度建设目标任务，占项目总数的76.5%；45个城市建设项目中，香山国际、玉溪锦城、白公片区市政道路、城区夜景灯饰二期等37个项目完成年度建设目标任务，占项目总数的82.2%；39个产业发展项目中，年产10万吨锂电正极材料项目一期、忠县医药产业基地等33个项目完成年度建设目标任务，占项目总数的84.6%；41个社会事业项目中，忠县电竞场馆及配套设施、乌杨新区中学建设、忠县人民医院迁扩建等30个项目完成年度建设目标任务，占项目总数的73.2%；9个商贸流通项目中，中国忠县·五洲国际商贸物流产业园、忠县粮食仓储物流园建设等4个项目完成年度建设目标任务，占项目总数的44.4%。北山初级中学校教学综合楼建设、石宝中心卫生院公共卫生服务中心及职工周转宿舍、胡燃商行广场店等142个重点项目完成投资3.12亿元，占年度计划总投资额3.29亿元的94.8%。农村建卡贫困户D级危房改造、农村公路危险路段安装安全保障设施、农村妇女"两癌"免费检查及求助等30件民生实事完成投资12.54亿元，占年度计划总投资8.88亿元的141.2%。

【招投标管理】 完善招标信息公开制度，全年公开发布信息1306条，公开率100%。强化招标文件审核制度，按照部门会审、分管副县长审查、县政府常务会审定的程序，完成公开招标文件审核96份，组织招标文件会审24次。推行电子化招投标，探索合理低价法等评标办法。完成市对县15个中央预算内投资项目专项稽察4次，涉及金额6.46亿元。实施项目招标合同包117个，项目预算金额29.6亿元，实际合同金额29.3亿元，节约资金2376.1万元，招标率99%，公开招标率83.4%。

【节能降耗】 2017年，全县工业固废处置率91%以上，居民公交出行自愿率93%以上。完成全县522个公共机构水、电、油、气能源消耗数据统计。万元GDP能耗控制在3.1%目标以下。

【综合协调】 脱贫攻坚方面，大力实施易地扶贫搬迁，策划包装项目371个，争取农发行、国开行融资3.9亿元，对接落实2.29亿元；全年完成搬迁建卡贫困人口2500人、随迁非建卡贫困人口320人目标任务；统筹开展集团帮扶，整合以工代赈、大渡口对口帮扶资金、农村产业融合发展资金，完善贫困村道路、农田水利等基础设施建设；巩固脱贫攻坚成果，落实第一帮扶责任人制度，结对帮扶东溪镇兴旺村、永华村建卡贫困家庭50户。信用体系建设方面，建立涵盖52个成员单位联席会议制度，全年报送信用信息11655条；推进信用信息应用平台及"信用忠县"门户网站建设；积极推进信用联合奖惩，出台《忠县人民政府关于建立完善守信联合激励和失信联合惩戒制度加快推进社会诚信建设的实施意见》(忠府发〔2017〕28号)，全年实施跨行业、跨部门、跨地区信用联合惩戒2例；稳妥处置忠县民族中学失信事件，成功解除失信黑名单。油气管道安全监管方面，全年出动检查270余人次，协调整改一般隐患11处，整改率100%。

【深化改革】 在改革体制机制上，优化机构设置。2017年9月，县委将县委改革办职能划转到县发展改革委，并作充实调整，改革领导小组成员由12名增加到16名，涵盖县委、县政府全体领导；将改革专项小组由14个增加到17个，将改革成员单位由49个增加至60个。明确职能职责和议事规则，凡属改革事项，直接提请县委深改会研究。建立原则上一个月一次的深改例会机制、日常推进机制、督查督办机制和信息报送机制。在改革任务完成上，县委改革办建立全县深改工作总台帐、任务书、时间表、路线图，全年完成国家和市级试点31项中的17项，其中完成国家级4项中的2项、市级27项中的15项；完成市委《全面深化改革中长期实施计划表》303项改革事项中的265项；梳理中央和市委历次改革会精神改革台账206项，完成126项。围绕解决制约地方经济社会发展的体制机制问题，创新建立、滚动充实县委深改会议题库40余项。在改革成效上，全年累计召开深化改会9次，审议涉及17个领域的议题68项。重点领域改革成效突出，忠县公立医院改革获全国示范，《忠县扶贫兜底救助暂行办法》《忠县城乡居民意外死亡保险救助暂行办法》、社区网格化治理、建设领域审批制度改革、百名法律人才进村（社区）、名师名校名校长、名医名院名院长等一批改革方案相继出台。（胡　军）

招商引资

【概　况】　加强招商体制机制改革，从全县优选55名优秀干部组建锂电池、医药、装备制造、智能终端、文化、旅游、电竞、特色效益农业、商贸物流、石材、总部结算及金融等11个专业招商组和1个综合服务组，把近100个招商单位减少到25个主要经济服务部门和29个乡镇（街道），全县形成专业招商组、乡镇（街道）、部门"三位一体、同台竞技"的招商新格局。加强专业招商能力建设，全年开展头脑风暴、产业分析、招商演练5次，在北京、上海、重庆等地举办或参加策略性商务谈判谋略运用、锂电产业、医药产业、特色效益农等主题培训12场次。加大"走出去""引进来"力度，强化外出招商督导、考核、通报。2017年，全县签约引进项目178个，协议引资268亿元，实际到位资金60.2亿元。（胡　军）

国有资产管理

【概　况】　全县行政事业单位闲置资产有闲置的房屋资产175处，建筑面积26185.34平方米，账面价值2609.15万元；全县经营性资产（出租出借）的房屋资产143处，涉及单位13个，建筑面积57724.41平方米，账面价值3516.32万元；全县有存量土地229.03公顷，涉及新生镇、忠州（含白公）等16个乡镇。

2017年，全县国有资产管理工作坚持问题导向，以国有企业改革为主线，以提高国有资本效率、增强国有企业活力为中心，不断完善现代企业制度，进一步健全国有资产监管体制，提高全县国有资产监督管理水平，充分发挥国有资产效益，实现国有资产保值增值。至2017年底，全县行政事业单位年度报表报送单位368家，资产总额706213.63万元，流动资产总额324320.46万元，固定资产总额277132.04万元，无形资产总额2982.25万元。

【基础管理】　按照财政部和市财政局要求，结合2016年全县行政事业单位国有资产清理核实结果，完成资产盘盈盘亏和资金挂账处置及年度资产报表报送工作。全面核实单位清理的盘盈盘亏和资金挂账单位79家，分门别类进行资产处置批复。督促各单位及资产管理人员重视资产管理工作，以更新完善行政事业单位资产管理信息系统为契机，夯实基础管理。按照国有资产管理规定规范日常处置行为，全年完成县政府办、县审计局、县农委等22个部门涉及固定资产调拨、转让、报废等资产处置，涉及资产价值24396万元；完成县行政事业单位和国有企业资产购置审批544万元，排除房屋资产危房846.26平方米；公开拍卖处置公务车辆117台，挂牌价121.5万元，成交价331.5万元，实现资产增值210万元；配合车改领导小组办公室强化县级执法执勤用车标识化管理工作，参与专项工作检查2次。规范罚没财务管理，化解盘活国有资产，根据忠府纪〔2017〕第29号和县国土局、县综合执法局等单位作出没收非法财物的《行政处罚决定书》，下达国有资产处置函40余份，将没收非法建（构）筑物移交乡镇（街道）和部门等管理，并按相关规定做好账务处理。按照市财政局的要求全面清理政府债务投资项目形成固定资产 321374.16 万元，涉及全县 108 个单位、295 个项目，原银监、审计认定的 6 个融资平台公司债务形成资产 165.284 亿元。

【整合资产配置】 结合国有企业改革，一方面用于支持县属国有企业发展，做大做实资产规模，另一方面收回集中管理，实现国有资产盘活利用，增加县级财政收入，按照“收支两条线”管理，清理部门单位出租出借的国有资产，合同、票据是否规范统一，资产收益是否及时足额解缴入库，县国资监管积极配合非税管理部门加大跟踪检查力度，确保收入应缴尽缴。

【国企改革】 制定改革总体方案。成立国有企业改革考察学习小组，赴渝北、两江新区等地考察学习国企改革经验及做法，深入全县部分国有企业了解公司运行情况，起草《忠县县属国有企业改革总体方案》，经县政府第 14 次常务会和县委第 21 次常委会审议通过。改革后，县属重点（一级）国有企业 6 家，其中平台类公司 2 家：重庆市通达投资有限公司、重庆市通瑞农业发展有限公司，功能类公司 3 家：重庆新生港建设发展有限公司、忠县畅达建设投资有限公司、重庆橘城旅游投资发展有限公司，产业类公司 1 家：重庆兴忠投资发展有限公司）。二级（子）公司 14 家，国有参股企业 6 家。对 20 家其他县级国有企业、19 家原乡镇政府及所属事业单位举办的实体企业，分期分批予以注销或并入国有一、二级公司。

完成公司组建方案。按照《忠县县属国有企业改革总体方案》改革进度安排，分类召开国企改革公司组建工作会议，落实组建责任，分解具体组建方案任务，组织县属国有企业修改组建方案，明确改革组建必要性、公司发展定位及经营模式、公司经营目标、公司组织架构、人员安置分流等内容。县属重点国有企业组建方案经县政府第 31 次常务会和县委第 45 次常委会审议通过。县国有企业主体框架基本确立。

拟定国企配套制度。按照全面深化改革工作要求和县属国有企业改革进度，结合县属国有企业发展定位和企业发展方向，拟定《关于深化国有企业改革的实施意见》《忠县国有企业管理暂行办法》《关于完善法人治理结构的实施意见》《县属重点国有企业负责人经营业绩考核和薪酬管理暂行办法》等配套制度 4 个，经县政府第 32 次政府常务会审议通过，并下发文件供县属国有企业遵照执行。

分类清理整合，促进转型发展。为了加强公益性项目建设管理，明确承接政府委托实施基础设施、公用事业等公益性项目建设的单位，实行目录管理，确定“重庆市通旺投资发展有限公司和重庆市通旭投资发展有限公司”作为县公益性项目建设单位报送市财政局、市国资委。原忠县道路路桥公司、忠县水坪小区开发有限公司按照法定程序予以撤销。对兼有政府融资和公益性项目建设、运营职能的“通达公司、通瑞公司”实现转型发展，剥离其融资职能，原公司存量债务按规定通过政府债权置换等方式分类妥善处置，忠县土地征收储备中心因其机构性质是财政全额拨款的事业单位，不再具备政府融资职能，退出平台公司监管，忠县忠文化投资发展有限公司作为二级子公司，剥离融资职能后予以保留，相应调整出资人。

把握政策关键，剥离国企社会职能。忠县剥离工作任务涉及央企 1 家，供水 48 户、供电 112 户移交，涉及市属国有企业 17 家，“三供一业”涉及 42 户供电，10 户供气，“职工家属区物业管理”涉及 108 户，建筑面积 12270.26 平方米，“市政设施及社区管理”涉及高速公路车行跨线桥 18 座，“退休人员社会化管理”883 人。财政局会同县经信委、县国土局、县交委、县人社局等部门按照先易后难、逐批开展、重点突破原则，积极稳妥有序推进剥离国有企业办社会职能工作。

【管理体制】 成立县国有资产管理中心，为县财政局管理和举办的正科级事业单位，在县财政局领导下履行国有资产管理职责。建立国有企业领导人员分类分层管理制度，坚持党管干部原则与董事会依法产生、董事会依法选择经营管理者的原则，按照管理权限加强对国有企业领导人员的管理。建立国有企业投融资统筹协调机制，健全完善国有企业投融资决策程序，实现企业投融资“一盘棋”，形成“定期总额控制、年度计划管理、风险跟踪评估”的债务管理机制。 （张 苇）

国土资源管理

【概 况】 忠县国土资源和房屋管理局（简称忠县国土房管局）办公地址位于忠州街道果园路12号。2017年，根据《忠县人民政府办公室关于印发忠县国土资源和房屋管理局主要职责内设机构和人员编制规定的通知》（忠府办发〔2017〕47号），内设办公室、组织人事科、财务科、安监信访科（挂法规科牌子）、房地产权籍与房屋管理科（挂忠县不动产登记局牌子）、规划与耕地保护科、土地利用管理科（挂招商科牌子）、地质矿产管理科（挂防震减灾科牌子）、行政审批科等9个职能科室，下辖忠县国土资源房屋执法监察大队、忠县土地和房屋征收中心、忠县农村土地整治中心、忠县土地储备整治中心、忠县不动产登记中心、忠县住房保障中心、忠县地质环境（地震）监测站、忠县国土房管档案信息中心等8个事业单位和忠州、白公、新生、乌杨、东溪、石宝、汝溪、官坝、白石、新立、拔山、马灌等12个国土资源管理所，年末在编在岗职工202人。

2017年，忠县国土房管局加强国土资源保护，规范国土资源管理，坚持群测群防，统筹地质灾害治理，加大国土资源房屋执法力度，规范房地产市场秩序，加强国土房管机构、班子、队伍和信息化建设，稳步推进国土房管领域综合改革，圆满完成各项工作任务。2017年度忠县防震减灾工作继续蝉联重庆市县级防震减灾工作综合考核先进单位，继续保持全国地质灾害防治“十有县”称号。

【土地管理】 全年争取城镇工矿规划空间287.47公顷，取得土地利用总体规划调整批复72宗618.93公顷，取得新增建设用地批文45宗412.4公顷，取得征地批文42宗517.33公顷。完成征地补偿安置项目56个733.33公顷，安置人员700人，拆迁房屋51.8万平方米；完成国有土地上房屋征收项目3个1774户20万平方米。储备国有土地9宗14.33公顷，办理项目划拨土地18宗18.1公顷，公开出让国有土地15宗60.74公顷，实现土地出让综合价款收入10.3亿元。

完成忠县土地利用总体规划调整完善工作、“十三五”土地整治规划编制工作及2012—2017年新增建设用地、农村集体建设用地、土地利用总体规划与计划执行情况专项清理等工作。完成永久基本农田划定工作，建立基本农田数据库，签订和发放基本农田保护责任书49万份。

完成市政府下达忠县的耕地保护和基本农田目标任务，建成高标准基本农田1320公顷，实现耕地占补平衡有余，实现耕地保有量88633.33公顷，基本农田保护面积62893.33公顷。实施农村建设用地复垦项目118个486.37公顷，通过市级验收88个234.93公顷；申请地票交易219.86公顷，完成地票交易216.46公顷，获得地票收益6.04亿元。

【房屋管理】 实现土地房屋权属登记线上办理，办理各类登记35073件；办理查封及解除查封登记725件；办理存量房买卖2223件，建筑面积31.1

万平方米。办理城镇不动产抵押登记 4750 件，抵押登记面积 56.6 万平方米，抵押金额 23.58 亿元；农房抵押登记255件,抵押建筑面积6.42万平方米。

抓好保障性安居工程建设和管理，分配入住保障性住房 1235 套 5.8 万平方米，在建 3564 套 17.2 万平方米；完成 9 个乡镇 67 户 120 人 9.36 万元的 2017 年廉租住房租赁补贴审核发放工作；加大国有直管公房管理维修力度，收取房租 145 万元，检查维修 300 余次；加快房地产去库存，销售商品房面积 41.82 万平方米。

加强物业监督管理，代收归集物业专项维修资金 4116 万元，按规定启动使用专项维修资金 86 万元；推进物业管理综合整治，争创香山国际和香山公馆两个市级物业示范小区。加强全县白蚁防治监督管理工作，完成白蚁灭治施药 40 次，面积 20 万平方米。

【地质矿产管理】 汲取永川金山沟煤矿特别重大事故教训，加大对矿山开采的监管力度，开展全县矿产资源勘查开采监管执法及“打非治违”、采矿权实地核查等专项工作。申报实施海螺水泥石灰岩矿接替资源详查、金鸡镇饰面用石材详查等地质矿产勘查项目 4 个，争取专项资金 1320 万元。贯彻执行《重庆市采矿权设置及出让管理暂行规定》，加强对全县生态保护红线区、自然保护区、风景名胜区、基本农田保护区等区域矿产资源勘查开采的审批管理,对2个位于县级自然保护区的已建矿山，及时责令停产。

【执法监察】 全年对各乡镇（街道）开展动态执法巡查 200 余次，核查各类违法线索 136 件，立案查处 54 件,实际拆除违法建设 3 宗 3313.11 平方米，实际没收违法所得或矿产品价值 446060 元，收缴罚款 48797.4 元，移送纪检监察部门 5 件、公安机关 1 件、法院 4 件。完成国土资源部向忠县下发的 2016 年度 332 个卫片执法图斑的外业核查、内业审定、案件查处和数据资料录入工作。督促业主、责任单位整改完善违法行为为50起,缴纳各项规费2500余万元。完成 2016 年度土地矿产卫片执法工作并顺通过验收，实现“零约谈”。

【信访和提案管理】 严格落实信访“一岗双责”，开展矛盾纠纷排查、信访积案化解、重信重访问题专项治理，积极预防群体性上访事件，解决信访突出问题，全年受理信访维稳案件 283 件，办结 282 件，办结率 99.6%。

成立议案提案办理工作领导小组，组织召开专题办公会、建议和提案交办暨培训会，创新工作方法，集体研究答复函。按照“认真受理、公开办案、提高质量、取信于民、突出重点、务求实效、规范办理、重抓考核”的八条要求，全年承办人大代表建议和政协委员提案 20 件，办结率 100%，满意率 100%。

【精准扶贫】 牵头“国土房管扶贫集团”开展精准扶贫工作，组建双桂镇莲花、大塘等 2 个贫困村驻村工作队，带领 5 个成员单位党组织和 22 名帮联责任人深入 2 个贫困村 105 个贫困户开展入户对接、扶贫慰问，落实“一对一”帮扶措施，解决两村“八难”问题。其中，向市国土房管局申请实施双桂大塘村精准扶贫土地整治项目，投资 99 万元，用于便民道等基础设施，改善该村村民出行难问题；筹措拨付双桂镇镇政府扶贫专项资金 90 万元，用于莲花村环境综合治理、红尘找水等项目，解决饮水难等问题；投资 60 万元，用于双桂镇地质灾害治理，排除多处地质灾害隐患点，为群众生产生活安全出行提供保障。针对两村实际，分别为大塘村、莲花村制定中药材产业、柑橘产业发展计划，着力实现 “一村一品”目标。

【自身建设】 在全系统开展中共十九大精神宣讲 8 场次，集中学习 24 场次。开展“两学一做”学习教育常态化制度化，组织集中学习 12 次，开展局党组中心组学习 12 次，专题研讨 4 次。召开党组会和民主生活会，剖析问题 56 个，互提批评意见 23 条。撤销局党组，设立局党委，将原局党总支下属 6 个支部调整为局党委下属 9 个党支部和 3 个非公党支部，完成新设立党支部改选工作。推动党建与脱贫攻坚深度融合，开展城市基层党建工作，牵头州屏路社区“大党委”5 个成员单位，4 次深入社区调研指导工作，5 次召开会议研究解决城市社区阵地规范化建设、文明城市创建等重难点问题 36 个，争取专项资金 243 万元，解决城区 7 处边坡垮塌险情的抢险治理、白桥头“城中村”和州屏路社区 29 处综合整治问题，落实社区办公用房 12000 平方米，解决社区阵地建设，全系统 68 名党员与社区困难党员群众结成“一对一”帮扶对子，实现和谐共创互联互助的城市社区党建格局。全年转正中共党员 2 名，新发展中共党员 1 名。

从审批源头入手，规范行政审批行为，行政审批项目全部入驻审批大厅。建立健全工作制度、管理制度、考核制度和督促检查制度，清理完善各类制度 26 个。结合忠县公务员日常工作辅助系统填报，精细化开展公务员平时考核，激发党员干部干事创业热情。

推进反腐倡廉建设，努力打造高效廉洁队伍。成立由局党委书记任组长，领导班子成员任副组长的党风廉政建设和反腐败工作领导小组；配备 3 名专职纪检监察员和 6 名副科级事业单位兼职纪检监察员，构筑国土房管“互廉网”和“防腐墙”。严格执行《党内监督条例》，执纪问责形成常态。结合“两学一做”学习教育和“转变作风，提高执行力”专项整治工作，梳理出局领导班子意见建议 19 条，对局领导干部个人意见建议 54 条，党员干部问题 300 余条。全年开展教育警示约谈 6 次 35 人次，提醒谈话 200 余人次，开展“三重一大”监督 17 次、明察暗访 19 次，组织 69 名系统中层及以上干部赴重庆廉政教育基地进行警示教育，撰写廉政教育心得体会 69 篇；排查廉政风险点 367 个，制定防控措施 436 条，完善规章制度 45 项。

（冯智峰）

审 计

【概　况】 忠县审计局办公地址位于忠州街道州屏环路 58 号。机关内设办公室、法规审理科、整改督查与内审管理科、财政审计科、企事业审计科、投资审计科、经济责任审计科，下设参公事业单位忠县审计中心。机关编制 42 名，在编在岗 39 名，其中行政编制 18 名，参公事业编制 19 名，工勤人员 2 名。

2017 年，忠县审计机关完成审计单位 163 个，其中审计项目 162 个，专项审计调查项目 1 个。审计查出主要问题金额 948721 万元，其中违规金额 188659 万元、损失浪费金额 1182 万元、管理不规范金额 728879 万元；审计发现非金额计量问题 273 个；损益（收支）不实金额 3107 万元；出具审计报告和专项审计调查报告 163 篇，被批示、采用 14 篇。审计处理处罚金额 211525 万元，其中应上缴财政 62908 万元、应减少财政拨款或补贴 66816 万元、应归还原渠道资金 58456 万元、应调账处理 23344 万元；移送司法机关、纪检监察机关和有关部门处理事项 12 件，移送处理人员 23 人，移送处理金额 1501 万元。审计促进整改落实有关问题资金 152440 万元；审计促进拨付资金到位 30119 万元；审计后挽回（避免）损失 18185 万元。核减投资额 19066 万元；移送处理落实事项 10 件。审计提出建议 432 条，被采纳 432 条；促进被审计单位制定、完善规章制度 6 项；提交审计信息 33 篇，被批示、采用 26 篇。审计技能挑战赛获优胜奖，2016 年预算执行及决算编制（草案）审计项目获得市局优秀项目，获得 6 个市局行业优秀项目，先进个人3名。

【政策跟踪审计】 每月开展重大政策措施落实情况跟踪审计，全年主要对涉及面广、资金量大、落实难度大的涉企减负、“放管服”改革、重大项目推进、生态环保及污染防治等方面进行全过程跟踪审计，发现问题86个，提出建议72条，市局采纳45条，相关责任单位积极整改，保障各项重大政策在忠县落地生根。

【固定资产投资审计】 2017年，按审计署和市局要求，结合忠县实际，调整投资审计政策，改变10万元以上必审制度，实行200万元以下建设单位自审、县审计局备案，200万元以上按正规程序审计，重点做好关系全县“双特”发展思路的重大项目审计工作，实现投资审计工作的转型升级。做好投资审计项目“去库存”工作，完成往年度投资审计项目240个。全年完成政府投资项目审计511个，送审金额89381万元，审减15751万元；跟踪审计项目40个，送审金额526154万元，节约政府投资26306万元；复核政府投资审计项目287个，复核审减3315万元。

【经济责任审计】 严格落实五年轮审规划。召开经济责任联席会、审计对象集体见面会。完善经济责任审计综合分析研判制度，县经济责任审计联席会议对年初当年所有经济责任审计项目进行横向纵向对比分析，开展综合研判，归类梳理存在的主要问题及产生原因，对审计对象做出分类处理。县纪委、县委组织部约谈提醒领导干部4名，县审计局约谈提醒领导干部4名。

全年完成21个县管领导干部和5个部门管理领导干部经济责任审计。审计查出管理不规范金额47820万元，违规金额8408万元，其中负直接责任1万元，主管责任484万元，领导责任7923万元。供销社经济责任审计项目发现重大案件线索，移送纪检机关查处副处级干部1名，科级干部1名。

【财政审计】 全年完成2016县级财政预算执行及决算（草案）编制情况审计，2016县地主税收收入暨非税收入征管情况审计，36个一级预算单位部门预算执行审计。财政审计从预算编制、执行、调整、决算、绩效等环节入手，将全口径预算决算纳入审计监督范围，实现全覆盖。利用大数据审计等先进审计技术同步开展36个部门预算执行审计，强化对预算执行与税收、工商和国土等外部数据的关联分析，扩大预算执行审计覆盖面，促进财政资金合理有效地使用，减少损失浪费。审计发现财政政策贯彻执行、政府债务管理、政府采购、专项资金管理使用、财政资金管理、财政决算草案编制等6个方面的违规发放生育津贴、套取专项资金等问题23个，主要问题金额563777万元。全年特别关注财政预算定额的科学性，督促县财政调整定额预算标准。税收审计查出少征税费、未及时申报扣缴个人所得税、少征缴企业所得税等问题，查出少征税992.63万元。

【民生资金（项目）审计】 按市局统一部署，组织城镇保障性安居工程、2016年扶贫资金、亚洲开发银行石柱县项目、2016年度教育重点资金等专项资金的审计及跟踪审计。查出和纠正违规改变资金用途、应缴未缴专项资金、虚报冒领、项目建设管理等违纪违规问题。在遏制违纪行为、促进增收节支的同时，提出加强专项资金管理的建议，得到有关政府领导的批示和有关部门的采纳。

【企业审计】 全年对县通达公司、通瑞公司、融通公司等4个国有企业资产负债情况和损益情况进行审计。审计揭示忠县融资平台公司资产质量不高、现金流量短缺、偿债能力不足以及在管理、核算和内部控制等方面存在的问题，涉及金额295873万元，并提出整改建议，各个企业认真研究整改，有效地防范财政资金的投资风险，促进了国有资产的保值增值。

【内部审计】 按市局和县委、县政府要求，积极推进内部审计工作。县编委会批准5个县级部门和14个重点事业单位增设内部审计科，配备专职审计人员，38个单位和乡镇（街道）加挂或核定内审职责，其余单位建立内审工作机制。建立轮训制度，加强内部审计业务指导。以实战和专业审计培训机构的方式，加强对内审人员培训，组织开展课题研究，提高工作能力与水平。制定内部审计五年轮审规划，实现内部计划统筹管理。建立分析机制，提高内部审计工作质量。建立跟踪机制，完善内部审计结果利用，充分发挥健全内部控制、改善经营管理、提高经济效益等方面的作用。

【审计信息化建设】 2017年，积极响应市局信息化建设要求，努力推进信息化建设。特别是纳入全市16个大数据建设推进县之后，加大信息化建设工作力度，成立信息化建设领导小组，充实大数据分析团队，建立大数据分析室，搭建大数据分析平台，积极落实市局信息化三年计划，审计信息化取得初步成效。县审计局建立各种审计模型500余个，建立分析平台与审计人员互动交换机制，在对县本级预算执行及决算草案审计中，扩大审计覆盖面，同步审计36个部门，推送疑点41162条，核实3800条，查出违规金额78800万元，移送纪检机关和相关部门6人。

【自身建设】 切实履行全面从严治党主体责任，坚持把党建工作融入审计工作全过程。把从严治党工作与业务同部署、同检查、同考核。加强中心组学习，认真开展“两学一做”学习教育常态化制度化建设工作，党组书记、党支部书记讲党课，班子成员、中层干部交流发言，撰写心得体会。积极开展支部活动，开展主题党日活动，召开廉政座谈会3次。制定《落实党风廉政建设“两个责任”清单》，细化明确工作责任，落实个人重大事项报告、信访处理、谈话和诫勉、询问和质询等监督制度。约谈班子成员，签订廉政责任书40份。把控廉政风险点，建立“事前预防、事中控制、事后处理”的廉政风险防控机制。推进能力建设，强化审计干部学习培训，持续提升审计干部职业胜任能力。2017年，机关职工参加审计署、市审计局、南京审计大学和复旦大学等高校专业培训18人次。积极参与上级机关审计项目，吸取审计经验，提升实战能力。加强社会主义核心价值观和审计人员核心价值学习，培养审计人员“实、高、新、严、细”工作作风，努力打造一支信念坚定、业务精通、作风务实、清正廉洁的高素质审计干部队伍。

（张永斌）

统计

【概　况】 忠县统计局位于忠州街道中博大道2号。2017年，机关内设办公室、综合核算科、二三产业科、政策法规科（县统计执法检查大队），辖忠县社会经济调查队、忠县普查中心2个参公事业单位。有编制28名，其中，机关编制8名（含工勤编制1名），参公事业编制20名。实际在岗职工24名，其中，行政6名，工勤1名，参公事业17名。

【统计基础】 根据《忠县统计基础规范化建设五年行动规划（2016—2020年）》，对忠州街道、白公街道、任家镇、花桥镇、白石镇、兴峰乡、金声乡等7个乡镇（街道）开展统计业务工作指导，提供统计基础规范化建设经费保障。加强部门归口统计工作横向交流联系，建立“分工合理、信息共享、协同共进”归口统计体系。坚持“要有数、先入库，要入库、走程序”基本原则，抓实全县符合“四上”

（规模以上工业企业、资质以上建筑房地产企业、限额以上商贸企业、规模以上重点服务业企业）条件企业“应纳尽纳，应统尽统”。

【统计调查】 实施城乡样本五年一轮换工作，完成抽中17个乡镇（街道），30个村级单位300户县级网点和29个乡镇（街道）、70个村级单位770户乡镇网点的有序轮换。指导新抽中的县级网点300户和乡镇网点770户规范记账，为准确获取全县居民收支数据和其他民生数据奠定坚实基础。巩固和加强农业、工业、建筑业、投资、房地产、商贸、人口就业、物价、社会科技、能源环境等28项常规统计工作和规下工业、限额以下商贸、标准以下服务业等22套统计抽样调查网络的运行、维护和管理。开展乡镇及部门综合目标考核、城乡低保、文明城市创建等民意调查项目，切实为县委、县政府及部门提供高效统计调查服务。

【统计改革】 推进行业统计改革，制定印发《忠县统计数据全过程质量管理工作规范》《关于印发行业统计岗位职责的通知》《关于印发行业统计业务工作流程的通知》《行业统计数据质量审核评估办法》等13项办法、方案，细化统计数据全过程质量管理各项工作。做好固定资产投资统计改革试点工作，探索投资项目按照财务支出法填报固定资产投资统计指标的可行性，为建立财务支出法投资项目统计报表制度做好前期准备。深入研究和探索立足国家统计制度要求且符合忠县经济发展实际需要的“三新”（新产业、新业态、新商业模式）统计工作，全面、准确、及时反映忠县“三新”经济在增速换挡、结构优化、动能转换等方面的成效和短板。

【统计执法】 规范统计执法人员管理，全面清理《统计执法检查证》和《重庆市行政执法证》持有情况，将5名业务骨干充实到统计执法队伍中。结合“七五”普法工作，广泛宣传《统计法》《统计法实施条例》《统计违法违纪行为处分规定》等统计法律法规，提升统计人员和企业负责人“知法、懂法、守法、用法”意识。开展统计执法检查，按照“双随机”（随机抽取执法人员和随机抽取检查对象）原则，对全县36个单位开展统计执法检查，重点查处拒报、瞒报、迟报等统计违法行为，批评教育单位4个，查处统计违法案件1件。

【统计服务】 建立统计月度分析调度联席会制度，及时掌握全县经济发展动态，发挥统计预测预警预判功能。印发《统计快报》《统计年鉴》《市、县两会手册》《领导干部手册》等常规统计产品内容，更新“数据忠县”移动终端平台，实现多项指标“智能化”查询，切实发挥统计“参谋部”作用。全年撰写统计分析报告40余篇，完成课题调研12个，《三峡库区乡村旅游产业发展现状及对策》《忠县农业与二三产业融合发展实证研究》《忠县“新经济”发展现状及对策建议》获2017年重庆优秀统计分析三等奖，被县委、县政府主要领导批示16篇次。

【统计普查】 完成第三次全国农业普查工作，组织“两员”（普查指导员、普查员）深入全县366个普查区中的2678个普查小区摸底登记，完成250177户普通农户、1267户规模户、3367户农业经营单位的入户登记、数据录入和上传工作，组织涉农部门对全县数据进行审核评估，严格事后质量抽查，确保数据真实可靠。

推进第四次全国经济普查工作，在全县“四上”企业法人单位开展企业组织结构调查，摸清“四上”企业下属各级控股法人单位总数和各层级单位数，探索研究反映企业整体发展情况的办法。按照厉行节约、精打细算、专款专用、提高资金使用效率原则，科学编制普查经费预算，分年度列入财政预算，切实保证第四次全国经济普查工作顺利开展。

（姚江玥）

工商行政管理

【概　况】 重庆市忠县工商行政管理局位于白公街道白公路9号，是主管忠县市场监管和行政执法工作的行政机构。内设办公室、组织人事科、法规科、财务装备科、非公有制经济组织党建工作科、微型企业发展监督管理科、企业注册登记科、市场监督和消费者权益保护科、商标和广告监督管理科、合同和中介监督管理科、企业信用体系建设管理科、监察室，1个直属经济检查执法大队，下设忠州、红星、新生、乌杨、石宝、汝溪、官坝、白石、拔山、新立、东溪、马灌12个工商行政管理所。有编制128名，其中公务员编制115名、事业编制4名、工勤人员编制9名；在编在岗112名，其中公务员100名、事业编制（消委会）3名、工勤人员9名。

【登记管理】 市场主体登记管理　围绕降低市场准入门槛，激发市场活力，推进注册资本认缴制、"先照后证""十证合一"，放宽住所登记条件，全面开启全程电子化网上登记，清理名称库信息23042条，实现企业核名自主查询申报，实行"审核合一"，登记时间缩短至3个工作日。截至到2017年12月25日，全县新发展市场6976户，完成全年目标的174.40%。其中，内资企业2459户，同比增长63.61%；个体工商户4483户，同比增加32.48%；专业合作社33户；外资企业1户。全程电子化登记设立企业72户。全县市场主体42886户。完善市场主体退出机制，简化个体工商户注销程序，启动企业简易注销网上公告，降低退出成本，开展强制注销（吊销）工作，破解"退出难"问题。截至到2017年12月25日，全县进入强制注销环节个体工商户911户，简易注销企业35户，依法吊销企业117户。

微型企业登记管理　联合县财政局制发《关于做好2017年忠县微型企业提质增效发展奖励申报工作的通知》，细化提质增效发展奖励条件、标准。在全县10个工商所、29个乡镇（街道）和1个公共服务平台设立40个微企创业指导站。全年发展微企1244户，受理提质发展奖励2户，兑现资金10万元；受理后续补助297户365项，兑现资金209.94万元。开展微企发展监管"回头看"专项行动，对1030户享受创业补助的种养殖业、239户享受场地租金补助、26户享受设备补助、91户享受代帐补助的微企及3个微企村、孵化园进行回访，自查自纠规范流程；引导319户停业微企注销，退还财政资金40.1万元，新发展认定县级微型企业孵化平台4个，兑现发展创新创业工作补助76万元；指导32户2016年度在忠县税务机关缴纳税金微企申请退税13.17万元。

【商标注册】 全年新申请注册商标381件，新增注册商标364件，全县注册商标总数3017件。其中，中国驰名商标1件，地理标志商标2件，重庆市著名商标14件，忠县知名商标64件。兑现208户微企商标补助资金41.6万元，指导120户重点企业建立商标管理制度，查处商标侵权案件4件。

新发展广告主体733户，其中广告公司25户，全县累计有广告主体1268户。督导130户重点经营户履行审查义务，完善广告承接审查台账，完成文明城市创建广告规范，检查广告4750块（条），增加LED宣传栏2186块。

【合同中介】 实施"合同帮农"行动，指导全县26家县级农业龙头企业与32个贫困村"联姻"，签订发展辣椒、柑橘等订单合同3788份，合同金额3772.5万元；开展供水、供电及汽车销售维修服务等行业的合同样本检查，督促整改违法违规格式条款13条。新发展中介组织1424户，其中农村经纪人265户，商业咨询企业管理1045户；培训农村经纪执业人员210人次，其中贫困户63人次。

【电子商务和信用体系建设】 全年新发展电商主体 197 户。开展 2017 网络市场监管专项整治，推进线上线下一体化监管，走访电商主体 332 户，新备案网店 110 家；适时更新维护电子商务监管系统建库数据。对失效网站（店）清理出库，新建网站录入数据库，全年清理无效网站 129 个，有效建库网站 43 个，发放电子标识 41 件；查处网络市场违法违章经营行为，全年下达行政告诫书 4 份，立案查处 2 件。

强化信用信息归集应用，推动县政府制发《关于贯彻落实<重庆市企业信用信息管理办法>的通知》，形成“一个平台共享交换、两个系统公示、一份信用报告应用”的信用监管体系。截至到 2017 年 12 月 25 日，归集信用信息 5370 条，提供信用查询 933 户次，出具报告 370 份。

【执法监管】 构建以信用监管为核心的新监管模式，切实维护公平有序的市场秩序。截至到 2017 年 12 月 25 日，向行业主管部门抄送信息 3237 条；落实企业开业回访制度，实地核实新设立企业经营状况，督促连续 6 个月未开业企业进行注销，手续不完备限期整改；引导督促市场主体履行信息公示义务，企业、个体工商户、农民专业合作社年报率分别为 91.15%、64.29%、99.28%，完成 1135 户市场主体“双随机、一公开”综合抽查工作；围绕社会反映的热点问题及突出问题，开展流通领域产品质量、中介服务、非法集资及公用企业限制竞争等领域专项整治，并向互联网、QQ、微信衍生，实现领域全覆盖、监管全方位，行政约谈公用企业、房地产、中介服务类等主体 236 户。全年收集商标、产品质量、商业贿赂等领域情报线索 81 条，其中 77 条被市局认定为有效情报线索；依法立案查处产品质量不合格、商标侵权、红顶中介滥收费等案件 25 件，办结 19 件，其中大要案 1 件。

【消费者权益保护】 积极构建“政府监管、企业自律、社会监督、消费者参与”共治新格局。开展“网络诚信·消费无忧”“3·15”主题宣传 11 场次，发布净水器、空气净化器等商品消费提醒、警示 18 条；编制 2017 年度流通领域商品质量抽查检验商品计划，抽检成品油、服装、家电、通讯产品质量 67 组，完成检测 49 组，依法查处不合格 15 组；开展农资、玩具、“限塑”、节日商品和“3·15”晚会曝光问题专项整治，加强公用企业、汽车、快递等领域合同格式条款监管，纠正霸王条款、消费欺诈 13 条次；畅通投诉举报渠道，开展“消法五进”活动，规范维权服务站点，打造维权“绿色通道”，实行经营者首问和赔偿先付制度。截至到 2017 年 12 月 25 日，全县设置消费维权站 21 个、“12315”联络点 116 个、绿色通道 2 个，接受咨询 600 余人次，受理消费举报投诉 482 件（其中群体性消费纠纷 5 件），处置 482 件，转移案源线索 10 条，挽回经济损失 137.52 万元。

【非公党建】 加强对 28 个非公组织工作指导，做好党建系统日常管理，强化“分类指导、分层管理”，落实“三会一课”“主题党日”制度，创新设立“非公经济党建讲习所”，确保党组织生活正常化、规范化。2017 年，命名县级小微企业、个体工商户党员示范经营户 33 户，推进 1 个四星级、1 个三星级县级示范点创建工作。忠县民协忠州分会党支部、忠县天泉农家乐（微型企业）法人代表李天泉分别被市局命名为非公党建工作示范点和十佳“共产党员明星经营户”。

【自身建设】 出台《微型企业发展监管工作“八不准”》《工商干部职工违规违纪行为处理问责办法》《工商干部职工随意性小微性苗头性问题处置办法》等规章制度，开展商事制度改革、商标发展、执法办案和微企发展监管等领域突出问题的专项整治，落实制度管人管事，确保日常规范运行。将“两学一做”学习教育常态化制度化与学习贯彻党的十九大报告、市工商局“3+1”专项整治行动、县委“解放思想，提升执行力”干部作风建设专项整治行动相结合，贯彻“两个责任”，落实“一岗双责”，推动全面从严治党向基层延伸、向实处拓展。通过“请进来”“走出去”等途径，加强综合素质提升培训教育，深入开展“讲党性、守法纪、比贡献、当标兵”主题活动，推进“党性锻炼”“素能提升”“正风肃纪”“效能建设”四大行动。全年参加总局网络平台学习、专题业务培训、专家授课、外送学习 16 场次 300 人次；邀请重庆工商大学、重庆市高院教授专家开展文明礼仪、执行力、预防职务犯罪等专题培训 5 场次。开展招录调配工作，优化人员配置，明确 1 名新进公务员岗位，交流干部职工 23 人。其中，中层正职平级交流 4 人，降职交流 2 人；中层副职平职交流 6 人；新提任中层正职 1 人，中层副职 4 人；完成公招公务员考察工作 2 名，办理商调人员调动手续 2 名。

（余　钟）

价　格

【概　况】加强价格监测，全县 CPI 控制在 0.8% 以内。查处价格案件 2 件，违法金额 3081 元，办理价格认定案件 116 件。受理群众咨询投诉 83 件，全程跟踪服务公立医院改革、非法码头整治等重点工作。

（胡　军）

劳动管理

【城乡就业服务】 2017 年，全县城镇新增就业 11343 人，城镇登记失业人员就业 5113 人，城镇就业困难人员就业 2118 人，新增创业 5451 人，开展职业技能培训 4126 人，均超额完成年初目标任务。城镇登记失业率控制在 3.4%以内。发放小额担保贷款 1.73 亿元，贴息 842.28 万元。建成“忠县时代创业孵化基地”。开发公益岗位安置就业困难人员就业 1519 名。向市信产（重庆市重点信息产业人力资源有限服务公司）重点企业输送 4700 人。介绍 3164 人实现就业，职业技能鉴定 2711 人，合格率 97.7%。

【劳动者权益保护】 *劳动保障维权* 加强人力资源市场清理整顿等专项检查活动，全年检查人力资源服务机构 21 家、招用工单位 141 家，依法取缔“黑职介”4 家，责令支付拖欠工资 217 万元，督促缴纳社保费用 38 万元；推进用工企业劳动保障守法诚信等级评价工作，将有违法违规的宝狮置业公司等 9 家企业诚信等级评为 C 级，皇华建设公司等 3 家企业评为 B 级；加强“一金三制”落实情况督查，全县在建工程项目 145 个，农民工实名制管理 145 个，占比 100%。开立农民工工资专用账户和实行银行代发各 135 个，占比 93%。农民工工资保证金基本实现应缴尽缴，全年收取 98 个项目保证金 1828 万元，退付保证金 1517 万元，农民工工资保障金余额累计 5217 万元；受理举报投诉案件 137 件，为 1162 名劳动者追讨工资 1777.57 万元，拖欠农民工资的案件数、涉及人数、涉及金额，较上年同期分别下降 27.9%、33.6%、25.5%。

劳动争议调解 加强劳动人事争议调解仲裁工作力度，规范和优化办案流程，深化流动仲裁机制，加强基层调解组织建设，加快调解仲裁管理信息化建设步伐，完善劳动争议案件快立、快调、快审、快结机制，全年受理仲裁申请 145 件，结案 121 件，涉及 145 人次 434.09 万元，调解仲裁实体化和信息化建设快速推进，基层调解组织不断完善。

劳动伤残认定鉴定 全年完成机关企事业单位职工伤残等级鉴定 128 人，办理超龄人员视同缴费年限 61 人，鉴定审批病退 79 人，超龄军人参保

资格和退休审核 33 人。受理并调查核实工伤认定申请 288 件，作出工伤认定 253 件。

来信来访工作　全年办理市长信访专网、国家信访网等交办的各类信访、投诉、咨询等群众书面信访件 181 件，接待群众来访 359 人次，答复率 100%。（刘　城）

质量技术监督管理

【概　况】　忠县质量技术监督局办公地址位于忠州街道红星社区红星路 24 号附 9 号。内设办公室（法制科）（监察室）、行政许可科、质量（标准化）科、计量（认监）科、特监科和执法大队。机关编制 20 名，在编在岗职工 19 名。

【安全监管】　重点产品安全监管　按产品质量安全风险程度，对 5 家工业产品生产许可证获证企业实施差别化监管，巡查率 100%。与县内 5 家企业生产许可证获证企业和 2 家食品相关产品企业签订《产品质量安全生产承诺书》，每季度开展监督巡查率 100%。

特种设备安全监察　与 85 家单位签订《安全工作目标责任书》，落实企业主体责任。邀请市质监局对 500 余名县特种设备监管人员、作业人员开展集中培训，提升特种设备安全管理水平。报县政府批复《2017 年度特种设备现场安全监督检查计划》，检查特种设备使用单位 54 家。建立电梯监管长效机制和应急救援联动机制，组织开展锅炉应急救援演练。开展特种设备“三大攻坚战”和专项整治，核实清理超期未检飘红设备数据 96 条，出动执法人员 667 人次，检查单位 218 家，设备 586 台，发现安全隐患 112 起，下达《特种设备安全监察指令书》52 份，全部整改到位。建立全县 13 家拥有 20 台及以上特种设备使用单位台账，组织对应达标单位进行标准化管理培训，6 家应达标单位达到 A 级、7 家应达标单位达到 B 级。

洞采非煤矿山强检计量器具、机动车安检机构安全监管　抓好洞采非煤矿山强检计量器具巡查，使用的在用强检计量器具检定合格率 100%；开展机动车安检机构安全监管巡查 25 次，督促严格按标准开展检测。

2017 年，实现质监安全监管领域“零事故、零死亡”目标。

【助推发展】　质量提升　学习贯彻《中共中央、国务院关于开展质量提升行动的指导意见》和第二届中国质量（上海）大会精神，召开以研究质量提升、品牌创建等为主题的质量工作部门联席会议 4 次；持续对海螺水泥、神安化工等 18 家企业涉及的 4 类重点产品开展质量提升产品监督抽查，合格率 100%；与县园区管委会签订合作备忘录，涉及质量提升、技术标准等任务 28 项，新增认证证书 14 份；指导 2 家企业导入卓越绩效管理模式，市级 QC 成果 3 个并获优秀奖；聘请专家免费对全县乡镇（街道）、部门及企业管理者开展质量管理知识培训 3 场次。

品牌培育　成立品牌创建帮扶工作组，全方位、多渠道为企业提供“一站式”服务；邀请专家免费对辖区重点企业开展重庆名牌产品申报及质量品牌建设专题培训；对海螺水泥、天地药业创建市长质量管理奖提名奖进行培育；全年创建重庆名牌（知名）产品 7 个，同比增长 75%，位居渝东北片区第一名。

标准引领　开展标准助力质量提升行动，指导云河水电采用国际标准，畅通产品出口渠道；三峡生态鱼获批国家标准化示范区第九批提升项目；创建市级标准化示范项目 2 个；5 家企业完善标准体系，6 家企业产品标准在标准信息公共服务平台公开自我声明；对长帆汽车、世通车检等 6 家企业宣贯强制性国家标准 11 次。完成县行政服务中心行政许可标准化技术保障工作，并通过市级验收。

【服务民生】 完成乡村社区基层医疗机构计量器具免费检定工作，检定机构775家、计量器具2097台（件），并通过市质监局三年综合验收。持续开展"双随机"摇号抽检，依法开展农资、消防产品、建材等执法打假行动，全年无行政复议和行政诉讼。对全县10个农贸市场1182台电子计价秤进行免费检定，220台出租车计价器和22个加油（气）站检定实现全覆盖。对16家涉及旅游区餐馆业计量器具进行检查，维护消费者合法权益。对辖区6家检验检测机构、4家强制性认证获证企业、5家有机产品认证企业开展巡查52次，认证"公信力"和"贡献率"持续提升。推进精准扶贫工作，投入10万元建立脆李扶贫产业基地；慰问黄金镇云丰村贫困户29户，送去慰问金2万余元；解决贫困户子女就业6人。

【自身建设】 全面落实从严治党要求，从安排部署、梳理督查、质量研判及资料归档"四步曲"明确党建工作具体要求，全局干部职工"事业为上、有为有位"思想深入人心，"心往一处想、劲往一处使"氛围形成。2017年5月在全市质监系统作"两学一做"先进做法经验交流发言；4月和11月，分别在认证"双提升"工作会作经验交流发言；7月，3人被表彰为优秀共产党员，1人被表彰为优秀党务工作者，局机关党支部被表彰为先进基层党组织；局领导班子被市局评为2017年度"好班子"；局机关被县委县政府评为2017年度综合目标考评一等奖、党风廉政建设优秀单位和安全生产先进单位。

（伯春平）

安全生产监督管理

【概　况】 忠县安全生产监督管理局位于忠州街道巴王路32号附11号。内设办公室、综合协调科、职业安全监管科、非煤矿山安全监管科、危化烟爆安全监管科，下设执法大队、应急中心2个直属事业单位（其中，执法大队属参公事业单位）。在编在岗职工31人。

2017年，全县发生各类生产安全事故11起，死亡12人，死亡人数控制占市政府安委会下达指标的60%；全县除道路交通、建设施工两个行业发生生产安全事故外，其余22个领域实现零死亡；年内未发生较大安全生产事故，全县安全生产形势稳定可控。

【监管体制与保障】 履行"党政同责、一岗双责、齐抓共管、失职追责"责任体系。县委常委会每半月听取安全生产情况汇报，县政府常委会全年研究安全生产工作13次；各乡镇（街道）及部门坚持"以人为本，安全发展"理念，与经济社会发展各项工作同步规划、同步部署、同步推进，定期研究安全生产工作，决策重大问题；县安委会办公室加强协调、督促和监督检查，全年通报安全生产情况9次，督促工作落实。完成新生街道、白公街道安监办监管能力建设达标创建。县政府划拨安全生产专项资金443万元，用于全县消除公共安全隐患、生产安全应急救援、安全科学技术研究、安全宣传教育培训等，比2016年的400万元增加10.75%。新生街道、白公街道安监办监管能力建设达标创建，新启动复兴镇、东溪镇2个乡镇监管能力建设；推动乡镇（街道）安全监管队伍建设，设立安全监管独立机构，按照一般乡镇3人、较大乡镇5人、特大乡镇（街道）7人标准配齐配强安全监管人员，做到有机构有编制有人员。

【宣传培训】 开展六月安全生产宣传月活动，主题宣讲进企业活动105次；发动职工参与“身边隐患随手拍”活动，拍出安全隐患340条，整改340条，整改率100%。20个重点行业部门开展安全知识“十进”活动；选送50余幅美术书法作品到市参赛，2幅作品获奖；开展“6·16”安全生产宣传咨询日活动，设立用电、用气、消防等宣传咨询台12个，接受群众咨询3000余人次，张贴宣传画3200余张，发放宣传资料60000余份；创作小品《底线》，荣获重庆市第四届“安全伴我行”岗位文艺创作比赛二等奖。协调组织县教委、县公安交巡警大队、县公安消防大队等部门到乡镇（街道）、部门宣讲28场。覆盖党政干部、村居干部和企业负责人3万余人。

全面落实安全培训与业务工作“五同时”要求，做到每月安全培训工作有研究记录、年初有培训安排计划、各类安全培训有部署文件。组织乡镇（街道）安监办、重点安委会成员单位、局全体安监干部参加国家安监总局安全监管监察人员视频培训10期540余人次。建立全县培训考试管理制度，严格按制度加强对培训机构培训工作及考试工作管理。10月28日，在县职教中心组织全县73名非煤矿山企业主要负责人和安全管理人员及658名烟花爆竹经营户主要负责人和安全管理人员考试。狠抓培训专项执法工作，对培训机构每季度执法检查1次，并下达执法检查文书和限期整改指令书。全年培训处罚罚款9.2万元。

【监管执法】 落实“党政同责、一岗双责、齐抓共管、失职追责”工作机制。县安办从相关部门单位抽调工作人员组建安全生产工作督查组，采取随机抽查、调阅资料、询问座谈、问卷调查、跟踪督办和“四不两直”等方法，开展季度常态督查、暗访暗查、重点时段专项督查，并将督查结果用于年度安全考核；从9月份开始对督查发现的问题和负面清单书面报告县委组织部，纳入月度考核。对各乡镇（街道）、行业主管部门轮回督查4次，发出督办函118份，发现安全隐患和管理上的缺陷683条，督促整改683条。

全县29个乡镇（街道）和30个行业部门坚持落实企业“日、周、月”隐患排查制度和三级分类要求，持续开展安全生产大排查大整治行动，全年出动4.18万人次，排查企业和危险场所2.3万个次，排查各类隐患1.7万处，督促整治隐患1.55万处，隐患整治率91.7%。依法制定年度监督检查计划，按照计划和行业安全监管需要，检查2.34万个次企业和危险场所，查出各类事故隐患、违章行为、管理问题4.8万余个；现场纠违促改1.89万个，下达限期整改指令2.25万份；罚款534.2万元，责令停产停业38家，关闭打击非法13家，暂扣吊销证照198个，行政拘留21人，刑事处罚14人，案件移交处理31件。

【应急管理】 加大应急预案登记备案力度，已备案企业83家，其中工贸企业23家、非煤矿山企业42家、危化企业18家，高危行业企业备案率100%。组织应急专家对27家企业应急预案进行评审，指导企业完善修订应急预案。完成县安监局部门综合应急预案和专项应急预案的修订工作。强化应急平台体系建设，加强应急平台数据录入工作。基本实现与市局应急平台互联互通、资源共享。加强“三支队伍”（应急管理、应急指挥、战斗救援）建设，依托县消防大队乌杨中队建立应急指挥官队伍、应急管理队伍、应急救援队伍。全年开展各类应急预案演练68次，参演人数5万余人。

【安全生产整治】 非煤矿山安全整治 全县在册非煤矿山企业42家，其中天然气企业2家、地下开采企业2家、大中型露天矿山企业3家、小型露天矿山企业35家。采取执法检查“三部工作法”和组织专项检查方式实施排查整治，检查非煤矿山企业210家次，下达执法文书450份，排查隐患1050

处，发出整改指令152份，复查企业210家次，并对10家非煤矿山企业违法违规行为分别进行立案查处和现场处理，全年罚款28万元，责令停产停业整治3家。2017年，全县非煤矿山企业未发生亡人生产安全事故。

危化烟爆安全整治 全年检查涉及危险化学品从业单位70家次，排查治理隐患企业70家，排查隐患152处，发出整改指令书70份，到期复查合格70家次，排查覆盖率100%，行政处罚8.4万元。召开烟花爆竹零售经营安全专项整治工作会议43次，检查烟花爆竹零售经营点685家次，参加检查人数239人次，吊销“两关闭”零售点许可证227家，吊销“三严禁”许可证零售点108家，没收烟花爆竹产品1101箱，罚款2.23万元。

【安全管理】 *工商贸安全管理* 2017年，全县有规模以上工贸企业47家，其中机械6家、建材10家、轻工21家、商贸10家，首创5家、复评5家三级标准化达标企业。

专项整治 全年清排路障862处，整治危桥5座，新增设交通标志2216副；367辆“两客一危”车辆和345艘机动渔业船舶安装上线GPS，9家危化与客运企业的773辆车辆安装4G系统；对485辆农村客运车辆安装4G视频监控，在全市率先实现农村客运车辆安装4G视频监控系统；完成宝山煤矿、龙旺煤矿关闭后续安置补偿等工作，忠县整体退出煤炭行业；完成忠县翠竹鞭炮厂转型发展为经营企业；

开展涉尘防爆专项整治、受限空间专项整治、以城郊结合部为重点的工贸行业安全生产大排查大整治大执法专项行动。全年出动检查执法人员360人次，深入69家工贸企业生产现场，查阅安全管理资料和制度，帮助企业及时发现安全隐患及安全管理缺陷，出具现场检查记录69份，下达责令限期整改指令书69份，排查出一般安全隐患376处，行政处罚1.4万元。

职业卫生监管 2017年，全县存在职业危害用人单位128家，从业人员4368人，接触职业危害1720人。76家企业对工作场所进行职业危害因素检测，检测覆盖率60%。全年启动基础建设35家，达标35家。对2014年以来开展基础建设企业进行“回头看”，检查企业18家，达标企业14家，降级企业4家。按照执法“三部曲”检查20家，下达责令整改指令69份，发现问题或隐患217项，提请关闭4家，立案查处7家，实施经济处罚16.7万元。

【事故查处】 汲取垫江高兴红砖厂“2·11”、江北石子山中小学建设工程“3·28”较大坍塌和秀山县宝田金穗锰业有限公司老田锰矿“3·28”较大冒顶等事故及部分全国安全生产事故教训，在非煤矿山、危险化学品、交通、建设等行业领域全面开展安全生产警示教育活动，开展大排查大整治。对县人民医院迁扩建项目三标段“8·25”触电、重庆气矿万州采输气作业区忠县末站“9·3”天然气泄漏等事故，严肃认真对事故原因和事故责任进行调查。全年警告教育80人，行政拘留8人次，追究刑事责任2人，追究行政责任2人，罚款63万元。

【助推发展】 在抓安全监管的同时，切实做好服务企业工作，在矿山、危化行业精简行政审批事项12项，企业办理安全生产行政许可、延期许可等事项快捷畅通。在新建项目选址、设计、办证时，上门为企业提供政策咨询，指导企业准备相关资料，切实为企业排忧解难，做到安全生产行政许可事项限时或提前办结。邀请市政府专家库专家到重庆天地药业有限责任公司、重庆巨琪诺美制药有限公司为企业排查安全隐患4次，衔接市级体检机构对全县65家规模以上企业相关人员进行体检，解决体检难问题。

【扶贫攻坚】 积极推进精准扶贫工作，安排2名机关工作人员，长期驻村开展扶贫工作。对金鸡镇后进村木坊村，牵头协调帮扶集团单位支助资金20余万元，建设村公共服务中心，添置办公室必需硬件设施。局机关党支部与金鸡镇新学村党支部开展结对联建活动，资助资金2万余元，为新学村购买电脑、打印机、便民椅、会议室电子显示屏、空调、文件柜等，切实解决新学村阵地建设困难。大力推进贫困补助政策落实，申报危房改造3户、建成2户，落实低保5户。

【信访维稳】 做好安全生产信访维稳工作，接待到来访群众90余人次，来信6件次，来访38人次，处理群众来信来访安全生产事故投诉事件6起，结案率100%。

（郑晓峰）

食品药品监督管理

【概　况】 重庆市食品药品监督管理局忠县分局位于白公街道白公路1号。内设办公室、综合科、人事财务科、法制监督科、行政审批科、食品生产流通监管科、餐饮监管科、药品监管科、保化品监管科，辖2个直属所（忠州街道食药监管所和白公街道食药监管所）。在编在岗职工55名，其中研究生5名，本科40名，专科10名。

【示范创建】 成立以县长江夏为组长的创建工作领导小组，印发创建实施方案，召开食安委会议对创建任务分解落实，明确责任和时限，协调县财政局增加创建专项经费100万元。组织开展“食品安全宣传周”“我承诺我负责”等活动40场次，发放购物袋、宣传手册等宣传资料10万份，制作公路沿线灯杆广告1000面，张贴食品安全创建标语2万份。集中打造“放心肉菜”示范超市3家，在大型超市建成快检室5个，开展快检6000批次。创建示范乡镇3个、示范社区4个、示范生产加工企业4个、示范农贸市场2个、示范食品销售店14个、示范餐饮店9个、示范食堂22家。

【“四大行动”】 开展食品药品安全风险隐患大排查、大整治、大执法、大督查（简称“四大行动”）。监管排查企业8096户次，覆盖率100%，发现隐患3044起，企业自查风险2734起。县、乡镇（街道）两级开展风险研判574次，重点研判桶装水微生物污染问题、地产白酒产品合格率不高等突出隐患。针对“小灶酒”抽检合格率不高、未经许可非法生产、生产经营场所不符合要求等重点隐患，同公安、畜牧等部门开展联合执法10余次，开展注水牛肉、冻肉市场等系列专项整治12次，约谈企业66家。

【监督管理】 开展网络订餐食品安全、保健食品欺诈和虚假广告、中药提取物、化妆品国产非特殊用途化妆品备案等15项专项整治，查处冷冻食品过期变质、无检验检疫肉制品案件6件，小灶酒虚假宣传、非法添加等案件15件，桶装水铜绿假单孢杆菌超标10件。构建食品药品风险管控体系，建立食品生产企业风险自查报告制度，督促食品生产企业排查风险隐患708起；推行危害分析和关键控制点（HACCP）体系，落实食品生产企业风险管理42家，持证企业风险分级管理、检查覆盖率100%；餐饮服务“三合一”（日常监管、量化分级和风险等级评定）评定2566户，评定率100%；全县地产食品抽检率100%；学校和幼儿园食堂“明厨亮灶”100%，举报投诉群众满意率100%。建设不良反应监测站点72个，完成药品不良反应（ADR）审核上报458例；医疗器械不良事件（MDR）193例，药物滥用73例；化妆品不良反应监测51例。加大违法犯罪处罚力度，全县办理食品药品行政执法案件220件，同比增长36件，增长率19.6%。深化行政执法和刑事司法衔接，牵头制定《行刑衔接工作办法》，成立工作机构，明确执法协作、案件移送等工作制度，与县公安局相互移送案件线索9条，联合侦办黄金镇某村卫生站销售假药等要案6件；县环保局抄送分局协办案件1件，县工商局移送分局9条无证经营线索。全年食品药品安全刑事立案6件，司法判刑4人，刑拘1人，取保候审4人。

【基层建设】 全县29个基层所规范化建设投入使用，实现“机构职责、监管队伍、设施设备、办公环境、管理制度”五个“规范化”，基层监管所独立履行快检、行政审批和监管执法等职能的能力增强。全年基层所快速检测2250组，异常150组，异常发现率6.6%；办理各类案件162件，同比增长27件，增长率24%。乡镇（街道）食安委建设。涵盖农业、畜牧、食药监、工商、公安等职能，县、乡镇（街道）两级行政执法事权清晰、职责明确。监管力量更加充实，按每个乡镇（街道）类别（一般、较大、特大）配备监管干部3—5名；县财政每年投入200万元，配备专职协管员29名、兼职协管员368名。制定统一日常巡查、档案管理等基本制度13项。办公硬环境更加优化，实现外部形象、内部装饰、公用物品、对外宣传设施“四统一”，全县基层所办公场所平均面积100余平方米，每个所快检室平均面积17平方米，按要求将市局配备的设施设备全部划转到位，县财政另为每个基层所配备计算机2台、复印机1台、档案柜2—4个、办公桌椅3—5套，确保满足日常办公等功能需要。

（唐云峰）

行政审批

【概　况】 忠县行政服务中心位于忠州街道巴王路14号。内设综合科、监督科、业务科和基层指导科，下设服务群众工作信息系统指挥中心。机关编制9名，其中行政编制2名，参公事业编制7名，在编在岗10名。

【“放管服”改革】 推进两集中两到位　全县18个主要行政审批部门成立行政审批科，并整体入驻中心，科长为窗口首席代表，部门对其“授权、授责”，启用行政审批专用章，提高现场办结率。2017年，新增窗口2个、工作人员18名，中心总人数115名，其中中层干部27名。2017年，全县行政许可项目332个，入驻中心318个，其中直接办结232项，占项目总数的73%，现场办结率较上年提高40%。

行政许可标准化建设　对照《行政许可标准化指引（2016年版）》，建立行政许可事项、流程、服务、受理场所设置及管理监督检查评价标准体系，制定实施行政许可场所建设和管理规范、行政许可事项管理规范、信息公开服务制度、一次性告知服务制度、首问责任服务制度等31个地方行政许可标准规范。对332个行政许可事项流程图、服务指南进行优化，压缩审批时限，由原法定时限10183天压缩至4836.5天承诺时限，压缩率52.5%。优化设置中心功能区，完善标识标牌、电子显示屏、触摸屏、监控摄像头、多媒体互动终端、高拍仪和叫号机等设施设备。

建设领域并联审批　会同县发改委、县建委等部门，开展建设领域并联审批，初步建立并联审批流程图、实施方案（包括建立审批服务首问负责制、规范中介管理等）。建设领域审批事项中，政府投资项目建设工程审批服务基本流程办理时限压缩至82个工作日，企业投资项目建设工程审批服务基本流程备案类、核准类办理时限分别压缩至60个工作日和75个工作日以内。

2017年，中心受理事项107932件，较上年增加10360件，办结率99.98%；市网审平台受理事项47007件，办结46819件（准予许可46571件，不予许可 248 件），办结率 99.6%。

【基层政务服务】 常态督查 29 个乡镇（街道）公共服务中心运行情况，督导 6 个乡镇完成公共服务中心迁建。在新生街道公共服务中心、汝溪镇公共服务中心、忠州街道中博社区便民服务中心开展服务标准化试点基础上，指导全县 29 个乡镇（街道）公共服务中心、368 个村（社区）便民服务中心全面推行标准化工作。推进乡镇网上行政审批试点工作，将下放到乡镇（街道）的 11 个许可项目全部进入市网审平台，汝溪镇、双桂镇和新立镇进入试运行。

【“群工系统”运行】 坚持半月通报、月分析、季度民调专报制度，全年下发半月通报 24 期，月分析综述 12 期，季度通报 4 期，通报受理办理不规范事项 20 次及 19 个平台受理、网上反映零办件的村（社区），表扬乡镇典型事例 40 件。完善受理事项抽查倒查机制，采取乡镇（街道）每季度按 50% 的比例电话倒查与指挥中心抽查相结合的方式。全年“群工系统”平台受理群众反映事项 9000 件，办结 8908 件，办结率 99%，办结评价率 98%，满意和基本满意率 98%；受理网上反映事项 9329 件，村（社区）直接办结 6437 件，转上级办理 2875 件。

（张卢萍）

非公有制经济

私营企业

【概　况】 至2017年底，忠县有外资企业14户，内资企业（相对外资而言）10451户，其中私营企业9852户、内资企业（相对私营企业而言）599户；农民专业合作社709户；新增外资企业1户，内资企业2531户，其中新增私营企业2512户、内资企业19户；新增农民专业合作社34户。全县享受财政补助资金微企3873户10218.18万元，享受创业补助资金微企3092户9147.68万元，享受后扶补助781户1070.51万元。 （余　钟）

个体工商户

【概　况】 2017年，全县新发展个体工商户4527户，个体工商户总数累计31810户。 （余　钟）

科学技术

综　述

【概　况】 2017年，忠县围绕“1123”发展思路，大力实施创新驱动发展，推进技术创新与成果转化，全年新增高新技术企业6家、县级企业研发平台2家，新增高新技术产品28件，组织申报科技计划项目75个，派遣科技特派员120名；全年申请专利1120件，查处侵权假冒专利案64件，维护了知识产权权利人合法权益及社会公共利益，为全县经济社会发展提供了强有力的科技支撑。

忠县科学技术委员会位于忠州街道中博大道2号，内设办公室、科技管理科、科技服务科、知识产权科，下设忠县生态文明科普基地管理中心（挂忠县科技金融服务中心牌子）。机关行政编制7名，事业编制5名，在编在岗12名。

科技宣传

【概　况】 科技活动周期间，全县各部门、各单位、各企业组织创新、创业、科技成果展板56块，搭建科普知识宣传台22个，向市民发放防灾减灾、农业科技、生活卫生、创新创业政策、消防等科普知识书籍2000册和咨询资料10000余份。组织相关部门、单位科技特派员深入乡镇开展科技赶场送科技下乡惠农服务活动，接受科技咨询3000余人次，发放科技资料、科技图书、科普知识挂历等20000余份，到养殖、种植企业实地调研诊断15户，帮助解决技术难题12项。

科技创新

【概　况】 创新生态优化　县委、县政府先后出台《关于鼓励企业加大研发投入推动产业转型升级发展的实施意见》《忠县关于深化改革扩大开放加快实施创新驱动发展战略实施意见》《忠县关于发展众创空间推进大众创业万众创新实施意见》《忠县关于鼓励支持创新主体培育实施意见》《忠县知识产权及科技成果奖励扶持办法》《忠县创业种子投资基金管理办法（试行）》《忠县创业种子投资基金投资决策委员会议事规则》《忠县关于建立创新驱动联席会议制度的通知》等相关文件，为全面创新营造良好氛围。县委、县政府安排600万元财政资金与市科委共同组建1000万元创业种子投资引导基金。县委、县政府设立1000万元科技创新资金和5000万元的产业股权引导投资基金，用于科技型企业培育和挂牌上市、科研成果资助、新产品开发、新技术攻关、试验示范、推广应用以及专利购买、孵化器和创新载体建设等。2017年，全县用于鼓励支持个人和企业开展技术创新资金近450万元。

创新资源汇集　2017年，忠县利用1.1亿元产业股权引导投资基金撬动组建股权投资基金3只，共计35亿元，其中重庆曲速无限投资基金管理有限公司在忠县组建3亿元股权投资基金，深圳市鼎力盛合投资管理有限公司在忠县组建2亿元股权投资基金，上海皓精投资管理有限公司在忠县组建15亿元的绿色科创基金和15亿元的股权并购投资基金。全县拥有各类专业技术人才11813名，企业管理人才5796名，技能人才14120名，农村实用人才29568名，社会工作人才2800名；2017年新引进人才150余名，新引进研究生、博士生20名。湘南农业的紫苏综合开发利用及产业化示范推广项目、圣沛农业的柑橘皮渣生物肥养分提升及低难度制备技术研究与推广应用项目、创锐生态农业的果桑新品种引进示范与推广项目获批。国际竹腾中心忠县分中心、中科院成都山地研究所忠县博士工作站、中国香港皓天国际控股集团绿色能源产业科创中心、大唐网络重庆忠县电子竞技孵化中心等研发机构和孵化机构在忠县建立和运营，大唐网络、天天电竞、数海集团、竞牛科技、合普新能源、深圳三昇源科技、阳光电源等一大批高成长性企业落户忠县。

创新实力增强　至2017年底，全县建立起企业技术研发机构14家，其中国家级技术研发中心1家（中国柑橘工程技术研究中心）、市级技术研发中心5家（重庆三峡柑橘技术中心、重庆云河水电制造行业技术中心、天地药业技术研发中心、忠县国家农业科技园区柑橘产学研协同创新服务中心、长帆工程技术研究中心）、县级技术研发中心8家（天地药业技术研发中心、皇华种业农作物研究所、忠州酒业技术研发中心、三峡水电技术研发中心、忠县农产品商值化开发利用工程技术中心、经济型纯电动汽车技术研发中心、云河发电工程技术研究中心、忠县新型建材研发中心），占全县规上工业企业的19.2%，规上工业企业研发投入同比增长35.0%。全县申报高新技术企业6家，累计达到9家（天地药业、云河水电、三峡水电、翔银电器、聚威节能建材、瑞竹纤维、庆之都建材、巨琪诺美制药、南泰电子），申报高成长性企业2家（瑞竹纤维、庆之都建材），高新技术产品28件，科创板挂牌企业3家（翔银电器、庆之都建材、瑞竹纤维）；全县科技型企业累计40家，成功创建重庆名牌23件，重庆知名产品15个，动植物新品种认定2件，云河水电等3家企业获得5项市级QC优秀奖，海螺水泥、天地药业等4家企业纳入市长质量管理奖提名奖培育，聚融建设等3家企业荣获县长质量管理奖；瑞竹植物纤维制品公司竹纤维环保餐具系列产品获2017年中国食品包装行业“科技创新”奖，已通过美标和欧标产品认证；忠味堂食品获中国首届特色旅游商品大赛铜奖；忠州腐乳被授予“中华著名特产”“中国名牌”“中华老字号”称号，派森百橙汁、西厢阁粮油等企业产品获“重庆名牌农产品”荣誉称号。全县拥有自主知识产权核心技术的企业累计30家，占县规上工业企业的45.0%以上；全县共申请专利1028件，同比增长125.9%，其中申请发明专利87件，同比增长81.3%，专利授权195件（其中发明专利6件、同比增长100.0%），有效发明专利31件（其中企业占19件）。形成以大型山水实景演绎《烽烟三国》的文旅产业、以电子竞技游戏比赛的电竞产业、以推动柑橘实现线上线下跨区域交易的全国柑橘交易中心互联网产业、以中国香港五洲国际打造的商贸流通物流产业等新兴产业。

成果转化

【概　况】　至2017年底，全县拥有自主知识产权核心技术的企业累计30家，占全县规上工业企业30%以上。全县申请各类专利1120家，同比增涨113.74%；专利授权215件，有效发明专利30件，同比增长57.98%。

促进产业发展　派森百橙汁、圣沛农业、主流生物与西南大学开展校企合作，实施柑橘皮渣无害化处理科技攻关。“甜橙高效生产技术体系集成创新与产业化应用”“重庆市柑橘产业数字化精准管理系统研究与示范”等科技成果落地转化，为全县经济社会发展提供有力支撑。

促进经济转型升级　2017年，云河水电自主创新生产的成套水轮发电机组产品出口越南、老挝等15个国家和地区，出口率70%以上。天地药业自主生产的所有产品均通过国家GMP认证，美罗培南原料药出口印度尼西亚、古巴等国家和地区，头孢西丁钠在全国市场占有率15%以上。

助推生态文明建设　忠县与中科院成都山地所深入合作，推进“紫色土坡地细沟侵蚀防治技术”“坡式梯地经济植物篱技术”“坡耕地立体种植与农业施肥优化减控”“柑橘果园无公害生态管理”等技术运用，申报专利30多件，在国内外发表论文90余篇。

促进民生改善　2017年，忠县人民医院、忠县中医院等开展科技攻关，应用新技术10余项，取得科技成果26项。

科技服务

【概　况】　创新创业信息服务平台逐渐形成　2017年，全县建成微型企业创业街、园、基地和微企村等孵化平台11个，众创空间4家；发展市场企业主体2322家，其中微型企业1209家，发放创业担保贷款1.05亿元，扶持创业人员980人，带动就业4000余人。在2017年举办的第二届创新创业大赛中，17个创业团队中7个创业团队获得优胜，其中5个创业团队通过申请获取县创业投资基金无息贷款190万元。

新型多元化农技服务推广体系基本形成　围绕全县产业发展，大力开展科技试验示范、新品种新技术引进与应用。在全县建立起国家级科技园区2个（国家农业科技园区和国家水土保持科技示范园）、专家大院4个（柑橘专家大院、生猪养殖专家大院、蔬菜专家大院、渔苗专家大院），其中市级科技专家大院2个（柑橘科技专家大院、生猪科技专家大院）；建设县级科技示范基地5个（竹笋、伊拉兔、食用菌、非转基因大豆、蔬菜）、乡镇科技示范片29个、现代农业示范企业16家，培育农业科技示范户1200余户，引进农林牧渔新品种80个、新技术91项；聘请市级专家开展骨干产业培训4次，培训新型农民实用技术500人次，开展田间指导、院坝技术培训5000多人次。

多渠道产学研合作体系基本建成　与浙江大学、西南大学、重庆大学、中国农业科学院柑橘研究所建立良好合作关系，鼓励支持企业与高校、科研院所建立产业技术创新联盟。2017年，全县选派科技特派员121名，其中从市级科研院所、高等院校引进聘请40名国家“三区”人才和市级科技特派员到忠县服务产业发展。（李正巧）

防震救灾

【概　况】　2017年，忠县防震减灾工作以党的十九大精神为指导，按照习近平总书记关于防灾减灾救灾工作“两坚持三转变”的工作要求，坚持以防为主、防抗救相结合，突出灾前预防，重视风险防范，强化综合治理，全县防震减灾综合能力不断提高。

【震灾预防】　2017年，成立地质灾害防治领导小组，印发《忠县汛期地质灾害防治年度方案》和《忠县突发性地质灾害应急预案》，建立“四重”网格地质灾害防治体系，开展汛期“三查”，强化应急值守，增强部门协作，确保忠县地质灾害防治工作有序开展。利用“5·12”防震减灾日、“6·25”土地宣传日活动，向监测人和责任人广泛宣传防震减灾、抗震设防、应急管理等知识，召开培训会30余场次7000余人次，发放资料2.6万份。应急处置地灾点43个，应急撤离765户2165人。全年开展地质灾害防灾救灾应急综合演练1次，组织乡镇（街道）开展单点防灾救灾应急简易演练963次。

【地灾治理】　2017年，全县查明地质灾害点953处，位于库区的有592处，非库区有361处，其中滑坡742处，危岩20处，不稳定斜坡161处，地面坍塌29处，塌岸1处，共危及2万余户6余万人。2017年，全县实施地质灾害工程治理项目16个，累计完成投资1.18亿元，其中石宝镇雄心滑坡、白石岩危岩等7个三峡后续地质灾害治理工程通过市县级验收，东溪镇老院子滑坡、火烧坝滑坡等8个县级地质灾害治理项目通过县级验收。争取三峡后续地质灾害治理项目5个（老屋院子滑坡、罗高居民区滑坡、翁家岩滑坡、崔家岩滑坡和苏家污水处理厂危岩治理工程）8000万元；争取部级地质灾害治理项目2个（白石场镇治理工程和野鹤场镇治理工程4000余万元。实施地质灾害"金土工程"搬迁避让231户797人。（冯智峰）

气象

【概　况】 忠县气象局位于忠州街道香山二路18号。内设办公室（法规科）、防灾减灾科，下设气象台（观测站）、气象服务中心2个直属事业单位。人员编制9人，在编在岗8人。

【气象灾害】 "4·9"暴雨　4月8日上午，忠县出现雷雨天气，截至到10日13时，全县普降大到暴雨，过程最大雨量出现在野鹤新场（143.5毫米），最大小时雨量29.0毫米（野鹤新场）。降雨造成汝溪、野鹤、官坝、马灌、黄金、新立等21个乡镇不同程度受灾，受灾人口3761人，因灾伤病1人，紧急转移安置70人，需紧急生活救助1人；农作物受灾485公顷，绝收149公顷，耕地损坏45公顷，因灾死亡大牲畜2头；倒塌房屋78间38户，严重损坏房屋102间59户，一般损坏房屋156间87户；造成直接经济损失989万元。降雨造成兴峰、官坝、汝溪、野鹤等19个乡镇出现不同程度滑坡，多处道路被毁或掩埋，基础设施损失478万元。

"5·11"暴雨　5月10日夜间出现雷雨天气，截至11日14时，全县普降暴雨，其中汝溪、三汇、白石、黄金等4个乡镇的8个雨量站达到大暴雨，过程最大雨量出现在汝溪白庙（110.3毫米）。截至到12日下午5时40分，白石、兴峰、汝溪、复兴、新立、马灌等20个乡镇、9850人不同程度受灾，因灾死亡1人，紧急转移安置138人，需紧急生活救助24人；农作物受灾934公顷，绝收263公顷，耕地损坏58公顷；倒塌房屋71间45户，严重损坏房屋80间44户；直接经济损失2481万元，其中农业损失624万元，基础设施损失1065万元，公益设施损失127万元，家庭财产损失665万元。

"6·4"暴雨　6月3日上午出现降雨天气，截至到5日08时全县普降暴雨，过程最大雨量出现在野鹤新场（96.1毫米）。截至到6日11时，兴峰、永丰、金鸡、三汇、官坝、金声等11个乡镇出现灾情，造成1109人受灾，紧急转移安置34人；农作物受灾151公顷，成灾94公顷，绝收14公顷；倒塌房屋17间8户，严重损坏房屋17间10户；直接经济损失245万元，其中农业损失91万元，基础设施损失75万元，公益设施损失3万元，家庭财产损失76万元。洪涝灾害造成官坝镇新华村1组出现滑坡，20米公路被掩埋并严重损毁，直接经济损失近30万元。

"6·24"暴雨　6月23日夜间出现雷雨天气，截至到24日20时全县普降大到暴雨，其中城区、任家、石宝、复兴、汝溪、磨子、乌杨、善广、涂井、三汇、新生、野鹤、金声、兴峰14个乡镇的17个雨量站达暴雨，最大雨量出现在石子（113.6毫米），达大暴雨；最大小时雨强出现在汝溪马尔坝（47.8毫米）。截至到26日13时，任家、乌杨、石宝、汝溪、白公、善广等17个乡镇出现灾情，造成3270人受灾，紧急转移安置82人，需紧急生活救助13人，需过渡性生活救助18人；农作物受灾183公顷，成灾125公顷，绝收58.2公顷，毁坏耕地2.6公顷；倒塌房屋71间45户，严重损坏房屋54间24户，一般损坏房屋70间33户；直接经济损失599.2万元，其中农业损失189万元，工矿企业损失3万元，基础设施损失191.2万元，家庭财产损失216万元。

“7·7”暴雨　7月5日夜间出现强降雨天气，截至到7日16时全县普降大到暴雨，黄金、涂井、野鹤、汝溪、石宝等5个乡镇的7个雨量站达到大暴雨，最大累计降雨量出现在野鹤新场（144.0毫米），最大小时雨强出现在石宝（39.7毫米）。截至到7月10日10时，野鹤、汝溪、兴峰、官坝、石宝、涂井等12个乡镇、18212人不同程度受灾，紧急转移安置74人，需紧急生活救助13人，需过渡性生活救助7人；农作物受灾1040公顷，成灾660公顷，绝收163公顷，损坏耕地22公顷；倒塌房屋25间15户，严重损坏房屋30间17户，一般损坏房屋25间22户；直接经济损失1395.713万元，其中农业损失505万元，基础设施损失679万元，公益设施损失79万元，家庭财产损失132.7万元。

“9·2”暴雨　8月31日夜间出现降雨天气，截至到9月3日07时，全县普降大到暴雨，其中任家中河（101.8毫米）达大暴雨，最大累计降雨量出现在黄金大岭（136.4毫米），最大小时雨强出现在涂井沙河（35.3毫米）。截至到5日17时，金鸡、洋渡、石子、拔山等10个乡镇出现灾情，造成4577人受灾，紧急转移安置16人；农作物受灾457公顷，成灾296公顷，绝收17公顷；倒塌房屋6间5户，严重损坏房屋9间5户，一般损坏房屋9间7户；直接经济损失559.3万元，其中农业损失475万元，基础设施损失62.2万元，公益设施损失7万元，家庭财产损失15.1万元。

“9·10”暴雨　9月9日凌晨出现降雨天气，截至到10日15时，全县普降暴雨，野鹤新场达大暴雨，过程最大降雨量出现在新场（107.2毫米），最大小时雨强出现在东溪华兴（33.1毫米）。截至到11日17时，汝溪、乌杨、石宝、拔山等21个乡镇出现灾情，造成8114人受灾，紧急转移安置10人，农作物受灾593公顷，成灾210公顷，绝收71公顷；倒塌房屋5间5户，严重损坏房屋7间5户，一般损坏房屋54间31户；直接经济损失592.5万元，其中农业损失221.2万元，基础设施损失233.4万元，公益设施损失8万元，家庭财产损失129.9万元。

“10·4”暴雨　10月2日夜间出现明显降雨天气，截至到5日07时，全县普降大到暴雨，马灌、金鸡、花桥、石黄、新立和官坝等乡镇9个雨量站达大暴雨，15个乡镇的25个雨量站累计雨量100.0毫米以上，最大累计雨量金鸡的蜂水（180.8毫米），最大小时雨强新立的中岭（19.0毫米/小时）。截至到10月7日下午3时，花桥、兴峰、金声、石黄、马灌、新立、任家等15个乡镇出现灾情，造成全县7692人受灾，因灾死亡2人，紧急转移安置258人，需紧急生活救助19人，农作物受灾546公顷，成灾429公顷，绝收30公顷；倒塌房屋19户、41间，严重损坏房屋21户、47间，一般损坏房屋32户、83间；直接经济损失1355万元，其中农业损失376万元，工矿企业损失25万元，基础设施损失712万元，公益设施损失43万元，家庭财产损失199万元。

【气象服务】　利用突发事件预警信息发布平台、气象服务站、手机信息、电视、显示屏等方式开展系列服务。通过电子显示屏、网站、突发事件预警信息发布平台、QQ群、微博等渠道，向县委、县政府和各乡镇（街道）及群众发布各类气象信息396期；利用忠县突发事件预警信息发布平台发送暴雨、雷电、高温等气象预警手机短信422条，覆盖人群160万余人次。全年发布农业气象情报43期、农业气象预报11期、农业气象服务专报21期（春耕春播、夏收夏种、秋收秋种）、农业气象专题服务2期。天气预报综合成绩在全市各区县排名第一，最高、最低气温预报准确率分别为81%和98%，分别均位居全市第三名和第一名，准确预报“5·11”

“6·4”“6·24”“7·7”“8·8”“9·2”“9·10”等7次全县暴雨天气过程。

【防灾减灾科普宣传】 参加忠县“全面落实企业安全生产主体责任”为主题的安全生产宣传咨询日活动。开展“3·23”世界气象日、“5·12”防灾减灾日、气象科技活动周宣传活动。通过遍布全县各乡镇（街道）、村社的420余块电子显示屏发送安全生产大排查大整治大执法宣传标语8条，微信公众号“忠县气象”发布安全生产标语12期。联合县法院、县运管所、中国农业银行忠县支行等部门，为金鸡中学、马灌中学、官坝中学开展为期2天的“法律知识进校园”活动。（周 燕）

社会科学

综 述

【概　况】 2017年，以“国际档案日”、三月法治宣传月、“12·4”国家宪法日等为载体，广泛开展档案法制宣传，集中对全县乡镇（街道）、县级部门分管领导及具体工作人员组织培训，推进全县精准扶贫档案、农村土地承包经营权确权登记颁证档案工作。对全县5个乡镇、12个县级部门及村（社区）档案开展档案行政执法和专项督查。全年接收20个单位的档案1290卷45785件，完成国家重点档案文件级目录数据采集及开放鉴定 23367 条。2017年末，全县实有立档单位299个。县档案馆存有全宗258个，馆藏档案127263卷473736件，馆藏资料1572册。

坚持“为党立言、为政存绩、为民立传、为史留鉴”工作宗旨，围绕县委、县政府中心工作，深化拓展史志编纂工作。编纂出版《忠县党的群众路线教育实践活动纪实》《忠县工作概览（2016）》《忠州人物》（第一、二卷）3部，深入各乡镇（街道）、部门、社区开展党史宣传教育，征集相关党史资料10余万字，为部门、乡镇、学校、社区赠送党史书籍500册。编纂出版《忠县年鉴（2016）》《忠县志·统一战线志（1919—2015）》《忠县志·安全生产监督管理志（1949—2014）》3部，协助县人大、县政协编纂出版《忠县人大志（2000—2016）》《忠县政协志（1999—2016）》2部，审验《忠县饶氏族谱》《忠县黄氏通谱》和《忠县许氏族谱》3部。完成《中国影像志·忠县篇》拍摄脚本及《五彩忠州唱大风》撰写工作。

档案管理

【概　况】 忠县档案局（馆）位于忠州街道大桥路4号，内设办公室、业务监督指导科、收集保管利用科、信息技术科。人员编制12人，设局（馆）长1名、副局（馆）长1名、科长4名，在编在岗11人。

【法制宣传】 以6月9日“国际档案日”为载体，开展“档案——我们的共同记忆”为主题的集中宣传系列活动。结合三月法治宣传月、“12·4”国家宪法日等活动载体，广泛开展档案法制宣传。推进政府信息公开，每月按时在政府政务信息网发布5条以上的工作动态，大力宣传档案事业。

【业务监督指导】 集中对全县所有乡镇（街道）、县级部门的档案分管领导及档案具体工作人员组织培训1次；与县扶贫办联合开展精准扶贫档案工作培训，送培档案业务人员市内外培训2期10余人次；到忠州街道、善广乡、金鸡镇等乡镇（街道）开展“上门培训服务”。

5月2—11日，与县委县政府督查室组成档案工作专项督查组，对2017年有档案移交县综合档案馆任务的单位（5个乡镇和12个县级部门）、村（社区）档案开展档案行政执法和专项督查。会同县移民局对洪凯培训学校、好能手培训学校、布泽培训学校等10余家培训机构的三峡后续移民培训项目，忠县三峡水库消落区保留保护项目（一期）组织验收；与县扶贫办联合印发《关于做好精准扶贫档案收集整理有关工作的通知》《进一步明确精准扶贫档案工作有关事项的通知》等文件，部署全县精准扶贫档案工作，对全县29个乡镇（街道）和社区的精准扶贫档案工作组织跟踪督促指导，保障精准扶贫档案整理质量。指导推进农村土地承包经营权确权登记颁证档案工作。

【收集保管利用】 召开进馆单位参加档案培训会，接收县委办、县政府办、县文化委、三汇镇、石黄镇、复兴镇等20个单位的档案1290卷45785件，征集《野语之声》《黎元诗歌》《黄昏颂》《忠县统计年鉴》《忠县黄氏通谱》各1册。完成国家重点档案文件级目录数据采集及开放鉴定23367条。开辟专门场所，接收并提供政府公开信息查阅服务，坚持执行公休日查档预约登记制度；制定《安全事件应急预案》，加强库房电路检查，保障档案库房用电安全；检查监控摄像头，确保档案库房监控无死角；定期对档案库房投放驱虫药物、做好库房的卫生管理、防虫、防鼠等“九防”工作，确保档案库房绝对安全。全年档案馆提供档案查阅利用14365卷次、电子档案9789件次，接待查阅利用者6052人次。

【档案信息化】 完成全部馆藏档案数字化87万页，并通过市级验收。新增进馆实体档案同步移交电子副本，移交率100%。当年鉴定开放的档案目录及时上网。

【新馆建设】 档案馆新馆建设完成项目立项、规划选址、土地初审、地质评估和设计招标，正开展方案设计工作。（刘继会）

党史研究

【概　况】 忠县党史研究与地方志编纂办公室（简称忠县史志办公室）位于忠州街道中博大道2号县行政中心东区二楼，内设综合科、党史科、方志科，机关编制6人，在岗7人。

【党史编研】 编纂出版《忠县党的群众路线教育实践活动纪实》。全书分列“大事记、活动概况、领导讲话、工作汇报、理论文章、建章立制、重要文存、附录”八部分，60万字，图片56幅，全面记述忠县党的群众路线教育实践活动情况及取得的成果。

编纂出版《忠县工作概览（2016）》。全书分列“县委、县政府、县人大、县政协、县领导讲话、人事任命”六部分，83万字，全面反映2016年县委、县政府带领全县人民在统筹推进“五位一体”总体布局和协调推进“四个全面”战略布局中的重大工作部署和取得的成绩。

编纂出版《忠州人物》（第一、二卷）。全书记载从巴蔓子“刎首留城”至2017年9月期间，忠县知名人物的基本情况。其中，第一卷通过古代人物、近代人物、革命烈士、革命志士、抗战将士、其他参加革命的人物、先进模范人物、创业人士、科技人物、教育人物、医卫人物、文艺体人物、军界人物、方外人物、附录等类别，收录人物260名；第二卷集中收录忠县历届县委、县人大、县政府、县政协等领导干部、忠县籍在外工作中的副厅级及以上党政人物220名。该书是忠县首次以人物专卷的形式记载忠县各类知名人物的书籍。

按照市委党史研究室“五个一”工作部署，编纂完成《中国共产党重庆历史大事记》（忠县卷）初稿。

【党史宣传教育】 忠县地方党史学习宣传教育认真学习习近平总书记关于党史国史论述等系列讲话精神和中国共产党史、忠县地方党史，并认真开展讨论。以学习贯彻中共十八届四中五中全会、中共十九大、市第四次党代会、县委十三届三次全委会精神、庆“七一”纪念活动为契机，深入各乡镇（街道）、部门、社区及党校讲堂，对党员干部群众作党史宣讲报告 15 场，其中，通过党校讲堂，对新提拔领导干部和新进公务员培训 4 场，培训人员 350 余人。到州屏社区上专题党课 1 场，培训人员 200 余人，组织全县党员干部参加党史知识竞赛，党员干部受到一次学党史再教育。与忠县文物局联合在忠州博物馆开展党史陈列布展工作，组织征集相关党史资料 10 万余字，图片 50 余幅。利用县政协委员到县史志办公室视察之机，给政协委员讲解县情和忠县地方党史。

党史宣传资料征订　通过组织全县各基层党组织征订《中国共产党重庆历史・第二卷》《红岩春秋》共计 108 本，扩大党史学习覆盖面，带动全县各级党员干部学习党史知识的积极性和自觉性。

开展送党史下乡活动　全年为部门、乡镇、学校、社区赠送党史书籍 500 册。

【党史资料征集】　全年收集《中国共产党重庆历史大事记》（忠县卷）、《忠州人物》等党史资料 100 余万字，图片 300 余幅。

地方志编纂

【概　况】　2017 年，狠抓部门志、乡镇志、族谱等地情资料编纂工作，先后制发《关于印发<忠县年鉴 2016）>（编纂方案的通知》《关于规范<忠县年鉴（2016）>相关材料的通知》等规范性文件，宣传贯彻落实《全国地方志事业发展纲要（2015—2020）》，推进全县地方志工作。

【年鉴编纂】　编纂出版《忠县年鉴（2016）》，设“大事记、特载、概况、政治、经济、社会事业、乡镇、人物、艺文、文献”10 个类目，图片 166 幅，共计 51 万字，该书全面客观地反映 2016 年度全县党的建设及经济社会发展所取得的成就，为年度存史的重要资料。

【志书编纂】　编纂出版《忠县志・统一战线志（1919—2015）》，全书 10 篇、28 章、94 节，120 万字，图片 124 幅。该书全面、准确、完整地记述忠县各个历史时期统一战线发展历程，为全市首部编纂出版统一战线的书籍。

编纂出版《忠县志・安全生产监督管理志（1949—2014）》，全书 8 篇、19 章、62 节，78 万字，图片 104 幅。该书全面系统记述解放以来忠县安全生产工作发展历程，是了解全县安全生产发展史、查阅利用安全生产工作资料的权威性志书。

协助县人大、县政协编纂出版《忠县人大志（2000—2016）》《忠县政协志（1999—2016）》。其中，《忠县人大志（2000—2016）》5 篇、18 章、71 节，65 万字，图片 189 幅；《忠县政协志（1999—2016）》5 篇、17 章、46 节，40 万字，图片 153 幅。

编纂完成《忠县志・地方税务志（2005—2016）》《忠县志・交通志（1918—2016）》初稿。

完成《重庆市志》忠县部分资料长篇编纂任务，包括忠县沿革、自然资源、风土人情、文化遗产、风景名胜、名优产品等，报市地方志办公室统一编纂；完成《中国共产党重庆组织工作志》《重庆市农业农村工作志》忠县部分资料长篇上报工作。

启动《忠县志・农业农村工作志（1918—2016）》编纂工作。

【家谱族谱审验】　全年完成《忠县饶氏族谱》《忠县黄氏通谱》《忠县许氏族谱》审验工作。截至到 2017 年底，累计审定家谱族谱 61 部。

【地情资料利用】　按照市地方志办公室关于推荐大型纪录片《中国影像志》采访拍摄资料通知要求，启动《中国影像志・忠县篇》前期拍摄筹备工作，完成拍摄脚本《五彩忠州唱大风》撰写工作，并分别上报市地方志办公室和重庆电视台。

（毛世国）

教育

综述

【概　况】 2017年，忠县教育围绕“库区教育高地、重庆教育强县”定位，推进义务教育发展基本均衡县创建、全国县级文明城市创建、全县教育工作会等重点工作，全县教育工作取得长足进步。县委、县政府组织召开全县教育工作会，印发《中共忠县县委忠县人民政府关于加快建设库区教育高地重庆教育强县的决定》(忠县委发〔2017〕12号)，配套重大项目实施清单，计划总投资约50亿元，分5年和8年“两步走”推动教育主要指标达到全市领先水平；县教委荣获全国青少年普法教育活动“先进单位”、全国“五好小公民”读书活动先进集体等荣誉，忠县中学作为库区唯一代表入选首届全国文明校园，拔山小学获评“中国关心下一代教育示范基地”。

至2017年底，全县有各级各类学校231所，比上年减少5所，下降2.11%；在校学生137018人，比上年减少804人，下降0.58%；有教职工8486人，比上年增加107人，增长1.28%。全县学校占地241.3万平方米，比上年增加0.3万平方米，增长0.12%；校舍建筑面积143.9万平方米，比上年增加1.9万平方米，增长1.34%。全年教育经费总收入141426万元，比上年减少10934万元，下降7.16%；总支出141426万元，比上年减少10934万元，下降7.16%。忠县教育委员会位于忠州街道红星路42号。内设办公室、组织干部科、人事科、教育科（县语言文字办公室）、财务科、审计科、规划建设科、安稳科、职成教科、体卫艺科、教育工会，机关编制26名，在编在岗20名。新增县纪委驻县教委纪检组，配组长1名，副组长2名。有直属事业单位7个：人事档案中心、招生办、电大站、教科所、教育信息技术与装备中心、后勤管理中心、资助中心。事业编制68名，在编在岗55名。

2017年忠县教育事业情况

表21　　　　单位：所、人

	学校数	毕业生数	招生数	在校生数	教职工数	
					计	其中专任教师
总计	231	33577	36368	137018	8486	7535
中等职业教育	2	621	1002	2524	159	124
普通高中	8	6087	6390	18024	2029	1926
普通初中	17	8297	10444	27904	1280	1209
普通小学	100	10531	8013	65532	3873	3697
特殊教育	1	28	38	234	37	34
学前教育	103	8013	10481	22800	1108	545

注：此表数据包含民办教育，数据来源于《2017～2018年学年初忠县教育事业统计综合报表》

2017 年忠县办学条件情况

表22 单位：万平方米、万册、亿元、万 GB、台

	占地面积	校舍面积		运动场地面积	固定资产值		图书		教学用计算机
		计	其中教学行政用房		计	其中教学仪器设备值	计	其中电子图书	
总计	241.3	143.9	61.06	80.56	13.17	1.92	199.48	64.34	12601
中职教育	11.9	6.3	2.93	1.85	1.11	0.29	3.46	0.05	700
普通高中	51.5	36.3	14.1	21.59	3.81	0.48	59.63	21.31	1967
普通初中	35.5	24.4	7.5	13.06	1.85	0.27	31.7	11.89	1648
普通小学	129.5	66.8	29.2	39.58	6.4	0.88	95.36	29.65	7286
特殊教育	1	0.6	0.3	0.5			0.34	0.1	
学前教育	11.9	9.5	7.03	3.98			8.99	1.34	

注：此表数据不包含民办教育，数据来源于《2017～2018 年学年初忠县教育事业统计综合报表》

2017 年忠县教育经费与办学水平情况

表23 单位：万元、元、%、人、年

类别	数量	类别	数量
教育经费总收入	141426	每万人口在园幼儿数	229
其中：国家财政性教育经费	138207	每万人口在校小学生数	659
社会捐、集资办学经费	547	每万人口在校初中生数	280
事业收入	2671	每万人口在校高中阶段学生数	185
教育经费总支出	141426	学前三年毛入园率	89.20%
其中：事业性经费支出	139274	小学适龄人口入学率	100%
基本建设投资项目支出	2152	初中适龄人口入学率	100%
财政预算内教育经费支出占财政支出的比例	21.72%	高中阶段教育入学率	95.50%
政府教育财政拨款的增长与财政经常性收入的增长比例	−1.49%	小学毕业生升入初中比例	100%
小学生均预算内教育事业费	7894.25	初中毕业生升入高中阶段教育比例	95.50%
初中生均预算内教育事业费	12466.09	教育人口占总人口的比例	41.50%
普通高中生均预算内教育事业费	6908.74	人均受教育年限	9.80
中等职业学校生均预算内教育事业费	9698.49		
小学生均预算内公用经费	2685.24		
初中生均预算内公用经费	2819.38		
普通高中生均预算内公用经费	1823.62		
中等职业学校生均预算内公用经费	4077.72		

注：此表数据不包含民办教育，数据来源于《2017 年全国教育经费统计报表》

各类教育发展

【学前教育】 2017年，全县新增民办幼儿园2所、新增普惠性幼儿园4所，公、民办幼儿园普惠率98.8%。设置以片区为单位学前教育教研共同体13个，开展教研活动20余次，培训教师1500余人次。接受联合国儿基会专家对“爱生幼儿园”项目进行中期评估，接待联合国儿基会“爱生幼儿园”项目中国香港访问团到忠县考察；组织23名幼儿园园长参加岗位任职资格培训、65名保育员参加“幼儿园保育员国家职业资格证书”考核培训，25名园长参加提高培训，400余名教师参加《3—6岁儿童学习发展指南》培训。

【特殊教育】 2017年，全县有417名残疾儿童少年接受义务教育，其中县特殊教育学校在校学生234名，普通学校随班就读156名，送教上门27名。全年各校累计提供送教上门服务250次。强化特殊教育经费保障，残疾学生公用经费按6000元/人·年拨付，并优先享受各类国家教育资助。加强人文关怀，县委书记赖蛟，县委常委、宣传部部长王建琼等领导多次到县特殊教育学校慰问师生。改善办学条件，县特殊教育学校增设多感官教学室、四方互动平台、律动室、语训室、感统室、游戏室等专业教学室，缝纫室、美发室、面点室、烹饪室等职业培训室；升级改造学术报告厅、学生宿舍、学生食堂。

【义务教育】 大力促进义务教育均衡发展，3月29—30日，接受市政府教育督导室对忠县义务教育均衡发展综合督导问题整改专项核查；11月14日迎接市级专家调研；11月29—30日，接受国家督导评估认定，国家督导专家组认为忠县达到国家规定的义务教育发展基本均衡县督导评估认定标准。义务教育阶段招生工作严格执行“划片招生、免试就近入学”政策，制定优质生源管理实施方案，跨区域招生、盲目招生、强挖生源、优质生源外流现象明显减少，中小学大班额现象在起始年级得到有效控制。组织重庆市农村中小学领雁工程专家8次入校指导工作，对项目学校进行指导，组织汝溪小学、新立小学、官坝中学100余名教师外出学习。

【普通高中教育】 提高高中教育质量，组织高三学生诊断性考试3次，为高考打下基础；通过召开全县高中教育工作座谈会、高中毕业班期中工作会、高三复习报告会等会议及时了解全县高中教育情况，推动高中教育稳步向前；提升高中教师素质，开展高考九门学科教师常规全员培训，聘请知名专家对全县高2018届数学、英语、化学、历史老师开展全员提升培训。科学分配600万元高考质量奖，激发广大教师工作积极性。完善高考考场设置，投入70余万元，为高考考点更换LED同步计时时钟和4G信号手机屏蔽仪、金属探测器、身份证真伪识别仪等设备设施；启动新学业水平标准化考点建设，涉及5个考点128个考场。2017年，全县5737人参加高考，上线5678人，上线率98.97%；本科上线3318人，上线率57.84%；重本上线1302人，重本上线率22.69%。

【中等职业教育】 2017年，全县中等职业教育招收新生1005人，中职学校在校学生人数持续增长。忠县职教中心产教融合项目中央补助到位，项目征地有序推进；重庆市中等职业教育示范校创建工作有序推进。县职教中心学生参加“全国中职学生技能大赛”获三等奖；县职教中心教师参加2017年“奇瑞新能源杯”全国职业院校汽车专业教师能力大赛分别获得汽车涂装项目和汽车维修项目二等奖。县职教中心148人参加对口高职考试，上线率100%，本科上线率74.32%，2名学生分获全市土建、汽车专业第一名。

【成人教育】 2017年，组织实施高等教育自学考试2次，257人次报名，涉及666科次，办理自学考试毕业证书1人。组织实施成人高校招生考试1次，93人报名，其中高起专17人，高起本3人，专升本76人。重庆广播电视大学忠县工作站开展成人教育本科、专科学历教育培训，全年招收学员450人，选配专职教师6人，兼职教师15人。县职教中心承担县移民局三峡库区移民培训、下岗失业人员培训、新型职业农民培训、退役士兵培训等成人培训，累计培训40000人次。倡导全民终身学习，忠县获评中国成人教育协会“2017年全民终身学习活动周优秀组织奖”，乌杨小学阎光禄被市教委表彰为“百姓学习之星”。

【民办教育】 严格按照《民办教育促进法》，新审批民办培训机构1所，准予各类民办学校办学事项变更8项。联合县工商局对45家民办非学历教育培训机构、各类教育培训主体开展市场督查。开展民办学校年检，重点检查办学行为是否规范、设施设备是否安全、招生广告是否真实等，下达整改通知书40份，整改合格率95%，5所民办学校被确定为年检不合格。开展民办教育改革与发展调研工作，发放调查问卷300余份，撰写忠县民办教育调研报告。

教育管理

【概 况】 2017年，围绕“库区教育高地、重庆教育强县”定位，全面落实县第十四次党代会和历次全委会对教育工作的各项部署，狠抓项目落实，着力解决人民群众关心的热点难点问题，充分运用考核、表彰、教育、制度、督办等行政手段，激发广大干部职工的干事创业热情和改革创新活力，共同凝聚起推动忠县教育改革发展的磅礴力量。

【党的建设】 按照“六学”要求，开展“三讲一分享”活动。组织中心组学习13次，邀请党的十九大代表、重庆特殊教育中心校长李龙梅到忠县教育系统宣讲党的十九大精神，邀请县委宣传部专家为全县学校校长和机关职工宣讲十八届六中全会精神；对基层党组织书记开展为期3天的专题培训；组织开展《中国共产党廉洁自律准则》《中国共产党纪律处分条例》网上知识测试、“3+X”主题党日活动；组建党的十九大精神“进校园”宣讲队，深入学校宣讲106场，受众7万余人次。加强基层党组织建设，印发《教育系统基层党组织工作活动规范》《忠县中小学校党组织建设暂行规定》；完成112所公办学校和直属单位党组织关系整体划转，建立完善1900余名党员基本信息台帐，对174所民办学校、培训机构党组织进行详细摸底；全年发展党员15名，党员转正14名。开展党建活动，开展文明校园创建活动、“廉洁家风”“文明家风”代代传活动、党员示范岗责任区创建活动、党员教师“送温暖、送教育、送亲情”活动、学校支部与村（居）委结对联建活动。撰写报送党建网评文章，1篇被“共产党员网”采用，1篇被中组部评为优秀网评，1篇被市委组织部评为优秀网评。

【基本建设】 全年审批维修项目246个，投资5337万元。其中，投资667万元，改造7所学校围墙5853平方米；投资896万元，实施11所学校堡坎排危1538立方米；投资2645万元，维修97所学校校舍30695平方米；投资320万元，硬化9所学校操场5932平方米；投资678万元，改建23所学校厕所5428平方米；投资131万元，改建8所学校学生食堂1434平方米。重大、重点项目总投资18270万元，其中重大项目投资10280万元，新建校舍40132平方米；重点项目投资7990万元，新建校舍29549平方米、运动场16532平方米。

【教育督导评估】 加强督学责任区建设，印发《忠县教育督导责任区建设实施方案》(忠教督〔2017〕20号)《忠县责任区督学工作规则(试行)》(忠教督〔2017〕21号)《忠县督学责任区责任督学履行职责考核办法(试行)》(忠教督〔2017〕22号),3月5日—20日,分3批组织相关人员到重庆市教科院参加第五期责任督学培训,提升队伍专业化能力和水平;开展学校春秋两季开学工作督导检查,面向全县中小学开展校教育信息技术与装备、教育民生、中小学体育工作、学校安全稳定、教学改革、幼儿园规范办园行为专项督导;开展全县中小学经常性督导评估工作,重点对学校功能室建设、食堂食品安全卫生管理、宿舍教室办公室建设、校园文化环境建设以及均衡发展档案资料等方面进行督导;完成面向全县所有民办中小学、幼儿园首轮教育督导评估,下达整改通知书100余份,整改落实率90%。落实教育质量监测,组织开展春秋两季学业水平质量监测、音乐体育美术学科技能监测、基础教育质量监测调查问卷、监测数据统计分析工作,发布2016年秋季、2017年春季《基础教育质量监测报告》;开展学生综合素质评价工作;起草《忠县全方位质量监测方案》。

【队伍建设】 优化教师队伍结构。面向社会公开招聘教师112名,招聘特岗教师39名、全科教师28名、免费师范生10名,到高校选招教师46名,县外引进教师33名,县内调出教育系统23名,调到县外53名,解聘(辞职)38名,农村学校间调动62名,城区学校间调动17名,城区缺编学校从农村学校遴选79名。组建共青团忠县教育工作委员会,建立领导机构;新提拔校长7名,副校长16名,县管学校中层干部45名;交流校长5名,副校长5名,完成62所学校干部回访及汇总。开展教师培训,组织新教师培训1034人次,小学、初中、高中教师学科全员培训4918人次,学校教育管理干部培训1535人次,儿基会项目培训562人次,推荐153名中小学教师和中小学校长参加脱产研修、短期集中培训、网络研修等培训。印发《忠县名师名校名校长实施方案》《忠县名师名校名校长评选管理办法》《关于开展学科带头人、骨干教师、教学能手、教坛新秀评选工作的通知》,举办首届忠县校长论坛。30名教师获县委、县政府表彰,70名教师获县人社局和县委教育工委联合表彰;2名干部被县委、县政府评为教育"行业工匠";2名教师被表彰为县"三八红旗手标兵",12名教师被表彰为县"三八红旗手",2名教师被表彰为"双特"巾帼建功标兵;拔山中学校长杨寿江被表彰为重庆市"先进工作者";忠县教育工会女工委被重庆市妇女联合会表彰为"巾帼文明岗"。教育工委专题研究党风廉政建设和反腐败工作12次,查找教育系统廉政风险点200余个,全年给予党纪政纪处分16人次。

【教育科研】 深化兼职教研,聘请高2017、2018届九门高考学科36名兼职教研员充实教育科研队伍;开展联盟教研,将全县中小学分成12个片区,各片区累计开展联盟教研活动72次,举办讲座108场;承办重庆市中学语文教研员工作会暨语文学科核心素养培训会、重庆市高三语文复习研讨会暨高中语文课程创新基地展示活动、区域地理教法学法研讨会等市级教研活动;组织开展义务教育《道德与法治》《语文》《历史》等学科的国家级网络教研培训。组织开展县级"教学大比武",评出中小学19个学科一等奖94名,二等奖100名;组织开展忠县第五届中小学群文阅读县级赛课,评出中小学一等奖13名;组织开展忠县2017年"学生资助感恩和诚信教育班(团)队活动课"赛课,评出一等奖26名,二等奖38名。组织全县教师参加市教科院年度论文评选,105人获一等奖,210人获二等奖;组织教师参加市级赛课,7人获一等奖,14人获二等奖;组织教师参加"重庆市第三届中学语文教师现场论文大赛",4人获一等奖,6人获二等奖;组织教师制作优课上报参评,获市级优课97节,部级优课39节。《区域推进现代教育品位学校建设实践研究》成功申报重庆市教育科学“十三五”规划2017年度课题；重庆市教育学会第八届（2015—2017年）基础教育科研立项的15个课题结题；9所学校参加全国教育信息技术研究课题，6所学校参加创客教育交流展示活动。拟定《忠县全面深化义务教育课程改革实施意见》《忠县中小学校本课程建设的指导意见》《忠县名师对象的选拔、培养和考核办法》《忠县名师工作室建设实施方案》《忠县高中选课走班制教学实施初步意见》。

【教育装备与信息化建设】 2017年，配置“班班通”设备365套，六大功能室多媒体教学设备555套；新增计算机教室139间，计算机6857台；安装无线网络信息点近1000个，保证每间教室、办公室有2个以上的信息点。全县小学初中实验室配齐率，音乐、体育、美术、卫生、科技、劳技等六大功能室配齐率，图书室配齐率均为100%；小学生均图书17册，初中26册，黑板无尘化率95%；小学百生计算机11.3台，中学9.9台。推进“智慧校园”建设，设立忠县中学、忠州中学、实验小学、忠州二小、忠州三小5所“智慧校园”试点校，忠县中学申报的国家级课题《基于智慧校园环境下教学模式创新与研究》获准立项；创新教育信息化运维机制，由县财政统筹资金解决数字校园定点维修维护、平安校园监控维修维护、忠县教育系统网络安全综合治理及安全服务，确保数字校园正常运行。开展教师信息技术应用能力提升网络培训，中小学功能室分管领导、劳技、科技教师技能培训，学校图书管理员业务培训，教育装备管理平台使用培训。开展科技创新实践活动，组织学生参加重庆市第一届中小学智力运动会，获市级一等奖12个、二等奖18个、三等奖20个，4所学校获“优秀组织奖”；组织学生参加重庆市第十八届全国中小学电脑制作活动、第十五届全国中小学信息技术创新与实践活动（NOC），获一等奖7个，二等奖4个，三等奖3个。承办教育部组织的第53期“一师一优课，一课一名师”在线会客室，互动留言和收看终端数均创历史新高。组织学校参加教育信息化竞赛活动，“教学点数字教育资源全覆盖项目”资源应用优秀案例获市级一等奖4个，二等奖2个，三等奖4个；组织学生参加重庆市中小学创客教育交流展示活动，获市级一等奖1个，二等奖2个，三等奖3个；组织学生参加第二十一届全国教育教学信息化大奖赛，获得论文类一等奖19个，二等奖30个，三等奖34个。

【学校德育】 强化师德建设，更换学校少先队辅导员9名，选派县职教中心、马灌中学团委书记，实验小学、香山小学少先队辅导员参加市级团队干部培训，乌杨小学秦红映、涂井中学曹娟、忠县中学熊晓波等3名老师被评为市级优秀班主任。落实生态文明和环保宣传“进学校”工作，每学年开展不少于12课时环境教育，将生态环保教育融入各学科教学；组织开展“世界地球日”“世界环境日”等系列生态环境保护宣传活动、3月植树节活动，组织城区小学开展第二届“生命之水”科普教育活动和第四届生态文明知识竞赛活动，免费发放知识读本和实验器材；组织开展河长制宣传工作，提高中小学生环境保护意识。弘扬雷锋精神，3月，组织全县各中小学开展“学雷锋”志愿服务活动。参与重大活动服务，组织中学生志愿者参加2017长江三峡国际马拉松和2017CMEG电竞比赛总决赛志愿服务活动。铭记革命先烈，组织城区中小学生代表到忠县革命烈士纪念碑参加“我们的节日·清明”纪念活动。组织学生参加“寄语重庆直辖二十周年低碳环保·从我做起”书信绘画大赛、第二届知网杯“我爱重庆”少儿数字阅读知识竞赛、“世界粮食日”和“爱粮节粮”宣传周启动仪式、全国青少年五好小公民“阳光校园·我们是好伙伴”和“中华魂”（辉煌与梦想）主题教育读书活动、青少年党史国史教育活动、世界华人作文大赛等活动，100

余名学生获等级奖。拔山小学叶力华、忠州二小李佳璐获“重庆市百名美德少年”荣誉称号。推进中学共青团和少先队改革，指导各小学成立教职工团支部，组织全县各中学团委书记和小学少先队辅导员参加团县委举办的 2017 年度团干部综合能力提升培训。加强学生健康教育，3 月，集中开展预防流行病和传染病教育，提高普及师生预防疾病的知识和能力；积极参与创建国家食品安全示范城市活动，提升学校食品卫生管理水平；实验小学、石宝小学、顺溪小学、汝溪小学、忠州二小、香山小学、忠州幼儿园、特殊教育学校、高洞小学、石宝中学、㽏井中学等 11 所学校被评为忠县卫生示范学校，实验小学、石宝小学、顺溪小学被评为市级卫生示范学校。

【体育艺术与科技教育】 以体育活动增强学生身体素质，开展中学生排球运动会、中小学校园足球联赛、“中博杯”忠县第七届儿童运动会、中学生篮球运动会等体育活动，促进学生加强体育锻炼；以艺术活动提高学生美育素养，开展“忠县 2017 年中小学艺术展演暨中博爱心捐助”活动、忠县中小学“课堂器乐”视频展评、中小学生校园集体舞视频展评、中小学班级合唱视频展评和中小学艺术实践工作坊展评活动，实验小学、马灌中学、拔山中学被市教委确定为美育改革实验学校。加强科技教育，拔山中学丁宁、忠州中学郭艳晨、忠县中学潘虹宇荣获科技创新县长奖，忠县中学叶絮雷、冉李澳娜、实验小学张晋睿荣获科技创新县长提名奖；在第 32 届重庆市青少年科技创新大赛中，忠州中学刘馨之、谭金欣发明的作品《直线起点禁行安全斑马线》荣获创新发明一等奖，作品《地下隐蔽垃圾箱》荣获优秀创意项目奖。

【惠民工程】 不断完善学生资助体系，基本实现学生资助“三个全覆盖”，即从学前教育到大学教育所有学段全覆盖，公民办学校全覆盖，家庭经济困难学生全覆盖。成立忠县教育扶贫专项资金，2017 年春季起，每年投入 2000 万元，对忠县籍在校就读的学前教育到高等教育阶段家庭经济困难学生差缺的就学费用进行全部或部分兜底资助。提高学生营养改善计划补助标准，从 2017 年春季学期起，每年投入近 6000 万元，实施学生营养改善计划。加强资助宣传，创新开展学生新资助体系十周年宣传活动，通过资助征文大赛、公益广告大赛、节目展演等活动，让教育资助政策深入人心。忠县职教中心学生吴林香入选“国家中等职业教育资助育人百名成长典型”，其优秀事迹在《人民日报》刊发。教育部全国资助中心微信公众平台推文介绍忠县学生资助工作的创新经验和做法；忠县学生资助中心受邀在全国省级学生资助工作培训班上交流学生资助宣传工作经验；忠县资助管理中心被重庆市教委、国家开发银行重庆分行评为 2016 年生源地助学贷款先进集体。2017 年，落实学前教育、义务教育、普通高中教育、中职教育、大学新生等项目家庭经济困难学生资助 725447 人次，涉及资金 17124.13 万元（包括大学生生源地信用助学贷款）。其中，建卡贫困户学生享受资助 41595 人次，资金 3374.62 万元。 （冉 俊）

文 化

综 述

【概 况】 全县文化旅游工作以新形势下文化旅游业大发展、大繁荣为契机，不断加快文化服务公共体系建设，努力繁荣文化市场；挖掘和打造县旅游资源，努力推进全县文化、旅游事业健康协调发展。2017年，全县公共图书馆藏书16.28万册，较上年增加2.8万册。乡镇（街道）综合文化站29个，农家书屋337个。全年组织文化活动110次。全县广播人口覆盖率99.15%，电视人口覆盖率99.2%。全年接待旅游人数479.11万人次，增长33.5%；旅游综合收入16.23亿元，增长58.2%。

群众文化

【概 况】 忠县文化委员会办公地址位于忠州街道大桥路10号附1号。内设办公室、财务统计科、产业发展科、公共文化管理科、旅游规划管理科、旅游市场促进科、体育科、传媒管理科、新闻出版科、安全监督管理科、行政审批科。机关编制20名，在编在岗20名，其中行政编制18名，工勤人员2名。

【公共文化服务】 规范化建设乡镇（街道）综合文化服务中心29个，建成村（社区）综合文化服务中心102个，新建农村文化中心户80户，建成县城居住小区文化活动室20个，创建的小区文化工程成功申报为国家公共文化服务示范项目。数字图书馆、移动图书馆投入运行，开通24小时自助图书馆。建成县文化馆图书馆总分馆制服务体系，实施图书借阅“一卡通”，实现城乡电子阅览室全覆盖。县文化馆年接待免费开放人数12万人次；县图书馆年接待读者10万余人次，书刊借阅13万册次；放映惠民电影7120余场，观影人数356万余人次；利用公共文化物联网服务平台为基层百姓群众免费提供文艺演出、文艺辅导、文化展览、文化讲座1634场次，服务群众36万余人次，实现“百姓点单、政府提供”的文化惠民服务。

忠县香山小学校获评重庆市“全民阅读示范单位”荣誉称号，东溪镇钟溪村冯荣华获评“全国农家书屋优秀管理员”荣誉称号。开展“我的书屋我的梦”暑期青少年儿童阅读征文、“最美朗读者”、全民阅读启动仪式等一定规模的读书活动10次。

【群众文化活动】 开展健康向上的群众文化活动，举办“忠县2017年春节文艺晚会”“文化进万家·欢乐贺新春”系列春节群众文化活动，全年举办综合文艺演出6场、书画展览6场、文化惠民服务活动4场、民间民俗文艺展演2场，部分乡镇结合本土特色文化，开展文艺演出、龙狮舞表演、送春联福字等活动50余场次。举办“梦想社区·幸福家园”第二届忠县社区文化节、第六届忠县歌手大赛、“寻找最美朗读者”诵读活动等大型文艺比赛活动。承办“心系国防、爱国拥军”国防教育专题文艺演出，开展“梦想公益赶场天”惠民演出活动7场次，组织“拥抱新时代、践行新思想、实现新作为——把中共十九大精神落实在忠州大地上”进基层巡演活动20场次，实施“我们的节日—端午、七夕、中秋”系列传统文化活动及“戏曲进校园”文化活动。开展“城乡文化互动”送演出进基层活动，县级5支专业文艺团队分别到各乡镇（街道）演出58场次。实施政府向社会力量购买公共演出服务工作，组织县内13支民间文艺团队开展流动文化进村进社区演出1065场；开展“渝州大舞台”城乡文化互动工程暨2017年送演出基层活动30场次。

【表彰奖励】

先进集体

国家部委表彰奖励项目

表24

获奖单位	授奖单位	奖项名称	授奖时间
忠县老年人体育协会	国家体育总局	2013—2016年度全国群众体育先进单位	2017.8

（张 琪）

文 物

【概 况】 忠县文物局（忠州博物馆）办公地址位于白公街道白公路28号，为县文化委举办的正科级事业单位，内设办公室、财务科、宣教科、安全保卫科、文物保护科、藏品修复科、陈列展览科、石宝寨管理处、白公祠管理处。事业编制50名，在编在岗37名，其中专业技术人员31名，工勤人员6名。

【文物保护管理】 耗资9.4万元，完成全县29个乡镇（街道）261处未定级文物古建筑挂牌登记保护工作。完成2017年文物安全目标责任书签订。对全县1046处不可移动文物开展安全排查，排查整改文物安全隐患9处、突出隐患6处。完成忠州老城区7处古井泉普查工作。

发掘东溪龙洞涯墓群，发掘面积1200平方米，出土器物180件；发掘洋渡临江二队冶锌遗址、坪上商周遗址面积2000平方米，出土器物500件，被列为2017年重庆市六大重要考古发现；开展乌杨工业园区地下文物抢救发掘工作，发现南宋双室石墓1座，明代墓24座，发掘面积1600余平方米，出土仿宋青瓷、白瓷等38件陪葬物品。向国家、市、县争取各类文物保护专项资金736万元，完成两河廊桥、龚家大院、新生秦作模大院抢救性修缮，完成修复保护馆藏文物290件。

完成三峡后续已批复项目自查工作和项目审计稽查问题整改。完成秦家上祠堂基础信息采集和绩效评价。完成2019年度三峡后续文化遗产保护实施项目库报送工作，将皇华城遗址考古发掘项目纳入2019年项目库清单。推进巴王庙、陈一伟民居的复建工作。

【景区管理】 2017年，石宝寨景区接待游客约50万人次，旅游门票收入1200万元；白公祠景区接待游客约5万人次，旅游门票收入22万元。基础建设稳步推进，配套设施不断完善。投资321万元，实施石宝寨危岩治理、寨楼日常保养、防雷工程、安防工程、更换江上明珠牌坊等工程；在景区安装逃生指示牌100块，配置残疾人厕所扶手，更换灭火器、灭火箱218个，增设游客大型太阳伞、消防水带、逃生箱57个。在景区及博物馆围挡张贴宣传画100余块，制作展板20余块。强化安全监管力度，开展“日周月”和汛期安全隐患排查专项整治工作，定期组织安全生产应急演练。在石宝寨和白公祠开展文物古建筑消防演练实战培训，防范火灾安全事故发生。利用白公祠爱国主义教育基地，全年接待市县委党校培训班40余次。

【忠州博物馆】 完成博物馆暖通、安防、景观、布展装修等工程建设。询价博物馆展陈多媒体非标部分，严格控制工程造价。博物馆630千伏安变压器完建投用。将博物馆展陈内容分送市委党史研究室、县委宣传部、县史志办、县民政局和县档案局审定。评选出忠州博物馆10件镇馆之宝。语音导览、微信导览、官方网站、微信公众号、网上预约参观通过审核。藏品智能管理AR展示系统完成。博物馆安置房峻工验收并交付使用。

（周利琼）

文化市场与产业

【文化艺术合作交流】 创作打造一批思想性、艺术性、观赏性俱佳的精品力作，推动忠县文化建设繁荣发展，编创广场舞《筷子舞》参加第五届重庆市社区文化节获三等奖；选送摄影作品《重庆民间艺术之星孙照云》组照参加重庆市第五届巴渝民间艺术节民俗摄影大赛获三等奖；选送摄影作品《百家姓·百姓家》组照参加2017第七届重庆市摄影艺术展览获银奖；选送摄影作品《采摘猕猴桃》参加第四届“仁山智·水胜境江池”暨“生态效益农业”摄影大赛荣获一等奖；选送30件作品参加重庆市第十八届美术书法摄影展，其中17件优秀作品获入围奖，摄影作品《工地建设者》获三等奖。组织“喜迎十九大”主题文艺作品创作比赛，征集到文学作品32件，评选一二三等奖20件。

【文化产业】 2017年，全县有文化企业415家，其中网吧（咖）54家、文艺演出团队130家、歌舞娱乐场所20家、电影放映企业2家、出版物经营企业（户）74家、印刷企业12家、打字复印101家、广告传媒6家、各类艺术培训机构17家。纳入文化产业统计范畴的“三上”企业8家，其中规模以上工业1家、限额以上批零业2家、限额以上服务业5家。全年文化产业实现增加值3.81亿元，占GDP比重1.4%。策划组织第二届重庆文化惠民消费季忠县“引导文化消费，丰富百姓生活”主题活动，组织60家县内优秀文化企业加入重庆文化企业消费联盟；组团参加第六届重庆文化产业博览会，扩大和培育潜在文化消费市场，推动经济社会繁荣发展。

【文化市场】 以“扫黄打非”为重点，开展“护苗2017”“净网2017”“清源2017”“平安2017”“秋风2017”“固边2017”行动，集中专项整治网吧、出版市场和互联网视听节目。全年出动市场巡查、执法检查1052人次，检查各类文化市场经营场所263户次，受理举报21件，查处6家次。结合日常安全检查，重点抓好重大节假日及十九大等重要时间节点期间网吧、歌舞娱乐场、景区安全等专项整治工作，停业整顿1家次，关闭不符合消防安全的网吧5家。

（张 琪）

出版管理

【概　况】 2017年，全县有印刷企业12家，从业人员63人，打字复印店101家，新增新闻出版零售等经营户15家，出版物发行单位74家，从业人员273人。

（张 琪）

广播电视

【概　况】 忠县广播电视台位于忠州街道北门街1号。内设办公室、总编室、新闻中心、广播中心、社教中心、技播中心、新媒体中心、广告部。机关编制32名，在编在岗29名。

2017年，全县广播人口覆盖率99.15%，电视综合人口覆盖率99.2%，有线电视入户率45.8%。县广播电视台被重庆广电集团（总台）表彰为2017年度电视节目交流先进集体、知识产权保护先进集体，党组书记、台长王光中被重庆广电集团（总台）表彰为2017年度知识产权保护优秀台长，台长助理、总编室主任倪红艳被重庆广电集团（总台）表彰为2017年度电视节目交流先进个人。

【电视栏目】 2017年，忠县广播电视台开设《忠县新闻》《新闻周刊》《新闻会客厅》《走遍忠州》《唱响忠州》《忠州大舞台》6个电视栏目。全年制作播出《忠县新闻》新闻综合类节目240期、《新闻周刊》电视新闻杂志栏目70期、《新闻会客厅》电视访谈节目67期、《走遍忠州》纪实类栏目12期、《唱响忠州》文艺类栏目15期、《忠州大舞台》文艺类栏目4期。

【外宣工作】 2017年，在《重庆新闻联播》、重庆手机台播发新闻305条。在中央电视台《朝闻天下》《新闻直播间》等栏目播发新闻8条。选送4件作品参加重庆市2016年度区县广播电视好新闻奖评选，全部获奖。其中，《80高龄爱情不老 迟到的婚礼献给军嫂》获“重庆市区县广播电视好新闻电视消息一等奖”“重庆市广播电视优秀作品电视消息二等奖”“第二十届重庆新闻奖”三等奖，《陕西老人突发疾病忠县各方紧急救援》《老人失踪五天四夜 小狗灌木丛中“救”老人》《山旮旯的孩子：足球踢到了北京》获第四届重庆市区县广播电视好新闻奖二等奖。

围绕学习宣传贯彻中共十九大精神，先后在《忠县新闻》《新闻周刊》和忠县手机台、忠县广播电视台微信公众号开辟“砥砺奋进的五年”“喜迎十九大”“把党的十九大精神全面落实在重庆大地上·忠县篇”等专题栏目。播发全县各级各部门学习贯彻中共十九大精神电视新闻和图文快讯250余条，其中《忠县：让小柑橘走向大市场》等20余条电视新闻和图文快讯被《重庆新闻联播》和重庆手机台转发。

【忠县手机台】 开设《忠县新闻》《图文快讯》《电视直播》《回看直播》等栏目12个，全年播发《图文快讯》1933条，手机直播19场。全年忠县手机台访问量突破900万人次，位居全市39家区县广播电视台第二名。　（杨庆松）

【广播电视信号传输】 重庆广播电视信息网络有限公司忠县分公司（简称广电网络忠县分公司）位于忠州街道州屏环路56号。主要从事全县广播电视网络规划、设计、安装，有线电视宽带综合业务，数字电视业务等。内设综合办公室、计划财务部、技术维护部、营销服务部、规划建设部，下设1个城区营维中心和17个乡镇营维中心。有在册员工105人（含派遣员工17人）。2017年，公司荣获重庆广播电视信息网络有限公司精益运营突破奖；分公司党支部荣获重庆广播电视集团（总台）2015—2017年度“先进基层党组织”称号。

农村信息化建设工程　2017年，广电网络忠县分公司向市公司争取项目和资金，主要集中在全县19个乡镇108个行政村，并由规建部门人员自行规划设计，实施FTTH光纤到户工程。截至到12月31日，分公司建设FTTH端口数18336个，FTTH用户9362户，覆盖户数4万余户。

智慧城市建设工程　建设“美丽乡村”“智慧社区”。在忠县官坝镇打造“官坝美丽乡村”线上平台，在白公街道打造“白公智慧社区”线上线下平台，分别于 4 月、9 月上线运营。其中，“官坝美丽乡村”线上平台开设“村级事务”“乡村容貌”“少儿乐园”“幸福晚年”“青年俱乐部”5 大板块，覆盖各年龄段人群，囊括“党政之窗”“办事指南”“好工作”“人居环境”“便捷缴费”“课程教育”“老年大学”“车友会”等 60 条精品内容；“白公智慧社区”分线上线下两部分，线上平台有“魅力忠州”“街道政务”“少儿乐园”“老年之家”“青年部落”5 大板块，覆盖“少”“青”“老”年，囊括“走进忠县”“忠州文化”“政务服务”“党政之窗”“办事指南”“群工服务”等内容，线下与忠县文化委、忠县白公街道办事处联合打造白公路智慧社区综合文化服务中心。争取“智慧忠县”建设项目，并在市公司相关部门的帮助下完成前期调研工作及方案制定。

网络安全传输 加强组织领导，提升安全播出指挥能力，确保十九大安全播出传输。召开专题会议 6 次，层层签订安全播出责任书，推进安播工作有序开展。优化应急预案，提升安全播出应急水平。制定安全播出工作实施方案 9 个、应急预案 25 个、管理制度 28 个、流程图 5 个，下发安播文件 12 件，印发安播制度 8 个，开展十六项应急演练，参加演练 400 余人次。完善系统配置，提升安全播出保障水平。新增 1 台 200 千伏安变压器作为中心机房（B 机机房）主备供电；检修 UPS 电源 32 台、空调 28 台、发电机 25 台；新购置自台监测设备 2 套；添加切换开关 2 台；对所有机房加装断电、温度报警器，对 25 个机房内及机房进出光电缆安装视频监控。加强值班值守，提升安全播出巡查力度。全面执行零报告制度，从 8 月 21 日起，各部、室、营维中心每天向分公司报告当天十九大安全保障工作情况，分公司情况汇总送领导审批后，再报市公司总调度室，保持上下信息畅通；全员参与安播巡线工作，分公司落实专人对县里 5 个重点项目施工区域巡查巡护 85 人次。B 级机房通宵值守 24 人次、乡镇 D 级机房值守 114 人次，员工参与巡线 968 人次，巡查里程 1936 千米，出动保障、巡线工程车辆 48 台次、摩托车 288 台次。加强应急指挥，提升抢险应急处置能力，全年参与片区故障及应急抢险 6 次。

（冉佳彬）

新闻宣传

【概 况】 2017 年，忠县新闻宣传工作紧紧围绕党的十九大胜利召开为主线，紧密结合忠县实际，调整工作思路，提升宣传质量，在宣传忠县、推介忠县方面取得明显实效。

【主题宣传】 2017 年 6 月 18 日，组织百余名县内摄影爱好者赴全县各地开展“我爱重庆·精彩一日——万千市民拍重庆”活动，展示忠县人民欢庆重庆直辖 20 周年的精彩画面。8 月 29 日，“把总书记重要讲话精神落在重庆大地上”主题采访活动走进忠县，重庆日报、重庆电视台、华龙网等十余家媒体走进忠县，深入报道忠县特色效益农业和脱贫攻坚，发稿 30 余篇（条）。11 月 14 日，忠县获评第五届全国县级文明城市，为重庆首个获此殊荣的县，人民日报、中央电视台、新华社、光明日报、重庆日报、重庆电视台及人民网、新浪网、华龙网等多个媒体集中报道、转载相关报道 400 余篇（条），集中展示忠县创建的成功经验和具体做法。12 月 10 日，长江三峡国际马拉松赛（重庆忠县）在长江之畔、三峡库区腹地忠县举行，来自肯尼亚、埃塞俄比亚等国家，北京、云南、河南等十余个省市共计 5000 名选手参加比赛。12 月 23 日，全国移动电子竞技大赛 CMEG2017 总决赛在忠县三峡港湾电竞馆举办，数十家全国顶级战队角逐忠县，新华社、中国国际广播电台、21 世纪经济报道、工人日报、中国商报等央级新闻媒体，重庆日报、重庆电视台、华龙网等市级媒体，中国体育报、体坛周报、斗鱼等专业媒体、直播媒体齐聚忠县，报道赛事情况。

【外宣活动】 4月12日，2017全国移动电子竞技大赛新闻发布会在重庆雾都宾馆召开，忠县人民政府与国家体育总局、大唐电信、天天电竞等联合召开新闻发布会。9月26日，忠县人民医院新院落成暨重庆医科大学附属第一医院忠县医院签约授牌仪式举行，重庆日报、重庆电视台、忠州日报、忠县电视台、华龙网等县内外数十家媒体以忠县试点公立医院改革、忠县民生实事等为题播发稿件70余条。10月16日，忠县人民政府与北京农信互联科技公司在重庆雾都宾馆联合举办“中国橘城·三峡橘乡·网联天下”柑橘网上线仪式新闻发布会，国内柑橘产业企业参加会议，经济日报、重庆日报、重庆电视台重庆商报、华龙网等中央、市级主流媒体及农业商贸等行业媒体集中报道。11月1日，全国电子竞技公共服务平台举行上线仪式发布会，全国电子竞技确权中心、全国电子竞技评估中心等同步在忠县上线运营，人民日报、新华社、中央电视台、经济日报、中国体育报、重庆日报、重庆商报、华龙网、新浪网、网易等媒体集中播发忠县发展电竞产业稿件50余篇。

【新闻战线管理和建设】 8月3日，忠县组织开展忠县好记者讲好故事选拔赛，忠州日报社记者王渊、忠县电视台记者潘雪被推荐参加在梁平区举办的重庆市第四届“好记者讲好故事”第四片区比赛。11月8日，忠县召开庆祝第18个记者节表彰大会，对忠州日报社编辑毛世洲、朱丹，忠县广播电视台编辑昌亚林、潘雪荣等4人、忠州日报社记者邓青春、张茜井、张程玲，忠县广播电视台记者白娟、付小杰荣等5人、忠县广播电视台主持人孟金海等给予“2017年度名编辑、名记者、名主播”表彰。在重庆市2016年度对外宣传工作会上，忠县对外宣传办公室被重庆广播电视集团（总台）评为2016年度电视对外宣传工作先进集体。（刘俊杞）

报 刊

【概 况】 忠州日报社位于忠州街道中博大道2号行政中心东区5楼，为县委直属事业单位，内设办公室、时政要闻部、综合新闻部、乡镇农村部、社会民生部、新媒体部、视觉传媒部、保卫科；核定编制39人，在编在岗24人。

2017年，忠州日报社坚持“唱响主旋律、传播正能量”办报宗旨，贯彻“遵循新闻规律、传达决策主张、报道基层实践、反映社情民意、探究历史文化、服务广大读者”办报方针，宣传党的路线、方针、政策，宣传改革开放大好形势，倾听群众呼声，突出“党报”和“民生报”特点，坚持“党性”和“人民性”的有机统一，坚持社会效益第一，确立《忠州日报》的舆论主阵地地位。

【忠州日报】 2017年出版《忠州日报》217期，《忠州日报》获评“重庆市优秀区县报”第七名。10件作品获评“重庆市区县报新闻奖”，其中一等奖1件（通讯《大年三十，他们路见车祸下水救人》<作者：彭瑜、王韦，编辑：李道洪>）；二等奖2件（系列报道《走进返乡人士 探寻创业之路》<主创人员：毛金权、王淑、邓青春、牟樱杰、王渊、谢国邦>，新闻名专栏《记住乡愁》<主创人员：毛金权、朱丹、赵军>）；三等奖7件（消息《长江忠县段惊现成熟野生中华鲟》<作者：朱明安，编辑：毛金权、朱丹>，评论《别再用朋友圈集赞来绑架孩子》<作者：张涨，编辑：谢素洁、毛金权>，评论《农村家宴吃自助餐，值得点赞!》<作者：毛世洲，编辑：谢素洁、毛世洲>，通讯《国税地税融合，1+1>2》<主创人员：杨忠明、周群武、赵瞻，编辑：谢素洁>，新闻摄影《乡村教师周书平：身患胃癌仍守讲台》<作者：邓青春、牟樱杰，编辑：

朱丹>，新闻漫画《读后“敢”》<作者：赵洪生、赵后忠，编辑：朱丹>，媒体融合《关注 2017 长江三峡国际马拉松（重庆·忠县）》<主创人员：毛金权、谢素洁、李道洪、刘学科、毛世洲、朱丹、王淑>）。

全年为全县党政机关、社会团体、企事业单位、学校、乡镇、村组、个体工商户等赠阅 13000 份。

【忠州新闻网】 加快忠州新闻网及新闻、服务、乡镇、专题等栏目的更新速度，完善忠州新闻网栏目设置。全年投资 5 万元，完善忠州新闻网平台“媒体融合发展”项目，采用北京思拓合众公司设计的 CMSTOP 媒体版 1.9，搭建互通共享的“云平台数据库”，读者通过忠州日报社的任意一个网络渠道，均可查看忠州日报社旗下的忠州新闻网、《忠州日报》《忠州手机报》。

【忠州手机报】 围绕“方便、快捷、简洁、实用”的编辑方针，将版块设置为“天气”“今日头条”“忠州要闻”“乡镇新闻”“县外媒体看忠州”“便民资讯”“县外新闻”“健康生活”等。全年编发 250 期，日赠阅量 38.9 万户。坚持问政于民、问需于民、问计于民，广泛收集民情、民意，全年编辑并向市管领导干部、县管党政主要负责人发送《忠州手机报·内参版》250 期。（李俊涛）

体育

综述

【概　况】 2017年，成功举办全县趣味体育运动会、忠县首届市民游泳达标赛等群众性体育活动20场次。大型赛事马拉松赛、CMEG总决赛在忠县成功举办。三峡港湾电竞馆、游泳馆、北滨体育公园建成并对外开放，全年新增体育场地面积26.6万平方米。加快体育基础设施建设，农体工程实现全覆盖，全年累计建成乡镇健身广场15个、社区健身点11个，配备健身路径26个，农体工程342个。

全民健身运动

【概　况】 2017年，围绕全民健身主题，先后组织开展忠县趣味体育运动会、忠县第36届中学生排球运动会、2017年庆“五一”“万步有约”健走活动、忠县第三届荧光夜跑活动、忠县第六届夏季篮球联赛、忠县首届市民游泳达标赛、“全民健身日”健身气功、太极拳展示活动、忠县教育系统职工篮球赛、忠县交通系统职工篮球赛、忠县8人制足球友谊赛、“工业园区杯”男子篮球赛等群众性体育活动。成功举办2017长江三峡国际马拉松赛，吸引观众6万余名；举办“大师杯”CMEG2017总决赛及第二届中国移动电子竞技高峰论坛，有20支战队、118名运动员参赛，90余家企业、100余家媒体到场，吸引观众上万名。协助各乡镇、街道、老年体育协会、体育总会开展体育运动会，在乡镇开展健身长跑、趣味体育运动会等健身活动，参加重庆市第七届全民健身运动会。

【2017长江三峡国际马拉松赛】 2017年12月10日上午8点30分，2017长江三峡国际马拉松（重庆·忠县）在县城临江路开跑，比赛设置有全程马拉松、半程马拉松、迷你马拉松三个项目，来自重庆、上海、北京、云南、宁夏、广西、浙江、湖北等全国16个省市及埃塞俄比亚、肯尼亚、坦桑尼亚等国家的5405名马拉松选手和爱好者参赛。中国甘肃兰州选手邱旺东和来自肯尼亚的选手Kanyata分别以2：21：35和2：55：57的成绩获得男女全程马拉松冠军；男女半程马拉松冠军分别被肯尼亚和塞尔维亚选手夺得。

【“大师杯”CMEG2017总决赛】 2017年12月23—24日，由国家体育总局体育信息中心、大唐电信科技股份有限公司主办，重庆市体育局、忠县人民政府、天天电竞（北京）网络科技有限公司承办，天天电竞（重庆）网络科技有限公司、重庆橘城旅游投资开发有限责任公司协办的“大师杯”CMEG2017总决赛在重庆市忠县三峡港湾电竞馆举行，来自全国各地的20支战队118名运动员，参加《王者荣耀》《穿越火线：枪战王者》《球球大作战》《街篮》《三国杀》5款游戏冠军的争夺，经过两天的激烈角逐，RSG战队获得《王者荣耀》项目总冠军，TOP战队获得《球球大作战》项目总冠军，KB.触手战队获得《穿越火线》项目总冠军，于芳白夭获得《三国杀》项目总冠军，黑曼巴战队获得《街头篮球》项目总冠军。

体育产业

【概　况】 2017年，全县有体育产业23个，其中经营体育服装和体育用品9个（胡燃商行、特步专卖店、贵人鸟专卖店、361度专卖店、美特斯邦威专卖店、重百阿迪达斯专卖店、安踏专卖店、向阳文化、三木文化等9家经营运动服装、体育用品及相关产品销售、贸易代理与出租），体育健身活动类14个（忠县文武学校：学校、武术；重庆市忠县巍盛游乐有限公司：游泳池、体育健身休闲活动；东溪河漂流：漂流、体育健身休闲活动；友形健身俱乐部：健身、体育健身休闲活动；领跑健身俱乐部：健身、体育健身休闲活动；老年体协：健身气功、体育管理活动；钓鱼协会：钓鱼、体育竞赛表演活动；信鸽协会：信鸽器材、体育竞赛表演活动；铁马四驱：汽车越野、体育竞赛表演活动；冬泳协会：游泳、体育竞赛表演活动；象棋协会：象棋、体育竞赛表演活动；忠魂跑步俱乐部：跑步、体育竞赛表演活动；足球协会：足球、体育竞赛表演活动；重庆市忠县青少年游泳俱乐部：游泳、体育竞赛表演活动）。

【忠县天子山体育健身休闲活动综合项目】 重庆市忠县巍盛游乐有限公司建设的体育休闲类项目，成立于2013年7月，属私人独资企业，法人为徐明江，注册资金1500万元。主要从事休闲体育游乐健身服务。公司位于忠县复兴镇天子村二组，三峡港湾旅游度假区上段，海拔400米，距县城6千米。4条公路、1条健身梯道直达天子山山顶。公司占地面积30公顷，投资2000余万元，将天子山打造成为广大青少年和其他体育爱好者安全、舒适、健康、快乐的健身娱乐场所。

【东溪河生态漂流项目】 重庆鼎然实业有限公司建设的体育休闲类项目，位于忠县东溪镇华兴村、双新村，磨子土家族乡、白河村、小李村，企业法人为谢显荣。项目占地面积400余公顷，总投资12000万元。第一期漂流投资3000万元。项目建设以自然景观和神奇刺激的森林探险游为依托，开发生态景观游赏和休闲度假旅游产品，满足人们观光休闲、康体健身、养生度假旅游需求。

【忠县文武学校】 建于2006年，是一所集小学、初中、高中全日制学历教育、职业教育、人才中介服务、高尚健身娱乐为一体的综合型教育培训集团，是忠县唯一一所集武术培训、文化教育为一体的民办学校。坐落在县城对岸，距县城3千米翠屏山下三台寺和东溪镇政府旁。新建有现代化的教学楼、学生公寓和多功能训练厅、食堂、多媒体教室等教学配套设施设备。学校实行全封闭、寄宿制、准军事化管理。以文为主，武术为特色，严格按国家标准班额（小学45人、中学50人）开班。按普教小学、初中开设文化课程。

【忠县游泳馆】 位于重庆市忠县忠州街道郑公社区罗家桥，总投资7000万元，占地5853平方米，建筑面积19395平方米，2011年7月动工建设，2017年8月完成建设并投入使用。游泳馆建有长50米，宽21米的标准8赛道国际标准游泳池1个，根据水深划分出儿童区、成人区、比赛区三部分，有12个下水口，16个出发台。游泳馆内除标准泳池外，还设有健身房、室外运动场、地下停车场。游泳馆是国家标准恒温馆，泳池内水温常年保持在28摄氏度左右，室温26摄氏度左右。池水24小时循环过滤，有专门设备进行消毒处理。更衣室内厕所、冲洗室、洗手台、储物柜等设施全面，在更衣室与水池之间的入口处，有消毒喷淋进行消毒。馆内设有中央空调系统，LED大屏幕显示系统，音响扩声系统等。

（张　琪）

卫　生

综　述

【概　况】　忠县卫生和计划生育委员会办公地址位于忠州街道大桥路10号。2017年，内设办公室、组织人事科、财务科、规划发展科、政策法规科（行政审批科、信访办）、信息建设与统计科、医政医管科（中医科）、公共卫生科（卫生和计划生育应急科）、妇幼保健计划生育指导科、计划生育家庭发展科、爱卫科（爱国卫生运动委员会办公室）、审计科。机关编制18名，在编在岗17名。

2017年8月28日，忠县被国务院医改办、国家卫生计生委、财政部、中医药管理局确立为全国公立医院改革国家级示范县。2017年10月，长江黄金5号游轮诺如疫情案例被重庆市疾控中心专家组采用，其经验交流材料在国家现场流行性病学项目第十二届年会上获银奖。2017年，忠县卫生计生委被重庆市纪检监察系统评为先进集体，被市卫生计生委评为全市健康教育工作先进单位。

【机构改革】　3月31日，经2017年第一次县编委研究，同意将乡镇内设机构“社会事务保障办公室”中的挂牌机构“人口与计划生育办公室”更名为“卫生与计划生育办公室”，其职能职责不变。

4月11日，忠县妇幼保健和计划生育服务中心核减事业编制2名；忠县乌杨中心卫生院、忠县磨子土家族乡卫生院、忠县石宝中心卫生院、忠县汝溪中心卫生院、忠县官坝中心卫生院、忠县马灌中心卫生院、忠县新立中心卫生院、忠县拔山中心卫生院、忠县三汇中心卫生院、忠县白中心卫生院各核减事业编制1名；忠县疾病预防控制中心、忠县野鹤镇卫生院、忠州街道社区卫生服务中心各增核事业编制2名；忠县任家镇卫生院增核事业编制4名；忠县涂井乡卫生院、忠县官坝镇丰收卫生院各增核事业编制1名。4月11日，忠县新生中心卫生院、忠县东溪中心卫生院各核减事业编制3名；忠县乌杨中心卫生院、忠县拔山中心卫生院、忠县黄金中心卫生院各核减事业编制2名；忠县石宝中心卫生院、忠县汝溪中心卫生院各核减事业编制1名。

5月17日，忠县卫生计生监督执法局的机构规格由副科级升格为正科级，重新核定领导职数4名，其中局长1名，副局长3名。

7月31日，经县编委会审议，县委、县政府审定，同意撤销忠县基本药物采购管理中心（忠县卫生信息中心）、忠县卫生院财务核算中心，合并设立忠县医院管理中心，机构规格为副科级，机构类别为公益一类，核定领导职数4名，其中主任1名，副主任3名。

9月25日，经县编委会审议，县委、县政府审定，同意撤销忠县卫生进修学校（忠县健康教育所），其健康教育职责划入忠县疾病预防控制中心，在忠县疾病预防控制中心加挂“忠县健康教育所牌子”。增核忠县疾病预防控制中心领导职数1名，由1正2副增核到1正3副；增设健康教育科，增核科长职数1名。忠县乌杨中心卫生院更名为忠县乌杨街道卫生院，忠县乌杨镇曹家卫生院更名为忠县乌杨街道曹家卫生院，忠县新生中心卫生院更名为忠县新生街道卫生院，忠县新生镇望水卫生院更名为忠县新生街道望水卫生院，其余机构编制事项不变。忠县卫生和计划生育委员增设审计科，增核科长职数1名。忠县人民医院和忠县中医医院增设审计科，各增核科长职数1名，内设机构“财务审计科”更名为“财务科”，原承担的内部审计职责划转到审计科。

【医药卫生体制改革】 2017年8月，全市医药卫生体制综合改革现场会在忠县召开。改革经验先后被国务院医改办、国家卫生计生委、新华社内参、重庆市人民政府、重庆市医改办、重庆日报、重庆电视台等刊载及报道。

公立医院综合改革 围绕“两取消、一调整、六配套、一建立”，发挥卫计、医保、物价、财政四大职能部门作用，出台“1+10”实施方案，全面推开公立医院综合改革。成立公立医院管理委员会，组建医院管理中心，深化法人治理结构改革，实现决策、执行、监督三权分离。开展100种临床路径管理，落实100个单病种付费改革，累计减少群众医药费用负担204万元。严控公立医院医疗费用不合理增长，实现公立医院医疗费用平均增幅控制在10%以下（增幅为7.08%），药占比29.98%，医疗服务性收入占比39.56%，百元医疗收入中消耗卫生材料控制在20元以下。

分级诊疗 落实“1+1+X+N”医联体模式，实现县人民医院与解放军总院建成远程医疗站点，与重医附一院形成托管型医联体；县中医院与市中医院建立紧密型医联体。组建2大县域医疗管理集团，覆盖全县乡镇卫生院（社区卫生服务中心）。明确102种不轻易外转病种和100种下转病种，引导50个病种在基层首诊。县级公立医院下转到基层医疗机构2106人次，基层医疗机构上转到县级医疗机构1045人次。家庭医生签约服务稳步推进，全县常住人口签约35.3万人，其中城镇居民签约覆盖率32.72%，农村居民61.35%；全县贫困户、计生特殊家庭及在管高血压患者签约服务实现全覆盖。

基层综合改革 争取中国初保基金会捐赠医疗设施设备278台件，价值1.2亿元，覆盖全县乡镇卫生院。继续开展“乡编县管乡用”，县级公立医院派出58人次到基层服务，让群众就近享受优质医疗资源。将院长目标年薪制实施范围扩大到乡镇卫生院。继续推进群众满意的乡镇卫生院建设，拔山、白石等6所卫生院成功创建为“群众满意的乡镇卫生院”。为全县230个卫生室配齐基本设备。推进医养结合工作，全县42家医疗机构与68家养老机构签订医养结合合作协议，签约率86%。基层医疗机构门诊人次、住院人次分别占全县的67.25%、66.49%，县域内就诊率93%。

药品保障制度 联合县发改委、县财政局等8部门出台《忠县公立医疗机构药品采购“两票制”实施方案（试行）》，从6月1日起，正式实施药品采购“两票制”。基层医疗卫生机构配备使用基本药物96.35%、县人民医院61.36%、县中医院52.02%、县妇幼计生中心57.41%。

社会办医 县政府印发《支持社会力量提供多层次多样化医疗服务工作任务的通知》（忠府办发〔2017〕125号），优化社会办医发展环境。以“五同步”（同规划、同考核、同质控、同培训、同竞赛）推进社团、民营及个体医疗机构健康发展。2017年，全县批准设置民营医疗机构19家，其中，民营医院3家，个体诊所16家。

【公共卫生】 *基本公共卫生服务* 人均基本公共卫生补助标准提高到50元，用于村卫生室的基本公共卫生补助达到服务常住人口人均筹资总额的40%。2017年，0—6岁儿童、65岁以上老年人、高血压患者和2型糖尿病患者健康管理人数分别为4.61万人、7.48万人、8.02万人和1.99万人；早孕建册人数0.54万人；至2017年底，全县累计建立居民电子健康档案676518份，建档率95.55%；开展食源性疾病、饮用水卫生安全、学校卫生、非法行医和非法采供血、计划生育实地巡查8767次，发现并及时报告的卫生安全隐患和线索1269条，巡查覆盖率和信息报告率均100%。65岁以上老年人、0—36月儿童中医药健康管理服务率分别为73.24%、69.87%。委托第三方调查2140名服务群众，项目满意度 99.16%。根据全市第三方机构评估结果，2016 年度忠县基本公共卫生服务综合排名全市第六，其中资金使用效率居全市所有区县第一名，获激励性经费 108 万元。国家卫生计生委专题调研忠县基本公共卫生服务项目工作；甘肃陇南市、重庆石柱县等卫生计生委、财政局到忠县考察交流学习基本公共卫生服务工作。

基层卫生服务体系 累计为乡镇（中心）卫生院、社区卫生服务中心和村卫生室配置基于互联网的数字化健康一体机581台；为230个村卫生室均配备简易呼吸器等20种基本设备。实施二级以上医疗机构对口支援乡镇卫生院项目，忠县人民医院、忠县中医医院对口支援8家乡镇卫生院。组建家庭医生团队298个，常住人口签约居民数38.47万人，常住人口家庭医生签约覆盖率54.34%。忠县任家镇中河村家庭医生团队被评为全国优秀家庭医生团队。6家乡镇卫生院被命名为全国第三批“群众满意的乡镇卫生院”。

疾病预防控制（详见“疾病预防与控制”分目）

卫生应急 科学规范及时处置长江黄金5号游轮诺如疫情，疫情案例被重庆市疾控中心专家组采用，其经验交流材料在国家现场流行性病学项目第十二届年会获银奖。开展忠县卫生应急技能大赛，在重庆市竞赛中获团体三等奖，紧急医学救援一等奖，中毒处置、传染病防控三等奖，获个人二等奖2人、三等奖4人。举办忠县人感染H7N9疫情处置应急演练，1200余名群众现场观摩。构建信息平台开展拉动集结演练，通过集“视频会议、远程培训、监控平台、视频播放、卫生应急”五位一体的健康网络视频系统，开展忠县突发医疗救援事件拉动集结演练。

健康教育 持续开展“你健康、我服务”基本公共卫生服务项目宣传，开设“健康梦想课堂”，举办“健康中国行走进忠县——合理膳食”及各重点疾病主题宣传活动，组建健康教育宣讲团深入学校、机关、企事业单位、公共场所等开展健康巡讲。完成居民健康素养监测，启动第二阶段全民健康生活方式行动，全年开展公众健康咨询活动744次，举办健康知识讲座3705次。2017年被市卫生计生委评为全市健康教育工作先进单位。

妇幼健康 制定完善忠县危重孕产妇和危重新生儿管理、救治和转诊工作方案。2017年，全县有孕产妇5863人，孕产妇健康管理率95.72%，其中产妇建卡5612人、产前检查率95.72%，孕产妇系统管理5264人、系统管理率89.13%；农村孕产妇住院分娩补助3108例、住院分娩率93.64%，新法接生率100%，补助金额124.32万元；农村妇女宫颈癌检查14000人、乳腺癌检查5350人；免费孕前优生健康检查夫妻2292对；免费计划生育手术服务4775余例；发放免费计生药具38.83万人次、计生药具温馨服务包3548个；叶酸发放7837人、47022瓶，叶酸服用率95.89%，叶酸服用依从率84.51%；免费产前出生缺陷筛查2057例；新生儿活产数5906人，访视5410人，新生儿访视率91.6%；新生儿疾病筛查4580人，无新生儿破伤风病例报告。3岁以下儿童20894人，系统管理18693人，系统管理率89.47%；0—6岁儿童49907人，保健覆盖46124人，保健覆盖率92.42%；0—6岁残疾儿童筛查30656例，5岁以下儿童死亡70人，死亡率11.85‰。

卫生计生监督执法 联合县编办、县财政局、县人社局印发《关于忠县卫生计生领域综合执法改革的实施意见》（忠卫发〔2017〕22号），全县29个乡镇（街道）社会事务和社会保障办公室挂牌内设机构“卫生与计划生育办公室”；与各乡镇（街道）签订委托书，由各乡镇（街道）承担本辖区内卫生计生综合行政执法工作，接受县卫生计生监督执法局指导。建立县、乡镇（街道）、村（居）三级卫生计生综合行政执法体系，每个乡镇（街道）配备卫生计生监督员2—3名，各村（居）配备卫生计生监督协管信息员1名。组织乡镇（街道）卫生计生监督员参加脱产培训，提升卫生计生监督员执法水平。2017年办理卫生行政处罚案件138件，其

中一般程序120件，简易程序18件，处罚20.75万元；查处非法行医案件14起，累计罚款1.3万元；开展打击“两非”治理专项行动，立案查处4件，罚款人民币2.5万元；没收非法所得3624.68元；申请忠县人民法院强制执行案件1件，全年无一例行政复议、行政诉讼案件。

爱国卫生　围绕“历史与展望——为了人民健康的65年”为主题，开展纪念爱国卫生运动65周年活动。开展全国第29个爱国卫生月活动、“百日清扫大行动”、病媒生物防制、健康教育等活动。开展卫生创建活动，乌杨中学、官坝中心卫生院、白公街道长河社区成功创建为重庆市卫生单位。定期开展春秋季统一灭鼠和夏秋季灭蚊蝇、蟑螂活动，投入15.8万元，聘请专业化的病媒生物防制服务公司对县城区公共外环境进行统一消杀灭。改建农村卫生厕所4905个，卫生厕所覆盖率61.88%，圆满完成2017年度农村改厕任务。开展城乡水质监测工作，加强出厂水和城市水龙头水质监测，每季度对县城区2个水厂和2个水龙头水质进行监测，全年出水厂和水龙头水质各项指标达标。

【卫生计生服务体系建设】　2017年，实施基本建设项目11个，完成投资10720万元，其中续建9个，新开工2个，竣工面积5165平方米，在建面积12600平方米。建成45个标准统一、覆盖全县基层医疗卫生机构的基本医疗、公共卫生、电子病历系统，并通过国家信息安全三级等保测评。建成集视频会议、教育培训、视频播放、监控平台、应急终端等五位一体功能的忠县卫生计生健康教育视频会议系统，涵盖卫生计生机构45个。完成户籍家庭信息完善工作，与公安交换户籍人口信息10万余条，与妇幼计生中心交换共享出生婴儿信息4000余条，与民政交换共享死亡及婚姻信息7000余条，完成户籍和居住家庭确认信息1万余条。

【医疗服务质量管理】　医疗服务质量　落实2016—2017年度提升医疗服务质量活动，全面部署医疗质量提升工作。开展等级医院创建，县人民医院顺利通过二甲医院复评，积极开展三甲医院创建工作。继续开展“依法执业、合理诊疗”专项行动，倡导65种疾病门诊不输液，全县门诊输液比例下降15%左右。开展“进一步改善医疗服务行动计划”，增设便民门诊。推进“优质护理服务示范工程”，优质护理服务率100%。提升医务人员能力，忠县“三基三严”工作获市卫计委通报表扬，县人民医院参加全市“三基三严”大比武，荣获全市第三，渝东北区第一，并获“全国卫生计生系统先进集体”称号。加强重点学科建设，县人民医院神经内科、泌尿外科顺利通过市级临床重点专科建设项目评审。全年举办专题讲座5次、学术会议22次，邀请16名全国和市级医院专家教授亲临授课。

平安医院建设　建立医患纠纷第三方调解机制和医疗责任保险分担机制，实行警医联动打击“医闹”，县公安部门出警近50次；完善医患沟通和医院投诉管理机制，现场调解重大医疗纠纷4例；受理医疗事故技术鉴定申请3例、尸体病理解剖申请1例。全县所有公立医疗机构和村卫生室都参加医疗责任险。继续在全县开展“平安医院”创建工作，8家单位创建、13家单位保持“平安医院”称号，县人民医院被国家卫生计生委评为国家级平安医院。

行风建设　把握行业作风建设的“五个环节”，规范工作程序，强化医德医风教育，严格落实医德医风考评制度。加大治理医药购销环节商业贿赂行为力度。规范医疗行为，严格执行“九不准”规定，深入开展“红包”“大处方”“滥检查”等医疗领域专项整治活动，强力整治医疗服务中的不正之风，形成风清气正的卫生计生大环境。

【中医事业】《中医药法》宣传　将宣传学习《中医药法》贯穿全年工作，将其纳入全系统“七五”普法规划，组织开展《中医药法》宣传月和网络知识竞赛活动。县中医医院举办中医专题讲座10次，各基层医疗机构将6月份健康教育讲座、专栏、宣传资料全部以宣传《中医药法》及中医药健康知识为主题，全年举办中医类健康教育讲座50余次，开展中医义诊60次，惠及群众4000余人；制作宣传展板350余块，发放中医健康知识宣传资料80000余份。

中医药基础建设　印发《忠县中医药事业发展“十三五”规划》《忠县基层中医药服务能力提升工程“十三五”行动计划实施方案》。将原忠县人口计生委大楼改造为县中医院针灸康复中心，将搬迁后县人民医院原业务用房划拨给县中医院使用；完成8个乡镇卫生院中医馆提档升级，实现中医药集中服务区覆盖所有基层医疗机构。大力发展社会力量办中医医院、中医诊所等，简化审批流程和手续，全年设置中医医院1家、医养结合中医医院1家、中医诊所3家。

中医药服务能力　巩固“中医工作加强年”活动成果，推动全县中医药事业的发展。加强中医适宜技术的应用，发挥中医药在“治未病”、重大疾病防治和疾病康复中的重要作用。实施基层中医药服务能力提升工程“十三五”行动计划，实现提供中医药服务的社区卫生服务中心、乡镇卫生院、社区卫生服务站、村卫生室占同类机构之比分别达到100%、100%、85%、70%，基层医疗卫生机构中医诊疗量占同类机构诊疗总量比例≥30%。

中医药科研管理　2017年，成功申报市级中医药类继续教育6项，县级继续教育14项，推广中医药适宜技术50余项。开展新技术临床应用研究，其中省部级在研科研项目1项、厅局级在研科研项目1项、待评县级科研项目4项、县级在研科研项目2项。

中医药人才队伍　2017年，引进中医类人员20人，其中研究生1人。完成4名师承人员备案工作。继续开展乡村医生中医知识培训及西医人员学习中医药知识，促进中西医结合。

【行政审批】　推进行政审批标准化建设，按照市、县两级要求清理行政审批项目和行政审批中介服务项目，保留行政审批中介服务事项10项、行政审批项目19个大项（47个小项）。针对行政审批项目制定相应的服务指南和审查细则，公开行政审批管理事项信息，对网上行政审批事项及办事指南进行相应调整。与行政审批科科长签订授权委托书，将18个审批项目的行政审批权限下放给行政审批科科长。进一步压缩行政审批项目承诺时限，13个项目压缩时限达到二分之一以上，6个项目能够实现当天办结。行政审批流程全部简化为受理、审查、决定三个环节，落实各个环节行政审批责任人，切实做到“谁许可、谁负责”。全年受理卫生计生行政许可事项1162件，其中准予许可1138件。行政审批窗口先后2次被县行政服务中心评为“红旗窗口”，5人次被评为“服务标兵”。

【安全稳定】　落实安全生产“党政同责、一岗双责”，全年检查卫生计生单位48家，排查治理各类安全隐患118起，其中现场整改26起、限期整改92起，隐患整治率100%。设立信访接待室，有专兼职信访干部3人；建立健全“定期排查分析报告信访动态制度”“领导信访接待日制度”“信访值班制度”等一系列制度；全年处理信访件95件，排查矛盾纠纷6件，成解信访积案3件，办结率、及时率和群众满意率均100%。

【健康扶贫】　按照县政府办公室印发的《关于进一步做好全县建卡贫困人口健康扶贫医疗救助工作的通知》（忠府办发〔2017〕83号）要求，大力实施健康扶贫“三个一批”行动，积极开展大病集中救治、家庭医生签约服务，全面落实先诊疗、后付费，防止因病致贫、返贫现象发生。全年投入2500万元财政资金，创新开展健康扶贫“6+1”（即在“基本医保+大病保险+扶贫济困医疗基金+城乡医疗救助+精准脱贫保+困难群众临时救助”等6道基本保障线基础上，对建卡贫困户剩余住院费用超过2000元部分按90%比例予以救助，全年累计自付金额实行5000元封顶保障）医疗兜底救助及“一站式”即时结算，救助2765人次，救助金额1000余万元。先诊疗后付费惠及1314人次，大病专项救治124人，家庭医生签约服务6.8万人，建卡贫困户覆盖率100%。

【党风廉政建设】 全年举办党风廉政教育专题讲座12次，召开党委会议专题研究和部署落实党风廉政建设工作4次。聘请监督员，组建“明察暗访人员库”，建立健全“一月一督查，两月一通报”工作机制，通过专项检查、明察暗访、集中检查和信访核查等方式开展检查30余次；全年召开党风廉政约谈会议5次，开展廉政警示教育10余次，廉政谈话、提醒谈话210余人次，驻县卫生计生委纪检组到基层卫生计生单位督导检查党风廉政建设工作9次，纠正主要领导直接分管人财物问题1个。2017年被重庆市纪检监察系统评为先进集体。

【人才和科技建设】 人才队伍建设 拟定《忠县卫生计生系统十三五人才发展规划》，印发《忠县“名医名院名院长”工程实施方案》，与县人才办、县人力社保局联合印发《忠县“名医名院名院长”评选管理办法》。2017年，公招大中专毕业生186名，其中硕士3名、本科72名。2012年签订的7名农村订单定向免费医学生报到，2017年，签订重庆市农村订单定向医学生免费培养就业协议书5份。接收高校毕业生“三支一扶”计划2名。2017年，城区医疗卫生单位从乡镇卫生院遴选医务人员14名。选送县属医疗机构技术骨干到全国知名医院进修培训5名，全县医疗卫生单位41名医务人员到市级以上医学院校进修学习1年以上，选派“三峡之光”访问学者2名、县级中医临床骨干培训2名。

医学科研教育 2017年，全县申报市级科研项目12项，县级科研项目14项，其中市级科研项目立项6项，县级科研项目立项7项。成功申报市级继续医学教育项目34个、县级继续医学教育项目98个。

【表彰奖励】

先进集体

国家部委表彰奖励项目

表25

获奖单位	授奖单位	奖项名称	授奖时间
忠县人民医院	国家卫生计生委	国家级平安医院	2017.9

（付艳彬）

疾病预防与控制

【概 况】 忠县疾病预防控制中心（以下简称忠县疾控中心）位于忠州街道大桥路10号，内设办公室、财务后勤科、健康教育科、公共卫生监测科、职业卫生科、传防科、免疫规划科、地方病及寄生虫科、慢性病防控科、技管科、结防科等11个科室。人员编制75人，在编在岗职工70人。其中，研究生1人，本科24人，大专35人，中专及以下10人；管理人员3人，专业技术人员60人（副高4人，中级17人，助理29人，员级10人），工勤7人。离退休38人。

中心占地面积800平方米，建筑面积4520平方米。拥有PCR仪、原子吸收分光光度计、气相色谱仪、全自动血液细胞分析仪、全自动生化分析仪、心电图、B超、肺功能仪、听力测试仪、χγ剂量仪、WBGT2006型指数仪、声级计、粉尘采样器、尘毒采样器、X光机等大中型现场监测、健康检查及实验室检测设备100余台件。

2017年，牵头组织实施“万步有约”职业人群健走激励大奖赛，被中国疾控中心慢病中心评为第二届“万步有约”职业人群健走激励大奖赛健走示范城市和“省内优秀示范区”，获第二届“万步有约”职业人群健走激励大奖赛示范区优秀组织奖。荣获全市疾控系统优秀表彰9项，其中综合考核先进集体表彰1项，单项优秀表彰8项。在国家碘缺乏病参照实验室、市疾控中心、市质监局组织的实验室能力验证活动中，涉及碘/盐、铜/葡萄酒、食源性致病菌/食品、亚硝酸盐/水、氨氮/水、铅/水、HIV抗体/血清、麻疹风疹抗体/血清15项均获满意成绩。

【疾病防治】 传染病防治　2017年无重大疫情发生，无甲类传染病报告。乙类传染病报告1834例，报告发病率245.91/10万，与2016年相比，发病率上升3.05%；前三位乙类传染病报告发病率依次为：肺结核（103.92/10万）、肝炎（99.89/10万）、梅毒（22.26/10万）。丙类传染病报告1023例，报告发病率为137.17/10万，与2016年相比，发病率上升25.6%；前三位丙类传染病报告发病率依次为：其他感染性腹泻病（71.33/10万）、手足口病（38.35/10万）、流行性感冒（15.29/10万）。全年无不明原因肺炎病例报告。

结核病防治　2017年，全县登记治疗结核病患者583例，转诊率100%，转诊到位率84.4%，追踪到位率89%，总体到位率98%，涂阳密切接触者筛查率100%，患者管理率100%，规范管理率98.78%。完成高二学生结核病筛查5903人，确诊治疗5人。

慢非病防治　2017年，高血压管理80166人，管理率58.43%，规范管理58055人，规范管理率72.42%；35岁以上首诊377979人，首诊测血压376272人，首诊血压检测率99.53%，首诊发现高血压17765人，高危人群31325人。糖尿病患者管理19715人，管理率58.12％，规范管理14838人，规范管理率75.26%。管理冠心病患者1512人、慢性阻塞性肺部疾病患者1922人、恶性肿瘤患者1405人、脑卒中患者785人。65岁及以上老年人建档94720人，健康管理74219人，管理率76.39%；健康体检74696人。全县建立慢性病自我管理小组365个，建立管理小组的村（居委）覆盖率100%；参加慢病自我管理小组5575人，其中高血压患者4156人，糖尿病患者1419人。

儿童口腔疾病　2017年，通过电视、广播、手机报、忠州日报等媒体进行“窝沟封闭预防龋齿”等专题报道，做到口腔健康教育全覆盖，对6个项目学校的1.5万余名儿童开展口腔健康教育课，对1609名适龄儿童进行口腔健康检查，对1213人4621颗牙实施窝沟封闭，项目任务完成率115.525%。

性病艾滋病防治　2017年，全县存活HIV感染者和病人359人，其中HIV 250人，AIDS109人。随访指标完成情况：CD4应检测352例，完成344例，完成率97.73%；配偶检测应检测134例，完成128例，完成率95.52%；结核应筛查351例，完成340例，完成率96.87%；免费抗病毒应治疗352例，实际治疗296例，治疗覆盖率84%。VCT自愿咨询检测4431人次，PITC检测113153人次。对监管场所和娱乐场所的383名可疑人员现场问卷调查、采血做HIV抗体监测，发现HIV阳性病人2例。暗娼、男男、吸毒人群干预分别达98%、97.8%、97.9%。

地方病及寄生虫病防治　碘缺乏病防治：开展病情监测。选择复兴镇、新生街道、汝溪镇、马灌镇和白公街道为监测点，采集孕妇盐、尿样各106件，收集300名孕妇甲功和抗体检测结果；5所小学校学生盐、尿样231件，对220名小学生开展B

超法甲状腺容积检测；收集500名新生儿甲低筛查TSH结果、12名甲低筛查复检的新生儿甲功和抗体检测结果。在全县29个乡镇（街道）开展水碘含量调查，采集并送检样品432件。疟疾防治："三热"病人血检635人，未检出疟原虫；对报告疟疾或疑似疟疾均进行检诊，检诊率100%。布鲁氏菌病防治：重点人群搜索调查1086人，血清学监测269人，未检出新发病例。麻风病防治：现症病人随访治疗7人，联合化疗2人。调查核实6名可疑患者，未发现新发麻风病人；筛查12位密切接触者，未发现可疑患者。血吸虫监测：对200名外出务工人员和6名主动咨询就诊的流动人员进行血吸虫血清学筛查，检测结果均为阴性。

【疾病监测】 肿瘤监测　全县新发肿瘤登记报告单位应报45个，实报45个，单位报告率100%。截至到2017年，全县肿瘤登记平台报告恶性肿瘤3651例，报告发病率为462.83/10万，其中死亡病例1509例，死亡率为191.29/10万，男女发病比为1.58:1，病理诊断率为55.00%，报告死亡发病比为0.70。报告肿瘤病例年龄主要集中在45—70岁之间，以肺癌为主。

死因监测　2017年，报告死亡病例6200人，粗死亡率为840.11/10万，标化死亡率为421.90/10万。其中，男性死亡3456人，死亡率为932.32/10万；女性死亡2744人，死亡率为747.059/10万。死亡年龄主要集中在60岁以上人群，死亡5134人，占82.8%，死亡率为3139.29/10万。三类死因分析中，慢性病为主要死亡原因，占90.31%，死亡率为758.67/10万；其次为损伤和中毒，占7.71%，死亡率为64.77/10万。根据ICD-10疾病分类，2017年忠县死因顺位前五位为：呼吸系统疾病（201.76/10万）、恶性肿瘤（201.08/10万）、心脏病（160.98/10万）、脑血管病（141.46/10万）、伤害（64.23/10万），其构成比分别为：24.02%、23.94%、19.16%、16.84%和7.65%。

心脑血管事件监测　2017年，全县心脑血管事件报告3303例，发病率为447.56/10万。其中脑卒中2922例，占88.09%；报告心肌梗死381例，占11.49%。报告男性发病1876人，女性1427人，男女发病比为1.31∶1，其中脑卒中男女发病比为1.36∶1，心肌梗死的男女发病比为1.04∶1。

【免疫规划】 规范化门诊建设　开展规范化接种门诊评审工作，落实国家扩大免疫规划，"四苗"接种率99.40%，全程合格接种率90.34%；"五苗"全程接种率99.24%，全程合格接种率89.36%；"七苗"全程接种率97.54%，全程合格接种率75.11%；"八苗"全程接种率95.69%，全程合格接种率69.51%。继续巩固高水平免疫接种率，全年无接种安全事故，无流脑、乙脑等针对传染病发生。

基础免疫　乙肝疫苗应种5739人，实种5729人，全程接种报告率99.83%，乙肝首针及时率95.64%；卡介苗应种5677人，实种5672人，报告接种率99.91%；脊灰疫苗应种6299人，实种6281人，报告接种率99.71%；百白破应种6060人，实种6039人，报告接种率99.65%；含麻制剂第一针应种6293人，实种6277人，报告接种率99.75%；A群流脑应种4951人，实种4932人，报告接种率99.62%；乙脑疫苗应种6612人，实种6591人，报告接种率99.68%；甲肝疫苗应种5677人，实种5649人，报告接种率99.51%。

加强免疫　脊灰疫苗应种8525人，报告实种8489人，报告接种率99.58%；百白破应种6060人，实种6039人，报告接种率99.65%；含麻制剂第二针应种6488人，实种6467人，报告接种率99.68%；AC流脑应种6309人，实种6284人，报告接种率99.60%；白破二联应种8493人，实种8464人，报告接种率99.66%；乙脑疫苗6969人，实和6952人，报告接种率99.76%。

免疫规划接种率调查　对全县192个行政村和28个居委的2296名0—6岁儿童实地调查，建卡、建证、卡证符合率均为100%，“五苗”全程合格接种率89.36%，乙肝疫苗首针及时率94.38%，含麻制剂首针及时率94.87%。

入托入学查验补种　入托入学查验17044人，实查17044人，查证率100%，补证156人；入托入学各类疫苗应补种10012针次。

【卫生监测】　公共场所监测　监测197户次，现场监测1483项次，合格1399项次，合格率95.69%；采集样品1016件，合格938件，合格率92.60%。

生活饮用水监测　城市生活饮用水监测156件，合格146件，合格率93.59%；农村集中式供水监测162件，合格35件，合格率21.60%；学校及农村分散式供水监测18件，合格1件，合格率为5.56%；直饮水监测4家，采集样品24件，合格22件，合格率为91.67%。

餐饮具监测　监测4家，采集样品300件，合格298件，合格率99%。

托幼机构监测　抽检10所托幼机构，采集餐饮具及玩具表面样品58件，合格54件，合格率93.10%。

医疗机构消毒效果监测　抽检108家医疗机构，合格99家，合格率91.67%；采集样品591件，合格578件，合格率97.80%。

医源性污水监测　监测4家医疗机构5个点，采集样品36件，合格36件，合格率100%。

鼠疫监测　1、3、5、7、9、11月，分别在石宝镇新政村棉花社、东溪镇东溪居委2组两个监测点开展6轮监测工作，全年无病死鼠和自毙鼠报告。捕活鼠101只，其中黄胸鼠100只，白腹巨鼠1只；收集鼠蚤61匹，均为缓慢细蚤，染蚤率21.78%，总蚤指数0.60。采集鼠血101份、高抗动物（狗）血20份，经鼠疫血清学抗体检测均为阴性。

食品安全风险监测　按照《2017年重庆市食品安全风险监测实施方案》要求，完成样品采集69件，合格47件，合格率68.12%。开展食源性疾病监测，报告食源性疾病病例97例，其中县人民医院39例、县中医院57例、县妇幼计生中心1例。

农村人饮工程水质监测　44个监测点枯水期（2月）和丰水期（8月）各监测1次，共监测160件，合格35件，合格率21.88%。

病媒生物监测　全年鼠密度监测4次，蚊、蝇、蟑螂密度监测各8次。

【职业卫生服务】　为41家企业829人开展职业健康检查，其中岗前体检110人、在岗体检716人、离岗体检3人，检出疑似尘肺9人，职业禁忌症2人。体检结果均按双方协议内容及时履行告知程序，并通知厂方和疑似职业病人到重庆市职业病诊断机构进行确诊。完成全县93名放射工作人员个人剂量监测工作。

【实验室能力建设】　修订完善25个质量管理体系文件，开展质量管理活动，参加国家碘缺乏病参照实验室、重庆市卫生应急技能竞赛突发急性传染病防控盲样考核及重庆市质量技术监督局（联合重庆市疾控中心）、重庆市疾控中心、市CDC艾滋病检测确认中心实验室、市CDC麻疹实验室组织的2017年度实验室能力验证及质量控制考核活动7次，涉及碘/盐、碘/尿、有机磷定性（检出敌敌畏）/血清、铊/尿、急性传染病细菌检测（检出阴沟肠杆菌、单核细胞增生李斯特氏菌、蜡样芽胞杆菌）、总汞/水质、硫酸根/水质、蛋白质/食品、镉/食品、流感病毒分型核酸检测、HIV抗体/血清、麻疹、风疹抗体/血清共15个项目，均获满意和优秀结果。全年完成从业人员健康体检11870人次，临床生化、免疫学检测1125人次，HIV抗体（含梅毒）检测857人次，麻疹、风疹病毒1gM抗体检测42人次，血吸虫抗体检测206人次，尿碘检测321人次；水质理化检测1501件、微生物检测325件；鼠疫血清学抗体检测79件；布鲁氏菌检测272件；盐碘检测321件；突发公共卫生事件样品检测239件；

水碘检测404件；流感病毒核酸检测60件。

【卫生应急】 加强传染病疫情报告管理，严格坚持疫情轮流值班制。专项应急培训2次，应急演练1次（2017年忠县人感染H7N9疫情处置应急演练），全年应急物资储备耗资10万余元。调查处理突发公共卫生事件13起，无死亡病例，其中传染病疫情9起，发病263例，无二代病例发生。分别为较大事件1起（过境游轮诺如病毒急性胃肠炎暴发感染），一般事件3起（善广小学水痘聚集疫情、白石中心小学乙型流感、白公路小学水痘聚集疫情），手足口病5起，（黄金镇金橘、金童幼儿园，石宝小学幼儿园和石宝喜洋洋幼儿园，忠州街道曙光幼儿园）疫情未达到分级标准，食物中毒4起（其中2起都柏林沙门氏菌污染和1起亚硝酸盐误食引发的食物中毒，1起不明原因群体性腹痛腹泻事件）。

（戚光春）

妇幼保健

【概 况】 忠县妇幼保健计划生育服务中心位于忠州街道巴王支路7号，是集医疗、保健、计划生育技术服务、科研和健康教育为一体的公益性事业单位、二级乙等保健院、爱婴医院。内设围产保健、儿童保健、妇女保健、群体保健、计划生育技术服务、妇科、产科、儿科等专业科室。有编制90人，在编在岗职工73人，其中管理人员2人，专技人员68人（其中副高级职称8人，中级职称24人），工勤人员3人。拥有固定资产2324.92万元（其中，万元以上医疗设备57台<件>，房屋面积7414.72平方米），床位编制20张，实际开放80张。

【妇幼保健管理】 “两个系统”管理工作 全县孕产妇系统管理覆盖率89.13%；产前检查率95.02%，产后访视率91.13%，新法接生率99.98%；住院分娩率98.95%，孕产妇死亡率67.73/10万，全县无新生儿破伤风病例报告。新生儿访视率91.60%，0—6岁儿童健康管理率92.42%，3岁以下儿童系统管理率89.47%；5岁以下儿童死亡率11.85‰，新生儿死亡率4.23‰，婴儿死亡率3.39‰，达到“两纲”目标。

重大公共卫生妇幼项目 艾滋病、梅毒和乙肝分别免费检测4681例、4679例和4676例，其中艾滋病、梅毒和乙肝阳性感染分别为1例、3例、224例；叶酸发放7837人，新增叶酸服用率95.89%，新增叶酸服用依从率84.51%，增补叶酸知识知晓率96.43%；完成新生儿听力筛查2518人、新生儿疾病筛查4580人，新生儿疾病筛查率97.26%；农村孕产妇住院分娩补助3108例，补助金额124.32万元。

免费开展无创产前基因检测、新生儿遗传性耳聋基因检测、新生儿遗传代谢病检测 2017年无创产前基因检测2789例，检测出T21、T18、T13阳性9例；新生儿遗传性耳聋基因检测4032例，检测出阳性17例；新生儿遗传代谢病检测4032例，检测出阳性17例。

开展妇女“两癌”筛查工作 分别完成2017年市级下达忠县宫颈癌检查14000人、乳腺癌检查5000人的任务。全县完成宫颈癌检查14002人，乳腺癌检查结案5826人。

建立婚（孕）检中心 将婚前检查和孕前优生健康检查相融合，实现结婚男、女的婚前医学检查、结婚登记、孕优检查一条龙服务，为领证和检查服务对象提供便捷服务。至2017年9月30日，全县男性婚检率1.93%，女性婚检率2.28%，实现婚检“零”的突破。孕前优生健康检查工作完成全年任务的105%。

药具管理 为29个乡镇（街道）及卫生院、县内各公立医疗机构统一配备73个免费避孕药具展示柜、375个村居网点配备免费避孕药具展示箱。

【自身建设】 公立医院医改工作。全年药占比25.11%；百元医疗收入耗材比14.71%；医疗服务性收入占医疗收入的41.44%，各项指标达医改要求。人才队伍培训。上派7人到市级医疗机构培训，派业务骨干2人到重医附一院开展微创和腔镜等业务进修学习。5人在市妇幼保健院进修学习医技、护理、计划生育等业务知识。推动医联体工作，12月，加入重庆妇幼专科联盟，成为成员单位之一，为中心人才培养和学科建设发展奠定了坚实基础。稳步推进妇幼保健院改扩建项目，至11月底，完成主体项目立项批复、可研批复、概算批复、施工图审查备案、财政评审等工作。 （李远东）

卫生法制与监督

【概 况】 忠县卫生计生监督执法局位于忠州街道大桥路10号。2017年5月，县编委将忠县卫生计生监督执法局的机构规格由原副科级升格为正科级参公管理的事业单位。内设办公室、财务管理科、稽查信息科、行政许可受理科、公共卫生监督科、学校卫生监督科、医疗卫生监督科、卫生监督协管科、计划生育监督科、食品安全标准科。参公事业编制37名（1名编制由县计生协会使用），工勤人员编制1名，在编在岗35名。

【监督执法体制改革】 县编办、县财政局、县人社局和县卫生计生委联合下发《关于忠县卫生计生领域综合执法改革的实施意见》（忠卫发〔2017〕22号），整合卫生计生监督执法，将原乡镇（街道）政府承担的计划生育执法和乡镇卫生院（街道社区卫生服务中心）承担的卫生监督执法统一归口到乡镇（街道）政府，受县卫生计生委委托负责卫生计生监督执法工作。县编委将各乡镇（街道）“人口与计划生育办公室”更名为“卫生和计划生育办公室”，全面负责辖区卫生计生行政管理、行政服务和监督执法等工作；各村（居）委综合服务专干任卫生计生监督协管信息员，负责辖区卫生计生日常巡查、违法信息上报、协助查处卫生计生违法案件等，并由县财政解决每月50元报酬。县卫生计生委与29个乡镇（街道）签订卫生和计划生育行政执法委托书，明确计划生育、公共场所、学校卫生、生活饮用水、医疗卫生、传染病防治等重点领域的监督执法权限和职责。

【监督执法】 内部管理 明确“11655”工作思路，即确立“一个理念”：执法为民、护卫健康；实现“一个目的”：保障卫生计生法律法规贯彻，维护好人民群众健康权益；坚持“六个原则”：坚持依法行政、严格执法、规范执法、公正执法、文明执法、廉洁执法；开展“执法五+”活动：执法+普法、执法+服务、执法+规范、执法+发展、执法+提升；工作实现“五化”：日常工作规范化、重点工作特色化、专项工作亮点化、服务工作便民化、行政审批快捷化。修订完善内部行政管理制度25个，以县卫生计生委名义印发《卫生计生监督业务工作制度》12个，制定《忠县卫生计生监督执法“九不准”》，并严格执行，强化考核奖惩。

监督抽检 全年监督抽检428家，其中公共场所19家、学校23所、医疗机构310家、集中式供水单位64家、涉水产品生产企业1家、放射诊机构疗6家、餐（饮）具集中消毒服务单位4家、计划生育服务机构1家，下达《卫生监督意见书》268份，立案38件，罚款4万元。

专项监督检查 全年开展专项监督检查15项，其中传染病防治类5项、医疗卫生类4项、公共卫生类4项、计划生育类2项，检查单位1200余家，下达《卫生监督意见书》718份，立案查处57件，罚款10万余元。

行政许可 全年办理卫生计生许可2092件，驻县行政服务中心窗口保持“红旗窗口”荣誉。

行政处罚 完成卫生计生监督4251户次，人均监督120户次，监督覆盖率99.88%。查处各类行政处罚案件120件（不含计划生育案件），收缴罚款19.645万元。

全年与公安联合查处无证行医8件、出警20余人次，办理无证行医案件18件，没收违法所得21510元、药品器械价值约48000元，罚款131100元，取缔非法游医摊贩29户次。双随机任务执行单位123家，监督完成112家、关闭11家、任务完成111家，未完成1家（因监督时在营业，而监测时已关闭），监督完成率91.06%，任务完成率90.24%，任务完结率99.19%。

稽查工作　全年开展现场执法稽查94家次，其中公共场所经营单位50家次、生活饮用水单位10家次、中小学校8家次、医疗机构18家次、计划生育管理服务单位8家次；开展着装稽查363人次，稽查行政处罚案件135件、许可档案30件。采用信函与电话等方式开展卫生计生监督员、协管员服务满意度和知晓率调查，满意度和知晓率均100%。全年受理举报投诉24件，调查处理率和及时反馈率均100%。

【宣传培训】　全年开展集中法治宣传活动8次，《重庆日报》报道2篇，共产党员网发表组工网评11篇，重庆卫生计生监督微信公众号采用信息10篇，《重庆卫生计生监督》杂志采用信息6篇，《忠州日报》报道8篇，县电视台报道3次。

健全学习教育培训制度，全年集中学习36次，举办“卫生计生监督讲坛”7期。分期分批组织26名乡镇（街道）卫生计生监督员到县卫生计生监督执法局跟班学习1个月。建立年轻干部一线执法科室挂职锻炼制度，凡45岁以下未在一线执法科室的监督员，每年在一个一线执法科室兼职锻炼30—60天。新招聘的卫生计生监督员在各科室轮岗锻炼1年。全年组织全县卫生计生监督员集中业务培训5次，以会代训培训乡镇（街道）卫生计生监督员3次。1000余人参加协管服务规范（2017版）视频培训会，开展（学校卫生、生活饮用水卫生和非法行医及非法采供血）巡查8536户次，覆盖率100%，报告信息1241条，报告率100%，制作宣传专栏180期（块）。　（付秋容）

人民生活

城镇居民收入与消费

【城镇居民可支配收入】 全年城镇居民人均可支配收入 32107 元，比上年增长 9.6%。

【城镇居民消费性支出】 城镇常住居民人均生活消费支出 19993 元，增长 5.0%。其中，食品烟酒支出 6593 元，增长 3.1%；衣着支出 1667 元，增长 0.4%；居住支出 3681 元，增长 2.5%；生活用品及服务支出 2012 元，增长 1.6%；交通通信支出 2056 元，增长 14.2%；文化教育娱乐支出 1901 元，增长 13.7%；医疗保健支出 1527 元，增长 9.6%；其他商品和服务支出 556 元，增长 1.4%。城镇居民家庭恩格尔系数为 32.98%。城镇居民人均住房面积 43 平方米，比上年增加 3.74 平方米。

农村居民收入与消费

【农村居民可支配收入】 全年农村居民人均可支配收入 13298 元，比上年增长 9.9%。

【农村居民消费性支出】 农村常住居民人均生活消费支出 10230 元，增长 6.4%。其中，食品烟酒支出 4121 元，增长 0.8%；衣着支出 449 元，增长 3.3%；居住支出 2174 元，增长 0.1%；生活用品及服务支出 659 元，增长 7.6%；交通通信支出 855 元，增长 28.6%；文化教育娱乐支出 959 元，增长 27.1%；医疗保健支出 819 元，增长 13.5%；其他商品和服务支出 194 元，增长 18.2%。农村居民家庭恩格尔系数为 40.28%。农村居民人均住房面积 56 平方米，比上年增加 2.35 平方米。

职工工资

【概　况】 2017 年，忠县城镇非私营单位在岗职工平均工资 68385 元，同比增长 1.2%。其中，国有单位在岗职工平均工资 75072 元，同比增长 1.1%；集体单位在岗职工平均工资 40547 元，同比增长 12.9%。

（姚江玥）

社会保障

综 述

【概 况】 全县社会保障体系建设取得长足发展，全面形成以企业职工基本养老保险、失业保险、医疗保险、工伤保险、生育保险为主，同时以覆盖城乡的城乡居民养老保险、城乡居民合作医疗保险为辅的社会保障体系。坚持把人人享有社会保障作为基本目标，持续推进五大保险扩面征缴，切实推进社保基金可持续运行，稳步实施机关事业单位养老保险改革工作。至 2017 年底，全县参加社会保险人数累计 163.75 万人次，征收各类保险费 192585 万元。

社会保险

【概 况】 忠县社会保险局经办全县养老保险、医疗保险、工伤保险、生育保险等业务，系正科级参公事业单位，办公地址位于忠州街道乐天支路 1 号。内设科室 15 个，窗口 36 个，人员编制 58 人（含工勤编制 1 名），在编在岗 58 名。2017 年，全县社会保障体系形成以企业职工基本养老保险、失业保险、医疗保险、工伤保险、生育保险为主，以覆盖城乡的城乡居民养老保险、城乡居民合作医疗保险为辅的社会保障体系。

【参保扩面】 至 2017 年底，全县参加社会保险人数累计 163.75 万人次，征收各类保险费 19.26 亿元。城乡社会养老保险和医疗保险参保率分别保持在 95%、96%以上。建卡贫困户养老保险参保率 96.24%，医疗保险参保率 100% 。

【社保基金】 基金支出　全年发放养老金 25.39 亿元，社会化发放率 100%。城镇职工医保基金支出 1.63 亿元，城乡居民医疗保险基金支出 3.41 亿元，大病保险基金支出 1773.62 万元，失业保险基金支出 1498.5 万元，工伤基金支出 1418 万元，生育基金支出 1534.02 万元。发放元旦、春节和端午节专项慰问金 32.5 万元。

基金监管　加强社保基金缴费及待遇发放等环节监控，定期不定期监测社保基金运行状况，对存在的制度漏洞、违规违法等威胁基金安全运行的问题，及时督促整改。2017 年，审计稽核重复领取社保待遇 414 人，收回资金 104.81 万元。稽核养老保险参保企业 52 家，涉及 4701 人，督促补缴社会保险费 92.15 万元。开展“强化医保监管宣传周活动”，收回医疗保险违规本金及处违约金 163.71 万元。网络审核扣款 43.11 万元。追回医保个人账户违规套现 3856.7 元。加强协议医药机构管理，全年新增协议机构 53 家，取消资格 1 家。

【社保制度改革】 2017 年，出台《忠县机关事业单位工作人员医疗补助暂行办法》，全年住院和特病门诊结算 37837 人次，支付补助 1106 万元；推进机关事业单位养老保险制度，征收 2014 年 10 月至 2017 年 12 月基本养老保险费 7.77 亿元，征收 2017 年职业年金 1.17 亿元；推进公立医院综合改革，组织县人民医院等 4 家县级公立医院政策培训近 600 人次，采集复核医师基本信息 939 人；加强跨省异地就医联网结算备案管理，职工医保累计备案 1820 人次，居民医保累计备案 436 余人次。将县人民医院接入国家跨省异地就医平台系统，并于

2017 年 8 月 17 日实现跨省异地联网直接结算；生育保险与职工医保顺利合并实施，县人民医院、县中医院、县妇幼计生中心 3 家定点医疗机构于 2017 年 8 月底通过接口改造测试。推进医保总额控费，将总额控制指标、政策范围内次均费用、住院自费率等 14 个指标纳入医保服务协议，促进定点医疗机构主动控费。全年医保基金支付一般诊疗费 187.07 万元，居民医保结算单病种支付费用 307.68 万元，职工医保累计结算单病种支付费用 49.64 万元。居民医保累计结算床日付费 774.22 万元，职工医保累计结算床日付费 81.42 万元。

【企业减负】 推进落实企业参保费用减免，降低缴费费率和基数等政策，减轻企业发展负担，全年为 1900 余户企业减负 6442 万元；落实企业稳岗补贴，为 106 家企业发放稳岗补贴 264.68 万元，稳定岗位 8953 个。（刘 城）

社会福利

【概　况】 忠县民政局位于忠州街道新华路 2 号。内设办公室、救灾科、基层政权科、优抚安置科、社会救助科、社会福利和老龄事业科、社会事务科、计划财务科、行政审批科。机关行政编制 18 名，在编在岗 17 名。局属事业单位有忠县殡葬管理所、重庆市忠县救助管理站、忠县民政局婚姻登记处、忠县最低生活保障管理中心、忠县军队离退休干部管理服务中心、重庆三峡民康医院，在职职工 96 人。其中，副科级事业单位 3 个，即重庆三峡民康医院、忠县最低生活保障管理中心和重庆市忠县救助管理站。重庆三峡民康医院人员编制 78 个，实有编制内职工 72 人，全年新收治住院病人 579 人次、门诊病人 8172 人次。另有忠县忠州福利院和忠县民政社会福利中心。

【养老机构建设】 完成 24 个敬老院法人登记，4 个敬老院设立许可；申报市级标准示范养老机构 2 个；关闭 4 个小、散、远、差敬老院和 4 个严重不达标的民办养老机构。至 2017 年底，全县有敬老院 30 家，福利院 2 所，床位 2200 张；民办养老机构 46 家，床位 3600 余张。创建社区养老服务站 4 个，财政给予建设补贴 80 万元；投资 550 万元，完成乌杨镇敬老院改扩建主体工程；争取中央投资资金 736 万元，改扩建三汇特困人员供养服务设施（敬老院），新增床位 100 张；争取中央投资 1350 万元用于建设马灌特困人员供养设施，新增床位 250 张；完成 2 个福利院和 30 个敬老院消防整改，拨付消防安全专项整治补助资金 885 万元；在建社会福利中心 1 家，设计床位 1081 张；投资 1300 万元，完成福利中心一期工程（1—4 号楼）和军休中心装修，新增床位 704 张。至 2017 年底，全县共有养老床位 6500 张，每千名老人拥有养老床位 30.5 张。

社会救助

【概 况】 2017 年，全县社会救助体制机制进一步健全，城乡低保、特困人员供养、医疗救助和临时救助等救助政策进一步完善，保障标准不断提高，困难群众获得感进一步提升。至 2017 年底，全县救助 19.7 万余人次，支出救助金 18259.5 万元。

【低保救助】 2017 年，全县纳入城乡低保 9154 户 18484 人，累计发放城乡低保资金 7712 万元。在元旦、春节、五一、端午、中秋、国庆等节日，对城乡低保对象、特困供养对象每人发放慰问金 20 元。全县推行低保公示制度，除在《忠州日报》分 106 期刊登所有在册低保名单外，在乡镇（街道）、村（居）、居民户三级实行低保定期公示，每季度更新一次低保人员名单，广泛接受群众监督，努力打造阳光低保。

【医疗救助】 医疗救助规范开展。建立资助“参合”、住院救助、门诊救助“三位一体”的医疗救助模式，共同致力解决困难群众的医疗难问题；加强与城乡居民合作医疗保险、职工医疗保险的衔接，实现“一站式”结算。至2017年底，全县医疗救助城乡困难群众149780人次，支出城乡医疗救助金3820.7万元。利用市局下拨149万元及县级匹配部分资金设立扶贫济困医疗基金，主要针对目录外的自负费用。发生医保目录外的医疗费用占总费用不超过30%，对医疗目录外自负费用予以救助（超过30%的，对自负费用30%以内的费用予以救助）。全年扶贫济困医疗基金救助1575人次，支出救助金278.4万元（其中建卡对象254人次，救助金额38.73万元）。

【临时救助】 全年临时救助2476人次，发放临时救助金1671.78万元，人均救助水平6752元/人次。将建卡贫困户单独列为临时救助类，其住院自费超过3000元，临时救助按照其自费的30%予以救助，封顶线3万元。

【慈善救助】 2017年，县慈善会筹募款物832.9万元（其中物资折款94万元），发出慈善款物780.32万元（含物资折款94万元），占全年筹募总额的94%，援助贫困群众2万余人。“特殊困难”留守儿童360人，贫困家庭优秀大学新生、贫困中小学生400余人，贫困群众210名，共233.3万元（其中物资折款21万元）；资助教育、卫生、乡村道路建设等公益事业8项共486.8万元（其中物资折款73万元）。

【流浪乞讨救助】 开展冬季送温暖、夏季送清凉街头主动救助活动，全年救助流浪乞讨人员247人次。不定期开展站外托养机构代养人员安全监管巡查，协调公安部门对35名滞站人员全国寻亲救助和DNA信息录入，推进超期滞站人员寻亲服务、落实户籍和安置工作。完成救助站迁建工程主体建设，累计完成投资350余万元。

【留守儿童关爱保护】 开展全县农村留守人员调查，以各乡镇（街道）为单位建立动态管理数据库，实行季度更新。建立农村留守儿童关爱保护工作联席会议制度，会同教育、公安等部门开展“合理监护相伴成长”专项行动，监护责任实现全覆盖，462名监护差、无户籍、病残等五类重点对象落实关爱帮扶措施。

【特困供养及孤儿救助】 2017年，全县特困供养人员5305人，累计发放特困供养资金3996.3万元。落实孤儿基本生活费救助政策，完成孤儿基本生活保障费调标，按照集中供养1200元/月/人、分散供养1000元/月/人的标准，为全县95名孤儿发放救助金104万余元。加强孤儿动态监管，新审批8名，取消34名。

社会抚恤

【概　况】 2017年，忠县有复员退伍业军人等优抚对象3万人，其中享受国家抚恤补助的优抚对象8934人；有县人武部、忠县公安消防大队、武警忠县中队等驻忠部队3支，有军队离退休干部中心优抚安置事业单位1个、零散烈士纪念墓（碑）37座。

【拥军优属】 全年慰问驻军和优抚对象3万余人次，支持部队建设资金150余万元，送慰问品、慰问金总价值210余万元，发光荣军属牌371块、光荣之家2.5万张、年画3.5万张、慰问信3.5万封，表彰“最美忠州子弟兵”12名。

【抚恤优待】 为 8934 名重点优抚对象发放抚恤补助费 6032 万元；全额资助 8754 名优抚对象参加城乡合作医疗一档；筹资 22 万余元为 7639 名在乡优抚对象免费购买老年人意外综合保险；发放门诊医疗补助费 1048 万元；优待城乡义务兵家庭 667 户，发放优待金 533 万元；筹集 218 万元专款解决优抚对象“三难”问题 1592 户次。落实 12 名军休干部退休费、1 名军休干部护理费和 8 名遗属生活补助费。

社会事务

社会事务管理

【婚姻收养登记】 深化登记体制改革，落实婚姻收养免费登记，将 14 个乡镇婚姻登记工作纳入婚登处集中办理；从 6 月 15 日起，全县各乡镇（街道办）不再办理婚姻登记。开展婚姻规范化建设，完善相关制度和标识，工作人员全部统一着装并佩戴工作牌上岗。2017 年，全县结婚登记 5969 对，离婚登记 2824 对，补发结婚登记 3244 对，补发离婚证 158 对。在线登记率 100%，婚姻登记信息和房管、公安等实行数据共享。

【社会组织管理】 全年依法登记社会组织 17 个，其中，社团 6 个、民非 11 个，登记合格率 100%。实行社会组织登记证号与组织机构代码两证合一，完成 21 个行业协会商会与行政机关脱钩工作。培育社会组织发展，认定慈善组织 1 个，直接登记 5 个，推荐 2 名政协委员和 3 名统战人士，支持购买服务项目 21 个。党建工作纳入章程示范文本，落实“三同步”机制，全县社会组织党组织组建率 70.4%，党的工作覆盖率 100%。

【行政区划和地名管理】 完成新生镇、乌杨镇撤镇设立街道工作。完成忠县第二次全国地名普查工作，采集、测量、录入地名词条 13084 条。完成《中华人民共和国标准地名词典》（忠县篇）编纂工作。完成边界纠纷隐患排查及平安边界创建工作。

【殡葬服务管理】 开展“殡葬服务提升年”活动，落实殡葬服务“六公开”（公开服务项目，公开收费标准，公开服务内容，公开服务程序，公开服务承诺，公开服务监督）制度。抓好重要节日殡改宣传和日常安全检查，加强殡葬服务收费监管。筹建新立镇、乌杨镇殡仪服务站和新生镇临港新城农村公益性公墓；完成松鹤园公墓、龙蛇背服务站、火化机改造工程，完成投资 700 余万元。印发规范城区殡葬秩序公告和规范全县殡葬行为的通知，规范殡仪服务站和埋葬行为管理；依法查处白公街道、汝溪镇等 4 个乡镇（街道）非法治丧活动；全年火化遗体 508 具，免除困难群众基本丧葬服务费 145 人，免除金额 21 万余元。

【社会工作】 组织 150 余名考生参加全国社会工作职业资格证书考试，8 人取得社会工作师资格证，6 人取得助理社会工作师资格证书；完成 2016 年度培养本土社工人才的“三区计划”；忠县心一社工服务中心干事何萍纳入重庆市 2017 年社会工作骨干人才培养计划。完成全县社会工作人才普查工作，全县从事社会工作的人员 2684 人；新成立 3 个专业社会工作服务机构和忠县社会工作者协会。

老年人

【概 况】 至 2017 年底，全县 60 岁以上老年人 21.3 万人，占全县总人口 99.73 万人的 20.78%。80 岁以上老年人 3.09 万人，其中，100 岁老人 34 名，每人每月发放高龄补贴 200 元。发放 1083 名高龄失能老人养老服务补贴 156 万元。审批新增残疾人护理补贴和生活补贴对象近 700 名，两项补贴累计发放对象8389人，全年发放资金530万元。

（陈光辉）

残疾人

【概 况】 2017年，全县有各类残疾人6.1万人，占全县总人口的6.05%。持证残疾人21935人。

【残疾人保障】 贯彻落实《忠县“十三五”加快残疾人小康进程规划》《忠县残疾预防行动实施方案（2016—2020年）》《忠县残疾人创业就业扶持补助办法（试行）》等制度，全县2673名残疾人享受贫困残疾人生活补贴，7900名残疾人享受重度残疾人护理补贴，2万余名持证残疾人享受城乡居名养老保险和医疗保险缴费市、县补贴，其中县级财政补助资金200万余元。完成残疾人户高山生态搬迁94户，对130户农村贫困残疾人危房进行改造；对500名贫困家庭重度残疾人实施居家托养。

【残疾人扶贫】 县残联机关派出扶贫工作队驻扎锁口村实施精准脱贫，对接帮扶贫困户19户，落实帮扶资金5万元；落实残疾人“两项补贴”“两项保险”政策，实施异地搬迁、“阳光安居工程”214户；拟定《忠县残疾人创业就业扶持补助办法》，扶持农村残疾人种养（殖）业大户3户；为2户残疾人企业货款贴息10万元；对483人开展实用技术培训；对官坝镇、兴峰乡投入100万元实施场镇无障碍改造；对120户残疾人家庭实施无障碍改造；兑现残疾人燃油和C5驾照补贴，落实肢体残疾人路桥费减免政策。利用重大节日走访慰问困难残疾人家庭500余户和为特校捐助慰问资金11余万元；指导“龙湖年货·温暖万家——雨露助残”项目的精准实施，为30户特殊困难残疾人提供项目支持资金11.8万元；开展社会公益活动，重庆博爱慈善基金为特校教师学生捐助防寒服装250余套，自强残疾人服务站、义龙社工和恒爱康教服务中心等爱心单位和人士开展各类公益活动10余场次，为特殊困难残疾人提供帮扶和救助。 （李海燕）

人口和计划生育

【计生服务】 全面两孩政策实施　贯彻落实全面两孩政策，利用计生赶场、“5·29”计生协会纪念日、“7·11”世界人口日等宣传全面两孩政策，发放妇幼健康知识、全面两孩政策等宣传资料15000余份，面对面接受群众咨询400余人次，解答群众咨询100余人次，展出健康知识、优生优育知识、全面两孩政策、《重庆市人口与计划生育条例》解读等宣传展板20余张。开展计划生育进党校活动，举办2017年村（社区）综合服务专干培训班和综合治理专干培训班，参训人员908人。全年办理生育服务证登记5663个，其中一孩登记2651个，二孩登记3012个；办理再生育服务证187个；办理独生子女父母光荣证1227个。

计划生育奖励扶助　贯彻落实国家计划生育奖励扶助政策，按时足额兑现计划生育奖励扶助资金。2017年，计划生育奖励扶助新增3487人，特别扶助新增107人，农村独生子女四级以下残疾家庭扶助新增7人，手术并发症新增7人，独生子女父母一次性奖励新增5951人，落实参合补贴21000人。全年发放各类资金4000万元。

生育保健服务领域治理　2017年，全县出生人口性别比呈逐年递减趋势。召开部门联席会议2次，印发宣传资料2万份，整合公安、卫生计生监督执法、药监等部门执法力量，集中开展“两非”专项整治3次，对3家未取得计划生育技术服务执业许可和母婴保健技术服务执业许可，擅自开展计划生育技术服务或者母婴保健技术服务的医疗保健机构进行立案查处，没收违法所得2503.57元，罚款16000元；对5家缺少病人基本信息、超声波妊娠诊断信息、终止妊娠手术信息登记不完善等问题的医疗保健机构，现场给予纠正，并下达限期整改监督意见书；对1家未按规定销售终止妊娠药品的药品经营配送企业交由食药监忠县分局给予立案查处。

【流动人口服务管理】 2017年，以流动健康服务年为契机，广泛开展各项宣传活动，认真落实流入人口均等化基本公共卫生和计划生育技术服务。流动已婚育龄妇女信息提交率99%以上，信息反馈率、信息接受率均100%，信息反馈和接受及时率98%以上，有效联系率97%以上，流动人口计划生育免费服务落实率97%。（付艳彬）

复退军人安置

【概 况】 接收2016年退役士兵328人、退休士官1人、复员干部1人。以服役期间表现量化评分为主要依据自主选岗，15名转业士官全部安置到县乡事业单位，1名统筹到中央企业。为312名2016年退役士兵发放自主就业一次性经济补助费975万元。

基层政权与社区建设

【概 况】 完成新立镇精华、石宝镇两河、官坝镇丰收、拔山镇新化等4个便民服务站的改扩建项目，并给予每个站20万元资金补助。修订完善《忠县村（居）务公开目录》，进一步规范村（居）务公开内容；完成忠州街道锦鸿、乐天路、香语3个社区居委会的设立和汝溪镇白庙村等9个乡镇18个村撤村设居工作；完成忠县第十届村（居）委会新任村居干部岗前培训工作。出台《中共忠县县委、忠县人民政府印发<关于加强和完善城乡社区自治促进社会治理创新工作的实施方案>的通知》（忠县委〔2017〕133号）文件，推进开展“三事分流”“三社联动”社区治理试点工作。

抗灾救灾

【概 况】 开展防灾减灾救灾工作，分别于“5·12”全国防灾减灾日、国际减灾日期间开展防灾减灾宣传活动和自然灾害应急救助演练。全年受灾84838人，紧急转移安置受灾群众987人，及时下拨自然灾害救助资金933万元，发放棉被2300床、棉衣945件，受灾群众倒房重建61户147间、损房修复328户852间，全县3万余受灾群众得到及时、有效救助。新立镇桂花村成功创建为全国综合减灾示范社区。（陈光辉）

街道 镇 乡

忠州街道

【概 况】 忠州街道位于县境中部偏东部，幅员面积83.9平方千米，境内最高海拔1680米，最低海拔117米，属亚热带季风气候，日平均气温约18℃，年降水量1200毫米。

内设党政办、人大办、经发科、社事科、规建科、城管科、综治办、移民办8个科室。机关编制69名（其中行政编制63名，工勤编制6名），在编在岗55名（其中工勤人员4名）。

2017年，全街道辖6个村、16个社区居委，44个村民小组、120个居民小组，46890户130265人。全年出生1354人，出生率10.4‰；死亡1146人，死亡率8.8‰；符合政策生育1070人，计划生育率99.25%，人口自然增长率1.6‰，出生人口男女性别比99.6：100。

【经济发展】 2017年，辖区实现生产总值920552万元，同比增长11.6%；固定资产投资1259563万元，同比增长17.8%；财政收入8225万元，同比增长26.7%；社会消费品零售总额502103万元，同比增长14.4%；城镇居民可支配收入33118元，同比增长9.6%；农村居民人均可支配收入16358元，同比增长10.1%。

工业经济 规模以上工业企业26户，规模以上工业企业工业总产值713398万元，增加值274967万元。全年实现工业总产值1022190万元，同比增长23.7%；工业增加值581249万元，同比增长23.8%。

农业经济 年末常用耕地面积1074公顷，农作物播种面积2166.6公顷。粮食播种面积906.4公顷，粮食产量4528吨。种植水稻272.2公顷，产量2114吨；小麦28.4公顷，产量105吨；玉米171.9公顷，产量1050吨；高粱27.5公顷，产量134吨；豆类265.5公顷，产量545吨；红苕70.8公顷，产量298吨；洋芋70.1公顷，产量282吨。油料面积97.1公顷，油料产量211吨。种植蔬菜352.5公顷，产量9410吨。水果面积1052公顷，水果产量15029吨。实现农业总产值13623万元，农业增加值9187万元。

年饲养量100头以上养猪大户17户，2000只以上蛋禽大户2户。主要畜牧产品中，牛出栏557头，存栏1393头；生猪出栏25125头，存栏17459头；羊出栏904头，存栏728头；家禽出栏265908只，存栏237958只。全年畜牧业总产值8495万元。

全年新增农村劳动力转移3367人，外出务工人员2022人，务工收入8492万元。

民营经济 新发展民营企业1639家，其中微型企业296家；新增个体工商户1706户，占计划的170.6%。辖区累计有私营企业4747户，个体工商户10832户，从业人员83526人，产值1877326万元，缴税18475万元，利润241562万元。

【特色产业】 采取市场为导向、专业户引路、示范片带动、专业合作社保障、政府引导等措施，以“龙头企业+基地+落户”模式、产加销结合为突破口，与忠县鑫能酿造厂签订协议，在磨盘村发展“长辣丰”辣椒种植13.9公顷；与重庆龄童米业有限公司签订协议，在磨盘村发展“逸香2115”高山生态优质水稻种植面积52.4公顷；从巫溪县引进优质脱毒西森3号秋洋芋种25.75吨，发展秋洋芋20公顷；在贫困户中发展高产优质油菜66.67公顷和城市景观油菜80公顷；新发展无公害绿色蔬菜233.33公顷。鼓励农民工返乡创业，在独珠村1组流转土地6.67公顷种植油菜和向日葵，麟凤村种植高山青翠李6.67公顷，顺溪社区组建农业专业合作社新建优质李子桃子等水果6.67公顷。

【招商引资】 以现有企业为依托，通过“以亲找亲，以厂找厂，以商招商”方式开展招商工作。2017年，引进忠县白极熊服装有限公司、忠县金贝幼儿园、重庆锦顺交通设施有限公司、忠县木林雅装饰有限公司、重庆市宏庆制衣有限公司5家企业落户忠州街道。全年合同引资1.6亿元，到位资金0.95亿元，占全年任务的211%。

【社会事业】 文教事业　辖区有中学2所，小学8所，幼儿园41所（其中公办1所，民办40所）。有中学教师930人，小学教师1050人，幼儿教师365人。在校中学生15503人，小学生19788人，在园幼儿8183人。初中适龄人口入学率、小学升初中升学率、九年义务教育覆盖率、小学适龄儿童入学率、巩固率均100%。全年发放家庭经济贫困寄宿生生活补助400余万元。

利用节假日开展群众文化活动30场次，全年完成送电影下乡（村）204场。

医疗卫生　辖区有公共卫生服务中心1所，村级合作医疗站8所，从业人员68人，城乡合作医疗参保83744人，参保金额1218.75万元，参合率95%。

劳动就业和社会保障　辖区有城乡低保1888户3709人，发放1926.4万元；国家各类抚恤补助对象1108人，发放1350万元。民政对象资助参合6227人。特困建档累计1296人，特困供养人员221人，发放172.4万元；孤儿5人，发放6万元。高龄困难老人补贴50人，发放13万元。高龄失能老人补贴35人，发放9万元。长寿补贴7人，发放1.7万元。“解三难”资金发放11万元。临时救助申报318人，发放214万元。救灾救济资金发放31万元。困难残疾人生活补贴460余人，发放28万元；重度残疾人护理补贴790余人，发放50万元。

扶贫工作　忠州街道有6村、5个涉农社区，其中磨盘村是唯一贫困村。2014年建档立卡贫困户370户1156人，2015年脱贫贫困户166户537人，2016年脱贫贫困户166户522人，2017年脱贫贫困户26户73人。全年完成高山生态扶贫搬迁贫困户17户62人；C、D级危房改造12户，含C级3户，D级9户，其中建卡贫困户12户（含C级3户，D级9户），贫困村非建卡贫困户33户（含C级15户）。先后15次组织626名群众参加创业实用技术培训，56人次参加建卡贫困户“雨露计划”培训，8人纳入“雨露工程”贫困大学生资助；磨盘村完工并验收整村脱贫项目6个，发展高山优质水稻产业51.2公顷，辣椒产业13.87公顷，秋洋芋产业6.87公顷；开通磨盘至忠县城区客运班车；发放贷款贴息44人次195万元。利用春节、端午节、中秋节等为372户建卡贫困户发放慰问金46680元。

【基础设施建设】 投资800万元修建南溪、佑溪村农村公路4.5千米，完成南溪村、磨盘村4千米农村公路联网通达工程建设并通车。顺溪、复旦、佑溪、南溪村和新桥社区争取“一事一议”财政奖补资金150万元，硬化人行便道21.175千米。对独珠、磨盘等村农村公路投资2万余元，安装安全警示标志30多块。投资90余万元，修复特大暴雨水毁的农村公路堡坎5余处1800余立方米，安装波型生命防护栏约8千米。完成2017年度山坪塘建设36口。城镇化率99.05%。

投资42万元，改造D级危房20户，实施宅基地复垦面积13.33公顷；投资4000万元，结合高山生态移民搬迁、农村危旧房改造及地质灾害搬迁避让，统筹建设麟凤村狮里堡、风箱垭口、白家园等8个居民点。投资350万元，整治山坪塘36口，解决780户1628人饮水难问题。完成小额信用贷款195万元。推广新型农机135台，完成农机技术培训880人次。实施土地流转20公顷，新发展专业合作社2个。

【乡村旅游业】 境内有省级文物保护单位3处（㽏井口遗址群、中坝遗址、临江岩造像），县级文物保护单位4处（忠州古城、水文碑、皇华城<含保江岩题刻>、复旦村天山石屋<崖墓群>）、文物点15个，有无名阙、陶罐等馆藏文物10多万件，有省级景区景点1个（市政府命名的㽏井湖风景名胜区）。

㽏井沟是重庆市级风景名胜区，这里有世界上最古老的制盐场，㽏井沟遗址（中坝遗址）被评为全国十大考古发现之一。㽏井沟文化遗址的文化层厚12.5米，从上到下依次为清、明、宋、唐、南朝、汉、秦、战国、春秋、西周、商、夏和新石器时代，被誉为中国活的“地下二十四史”。从汇入长江的㽏井口至三角滩，蜿蜒10余千米，两端宽阔，中间狭长，羊子岩、凤凰岩、金鸡岭，崖高谷深。古栈道、古盐井、古场镇、古遗址，古迹密布。三峡水漫㽏井沟，十里湖泊五里峡，景色迷人。灵羊引栈道、金鸡对凤凰”、石锣对石鼓、玉柱擎悬崖等传说。自然景观与人类文明交相辉映，2006年3月，重庆市政府命名为㽏井湖风景名胜区。

复旦村有上千年历史形成的神秘“石屋”48间，传说是巴人居住的地方，具有发展乡村旅游独特优势。

【三峡后续建设】 *后续项目建设* 8月，县城苏家移民安置小区综合帮扶项目中的社区综合管理性服务用房和文化活动场地完成主体工程建设，道路维修改造工程已招投标动工建设；县城严颜、东坡等8个社区建设项目9月交工验收并送县审计局审计结算；县城郑公移民安置小区综合帮扶项目移民安置点、道路油化照明绿化工程已招投标动工建设；完善社区综合管理性服务用房和活动场地方案，县城顺溪移民安置小区综合帮扶项目人行梯道进行施工图设计，社区综合管理性服务用房正在完善修建性详细规划，移动公厕已政府采购，即将安装。独珠村农村移民安置区精准帮扶项目中的道路交通设施完善工程、人畜饮水和房屋居住安全保障工程已招投标动工建设；村便民服务中心建设工程通过财评。

抓好后期扶持和对口支援项目的实施：南溪村1组连接路硬化工程竣工通车；启动顺溪李子沟至苏家仙人脚板连接路硬化工程和佑溪1组老土地至2组双河口连接路硬化工程；完成南溪1组至新桥4组连接路工程施工图设计和预算审查；磨盘村人行便道工程竣工；完成泉城敬老院项目建设并搬迁入住；复旦村便民服务中心建设工程用地获审批，进入项目推进修详规阶段。

移民扫尾工作 与县移民局向皇华孤岛移民送达移民强制搬迁销号决定书，并于5月26日在《重庆法制报》登报公告。委托中介机构对皇华岛未拆迁的房屋进行危房鉴定。

日常监管 抓好三峡水库管理工作。加强蓄退水安全监测与防范，全年巡库4次，完成临水房屋搬迁4户10人；对23名高切坡监测人员开展专题监测知识培训会，提升监测技能；安排专人对地质灾害防治、消落区管理、高切坡等项目进行监测，全年无移民方面的安全责任事故发生。实施因蓄水造成的郑公玉龙路塌陷整修工程，消除通行安全隐患。加强移民来信来访处理，全年街道党工委会专题研究移民信访稳定工作4次，处理移民来信4件，办复4件；来访85人次，移民信访处置率和回复率均100%。加强移民技术技能培训，完成农业技术培训250人、县城移民各种技能培训800人；加强农村移民后期扶持直补到集体部分资金的管理，完成移民后期扶持直补对象的清理报送工作，全年

无后期扶持方面的问题发生。发放 2015—2017 年度忠县农村移民后期扶持直补资金 192.36 万元。

【维稳工作】 全年开展安全检查 652 人次，排查整改各类安全隐患 218 起，查处劝导各类交通违法行为 347 起，向驾乘人员发送安全提示或警示信息 23 次，受教育人员 4000 余人次。调解民事纠纷 546 起，调解率 98%。接收社区矫正人员 538 人，在管 49 人，安置帮教 114 人。辖区在册吸毒人员 603 人，需管控社区戒毒（康复）86 人。全年办理国家信访网信访件 2 件，重庆市信访信息系统信访件 141 件；初信初访录入信访件 158 件，录入人民建议登记件 28 件，代理录入重庆市信访办公众信息网 92 件，录入重庆市领导干部大下访系统 288 件，录入重庆市涉稳人员信息系统 1200 件、处置信息 8 条，全年信访“五率”100%。辖区房地产开发、棚户区改造、物业管理、库区移民、企业改制等方面矛盾纠纷较为凸显，有 BCD 类重点涉稳人员 20 人，其余重点稳控对象 43 人，中港系、教育、移民、治安员等重点群体 543 人，全年化解公园一号、冠和小区、高宗华等信访积案 6 起，成功化解非法码头拆除、㽏井河渔业、福田小区用电、重庆电力高等专科学校学生死亡等突出矛盾问题；从苗头上对涉军、涉教、治安员、渔民、善心汇、大时代产业园等欲进京集访群体进行有效化解，成功将熊枢康、刘定安等 3 名欲进京上访中港系人员及时劝返。

【党建工作】 *干部队伍建设和管理* 拓宽干部进入渠道，通过公开选聘方式，按照公开报名、资格审查、笔试、面试、考察程序，面向社会选聘社区专职工作者 9 名；根据干部个人工作能力和特点，结合村（社区）工作需要，调整村（社区）干部 5 名，书记 2 名；针对城市党建工作，为城市社区选配专职副书记 9 名、专职党务工作者 2 名；灵活运用公益性岗位政策，新增公益性岗位人员 14 名。改进干部考核方式，制定《忠县忠州街道村（社区）实职干部考核办法（试行）》，村（社区）实职干部年度考核实行“三考”制度，即年初考目标（思路）、年中考履职、年末考成效，年度考核结果与村（社区）干部绩效奖励和干部任免挂钩，进一步加强过程管理，强化绩效考核，促进作用发挥；落实党组织书记落实全面从严治党责任季度述职评议制度，每季度各村（社区）党组织书记到街道集中述职、分管领导点评、中层干部和直属单位负责人参与测评，测评结果纳入年度考核。创新干部培训模式，组织村（社区）干部到县委党校培训 130 人；街道举办村（社区）干部集中培训班 1 期；组织 22 个村（社区）书记及部分机关干部到重庆渝北区双湖路社区等 4 个村（社区）、忠县乌杨工业园区参观学习城市党建、产业发展、群团工作等；通过非公党建工作和基层党建工作现场推进会形式，开阔干部眼界，活跃干部思维。

党员发展和教育管理 抓好党员队伍建设，全年培训入党积极分子 27 名，发展预备党员 14 名，办理预备党员转正 18 名；抓好失联党员处置，通过党员查找，复联建议纳入组织正常管理 84 名，仍失联或在国外生活建议停止党籍 33 名，开除党籍 1 名，除名 1 名，特殊原因暂不纳入处置 3 名。创新党员管理方式，按照“在职党员有岗履责、无职党员设岗定责”原则，在麟凤、鸣玉溪、财政所等 3 个单位党组织试点战斗堡垒指数和党员先锋指数考评，建立党员日常表现纪实制度；在东坡路、鸣玉溪、香怡等社区实行党员积分管理制度；在香怡、中博等社区开展党员亮身份行动。强化党员思想教育，严格落实“三会一课”“两学一做”学习教育常态化制度化制度；全面推行党支部每月 20 日“主题党日”制度；加强党员党性实践锻炼，抓好党章党规党纪和党内政治生活准则、党内监督条例等法规制度的学习贯彻，通过街道集中学、小组讨论、党员自学、撰写心得体会等方式，增强“四个意识”。树立先进典型示范，通过开展“七一”系列庆祝活动，表彰先进基层党组织 15 个，优秀

党务工作者15名，优秀共产党员117名；举办“致敬党旗故事会”演讲比赛，讲述党员先进事迹，充分发挥党员先锋模范带动作用。

探索城市基层党建新思路　健全网格化组织体系。建立城市社区“大党委”—网格党支部—网格党小组的“三级”网格化组织体系，建立11个城市社区大党委，211个网格，实现组织建设、党员管理全覆盖。编制服务项目清单。通过网格员入户收集社情民意后形成“需求清单”；整合城市大党委成员单位的资源优势，形成“资源清单”；通过城市社区“大党委”成员单位党建联席会，将需求与资源精准对接，形成“项目清单”，凝聚合力为群众提供精准有效服务，推进街道社区与单位互助共建，推动资源共享共赢。实施党建品牌。实行党建项目化管理，打造一社区一品牌。运用“党建+”理念，以党建统领全局，发挥党建政治功能和服务功能。

阵地规范化建设　抓好两级服务中心规范化建设。抓硬件设施规范，成立忠州街道香怡社区党总支部和居民委员会，社区便民服务中心装修完毕并投入使用；苏家社区便民服务中心装修完毕；对白桥、州屏、北门、东坡、严颜等便民服务中心进行整修。对街道公共服务中心进行重新扩建，提档升级。抓软件资料规范，印发规范化建设要求，借助推进会现场讲解软件资料规范，统一为22个村（社区）购买档案盒520个。抓好便民服务中心督查。针对市委、县委组织部的督查暗访结果，及时梳理存在的问题，通报限期整改；整合街道组织和纪工委力量，对22个村（社区）开展半年督查，并点对点反馈。高效运行“群工系统”。把群工系统打造成群众反映诉求的重要平台，全年受理593件，办结588件，办结率99.2%，满意率98.6%。继续抓好非公党建工作。补齐非公党建有效覆盖不足等4个短板，两个新增非公党建示范点正在接受验收，新成立社会党组织1个，非公经济党组织1个。

（刘　杨）

白公街道

【概　况】　白公街道办事处位于县城西部，幅员面积60平方千米，平均海拔390米，属亚热带东南季风气候，日平均气温约17℃，年降水量1200毫米，森林面积3006.6公顷，森林覆盖率48%。办公地址位于忠县曼子路10号，内设党政办公室、人大工委办公室、经济发展科、社会事务科、规划建设管理科、城市管理科、移民办公室、社会治安综合治理办公室、安全生产监督管理科。机关编制46名（其中行政编制44名，工勤编制2名），在编在岗42名（其中工勤编制2名）。

2017年，街道辖4个社区（白公路社区、长河社区、九蟒社区、古井社区），6个村（银山村、护国村、松柏村、石马村、梅坝村、马岭村），63个村（居）民小组，9093户26860人，常住人口5.2万人。当年出生453人，出生率16.9‰；死亡327人，死亡率12.2‰；计划生育率96.57%，人口自然增长率4.7‰，出生人口男女性别比 103∶100 。

【经济发展】　2017年，实现生产总值128111万元，比上年增长12.7%；固定资产投资181830万元，比上年增长18.2%；辖区内财政收入6342万元，财政支出3073万元；社会消费品零售总额55652万元，比上年增长14.2%；农民人均可支配收入16064元，比上年增长8.7%。

工业经济　辖区规模以上工业企业2户（重庆市忠县曼子建材集团有限公司、重庆国秀砂石采运有限公司）。全年实现工业总产值54220万元，同比增长20.8%；工业增加值14870万元，同比增长21.4%。

农业经济　2017年，常用耕地面积987公顷，农作物总面积1615公顷。粮食播种面积868.4公顷，粮食产量4343吨。种植水稻267.6公顷，产量2078吨；小麦36.6公顷，产量134吨；玉米142.5公顷，产量871吨；高粱32.5公顷，产量158吨；豆类239.3公顷，产量490吨。油料面积111公顷，油料产量242吨。种植蔬菜343.5公顷，产量9225吨。水果面积473.3公顷，水果产量6791吨。实现农业总产值10669万元，农业增加值7110万元，比上年增长4.5%。

100头以上养猪大户16户，300头以上养羊大户8户，2000只以上蛋禽大户4户。主要畜牧产品中，牛出栏492头，存栏1231头；生猪出栏10930头，存栏7595头；家禽出栏103592只，存栏92703只。全年推广优化良种油菜300公顷，对66.67公顷油菜实行高产示范片田间管理。发放农机购置补贴2.16万元。完成全国第三次农业普查工作。

民营经济　2017年，新发展民营企业69家，其中微型企业45家；新增个体工商户152户。全街道私营企业401户，个体工商户764户，产值256210万元，缴税33850万元，利润85250万元。

全年新增农村劳动力转移1193人，外出务工人员3430人，务工收入10290万元。

【特色产业】　采取“公司+农户”模式，在马岭村种植晚熟脆红李120公顷；采取企业带动、市场引导等措施，在松柏村发展中药材13.33公顷，实现产量5吨，产值近60万元。

【招商引资】　组织外出招商8次，引进入驻项目4个，引资1.45亿元。其中，新办中药材种植基地及保健食品加工厂，到位资金600万元；种植晚熟脆红李133.33公顷，到位资金800万元；建设生猪规模养殖场，到位资金2000万元；将重庆渝秀建设工程有限公司总部落户白公街道，到位资金1500万元。

【社会事业】　文教事业　辖区有中学2所（忠县中学B区、忠县职业教育中心），小学3所（白公路小学、石马村小、中星小学），幼儿园6所（民办幼儿园5所：红花幼儿园、明天幼儿园、八一幼儿园、护国幼儿园、梅坝幼儿园，公办幼儿园1所：白公路小学幼儿园）。有中学教师275人，小学教师101人，幼儿教师31人。在校中学生4078人，小学生2139人，在园幼儿642人。初中适龄人口入学率99%，小学升初中升学率100%，九年义务教育覆盖率、小学适龄儿童入学率、巩固率均100%。

医疗卫生　辖区有医院2所（白公街道社区服务中心、白公路社区卫生服务中心），村卫生室21个，从业人员21人。合作医疗参保23114人，参保金额316.51万元，参合率100%。加快发展卫生事业，大力开展爱国卫生运动，对60岁以上老人开展免费体检，健康建档1.5万余份。顺利推进白公敬老院规划设计。

民政工作　全年救灾救济发放资金19万元，惠及0.23万人；发放最低生活保障金204.1万元，其中，城镇低保户43户83人，支出48.3万元；农村低保户200户403人，支出155.8万元；有特困人员101人，发放特困供养金78.8万元。加强残疾人关爱，为225名残疾人发放补贴16.6万元，补助10.5万元；完成7户农村贫困残疾人危房改造。落实计生奖扶，办理生育服务证60份、再生育证5份、独生子女证3份，孕前优生健康检查60对。城乡居民养老保险参保1.6万余人，完成新增就业650人，促进困难人员就业165人，发放小额担保贷款1240万元。开发公益性岗位46人，开展就业培训420人。

扶贫工作　辖区有贫困人口343户1073人。利用扶贫专项资金36万元，新修马岭村公路0.8千米，受益群众59户215人。易地扶贫搬迁104人，补助建卡贫困户104万元。先后8次组织21名群众参加创业培训。利用春节为343个建卡贫困户发放慰问金4.99万元。696名干部继续与343户贫困户结对帮扶，发放慰问物资1029人次10.29万元，发放扶贫小额贷款27户126.5万元。低保政策兜底

58 户 118 人。完成建档立卡贫困户易地扶贫搬迁 28 户。全年有 38 户 120 人脱贫。

【基础设施建设】 投入 300 万元，对白公生态花园进行升级改造，重新铺设小区污水管网、硬化装饰休闲广场、栽植花草树木、规范停车位、行车道白改黑；对白公环路 20 号小区、金山沟 A、B 两小区新建休闲广场，更换和增设健身设施、休闲座椅、路灯、停车位以及补植花草树木等；重新铺设白公路小学旁人行梯道。

以创建全国文明城市为契机，对背街小巷及老旧小区道路、立面、水管等维修整治，清理化粪池 8 口，整治污水管网 2 处 400 余米。加大违法建设防治力度，强制拆除辖区违法搭建 2 处；对环城西路沙田大桥至胥家垭口段集中进行环境综合整治，拆除雨棚 48 户 5400 平方米。城镇化率 88.52%。

投入 75.46 万元，硬化梅坝村白儿塘至三丘田农村公路 1.6 千米；投入 314.7 万元新建石马村、护国村、梅坝村、松柏村、银山村、马岭村人行便道 43.012 千米；启动马岭村坦口至松柏村柏树丫口、松柏村团石盘古井村银锭子公路前期工作。投入 293 万余元，整治山坪塘 48 口；启动杨家坝水库征地前期工作。

全年审批各类建房 86 户 31161 平方米，其中，规划区内审批 13 户 3744 平方米，收取配套费 52.9 万元。改造 C、D 级危房 20 户补助 35.25 万元。宅基地复垦二批共 4 个复垦项目通过市级验收等待地票交易。加强地灾防治，完成九蟒六组老屋院子、半坡 2 个滑坡点 31 户的治理工程前期工作，为 40 个地灾点安装警示牌。

投入 20 万元，建成垃圾集中收集站 34 个、垃圾收集点 85 个，购置垃圾桶 270 个，配备垃圾收运车辆 1 台。推进环保节能工作，查处辖区涉及环境污染事件 4 件。对禁养区畜禽养殖 12 户进行关闭和搬迁工作，处理生猪 1730 头，拆除栏舍 8560 平方米。投资 100 万元，对约 8000 平方米的城中村进行游园式和简易绿化整治。以美丽乡村建设为契机，结合“一事一议”的方式和美丽乡村建设奖补措施，启动护国村美丽乡村建设，安装节能路灯 50 盏；对梅坝、石马居民点进行绿化、美化、亮化，村容村貌得到较大改善。

【乡村旅游业】 投入 105 万元，完善良玉故里、官马古道景区 1.5 千米公路改造、设施设备和标识标牌安装。护国葡萄园吸引周边游 18000 人次，城郊“一日游”初步形成。成功引进重庆池田生态农业开发有限公司打造漕溪河休闲度假观光带。

【三峡后续建设】 投资 1300 余万元，对白公生态花园、怡心园、肉联厂 3 个小区外墙瓷砖脱落进行全面整治；投资 700 万元实施长河社区移民精准帮扶项目。与山东省郯城县签订框架协议，2017 年至 2020 年，郯城县安排不低于 200 万元财政援助公益性项目资金，重点支持白公街道办事处公共服务能力建设，援建古井社区便民服务中心。

【征地拆迁工作】 配合银山片区打造，完成忠州中学（银山）改扩建项目拆迁工作，与 206 户签订安置协议，征地 35.97 公顷；推进五洲国际项目，完成九蟒物流园土地征收工作，与 267 户签订安置协议，征地 70.53 公顷。拆除 2 栋 111 户小产权建筑量 2 万余平方米，促进忠县“一江两岸三片区”城市骨架的拉开。

【维稳工作】 加强法制宣传工作，发放宣传资料 5000 余份，开展法治专题讲座 1 次、街头法制宣传 7 次、送法下乡 10 场次，法律进万家 780 户，接受咨询 120 余次。做好 12 名社区矫正服刑人员日常管理，落实 72 名刑满释放人员安置帮教工作。配齐法治副主任，对婚姻、赡养、劳务关系、电信诈骗等 6 个大类有针对性地开展法制宣传教育和法律咨询。

加大安全生产宣传力度，全年巡回宣传 20 余次，印发各类宣传资料 3.7 万份。健全各项安全监管制度措施，全年排查各类安全隐患 211 起，隐患整改率达 100%；处理安全生产违法违规行为 32 起，查处违章车辆交通违法行为 26 起。完成街道应急规范化建设及 4 个社区（白公路社区、长河社区、古井社区、九蟒社区）微型消防站建设。

对白公路社区实行网格精细化管理，划分网格 34 个，建立线上线下相结合的智慧社区。坚持干部下访、接待群众常态机制，加强重点人群稳控，设立网上信访员 10 名、信访代理员 10 名，开展业务培训 150 余人次，接访群众 90 批次 343 人次，处理群众来信来访 40 件、上级交办件 67 件次，排查矛盾纠纷 17 件，调解民事纠纷 13 起。

【党建工作】 辖区有党工委 1 个，社区党委 1 个，党支部 20 个，其中村（居）党支部 13 个，医院党支部 1 个，机关党支部 1 个，直属单位党支部 3 个，非公党支部 2 个。有党员 744 名，转正 7 名。全年送培入党积极分子 15 名，发展预备党员 6 名。

落实全面从严治党责任。贯彻执行中央八项规定精神，持续整治“四风”，强化政治纪律和组织纪律；召开党工委会议 30 次，党建会议 6 次，专题研究意识形态工作、基层阵地建设等党建问题 12 个；开展“解放思想、提高执行力”干部作风专项整治；强化意识形态领域管理，及时约谈传导负能量的个别干部；开展“村霸”“蝇贪”及“四个”专项治理。加强理论学习，提高政治觉悟。学习宣传贯彻党的十九大精神，班子成员、帮扶单位及宣讲队走进院坝宣讲 310 场；中心组集中学习 12 次，撰写心得体会 12 篇；推进“两学一做”学习教育常态化制度化，班子成员领学必学篇目 144 篇，机关干部交流心得 81 人次；举办基层党组织书记党建业务培训班，规范“三会一课”等制度，多形式开展“主题党日”活动，党组织引领作用进一步增强。

狠抓薄弱环节，夯实基层党建。指导村（社区）制定“三年规划”，严格季度考核和督导，提升干部积极性和执行力；白公路社区“互联网+”助力城市党建，精细化管理 34 个小网格，投入 29 万元建成忠县首个“智慧社区”；社区“大党委”169 名党员主动认领岗位，开展文明志愿活动，解决滨江路停车场、白公生态花园小区脏乱差等问题 8 个；持续整顿软弱涣散党支部，古井社区党支部推行无职党员设岗定责并成功转化；马岭村以党建促脱贫，驻村工作队员吃住在村，改善基础设施，形成 133.33 公顷李子产业；加强对辖区非公企业党建工作的指导，组织非公党组织书记进行党建业务培训，撤销非公党组织 1 个，在社会组织中吸收发展预备党员 1 名；加强党内关怀，慰问困难党员 165 人次；群工系统受理反映事项 198 件，办结率 99.4%，满意率 95.43%。

强化基层阵地建设，通过拆迁还房、开发配套、对口帮扶购买商业门面、培育产业项目流转集体土地等多种方式，破解 6 个村（社区）集体经济发展难题，60% 的村（社区）有稳定的集体收入；规范两级服务中心建设和管理，争取资金 1300 万元解决古井、白公路、石马等 3 个村（社区）办公场所问题。组建由 360 名党员组成的志愿者队伍，开展文明劝导、清运垃圾等活动，推进全国文明城市创建。完成人才普查暨 30 万外出务工人员、在外成功人士调查摸底，收集上报信息 9622 条。培养的 4 名本土人才全部进入村实职干部队伍。

落实党风廉政建设责任制。签订党风廉政建设责任书 28 份，形成一级抓一级、层层抓落实的廉政建设工作机制。集中学习《准则》和两个《条例》；开展警示教育，增强党员干部的廉洁从政意识。修定和完善机关管理办法等规章制度，加强干部平时考核管理。更新城乡低保、种粮直补、合作医疗等各种惠农政策，增加工作透明度，消除群众疑虑。强化廉政风险日常防控。制定定期廉政提醒谈话计划，规范谈话方式和实施办法，廉政提醒谈话 59

人次。开展群众身边不正之风和腐败问题专项整治，整治“村霸”“蝇贪”。加大案件查处力度。健全街道纪检信访和问题线索处置工作机制，严格依照监督执纪工作规则处置问题线索。全年核查问题线索12件次，核查群众反映的问题29个；采取谈话函询4件次，初核问题线索8件次；通报批评2件次，提醒谈话3件次；立案审查1件，对1名违纪党员予以党内严重警告、行政停职。

（周亚丹）

乌杨街道

【概　况】　乌杨街道位于忠县长江南岸，距县城19千米，2017年8月30日挂牌成立。周边与洋渡镇、石子乡、磨子土家族乡、东溪镇以及石柱县万朝镇接壤，拥有沪渝、梁黔、沿江3条高速公路，有普乐和曹家2个高速路出口。水陆交通便捷，人文历史悠久，素有“将军故里、汉阙之乡”美誉。辖区幅员面积103平方千米，平均海拔758米，属亚热带东南季风气候，日平均气温17℃，年降水量1295毫米。森林6253公顷，森林覆盖率36.8%。内设党政办、经发科、食药科、综治科、规建科、移民办、社事科、新区建设办，机关编制44名（行政编43，工勤编1），在编在岗44名（工勤人员1名）。街道辖11个村、8个社区居委、88个村民小组、63个居民小组，21477户56027人，非农业人口11241人，常住人口35896人，城镇人口14556人。全年出生823人，出生率14.7‰；死亡619人，死亡率11.1‰；政策内生育率96.35%，人口自然增长率3.7‰，出生人口男女性别比100∶99。

【建制调整】　根据党章和国家法律法规及市政府《关于撤销忠县乌杨镇、新生镇设立乌杨街道、新生街道的批复》（渝府〔2017〕31号）精神，2017年7月25日，中共忠县县委、忠县人民政府印发《关于撤销乌杨镇、新生镇设立乌杨街道、新生街道有关工作的通知》（忠县委发〔2017〕10号），撤销乌杨镇，设立乌杨街道，乌杨街道辖原乌杨镇朱河、沿溪、青岭3个社区和黄谷、将军、文峰、曹家、五岭、高寨、上坝、团结、太集、兴合、李岗、庙塘、白坪、楠木、杨峰、普乐16个村。街道办事处驻玲珑路18号（原乌杨镇人民政府驻地）；撤销中共忠县乌杨镇委员会，设立中共忠县乌杨街道工作委员会，乌杨镇党代会代表资格分别依法履行到乌杨街道新机构成立时止；撤销中共忠县乌杨镇纪律检查委员会，设立中共忠县乌杨街道纪律检查工作委员会；依法设立忠县人大常委会乌杨街道工作委员会，乌杨镇人民代表大会代表资格依法履行到乌杨街道新机构成立时止，由县人大常委会依法作出决定；依法撤销忠县乌杨镇人民政府，设立忠县乌杨街道办事处；撤销忠县乌杨镇人民武装部，设立忠县乌杨街道人民武装部，由县人民武装部按规定办理。乌杨街道领导班子人选，按照《党政领导干部选拔任用工作条例》、有关法律和章程的规定，由县委组织部、县纪委考察提出意见，经县委审定后按程序办理；原乌杨镇党委、人民代表大会、政府、纪委、人武部的职权、职能，依法履行到乌杨街道新机构成立时止。

【经济发展】　2017年，全街道实现地区生产总值192607万元，同比增长13.1%；固定资产投资292949万元，同比增长18.1%；辖区内财政收入1785万元，同比下降28.1%；社会消费品零售总额8706万元，同比增长13.9%；农村居民人均可支配收入12333元，同比增长9.4%。2017年获评市级“商贸重镇”。

工业经济　规模以上工业企业15户，规模以上工业企业产值289040万元。全年实现工业总产值354057万元，工业增加值106217万元，同比增长24.1%。

农业经济　辖区有耕地面积2735公顷，农作物总面积 5782 公顷。种植水稻 1403 公顷，产量 10901 吨；小麦 457 公顷，产量 1685 吨；玉米 573 公顷，产量 3505 吨；高粱 283 公顷，产量 1381 吨；豆类 886 公顷，产量 1813 吨。粮食播种面积 3944.2 公顷，粮食产量 20701 吨，油料面积 544.33 公顷，油料产量 1172 吨。种植蔬菜 444 公顷，产量 9949 吨。水果面积 1398 公顷，水果产量 19964 吨。实现农业总产值 29338 万元，农业增加值 19931 万元。

全年有养殖大户 30 户（牛羊养殖大户 8 户，家禽养殖大户 1 户，生猪养殖大户 21 户），主要畜牧产品中，牛出栏 1589 头，存栏 3972 头；生猪出栏 30081 头，存栏 20903 头；家禽出栏 161996 只，存栏 144968 只。全年畜牧业总产值 13495 万元。

全年外出务工人员 15941 人，务工收入 499272120 元。

民营经济　2017 年，全街道新发展民营企业 48 家，新增个体工商户 173 户。有私营企业 305 户，个体工商户 1245 户，从业人员 9968 人，产值 336889 万元，缴税 2612 万元，利润 26378 万元。全年申请培育农村电商服务点 4 个。

【特色产业】　根据街道各片区资源禀赋优势，采取“基地+农户+企业+科研院所”措施，发展特色产业。面上发展柑橘、高粱、绿竹、脆红李、小麦等特色效益产业 5 个；点上发挥各村资源优势，发展“一村一品”，盘大盘强黑花生、杨峰黑山羊、曹家肉牛、将军蔬菜、庙塘花椒、团结红心柚等产业。依托忠州酒业、瑞竹纤维、鲜果集等龙头企业，建成 866.67 公顷柑橘示范园、333.33 公顷高粱基地、333.33 公顷绿竹基地，街道 5 个特色产业基本形成生产、加工、销售一体的完整链条。

【招商引资】　2017 年，新引进项目 4 个，签定合同 4 个，签约资金 1.51 亿元，续建项目 7 个，总计到位资金 0.9 亿元。

新引进项目：引进运达农业开发有限公司投资 600 万元的将军村柑橘培育管护项目；引进重庆晨超生态农业发展有限公司投资 8000 万元打造休闲农业观光项目，到位资金 1600 万元；引进忠县欣茂农业开发有限公司在青岭社区投资建设农业开发、柑橘培育项目，到位资金 1300 万元；引进重庆桔都农业开发有限公司 3500 万元的高寨村柑橘培育农业开发项目，到位资金 1500 万元。

续建项目：重庆瑞竹植物纤维制品有限公司投资 1.4 亿元建设的环保餐具餐盒生产项目，投资完成；忠县正乐果业有限公司投资 2000 万元建设的柑橘培育高换管护项目，2017 年到位资金 250 万元；忠县生益农业有限公司投资 2000 万元建设的柑橘培育农业开发项目，2017 年到位资金 300 万元；忠县新硕农业有限公司投资 2000 万元建设的柑橘培育生态农业项目，2017 年到位资金 400 万元；忠县鑫橙农业发展有限公司投资 2000 万元建设的柑橘培育农业开发项目，2017 年到位资金 400 万元；重庆江川科技有限公司投资 5000 万元建设的机电设备技术研发、制造项目，2017 年到位资金 1650 万元。

【社会事业】　文教事业　辖区有中学 2 所，小学 3 所，幼儿园 8 所。有中学教师 159 人，小学教师 187 人，幼儿教师 70 人。在校学生 16584 人，其中，小学生 3070 人，初中生 1491 人，普通高中生 720 人，在园幼儿 1303 人。初中适龄人口入学率、小学升初中升学率、九年义务教育覆盖率、小学适龄儿童入学率、巩固率均 100%。

利用节假日开展群众文化活动 70 场次（含进村演出），全年完成送电影下乡 228 场。

免费开放图书室、农家书屋、电子阅览室，更新图书 270 种，订阅报刊 10 种，书刊阅览 4490 册次，电子阅览 2070 人次。完成建设文化中心户 5 户。举办各类免费培训 4 次 200 人次、免费辅导 3 次 450 人次；举办各类、免费展览 4 次 2600 人次，成功举办 2017 年春节文艺汇演等 10 次文体活动。

医疗卫生　全街道有中心卫生医院 1 所，村级合作医疗站24所，从业人员25人。农村医疗参保45630人，参保金额624.33万元，参合率100%。

民政工作　全年发放救灾救济资金27万元，发放最低生活保障金116万元（其中，城镇低保户32户47人，支出25.3万元；农村低保户139户225人，支出90.7万元），98人次得到大病医疗救助106.35万元。全街道有特困人员244人，特困供养发放资金190.3万元。参加城乡居民基本养老保险288人、城乡职工基本医疗保险32人、城乡居民基本医疗保险45500人。国家抚恤、补助各类优抚对象36人，抚恤经费支出55.66万元。投资520万元的乌杨敬老院建设项目，已建成乌杨敬老院综合楼，配套建设活动场所、设施一批。

扶贫工作　全街道有庙塘村、团结村、兴合村、太集村贫困村4个，贫困人口1081户3482人。2017年，完成全街道32户127人异地扶贫搬迁工作和20个扶贫项目资金报帐工作，有90户270人实现脱贫。资助在档贫困户家庭子女大学新生15人次；为1081户3483人购买建卡贫困户精准脱贫保；先后16次组织22名群众参加创业培训。坚持“项目到村，资金到户”等方针，建立起以李子、柚子、花椒、高粱为主的主导产业，全街道贫困人口人年均纯收入4608元。利用春节为1081个建卡贫困户发放慰问金139280元。开展乌杨街道第四个“中国扶贫日”捐赠活动，捐款132.8万元。

【基础设施建设】　村社建设　整合扶贫、移民、交通、财政、水利、发改委等部门资金，硬化杨峰、曹家、团结等村社区农村公路42.8千米，新建曹家社区泥结石路1.42千米，新修人行便道11.8千米，整修公路20千米。投资400万元，整修山坪塘74口。

全年审批农村建房180户，农村D级危房改造完成23户。投资400万元，整治山坪塘74口。全年累计拆除违法建设38户，消除违法建设总占地面积3000平方米，实现违法建设零增长。推广新型农机29台，完成农机技术培训4人次。实施土地流转122公顷。总投资1304万元的高寨村移民安置区精准帮扶项目启动施工图设计。完成辖区内的工业企业、畜禽养殖、放射辐射源等各类污染源的清理排查，其中工业企业6家，规模化畜禽养殖20家，医疗卫生机构1家；对太集村、曹家村实施农村环境连片整治工作，修建污水处理厂2座，建设污水管网12千米。

场镇建设　投入150万元，恢复重建农贸市场5200平方米；投入资金200万元，铺设人行道地砖1.2万平方米；投入180万元，建成朱河、沿溪污水管网12千米；修建停车场3243.36平方米，停车位104个。总投资3012万元的小区帮扶项目开工，至2018年将完成7千米场镇道路油化，5个停车场修建。投入30万元，修建垃圾收集池4个、集中收集点183个，购置垃圾桶540个，配备垃圾收运车辆6台，设置标识牌129个，配备村级清扫与收运保洁人员102人。全年场镇建成区面积2.8平方千米，有杨城路、怡然路、杨晏路等干道7.5千米，场镇居民2万人，城镇化率42.46%。

【乌杨新区建设】　协同完成乌杨新区规划编制工作，实现新区建设规划、园区发展规划、土地利用规划、环境保护规划多规合一。全年征地拆迁涉及普乐、黄谷、文峰及将军4个村，生物发电项目征地12.67公顷、特瑞二期征地24公顷、新区中学项目征地17.33公顷、医药产业园征地180公顷、装备制造项目征地137.33公顷、园区电力改造线路3条等6个项目，征地面积共计434.53公顷，涉及群众3174户9436人；截止2017年底，完成708户2000余人安置房分配，拆房面积约24万平方米，销号率99%以上。

【乡村旅游业】　将军故里　巴郡太守严颜故里。严颜，东汉末年巴郡临江（今重庆市忠县）人，（？—219年）。初为益州牧刘璋巴郡太守，镇守江州（今重庆市渝中区）。建安十七年（212 年），刘璋慑于北方曹操威胁，遣法正于荆州（今湖北）迎刘备入益州（今四川），严颜认为这是“留虎自卫”的愚蠢举措。东汉献帝建安十九年，刘璋兵败失益州，严颜闻讯后自刎于守土。唐贞观八年（634 年），朝廷谥严颜为“壮烈将军”，并追封严颜为忠州刺史。后来，忠州人为了纪念他，将其出生地取名将军溪，所在地名将军村。

文立故里　文立，字广休，巴郡临江人（今重庆市忠县乌杨镇文峰村人）。益州刺史费祎任命其为州从事。后入朝为尚书郎。蜀并于晋，梁州建，首为州别驾从事。咸熙元年，举秀才，除郎中，晋武帝泰始二年，拜文立为济阴太守（今山东荷泽），继被召入朝廷。武帝立太子，选文立任太子中庶子，后任散骑常侍。文立谦虚谨慎受武帝厚爱。武帝中期升任卫尉，为九卿之一，朝中官员服其贤雅。

乌杨汉阙出土之地　乌杨汉阙发现于重庆市忠县乌杨镇将军村，2001 年，在三峡文物保护抢救工作中发掘出土，是我国目前幸存的 30 余处汉阙中，唯一通过考古发掘复原，并发现相关阙址、神道、墓葬的阙。乌杨阙现陈列于重庆中国三峡博物馆中庭，也是所有汉阙中第一个作为博物馆馆藏文物的汉阙。

玉皇观　位于乌杨街道高寨村，玉皇观及周边景区有着玉皇大帝的行宫、众仙出没的天仙村、容纳 3000 人集会的鱼洞、孙悟空出世的悟仙石等，集中国古代建筑魅力与大自然鬼斧神工为一体，犹如现实版《西游记》实景图。

【三峡后续建设】　完成三峡移民档案整理 3000 余本。编制三峡后续工作规划项目库项目 4 个（乌杨街道高寨村农村移民安置区精准帮扶项目、乌杨街道沿溪社区农村移民安置区精准帮扶项目及 2019 年五岭村、将军社区农村精准帮扶项目）。成功申报乌杨街道小区综合帮扶项目，总投资 3012 万元，全年完成工程量 80%。完成移民培训就业就业技能培训、岗位技能提升培训和创业培训 117 人。完成城镇移民困难救助和农村移民后扶扶持对象名册报送，全年发放城镇困难救助 2020 人 80.08 万元，农村直补到人 270 人 14.05 万元；发放农村移民后期扶持集体资金 723 人 42.15 万元。完成移民项目高寨村、黄谷社区及五岭、文峰社区道路硬化工程。及时处理来信来访，处置回复率 100%，无大规模到市进京上访。

【维稳工作】　加强对道路、水上交通及烟花爆竹、易燃易爆、非煤矿山等安全监管，全年出动执法车辆 100 余辆次，处罚罚金 8500 元；出资 100 余万元，对全街道 96 处隐患进行整治。全年开展安全检查 452 人次，排查整改各类安全隐患 896 起，查处劝导各类交通违法行为 48 起，查处非法营运 1 起，组织驾乘人员开展安全学习 150 人次。调解民事纠纷 285 起，调解率 98%；开展社区矫正 8 人，安置帮教 127 人次；全年处理各类信访 245 件，信访回复率 100%。

【党建工作】　辖区有党支部 29 个，其中，村（居）党支部 19 个，政府机关、医院、企业等党支部 10 个。有党员 1310 名，全年新发展党员 8 名。将 242 名流动党员纳入管理站管理，发放流动党员证 242 本。

全年召开“两学一做”“干部作风建设”等专题民主生活会 3 次，党政班子会议 39 次。组建覆盖 19 个村社区的宣讲队，以“集中+个别”、“骨干+帮联”、“市县+街道”、“网上+网下”为宣讲方式，以“1+N”为宣讲内容，集中宣讲党的十九大精神。以“主题党日”活动为载体，开展集中学习和读书座谈活动 8 次，组织干部参加十九大知识考试。开展“三级干部”集中培训和“比学赶帮超”等活动。调整科室中层干部 22 人次；稳妥推进 5 个村撤村设社区，选用、招考村社区干部 8 名；配齐群团组织领导班子。建立乌杨 1.7 万名在外成功人士、务工人员、实用技术人员人才库，开展“返乡人士看乌杨新区”活动。整顿后进基层党组织工作，7 个部门、单位联建乌杨 12 个村支部，从基层党建、民生工程、产业发展方面实施联建项目 12 个，推动后进村跨越式发展。积极推进“互联网+”党建的思维模式，推广应用“群工系统”，全年办结群众事项 409 件，办结率 99%，满意率 98%。

（马 翼）

新生街道

【概　况】 新生街道位于县境西部，幅员面积 81.1 平方千米，平均海拔 400 米，属亚热带季风气候，日平均气温 18.1℃，年降水量 1200 毫米。森林 4664.2 公顷，森林覆盖率 47.9%。街道办事处驻新生场 1 号，新生街道内设党政办公室、人大工委办公室、经济发展科、社会事务科、社会综合治理管理科、规划建设管理环保科、移民办公室，食品药品监督管理科 8 个科室，机关行政编制 49 名，在编在岗 45 人。

2017 年，街道辖 11 个村，86 个村民小组 9 个居民小组，10313 户 30755 人。当年出生 421 人，出生率 13.7‰，死亡 361 人，死亡率 11.7‰；人口自然增长率 2.0‰，出生人口男女性别比 103：100。

【建制调整】 根据党章和国家法律法规及市政府《关于撤销忠县乌杨镇、新生镇设立乌杨街道、新生街道的批复》（渝府〔2017〕31 号）精神，2017 年 7 月 25 日，中共忠县县委、忠县人民政府印发《关于撤销乌杨镇、新生镇设立乌杨街道、新生街道有关工作的通知》（忠县委发〔2017〕10 号），撤销新生镇，设立新生街道，新生街道辖原新生镇新生、望水 2 个社区和裕华、木瓜、天池、钟坝、胜利、普安、果梁、合水、香水、鹿角、万井 11 个村。街道办事处驻新生场 1 号（原新生镇人民政府驻地）；撤销中共忠县新生镇委员会，设立中共忠县新生街道工作委员会。新生镇党代会代表资格分别依法履行到新生街道新机构成立时止；撤销中共忠县新生镇纪律检查委员会，设立中共忠县新生街道纪律检查工作委员会；依法设立忠县人大常委会新生街道工作委员会，新生镇人民代表大会代表资格依法履行到新生街道新机构成立时止，由县人大常委会依法作出决定；依法撤销忠县新生镇人民政府，设立忠县新生街道办事处；撤销忠县新生镇人民武装部，忠县新生街道人民武装部，由县人民武装部按规定办理。新生街道领导班子人选，按照《党政领导干部选拔任用工作条例》、有关法律和章程的规定，由县委组织部、县纪委考察提出意见，经县委审定后按程序办理；新生镇党委、人民代表大会、政府、纪委、人武部的职权、职能，依法履行到新生街道新机构成立时止。

【经济发展】 2017 年，实现生产总值 76529 万元，同比增长 12.8%；固定资产投资 27194 万元，同比增长-12.4%；辖区内财政收入 1410 万元，同比增长 32.7%；社会消费品零售总额 8171 万元，同比增长 14%；农村居民人均可支配收入 14342 元，同比增长 9%。

工业经济　有规模以上工业企业 3 户（翔银电子、九蟒建材、丽尔木业）。全年实现工业总产值 5597 万元，同比增长 23%；工业增加值 17351 万元，同比增长 20.1%。

农业经济　辖区年末常用耕地面积 1136 公顷，农作物总面积 2147 公顷。粮食播种面积 1761 公顷，粮食产量 8998 吨。种植水稻 586 公顷，产量 4552 吨；小麦 144 公顷，产量 531 吨；玉米 179 公顷，产量 1094 吨；高粱 110 公顷，产量 533 吨；豆类 358 公顷，产量 733 吨，红苕 164 公顷，产量 2686 吨，洋芋 220 公顷，产量 865 吨。油料面积 396 公顷，油料产量 853 吨。种植蔬菜 512 公顷，产量 10646

吨。水果面积 1264 公顷，水果产量 18051 吨。实现农业总产值 12452 万元，农业增加值 8405 万元。

全年有生猪养殖大户 14 户，牛羊养殖大户 2 户。主要畜牧产品中，牛出栏 788 头，存栏 1968 头；生猪出栏 20909 头，存栏 14529 头；家禽出栏 115420 只，存栏 103288 只。全年畜牧业总产值 9450 万元。

全年外出务工人员 11043 人，收入 38650 万元。

民营经济　2017 年，全街道新发展民营企业 41 家，其中微型企业 12 家；新增个体工商户 77 户，占计划 102%。全街道私营企业 199 户，个体工商户 540 户，从业人员 4260 人，产值 157005 万元，缴税 830 万元，利润 14043 万元。

【特色产业】　持续发展特色农业产业，招商引资建成万亩柑橘园、青蛙养殖基地和红豆杉酒业，引导发展壮大新型经营主体。加快推进高山生态农业观光园和“天池・望水・裕华・钟坝片区高山乡村旅游开发”建设，完成望水古街复建工程，谭家寨登山步道初步建成。在木瓜村、合水村、鹿角村培育 4 个蔬菜基地 100 公顷，打造新生蔬菜品牌；新建柑橘园 761.87 公顷，另有老果园 281.19 公顷，涉及 6 个村 1 个居委，完成果园的除草、施肥、打药、除草剂；通过招商引资建成青蛙养殖基地 1 个，虾养殖场 1 个；核桃、猕猴桃、高山晚熟脆红李等产业相继投产。实施田园油菜花景观项目，在忠丰公路高速公路出口至香水村路段公路两侧、忠垫高速公路忠州收费站至谭家寨隧道段两侧可视区域内种植油菜 70.2 公顷。

【招商引资】　2017 年，完成招商引资任务 9 个，引入资金 4550 万元，到位资金 4550 万元。其中，青蛙养殖项目、水产养殖项目建成投产，引资资金 1700 万元，到位资金 1700 万元；重庆博环胜广农业发展有限公司、忠县保林农业开发有限公司、重庆市鹿角农业开发有限公司、忠县李猛农业开发有限公司 4 个柑橘项目和忠县野马农业开发有限公司小龙虾养殖项目正在建设，引资资金 2850 万元，到位资金 2850 万元；重庆港城养老院、重庆栖贤园养老院 2 个项目已签约备案。

【社会事业】　文教事业　全街道有中学 2 所（新生初级中学校、临港初级中学校），小学 2 所（新生小学校、望水小学校），幼儿园 4 所（喜洋洋幼儿园、阳光宝贝幼儿园、新生小学校幼儿园、望水小学校幼儿园），民办学校 2 所（忠县嵩山少年军校、忠县布泽学校）。有中学教师 109 人，小学教师 130 人，幼儿教师 24 人。在校中学生 1374 人，小学生 1329 人，在园幼儿 474 人。初中适龄人口入学率 113.18 %，小学升初中升学率 95.14%，九年义务教育覆盖率、小学适龄儿童入学率、巩固率均 100%。发放家庭经济贫困寄宿生生活补助 566709 元。利用春节、元旦、中秋、国庆节等开展群众文化活动 12 场次，全年完成送电影下乡 156 场次。

医疗卫生　辖区有中心医院 2 所（新生中心卫生院、望水卫生院），村级合作医疗站 14 所，从业人员 15 人。农村医疗参保 26491 人，参保金额 351.52 万元，参合率 97%；享受门诊补助 0.2 万人次 6.3 万元，住院补助 932 人次 91 万元。

民政工作　全年发放救灾救济资金 20 万元，发放最低生活保障金 283.3 万元（其中，城镇低保户 56 户 72 人，支出 39.4 万元；农村低保户 315 户 599 人，支出 243.9 万元），62 人次得到大病医疗救助 31 万元。全街道有特困人员 192 人，发放特困供养资金 149.8 万元。参加城镇基本养老保险 13701 万人、城镇职工基本医疗保险 3800 人、城镇居民基本医疗保险 26694 人；参加失业保险 2600 人、工伤保险 3950 人、生育保险 3800 人。国家抚恤、补助各类优抚对象 216 人，抚恤经费支出 159 万元。投入 50 万元对新生敬老院提档升级，属重庆市示范敬老院。

扶贫工作　抓好58户196人（2016年底未脱贫、返贫、新增51户166人，2017年4月新增档外对象7户30人）贫困户脱贫工作，完善516户贫困户分户档案工作，完成919户贫困户精准脱贫保工作；完成2015年以前及2015、2016年整村扶贫项目报账工作。有序推进“普惠金融”工作，审核发放36户105.5万元诚信贷款。完成高山生态扶贫搬迁人口30户122人；利用扶贫、高山生态扶贫搬迁等专项资金450万元，新修村道9.2千米，新建便民道3.6千米，完善饮水管网、路灯、广场和便民服务中心等基础设施，受益群众3250户11320人。组织20余名群众参加创业培训，举办电子商务培训、农业技术培训4次300余人次。坚持产业扶贫，建立起以核桃、清脆李、青蛙、猕猴桃等为主的主导产业，促进贫困户增收。利用春节、中秋节、端午节等传统节日为487个建卡贫困户送去节日慰问金约20万元及油、粽子、麻花等物资。全年有30户102人实现脱贫，新纳入贫困户2户8人，实有未脱贫户30户98人，街道贫困发生率0.39%。

【基础设施建设】　全年投入720余万元，修建（硬化）农村公路9.1千米；投入900万元，油化场镇道路5.9千米。投入10万元，新安装路灯20盏；投入12万元，购置垃圾箱400个，配有移动式压缩垃圾箱5个和配套转运车辆3吨拉臂车2辆。投资1500万元，修建城镇居民商住房9000平方米。全年场镇建成区面积1.8平方千米，干道长4.9千米。城镇化率31.86%。加快征地拆迁工作，推进临港新城建设。新生港一期工程、进港大道、G50高速下道收费站扩容项目涉及拆迁户426户，签订协议418户，拆除房屋415户。城镇化率31.86%。

投资72.3万元，改造农村危旧房37户；投资102万元，整治山坪塘9口；投资2.4万元，新建沼气池12口；延伸水源取水半径，维护维修人饮管网600多处，增添自动化净化设施1套，清洗清水池和循环池4次；新安装入户管道65户，技改用户112户。搬迁改建进港大道一期工程供水管线2100米，贯通海顺石化供水管线，确保管网农户和辖区内重点工程正常用水。推广新型农机41台，完成农机技术培训530人次。实施土地流转25公顷，新发展专业合作社2个。

落实“绿水青山就是金山银山”的发展理念，推进“河长制”工作，落实“双总河长”制度，制定下发《新生街道“河长制”实施方案》《“五个一”巡查机制》，明确街道级河长、村级河长和责任单位，明确各级河长具体职责，建立并动态管理“一河一档”“一库一档”，聘请河长制工作社会义务监督员1名。围绕“河畅、水清、坡绿、岸美”目标任务，大力宣传节约用水，推广沼气池和卫生厕所建设，设置垃圾收集设施定期转运，排查入河库污染源，严格治理工矿企业污染、城镇生活污染、畜禽养殖污染、水产养殖污染、农业面源污染，严格控制河流排污总量，关闭河岸沿线禁养区家畜禽养殖场19家。加强河库水域岸线管理保护，拆除砂石码头1家，全面实施河道采砂规划，严格执行禁采区、禁采期规定，保障河势稳定。

【乡村旅游业】　境内有望水古镇、明清古建筑望水寺群、天池山国家森林公园、忠县第一制高点1127.7米的谭家寨及观音崖、燕子崖、干龙洞、水龙洞、三王庙等。建成以望水老街、天池国家森林公园、谭家寨、香水溪等系列特色生态旅游景区。2017年新发展农家乐4家，红豆杉“阳光餐厅”1家，开发“玉映”红心猕猴桃、豪果梅花鹿系列产品、孔雀、红豆杉白酒、盆景等产品，年销售农业旅游产品1000万元。

【三峡后续建设】　全年完成鹿角村居民点对外连接道改造工程7.8千米，总投资425.17万元。争取后续项目建设资金2000万元，开工建设新生集镇移民安置小区综合帮扶项目。成功申报新生居委、香水村、鹿角村农村移民安置区精准帮扶项目，申请上级补助资金 3000 万元。争取三峡移民后期扶持项目资金 698 万元，完成合水村五组欧高至朝房沟道路新建及硬化工程 0.8 千米、合水村六、七组道路改造及硬化工程 1.547 千米、香水村（原白沙村）4 千米沿江公路改造工程、合水村一组蓄水池改造工程、米市梁高切坡治理项目、小企业创业基地场平项目。

开展三峡水库蓄水影响人口搬迁和地质灾害避险搬迁安置工作，全年搬迁 11 户 42 人，兑现搬迁避让资金 127.2106 万元。全年发放农村移民后期扶持资金到个人 875 人 52.5 万元、集体 613 人 36.78 万元，非农移民困难补助资金 1770 人 70.8 万元，兑现率 100%。全年完成电子商务就业培训 50 人。

【维稳工作】 全年开展安全检查 554 人次，排查整改各类安全隐患 133 起，查处劝导各类交通违法行为 275 起，查处非法营运 2 起，组织驾乘人员开展安全学习 6 人次。调解民事纠纷 368 起，调解率 99 %。开展社区矫正 7 人，依法打击邪教 2 人，全年处理各类信访 235 件，办结率 100 %。

【党建工作】 全街道有党支部 19 个，其中村（居）党支部 13 个，另有新生街道机关、退管、第一联合、卫生院、丰华供销有限责任公司、忠县民营经济协会新生分会党支部 6 个。有党员 874 名，其中新发展党员 7 名。

加强党员教育管理。推进“两学一做”学习教育常态化制度化，开展“三会一课”“主题党日”活动，发挥党员远程教育、党建云平台作用。进一步规范组织生活，开展党员先锋指数考评和民主评议，吸收预备党员 7 名，处置不合格党员、失联党员 6 名。对流动党员切实加强领导，对 190 名流出党员纳入管理站管理，发放流动党员证 190 本。

加强干部管理。强化廉洁自律准则等党内法规的学习贯彻，大力清理“蝇贪”“村霸”，整治群众身边的腐败，约谈干部 11 人，查处并整改 4 起。集中培训干部 16 批次 154 人，以会代训 102 场次。适岗调配干部，严格落实干部平时考核，培养村级本土人才、后备干部 14 名。建立人才服务机制，发挥商会服务纽带作用，通过人才普查建立人才资源信息库，开展创业培训 107 人次。

（周相阳）

任家镇

【概　况】 任家镇位于县境西南部，幅员面积 71 平方千米，平均海拔 554 米，属亚热带季风气候，日平均气温 18.2℃，年降水量 1200 毫米。森林面积 3533 公顷，森林覆盖率 74%。

2017 年，全镇辖 8 个村、1 个社区居委、66 个村民小组、4 个居民小组，7386 户 23539 人。当年出生 261 人，出生率 11.0‰；死亡 295 人，死亡率 12.5‰；人口自然增长率–1.4‰，出生人口男女性别比 112∶100。

【经济发展】 2017 年，全镇实现生产总值 36602 万元，同比增长 11.5%；固定资产投资 19544 万元，同比增长 19.5%；辖区内财政收入 411 万元，同比增长 25.4%；社会消费品零售总额 8487 万元，同比增长 13.6 %；农村居民人均可支配收入 13025 元，同比增长 9.1%。

工业经济　规模以上工业企业 1 户（重庆晟堃建材有限公司），规模以上工业企业增加值 2658 万元。全年实现工业总产值 8596 万元，同比增长 22%；工业增加值 7167 万元，同比增长 22.8%。

农业经济　全镇年末常用耕地面积 1728 公顷，农作物总面积 3152.6 公顷。粮食播种面积 2304.3 公顷，粮食产量 11267 吨。种植水稻 676 公顷，产量 5249 吨；小麦 66 公顷，产量 242 吨；玉米 332

公顷，产量2030吨；高粱74公顷，产量363吨；豆类653.6公顷，产量1337吨。油料面积373公顷，油料产量805吨。种植蔬菜157公顷，产量7192吨。水果面积1142.5公顷，水果产量16319吨。全年实现农业总产值18722万元、农业增加值12699万元。

全年出栏20头以上生猪养殖户175户，出栏5头以上肉牛养殖户45户出栏600只以上家禽养殖户213户。主要畜牧产品中，牛出栏861头，存栏2153头；生猪出栏20538头，存栏14272头；家禽出栏112945只，存栏101073只。全年畜牧业总产值5379万元。

全年新增农村劳动力转移539人，外出务工人员7190人，务工收入31200万元。

民营经济　2017年，全镇新发展民营企业21家，其中微型企业20家；新增个体工商户89户，占计划141%。全镇私营企业179户，个体工商户476户，从业人员2819人，产值16000万元，缴税820万元，利润3650万元。

【特色产业】　柑橘产业　全镇种植柑橘52万余株866公顷，有品种12个，涉及老鹳村、龙翔村、中河村、铁山村4个村，25个村民小组2193户8371人。新增标准果园建设指标80公顷。柑橘合作社5个，会员2536人，注册资金1523万元，入驻企业16家，2公顷及以上大户15个，创建家庭农场4个。忠县任家镇老鹳村柑橘专业合作社的发展成为全县示范专业合作社。

蔬菜产业　全镇蔬菜复种面积667公顷，新增大棚面积4.7公顷。有西红柿、茄子、糯玉米、水果番茄、黄花等蔬菜品种21个，涉及中河村、任家村9个种植企业520户1600余人。培育无公害蔬菜基地1个，取得有机品牌认证4个，创建绿色无公害品牌8个。蔬菜基地年产各类时令蔬菜水果20000余吨，产值8000余万元，成为忠县现代农业的一张名片。

花椒、脆李、三红柚、猕猴桃等产业　在新开村、任家村发展花椒153公顷，全镇花椒种植面积累计近267公顷，就近解决常年务工人员近100名，农民务工收入190余万元；土地租金收入110余万元，人均增收800元。在任家村、铁山村新发展市场紧俏、质优价优的三红柚、猕猴桃、脆李133公顷。

【招商引资】　全年新引进项目5个，引资资金1.2亿元（含2016年续建项目0.25亿元），开工项目5个，到位资金0.39亿元。其中，任家镇新开村花椒种植园建设项目920万元，宜生生态农业开发建设项目980万元，石材加工厂项目710万元，龙翔村柑橘标准化园果建设项目990万元，分布式光伏发电项目5960万元。

【社会事业】　文教事业　全镇有中学1所（义兴初级中学校），小学2所（任家镇中心小学、义兴小学），幼儿园4所（任家镇中心小学幼儿园、义学小学幼儿园、任家镇彩虹幼儿园、龙翔村小幼儿园）。有中学教师64人，小学教师87人，幼儿教师4人。在校中学生681人，小学生1064人，在园幼儿276人。初中适龄人口入学率、小学升初中升学率、九年义务教育覆盖率、小学适龄儿童入学率、巩固率均100%。全年发放家庭经济贫困寄宿生生活补助66.2万元。

举办体育运动会、艺术节群众文化活动12场次，全年完成送电影下乡143场。

医疗卫生　全镇有中心医院1所，村级合作医疗站11所，从业人员33人。农村医疗参保19868人，参保金额264.15万元，参合率93%；享受门诊补助4692人次5.99万元、住院补助11733人次283.86万元。

民政工作　全年发放救灾救济资金23.5万元，发放最低生活保障金171.9万元（其中，城镇低保户28户45人，支出23万元；农村低保户178户

449人，支出148.9万元），40人次得到大病医疗救助21.67万元。全镇有特困人员211人，发放资金164.6万元。举办残疾人技能培训3期24人。参加城镇基本养老保险1300人、城镇职工基本医疗保险762人、城镇居民基本医疗保险19542人；参加失业保险831人、工伤保险1126人、生育保险812人。国家抚恤、补助各类优抚对象1327人，抚恤经费支出144.6万元。

扶贫工作　全镇有天星村1个贫困村，贫困人口46户170人。利用扶贫专项资金278万元，新修天星村公路2.614千米，受益群众328户1050人。先后6次组织239名群众参加创业培训。坚持“项目到村，资金到户”等方针，建立起以中药材种植、养殖业为主的主导产业，促进贫困户增收，年均纯收入1.15万元。全年利用春节、元旦节、中秋节等为全镇477个建卡贫困户发放慰问金12万元。全年有30户97人实现脱贫。

【基础设施建设】 村社建设　全年投入270万元，修建（硬化）农村公路4.2千米。整治小（二）型水库1座。投资3460万元，新建巴渝新居173户；投资172.35万元，改造农村危旧房156户。投资58万元，整治山坪塘15口；投资8万元，新建人畜饮水池3口，完成饮水工程3处，安装铺设供水管22000米，解决22户72人饮水难问题。推广新型农机248台，完成农机技术培训3500人次。实施土地流转601公顷。投资70万元，改造村级公共服务中心1个。投资270万元，新建龙翔、老鹳、中河 农村公路4.2千米。

场镇建设　投入30万元，修补场镇道路1200米；投入2万元，新安装路灯25盏。投入15万元，购置垃圾箱500个；投入60万元，配套转运车辆2吨拉臂车2辆。投资144万元，修建城镇居民商住房1800平方米。全年场镇建成区面积0.7平方千米，有村路、国省干线路178千米，场镇居民0.36万人，城镇化率17.6%。

【乡村旅游业】 按照“三园一中心”（即沿山“药材园”、沿路“蔬菜园”、沿江“柑橘园”及生态休闲垂钓中心）产业发展思路，大力发展乡村旅游。以休闲观光农业为重点，发展种植小番茄、红心猕猴桃、西瓜、柚子、葡萄、柑橘等水果。进一步完善进入旅游景区的道路和快速通道等旅游交通设施，全年投资近1000万元修建任家至铁山十龙湖的入景公路、环湖道路及观景亭阁。

【三峡后续建设】 移民工作进入稳定阶段，全年完成移民资金清理，兑付移民“两金”52.98万元。落实三峡工程实验性蓄水及退水监测责任制，全年无蓄水安全事故发生。做好移民遗留问题的解决和移民政策的解读宣传，维护全镇移民信访稳定。完成山东对口支援项目——任家镇避难广场的申报工作，争取专项资金140万元。完成1130万元的三峡后续工作地质灾害避险搬迁项目，搬迁68户282人。成功申报三峡水库库区基金项目2个，其中老鹳村四组公路硬化项目90万元、龙翔村八社龙塘居民点环境综合整治项目120万元；成功申报三峡水库结余资金项目1个，任家镇渡口至后冲连接道路工程370万元；三个项目通过县移民局、县财政局、县发改委三方评审。成功申报移民安置区龙翔村精准帮扶项目及移民安置区老鹳村精准帮扶项目。三峡后续项目——场镇基础设施完善项目（758万元）进入财评。总投资1179万元的移民安置区长沙村精准帮扶项目进入公开招投标环节。

【维稳工作】 全年开展安全检查904人次，排查整改各类安全隐患161起，查处劝导各类交通违法行为35起，查处非法营运1起，组织驾乘人员开展安全学习865人次。调解民事纠纷36起，调解率100%。开展社区矫正5人，解出戒毒人员3人。全年处理各类信访474件，其中来访113件、来信8件、初信5件、网上投诉119件、人民建议18件、本级登记73件、上级转来138件，全年办结率100%，满意度评价90%以上。完成重庆市信访信息系统“干部接访下访”录入312件736人次，化解率100%。帮扶救助困难群众268人，吸纳社情民意23条，排查社会矛盾19件，风险评估项目2个（任家镇十龙湖后期建设项目、任家镇污水处理厂建设项目）；召开安全信访稳定会议9次，社情专题研判69次，信访宣传2次，发放宣传资料700余份，上报信访信息7篇。无涉稳重点管控人员，没有发生到中央、重庆市和国家机关越级访、集体访事件。

【党建工作】 全镇有党支部13个，其中，村（居）党支部9个，政府机关、医院、企业等党支部3个，有党员706名，全年新发展党员6名。

对196名流出党员纳入管理站管理，发放流动党员证196本。

深入学习宣传贯彻中共十九大精神，开展学习讨论和交流活动，撰写心得体会38篇。邀请县委宣讲团和“六进”宣讲队进行集中宣讲，组建基层宣讲分队宣讲25场；制作户外公益广告宣传牌90块，张贴喷绘标语30幅，开设专栏6处，通过“政务易”发送手机短信3000余条。常态开展“两学一做”学习教育，设立“两学一做”学习教育协调小组，政府机关党支部按照学习计划集中学习10次，专题讨论3次；抓好党员组织关系集中排查，全镇摸排出失联党员4名，经查联系上3名，并纳入组织管理；通过点、查、评等方式结合，完成全镇党组织、党员“画像”，明确整改时限、责任领导，跟踪整改过程，问题整改率85%以上。抓实基层党建助推脱贫攻坚，夯实脱贫攻坚队伍，选派改非领导干部担任贫困村第一书记。发挥支部书记“火车头”作用，因地制宜发展特色效益农业，带领农户脱贫增收。积极整治“村霸”“蝇贪”和侵害群众利益问题，铲除“害群之马”滋生蔓延的土壤。制定《村（社区）干部平时考评细则》，激励干部干事创业。用好群工系统，及时回应群众诉求。选派镇人大主席担任“第一书记”，后进村党支部明显转化。严把质量关，新发展党员6名、预备党员转正7名；加强党员教育、管理和服务，党员远程教育日常化、制度化。落实全面从严治党“两个责任”，查处党员干部违纪案件1起，追责1人。发展“一村一品”，壮大村集体经济，消除“空壳村”4个。制定干部人才培养计划，引进在外成功人士创业2人，农村实用人才自主创业4人，选拔培养优秀本土人才4人，选派优秀村级干部到政府锻炼1人。（李佳珉）

洋渡镇

【概　况】 洋渡镇位于县境长江南岸，南接石柱县凤凰乡“卡门”，东与石子乡、乌杨街道接壤，北邻长江与任家镇隔江相望，西与丰都县龙孔乡毗邻。长江流经镇3个村，沿江高速穿经小镇5个村并在上祠村设出口1处，幅员面积81平方千米，平均海拔390米，属亚热带季风性湿润气候，日平均气温17℃，年降水量1200毫米。森林面积3413公顷，森林覆盖率42%。

2017年，全镇辖9个村、1个社区，57个村民小组和3个居民小组，9510户29720人。全年出生344人，出生率11.5‰；死亡357人，死亡率12‰；人口自然增长率–0.4‰，出生人口男女性别比103.55：100。

【经济发展】 2017年，全镇实现地区生产总值43031万元，同比增长11.94%；固定资产投资22314万元，同比增长–12.7%；辖区内财政收入155万元，同比增长–31.72%；社会消费品零售总额6811万元，同比增长13.71%；农村常住居民人均可支配收入12033元，同比增长9.3%。

工业经济　全镇有规模以上工业企业有1户

（重庆泽楷建材有限公司），规模以上工业增加值1890万元。全年实现工业增加值6619万元，同比增长22.39%。

农业经济　全镇有耕地面积1629公顷，农作物总面积3905公顷。粮食播种面积3077公顷，粮食产量15655吨。种植水稻1022公顷，产量7934吨；小麦410公顷，产量1514吨；玉米347公顷，产量2121吨；油料430公顷，产量926吨。种植蔬菜378公顷，产量8317吨。水果面积712.47公顷，水果产量10177吨。粮食综合直补面积1460公顷，发放补贴196.48万元；完成2012年度退耕还林工程检查验收合格面积666公顷，兑现农户退耕还林工程补助156万元。实现农业总产值17493万元，农业增加值11794万元。

全年有50头以上养猪大户11户，20头以上肉牛大户1户，100头以上养羊大户2户。全镇主要畜牧产品中，生猪存栏15718头，出栏生猪22620头；大牲畜存栏2636头，出栏牛1689头；山羊存栏1645只；出栏2043只；家禽存栏118141万只，出栏132017万只。全年完成肉类总产量2617吨，禽蛋总产量505吨。

民营经济　全年新发展民营企业10户、个体工商户54户、养殖大户2户。累计有个体工商户630户，企业户数90户。产值82000万元，缴税170万元，利润7196万元。

【特色产业】　重点抓好特色产业培育、畜禽养殖、龙头企业引进和基础设施建设，集约化规模化经营柑橘527公顷、龙眼190公顷、优质枇杷33公顷，新建柑橘网络销售平台1个，签订柑橘产值保险527公顷、加工果订单100吨。2017年柑橘产量895吨，产值227.82万元。渔业收入28.5万元。

【招商引资】　2017年，持续优化“亲商、安商、富商”投资环境，引进重庆千瑞农村开发有限公司、重庆利寅机械、三昇源电子企业入驻园区；加快经济发展步伐，督促忠县圣鹏建材有限公司、重庆泽楷建材有限公司、忠县宏蓉建材有限责任公司增资扩产，带动全镇工业活力。

【社会事业】　文教事业　全镇有中学1所、小学3所、幼儿园4所，有中学教师44人、小学教师106人、幼儿教师16人；在校中学生447人，小学生1510人，在园幼儿492人。初中适龄人口入学率、小升初升学率、九年义务教育覆盖率、小学适龄儿童入学率、巩固率均100%。全国义务教育均衡发展顺利通过国家级达标验收。中考升学完成率121%。秦家上祠堂保护性修缮项目主体工程及公厕、停车场等配套设施修建完工；新建村级综合文化服务中心2个。接待“文明忠州、美丽乡村”流动文化服务进村（社区）演出活动32场次，组织送文化进村展览活动9次，开展科普宣传活动2次，举办文化政策专栏12期。

医疗卫生　全镇有中心医院1所、村级合作医疗站33所。镇卫生院成功创建一级甲等医院，基本医疗总收入500万元。城乡居民合作医疗参保25932人，参保金额348.92万元。发放大病住院二次补偿60人次35万元；完成常住人口居民健康医疗档案，为2578名群众开展健康体检。开展公共卫生服务工作，举办健康咨询活动6期、健康知识讲座12期，发放健康读本6000册。

民政工作　全年发放救灾救济资金21.5万元、最低生活保障金234.5万元。其中，城镇低保户27户43人，支出21.8万元；农村低保户327户570人，支出212.7万元。有农村特困人员145人，发放资金113.1万余元。参加城乡居民基本养老保险1.5万人，新增劳动就业193人次。开展职业技能培训245人次、移民实用技术培训300人次，发放创业担保贷款344万元。慰问优扶对象186户186人、五保户138户138人、困难群众291户512人，解决600余户受灾户生活、住房、治病资金困难，低保兜底155户。

扶贫工作　44 户建卡贫困户申请获批普惠金融诚信贷 178 万元，10 户群众申请获批小额信贷 50 万元，5 名贫困学生获得扶贫系统内学生资助 2.5 万元，28 名贫困大学生获得资助 14 万元。全面贯彻落实精准脱贫保险政策，精准脱贫保获赔 26 起 19.5 万元。组织 87 名贫困群众参加实用技术各类培训。获赠扶贫捐赠 15.6 万元。投资 250 万元实施忠县“十三五”高山生态扶贫搬迁工程项目 8 个，成功争取第二批村级基础设施和公共事业项目资金 120 万元，22 个扶贫项目基本完成。补助资金 62 万元，对 13 户建卡贫困户 C、D 级危房进行改造。全年实现 29 户 80 人脱贫。

【基础设施建设】 村社建设　硬化乡村道路 6.24 千米，新建道路 5.5 千米；投入 98 万元新建洋渡尖山子人行梯道；投入 98 万元新建玻璃钢管排洪道及排水沟 1100 米；新建联户沼气池 2 口；全镇“一池三改”891 户。投入 20 万元新建客运码头，投入 22 万元对忠蒲路洋渡段进行整修，投入 111 万元对 15 处农村公路安全隐患进行整修。投入 1500 万元对先锋水库、同合大堰 8.6 千米渠道进行全面整治；投入 29 万元整治蓄水池 4 口，投入 340 万元整治山坪塘 54 口；投资 63 万元新建主管网 4600 米、饮水池 4 个，新安装人饮管网 30 千米，对大关、金竹、金台水厂进行技改升级。推进河长制工作落实，加强长江库岸洋渡段和 5 条长江支流环境整治。投入 49 万元，实施 2800 公顷天然林保护工程管护项目；完成 666.67 公顷退耕还林工程检查验收，兑现补助 156 万元。完成蒲家、同合场亮化工程，全镇安装太阳能路灯 121 盏。推进蒲家、金竹污水处理厂建设。关闭禁养区养殖场 8 家，治理 1000 头生猪当量养殖污染。关闭忠县畅达公司洋渡集镇码头，还原绿化面积 0.8 公顷。

场镇建设　完成 1.1 万平方米集镇人行地砖铺设、2.5 万平方米场镇白改黑、3100 米天然气管道铺设工程。农村建房手续接件 251 件，选址办理规划许可证 226 件，受理水电安装 142 件。配合上级相关部门查处违法建筑 6 处，收缴规费 12 万元。完成 9 个村垃圾设施建设，建成垃圾集中收运站 3 个、垃圾收集点 150 个，购置垃圾桶 600 个，配备压缩垃圾车 2 台、装载机 1 台。城镇化率 13.84%。

【乡村旅游业】　充分利用洋渡自身区位、地势、资源、人文环境优势，深度推介洋渡古镇文化、秦氏宗祠文化和红色文化，挖掘以秦良玉祖居地、烈士秦士游等为代表的红色文化资源，抓好洋渡古镇复建规划工作，将洋渡总体部署主动融入沿江高速经济带、全县乡村旅游开发大环境和周边区县旅游发展一条线。发挥重庆森犇农业发展有限公司、重庆金元生猪养殖发展有限公司等龙头企业的辐射带动作用，将洋渡打造成为高端生态休闲养老区、优美田园产业体验区、传承历史文化旅游区的乡村旅游新格局。

【三峡后续建设】　发放三峡后续工作试验性蓄水影响房屋搬迁补助资金 23.53 万元。举办农村实用技术培训及新型农民科技培训，参加培训群众 500 余名。接待化解来信来访 2 件次 4 人次。投入 1907 万元推进集镇移民安置小区综合帮扶项目，全额争取三峡后续专项资金 5350 万元。全年完成防洪工程总工程量的 100%。

【维稳工作】 狠抓水陆交通安全、食品药品安全、危化品、烟花爆竹安全、教育安全等工作，安全生产实现“双零”目标。全年召开各类安全生产会议 40 余次，排查安全隐患 286 起，整改隐患 281 起，整改率 98%，停业整改企业 1 家，全年处罚款 4 万元。

【党建工作】　全镇有党支部 14 个，其中村（社区）党支部 10 个，机关、农服、联合、个协等党支部 4 个，有党员 813 名，全年新发展党员 6 人。

年初对各支部流动党员进行摸底调查，将111名流出党员纳入管理站管理。

学习宣传贯彻中共十九大精神，集中宣讲50余场次，干部集中学习6次，制作标语50余幅、展板30余块，统一征订学习辅导资料800余套。深化“两学一做”学习教育常态化制度化，整改场镇“三乱”等挂单问题5个，解决拆并乡场路灯安装等民生问题7个。抓干部作风建设，建立问题台账及整改措施200余条，自查自纠材料80余份，整改率95%。开展“村霸”“蝇贪”清理、整治机关党建“灯下黑”工作。完成党组织和党员信息采集工作，规范收缴党费4.8余万元。关心关怀“三留守”、贫困党员等人员150余人，发放慰问金7.5万元，发放老党员生活补贴265人35万元。合理安排使用服务群众工作经费21万元，组织公益宣传、文明县城创建等义务服务活动1500余人次。投入80余万元，完善10个便民服务中心功能。完成商会换届工作。运用“群工系统”办结群众反映事项142件，满意率98%。（黄建军）

东溪镇

【概　况】 东溪镇地处忠县东南部，东南与石柱土家族自治县接壤，南与磨子土家族乡、乌杨街道相邻，西与忠县县城隔江相望，北与复兴镇相连，距县城6千米，全镇幅员面积39平方千米。日平均气温19℃，年降水量1200毫米。森林面积2500公顷，森林覆盖率62.8%。境内有重庆市级风景名胜区翠屏山旅游景区，占地365.3公顷。

2017年，全镇辖8个村、1个社区居委、59个村民小组、4个居民小组，8360户21593人。当年出生268人，出生率12.4‰；死亡219人，死亡率10.1‰；人口自然增长率2.3‰，出生人口男女性别比106∶100 。

【经济发展】 2017年，全镇实现生产总值61441万元，同比增长12.1%，固定资产投资29962万元，同比增长18.5%；辖区内财政收入1372万元，同比增长45.5%；社会消费品零售总额17108万元，同比增长13.9%；农村居民人均可支配收入15481元，同比增长9.3%。

工业经济　规模以上工业企业1户（重庆市神安化工建材有限公司），规模以上工业企业增加值2113万元。全年实现工业增加值13216万元，同比增长22.39%。

农业经济　全镇年末常用耕地面积1158公顷，农作物总面积2597.87公顷。粮食播种面积1780公顷，粮食产量9434吨。种植水稻691.2公顷，产量5369吨；小麦187公顷，产量690吨；玉米190公顷，产量1161吨；高粱77.67公顷，产量377吨；豆类358.87公顷，产量735吨。油料面积214.67公顷，油料产量463吨。种植蔬菜329.47公顷，产量8353吨。水果面积1272.6公顷，水果产量18177吨。实现农业总产值13329万元，农业增加值8952万元。

完成全国基层农技推广补助项目，150户科技示范户的技术示范展示起到核心带头作用。完成农业机耕310公顷，机灌203.33公顷，推广耕耘机10台，政府补贴资金0.78万余元。9个宅基地复垦项目完成复耕，其中7个项目通过市级验收，2个项目完成地票交易，实现交易值3160万元。

有50头以上的养牛养殖大户6户，50头以上的生猪养殖大户1户，50只以上的家禽养殖大户5户。全年牛出栏738头，存栏1846头；生猪出栏18786头，存栏13054头；家禽出栏88596只，存栏79284只。

民营经济　2017年，全镇新发展民营企业23家，其中微型企业3家；新增个体工商户63户，占计划100 %。全镇私营企业201户，个体工商户314户，从业人员4461人，产值135000万元，缴税505万元，利润33000万元。

【特色产业】 2017年，依托丰富的农业资源和独特的区位优势，大力发展城郊休闲农业，规范化管理标准化柑橘果园733.33公顷，发展无公害蔬菜133.33公顷、优质大豆66.67公顷、时鲜水果66.67公顷，引进玫瑰李、无花果等新品种近6.67公顷，“翠屏牌”葡萄年销售500吨。兑现农户耕地力保护补贴5821户153.19万元，生态效益补偿5717户25.03万元。

【招商引资】 引进重庆茂华农业开发有限公司等企业10户，签约落户7户，开工建设宝珠村标准化果园等项目7个。续建瑷雯床垫厂、善德骨科医院、乡里小院等项目3个，总投资1.5亿元，到位资金4500万元。

【社会事业】 文教事业 全镇有中学1所、小学2所、幼儿园2所，有中学教师174人、小学教师102人、幼儿教师6人，在校中学生2098人、小学生1241人、在园幼儿168人。初中适龄人口入学率、小学升初中升学率、九年义务教育覆盖率、小学适龄儿童入学率100%及巩固率均100%。全镇发放家庭经济贫困寄宿生生活补助200余万元。

组织开展文明宣传，组建学雷锋志愿服务站，积极助推全国文明县城成功创建。新建翠屏、钟溪村综合文化服务中心，提档升级彭家院子文化大户；开展“有志青年当自强·推动发展树榜样”演讲比赛、“欢度国庆·喜迎十九大”文艺汇演等大型文体活动7场次。利用赶场日、节假日、传统节日等开展群众文化活动35场次，送电影下乡122场。做好2017长江三峡国际马拉松（东溪段）筹办工作，加大2017全国移动电子竞技大赛总决赛安保维稳，确保赛事成功举办。

医疗卫生 全镇有中心医院1所，村级合作医疗站26所，从业人员74人。农村医疗参保18621人，参保金额252.57万元，参合率100%；享受门诊补助0.45万人次95.4万元，住院补助3400人次147.5万元。

民政工作 全年发放救灾救济资金19万元，发放最低生活保障金167.6万元（其中，城镇低保户24户42人，支出21.2万元；农村低保户229户420人，支出146.4万元），153人次得到大病医疗救助21.6万元。全镇有特困人员97人，特困供养发放资金75.7万元。组织开办残疾人技能培训2期79人。参加城镇基本养老保险1053人、城镇职工基本医疗保险266人、城镇居民基本医疗保险1247人；参加失业保险266人、工伤保险266人、生育保险266人。国家抚恤、补助各类优抚对象163人，抚恤经费支出108.29万元。

扶贫工作 全镇有永华村、兴旺村2个贫困村，贫困人口339户1027人。利用易地扶贫专项资金300万元，完善望天堡安置点和罗家湾居民点基础设施。先后3次组织154名群众参加创业培训。坚持“项目到村，资金到户”等方针，建立起以柑橘、乡村旅游为主的主导产业，促进贫困户增收，年均纯收入5000元。利用春节、端午节等节日为339户建卡贫困户发放慰问金7.984万元。全年有10户24人实现脱贫。

【基础设施建设】 村社建设 全年投入291万元，修建并完工龙洞坪至沿江路、双新居民点对外连接道、古箭台至钟溪村委、宝珠2社连接道，兴旺村彭家院子人居环境改造公路，共计4.78千米。投资18万元，改造人饮工程2处，安装铺设供水管道8500米，解决兴旺村83户210人的饮水困难；投入320万元，整治山坪塘48口。投入23万元，完成土地平整8.6公顷。提档升级村便民服务中心，新建80平方米标准化村卫生室、便民超市1个。投资280万元，新建城黔路沿线带近800平方米绿化小广场2处、景观小品3处，配套小型停车场2处、休闲小广场1处。

投资200万元，风貌改造50户；投资89.9万元，改造农村危旧房85户。投资0.4万元，新建沼气池 2 口；投资 200 万元，新建化粪池和小型人工湿地污水处理设施 24 处，卫生改厕 140 户，改造厨房 123 户。推广新型农机 12 台，完成农机技术培训 230 人次。实施土地流转 445 公顷。落实“河长制”，建立动态台帐，编制“一河一策”“一库一策”，加强水源保护，依法关闭影响生态环境的畜禽养殖户 7 户，新建化粪池和小型人工湿地污水处理设施 15 处，污水治理覆盖率 91%。以兴旺村彭家院子为核心的忠县三峡港湾改善农村人居环境市级示范片绩效评价结果位居全市 10 个示范片中第二名。

场镇建设　投入 50 万元，完成 900 米街道下水管网铺设；投入 196 万元，新安装路灯 251 盏；投入 70 万元，新栽绿化树 420 棵。投入 7 万元，购置垃圾箱 310 个；投入 23 万元，配套转运车辆 3 吨拉臂车 1 辆。投入 30 万元，新建占地 60 平方米生态公厕 2 个。建成占地 1600 平方米可容纳 250 个摊位的东溪镇农贸市场，集中拆除场镇乱搭乱建构筑物 1000 平方米。完成东溪场镇“白改黑”油化工程、集镇防洪工程、人行道整治及东溪小学梯道改扩建工程。城镇化率 19.17 %。

【乡村旅游业】　镇辖区内有市级重点项目三峡港湾国际旅游度假区、大型山水实景演艺《烽烟三国》、市级风景名胜区翠屏山、县级重点项目翠屏山全民健身步道、东溪河生态漂流、陆宣公墓、姜维井、东溪湖等丰富的自然资源和人文景观。

基本完成三峡港湾项目三期征地拆迁工作，签订拆迁补偿安置协议 246 户 581 人，签约率 96%，征地 59.13 公顷，兑现拆迁补偿安置资金 6000 万元。以三国文化为主题的《烽烟三国》运营良好，年接待游客逾 12 万人次。三台寺改扩建完成大雄宝殿复建和寺庙内外所有混居农户搬迁。启动振宗禅寺、文峰塔、陆宣公祠、“翠屏人家”等项目前期工作。东溪河生态漂流项目，总投资 5000 余万元，河道全长 5 千米，河宽 5—8 米，上游 1 千米为蓄水区，设滑梯、动感时光隧道，已建成 5000 平米户外游泳场、8000 平米的游客接待中心，年接待游客近 5 万人，营业额 100 万元。

【三峡后续建设】　投资 700 万元的东溪镇新场镇姜维路 A 地块居民还迁统建房（B1、B2 栋）工程主体工程完工；投资 110 万元东溪集镇防洪工程完工送审；东溪集镇应急避难广场完成原设计方案内容，拟待新的设计方案提档升级。东溪翠屏人家对外连接道路改造工程年底完工。申报 2017 年三峡后续项目 1 个——忠县东溪镇兴旺村农村移民安置区精准帮扶项目，投资 1211 万元；申请 2017 年库区结余资金项目 2 个，资金 145 万元；2017 年，库区基金项目 3 个，资金 220 万元；申报蓄水影响项目 1 个——金家田地灾避险搬迁。

【维稳工作】　全年刑事案件立案 14 起，侦破 12 起；发生治安案件 25 起，处理 25 起。做好对辖区 63 名吸毒人员的摸排和走访工作。9 名社区戒毒人员按期报到参加尿检。排查矛盾纠纷 90 件，化解 90 件，其中化解重大疑难纠纷 15 件，收集吸纳社情民意 27 条。镇信访信息系统“五率”100%。对 7 名重点人员落实稳控措施，确保社会稳定。全镇调解纠纷案件 78 件，其中调解成功 78 件，调解成功率 100%。全年刑释放人员 57 名，帮教率 98%，安置率 95%，无重新犯罪发生；社区矫正对象 55 名，顺利解矫 53 名，在矫 2 名。强制送医治疗精神病人 4 名。启动“雪亮”工程，对全镇重点区域实现有效监控。东溪社区成功创建无邪教示范村（社区）。

【党建工作】　全镇有党支部 16 个，其中村（居）党支部 9 个，医院、企业等党支部 7 个。有党员 672 名，其中新发展党员 5 名。

推进“两学一做”学习教育常态化制度化。组建以班子成员、党务工作者、理论快递员为主的中共十九大精神宣讲队，深入村（社区）、单位巡回宣讲 35 场次；全年开展党委中心组学习 9 次、党员专题学习 11 次。推行“原文领学、交流发言、领导点评”互动学习模式，干部撰写心得体会 218 篇。坚持问题导向，整改纪律规矩、作用发挥等问题 13 个，解决发展难题 9 个。

2017 年，发放老党员生活补贴 127 人 171800 元，历任村干部补贴 92 人 50970 元，慰问老党员 71 人次。（李成娟）

复兴镇

【概　况】 复兴镇位于忠县境东南部，幅员面积 45 平方千米，平均海拔 236.5 米，属亚热带东南季风气候，日平均气温 18.1℃，年降水量 1030.5 毫米。森林面积 2100 公顷，森林覆盖率 34%。

2017 年，全镇辖 6 个村、3 个社区居委、50 个村民小组、22 个居民小组，6543 户 17346 人。当年出生 170 人，出生率 9.8‰；死亡 234 人，死亡率 13.4‰；人口自然增长率-3.7‰，出生人口（男女）性别比 129∶100。

【经济发展】 2017 年，全镇实现生产总值 61099 万元，同比增长 14.96%；固定资产投资完成入库项目 16 个，总投资 49757 万元，同比增长-12.1%；本级财政总收入 1859 万元，增长 43%，化解财政赤字 100 万元；社会消费品零售总额 6722 万元，同比增长 13.8%；城镇居民可支配收入 23612 元，农村居民人均可支配收入 13828 元，同比增长 8.9%。农业总产值 1.2 亿元，增长 6%；全体居民人均可支配收入 1.4 万元，增长 10%；民营经济总产值 1.4 亿元，完成计划数 112%。

工业经济　2017 年，新增规上工业企业 5 个，工业总产值 5 亿元，工业增加值 2.03 亿元。祥鑫建材、巨琪诺美、天海锂电池、南泰电子、小峰豆腐乳、润兴船舶等企业结构优化、产能提升。小峰豆腐乳厂获评市级优秀企业。

农业经济　全镇年末常用耕地面积 1118 公顷，农作物总面积 2607.6 公顷。粮食播种面积 1758.6 公顷，粮食产量 9132 吨。种植水稻 599 公顷，产量 4652 吨；小麦 142 公顷，产量 524 吨；玉米 281.9 公顷，产量 1723 吨；高粱 39.5 公顷，产量 162 吨；豆类 387.9 公顷，产量 793 吨。油料面积 296.7 公顷，油料产量 639 吨。种植蔬菜 286.9 公顷，产量 5805 吨。水果面积 1116.8 公顷，水果产量 15912 吨。实现农业总产值 12237 万元，农业增加值 8119 万元。

有 100 头以上养猪大户 15 户，2000 只以上肉兔大户 1 户，2000 只以上蛋禽大户 2 户。主要畜牧产品中，牛出栏 857 头，存栏 2151 头；生猪出栏 12215 头，存栏 8488 头；羊出栏 1305 头，存栏 1051 头；家禽出栏 81214 只，存栏 72678 只。全年畜牧业总产值 4932 万元。

全年新增农村劳动力转移 82 人，外出务工人员总计 8690 人，务工收入 31968 万元。

民营经济　全年新发展民营企业 34 个（其中微型企业 8 个）、新增个体工商户 92 户。全镇私营企业 175 户，个体工商户 465 户。全年实现民营经济总产值 2.7 亿元，利润 5978 万元，缴税 1859 万元。

【特色产业】 以天子山为依托，立足县城，辐射周边，采取“政府引导，市场运作”方式，打造集“休闲+体验+观光+健身+养生”与一体的乡村旅游业。流转天子村土地 54.67 公顷，用于花果种植、观赏花海、精品茶园、蔬菜种植等生产基地；引进忠县鼎瑞农业开发公司，建成 13.53 公顷优质果园采摘基地，年产值 2000 万元；引进重庆市显昌农业开发有限公司，建成 3.33 公顷夏黑等高品质葡萄基地、3.33 公顷水蜜桃和油桃基地、1.33 公顷玫瑰味草莓采摘园；引进重庆市巍盛娱乐有限公司，建成5000平方米水上游乐园和假日山庄，开发空中花海、滑草场、跑马场等项目，节假日平均每天接待游客3000余人次，6—9月平均每天接待游客800余人次，最多时达2000人次。

【招商引资】 推广以商招商、全民招商等招商模式，成功引进天台村柑橘种植等招商引资项目4个（重庆厚博生态农业有限公司投入4000万元建设巴国故里项目，重庆忠县熊大农业发展有限公司投入4000万元建设天台村柑橘种植项目，忠县润成生态农业有限公司投入4000万元建设江河村柑橘种植项目，重庆市忠县旗乐农业发展有限公司投入4000万元建设东堡村柑橘种植项目），协议引资1.6亿元，完成计划数的133%。

【社会事业】 文教事业 全镇有小学2所、幼儿园3所，有小学教师75人、幼儿教师30人。在校小学生1148人，在园幼儿619人。小学升初中升学率、九年义务教育覆盖率、小学适龄儿童入学率及巩固率均100%。

全年发放家庭经济贫困寄宿生生活补助22300元，其中春季学期家庭经济贫困寄宿生生活补助10700元，秋季学期家庭经济贫困寄宿生生活补助11600元。

镇文化服务中心实现电子借阅和现场借阅业务免费开放，全年现场借书1239人次、图书1283册；电子阅览室阅读516人次。开展文艺培训8次、文化讲座8次、展览展示21次、文艺演出30场、政策宣讲8次、阅读指导4次，组织广场坝坝舞326场。投入26万元助力全国文明县城成功创建。

医疗卫生 全镇有中心医院1所、村级合作医疗站26所，从业人员50人。农村医疗参保14861人，参保金额200万元，参合率97%。开展群众健康大调查活动，完成村（居）民健康调查、建立档案11993人份，老年体检1445人次，体检率62.93%，建档率81.33%；管理高血压患者1885人、糖尿病367人，规范管理率达80.6%，血压血糖控制率达70%；对全镇中小学生及幼儿园儿童进行体检，并给予相应评估报告。

民政工作 全年发放救灾救济资金15万元，发放最低生活保障金154.7万元（其中，城镇低保户34户63人，支出28.7万元；农村低保户164户332人，支出126万元），70人次得到大病医疗救助11.5万元。全镇有特困人员63人，发放资金49.1万元。组织开办残疾人技能培训3期76人。参加城镇基本养老保险9119人、城镇职工基本医疗保险5432人、城镇居民基本医疗保险15026人、失业保险1372人、工伤保险857人、生育保险1284人。国家抚恤、补助各类优抚对象256人，抚恤经费支出132万元。

扶贫工作 全镇有江河村、凤凰村2个贫困村，贫困人口335户929人。持续巩固建卡贫困户354户998人脱贫成果，全年6户18人实现脱贫，脱贫攻坚3次通过国家及市级检查验收，全镇贫困发生率低于3%。落实各项扶贫帮困政策，“雨露计划”送培17人，资助困难大学生13人次6.5万元。救助建卡贫困户43人次2.4万元，为建卡贫困户购买“精准脱贫保险”和“大病医疗补充保险”。普惠金融农行诚信贷发放贷款182万元，完成任务数的180%。

【基础设施建设】 全市级人居环境示范片（一期）通过验收。投资1600万元，打造三峡港湾农村人居环境市级示范片，建成水坪社区保管室院子、老屋院子和天子村汪高居民点等3个市级示范点。

在镇县级重点项目有序开展。彻底扫清电竞产业项目用地障碍，拆除水坪社区历史遗留过渡房15户；变电站塔基建设顺利完工，确保电竞比赛如期举行。天子山农村公路路基工程基本完工。

编制完成复兴镇总体规划局部修改，天子山片区纳入城镇用地规划板块。编制完成天子、东堡等村土地规划，调整土地利用规划24.16公顷。复金公路抢险工程和天子山便捷大道病虫害治理项目顺利通过验收。完成G350过境道路10千米“白改黑”及沿线绿化。投入1000万元集中打造汪高居民点和夏家山居民点，实现夏家山居民点年前顺利入住。在复金公路沿线天台、东堡、上营等村新建农村客运招呼站5个。新建东堡、天台等4个村（社区）垃圾收集点20个，配备垃圾箱200个，实现垃圾清运保洁镇域全覆盖。投入280万元关闭禁养区内养殖场10家。清理农村公路水毁塌方11处1600立方米，修复水毁路基2处75立方米、堡坎6处800立方米。改造CD级危房30户、连体房和夹心房8户。办理乡村建设规划许可60件，完善102栋场镇违法建设房屋处置程序。依法强制拆除违法建设86起，在全县率先完成2个非法砂石码头整治及绿化工作，隆安驾校违法用地整改完成并通过市级验收。城镇化率37.23%。

【乡村旅游业】 以农旅融合发展为抓手，在“休闲、体验、观光、健身、养生、养老”六位一体城郊游基础上，发展新型经营主体。新发展家庭农场2家，“小乖乖家庭农场”获评市级示范家庭农场；新建农村淘宝服务站点3个、村邮乐购站点8个，电子交易额150万元；巴国故里阳光餐厅等乡村旅游项目投入运营，天子登山步道、滨江公园等旅游基础设施进一步完善。2017年，复兴镇获评“全国电竞小镇”和“市级乡村文明旅游示范镇”，天子山假日山庄获评“市级乡村文明旅游示范农家乐”。

【三峡后续建设】 场镇防洪和取水口改造2个三峡后续项目通过综合验收；半边街搬迁及安置区基础设施完善项目一期工程完工。投资2000万元，开工建设3个场镇小区帮扶项目，对场镇道路油化、店招店牌、污水管网、人行地砖、防雷设施进行完善。江河村、凤凰村精准帮扶完成招投标。争取对口支援资金900万元，对夏家山居民点基础设施进行提档升级。

【维稳工作】 推进“七五”普法，加快建设立体化社会治安防控体系。规范9个村（社区）综治工作室，组建基层维稳工作队9个，全年排查化解矛盾纠纷73起，化解率100%。严密防控邪教组织，全年无新增涉邪人员。开展社会治安综合治理，严厉打击各类刑事犯罪。推行“领导定点定时接访、科室干部轮流值访、村居干部驻地受访、驻村干部分片走访”“四访”方式，完成率100%，办结率100%。妥善处置东堡村郎家湾易地扶贫资金集访事件，完成长江三峡国际马拉松和电竞CMEG比赛安保维稳工作。

【党建工作】 全镇有党支部15个，其中，村（居）党支部9个，政府机关、医院等党支部6个。有党员583名，其中新发展党员4人。全年56名流出党员纳入管理站管理，发放流动党员证112本。

加强党建在非公领域作用发挥。做到经济发展与党建指导同步推进，对新成立的非公组织，必上门调查、必弄清党员情况、必落实党建指导责任；对运行不正常的非公经济组织开展拉网式走访调查；对173个非公经济组织落实党建“四支队伍”全覆盖。加强党建在新型农村集体经济发展中的作用发挥，将发展新型农村集体经济作为消除“空壳村”的重要举措，建立新型农村集体经济发展联席会，制定“一村一策”工作方案，核查完善集体“三资”台账，推进土地流转和产业发展示范引导；通过干部交流学习仿思路、支部结对联建谋思路、盘活资产资源找思路等措施发展新型农村集体经济。2017年，天子村集体经济收入20余万元，水坪、临沿2个社区集体经济收入5万元。推进党建在脱贫攻坚上的作用发挥，加强贫困村驻村工作队的管理，招商引进企业4个，推进土地适度规模经营，实现产业升级，解决贫困人口就近就业600余人；推进贫困户农行普金融诚信贷，全年发放贷款222万元。

加强人才培育。推进农村实用人才认定，登记入库各类人才569名，优化环境，吸引13名外乡人才到镇创业。为各村（社区）配备1名以上本土人才跟班学习，2名人才被吸收入党。

落实党风廉政建设。严格规范“四务公开”和村（社区）干部直系亲属享受惠民政策“十公开”。深入查处“村霸”“蝇贪”和侵害群众利益问题，清理问题线索35条，约谈村社干部7人，诫勉谈话2人，通报批评支部书记1人。

（高 波）

石宝镇

【概　况】 石宝镇位于县境东部，地处三峡库区腹心地带。全镇幅员面积85平方千米，海拔高度110—890米，地形北高南低，属平状浅丘、深丘窄谷和低中山地貌。属亚热带东南季风气候，四季气候分明，日照充足，年平均降雨量1200毫米，雨季多在5—9月。多年平均气温19.2℃，极端最高气温42℃，年最冷月平均气温4.7℃，无霜期320天左右。高山多低温冷害和风灾，土质肥沃，多伏旱，主产水稻、玉米、小麦、薯类、大豆、油菜、花生等农作物，水果有柑橘、李子、桃子等，畜牧养殖以生猪、家禽为主，是忠县境内长江沿岸的农业大镇。全镇森林面积4837公顷，森林覆盖率53.3%。

境内有全国重点文物保护单位、国家AAAA级风景区石宝寨。为全国特色景观旅游名镇、国家园林城镇、重庆市生态文明示范镇、市级文明镇、市级卫生镇、市级最佳旅游休闲小城镇和市级特色小（城）镇。

全镇辖19个村（居）委，133个村（居）民小组，15931户43386人，常住人口35855人。2017年出生人口430人，出生率9.9‰；死亡483人，死亡率11.1‰；出生人口男女性别比124∶100。人口自然增长率-1.2‰。

【经济发展】 2017年，全镇实现生产总值91494万元，同比增长13.9%；固定资产投资56195万元，同比增长-13.6%；社会消费品零售总额16387万元，增长13.5%；财政收入779万元，同比增长25.8%；农民人均纯收入14061元，同比增长14.49%；贫困人口减少至165人，综合贫困发生率降至0.58%。

工业经济　辖区有规模以上工业企业1户，规上工业实现增加值1246万元，增长7.8%；全年实现工业增加值13893万元，增长21%。

农业经济　全镇耕地面积2705公顷，农作物总面积5622.33公顷。粮食播种面积3934.47公顷，粮食总产量20759吨。种植水稻1443.66公顷，其中标准化水稻示范田13.3公顷，总产量11218吨；小麦404.27公顷，产量1492吨；玉米579.2公顷，产量3173吨；高粱137.66公顷，产量668吨；豆类794.53公顷，产量1626吨；油料778.87公顷，产量1681吨。种植蔬菜652公顷，产量13834吨。水果面积1691.2公顷，水果产量24157吨。新增土地流转57.07公顷。新增农业企业8家、种养大户11个，“玉印山”牌豆腐乳系列获评重庆市名牌农产品称号。畜牧产业保持稳定，全年出栏生猪21276头、肉牛1128头、羊3264只、家禽332668只，肉类产量3424吨、禽蛋产量1844吨、水产品产量882吨。实现农业生产总值29176万元，农业增加值19782万元。

民营经济　全镇民营企业277户，其中新发展非公企业19户、个体工商户128户；全年实现民营经济增加值5.53亿元，同比增长7%。

全年新增农村劳动力转移1652人，外出务工人员21258人，务工收入40000万元。

【特色产业】 大力发展优质粮油、特色水果、绿色无公害蔬菜等重点产业，不断巩固壮大“一村一品”产业。狠抓柑橘产业疫病防控，开展有机肥替代化肥试点333.3公顷，柑橘产业产值5000万元。建有家庭示范农场1家（忠县石宝红潮霖蔬菜种植专业合作社），巩固优质蔬菜基地40公顷。种植安吉白茶、黄金芽茶、中黄3号和乌牛早茶等优质茶叶82.7公顷。

【社会事业】 文教事业 全镇有中学1所，小学2所，幼儿园5所。有中学教师174人，小学教师112人，幼儿园教师52人。在校中学生1502人，小学生2764人，在园幼儿980人。初中适龄人口入学率、小学升初中升学率、九年义务教育覆盖率、小学适龄儿童入学率及巩固率均100%。石宝中学、石宝小学教学楼全面竣工投用，石宝中学A、B两个校区实现合并教学管理，中学校门及广场设施建设全面完成，石宝小学大班额难题得到缓解。各中小学校打造“石宝”特色校园文化，校园面貌焕然一新。咸隆小学完成“冬暖工程”建设，学习环境得到改善。贫困学生救助、“学生营养工程”等优惠政策全面落实。义务教育均衡发展顺利接受国家检查验收。

全镇18个村建有标准农家书屋和远程教育学习室，建成图书外借点36个；新建村级综合文化服务中心4个；集多功能室、文化活动室、图书阅览室、电子阅览室等功能为一体的镇文化服务中心，全年开展图书阅览5470人次，电子阅览4790人次，辅导培训科技、文化艺术488人次。有镇级塑胶运动场1个，16个村建有农村体育场地设施，有村级腰鼓队、舞蹈队18个，民间演出团队16个，新组建文艺宣传队2支。建有农村老年学校19所。建成农村文化中心户19户，其中五星级文化中心户1户。全年举办和协办“渝州大舞台”“中国梦·巴渝风”等城乡文化互动、“拥抱新时代、践行新思想、实现新作为”学习贯彻中共十九大精神专题文艺巡演等活动4场，完成流动文化进村演出57场，播放惠民电影300余场次。举办“庆五一·展风采”第二届职工运动会，开展“全民健身日”和“全民健身周”活动。完成辖区国家级重点文物保护单位石宝寨及66个文物点的文物档案工作。选送的川剧集锦《群英荟萃》参加忠县春节联欢晚会荣获一等奖，选送的节目《家乡水》参加忠县社区文化节广场舞比赛荣获一等奖和优秀组织奖。

医疗卫生 全镇有中心卫生院1所，乡镇卫生院1所，村级合作医疗站20个，医务从业人员110人。有标准化村级卫生室3个，改建5个。城乡居民合作医疗参保37206人，参保金额493.55万元。石宝中心卫生院开展“医疗紧急救助和消防安全”现场应急演练1次。实施名医、名院、名院长“三名”工程，“春节看病免费就餐”等活动，医疗卫生服务质量不断提升；26个村级卫生室实现规范化管理，城乡居民医疗条件不断改善。积极推行基本公共卫生服务，城乡居民健康档案建档率85%。石宝中心卫生院职工周转房建设工程基本完工，咸隆卫生院改扩建工程进展顺利。2017年符合政策生育率96.59%。落实计划生育奖励扶助政策，惠及奖励扶助对象302人，完成独生子女父母意外保险517户。

民政救助 分别为27名失能老人发放日间照料费64800元、34名失能特困人员照料护理补贴81600元、45名高龄老人高龄补贴10800元、2名百岁老人长寿补贴3200元；为148名疾病患者解决救助资金103.06万元，为270名五保户、4名孤儿困境儿童发放生活补助资金200.83万元，为459户920名城乡低保人员发放低保金338.06万元。特殊困难人员建档53人；上报审批优抚对象2人，核查优抚信息200人，发放抚恤补助、优待金405.80万元；优抚对象住院补助、门诊补助425人，发放资金40.8万元；为24名义务兵家属发放优待金19.2万元，发放立功受奖优待金10人1.16万元。全年救灾救济495户884人，发放救灾资金26万元。为五保、三无、困难人员发放棉被、衣物76件；为29名襄渝伤残民工矽肺病人发放资金30.72万元。

残疾人事业 新办残疾证69人。完成残疾人专项调查1026人，发放残疾人两项补贴400人21

万元、残疾人经济困难失能老人救助 27 人 6.48 万元、残疾人节日慰问 10 人 0.3 万元、残疾人危房改造金 5 户 7.5 万元；发放残疾人辅助器具 63 人。完成“阳光家园”计划，为 24 名居家托养的重度残疾人争取补助资金 2.88 万元；发放 129 名贫困残疾人生活补贴 77400 元、281 名残疾人护理补贴 181440 元。完成石宝镇第六届残联换届工作。

劳动就业和社会保障　新增城镇就业和其他就业 470 名，回引农民工返乡就业创业 660 名，完成各类培训 201 名，新发放小额担保贷款 640 万元。新增创业和引领大学生创业 225 名，组织参加重庆市泛海扬帆创业大赛获得一等奖。城镇登记失业率控制在 3.4%以内。开展辖区用人单位劳动监察 21 次，受理欠薪案件 1 起，调处 1 起，调处率 100%。

办理城乡居民养老保险参保 27335 人，其中新参保 546 人，领取待遇 5894 人，发放养老金 618 万元；对已领取养老金的 7959 人进行生存验证、指纹采集、头像设置，对其中 365 名体弱多病、卧床不起的老年人上门采集信息，采集率 98%。累计办理农转城养老保险 2179 人，办理退休 1668 人；办理城镇职工医疗保险参保申报 45 人，特殊医疗病种申报 11 人；完成 2017 年城乡合作医疗参保 3.66 万人，完成县下达任务的 96.1%；城乡居民医疗保险参保率 97.4%。新办医疗保险卡 2103 张，补办 1200 张。

扶贫工作　发放扶贫政策宣传资料 8000 余份（册）。资助 7 名贫困大学生，落实基本医保、大病保险、商业补充保险、大病医疗救助、疾病应急救助“五重保障”；发放普惠金融和小额扶贫信贷 238.4 万元、健康扶贫救助资金 49 万元；参加精准脱贫保 3122 人，医疗救助兜底补偿 76 人；完成“雨露工程”送培 31 人；完成建卡贫困户高山生态扶贫搬迁和贫困户危旧房改造 18 户 82 人，兑付资金 82 万元。落实低保兜底保障政策，全年慰问贫困户 4000 余人次，发放慰问金、慰问品 35 万余元。建成贫困村电商网点 4 个，安装普惠金融终端设备 5 台。市畜牧科学院第六支部、市农技总站三支部和市动物疾控中心党支部分别帮联咸隆、云山和盐龙村，捐款捐物 20 余万元，用于发展肉兔、优质粮油等产业，同时提供技术服务支持。清退“四类人员”73 户 258 人，调查上报档外对象贫困人口 7 户 22 人，脱贫 62 户 208 人，新增 17 户 62 人。完成扶贫项目建设和报账工作。完成盐龙村扩宽硬化公路 4.1 千米和人饮工程建设；新建人行便道 27 千米；完成相对贫困村咸隆村便民服务中心建设和 2.8 千米公路硬化改造工程；完成易地扶贫搬迁 5 户 26 人。完成 2009 年至 2017 年 54 个扶贫项目竣工验收和报账工作，报账资金 1873 万元。深化“3+1”精准扶贫长效机制。落实学前教育到大学毕业全程帮扶救助机制，确保贫困家庭学生无一人失学；落实“县级财政兜底、个人自付不超 5000 元”的医疗扶贫救助机制，确保建卡贫困人口“看得起病、看得上病、看得好病”；落实“政府+保险”意外灾害救助机制，继续为全镇所有建卡贫困户每人每年购买 100 元的精准脱贫保，防止因灾致贫返贫。

【基础设施建设】　村社建设　硬化农村公路 10.5 千米，扩宽硬化公路 4.9 千米，沥青填缝养护主干道 32 千米，完成农村公路排危 26 处，新建人行便道 27 千米。完成大洞子“渡改桥”和连接道工程建设。完成 40 千米小康路建设规划。新政、凉水 213.3 公顷高效基本农田改造顺利推进，整治农村山坪塘 68 口；新建咸隆水厂 1 座，完成农村水土保持项目 87.26 公顷。4G 网络、宽带光纤基本实现全覆盖。开展农村“三清四化七改”行动，“村收集、镇运输、县处理”农村垃圾收运处置体系持续巩固，城镇生活垃圾无害化处理率和污水处理率分别为 100%、93%。宅基地复垦工作有序推进，核查处理兑现遗留问题资金 29 万元；兑现第二批盐龙等 4 个村宅基复垦项目 70%的地票款，完成第三批云山等 6 个村、凉水等 10 个村两个宅基地复垦项目竣工图测量和资料上报；完成 40 余个建卡贫困户宅基地复垦项目施工招投标。

场镇建设　以市级特色小（城）镇建设和创建国家园林城镇为契机，整合资金近4900万元，完善城镇基础设施。完成石宝广场及旅游街提档升级及码头游园、步行街、交通环岛改造；石宝汽车客运站进入站房施工阶段；铺设场镇三级污水管网3.7千米、人行道透水砖2.23万平方米，油化道路2.9千米2万平方米；完成石宝自来水厂经营管理体制改革和制水工艺技改。解决“四类”重点人群住房困难，选址踏勘农房155次，完成审批64户，拆除农村危旧房51户。严格落实地质灾害群测群防三级网络和责任机制，确保群众生命财产安全。完成凉水、新政等14个村的村级规划编制，村级规划实现全覆盖。启动石宝场镇人居环境综合整治专项规划，投资115万元，购买垃圾压缩车3台，500垃圾收集桶个；投资100万元购买政府公共服务，实现场镇清扫保洁，绿化管护专业化物业管理。建立常态巡查机制，狠抓场镇违法建设管控；以创建全国文明县城为抓手，以规范交通、经营秩序为重点，持续开展场镇综合整治，场镇形象明显提升。2017年成功创建为国家园林城镇。城镇化率30.12%。

【乡村旅游业】　狠抓旅游基础设施建设，旅游停车楼、游客接待中心、旅游公厕等建设项目竣工投入使用。持续整治巩固旅游市场秩序，经营服务质量明显提升。全年接待游客45万人次，实现旅游综合收入5000万元。

【三峡后续建设】　2017年，完成2013—2015年水源地保护等三峡后续项目5个。完成新政、两河三峡后续移民安置区精准帮扶项目申报2个，争取资金3245万元。储备规划太平、贯丰村移民安置区精准帮扶和旱桥改建工程项目3个，争取后续项目资金4000万元。完成移民后期扶持项目道路硬化5.7千米，修建人行便道5.5千米。发放移民困难救助资金和后期扶持摊薄款30.84万元，救助大专以上在校移民学生21人。争取农村移民后期扶持结余基金项目7个，获补助资金405万元。持续抓好三峡水库蓄退水监测预警工作，完成三峡水库蓄水影响人口搬迁和地质灾害避险搬迁4户13人。持续推进三峡水库蓄退水安全监测与防范工作，实行“周巡查、月上报”以及蓄退水期间24小时值班制度，对翁家岩、艾家岩、马鞍山3个重点部位和临水房户进行加密监测，新增安全警示标牌2块和铜锣、口哨、巡库员标识背心、袖标及救援设备；强化安全知识宣传，提高群众安全隐患发现能力和应急处置避险能力。

获批新政村、两河村、贯丰村农村移民精准帮扶项目3个，争取资金43683.42万元。完成移民后期扶持项目和三峡水库库区基金项目6个，推动移民安置区道路建设，扶持产业发展，帮助移民改善生产生活条件，促进移民就近就业。新申报万松村、忠诚村、凉水村、灯塔村后扶项目和库区基金项目6个。办理移民信访交办件5件，办结率100%。

【生态环境保护】　开展环境监管执法“零容忍”“出重拳”等专项行动，全年处理环境污染案件4起，罚款3起，行政拘留1人。关闭禁养区规模畜禽养殖场12个，拆除房屋建筑面积9405平方米，治理4980头生猪当量养殖污染，完成芳兰生猪养殖场中央环保督查整改任务；淘汰黄标车5辆；关闭非法码头2座；加强场镇原有污水管网的日常维护工作，实现全年污水处理量7万吨以上；建成万金、百安和咸隆3个撤并场镇污水处理厂3座，铺设污水管网5千米；完成咸隆、两河集中式饮用水源规范化建设，取缔东山水库肥水养殖行为，加强城乡集中式饮用水源监测保护，城乡集中饮用水质合格率分别达到100%和90%。启动新一轮退耕还林规划设计866.7公顷，三峡后续植被恢复项目补植苗木70余万株；狠抓4800公顷林地和天保公益林管护，完成二级保护植物荷叶铁线蕨和123株名木古树调查及定位保护，867 公顷松材线虫病疫情得到有效管控。狠抓森林防火，全年无森林火灾发生。全面推行“双河长制”，强化日常巡查监管，为长江干流石宝段和腊溪河、后溪河、汝溪河、卢家河等 4 条次级河流及 9 座水库明确镇、村两级河长 20 名，长江干流石宝段及全镇主要次级河流水质达到功能要求。

【维稳工作】 安全生产　严格落实“党政同责、一岗双责”责任制，重大节假日实行领导带班制度，落实水陆交通、人员密集场所、工矿贸易企业安全巡查常态化；全年检查安全生产经营单位 180 余家，排查各类隐患 410 余起，整改 395 起，处罚金额 8000 余元，未发生安全生产死亡事故。开展综治宣传月、安全生产月、交安行动、三轮车专项整治、水陆驾乘人员“安全警示教育”及安全生产打非治违等活动，全年开展交通安全突击式路检路查 200 余次，发放宣传资料 1.0 万余份，悬挂标语横幅 30 条，制作固定宣传牌 10 块，交通安全形势稳定好转。

社会治安综合治理　开展“七五”普法，推进城乡社区网格化管理、社区自治、法律工作者进村（社区）“三个全覆盖”。开展“家庭拒绝邪教”等一系列反邪教警示教育活动和“无邪教”创建工作，依法打击邪教组织的违法犯罪活动。加快建设立体化社会治安防控体系，严厉打击各类刑事犯罪。排查化解各类信访矛盾纠纷和风险隐患，健全应急管理体系，全年侦破刑事案件 5 起，调解纠纷 125 起。完成食药监所标准化建设，有序推进全国食品安全示范城市创建工作。开展严重肇事肇祸精神障碍患者监护管护专项活动 2 次，摸底排查三级以上严重肇事肇祸精神障碍患者 43 名。狠抓 46 名原参与邪教人员回访、帮扶、稳控工作，已转化解脱 44 个。落实“两定一包”（定对象、定责任、包转化）和“四有”（有帮教人员、有帮教措施、有组织领导、有检查落实）措施，把 75 名刑释解教人员帮教工作落到实处。成立社区戒毒（康复）工作办公室，为全镇 73 名有吸毒史人员建立档案，纳入社区戒毒（康复）管控人员 16 名。以法制讲座、法律宣传咨询、以案说法等形式广泛推进“法律六进”工作，全年发放各类普法宣传资料 18760 份，咨询接待受教群众 14300 人次，培养法律明白人 211 人。全面落实法制副校长制度，为中小学生讲法律课 223 课时，受教育中小学生 5000 余人次。

【党建工作】 组织建设　全镇有基层党支部 45 个，其中流动党支部 10 个；党员 1676 名，新发展预备党员 11 名、党员转正 16 名，处置失联党员 4 名，取消预备党员资格 2 名。4 名改非领导分别担任精准扶贫驻村工作队第一书记，主动与联建支部对接争取项目资金近 60 万元，实现脱贫 68 户 219 人。投资 25 万元新建两河村便民服务大厅，投资 80 万元迁建晨溪村便民服务中心，投资 40 万元扩建灯塔村市民活动广场，投资近 100 万元整修忠诚等 10 个村（社区）便民服务中心。严格按照县行政服务中心要求，完成镇村两级服务中心标准化建设。组织 77 名村（社区）干部开展为期一周的培训，提升全镇基层干部履职能力；制定并实施村（社区）实职干部平时考核；组织各村（社区）制定 3 年任期规划，将工作开展情况纳入村（社区）平时和年度考核。为 19 个村（社区）选配本土人才，完成 2583 名人才资源和 563 名成功人士调查摸底工作。建立新型农村集体经济联席会议制度，每季度定期召开会议了解落实情况、研究解决办法，两河村、新政村集体经济收入突破 3 万元。积极推广运用群工系统，累计受理群众反映事项 910 件，办结反馈率、评价率和满意率分别为 100%、100%、98.6%。以“互联网+党建+招商引资”模式强化流动支部和流动党员管理服务，利用人脉资源优势加强招商引资工作，促进本地经济发展。

党风廉政建设　基层党支部每月 25 日定期开展“主题党日”活动，严格执行“四务”公开、“十公开”等制度。全年开展职务犯罪预防教育和警示教育44次，开展廉政谈话和干部诫免谈话350余人次，签订廉政责任书40余份，调查处理纪检信访110余件。组织33名党支部书记述职述廉，严格整治查处“村霸”“蝇贪”和侵害群众利益不正之风，打造忠诚、干净、担当的高素质干部队伍。

宣传思想和理论工作　学习贯彻中共十九大精神、市委五届三次全会、县委十四次党代会、县委十四届三次四次五次六次全委会等精神，全年组织中心组理论学习11次，组建宣讲团和宣讲小分队开展学习贯彻中共十九大精神“六进”宣讲和“名嘴进百家微宣讲”活动25场次，受教育党员干部和群众2000余人次。全面落实党委意识形态主体责任，将意识形态工作纳入宣传思想工作综合目标考核，上报审批专题讲座1场，全年无意识形态领域责任事故。狠抓新闻宣传工作，全年完成忠州日报、忠州新闻网、忠县手机台等媒体用稿60余篇。积极开展《网络安全法》宣传，发放宣传资料200余册（份），利用电影播放网络安全宣传视频19场次，推广注册安装品位忠州APP1143人，组织参加网络安全知识竞赛121人，办结回复网络问政网民留言8条，全镇无重大网络舆情事件。完成“美丽忠州·点赞乡贤”人物推荐23人，县文明办入选推荐2人。开展“纯美农民”“洁美农家”“和美农村”“富美农业”四大行动，持续推进农村精神文明建设，新评选农村星级文明户570户，其中脱贫典型户180户。狠抓中共十九大精神主题公益广告宣传，营造浓厚学习宣传氛围，常态化开展“我们的节日·清明”祭扫革命烈士墓、“迎中秋·话团圆”、“品粽香·庆端午”、庆重阳等传统节日活动，弘扬优秀传统文化。

全国县级文明城市创建　按照县委、县政府工作部署和县创建办具体安排，组建创建工作领导班子，建立分片督导落实机制，全民动员，形成合力。严格按照《测评体系》中涉及全镇的指标要求，完成资料收集整理上报。强化社会主义核心价值观、讲文明树新风和文明创建公益广告制作宣传，全镇投入宣传资金10余万元，累计发布建筑围挡、墙面公益广告1160余平方米，制作橱窗宣传展板和公开栏25块，发布LED显示屏和布幅宣传标语60余幅，制作灯杆广告320幅、地插广告30块、树挂广告350块，开展广播宣传100余小时，发放各类宣传资料5000余份。开展城乡环境综合整治，清理各类垃圾50余吨，规范违章摊点208个，拆除乱搭乱拉蓬布151处，清除牛皮癣、破损对联500余处。投入资金15余万元，更新场镇各类停车、地名标识标牌70余块，设置人行道临时停车护栏620余米，纠正违章停车行为200余起。落实场镇公益岗位人员建立日常巡查机制，落实单位门前“三包”责任制和物业公司责任制，场镇垃圾做到日产日清。组织机关企事业单位职工、村（社区）党员干部参与文明创建志愿服务1200余人次。

统战工作　落实统战工作主体责任，将统战工作纳入村社区综合目标考核，镇党委全年研究统战工作2次。配备使用党外中层以上干部3名，其中领导班子成员1名，中层干部和事业单位负责人2名。依法管理民族宗教事务，利用民族团结进步宣传周广泛宣传民族宗教政策，常态化开展宗教场所监督检查6次，全年接待宗教场所管理人员25人次，为10名孤儿发放爱德基金会救助资金2.02万元。顺利完成镇商会班子换届，配齐商会班子成员10名；加强商会成员理想信念教育，组织商会成员35人次参加学习贯彻中共十九大精神专题学习；商会成员结对帮扶建卡贫困户32名，累计捐款捐物2.8万元。狠抓镇侨联规范化建设，落实侨联办公场地和必要办公设施；慰问贫困侨眷属5人；组织开展侨爱心光明行白内障免费筛查112人次，免费实施手术4人。（周华敏）

汝溪镇

【概　况】 汝溪镇位于县境东北部，幅员面积96平方千米，有耕地2328公顷(其中，田1156公顷，土1172公顷)，平均海拔200—961米，属亚热带东南季风区山地气候，日平均气温18.4℃，年降水量1190.5毫米。森林面积2793公顷，森林覆盖率39%。

2017年，全镇辖10个村、4个社区居委、94个村民小组、29个居民小组，16297户45730人。全年出生360人，出生率7.8‰；死亡519人，死亡率11.3‰；计划生育率97.35%，人口自然增长率-3.5‰，出生人口男女性别比96∶100。

【经济发展】 2017年，全镇实现生产总值95960万元，同比增长12.3%；固定资产投资44404万元，同比增长18.6%；辖区内财政收入690万元；社会消费品零售总额26421万元，同比增长14%；农村居民人均可支配收入13975元，同比增长9.8%。

工业经济　全镇有工业企业80户，规模以上工业企业3户，龙头企业8户。全年实现工业总产值69668万元，同比增长20.2%；工业增加值17417万元，其中规模以上工业增加值5078万元，同比增长25.2%。

农业经济　全镇耕地面积2328公顷，农作物总面积4832.8公顷。粮食播种面积3151.9公顷，粮食产量15562吨。种植水稻921.27公顷，产量7155吨；小麦402.8公顷，产量1485吨；玉米452.1公顷、产量2763吨。油料播种面积821.07公顷，油料产量1770吨。种植蔬菜534公顷，产量11904吨；水果面积631.73公顷，水果产量9024吨。实现农业总产值25275万元，农业增加值16869万元。

全镇有100头以上养猪大户15户，2000只以上肉兔大户1户，2000只以上蛋禽大户4户。主要畜牧产品中，牛出栏1404头，存栏3538头；生猪出栏38923头，存栏27047头；家禽出栏332671只，存栏297704只。全年畜牧业总产值9624万元。

全年新增农村劳动力转移1468人，外出务工人员14994人，务工收入4.5亿元。

民营经济　全年新发展民营企业37户，其中微型企业25户；新增个体工商户167户，占计划119%；全镇有私营企业325户，个体工商户1371户，从业人员15551人。民营经济总产值18.4亿元，完成计划的100.1%，同比增长8.5%；增加值5.32亿元，完成计划的104.7%，同比增长8.9%；入库税金688万元。

【特色产业】 全镇花椒种植面积533.33公顷，初产实现1000余吨，产值1000余万元；233.33公顷柑橘、100公顷中药材、13.33公顷特色水果、40公顷笋竹、26.67公顷涫溪蜜柚以及33.33公顷8518优质薄壳核桃等特色产业初具规模；依托汝江酒业项目，新发展高粱80公顷。

【招商引资】 全年镇外招商活动15次，招商引资项目4个，协议引进资金1.5亿元，到位资金6054万元。忠县春龙生态农业有限公司投资3000万元，在龙塆村建设集漂流、游泳、水上乐园等水上项目以及观光垂钓为一体的大型休闲娱乐场所；忠县康慈中医医院有限公司投资5000万元，建设集中医、西医为一体的综合便民民营医院；重庆汝江酒业有限公司投资3000万元，建设集白酒生产和销售为一体的大型酒厂；忠县湘楠农业开发有限公司投资4000万元，建设占地26.67公顷的集储存、烘干、筛选、初加工为一体的中药材加工基地。在谈项目6个，分别为汝溪殡仪服务站项目、九亭养老院项目、千亩蓝莓种植及深加工项目、武术学校项目、塑料杯加工项目以及乌子岩瀑布旅游开发项目。

【社会事业】 文教事业　全镇有中学1所，小学3所，幼儿园8所。有中学教师220人，小学教师

268人，幼儿教师82人。在校中学生3263人，小学生4229人，在园幼儿1168人。初中适龄人口入学率、小学升初中升学率、九年义务教育覆盖率、小学适龄儿童入学率及巩固率均100%。全年为6822名贫困学生发放生活费399.7万元；落实营养改善工程，发放补助211.79万元；减免高中生学费9.32万元。

医疗卫生　全镇有中心医院1所，从业人员91人；村级合作医疗站15所，从业人员15人。新型农村合作医疗参保40981人，统筹经费550.15万元，参合率95%；全年门诊补助39.61万元，住院补助936.36万元。

民政工作　全年发放救灾救济资金34.5万元，发放最低生活保障金428.3万元（其中，城镇低保户76户138人，支出87.9万元；农村低保户456户842人，支出340.4万元），297人次得到临时救助122.969万元。全镇有特困人员261人，特困供养发放资金203.6万元。举办残疾人技能培训1期100人。参加城乡基本养老保险15960人，参加城乡居民基本医疗保险40005人。国家抚恤、补助各类优抚对象317人，抚恤经费支出264.9万元。

扶贫工作　全镇有贫困人口1039户2914人。落实扶贫措施，为贫困户发放慰问金40余万元，全镇扶贫日募集捐赠资金2.8万元。先后12次组织45名群众参加“雨露计划”、农业实用技术培训。推动危房改造，使用高山生态移民搬迁及C、D级危房改造指标，为135户贫困户解决“住房难”问题。利用“精准扶贫保”、健康扶贫等医疗政策，为100名贫困群众减免医疗费用180余万元。成功迎接国家扶贫成效第三方评估和市级扶贫精准识别大检查。救助贫困学生42名，实现救助金额21万元。推进普惠金融“诚信贷”、小额贷款工作，为105户贫困户争取产业发展资金393万元。持续推进锁口村、马河村股权化改革，两村155户434人贫困群众实现分红8.37万元。

【基础设施建设】　村社建设　开建丰庙居民点至马耳坝水库旅游道路，完成开禧寺旅游大道路基工程及开禧寺至马耳坝水库段公路硬化，旅游环线初步连通；完成团堡村高洞沟1.3千米道路硬化，并实现通车；新建溪沟谭家咀临时停车场，完成锁口渡改桥和白杉路建设前期工作。投资230万元，完成团堡村王家坝、毛家坝居民点、龙塆村欠二梁居民点的绿化、路灯、广场等基础设施配套建设；投资100余万元，实施九亭环境连片整治项目，完成总工程量的80%；投资56万元，完成14个村（社区）垃圾收运设施建设；投资190万元，完成高山生态扶贫搬迁房屋改造40户151人；投资202.8万元，完成C、D级危房改造166户；投入500余万元，完成猴耳岩等地质灾害点的治理工程；投资40余万元，完成广积寺居民点滑坡治理工程；投资10余万元，完成塘坎院子危岩排危和千口岩危岩排危整治工程；整修山坪塘86口，用于解决10000余人的人畜饮水、农田灌溉问题；推广新型农机14台，完成农机技术培训200人次；新发展何刘花种植专业合作社、银花水果种植专业合作社2个。

场镇建设　投资1000万元，进行场镇天然气管网改造；投入50万元，采购垃圾压缩运输车1台、勾臂式垃圾运输车1台。绕镇路通车，成功缓解场镇交通压力，场镇通行率提高70%以上；完成汝溪卫生院路段和公共服务中心路段油化。投入100余万元，完成2016年中心镇项目卫生院路段和便民服务中心路段的油化工作；投入10万余元，完成场镇道路破损路面的修补工作；投入5万余元，完成文化广场地面和显示屏的整治修复工作；投入3万余元，完成汝溪中学至向家坡段路沿石更换工作；投入10万余元，完成场镇3个公共厕所整修和农贸市场化粪池整改工作；投入10万余元，完成绕镇路入口花台的绿化美化及镇江长田街段河堤绿化工作；投入20万余元，完成场镇污水管网的疏浚及整修工作；投资230万元，完成汝溪中学围校工程建设；下放场镇保洁管理权，安排专项保洁资金100余万元，新聘任场镇“全日制”公益性岗位15名。新安装违停抓拍监控5个，增设临时停车位100余个。场镇建成区面积4.1平方千米，有邮电路、滨河路、广场路、镇江路等干道长7.5千米，场镇居民2.3万人。城镇化率36.33%。

【乡村旅游业】 全年接待游客128009人次，创造旅游收入171.2万元。其中，开禧寺全年接待游客33215人次，广积寺接待游客21580人次。开禧寺、广积寺分别对临时佛堂进行再次修缮。

【维稳工作】 全年调解民事纠纷496起，召开矛盾纠纷排查和社情民意研判会12次，接访下访150余次309件次，完成网上信访代理件170余件；处理重庆市网上信访系统来件307件，及时受理率、按期办结率均100%。开展32名刑释和解教人员、11名社区矫正对象、15名社区戒毒人员、146名精神障碍患者（其中2名严重精神障碍患者）、22名在册转化邪教人员等特殊人群的教育、帮扶、矫治、管理。开展安全检查357人次，排查整改各类安全隐患175起，查处劝导各类交通违法行为728起，查处非法营运6起，扣押车辆6辆，组织驾乘人员开展安全学习135人次。

【党建工作】 全镇有党支部28个，其中村（社区）党支部14个，医院、企事业单位、非公有制经济等党支部14个。有党员1531名，全年新发展党员8名。

“亮身份”强化党员意识，制作《共产党员家庭》公示牌1600块，张贴到全镇每位党员家庭。“强功能”激发组织活力，在团堡村试点开展“功能性党小组”工作。通过设立社会事务、综合治理、建设管理、产业发展以及政策服务5个功能性党小组，全村69名党员参与到社会管理、经济建设、安全维稳等经济社会发展各个领域，增强基层党组织服务能力与工作活力。常态化、制度化开展“两学一做”学习教育及“解放思想·提高执行力”干部作风专项整治行动。全年累计办理人大代表、老干部建议意见及政协委员提案58件。组织全镇14个村（居）实职干部通过学长安村“村企联建”的劳务合作模式、党建资料规范化管理等，以学标兵、学模式、学经验的交流工作方法，在镇内开展15次交流学习，拓宽村（居）干部工作思路，提升村（居）管理服务水平，规范基层党组织管理。

（杨梦莹）

野鹤镇

【概　况】 野鹤镇位于县境东北部，幅员面积58平方千米，平均海拔600米，属亚热带气候，日平均气温16.5℃，年降水量1100毫米。森林面积2070.4公顷，森林覆盖率35.82%。

2017年，全镇辖10个村、2个社区居委、79个村民小组、15个居民小组，8828户25768人。当年出生204人，出生率7.9‰；死亡273人，死亡率10.5‰；人口自然增长率-2.7‰，出生人口男女性别比103∶100 。

【经济发展】 2017年，全镇实现生产总值41838万元，同比增长11.3%；固定资产投资18381万元，同比增长19.6%；社会消费品零售总额8001万元，同比增长13.3%，财政收入130万元，同比增比-55.9%。农村居民人均可支配收入13232元，同比增长9.7%。

工业经济　全年实现工业总产值12000万元，同比增长12%；工业增加值6053万元，同比增长20%。

农业经济　全镇年末常用耕地面积1806公顷，农作物总面积3439.7公顷。粮食播种面积2741.7公顷，粮食产量15016吨。种植水稻1176.7

公顷，产量9137吨；小麦268公顷，产量988吨；玉米320.7顷，产量1960吨；高粱80.7公顷，产量391吨；豆类549公顷，产量1123吨。油料面积417.7公顷，油料产量899吨。种植蔬菜740公顷，产量14566吨。水果面积88.7公顷，水果产量1266吨。实现农业总产值19766万元，农业增加值13184万元。

全镇有7个规模养殖小区，有100头以上养猪大户29户，生猪存栏15053万头，出栏21663万头；养牛10头以上的有4户，牛出栏1218头，存栏3058头；养羊100头以上的有4户；家禽400只以上的有3户，出栏267205只，存栏239119只，禽肉471吨，禽蛋1297吨。

民营经济　2017年，全镇新发展民营企业17家，其中微型企业11家；新增个体工商户90户。全镇私营企业146户，个体工商户584户，农业专业合作社30个，从业人员1317人，产值20470万元，利润5110万元。

【特色产业】　依托鹏旺、永和等2家榨菜加工厂发展绿色榨菜万余亩，全年产量8000吨，实现农民纯收入300万元以上。依托协民、睿智药材公司，在全镇推广种植白芷86.67公顷、紫苏叶100公顷、紫苏籽100公顷、前胡100公顷，实现公顷均效益4.5—7.5万元，农民增收1625万元。依托洪藤等3家家庭农场发展绿色水稻73.33公顷，新建青蛙养殖基地2个。

【招商引资】　全年招商引资1.2亿元，到位资金0.35亿元。引进协民、睿智两大中药材公司注资4500余万元，在楼子村流转土地66.67公顷，发展金边玫瑰、川续断等药材，到位1500万元。签约浙江茶商到白寺村流转土地53.33公顷栽植白茶，首期43.33公顷合同订立，土地流转资金全部划入村集体账户。

【社会事业】　文教事业　全镇有中学1所，小学3所，幼儿园9所。有中学教师27人，小学教师68人，幼儿教师12人。在校中学生200人，小学生954人，在园幼儿151人。初中适龄人口入学率、小学升初中升学率、九年义务教育覆盖、小学适龄儿童入学率及巩固率均100%。发放大学新生资助金额18人9万元，大学生生活费资助申报66人，利用端午节等节日开展群众文化活动79场次，全年送电影下乡97场。

医疗卫生　全镇有中心医院2所，村级合作医疗站20所，从业人员20人。农村医疗参保23296人，参保金额323.90万元，参合率98.8%，享受住院补助980余人次160余万元。

民政工作　全年发放救灾救济资金68万元，发放最低生活保障金178.6万元（其中城镇低保户12户17人，支出10.9万元；农村低保户187户387人，支出167.7万元），675人次得到大病医疗救助51.5万元。全镇有特困供养人员193人，发放特困供养生活费150.5万元。举办残疾人技能培训2期79人。参加城镇基本养老保险1.75万人。国家抚恤、补助各类优抚对象236人，抚恤经费支出160.6万元。

扶贫工作　全镇有白寺村、稻谷村2个贫困村，相对贫困村1个（愉幸村），贫困人口522户1905人。坚持"项目到村，资金到户"等工作思路，搭建中药材、榨菜产销服务体系，累计发放扶贫小额信贷63户230万元，助推扶贫产业发展。组织扶贫技术培训12场次，送培扶贫雨露计划培训21人次，贫困户年均纯收入4500元。至2017年底，全镇464户1719人脱贫，未脱贫建卡贫困户58户186人，贫困发生率0.75%。

【基础设施建设】 村社建设　全年投入200万元，扩宽和新建公路4千米。投入90万元，新建立树村卫生室182平方米。投资250万元，新建巴渝新居14户。投资132.3万元，改造农村危旧房63户。

投资 265 万元，整治山坪塘 53 口。累计发放扶贫小额信贷 63 户 261 万元，完成农机技术培训 697 人次。

场镇建设　投入 300 万元，完成 2500 米街道下水管网铺设；投入 70 万元，新安装路灯 150 盏；投入 234.45 万元，新栽绿化树 1563 棵；投入 9 万元，购置垃圾箱 300 个，配套转运车辆 3 吨拉臂车 1 辆；投入 20 万元，新建占地 100 平方米生态公厕 24 个。全年场镇建成区面积 1.1 平方千米，场镇居民 6.2 万人，城镇化率 12.06%。

【维稳工作】　全年开展安全检查 408 人次，排查整改各类安全隐患 76 起，查处劝导各类交通违法行为 105 起，查处非法营运 2 起，组织驾乘人员开展安全学习 389 人次。调解民事纠纷 14 起，调解率 100%。开展社区矫正 9 人，依法打击邪教 25 人。全年处理各类信访 284 件，办结率 100%。

【党建工作】　全镇有党支部 16 个，其中村（居）党支部 12 个，医院、企业等联合党支部 3 个。有党员 859 名，其中新发展党员 5 人。开展“两学一做”学习教育 53 场，开展“解放思想，提高执行力”干部作风专项整治行动 19 场，组织开展“党群牵手互助情，邻里关爱聚民心”主题活动，即一个党员帮联一个或几个留守老人或儿童，主动上门走动慰问，做到“一叫二问三蹬门，有事没事敲敲门”；组织“党员+三留守”“党员+贫困户”等专题活动，结对帮扶贫困户、低保户、三留守人员 800 余户。

（刘　琴）

官坝镇

【概　况】　官坝镇位于县境西北部，幅员面积 96 平方千米，平均海拔 251—670 米，属典型的亚热带季风气候，日平均气温 18.5℃，年降水量 1140 毫米。森林面积 6008 公顷，森林覆盖率 58%。

2017 年，全镇辖 12 个村、2 个社区居委、113 个村民小组、13 个居民小组，13744 户 43370 人。当年出生 339 人，出生率 7.8‰；死亡 402 人，死亡率 9.2‰；人口自然增长率-1.4‰，出生人口男女性别比 112：100 。

【经济发展】　2017 年，全镇实现生产总值 83029 万元，同比增长 12.5%；固定资产投资 25617 万元，同比增长 19%；辖区内财政收入 295 万元，同比增长 11.1 %；社会消费品零售总额 16423 万元，同比增长 13.6%；农村居民人均可支配收入 15477 元，同比增长 9 %。

工业经济　规模以上工业企业 1 户：忠县官坝有明米业有限公司，2017 年 6 月获得重庆市加工成长型企业、中国好粮油等称号。2017 年，公司生产销售优质稻米 6000 吨，年销售收入 5200 万元，年利润 300 万元，带动 5800 个农户增收。规模以上工业企业增加值 2682 万元。全年工业增加值 13030 万元，同比增长 22.4%。

农业经济　全镇年末常用耕地面积 2881 公顷，农作物总面积 5768 公顷。粮食播种面积 3985 公顷，粮食产量 20933 吨。种植水稻 1309 公顷，产量 10166 吨；小麦 311 公顷，产量 1147 吨；玉米 578 公顷，产量 3536 吨；高粱 340 公顷，产量 1656 吨；豆类 732 公顷，产量 1497 吨；红苕面积 359 公顷，产量 8677 吨；洋芋面积 356 公顷，产量 1399 吨。油料面积 889 公顷，油料产量 1916 吨。种植蔬菜 762 公顷，产量 16876 吨。水果面积 1000 公顷，水果产量 14279 吨。实现农业总产值 31008 万元，农业增加值 21651 万元。

有 100 头以上养猪大户 50 户，2000 只以上肉兔大户 1 户，2000 只以上蛋禽大户 1 户。主要畜牧产品中，牛出栏 1212 头，存栏 3054 头；生猪出栏 49607 头，存栏 34472 头；家禽出栏 148566 只，存栏 132950 只。全年畜牧业总产值 17821 万元。

民营经济　2017 年，全镇新发展民营企业 35 家，其中微型企业 5 家；新增个体工商户 166 户，占计划 183%。全镇私营企业 262 户，个体工商户 1179 户，从业人员 6366 人，产值 233700 万元，缴税 134 万元，利润 57318 万元。

【特色产业】　种植业发展　全镇优质水稻播种面积 1580 公顷；龙泉、碾盘、三峰等村流转土地 53.33 公顷，种植优质水稻，并实现水稻栽植、管理、收割等科学化。丰裕村实施 33.33 公顷小麦高产示范片项目，平均公顷产 3150 千克。做好“无公害农产品产地认证”品牌，种植红辣椒 166.67 公顷、大豆 466.67 公顷、无公害蔬菜 66.67 公顷。初步形成优质水稻（有明米业有限公司）、辣椒及米椒（祜康农业开发有限公司）农产品粗加工生产链条。

养殖业发展　成功引进四川德康农牧科技有限公司在固国村攀凤湾、鸡公梁建设生猪育肥场 2 个，完成选址、环评等工作。全镇成立畜禽专业合作社 5 个，发展标准化规模生猪养殖场 62 个，培育养殖大户 126 户，羊场 7 个。全年出栏生猪 8 万头、山羊 3400 只、家禽 25 万只。

林果业发展　翠柏、关心、新华、丰收等村社区 666.67 公顷笋竹投产达效；红高雷笋竹加工厂收鲜笋 142 吨，产值 38 万元；国国、丰裕等村果桑经济进一步壮大，2017 年采桑节成功举办；骄皇股份合作社 33.33 公顷花椒实现投产，产鲜花椒 40 吨，产值近 50 万元；四友村 33.33 公顷安吉白茶、翠柏村 66.67 公顷中药材、三峰村 33.33 公顷花椒、高升村 20 公顷脆李、碾盘村 4 公顷猕猴桃、龙泉村 4 公顷鲜桃完成建园。开展“互联网+”现代农业行动，发展壮大农产品电子商务，建成镇级电商平台服务点 1 个，覆盖 2 个贫困村和 12 个村社区，实现农产品网上销售额 50 余万元。

【招商引资】　2017 年，招商引资项目 10 个（全年引进项目 6 个，上年续建项目 4 个），引进资金 19175 万元（全年新引进项目 14475 万元，上年续建项目 4700 万元），到位资金 11360 万元。

新签投资项目 6 个，投资总额 14475 万元，完成投资 6660 万元。重庆市忠县火地湾中药材种植有限公司投资 1800 万元在官坝镇翠柏村火地湾发展中药材 66.67 公顷，并完成药材幼苗种植；投资 1900 万元完成丰收敬老院进整改，并全面投产运行；四川省朝阳天成茶叶有限公司投资 1850 万元在丰裕村建设特色蔬菜观光园 46.67 公顷，已完成土地流转；忠县田峰坝农业开发有限公司投资 3900 万元分别在碾盘村、三峰村土地小改大 33.33 公顷、40 公顷，用于种植优质水稻；重庆力葚酒业有限公司投资 1525 万元在固国村流转土地 20 公顷，建桑葚基地 20 公顷；洪雅县雅芦茶叶有限责任公司投资 3500 万元在四友村建设安吉白茶种植基地，发展茶叶种植茶农 3000 余户，建设配套厂房，年底实现土地全面流转。

往年续建项目 4 个，总投资 21800 万元。重庆伟旭建筑工程有限公司投资 4000 万元完成官坝高升新街房地产开发项目，占地面积 3876 平方米，建筑面积 22300 平方米；忠县锦农笋竹股份合作社投资 2800 万元在翠柏村建成笋竹初加工厂 1 个(占地面积 0.33 公顷、年产 500 吨)；官坝镇本土企业万元酒厂投资 2500 万元，在固国村万元酒厂建立 66.67 公顷高粱核心片，全镇高粱 333.33 公顷建设基地；重庆楚江房地产公司投资 12500 万元，完成占地面积 4800 平方米、建筑面积 5 万平方米粮站小区锦绣花园二期主体建设工程。

【社会事业】　文教事业　全镇有中学 1 所，小学 7 所，幼儿园 6 所。有中学教师 115 人，小学教师 154 人，幼儿教师 56 人。在校中学生 1281 人，小学生 2846 人，在园幼儿 690 人。初中适龄人口入学率、小学升初中升学率、九年义务教育覆盖率、小学适龄儿童入学率及巩固率均 100%。全镇发放家庭经济贫困寄宿生生活补助 24.7 万元。利用中秋、国庆、重阳节等开展群众文化活动 12 场次，全年完成送电影下乡 42 场。

医疗卫生　全镇有中心医院 1 所，村级合作医疗站 19 所，从业人员 28 人。农村医疗参保 39182 人，参保金额 533.24 万元，参合率 99.6%；享受门诊补助 2.7 万人次 55 万元，住院补助 2700 人次 405 万元。

民政工作　全年发放救灾救济资金 28 万元，发放最低生活保障金 137.4 万元（其中城镇低保户 8 户 12 人，支出 5.3 万元；农村低保户 138 户 365 人，支出 132.1 万元），63 人次得到大病医疗救助 35.76 万元。全镇有特困人员 221 人，特困供养发放资金 172.4 万元。举办残疾人技能培训 4 期 400 人。参加城镇基本养老保险 1285 人、城镇职工基本医疗保险 1542 人、城乡居民基本医疗保险 39177 人。国家抚恤、补助各类优抚对象 521 人，抚恤经费支出 383.3 万元。

扶贫工作　全镇有碾盘村、三峰村 2 个贫困村，贫困人口 687 户 2538 人。为贫困户购买“精准脱贫保”2538 份，发放精准扶贫贷 116 户；实施金融扶贫，为 121 户贫困户发放扶贫小额信贷 452.5 万元；新增低保兜底 11 户。资助 90 名贫困大学生 24.7 万元，安排 17 名在校大学生在县交委开展暑假实习活动。安置公益性岗位 41 名，贫困户危房改造 18 户 42 人，易地扶贫搬迁 17 户 72 人。至第四个“扶贫日”接受捐款 65.14 万元。走访帮扶贫困户 684 户，送慰问物资或资金 7.66 万元。市畜牧科学院第八支部结对联建，为碾盘村贫困户送母猪 30 头，捐赠现金 4 万元。2017 年 45 户 141 人脱贫。

【基础设施建设】　村社建设　全年投入 50 万元，修建高升村安置点人行道建设项目；投入 20 万元，建成丰裕村金银口安置点 0.3 千米道路建设工程；投入 331.86 万元，建成 8.7 千米农村道路联网通达工程；投入 1500 万元，油化改造乡道陶官路 6 千米。投资 700 余万元，改善官坝中学、官坝小学、丰收小学、碾盘小学及集团办学村小教学楼、办公楼、操场、食堂等设施条件。实施中心村电网改造工程，新增便压器 28 座。全镇自来水、天然气入户分别为 1.2 万户、1428 户。投资 39 万元，改造农村危旧房 25 户。投资 515 万元，整治山坪塘 49 口。投资 6 万元，安装铺设供水管 500 米，解决 24 户 85 人的饮水难问题。推广新型农机 4 台、微耕机 330 台、联合收割机 11 台，完成农机技术培训 113 人次。实施土地流转 135 公顷，新发展专业合作社 4 个。投资 57 万元，建设官坝居委便民服务中心。

场镇建设　投入 50 万元，修补官坝、碾盘、丰收 3 个场镇道路 600 米，完成 600 米街道下水管网铺设。投入 6 万元，建设碾盘村公益性停车场 1 个。投入 50 万元，提档升级丰收卫生院。投入 63 万元，新安装路灯 102 盏。投入 24.27 万元，配备垃圾收集池 61 个、垃圾收集箱 122 个、垃圾清运车 5 辆；投入 9 万元，改造占地 90 平方米的生态公厕 2 个。全年场镇建成区面积 1.1 平方千米，有水泥路干道长 2.1 千米，场镇居民 7869 人，城镇化率 27.25%。

交通建设　全年公路路网密度为每百平方千米 306.29 千米。全镇硬化公路总长 151.54 千米，硬化率 53.6%。全镇有规范边沟 168.84 千米，其中通畅农村公路边沟铺底 148.45 千米，规范土边沟 45.59 千米。新建防护栏 21 千米，新安装安全标识牌 58 块，新增标线 1500 米。

【乡村旅游业】　境内有固国清代民居、刘氏家训塔。其中，固国清代民居位于固国村 8 组，是清代翰林学士周殿超修建的占地约 0.13 公顷的住宅。“固国清代民居”所处地貌以丘陵为主，海拔高度约 460 米，结合固国新发展的桑果园打造，利用原生态自然风光、历史文化遗迹，推动旅游业发展。刘氏家训塔坐落于官坝镇西南部翠柏村境内，塔高约10米，占地面积约有500平方米，塔顶上面有详细的寺庙历史记录和刘氏家训的文字记录，具有丰厚的文化底蕴和考古价值。

2017年，筹措资金300万元打通五条索旅游通道，规划实施五条索生态旅游区开发。黑岭子松林游人步道、旅游公厕竣工投入使用。丰收敬老院的周边环境和服务水平提升，休闲养老业迈上新台阶。出台推进乡村旅游发展政策，鼓励扶持新开农家乐4家。成功举办第五届忠县官坝“采桑节”，吸引外来游客5万余人次，销售桑果1万余千克，初步形成采桑葚、喂蚕宝农旅模式。立足良好的生态环境，将粮油、蔬菜、生猪、竹笋、果桑等农产品优势资源与传统文化、绿色环保、健康养生等元素有机结合，作为旅游产品进行包装、开发。在2017年5月的忠县美食节，桑叶面、桑叶茶、桑葚膏、桑叶粑、官坝大米、万元白酒、官坝果桑等品牌受大众热捧。

【维稳工作】 全年开展安全检查612人次，排查整改各类安全隐患133起，查处劝导各类交通违法行为623起，查处非法营运2起，现场纠违促改1800起，下达限期整改指令46份；全年罚款2.4万元，责令停产停业3家，关闭打击非法2家，暂扣吊销证照1家，案件移交处理4件（其中非法营运移交汝溪交通执法中队2件，非法经营烟花爆竹移交县打非办2件）。调解民事纠纷1087起，调解率98%。开展社区矫正90人次，加强管控22名严重精神障碍患者，签订有奖监护协议6（人）份，2名肇事肇祸精神患者送至县民康医院住院治疗并确诊。全年处理各类信访152件，办结率100%；全年接待来访群众127批次189人次，当场答复、协调处理127件次，消除重大矛盾纠纷隐患12起。

【党建工作】 全镇有党支部20个，其中村（社区）党支部14个，政府机关、农业服务中心、畜牧兽医站、医院、退管、非公企业等党支部6个。有党员1633名，其中新发展党员7名。强化党员管理，实行“有职党员定岗定责，无职党员设岗定责，流动党员认岗定责”，创新开展党员先锋指数纪实考评工作。建立14个微信群，对210名流动党员进行有效教育管理。

推进“两学一做”学习教育常态化制度化。严格落实“三会一课”、民主评议党员等党内组织生活制度，开展支部主题党日活动240次（每个党支部每月1次）、干部作风建设专项整治行动专题培训5期，党委中心组专题学习研讨和党课辅导10次，开展中共十九大精神进社区、进院坝、进企业系列宣讲活动32场次，撰写心得体会120篇，文明城市创建志愿服务5次。推进基层服务型党组织建设。完成镇公共服务中心及12个村、1个社区阵地标准化建设，创建碾盘村三星级基层党建示范点1个；完成星级基层党建示范点整改2个，整顿转化后进基层党组织1个；支部结对联建、党建促脱贫攻坚满意率95%以上。

【表彰奖励】

先进个人

市级表彰奖励项目

表26

获奖个人	授奖单位	奖项名称	授奖时间
方　超	重庆市人民政府	生态文明建设先进个人	2017.12

（张晓芹）

石黄镇

【概 况】 石黄镇位于县境西北部，东邻官坝镇，南接三汇镇，西与梁平区大观镇、忠县金鸡镇毗邻，北与梁平区柏家镇相接，距县城 47 千米。全镇幅员面积 55 平方千米，平均海拔 446 米，属亚热带季风气候，日平均气温 15.8℃，年降水量 1326.2 毫米。森林 1494.9 公顷，森林覆盖率 28.1%。

2017 年，全镇辖 6 个村、2 个社区居委、50 个村民小组、2 个居民小组，5502 户 16308 人。全年出生 137 人，出生率 8.4‰；死亡 164 人，死亡率 10‰；计划生育率 100%，人口自然增长率-1.6‰，出生人口男女性别比 123：100。

【经济发展】 2017 年，全镇实现地区生产总值 28011 万元，同比增长 12.7%；固定资产投资 12103 万元，同比增长 19.6%；辖区内财政收入 113 万元，同比增长-57.2%；社会消费品零售总额 4121 万元，同比增长 13.2%；农民人均可支配收入 12628 元，同比增长 9.5%。

工业经济 全年实现工业增加值 4533 万元，同比增长 27.2%。

农业经济 全镇耕地面积 1144 公顷，农作物总面积 2866.27 公顷。种植水稻 1003.33 公顷，产量 7793 吨；小麦 56.53 公顷，产量 208 吨；玉米 232.47 公顷，产量 1421 吨；甘薯 314 公顷，产量 3487 吨；葛根 200 公顷，产量 8500 吨；豌胡豆 536 公顷，产量 1200 吨；中药材 200 公顷，产量 500 吨；高粱 37.27 公顷，产量 180 吨；萝卜 100 公顷，产量 6000 吨。粮食播种面积 2349.67 公顷，粮食产量 12930 吨，油料面积 493.07 公顷，油料产量 1062 吨。种植蔬菜 475.87 公顷，产量 11305 吨，水果面积 89.27 公顷，水果产量 1275 吨。实现农业生产总值 12992 万元，农业增加值 8594 万元。

2017 年，有 100 头以上养猪大户 10 户，2000 只以上肉兔大户 1 户，2000 只以上蛋禽大户 3 户。全年牛出栏 752 头，存栏 1886 头；生猪出栏 22428 头，存栏 15585 头；家禽出栏 100174 只，存栏 89645 只。全年畜牧业总产值 5088 万元。

全年新增农村劳动力转移 301 人，外出务工人员 5500 人，收入 5300 万元。

民营经济 全镇新发展企业 23 家，其中规上企业 1 家、微型企业 19 家；新发展个体工商户 43 户；全镇私营企业 112 户，个体工商户 305 户，新发展养殖大户 3 户；新发展种植业经营主体 14 个，成立专业合作社 1 个，发展家庭农场 2 个。

【特色产业】 重点鼓励引导种养大户、专业合作社和农业企业、在外成功人士流转土地，发展规模特色效益农业。坚持“市场需求、农民意愿、比较效益、政策支撑”原则，以“公司+基地+农户”为主要模式，围绕忠味堂、荣鑫科技、多民农业、佳鑫农业等企业抓产业发展，全年重点发展忠薯 1 号甘薯 333.33 公顷、葛根 200 公顷、豌胡豆 533.33 公顷、中药材 200 公顷、优质高粱 66.67 公顷、良种萝卜 100 公顷、藤椒 33.33 公顷，形成以甘薯为主，葛根、中药材、高粱、萝卜等农特产品为辅的“1+X”特色效益农业。鼓励以市场为导向，发展肉兔、山羊、核桃等特色效益产业，推进农业由“生产导向”转为“市场导向”，形成因地制宜、规模生产和专业配套格局。

【招商引资】 2017 年，引进招商项目 7 个，备案 6 个，协议引进资金 25800 万元，到位资金 16300 万元。其中工业项目 3 个，引进资金 15000 万元。由忠县佳鑫农业开发有限公司投资的藤椒种植项目，投资 1000 万元，到位资金 1000 万元，完成土地流转 40 公顷，藤椒基地水、路等基础设施完善，藤椒已种植，二期建设筹划中；重庆忠味堂有机食品有限公司投资的万亩甘薯基地建设项目，投资 3000 万元，到位资金 2500 万元，完成甘薯种植，相关路、水配套设施完善；由重庆忠味堂有机食品有限公司投资的甘薯粉丝提取及粉丝生产项目，投资6000万元，到位资金2900万元，完成项目选址、场坪开挖、道路等配套设施，修建转运台、清洗池，第一生产线引进投入生产；由重庆忠味堂有机食品有限公司投资的甘薯淀粉制药项目，投资6000万元，到位资金3000万元，成立甘薯研发中心，引进研发人员，相关研发设备完善中，启动相关研发实验工作；由忠味堂营销公司投资的忠味堂营销项目，投资2000万元，到位资金2000万元，销售平台完善中；由忠县荣鑫农业科技开发有限责任公司投资的农产品综合加工二期项目，投资3000万元，到位资金3000万元，一期工程完工，投入试产，特色水果基地已建设，内部装修完善中；由重庆市科汇农业开发有限公司投资的特色水果种植项目，投资4800万元，到位资金2000万元，流转土地20公顷，水果苗木已种植，路、水等配套设施完善中。

【社会事业】 文教事业　全镇有中心小学1所，幼儿园7所；有小学教师40人，幼儿教师9人；在校小学生672人，在园幼儿248人；初中适龄人口入学率、小学升初中升学率、九年义务教育覆盖率、小学适龄儿童入学率及巩固率均100%。全镇所有义务教育阶段学生每天享受4元营养午餐，297名家庭经济贫困寄宿生享受生活补助14.85万元。

流动文化进村演出24场，城乡文化互动3次。政府出资主办大型公益性活动2次，镇文化专干送培训、送展览、送讲座16场。全年指导村农家书屋4次，组织大型全民阅读读书活动1次。

医疗卫生　全镇有中心医院1所、村级合作医疗站8所，从业人员29人。农村医疗参保14645人，参保金额196.46万元，参合率100.1%；享受门诊补助5400余人次8.96万元，门诊民政救助3856元。住院补偿815人次55.4万元，住院民政救助3.13万元，异地住院补偿36.3万元。

民政工作　全年发放自然灾害救助资金和临时救助金34.67万元，发放最低生活保障金92.2万元（其中城镇低保户10户14人，支出7.5万元；农村低保110户233人，支出84.7万元），16人得到临时医疗救助7.2万元。全镇有特困人员108人，发放特困供养金84.2万元。国家抚恤、补助各类优抚对象228人，抚恤经费支出112.5万元。

扶贫工作　全镇有三胜村、六合村2个市级贫困村，建卡贫困户354户1089人。2015—2017年304户961人脱贫，其中2017年脱贫28户67人，仍有50户128人需脱贫（2017年新增11户42人）。

2017年，全镇对需脱贫的67名人员，因户施策规划脱贫项目或纳入低保兜底范围。完善全镇建卡贫困户“一户一档”和“一袋清”等资料。组织有意向的75名贫困户对象参加专业合作社带头人、特色菜培、挖掘机操作等多个工种的“雨露计划”培训，培训人员就业率95%。推进金融扶贫，向农行申报183户拟贷款732万元，已放款54户234万元。开展第四个中国“扶贫日”捐赠活动，筹集33.4万元。对全镇所有建卡贫困户中的慢性病纳入医疗救助范围，全年救助患病建卡贫困户9户，救助金额71139元。实施产业扶贫、健康扶贫、教育扶贫，依托在镇农业龙头企业，引导村民大力发展甘薯、萝卜、高粱等农业产业，助农增收。落实健康医疗扶贫政策，切实帮助因病致贫农户减轻负担。利用春节给1089个建卡贫困户发放慰问金43560元。

【基础设施建设】 加大场镇配套设施建设，投入600余万元，在石黄、双龙场镇实施农贸市场改建、公厕改建、停车场新建及绿化亮化、街道破损路面整修、行道树整形治虫、忠（味堂）荣（鑫科技）大道扩宽硬化及绿化亮化美化、双龙文化广场建设、标准蓝球场建设等项目。争取指标建设高岭村、六合村等4个村5.8千米通畅公路和2千米通达公路，实施300万元的易地扶贫搬迁基础设施配套项目。整合资金52万元，完成金星社区500米社道、郑家湾平柚产业路1200米硬化建设。投入资金50余万元，对双龙、三胜、高岭、桂艳村5.8千米农村公路增设错车道56个。投资600万元，开工建设石门桥提水饮用工程项目。完成山坪塘整治任务78口，并实现全部围栏保护。投入近100万元，新建双龙等村（居）人行道路、生产便道10余千米。

狠抓环境综合整治，完成石黄、高岭、石鲤、桂艳村58个垃圾收运点的建设，完善垃圾收运制度；完成2个老垃圾场处置工作，在场镇沿线配备果皮箱。开展人居环境示范户评选活动，人居环境整治工作每季度考核均位居同考核组前列。联合县环保局开展“六·五”大型宣传活动。严格落实“河长制”，每月定期巡查所辖河流，加大生态保护力度和库岸环境综合治理，关闭禁养区养殖场13家，淘汰落后产能1家。完成市级生态镇申报工作，并接受市级验收。强化森林资源管护，完成松材线虫病除治工作，加大森林防火工作力度，全年无大火情、大火灾发生。全镇城镇化率13.48%。

【维稳工作】 贯彻落实《安全生产法》和安全生产“党政同责，一岗双责”机制，层层签订安全生产目标管理责任书，开展安全生产大排查、大宣教、大整治、大执法工作。推行“双网联动”一线工作法，开展“化积案、解难题”活动，全年排查信访稳定问题179个；分类制定处置措施，处置率97%；充实8个基层人民调解调委会，启动金星、双龙2个基层人民调解示范点规范化建设；全年化解民事纠纷634件。狠抓社会治安综合治理和防控体系建设，推进“一标三实”基础数据库建设和录入，建成“雪亮工程”视频监控系统并联网使用。全年开展各类安全检查237次，排查整改各类安全隐患389起，查处劝导各类交通违法行为702起，组织驾乘人员开展安全学习500余人次。全镇未发生较大以上安全生产责任事故，无人进京上访。

【党建工作】 2017年，全镇有党支部12个，其中，村（居）党支部8个，机关事业单位党支部3个，非公党支部1个。有党员695名，其中新发展党员4人，处理违纪违法党员1人。

加强干部队伍建设。坚持民主集中制，每月召开2次以上党政班子成员会研究决策“三重一大”事项，研究落实党建工作15次，落实党建事项35件。约谈函询村党政负责人8人次，调整村党支部书记3人次。督促班子成员和各党支部认真履行基层党建工作职责，组织现场学习观摩党建工作2次。开展村镇干部集中培训，建立村级后备干部库，及时约谈和调整镇村干部。加强基层组织建设。新建石鲤村、改建桂艳村便民服务中心；依托忠味堂等企业，成立8个村级农业发展（股份）有限公司，组建村集体经济党组织；全镇开展各类人才和创业就业培训246人次，摸排出各类人才1054名，建立在外成功人士人才库。动员引导各村（社区）建立党员微信群，利用好远程教育系统等设备，常态化制度化开展“两学一做”学习教育和“三会一课”，结合中心工作落实“主题党日”活动。规范党费收缴，落实党内关怀帮扶，落实村干部坐班值守通报制度，“群工系统”办结率和满意率均为100%。加强党风廉政建设。开展“解放思想·提高执行力”干部作风建设专项整治行动，每月定期或不定期对全镇各单位开展作风建设督查，从严查处群众身边的不正之风和腐败问题，坚决杜决工程项目建设过程中的腐败，坚持每两月上廉政党课1次，及时传达学习中央、市、县有关廉政规定；开展干部家访工作，教育提醒干部严格遵守廉洁自律各项规定。2017年镇党委与全体干部开展集体约谈5次，对重点岗位工作人员开展专门谈话5次。

（张丽荣）

马灌镇

【概 况】 马灌镇位于县境西北部，幅员面积114平方千米，平均海拔515米，属亚热带东南季风区山地气候，日平均气温16.8℃，年降水量1250毫米。森林1400余公顷，森林覆盖率36%。

2017年，全镇辖16个村、4个社区居委，122个村民小组、40个居民小组，17541户48240人。全年出生381人，出生率7.9‰；死亡453人，死亡率9.4‰；人口自然增长率-1.5‰，出生人口性别比男女118∶100。

【经济发展】 2017年，全镇实现生产总值92428万元，同比增长12%，固定资产投资30330万元，同比增长18.7%；辖区内财政收入638万元，同比增长25.4%；社会消费品零售总额15763万元，同比增长13.8%；农村居民人均可支配收入14374元，同比增长9.5%。

工业经济 规模以上工业企业1户，规模以上工业企业增加值3781万元。全年实现工业总产值39840万元，同比增长18.8%；工业增加值15375万元，同比增长20.4%。

农业经济 全镇年末常用耕地面积3610公顷，农作物总面积8380公顷。粮食播种面积6313公顷，粮食产量33711吨；种植水稻2446公顷，产量19008吨；小麦73公顷，产量270吨；玉米667公顷，产量4080吨；高粱338公顷，产量1645吨；豆类1310公顷，产量2680吨。油料面积1540公顷，油料产量3319吨。种植蔬菜785公顷，产量19884吨。水果面积204公顷，水果产量2907吨。

大力扶持养殖大户，全镇有100头以上养猪大户10户，2000只以上肉兔大户9户，2000只以上蛋禽大户3户。主要畜牧产品中，牛出栏995头，存栏2508头；生猪出栏47670头，存栏33126头；家禽出栏204665只，存栏183153只。全年实现农业总产值38248万元，农业增加值26670万元。全年畜牧业总产值16538万元。

民营经济 2017年，全镇新发展民营企业39家，新增个体工商户173户，占计划177.08%。至2017年底，全镇私营企业294户，个体工商户1113户，从业人员2920人，产值92428万元，缴税552.43万元，利润10168万元。

【特色产业】 采取企业带动、市场引导、大户示范、技术培训等措施，完成粮油高产创建示范1000公顷。通过市场引导、统一规划、突出特色、政府补贴等办法，完成800公顷笋竹基地提档升级，出产鲜笋350余吨，带动1400余户农民增收。启动建设50万头生猪项目。采取市场为导向、应用新技术、政府引导等措施，完成77.33公顷“农光互补”光伏发电项目建设。

【招商引资】 全年达成招商引资协议项目7个，实际完成引资项目7个，总投资32100万元，到位资金32100万元。其中，引进忠县卓扬农业发展有限公司投资1000万元，在白高村种植甘蔗133.33公顷；引进重庆全伦生态农业开发有限公司投资2000万元，在洛阳村投资兴建2000平方米笋竹初加工厂；引进濮阳凤翔蓝孔雀养殖有限公司投资19000万元，在双石村建设孔雀主题乐园；引进高鹏生态农业有限公司投资800万元，在果园村实施稻田养鱼20公顷、稻田养虾4公顷、稻田养蛙2.67公顷生态环保养殖水产；引进安徽吉电新能源有限公司和阳光电源股份有限公司投资5000万元，在双石村、倒灌社区建设100兆瓦光伏发电项目；引进广西三江县三鑫石油化工销售有限公司投资1000万元，在马灌高速路出口投资建设加油站1座；引进华西希望德康集团和忠县德康农牧有限公司投资3300万元，在合心村、双石村落地建设忠县50万头生猪产业一体化项目。至2017年底，全镇有农业企业8个、专业合作社26个，其中有返乡创业企业3个。

【社会事业】 文教事业 全镇有中学1所，小学4所，幼儿园5所。有中学教师117人，小学教师138人，幼儿教师20人。在校中学生1369人，小学生2511人，在园幼儿713人。初中适龄人口入学率、小学升初中升学率、九年义务教育覆盖率、小学适龄儿童入学率及巩固率均100%。投入1254万元完成全镇各学校教学楼改造、学生宿舍楼新建等工程建设。开展法治讲堂进校园活动12次，定期开展校园周边环境整治行动。镇党委政府分别设立7万余元教师节表彰慰问专项基金、3万元中考质量奖。2017年马灌初级中学升拔山中学等市级重点中学升学率居全县第一。

开展城乡文化互动演出活动6场次，文艺演出下村60场，电影放映22场。建设文化大户8户。组队参加县级文艺体育活动3次。为马灌、高洞、鹤林、双基等4个村（社区）增设健身器材和体育设施，广场坝坝舞、乒乓球俱乐部等群众性体育健身活动常态化开展。

医疗卫生 全镇有中心医院1所、卫生院2所、标准化村卫生室8个、村级合作医疗站45所，从业人员132人。全年农村医疗参保41674人，参保金额556.85万元，参合率97.21%。

民政工作 全年发放救灾救济资金35万元，发放最低生活保障金338.7万元（其中城镇低保户54户80人，支出40.8万元；农村低保户358户790人，支出297.9万元），81人次得到大病医疗救助49.331万元。全镇有特困人员363人，发放资金283.1万元。举办残疾人技能培训1期100人。参加城镇基本养老保险26640人，城镇职工基本医疗保险33人，参加城镇居民基本医疗保险40344人。国家抚恤、补助各类优抚对象565人，抚恤经费支出336.2万元。

扶贫工作 全镇有高渡村、金桂村、高桥村3个贫困村，贫困人口143户470人。2017年，全镇有148户388人脱贫。

利用扶贫专项资金133万元，新修高渡村公路1.2千米、金桂村车行桥1座，受益群众561户1647人。以“项目到村，资金到户”为工作思路，加强产业扶贫，分别在金桂村、高洞村、高桥村建成笋竹产业基地73.33公顷、柠檬种植园20公顷、榨菜种植基地52公顷，促进贫困户增收；成功申报白高村、果园村、龙肖村电商扶贫项目3个，解决贫困群众产业发展产品销路难题；全镇15个村（社区）摆脱“空壳村”现象。全镇实施扶贫项目49个，涉及资金1903万元。发放普惠金融贷款116户383.4万元。完成129户477人建卡贫困户高山生态扶贫搬迁任务。“雨露计划”免费送培11轮30余人。利用春节、端午节、中秋节等为992个建卡贫困户发放慰问金34.05万元。

【基础设施建设】 村社建设 全年投资1900余万元，完成洛阳、双基、大梵等11个村（社区）33.4千米农村公路硬化改造。投入近100万元，建成金桂村拱桥坝公路桥梁1座。安装农村公路安全护栏21千米。先后投入60余万元，整治公路水毁30余处，修复桥梁10余座。投资558万元整治山坪塘72口。投入2200万元，完成辐射黄钦、高桥、白高、鹤林4个村（社区）的农业综合开发项目。投资800万元，改造农村电网10千伏路线10.6千米、400伏路线25千米，增加变台26台。对8座小（二）型水库集中开展白蚁防治和大坝除草管护。投入5000万元，整治大沙河流域河堤1.5千米、渠溪河流域河提1千米。

开展农村“三清四化七改”行动。全年复垦户521户，复垦片块402个，复垦面积106234平方米；新规划民生类复垦52户，实施土地流转1400公顷。完成D级危旧房改造128户。新增沼气用户112户。完成龙肖等9个村215个垃圾收运设施建设。推广新型农机302台，完成农机技术培训500余人次。完成洛阳居民点绿化、亮化工程，金宝农民新村基础配套设施全面完善。完成高洞场、倒灌场污水管网设计和预算。对24家养殖场进行环评达标检查，持续有效改善农村人居环境。

场镇建设　投资3789.34万元，建成全长1.67千米的忠梁高速马灌互通连接道。投入100余万元实施绿化、亮化工程，将连接道建设为展示马灌形象的景观大道。投入500余万元实施2.8千米场镇道路扩宽和“白改黑”。投入近30万元建立场镇违停监控系统，设置场镇环形道，新建停车场2个，划定临时停车位100余个。投资500余万元建成迎宾湖，医院大塘实现污水变清水、死水变活水、水体变水景的完美转变。完成马灌广场配套设施建设，成为大型活动和场镇居民日常休闲娱乐主要场所。投资100余万元，实施重要节点绿化，换栽桂花树100余棵，新增场镇绿地10余处。投资200万元，实施全县首个乡镇场镇雨污分流。马灌污水处理厂日处理能力由500吨增加至2000吨。城镇化率25.62%。

【乡村旅游业】　黄钦水库风景区　背靠精华山，森林覆盖率80%以上。风景区集奇山秀水为一体，适合休闲度假。每年夏季，周边城镇乃至重庆主城区有不少市民到此乘凉度夏。黄钦水库重庆市钓鱼协会评为最受欢迎的十大钓鱼生态水库。

精华山监狱遗址　海拔1100多米，山高林密。2004年原精华监狱整体搬迁至南川区江水镇，遗留下监狱建筑、农场林地等大量国有资产，闲置监区成为廉政教育基地。

2017年，按照“农旅结合，产村相融”发展思路，确立“香村甜园、多彩马灌”的乡村旅游发展总体方向，努力打造“一线两片多点”的发展格局。“一线”即从马灌高速公路出口经马灌场镇至黄钦水库公路沿线乡村旅游景观廊道；“两片”即一期开发倒灌湖乡村旅游片区，二期开发黄钦水库山水生态旅游度假片区；“多点”即是以分布在全镇其他村（社区）的特色种植业和特色养殖业为依托的乡村旅游点。全年集中精力打造观（音桥）马（灌）路沿线涉及金宝、果园、倒灌、双石等村（社区）的万亩油菜花海；启动倒灌倒灌湖乡村旅游片区建设，修复倒灌古街，建设多彩花木观光园、欢乐体验园、花香四季果园、倒灌湖湿地公园、凤吟园、双石湖时刻文化旅游区等“五园一区”。

【维稳工作】　全年开展安全检查2500余人次，排查整改各类安全隐患300余起，查处劝导各类交通违法行为400余起，组织驾乘人员开展安全学习800余人次。调解民事纠纷722起，调解率100%。接待群众来访230人次，处理各类信访28件，办结率100%；化解重点疑难信访案件3起。新接收社区服刑人员6名，接收社区矫正人员5名，实现对辖区内的重点人群监管全覆盖。组织民兵骨干参加全县集训，集训成绩位列全县第二名；圆满完成2017年征兵工作任务，征兵“五率”位居全县同类乡镇第二名。

【党建工作】　全镇有党支部33个，其中村（居）党支部20个，医院、企业等党支部13个；有党员1771名，其中新发展党员8人名，处理违纪党员1名。

完成全镇1782名党员基本信息核实核查（无失联党员）；建立党员组织关系转接台账，实时掌握党员动向；全年缴纳党费132736元，按时缴费率100%。制定村（社区）干部辞职实施办法等制度3项；组织89名村（社区）干部集中学习2天，带领部分参学人员赴邻近乡镇学习先进基层党建做法；选派2名领导干部任第一书记，规范组织生活，完成对金宝、齐心村党支部整顿；对21个非公企业和社会组织党员情况开展摸排，3个非公企业实现“两个全覆盖”，3名非公党员挂靠管理，完善近150名非公企业法定代表人基本信息核实。通过人才普查，全镇有外成功人士830名、在外务工人员14807名、农村实用人才3301名。摸排出本土人才23名，其中2名任村综合服务专干，9名创

业；培训农村实用人才 550 人次，成功引进返乡创业就业人才 60 名。（余 倩）

金鸡镇

【概 况】 金鸡镇位于县境西北部，幅员面积 78 平方千米，平均海拔 585 米，属亚热带东南季风气候，年平均气温 14.2—18.1℃，年降水量 1200—1400 毫米。耕地面积 1811 公顷，森林 3791 公顷，森林覆盖率 44.95%。

2017 年，全镇辖 8 个村、2 个社区居委，58 个村民小组和 17 个居民小组，9525 户 26006 人。全年出生 211 人，出生率 8.1‰；死亡 266 人，死亡率 10.2‰；人口自然增长率-2.1‰，出生人口男女性别比 110∶100。

【经济发展】 2017 年，全镇实现生产总值 36993 万元，同比增长 11.6%，固定资产投资 18793 万元，同比增长 19.7%；辖区内财政收入 276 万元，同比增长-68.5%；社会消费品零售总额 5650 万元，同比增长 13.5%；农村居民人均可支配收入 11937 元，同比增长 9.8%。

工业经济 规模以上工业企业 1 户（重庆优通石材有限公司），规模以上工业企业增加值 5049 万元。全年实现工业总产值 35470 万元，同比增长 13.5%；工业增加值 7932 万元，同比增长 23.3%。

农业经济 全镇常用耕地面积 1811 公顷，农作物总面积 3552.3 公顷。粮食播种面积 2829.5 公顷，粮食产量 14632 吨。其中，种植水稻 979.5 公顷，产量 7608 吨；小麦 70.1 公顷，产量 259 吨；玉米 356.2 公顷，产量 2177 吨；高粱 110.8 公顷，产量 538 吨；豆类 631.1 公顷，产量 1291 吨；红苕 280.3 公顷，产量 5343 吨；马铃薯 401.5 公顷，产量 1578 吨。油料面积 501.9 公顷，油料产量 1081 吨。种植蔬菜 356.3 公顷，产量 8388 吨；水果面积 123.6 公顷，水果产量 1766 吨。全年实现农业总产值 19680 万元，农业增加值 13388 万元。

有 100 头以上养猪大户 10 户，2000 只以上肉兔大户 1 户，2000 只以上蛋禽大户 4 户，50 只以上羊大户 7 户，10 只以上牛 3 户，0.13 公顷以上水产品大户 7 户，20 箱以上蜜蜂大户 3 户。主要畜牧产品中，牛出栏 684 头，存栏 1718 头；生猪出栏 22938 头，存栏 15939 头；家禽出栏 120278 只，存栏 107635 只；水产品 297 吨，蜂蜜产量 17.36 吨。全年畜牧业总产值 11012 万元。

民营经济 2017 年，全镇新发展民营企业 24 家，其中微型企业 9 家；新增个体工商户 82 户，占计划 97.6%。全镇私营企业 169 户，个体工商户 699 户，从业人员 2889 人，缴税 63.4 万元。

【特色产业】 竹笋种植，采取“公司+农户”模式，推广良种，组建专业合作社，产业规模 780 公顷；生姜种植，采取推广良种、发展大户、应用新技术、政府补助等措施，产业规模 0.67 公顷；辣木种植，采取推广良种、发展大户、应用新技术、政府补助等措施，产业规模 37.47 公顷；葛根种植，采取“公司+农户”模式，推广良种，组建专业合作社，产业规模 13.33 公顷；银杏种植，采取企业带动、市场引导、大户示范、技术培训等措施，产业规模 3 公顷；花椒种植，采取企业带动、市场引导、大户示范、技术培训等措施，产业规模 20 公顷。

【招商引资】 签约项目 3 个，合同引资 1.2 亿元，到位资金 3500 万元。重庆思毅电力设备有限公司投资 2000 万元种植香椿 33.33 公顷，到位资金 500 万元；靖边县鹏程工贸有限公司投资 5000 万元扩建 66.67 公顷柑橘园，到位资金 2000 万元；忠县穗丰水产养殖有限公司投资 5000 万元稻田养虾 66.67 公顷，到位资金 1000 万元。其中，靖边县鹏程工贸有限公司扩建 66.67 公顷柑橘园、忠县穗丰水产养殖有限公司稻田养虾 66.67 公顷项目已开工建设。续建项目 2 个，到位资金 1400 万元。四季美农业发展有限公司到位资金 700 万元，梁平区海峡建筑工程有限责任公司到位资金 700 万元。全年完成到位资金 4900 万元。策划项目 2 个：龙凤谷中药项目和云平中药材种植项目。

【社会事业】 文教事业　全镇有中学 1 所，小学 2 所，幼儿园 3 所。有中学教师 30 人，小学教师 64 人，幼儿教师 18 人。在校中学生 326 人，小学生 1148 人，在园幼儿 415 人。初中适龄人口入学率、小学升初中升学率、九年义务教育覆盖率、小学适龄儿童入学率及巩固率均 100％。

投入 40 万元实施黄龙小学校门口安全隐患整治，投入 2 万余元实施金鸡镇中学校园文化建设，投入 150 余万元完成金鸡小学学生宿舍楼灾后重建。全年发放家庭经济贫困寄宿生生活补助 32 万元、家庭经济贫困生生活补助（包括营养午餐）40 余万元。开展群众文化活动 68 场次，全年完成送电影下乡 120 场。

医疗卫生　全镇有中心医院 1 所，村级合作医疗站 13 所，从业人员 13 人。农村医疗参保 23235 人，参保金额 310.07 万元，参合率 85.6%；享受门诊补助、住院补助 1987 人次 200 余万元。

民政工作　全年发放城乡低保金、救灾救济救助和优抚资金 289 万元，其中临时困难救济 43 户 14.3 万元，救灾救济 49.6 万元；发冬寒棉被 75 床、棉衣 30 件，上报冬令春荒救助 976 户 3137 人；发放临时医疗救助金 45 人 31 万余元、优抚资金 153.3 万元、城乡低保金 34.6 万元、节日慰问金 6 万余元；核定城乡低保 200 户 411 人，落实特困人员 29 人（其中困境儿童 7 人）；为 6 名精神病人落实免费服药和康复治疗。做好计生特殊家庭户帮扶，新申报计生特殊家庭帮扶 7 户、计生奖励 190 人、49 岁一次性奖励 136 人；发放计生家庭参合补助 9.8 万元，征收社会抚养费 5 万元。

扶贫工作　全镇有傅坝村、桂林村、蜂水村 3 个贫困村，贫困人口 714 户 2133 人。利用扶贫专项资金 20 万元，新修木坊村公路 3 千米，受益群众 50 户 100 人。先后 2 次组织 214 名群众参加创业培训。坚持“项目到村，资金到户”方针，建立起以笋竹、柑橘为主的主导产业，促进贫困户增收，年均纯收入 10937 元。利用元旦、春节为 687 个建卡贫困户发放慰问金 81320 元。全年有 38 户 77 人实现脱贫。

【基础设施建设】 村社建设　投资 1400 万元完成金鸡水库 2 个移民安置点场平建设并通过县级验收，完成台山丘雨污管网建设，续建汪家坝安置点边坡治理、汪家坝公路桥和台山丘水池景观等项目。投资 300 万元完成金鸡镇民用天然气管网改造工程。全面推行“河长制”，落实镇级河长 5 名、村级河长 22 名，健全巡查管护机制，严控白石水库流域金鸡段规模养殖，抓好白石水库流域水资源保护；督促忠县祥庆建材投资 10 万元整改硫排放不达标问题，投入 10 万元强行关闭环保不达标养殖场 1 家。

严格执行总体规划，完成木坊、狮王、新学、白龙、活龙等 5 个村的规划前期资料收集、圈界工作；投入 9 万元改造 C 级危房 12 户，投入 155.4 万元改造 D 级危房 74 户，投入 33.4 万元实施易地扶贫搬迁 10 户 36 人；完成 198 户农村建房规划、选址、审批工作。投入 12 万元完成镇级公共服务中心办事大厅规范化、标准化改造；投入 143 万元完成蜂水、狮王、白龙、活龙、木坊等村便民服务中心升级改造和规范化、标准化建设。

场镇建设　投入 150 万元完成黄龙场镇路面整体修复和黄龙场绕场路建设；投入 30 万元，新建临时停车场 2 个、政府机关停车场 1 个；投入 55 万元完成金鸡文化广场提档升级；投入 60 万元，完成场镇绿化升级改造。投入 60 万元基本建成全镇垃圾收运系统，新配置垃圾压缩车1辆、垃圾桶400个，新建垃圾收集站9个，垃圾收集点166个，实现10个村（居）垃圾收运全覆盖。投入180余万元，新建和修复“9·18”大暴雨场镇水毁污水管网；投入50万元完成因暴雨损毁的金鸡污水处理厂抢险修工作。城镇化率17.3%。

【乡村旅游业】 金鸡镇有金鸡水库景区、金鸡场景区、黄龙场景区、老龙洞景区、人和寨景区、蜂水园林景区六大潜在开发的旅游资源。其中，金鸡水库景区，包括避暑、餐饮、垂钓等娱乐休闲特色；金鸡场景区，包括铁门坎、古庙、节孝坊、石窟、神佛、九龙树等景点；黄龙场景区，包括黄龙场、农民新村、生态工程；蜂水园林景区，蜂水村林区地处铁山支系山脉高山区，森林面积大，树木繁多，奇花异草遍布其间，鸟语花香，景色宜人。2017年，镇党委政府结合梁黔高速路过境并设有出口、金鸡水库和水晶小镇的城镇规划定位，着手进行旅游产业发展规划编制相关前期工作。

【维稳工作】 全年开展安全检查483人次，排查整改各类安全隐患108起，查处劝导各类交通违法行为720起，查处非法营运15起，组织驾乘人员开展安全学习720人次。调解民事纠纷235起，调解率95%。处理各类信访458件，办结率98%。加强群防群治队伍建设，坚决打击严重刑事犯罪活动和邪教组织非法活动，完成2名刑满释放重点帮教人员的就业指导，开展社区矫正3人，完成4名严重精神障碍患者肇事肇祸监护“以奖代补”申报发放，对全镇29名戒毒人员、17名邪教在册人员、90名精神障碍患者建档跟踪管理。

【党建工作】 全镇有党支部16个，其中村（居）党支部10个，学校、医院、企业等党支部6个。有党员813名，其中新发展党员5人。对59名流出党员、99名流入党员均纳入管理站管理，与其本人、家人或其委托人联系，发放流动党员证158本。

全镇深入学习中共十九大、市委第五次党代会和县委十四次党代会及历次全会精神，开展“解放思想·提高执行力”干部作风建设专项整治行动，建立问题台账并制定整改措施，促进全镇党员干部解放思想、改进作风、提高执行能力。逢节假日开展对贫困户、孤寡老人、留守儿童的慰问活动，每月25日按时开展主题党日活动，并成功转化木坊村后进党支部。（潘　雪）

新立镇

【概　况】 新立镇位于县境西部，幅员面积116平方千米，平均海拔450米，属亚热带东南季风气候，日平均气温17.7℃，年降水量920毫米。森林面积2667公顷，森林覆盖率35%。

2017年，全镇辖14个村、5个社区，115个村民小组和54个居民小组，17717户50821人。全年出生503人，出生率9.9‰；死亡554人，死亡率10.9‰；人口自然增长率-1.0‰，出生人口男女性别比88.3∶100。

【经济发展】 2017年，全镇实现生产总值103530万元，同比增长10%；固定资产投资57082万元，同比增长-13%；财政收入897万元；社会消费品零售总额30427万元，同比增长14.4%；农村居民人均可支配收入15768元，同比增长9.9%。

工业经济　规模以上工业企业1户（三峡建设集团），规模以上工业企业产值7430元。全年实现工业总产值104962万元，同比增长17.5%；工业增加值18397万元，同比增长23.9%。

农业经济　全镇耕地面积3652公顷，农作物总面积7381公顷。粮食播种面积5290.9公顷，粮食产量27718吨，油料播种面积1066.5公顷，产量

2298吨。种植水稻1819公顷，产量14132吨；小麦247公顷，产量912吨；玉米714公顷，产量4366吨；种植蔬菜796.1公顷，产量16241吨，水果面积2882公顷，水果产量41173吨；柑橘2439.6公顷，产量34721吨。

主要畜牧产品中，牛出栏1327头，存栏3379头；羊出栏6925头，存栏5576头；生猪出栏45311头，存栏31486头；家禽出栏364023只。存栏325760只。全年农业总产值40059万元，增加值27777万元。

全年新增农村劳动力转移496人，外出务工人员总计19725人，务工收入47340万元。

民营经济　新发展民营企业52家，新增个体工商户195户，占计划170%。至2017年底，全镇有私营企业419户、个体工商户1673户，从业人员2595人，产值221100万元，缴税749万元，利润3745万元。

【特色产业】　2017年，镇党委政府坚持在产业上有特色项目带动、发展上有专业合作社助推、销售上有龙头企业保障、增收上有大户引领的工作思路，依托柑橘产业，推进农业产业化、集约化、现代化。在产业布局上，新立片发展柑橘产业、生态旅游业、柑橘加工及下游产业；精华片发展林特产业，龙滩河流域发展无公害蔬菜和药材种植，基本形成“东林中橘南药西菜”的产业发展格局。

2017年，引进柑橘种植业主4家、柑橘种植公司1家，总承包果园246.67公顷。投入37万元实施百粮村、双柏村幼林管护246.67公顷；投入94万元助力磊金果业、苏坡果业改造老果园40公顷。壮大哈姆林、锦橙等加工果800公顷，提升沃柑、春见等鲜销品种品质1000公顷，实现加工果与鲜销果良性竞相发展。全年柑橘产业实现综合产值0.75亿元。

【招商引资】　2017年，先后引进重庆滨熙农业、新益双公司、鲜果集公司、朴谷公司和龙箭合作社等农业企业10余家，流转土地2533.33公顷。通过招商引资及引导返乡农民工创业，发展壮大梨子园20公顷、猕猴桃20公顷、花椒53.33公顷、蜜柚33.33公顷、无花果6.67公顷，全镇基本实现“一村一品”。

引进50万头生猪养殖项目，融合2条集冷藏、洗果、包装流水线为一体的商品化处理生产线、2家果皮加工厂（尹绍华果皮加工厂、三峡建设集团皮渣处理厂）、3家柑橘下游产业相关企业（尹绍华果皮加工厂、三峡建设集团皮渣处理厂、三峡建设集团橙汁加工厂），延长产业链，带动全镇农户实现家庭收入增收。

【社会事业】　文教事业　全镇有中学2所，小学8所，幼儿园9所，有中学教师202人、小学教师173人、幼儿教师49人，在校中学生1939人、小学生3313人、在园幼儿1612人。全镇义务教育完成率99%，小学和初中辍学率分别降至0.21%和2.5%，小学毕业升学率98%。实施营养工程爱心午餐。全面完成新立中学、新立小学幼儿园建设项目，启动中岭小学建设项目。

积极开展“城乡文化互动”，利用春节、五一劳动节、国庆节等开展群众文化活动。全年开展“文化下乡”“联谊晚会”等文化活动61场，各类培训20场。审核民间文艺演出团队20余家，颁发文艺演出许可证14张。完成中岭、文笔、桂花3个县级标准化村级文化服务中心建设，发展文化中心户5户。

医疗卫生　全镇有中心医院1所，村级合作医疗站38所，从业人员137人。全镇新参保城乡居民养老保险人员451人，累计实现参保26195人。征收城乡居民社会养老保险基金281万元，完成应征280万元的100.3%；累计征收城乡居民社会养老保险基金统筹1707.2万元。合作医疗参保42709人，参保金额569.3万元。

民政工作　全年发放救灾救济资金 27.5 万元；发放最低生活保障金 343.4 万元，其中，城镇低保户 155 户 355 人，支出 143.5 万元；农村低保 282 户 584 人，支出 199.9 万元；全镇有特困人员 357 人，发放资金 278.5 万元；临时医疗救助、生活救助 832 人，发放补助资金 80 余万元；发放孤儿、困境孤儿补助 12 人 15 万元。加强劳动保障工作，为创业、就业人员提供小额担保贷款 60 笔，发放金额 621 万元，完成任务数 600 万元的 103.5%；2017 年农民工返乡创业就业 721 人，新增创业 221 人，完成任务数 212 人的 104.2%；2017 年农村公益性岗位 45 人，社区公益性岗位 30 人；全镇城镇新增就业 410 人，城镇登记失业就业 260 人，城镇困难人员就业 116 人。

扶贫工作　全镇有精华社区、青台村、官坪村 3 个市级贫困村，建卡贫困户 939 户 2764 人。2017 年累计脱贫 904 户 2665 人，未脱贫 35 户 99 人（其中新增贫困户 10 户 30 人）。

按照“两不愁、三保障”“四进七不进、一出三不出”标准，新增贫困户“八步两评议两公示一公告一比对”要求，退出贫困户“七步两评议两公示一公告”程序，严格管控贫困户进退关。明确帮扶责任人和精准脱贫措施，开展五保、低保动态核查和建卡贫困户动态调整，坚持“一村一策、一户一策”策略。

2017 年，完成精华社区扶贫项目建设 5 个（4 千米村级道路硬化项目、10.06 千米人行便民道建设项目、500 平方米便民服务中心建设项目、28 户贫困户蜜蜂配送项目、25 户 C、D 级危房改造项目）；完成青台村扶贫项目建设 6 个（人饮工程改造项目、9.3 千米村级道路建设项目、青苔蜜柚产业发展项目、文化广场建设项目、基础设施建设项目、D 级危房改造项目）；完成官坪村扶贫项目建设 9 个（12 千米人行便道建设项目、便民服务中心建设项目、文化中心户建设项目、村环境卫生建设项目、人饮工程建设项目、村卫生室建设项目、D 级危旧房改造项目、山羊和蜜蜂养殖项目、4 千米道路硬化项目）。2017 年新引进扶贫项目 4 个，扶贫资金 120 万元，其中石庙村道路硬化项目和精华社区人行便道建设项目正在施工中。

全镇有 721 名建卡贫困户学生享受教育资助，享受补助资金 101 万元。72 名建卡贫困户享受健康扶贫医疗救助“一站式”即时结算，累计享受救助金额 34 万元。全镇建卡贫困户购买“精准脱贫保” 939 户 2764 人，参保率 100%；全年“精准脱贫保”赔款 37 人，赔付金额 17 万元。利用元旦节、端午节、中秋节、国庆节、春节等为 2764 个建卡贫困户发放慰问金 46 万余元；开展扶贫捐赠活动，社会各界捐赠 22.8 万余元。

【基础设施建设】　村社建设　2017 年，投入 723 万元完成农村公路通畅工程 7.5 千米、通达工程 11 千米、防护栏安装 3.5 千米的建设任务；投入 90 万元完成 32 千米的公路养护；硬化人行便道和生产便道近 32 千米；拨付资金 4000 万元完成龙滩水库淹没区红线内 151 户房屋拆迁，社保安置 386 人；投资 575 万元整治山坪塘 96 口；实施自来水入户工程，铺设主管网 7.9 千米，全镇 19 个村（社区）自来水入户率 95%，基本实现安全饮水。

投入 600 万元完成桂花村环境改善工程，铺设人行便道 10 千米、污水管网 2.5 千米，建成人工湿地 8 个、化粪池 8 个，绿化面积 2000 平方米。投入 49.5 万元改造 C、D 级危旧房 30 户，新增变压器 28 台，全镇基本实现 4G 网络、上网宽带全覆盖。全面构建“村收集、镇转运、县处理”垃圾收运体系，投入 200 万元完成新立、长岭、百粮、精华 4 村（社区）露天垃圾场治理工作；新建垃圾中转站 1 个、垃圾集中收集站 48 座、垃圾分散点 554 处，放置垃圾桶 1045 个，聘请保洁人员 19 名，公益性岗位 73 名。

场镇建设　2017 年，投入 210 万完成高速路出口人行道改造和绿化工程；新建占地 800 平方米的露天停车场1个，规划电动车等停车位25个、小车停车位80个；投入200余万元完成场镇镇污水管网改造工程，疏通污水管网1.1千米；开展场镇综合整治工程，清运垃圾3.5万余立方米，修补渗水砖400平方米，维修沿街路灯62盏，清理"僵尸车"52辆，拆除"骑门"摊45处、违章钢化雨棚149处，清理乱贴乱画小广告685处，拆除破损广告、乱拉横幅295处。城镇化率31.99%。

【乡村旅游业】 围绕中国柑橘城、柑橘特色小镇和"三峡橘乡"田园综合体进行旅游规划和建设。完成以柑橘产业为基础、以柑橘文化为核心的中国柑橘城旅游区总体规划；动工建设以欣赏花果同树、体验柑橘之旅的文笔、桂花柑橘主题公园、欢乐农庄、柑橘时空馆、柑橘采摘园；启动以兼具都市功能、田园风情的特色小镇，以融合现代气息与乡愁乡味儿的"三峡橘乡"田园综合体项目建设。引进重庆滨熙农业开发有限公司打造红岩村龙滩水乡休闲农业；举办晨帆农机专业合作社第二届"浑水摸鱼"活动。全年接待县内外参观团体、调研走访100余次，接待游客3.6万人次。

【维稳工作】 全年检查各类企业和场所430家次，排查整改各类安全隐患、违章行为565起，其中现场促改和纠违382起，限期整改183起，打击非法经营4家。调解民事纠纷35起，调解率100%。开展社区矫正6人，依法打击邪教1人，全年处理各类信访302件，办结率100%。

【党建工作】 全镇有基层党组织25个，其中村（社区）党组织19个，镇属机关及事业单位党组织4个，非公党组织2个。有党员1690名，其中新发展党员7人，转正12人。对460名流出党员纳入管理站管理，发放流动党员证460本。

规范阵地建设，提高服务水平。投入100万元，提档升级镇公共服务中心建设；筹集资金30万元，规范19个村（社区）党员活动室及便民服务中心。开展城乡支部联建，帮联支部合上党课19次，慰问近100余人，援助价值10余万元的计算机、桌椅等物品。加强作风建设，凝聚干部向心力。开展"解放思想、提高执行力"干部作风专项整治行动，推动"两学一做"常态化制度化建设；开展为期3个月的干部作风专项整治行动，解决作风方面存在的突出问题，对12名镇村干部进行约谈提醒，对1名机关干部进行通报批评；强化第一书记责任意识，将党建工作细化到人、量化到岗；建立联村工作制，打通干部群众"最后一公里"壁垒；落实群众事务代办制度，全年受理办结事项214件，其中网上反映84件，事项受理130件，满意率100%。

（沈亚林）

双桂镇

【概　况】 双桂镇位于县境西部，幅员面积53平方千米，平均海拔378—522米，属亚热带季风气候，日平均气温16.7℃，年降水量1210毫米。森林面积1073公顷，森林覆盖率46.8%。

2017年，全镇辖11个村、1个社区居委、113个村民小组、3个居民小组，9082户27477人。当年出生246人，出生率8.9‰；死亡288人，死亡率10.4‰；人口自然增长率-1.5‰，出生人口男女性别比109.2∶100。

【经济发展】 2017年，全镇生产总值42309万元，同比增长12.2%；固定资产投资9378万元，同比增长20.0%；辖区内财政收入390万元，同比增长51.3%；社会消费品零售总额7814万元，同比增长14%；农村居民人均可支配收入13322元，同比增长9.6%。

工业经济　全年实现工业总产值22105万元，

同比增长 33.48%；工业增加值 5545 万元，同比增长 19.3%。

农业经济　全镇年末常用耕地面积 1804 公顷，农作物总面积 3265.5 公顷。粮食播种面积 2473.7 公顷，粮食产量 12952 吨。种植水稻 867.67 公顷，产量 6739 吨；小麦 209.13 公顷，产量 771 吨；玉米 330.47 公顷，产量 2019 吨；高粱 46.6 公顷，产量 226 吨；豆类 466.9 公顷，产量 955 吨。油料面积 437.8 公顷，油料产量 943 吨。种植蔬菜 400.8 公顷，产量 7406 吨；水果面积 2461.6 公顷，水果产量 35161 吨。实现农业总产值 19658 万元，农业增加值 13095 万元。

全镇有 100 头以上养猪大户 17 户，2000 只以上肉兔大户 2 户，2000 只以上蛋禽大户 5 户，养牛大户 5 户，养蜂大户 9 户。主要畜牧产品中，牛出栏 826 头，存栏 2074 头；生猪出栏 21308 头，存栏 14807 头；家禽出栏 65463 只，存栏 58582 只。全年畜牧业总产值 13205 万元。

全年新增农村劳动力转移 220 人，外出务工人员总计 10281 人，务工收入 3.08 亿元。

民营经济　2017 年，全镇新发展民营企业 15 家，其中微型企业 2 家；新增个体工商户 77 户，占计划 100%。全镇私营企业 131 家，个体工商户 865 户，从业人员 3903 人，产值 14845 万元。

【特色产业】　2017 年，大力发展柑橘、莲藕、林果、榨菜、养殖等特色产业。新引进柑橘业主 8 家，柑橘高换嫁接 102 公顷，打造精品果园 67 公顷，实现柑橘产值 5000 余万元；在石桥、过桥、龙桥、双桂等村种植莲藕 200 公顷，实现产值 1400 万元；发展林果产业，栽植李子 53 公顷，嫁接良种油桃 35 公顷，种植榨菜 35 公顷。

【招商引资】　2017 年招商引资 1.289 亿元，到位资金 3790 万元。其中，忠县禾泽生态农业有限公司承租九龙村 60 公顷，投资 3500 万元发展葛根特色农业经济作物，打造乡村旅游景观；重庆诺比节农业科技有限公司承租龙桥村 53.3 公顷，投资 3600 万元培育桉树林、玫瑰园，打造素质拓展训练基地；重庆荃中建筑工程有限公司投资 5000 万元修建四级客运站及场镇房地产开发。成功引进华西希望·德康集团 50 万头生猪养殖一体化项目。

【社会事业】　文教事业　全镇有中学 1 所，小学 2 所，幼儿园 5 所。有中学教师 48 人，小学教师 75 人，幼儿教师 11 人。在校中学生 495 人，小学生 1041 人，在园幼儿 355 人。初中适龄人口入学率、小学升初中升学率、九年义务教育覆盖率、小学适龄儿童入学率及巩固率均 100%。投资 327 万元，修建双桂小学教学楼 1623 平方米。

全镇发放家庭经济贫困寄宿生生活补助 31 万元。利用春节、国庆节、中秋节等开展群众文化活动 5 场次，全年完成送电影下乡 204 场。

医疗卫生　全镇有中心医院 1 所，村级合作医疗站 19 所，从业人员 19 人。农村医疗参保 22764 人，参保金额 304.57 万元，参合率 93.8%；享受门诊补助 4842 人次 24.29 万元，住院补助 779 人次 147.48 万元。

民政工作　全年发放救灾救济资金 23 万元，发放最低生活保障金 156.8 万元（其中，城镇低保户 15 户 20 人，支出 11.7 万元；农村低保户 152 户 304 人，支出 145.1 万元），70 人次得到大病医疗救助 39.16 万元。全镇有特困人员 187 人，发放特困供养资金 145.8 万元。举办残疾人技能培训 1 期 30 人。参加城镇职工基本医疗保险 21 人、城镇居民基本医疗保险 1822 人。加强劳动就业保障工作，新增公益性岗位人员 47 人，为创业、就业人员办理小额信贷 28 户 123 万元、创业担保贷款 49 起 520 万元。国家抚恤、补助各类优抚对象 208 人，抚恤经费支出 293 万元。

扶贫工作　全镇有大塘村、莲花村 2 个贫困村，贫困人口 566 户 2125 人。利用扶贫专项资金

175万元，修建龙桥等3个村拓宽公路6.7千米；实施异地扶贫搬迁项目12个，完成异地扶贫搬迁31人，改造贫困户危房15户；购买精准脱贫保1953人，雨露计划送培26人，资助贫困大学生20人；发放普惠金融、扶贫小额信贷331万元。坚持“项目到村，资金到户”方针，建立起以柑橘、榨菜为主的主导产业，促进贫困户增收，户年均纯收入6581元。

利用春节、端午节、中秋节等给566个建卡贫困户发放慰问金17.5元。全年有44户143人实现脱贫。

【基础设施建设】 村社建设　全年投入398万元修建赶场村、过桥村、莲花村、同德村农村公路8.6千米；投入16万元整治小（二）型水库1座；投入300万元实施同德村、仁和村、赶场等村的农村电网改造；投入220万元完成同德村、石桥村、龙桥村、双桂村天然气安装13317米，新装天然气用户127户。投入580万元实施千亿斤粮食整治项目，新建生产便道18.5千米，整治山坪塘2口，硬化公路650米。

投资34.5万元改造农村危旧房20户；投资363万元整治山坪塘68口；投资7.8万元新建沼气池28口；推广新型农机96台，完成农机技术培训600余人次；实施土地流转220公顷，新发展专业合作社10个；新立至双桂自来水管网联通工程正式投入使用，自来水厂实现公司化管理。投资100万元修建桂溪社区便民服务中心，改造仁和村、九龙村村级便民服务中心2个。

场镇建设　投入17万元修补场镇道路220米，完成160米街道下水管网铺设。新安装路灯47盏，维修路灯80盏；增设停车位120个及摩托车停放点12处，处置场镇僵尸车3辆；拆除违法搭建遮阳（雨）棚127户2373平方米，清除垃圾死角40余处，清理牛皮癣广告36处；新建垃圾箱、垃圾桶清洗点1处，围挡4处，硬化道路130平方米，更换水沟盖板140余块，整治“城中村”6处；悬挂文明公益喷绘、灯箱广告、地插、树吊、文明公约等500余块，电子显示屏宣传3块。城镇化率13.03%。

【乡村旅游业】 2017年，以橘乡荷海为示范带动，基本形成橘乡荷海—九龙生态葡萄园—渝全农业生态庄园的乡村旅游线路。投入110万元完善“橘乡荷海”核心景区石桥村基础设施，2017年7月19日至8月20日，举办忠县双桂镇第四届荷花文化旅游节。全年接待游客15万余人，实现旅游收入200余万元。

【维稳工作】 全年开展安全检查151人次，排查整改各类安全隐患14起，查处劝导各类交通违法行为12起，组织驾乘人员开展安全学习496人次。调解疑难民事纠纷13起，调解率100%。全年处理各类信访56件，办结率100%。

【党建工作】 全镇有党支部16个，其中村（居）党支部12个，其余4个党支部分别是：双桂镇机关支部委员会、双桂镇财贸联合支部委员会、双桂镇退管支部委员会、重庆猪太郎农业股份合作社联合支部委员会。有党员859名，其中新发展党员6人，处置失联党员10名。对350名流出党员纳入管理站管理，发放流动党员证350本，建立流动党员微信群或QQ群17个。

学习贯彻中共十九大精神，组织专题学习4次，组建基层宣讲队10个，开展集中宣讲或院坝会宣讲87场次，干部职工撰写学习心得126篇；开展“解放思想，提高执行力”干部作风建设专项整治行动，落实整改措施128条；通过采取转作风、换干部、出点子办法，完成同德村后进基层党组织整顿转化；全年帮扶慰问贫困党员、干部81人次18800元。

（明　玲）

拔山镇

【概　况】 拔山镇位于县境西北部，幅员面积156平方千米，平均海拔530米，属亚热带东南季风气候，日平均气温18.2℃，年降水量1172毫米。森林面积683公顷，森林覆盖率45%。

2017年，全镇辖20个村、2个社区居委、146个村民小组、17个居民小组，20903户62913人。当年出生673人，出生率10.7‰；死亡579人，死亡率9.2‰；人口自然增长率1.5‰，出生人口男女性别比118∶100 。

【经济发展】 2017年，全镇实现生产总值137162万元，同比增长11.5%；固定资产投资76453万元，同比增长18.4%；辖区内财政收入2606万元，同比增长79.6%；社会消费品零售总额36007万元，同比增长14.2%；农村居民人均可支配收入16366元，同比增长9.7%。

工业经济　规模以上工业企业2家（重庆荣标粮油有限公司、忠县庆广建材有限公司），规模以上工业企业增加值3373万元。新发展工业企业9家。全年实现工业总产值92875万元，同比增长24.1%；实现工业增加值22383万元，同比增长25.2%。

农业经济　全镇常用耕地面积3648公顷，农作物总面积8501.13公顷。粮食播种面积5845.93公顷，粮食产量31974吨。种植水稻2323.33公顷，产量18048吨；小麦201.33公顷，产量742吨；玉米690.93公顷，产量4225吨；高粱334.07公顷，产量1621吨；豆类1001.33公顷，产量2051吨；红苕688.8公顷，产量10364吨；洋芋606.13公顷，产量2384吨；种植蔬菜807.73公顷，产量19282吨；水果面积2018.33公顷，水果产量28836吨。全年实现农业总产值38356万元，农业增加值26179万元。

有100头以上养猪大户15户，2000只以上肉兔大户2户，2000只以上蛋禽大户5户。主要畜牧产品中，牛出栏1304头，存栏3287头，牛肉产量171吨；生猪出栏46448头，存栏32276头，猪肉产量3702吨；山羊出栏4969头，存栏4001头，羊肉产量68吨；家禽出栏383246只，存栏342963只，禽肉产量675吨，禽蛋产量2163吨。全年畜牧业总产值12743万元。

民营经济　2017年，新发展民营企业66家，完成目标任务的119.61%；新增个体工商户348户，完成目标任务的152.38%。全镇有私营企业501户，个体工商户1948户，从业人员15250人，产值318603万元，缴税2606万元，利润23108万元。发展电子商务服务企业2家，实现网上交易1224万元。

【特色产业】 有机柑橘2000公顷，笋竹133.33公顷，核桃53.33公顷，蔬菜133.33公顷，葡萄园5.33公顷，草莓3.33公顷。特色农业产业规模3万公顷，产值5600余万元。

【招商引资】 2017年，完成招商引资项目4个，签约备案资金17000万元，到位资金5000万元。其中，投资4000万元的康济中医院正式运营；重庆捷皇恒商贸有限公司的果饮生产销售项目进入设备采购阶段。

【社会事业】 文教事业　全镇有中学2所，小学3所，幼儿园24所，有教职工772人，在校学生12545人。初中适龄人口入学率99%，小学升初中升学率、九年义务教育覆盖率、小学适龄儿童入学率及巩固率均100%。投资88万元用于在镇学校校园建设。全镇发放家庭经济贫困寄宿生生活补助82.7万元。春节、清明、五一、端午、国庆节等节日期间开展群众文化活动69场次，全年完成送电影下乡190场。

医疗卫生　有中心医院1所（县人民医院拔山分院），村级合作医疗站51所，从业人员182人。农村医疗参保53759人，参保金额734.08万元，参合率96%；享受门诊补助5.67万人次459万元，住院补助8001人次1094.21万元。

民政工作　全年发放救灾救济资金28.5万元，发放最低生活保障金227.1万元，87人次得到大病医疗救助52.58万元。全镇有特困供养人员313人，发放特困供养人员资金244.1万元。举办残疾人技能培训1期53人。参加城镇居民基本医疗保险53791人、城乡居民养老保险33342人，养老保险、医疗保险覆盖率分别为82%、96%。国家抚恤、补助各类优抚对象620人，抚恤经费支出544万元。

扶贫工作　全镇有午阴村、古塘村2个贫困村，贫困人口1018户3357人。新修古塘村公路4.5千米，发放建卡贫困户慰问金53.066万元。贫困村群众年均纯收入5567元，全年有73户192人脱贫。

【基础设施建设】　村社建设　全年投入1300万元硬化农村公路22.08千米；投入6万元整修小（二）型水库1座；投入2500万元完成基本农田改造工程200公顷；新建新化社区办公楼596平方米。

投资105万元改造农村危旧房50户；投资523万元整治山坪塘85口；推广新型农机278台，完成农机技术培训3500人次。土地流转1485公顷，新发展农业公司8家。投资18.6万元购置垃圾箱940个，为22个村（社区）新增垃圾收集点446个。

场镇建设　投资730万元打造蓝湖生态公园；投入40万元整治场镇破损污水管网、人行横道和人行道地板砖；投入40万元规范场镇停车位450个，建设场镇临时停车场2个；投资60万元修建完善场镇公厕4所；投入76万元新建垃圾压缩转运站1座，配有移动式压缩垃圾箱10个和配套转运车3吨拉臂车3辆；投入70万元开展场镇保洁，投入20万元开展场镇人行树修枝整形除虫，投入20万元安装场镇管理抓拍系统5组，投入24万元开展场镇文明宣传，成功获评重庆十大最美小镇。2017年场镇建成区面积2.8平方千米，场镇居民3.5万人。城镇化率30.64%。

【乡村旅游业】　重点打造乡村生态旅游产业，提档升级“中国柑橘城·金色杨柳·魅力拔山”观光农业景区。金色杨柳景区被评为全国休闲农业与乡村旅游示范点。加强景区8.5千米道路的日常维护，完善阿金河荷花池后续建设，对阿金河水域进行全面整治。忠县钓鱼协会、水手生态农业有限公司联合举办大型钓鱼比赛1场，吸引重庆市内外的300多钓鱼爱好者参加。全年接待游客27万人次，实现旅游收入3108万元。

【维稳工作】　全年开展安全生产执法检查1644家次，督导整改安全隐患905起；上路交通安全检查72次，行政处罚8650元；开展客运车辆驾驶员培训4次。调解民事纠纷200余起，调解率100%。社区矫正122人，禁毒宣传40场次，受教群众15000余人次。处理各类信访92件，办结率100%；蓝湖大坝地块等历史遗留信访问题化解取得实质性进展。

【党建工作】　全镇有党支部31个，其中村（居）党支部22个，医院党支部1个、企业党支部7个。有党员2002名，其中新发展党员8人。对349名流出党员、105名流入党员均纳入管理站管理，发放流动党员证349本。

学习宣传贯彻中共十九大精神，通过组建37人的宣讲队、举办96场次院坝会，362张宣传海报、2个场镇固定大屏幕、4条文化长廊、2辆流动宣传车、2场主题文艺汇演等形式，对各村社、各行业、各领域广泛开展中共十九大精神和县委历次全会精神宣传。推进“两学一做”学习教育常态化制度化，开展“解放思想、提高执行力”干部作风建设专项整治行动，成立专项督查工作组，让每一名干部履职见成效、工作在状态；认真开展支部“主题党日”活动，将“两学一做”学习教育、“三会一课”有机结合；进一步规范党内组织生活，将政府机关党支部同全镇其他 30 个党支部同部署、同考核。加强党建引领，助力脱贫攻坚，选派 2 名优秀干部到贫困村任第一书记兼驻村工作队队长，落实“3+1”长效扶贫机制，落实普惠金融贷款 99 户 466 万元。加快镇村两级服务中心规范化建设，指导 22 个村（社区）便民服务中心规范化建设，投资 100 余万元建成新化社区便民服务中心，投资 30 余万元整修 12 个村（社区）便民服务中心。切实用好“群工系统”，全年累计受理群众反映事项 579 件。

（邹佳杏）

花 桥 镇

【概　况】 花桥镇位于忠县西北部，幅员面积 49 平方千米，平均海拔 487 米，属亚热带东南季风气候，四季分明，雨量充沛，日平均气温 17.5℃，年降水量 1280 毫米，年均日照 1327 小时，无霜期 320 天。森林面积 700 公顷，森林覆盖率 23%。

2017 年，全镇辖 8 个村、1 个社区居委、81 个村民小组、3 个居民小组，9319 户 26997 人。当年出生 226 人，出生率 8.3‰；死亡 280 人，死亡率 10.3‰；人口自然增长率-2.0‰，出生人口男女性别比 100：100 。

【经济发展】 2017 年，全镇实现生产总值 41929 万元，同比增长 12.1%，固定资产投资 17278 万元，同比增长-13.2%；辖区内财政收入 150 万元，同比增长-35.1%；社会消费品零售总额 5983 万元，同比增长 11.9 %；农村居民人均可支配收入 13996 元，同比增长 9%。

工业经济　全年实现工业总产值 38964 万元，同比增长 11.5%；工业增加值 5430 万元，同比增长 20.5%。

农业经济　全镇年末常用耕地面积 1965 公顷，农作物总面积 4142 公顷。粮食播种面积 3316 公顷，粮食产量 17152 吨。种植水稻 1083 公顷，产量 8413 吨；小麦 299 公顷，产量 1097 吨；玉米 487 公顷，产量 2976 吨；高粱 141 公顷，产量 689 吨；豆类 658 公顷，产量 1346 吨。油料面积 393 公顷，油料产量 846 吨。种植蔬菜 324 公顷，产量 6482 吨。水果面积 546 公顷，水果产量 7801 吨。实现农业总产值 20993 万元，农业增加值 14094 万元。

全镇有 100 头以上养猪大户 13 户，100 头以上养牛大户 7 户，2000 只以上肉兔大户 9 户，2000 只以上蛋禽大户 10 户。主要畜牧产品中，牛出栏 792 头，存 1988 头；生猪出栏 21091 头，存栏 14656 头；家禽出栏 130007 只，存栏 116342 只。全年畜牧业总产值 9439 万元。

全年新增农村劳动力转移 468 人，外出务工人员总计 9042 人，务工收入 26040 万元。

民营经济　2017 年，全镇新发展民营企业 20 家，其中微型企业 11 家；新增个体工商户 75 户，占计划 125.5%。全镇私营企业 109 户，个体工商户 502 户，从业人员 2625 人，产值 72100 万元，缴税 169 万元，利润 3101 万元。

【招商引资】 2017 年，引进招商引资项目 7 个：重庆市忠县顺程农业开发有限公司投资 650 万元，建设百亩人工湖及垂钓中心、1500 立方米的泳池，2000 平方米的人工沙滩、1000 余平方米集娱乐吃住为一体的休闲生态农庄；忠县展望肉兔养殖场投资 500 万元，新建桑葚果园基地及蔬菜种植基地 20 公顷；重庆忠味堂有机食品有限公司投资 300 万元，流转土地 26.67 公顷种植中薯 1 号；张义平在石鼓村投资 500 万元，种植花椒 13.33 公顷、中药材 6.67 公顷；重庆益园农业发展有限公司投资 1220 万元，在东岩村修建立体生态项目；忠县糖仙农业开发有限公司投资9268万元，种植柑橘53.33公顷，修建蓄水池7个、生产便道8千米；诚而信生态农业有限公司投资500万元，建设1000头养殖规模养猪场。2017年，全镇协议引资13938万元，累计完成投资3567万元，占计划3500万元的101.9%。

【社会事业】 文教事业 全镇有中学1所，小学2所，幼儿园3所。有中学教师45人，小学教师86人，幼儿教师8人。在校中学生322人，小学生945人，在园幼儿219人。初中适龄人口入学率、小学升初中升学率、九年义务教育覆盖率、小学适龄儿童入学率及巩固率均100%。投入580万元，完成花桥镇中心小学校综合楼建设。全镇发放家庭经济贫困寄宿生生活补助25.733万元。

利用春节、“六一”儿童节、文化体育艺术节等开展群众文化活动12场次，送文化进村活动27场，展览活动19场，全年完成送电影下乡159场。

医疗卫生 全镇有中心医院1所，村级卫生站18个，从业人员40人。农村医疗参保22842人，参保金额308.20万元，参合率94.1%；享受门诊补助1.8万人次140万元，住院补助2358人次223万元。

民政工作 全年发放救灾救济资金24万元，发放最低生活保障金144.5万元（其中，城镇低保户2户2人，支出1.4万元；农村低保户181户373人，支出143.1万元），32人次得到大病医疗救助24万元。全镇有特困人员191人，发放资金149万元。参加城镇基本养老保险1.92万人，参加城镇职工基本医疗保险2288人，参加城镇居民基本医疗保险22174人。参加失业保险1285人，参加工伤保险1705人，参加生育保险500人。有国家抚恤、补助各类优抚对象240人，抚恤经费支出155万元。

扶贫工作 全镇有显周村、天井村2个贫困村，贫困人口596户1667人。利用扶贫专项资金204.4万元，新修天井村公路5.2千米，硬化宝胜村公路1.6千米、显周村人行便道0.62千米，受益群众209户605人。先后7次组织212名贫困人员参加创业培训。利用春节等节日为596户建卡贫困户发放慰问金66680元。2017年，全镇有44户95人实现脱贫。

【基础设施建设】 村社建设 全年投入900万元，硬化显周等4个村农村公路15千米；投入65万元，完成泥接碎石通达路2.2千米；投入20万元，安装防护栏、警示桩818根、警示牌159套；投资26.89万元，修建管网安装引供水管道总长14.2千米，实施人畜饮水管网延伸工程1处，解决石鼓村306户1023人的饮水困难。投入1150万元，完成石鼓村、东岩村105公顷基本农田综合整治。

投资60.9万元改造农村危旧房29户；投资510万元整治山坪塘77口；投资18万元新建沼气池60口；投资26万元实施人畜饮水管网延伸工程1处，解决石鼓村306户1023人的饮水困难。推广新型农机110台，完成农机技术培训250人次，新发展专业合作社1个，全年农民获农机具补贴42.794万元。投资740万元新建、硬化5个村农村公路23千米。

场镇建设 投入26.89万元完成1420米街道下水管网铺设。投入10.5万元购置垃圾箱350个；投入4.32万元购买垃圾转运摩托车6台；投入4.2万元新建垃圾收集点140个；投入12.3万元新建垃圾收集站27个；有垃圾压缩转运站1座，配有移动式压缩垃圾箱20个和配套转运车辆3吨拉臂车1辆，转运摩托车6台。有70平方米的生态公厕1所。全年场镇建成区面积3平方千米，有花显路、花精路、花马路等干道3千米，场镇居民0.5万人，城镇居民商住存量房2万平方米，城镇化率12.62%。

【乡村旅游业】 东岩古寨 位于重庆市忠县花桥镇东岩村境内，距梁黔高速公路拔山、马灌出口约10千米，寨内占地近2公顷，寨外占地3.3公顷。古寨有大约500余年历史，是汉族寨文化保留比较完整的寨院，主要包括东岩古寨、顾家洞、观音岩、七鼓山、神道碑、银子槽等6个景点。寨内有四周古寨墙、红白雕楼各1个、烽火台7个，寨门2个，直径2米的黄桷树1棵、四合院7个，水井亭4个。古寨被住建部纳入传统村落保护，投入300万元，完成寨内道路、下水管网、停车场、休闲广场等基础设施建设，并编制《重庆市忠县花桥镇东岩古村（寨）保护与发展规划（2014—2020）》，建立以东岩古寨为保护对象的核心保护区域，重点保护古寨的空间格局与形态、水体形态、水体体系、院落肌理、建筑群体环境、传统建筑以及具有地方特色的人文景观和民俗风情。

木耳寨百年好合风情园　木耳寨山形险峻，海拔高510米，是一个形如雄狮的山寨子，建有东南西三门，西门墙上的黄桷古树郁郁葱葱，悠然而生。木耳寨百年好合风情园占地6.7公顷，百合花具有“云裳仙子”的美称和“百年好和”的寓意，爱情的5月漫山遍野的百合花姹紫嫣红，绽放在木耳寨巅上，花丛间蜂蝶翩翩，让来往的游客流连忘返！木耳寨百年好合风情园已形成观食一体的生态农业，主要有百合粉、百合片、百合粉丝、百合面条等特色百合产品。

2017年，镇政府依托柑橘产业开发农业生态旅游，依托柑橘、冷锅鱼、少妇泼辣鱼、过水鱼、霸王兔、野生菌、板栗烧鸡、特色腊排、都粑特色美食开发乡村旅游自驾游及徒步走。

【维稳工作】　全年开展安全检查864人次，排查整改各类安全隐患162起，查处劝导各类交通违法行820起，组织驾乘人员开展安全学习640人次。开展社区矫正15人，解除5人，正在矫正10人，审前调入6人，同意纳入矫正5人，不同意1人，刑释帮教接收16人，建档16人，重点帮教1人，解决生活困难1人。全年处理各类信访172件（其中，转办件14件，本级来访件48件，网上代理信件110件），办结率100%。调解民事纠纷245起，调解率100%。

【党建工作】　全镇有党支部15个，其中村（居）党支部9个，政府机关、事业单位、退管、民营等6个党支部。有党员927名，其中新发展党员5人。对344名流出党员、26名流入党员均纳入管理站管理。发放流动党员证344本。

开展“解放思想、提高执行力”干部作风专项整治行动，挂单整改党委班子问题11个，干部职工问题72个；围绕理想信念、政治纪律政治规矩、干部作风、担当作为、组织生活、全面从严治党六个方面，开展“两学一做”常态化制度化学习教育。与15名党组织书记签订党建目标责任书，坚持每季度召开党建工作专题会，研究解决基层组织建设干部作风，党建促脱贫等工作；突出强化功能、服务群众，推进基层服务型党组织建设。通过群工系统办结群众事务332件，办结率100%，满意率99.6%。持续深化党建促发展，争取资金修建农村公路15千米、人行便道0.62千米，铺设自来水管网14.2千米，整治山坪塘77口，改造危旧房29户，解决党组织凝聚力不够强、干群关系不够融洽、基础设施建设不够完善等问题。

【表彰奖励】

先进集体

国家部委表彰奖励项目

表27

获奖单位	授奖单位	奖项名称	授奖时间
显周村	住房城乡建设部	全国农村人居环境保障基本示范村	2017.8

（黄建林）

永丰镇

【概　况】 永丰镇位于县境西部，幅员面积59.2平方千米，平均海拔560米，属亚热带季风气候，日平均气温18℃，年降水量1000～1450毫米。森林1131.9公顷，森林覆盖率58.9%。

2017年，全镇辖7个村、2个社区居委、68个村民小组、4个居民小组，6991户21373人。当年出生217人，出生率10.1‰；死亡218人，死亡率10.2‰；人口自然增长率-0.1‰，出生人口男女性别比105：100 。

【经济发展】 2017年，全镇实现生产总值41034万元，同比增长11.1%；固定资产投资17890万元，同比增长19.8%；辖区内财政收入515万元，同比增长11.3%；社会消费品零售总额5635万元，同比增长13.9%；农民居民人均可支配收入14443元，同比增长9.4%。

工业经济　有规模以上工业企业1户，规模以上工业企业增加值2140万元。全年实现工业总产值24782万元，同比增长23.4%；工业增加值9913万元，同比增长21.6%。

农业经济　全镇年末常用耕地面积1610公顷，农作物总面积3371公顷。粮食播种面积2152公顷，粮食产量11259吨。种植水稻760公顷，产量5900吨；小麦189公顷，产量696吨；玉米328公顷，产量2006吨；高粱16公顷，产量79吨；豆类450公顷，产量921吨。油料面积463公顷，油料产量997吨。种植蔬菜458公顷，产量9217吨；水果面积1604公顷，水果产量22912吨。

全镇有100头以上养猪大户4户，2000只以上蛋禽大户6户，年出栏2万只以上的肉兔大户有4户。主要畜牧产品中，牛出栏265头，存栏665头；生猪出栏15047头，存栏10456头；家禽出栏241029只，存栏215694只。全年实现农业总产值17513万元，农业增加值11674万元。

民营经济　2017年，全镇新发展民营企业36家，新增个体工商户50户，占计划162%。全镇私营企业145户，个体工商户525户，从业人员1293人，产值151250万元，缴税391万元，利润18150万元。

【特色产业】 2017年，大力发展柑橘、精品水果、榨菜、中药材、蛋鸡等特色效益农业，发展循环农业和绿色、无公害、有机食品。种植特色中药材14.13公顷，主要为佛手柑，有少量灵芝，产值424万元，增长率253%；利用柑橘园区地间隙发展套种榨菜57.33公顷；其他果品主要有鲜桃33.33公顷、翠李16.67公顷、梨5.33公顷、草莓1.33公顷；食用菌1.33公顷。镇承包柑橘果园728.13公顷，实现高换嫁接318.4公顷，在观桥村新建现代农业柑橘示范园33.33公顷；引进利丰果业有限公司在团丰村收购附近村的柑橘进行初加工后销售，年销售额2000万元以上，当地农户到公司进行务工，实现人均增收500元以上。

【招商引资】 全年正式签约项目4个，实现招商引资1.2亿元。由重庆金帝斯木门有限公司投资5000万元建设套装门生产加工项目（主要包括厂房建设和购买机器设备等），并已投产；由忠县奉忠红荣果业有限公司投资3500万元建设水果种植销售项目；由忠县橙光果茂果业有限公司投资2000万元建设水果种植项目；由忠县楚渝果业有限责任公司投资1500万元水果种植、生态农业观光旅游项目。贯彻新发展理念，招商引资金帝斯门业、利丰果业等企业7家，协议投资1.7亿元，到位资金5800万元。

【社会事业】 文教事业　全镇有中学1所，小学2所，幼儿园3所。有中学教师23人，小学教师67人，幼儿教师7人。在校中学生333人，小学生

895 人，在园幼儿 224 人。初中适龄人口入学率、小学升初中升学率、九年义务教育覆盖率、小学适龄儿童入学率均 100%，巩固率 98%。

全镇发放家庭经济贫困寄宿生生活补助 168750 元。利用元旦、春节、五一、国庆节等开展群众文化活动 31 场次，全年完成送电影下乡 110 场。

医疗卫生　全镇有中心医院 1 所，村卫生室 17 所，从业人员 18 人。农村医疗参保 18905 人，参保金额 254.83 万元，参合率 96.6%；享受门诊补助 11604 万人次 56856 元，住院补助 778 人次 99.27 万元。

民政工作　全年发放救灾救济资金 19 万元，发放最低生活保障金 141.7 万元（其中，城镇低保户 9 户 13 人，支出 6.5 万元；农村低保户 177 户 380 人，支出 135.2 万元），48 人次得到县级临时困难救助 27 万元。全镇有特困供养人员 92 人，发放资金 71.8 万元。举办残疾人技能培训 1 期 30 人。参加城镇基本养老保险 1.25 万人、城镇职工基本医疗保险 15 人、城镇居民基本医疗保险 19739 人；参加失业保险 140 人，参加工伤保险 84 人、生育保险 84 人；国家抚恤、补助各类优抚对象 254 人，抚恤经费支出 152 万元。

扶贫工作　全镇有东方村、双丰村 2 个贫困村，贫困人口 463 户 1562 人。调整 7 个村（社区）干部 15 名，优化调整 2 个贫困村驻村工作队，签订 2017 年脱贫任务目标责任书；利用扶贫专项资金 142 万元，新修双丰村公路 6.75 千米，受益贫困户 88 户 266 人。先后 10 余次组织 40 名群众参加雨露计划技术培训，资助贫困大学生 38 人；扶贫普惠金融贷款 54 户 227.5 万元。坚持“项目到村，资金到户”方针，建立起以柑橘、水稻为主的主导产业，贫困户人年均纯收入 4000 元以上。

利用端午、中秋等节日为 438 个建卡贫困户发放慰问金 17.52 万元。全年有 29 户 109 人实现脱贫，贫困发生率 0.72%。

【基础设施建设】　村社建设　全年投入 160 万元，硬化农村公路 3 千米。投入 27 万元整治小（二）型水库 1 座；投资 118 万元新建人饮工程 1 处，解决石丰村 322 户 1125 人饮水困难。

投资 36.15 万元改造农村危旧房 23 户。投资 525 万元整治山坪塘 63 口。投资 25 万元新建沼气池 124 口。投资 118 万元安装铺设供水管 26000 米，解决 322 户 1125 人饮水难问题。推广新型农机 206 台，完成农机技术培训 498 人次。实施土地流转 423 公顷，新发展专业合作社 2 个。投资 59 万元硬化黎明村农村公路 1.18 千米。投资 97 万元新建及硬化观桥村农村公路 1.8 千米。投资 228 万元续建双丰村农村公路 7.6 千米。投资 42 万元新建占地 100 平方米生态公厕 2 个。

场镇建设　投入 22 万元修补场镇道路 300 米。投入 6.5 万元完成 200 米街道下水管网铺设。投入 1.5 万元新栽绿化树 15 棵。投入 6.3 万元购置垃圾箱 210 个和配套转运车辆 3 吨拉臂车 1 辆。投入 3.8 万元改造公厕 1 所。场镇居民 2200 人，城镇化率 21.22%。

【乡村旅游业】　结合忠县“一兴四美、七彩大地”美丽乡村建设思路，以打造中国最美乡村为主题，以服务旅游、推广品牌为宗旨，建成国内首个“乡村低空飞行基地”，成为集培训、观光、餐饮、住宿、娱乐为一体的综合性特色小镇。该基地由中国汇鑫产业集团、重庆神州通用航空集团、忠县团丰农业有限公司等市内外数家企业，共同注册成立的集团公司打造，主要开展直升机旅游租赁、直升机商业租赁、飞行俱乐部招收和培训飞行爱好者入会、开展旅游观光及飞行体验活动、经营航拍、商业飞行广告、农林巡查、空中应急救援通道、户外运动、举办航空飞行表演及赛事等业务。

【维稳工作】　全年开展安全检查 382 人次，排查整改各类安全隐患 291 起，查处劝导各类交通违法行为725起，组织驾乘人员开展安全学习1610人次。调解民事纠纷364起，调解率97%。开展社区矫正30人，依法打击邪教6人。全年处理各类信访132件，办结率100%。

【党建工作】 全镇有党支部14个，其中村（居）党支部9个，学校、医院、企业等党支部2个。有党员706名，其中新发展党员4人。对61名流出党员纳入管理站管理，发放流动党员证61本。

宣传贯彻中共十九大精神，举办镇党委中心组（扩大）学习报告、党章等10次，各支部开展集中学习54次；县、镇级宣讲团宣讲36场次。通过村村通广播、标语、宣传栏、文艺演出等形式，弘扬社会主义核心价值观。开展“美丽忠州，点赞乡贤”评选3人。落实“河长制”工作，对渠溪河（永丰段）、白石河和8条次级河流加强监管，集中清漂整治4次，推动生态文明建设。开展“共建共治共享”城乡社区自治，加强和创新社会治理，助力全国文明县城成功创建。

围绕“两学一做”学习教育常态化制度化，抓好专项活动整治，撰写心得体会240篇；联合县林业局帮扶集团开展党支部结对联建，资助资金115万元，引进项目1个；充分发挥群工系统作用，全年收到反映事项432件，办结432件，办结率、满意率均100%；深入开展发生在群众身边的不正之风和腐败问题专项整治，排查“村霸”“蝇贪”和侵害群众利益问题，村（社区）干部亲属“十公开”。全年办理信访案件8件，诫勉谈话8人，约谈党员干部51人次，立案审查1人，组织处理1人，开除党籍1人。

发挥人才作用促进镇域经济社会发展。排查农村实用人才等943名；引回在外成功人士、返乡农民工2名，发展休闲观光农业；引进四川、湖北等外地人才20名，种植优质柑橘，解决170余人就业。通过收取柑橘承包管理服务费，7个村集体经济实现“零”突破。全年储备本土人才8名，其中入党积极分子2名，2村综合服务专干名，1人通过助理社会师考试。对接5名法律人才到村工作，选送优秀人才11名到县级部门。完善镇村两级服务中心规范化标识标牌，做好日常值班、政务公开等。加强非公组织及社会组织调查走访，实现“两个覆盖”。走访慰问党员156人，发放慰问金4.68万元。

（黄丁倩）

三汇镇

【概　况】 三汇镇位于县境西北部，幅员面积101平方千米，平均海拔212—704米，属亚热带季风气候，日平均气温18℃，年降水量1200毫米。森林面积3959.2公顷，森林覆盖率42%。

2017年，全镇辖16个村、4个社区居委、132个村（居）民小组，13124户36794人。全年出生246人，出生率6.6‰；死亡367人，死亡率9.9‰；符合政策生育率98%，人口自然增长率-3.3‰，出生人口男女性别比119∶100。

【经济发展】 2017年，全镇实现地区生产总值66057万元，同比增长12.6%；固定资产投资36476万元，同比增长18.8%；辖区内财政收入273万元，同比增长-5.6%；社会消费品零售总额20769万元，增长13.7%；农村居民人均可支配收入12572元，同比增长9.1%。

工业经济　辖区规模以上工业企业1户（重庆滨鑫米业有限公司），规模以上工业企业产值9384万元。全年实现工业总产值33210万元，同比增长21.1%；工业增加值10049万元，同比增长20.6%。

农业经济　全镇耕地面积2658公顷，农作物总面积4868公顷。粮食播种面积3445公顷，粮食产量18791吨。种植水稻1616.4公顷，产量11001吨；小麦105.33公顷，产量388吨；玉米401.87

公顷，产量 2456 吨；高粱 167.47 公顷，产量 814 吨；豆类 688 公顷，产量 1408 吨；红苕 393.33 公顷，产量 6028 吨；洋芋 286.47 公顷，产量 1125 吨；花生 82.41 公顷，产量 172 吨。油料面积 938 公顷，油料产量 2023 吨。种植蔬菜 454 公顷，产量 8574 吨；水果面积 214 公顷，水果产量 3062 吨。

有 100 头以上养猪大户 18 户，2000 只以上肉兔大户 1 户，2000 只以上蛋禽大户 6 户。主要畜牧产品中，牛出栏 1598 头，存栏 4026 头；生猪出栏 30640 头，存栏 21291 头；家禽出栏 210012 只，存栏 187937 只；山羊出栏 4018 只，存栏 3235 只。

全年实现农业总产值 278.8 万元，农业增加值 18575 万元。

民营经济　2017 年，全镇新发展民营企业 23 家，新增个体工商户 112 户。全镇累计有私营企业 203 户，个体工商户 1138 户。新型农业经营主体 171 家，其中家庭农场 31 个，专业合作社 38 个。至 2017 年底，民营经济产值 86722.6 万元，交税 287.2 万元，利润 18881.7 万元。

【特色产业】　建成金龙中药材初加工厂，带动金塘、智华、前峰等 8 个村发展中药材 133.33 公顷；完成里仁、中和 133.33 公顷白茶发展规划，白茶、半夏、吴茱芋等产业实现“公顷产值 15 万元、利润 7.5 万元”目标；王河坝蔬菜基地初显成效；盘活核桃、笋竹产业，引进重庆兴丰农业统一经营管理泰来等村核桃产业 180 公顷，引进望帆农业加强笋竹产业技术指导及产品收购，初步形成“一带三片多园”空间构架，白茶、中药材、特色果品三大特色产业初见成效。发展高粱、蜜本南瓜、西瓜、辣椒等短平快产业 200 公顷。金龙社区种植具观赏与药用于一体的中药材 133.33 公顷。

【招商引资】　全年组织前往浙江、四川、安徽等地招商 10 余次，完成合同引资 1.5 亿元，到位资金 0.45 亿元，签约项目 5 个，开工项目 5 个，策划项目 4 个。其中，泰来社区核桃示范园项目，种植核桃 66.67 公顷，改建原种植基地 80 公顷，新建生产便道 3 千米；金塘村白茶、中药材种植项目，种植白茶、中药材 66.67 公顷，新建生产便道 2.2 千米；中和村白茶种植项目，完成白茶苗木栽种 40 余公顷，新建生产便道 2 千米，水池 4 个；金龙社区中药材种植及加工厂项目，新建中药材加工厂、仓库，完成中药材苗木栽种 66.67 公顷，修建蓄水池、生产便道等，中药材加工厂投入使用；谢家坝农贸市场制衣加工厂项目，建设加工厂房、仓库 800 平方米。

【社会事业】　文教事业　全镇有中学 1 所，小学 4 所，幼儿园 3 所。有中学教师 213 人，小学教师 99 人，幼儿教师 20 人。在校中学生 3184 人，小学生 2081 人，在园幼儿 568 人。初中适龄人口入学率、小学升初中升学率、九年义务教育覆盖率、小学适龄儿童入学率、巩固率均 100%。

农村书屋实现全覆盖，电子图书借阅办证 1000 余张，流动文化进村演出 28 场次，文化宣传展览 6 次。举办首届全民健身跑步活动、2018 年春晚。舞蹈《班色花》荣获县第二届社区艺术节一等奖。

医疗卫生　全镇有中心医院 1 所，村级合作医疗站 29 所，从业人员 84 人。全年医疗业务收入 637 万元，增长 16.7%，药占比 36.8%；健康免费体检 65 岁以上、35 岁以下高血压、糖尿病、重性精神病人 3047 人次，体检幼儿及中小学生 5312 人次；免费“两癌”筛查 470 人次；开展家庭医生签约服务 2988 户。32256 人参加城乡居民医疗保险，参保金额 432.45 万元，参合率 97%；2.2 万人参加城乡居民养老保险，参保金额 286 万元，参保率 96.3%。享受门诊补助 14222 人次，64.12 万元；住院补助 1615 人次，331.79 余万元。

民政工作　2017 年，发放救灾救济资金 73.5 万元。全镇有低保 284 户 600 人（城镇低保 102 户 199 人，农村低保 175 户 401 人），发放低保金 227.7 万元；有特困人员 244 人、残疾人 904 人、优抚对象 345 人。累计发放生活救助 48 万元、医疗救助 64 万元，救助困难对象 2000 余人。开展孕优检查、无偿献血等卫生健康工作，孕优检查 89 对，无偿献血 147 人；计生奖励奖扶 1837 人，其中特扶家庭 36 户 56 人；开展卫计执法 30 余次，查出非法行医、售卖假药等案件 10 余起。

扶贫工作　落实“3+1”精准脱贫长效机制，召开片会逐户研判贫困户致贫原因，对照 12 项措施因户施策。全年发放扶贫信贷 402.5 万元、教育扶贫资金 11 万元、健康扶贫救助资金 14 万元，改造 D 级危房 33 户，易地扶贫搬迁 53 户；大病商业保险 2230 人，医疗扶贫 81 人、39 万余元；落实公益岗位 46 人，贫困户减少到 48 户 139 人。

党建扶贫。召开结对支部、驻村工作队、联片领导（干部）联席会，开展实地调研帮扶，在党建、产业发展、民生等方面实现互帮互助，解决永和村（贫困村）、先锋村（后进党支部）、中寨村（后进党支部）等村无主导产业、支部凝聚力不强问题。把电商、金融、超市进村作为脱贫攻坚重要抓手。2017 年，利用全镇 8 家淘实惠和 20 个农村淘宝网点等电商平台对农产品进行线上销售，实现网上外销永和土鸡蛋 5 万余枚、土蜂蜜 200 余千克。

【基础设施建设】　全年完成罗岭、智华通达公路 3.9 千米，苗耳至飞龙、悦来、先锋通畅公路 8.4 千米；启动复兴、元通通畅工程。整治山坪塘 75 口，启动泰来、中寨人饮巩固提升工程，整治苗耳、中寨、复兴等村水厂 6 个，解决 2000 余人饮水困难，11 座小二型水库纳入全县物业管理试点。争取千亿斤粮能项目资金 750 万元，完成财评并开工。完成智华、复兴、金龙土地整形 36.67 公顷，生产便道 17 千米。跟进第三批宅基地复垦项目审查验收，完成第四批和贫困户宅基地复耕项目规划。全年争取农村“一事一议”、以工代赈、扶贫等人行便道资金 150 余万元，新建农村人行便道 20 余千米。

投资 100 余万元，完善沈家坝、方家坝休闲广场及功能配套设施，定植桂花树 100 余株、三角梅 3000 余株，新建人行道 1.8 千米；投资 350 万元，绿化亮化复兴、元通、中和、里仁、苗耳等村居民点。以创建全国文明县城为契机，开展场镇环境卫生整治，清理乱搭乱建 36 户、乱堆乱码 200 余处，清理乱贴乱画 400 余处。投入 22 万元，完善汽车站功能，并投入使用；淘汰黄标车 4 辆。新购垃圾车 1 辆，新建垃圾收集站 16 座、收集点 73 个，农村生活垃圾收集率 90%以上；制定 4 个撤并场镇垃圾填埋场治理方案，治理陈腐垃圾场 1 处。落实人员加强场镇污水管网巡查维护工作，确保污水应收尽收，达标排放；投入 72.4 万元，建成金龙污水处理厂；完成 4 个撤并场镇污水管网规划设计。做好美丽宜居示范村庄规划设计，全镇评选“优美家庭” 8 户。完成罗岭、泰来等 4 个村“土地、建设、环保、产业”四规合一规划；加强对 46 处卫片执法违法用地整改。投资 24 万余元，建立专业队伍，除治松材线虫 1.2 万余株；森林管护工作实施到位，新增绿地 66.67 公顷。完成白石水库流域三汇段、竿井河三汇段面源污染治理规划；开展化肥农药“零增长”行动，实施种植蚕豆等绿肥压青还田，推广使用低毒低残留农药，关闭禁养区养殖大户 14 户，减少 2000 头生猪当量养殖污染。城镇化率 23.34%。

【乡村旅游业】　辖区内建有集蔬果种植、水产养殖、旅游观光为一体的飞龙王河坝生态产业园、金塘村“千亩白茶”生态观光旅游基地，全县 23 个美丽乡村示范点之一的金龙社区，处在规划建设中的忠县籍名人罗广斌、罗广文故居。

2017 年，继续扩大飞龙村王河坝现代农业示范园，在戚家河至三汇河发展驴友徒步游和水上娱乐项目，启动建设罗广斌、罗广文故居红色旅游。

发展“一带三片多园”布局。“一带”，即建设沿河（三汇河）特色产业带。涉及飞龙、苗耳、智华、悦来等 6 个村 66.67 公顷，依托三汇河秀美自然风光，发展优质水果、菊花、生态鱼、有机蔬菜、有机水稻，推进采摘、垂钓等农事体验活动；把中国葡萄画家方凤富的作品融入葡萄园，把罗广斌、罗广文国共两兄弟事迹、“树破大石”等三汇奇观融入广场公园，将“沿河特色产业带”打造成生态休闲观光长廊。“三片”，即发展三个特色产业片。中药材种植片，依托金龙中药材初加工厂，辐射带动金塘、前锋、智华、复兴、悦来等村发展中药材666.67公顷；茶叶种植片，以里仁、中和为核心，新建茶叶烘炒房，辐射带动寨坪、元通、钟台等村发展白茶、油茶333.33公顷；优质果品种植片，以泰来、罗岭为核心，以复建罗广斌、罗光文故居为契机，强化泰来、永和核桃及罗岭李子管护，辐射带动石坝等村发展666.67公顷优质水果。“多园”，即培育多个高效特色种植园。推进在“一带三片”区域内外发展公顷均“产值15万元、利润7.5万元”的高效特色种植园，每个园连片种植规模在3.33公顷以上。坚持“生态好、效益好、可观赏”原则，构建“3+x”特色产业体系。“3”即中药材、茶叶、优质果品三个主导产业；“X”即笋竹、调味品（花椒、辣椒）、生态养殖（天然流水河鱼、土鸡、黑猪）、有机农产品（蔬菜、水稻）等特色种养业。

【维稳工作】 严格落实“安全生产·一岗双责”要求，全年检查200余次、600余家。投入100余万元整治水毁道路51处、滑坡及危岩6处、危房5处；新增公路安全指示标牌217块，整修公路垮塌189处，清理公路路障104处；全镇37个地质灾害点落实专人加强监测，75口山坪塘设立安全警示牌。健全网格化社区社会治安综合治理，常抓不懈人民调解工作。全年调解各类民事纠纷468件，调解成功率99%；受理办结群众反映事项1043件，满意率97%；接待信访群众145人，办理县领导批示件、县纪委、县信访办交办信访件212件，妥善化解场镇不规范用地人员社保等历史遗留问题，全年受理治安案件26件，查处26件，行政拘留6人；刑事立案34件，破案28件。开展反邪教清理，转化55人；成功戒毒3人，履行戒毒（康复）协议10人；创新建立“四类人群”监护管理机制。妥善应对“9·18”“10·04”三汇河2次汛期重大险情，防汛工作先后接受国家防总、市防洪办督导检查，受到好评。

【党建工作】 全镇有党支部30个，122个党小组，非公党组4个。累计有党员1476名，全年培养入党积极分子32名，新发展党员8名，转正党员9名。严格党费收缴，全年全镇按月缴纳党费1.7万人次，收取党费70966元。

后进党支部转化工作。由镇党政主要领导分别兼任先锋村、中寨村第一书记，重点整改阵地服务、基础设施、产业发展等问题。对换届后村级领导班子进行政策业务、电脑操作技能培训，加强后续管理。落实“两委”分工负责制和“两委”会议制度，进一步明确党支部、村（居）委会职责任务。调整配齐村（社区）空缺干部14名，充实干部队伍。

加强干部作风建设。开展“解放思想·提高执行力”干部作风建设专项整治行动，以党支部为基本单位、“三会一课”为基本制度，深化支部主题党日活动，推进“两学一做”学习教育常态化制度化，开展专题党课、“支部书记”上党课、“送课”上门等活动260余次。全年开展专项检查15次、暗访10次，约谈干部8人次，促进全镇干部作风转变。

（秦雪娇）

白石镇

【概　况】 白石镇位于县境西部，幅员面积146平方千米，平均海拔664米，属亚热带东南季风气候，日平均气温18.5℃，年降水量1200毫米。森林面积7796.4公顷，森林覆盖率53.4%。

2017年，全镇辖17个村、1个社区居委、159

个村民小组、8个居民小组，15421户46198人。当年出生512人，出生率11‰；死亡493人，死亡率10.6‰；人口自然增长率0.4‰，出生人口男女性别比109.8：100 。

【经济发展】 2017年，全镇实现生产总值79541万元，同比增长11.3%；固定资产投资42919万元，同比增长18.3%；辖区内财政收入374万元，同比增长53.1%；社会消费品零售总额14194万元，同比增长13.4%；农村居民人均可支配收入11833元，同比增长9.4%。

工业经济　辖区规模以上工业企业1户，规模以上工业企业增加值1773万元。全年实现工业总产值54254万元，同比增长21.5%；工业增加值13021万元，同比增长20.3%。

农业经济　全镇年末常用耕地面积2898公顷，农作物播种面积6566.87公顷。粮食播种面积4313.5公顷，粮食产量24255吨。种植水稻1941.4公顷，产量15079吨；小麦452.1公顷，产量1668吨；玉米526.9公顷，产量3220吨；高粱155.47公顷，产量756吨；豆类768.93公顷，产量1574吨。油料面积897.8公顷，油料产量1934吨。种植蔬菜629.47公顷，产量13344吨；水果面积272.67公顷，水果产量3895吨。实现农业总产值30796万元，农业增加值20687万元。

有100头以上养猪大户10户，2000只以上肉兔大户1户，2000只以上蛋禽大户2户。主要畜牧产品中，生猪出栏24765头，存栏17209头；家禽出栏123349只，存栏110384只。全年畜牧业总产值8516万元。

全年新增农村劳动力转移650人，外出务工人员11835人，务工收入3.55亿元。

民营经济　2017年，全镇新发展民营企业20家，其中微型企业5家；新增个体工商户129户，占计划143%。全镇私营企业208户，个体工商户1340户，从业人员9162人，产值158000万元，缴税210万元，利润11060万元。

【特色产业】 至2017年底，全镇共种植笋竹面积2067公顷，以企业流转农民土地种植模式示范种植333.3公顷，有笋竹专业合作社14个，种植面积1151公顷，竹笋加工厂和竹产品交易市场各1个；采取政府引导发展大户种植模式，种植花椒90.7公顷，年产鲜花椒7.5万千克，产值105万元；采取大户示范种植模式，种植中药材白芨13.3公顷，种植竹荪和大球盖菇3.3公顷；茗兰茶叶年产茶1400千克，收入110万元。2017年5月，华富村种植的草莓获全国农产品质量安全中心无公害农产品认证，2017年1月，重庆市巴曼竹韵乡村旅游开发有限公司的笋竹获中绿华夏有机食品认证中心有机产品认证。巴曼竹韵乡村旅游一期项目完成投资3760万元，占地2.13公顷，年接待游客7万人次，收入380万元。

【招商引资】 2017年，引资900万元引进蔡金昭建设白石加油站；引资150万元引进李和奎在万板村发展中药材麦冬种植6.9公顷；引资600万元引进忠县粤源农业发展有限公司在打泉村发展中药材白芨种植13.3公顷；引资800万元引进忠县燕扬生态农业发展有限公司在黄家村发展花椒种植33.3公顷。

【社会事业】 文教事业　全镇有中学1所，小学4所，幼儿园7所。有中学教师94人，小学教师151人，幼儿教师34人。在校中学生1145人，小学生2393人，在园幼儿1037人。初中适龄人口入学率、小学升初中升学率、九年义务教育覆盖率、小学适龄儿童入学率及巩固率均100%。投资1650万元用于白石小学扩建、白石中学新建教学楼。全镇发放家庭经济贫困寄宿生生活补助88.8万元。利用元旦、国庆等节日开展群众文化活动6场次，全年送电影下乡216场。

医疗卫生　全镇有中心医院1所（白石中心卫生院），卫生院2所（两河卫生院、巴营卫生院），村级合作医疗站24所，从业人员110人。农村医疗参保39401人，参保金额526.73万元，参合率97%；享受门诊补助16702人次227.29万元，住院补助3633人次590.12万元。

民政工作　全年发放救灾救济资金30.5万元，发放最低生活保障金408.9万元（其中，城镇低保户58户91人，支出40.5万元；农村低保户507户937人，支出368.4万元）；临时救助104户104人，发放救助金71.27万元；大病医疗资助参合517人次，资助金额9.31万元。全镇有特困人员218人，发放资金170万元。国家抚恤、补助各类优抚对象466人，抚恤经费支出285.56万元。

扶贫工作　全镇有华岭村、巴岭村、万板村、打泉村4个贫困村，贫困人口1202户4233人。利用扶贫专项资金92万元，新修万板村公路3千米，受益群众270户650人。先后组织创业培训7次24人。完成普惠金融诚信贷492.5万元。坚持“项目到村，资金到户”方针，建立起以笋竹、茶叶、花椒、青脆李为主的主导产业，贫困户年均纯收入10000元。利用端午节、中秋节、春节等为1098个建卡贫困户发放慰问金291100元。全年有70户229人实现脱贫。

【基础设施建设】　村社建设　全年投入1250万元，修建（硬化、扩宽）农村公路21.78千米；投入120万元，整修关金村和平大桥、关金桥。投资25万元，新建人饮工程4处，解决中坪村、打泉村、华富村400户1200人的饮水困难。

投资93.9万元，改造农村危旧房46户。投资485万元，整治山坪塘71口。投资16.24万元，新建沼气池40口。投资25万元，新建人畜饮水池4口，完成饮水工程4处，安装铺设供水管6000米，解决400户1200人的饮水难问题。推广新型农机146台，完成农机技术培训550人次。实施土地流转25.6公顷，新发展专业合作社2个。投资6万元，对6个村级公共服务中心进行标准化建设。投资1250万元修建明华村、菜园村、华岭村、打泉村、巴岭村、盆城村、关金村、华富村农村公路21.78千米。

场镇建设　投入240万元，油化场镇道路900米，完成1500米白石场三级污水管网铺设。投入3.2万元，对白石场110棵人行道绿化树进行修枝整形。投入11.2万元，购置垃圾箱400个；投入51.55万元，配置移动式压缩垃圾箱5个和配套转运车辆5吨拉臂车2辆。全年场镇建成区面积3平方千米，有（白）石垫（江）路、白（石）三（汇）路、白（石）两（河）路等干道长39千米，场镇居民1.09万人，城镇化率19.12%。

【乡村旅游业】　白石镇自然、人文景观荟萃，历史文化底蕴丰厚，有元朝宰相“铁家坟”“二十四个望娘滩”“千年古道幺姑岭”和打泉山上奇龙岗的十二景，与天池森林公园相距5千米，素有“森林竹海”的美誉，是天然绿色氧吧。“巴曼竹韵”乡村旅游着重打造百竹园、巴扎营、采摘园、休闲游乐等项目，依托地理区位优势和笋竹、花椒、翠红李、红豆杉、孔雀养殖等特色产业连片打造巴岭华岭乡村旅游，形成春赏花、夏纳凉、秋采果、冬观雪的高山生态旅游景观。

【维稳工作】　全年开展安全检查493人次，排查整改各类安全隐患108起，查处劝导各类交通违法行为783起，查处非法营运3起，组织驾乘人员开展安全学习367人次。调解民事纠纷32起，调解率96%。开展社区矫正26人，依法打击邪教26人。全年处理各类信访96件，办结率100%。

【党建工作】　全镇有党支部25个，其中村（居）党支部18个，机关事业单位、医院、企业等党支部7个。有党员1428名，其中新发展党员9人，取消预备党员资格1人，开除党籍1人。对546名流出党员纳入管理，发放流动党员证546本。

全镇25个村社区和单位党支部每月定期开展“主题党日”活动，完成巴营村和盆城村2个基层后进党支部整顿。2017年慰问困难老党员、生活困难群众256人，发放慰问金9.95万元。全年表彰先进基层党组织8个，优秀党务工作者10名，优秀共产党员56名。（谢 艳）

黄金镇

【概 况】 黄金镇位于县境北部，幅员面积108平方千米，平均海拔576.5米，属亚热带东南季风气候，日平均气温19.1℃，年降水量1245—1450毫米。森林面积4536公顷，森林覆盖率47.5%。

2017年，全镇辖18个村、1个社区居委、128个村民小组、4个居民小组，15708户45880人。全年出生441人，出生率9.6‰；死亡564人，死亡率12.2‰；计划生育率97.23%，人口自然增长率–2.7‰，出生人口男女性别比103∶100 。

【经济发展】 2017年，全镇实现生产总值81847万元，同比增长12.8%；固定资产投资57268万元，同比增长–12.2%；辖区内财政收入500万元；社会消费品零售总额6684万元，同比增长14.1%；农村居民人均可支配收入13677元，同比增长9.2%。

工业经济 全镇工业企业22户，工业增加值9758万元，同比增长21%。

农业经济 全镇年末常用耕地面积2884公顷，农作物总面积4696.4公顷。粮食播种面积3048公顷，粮食产量15839吨。种植水稻944.47公顷，产量7336吨；小麦160.73公顷，产量593吨； 玉米341.6公顷，产量2087吨；高粱245.4公顷，产量1194吨；豆类454.07公顷，产量929吨。油料播种面积593.73公顷，产量1279吨。种植蔬菜780.4公顷，产量16036吨；水果面积2567.13公顷，水果产量36669吨。实现农业总产值31790万元，农业增加值21593万元。

有100头以上养猪大户11户，100只以上肉羊大户6户，2000只以上肉鸡大户2户。主要畜牧产品中，生猪出栏33273头，存栏23121头；山羊出栏3036只，存栏2445只，牛出栏895头，存栏2248头；家禽出栏101031只，存栏90412只。全年畜牧业总产值13384万元。

全年新增农村劳动力转移248人，外出务工人员15972人，务工收入79860万元。

民营经济 2017年，全镇新发展民营企业32家，新增个体工商户71户。全镇民营企业258户，龙头企业12家，个体工商户495户，从业人员22917人，产值155000万元，缴税380万元。

【特色产业】 2017年，在做优传统农业基础上，发展特色效益农业。打造以柑橘产业为主导、多种产业协同发展的“一村一品”产业布局。巩固柑橘主导产业地位，协助解决拖欠黄金村等5个村柑橘承包土地流转费及民工工资信访难题，共兑付2014年以来土地承包费及农民工工资1700余万元。进一步探索柑橘高效管护模式，对全镇2000余公顷柑橘依法进行流转，增强柑橘日常管护成效。多元培育特色水果产业。持续巩固草莓、桃子、李子、猕猴桃等特色水果产业，打造万亩“花果山”。新引进企业在大山、东风、小河、云丰村新发展李子近200公顷。全年引进重庆尊品果业有限公司等企业在桃花村、双梁村、云丰村等发展特色水果产业，做大黄金花果山特色水果产业规模。全镇18个村中有15个村发展起自己的特色产业，基本形成“一村一品”优质产业格局。

【招商引资】 2017年，在谈新建项目9个，合同额12.05亿元。引进项目4个，合同额4750万元，到位 4300 万元。其中，引进重庆辰日农业开发有限公司与重庆跨越建筑工程（集团）有限公司，投资 2950 万元，在北岸、甘田村 10 社（磨子塝）、南岸、大山村 7 社（祖师殿）新建占地 2.42 公顷黄金之恋·花田溪谷风景名胜区玻璃吊桥，全年完成长 250 米、垂直高度 120 米的土建；引进忠县沛霖农业发展有限公司在绍溪村种植 20 公顷中晚熟李子示范园建设项目；引进重庆尊品果业有限公司李峦松在桃花种植 10 公顷李子、桃子、兰梅、梨子精品园项目；引进重庆市天创农业开发有限责任公司在云丰村种植 60 公顷苹果桃示范园建设项目。

【社会事业】 文教事业　全镇有中学 1 所，小学 3 所，公立幼儿园 3 所，私立 2 所。有中学教师 62 人，小学教师 104 人，幼儿教师 14 人。在校中学生 562 人，小学生 1055 人，在园幼儿 123 人。初中适龄人口入学率 98.9%，小学升初中升学率、九年义务教育覆盖率、小学适龄儿童入学率及巩固率均 100%。全镇发放家庭经济贫困寄宿生生活补助 61.58 万元。

利用节假日开展群众文化活动 10 场次，镇文化服务中心免费对群众开放使用。全镇有民间演出团队 16 个，文艺下乡汇演 78 次，全年完成送电影下乡 700 余场。

医疗卫生　全镇有中心医院 2 所，村级合作医疗站 36 所，从业人员 109 人。农村医疗参保 39424 人，参保金额 529.68 万元，参合率 97.6%；享受门诊补助 723 人次 3.02 万元，住院补助 981 人次 203.14 万元。

民政工作　全年发放救灾救济资金 36 万元，发放最低生活保障金 315.7 万元，199 人次得到大病医疗救助 877540 元。全镇有特困供养人员 281 人，失能老人 19 人，高龄老人 33 人，百岁老人 1 人，敬老院 1 所，共计发放各类资金 2511282 元。国家抚恤、各类优抚、精简退职、襄渝民残、襄渝伤残对象 396 人，支出 2921418.2 元。举办残疾人技能培训班 4 期 200 人。投入 16.5 万元对 11 户残疾人危房进行改造，发放各类残疾补助 368390 元。参加城乡居民养老保险 28000 人，参加城镇居民基本医疗保险 39422 人。

扶贫工作　2017 年，全镇落实“3+1”扶贫长效机制，为贫困家庭安排公路清扫、勤杂工等公益性岗位 65 个；选送贫困户 28 人参加市县举办的挖掘机、电工、焊工、汽车维修、美容等技能培训，解决贫困家庭就业难题，帮助贫困家庭稳定增收。为全镇 486 名贫困家庭中小学生、103 名中高职学生申报教育资助，28 名贫困家庭学生享受“雨露工程”资助 14 万元。完成易地扶贫搬迁 44 户 126 人。办理精准扶贫普惠金融“诚信贷”91 户，发放贷款 414 万元。完成 777 户贫困户动态调整工作，巩固桃花、云丰、凉泉、东风 4 个贫困村脱贫成果，实现 55 户 167 人越线脱贫。

【基础设施建设】 村社建设　持续改善交通、人饮等生产生活条件，完成小河、下桥、芭蕉、桃花村通畅工程 13.3 千米，东风、黄土村等通达工程 9.1 千米，建成凉泉、芭蕉、下桥、甘田村人行便道 26 千米，拓宽卫星桥至大山村七组公路 2 千米。整治山坪塘 62 口，投入 29 万元修复水毁渠道 6 处。新建东风、桃花 2 个村水厂和凉泉村蓄水池，解决 7000 余人饮水难题；投资 80 万元建成绍溪村人饮提灌项目，解决 3000 余村民及百余师生饮水难题。

投资 250 万元实施大山村坛子平巴渝新居示范点提档升级工程。改造 C、D 级危房 50 户，兑现补助资金 94.2 万元。审批办理居民建房 144 户。规划审核通过建卡贫困户 53 户及遗留问题户 504 户农村宅基地复垦 13.33 公顷，兑现复垦补偿金 316 户 764.43 万元。持续推进农村人居环境整治，新建垃圾箱收集台 14 个、垃圾桶收集台 110 个，增配垃圾桶 220 个、垃圾箱 14 个。

场镇建设　完成场镇规划总体修编，硬化新老场镇连接道 600 米。投资 2000 万元的黄金场镇基础设施改造项目完成施工图设计，部分项目完成工程招投标。整修、扩建新场镇临时停车场 1000 平方米。实施场镇亮化工程，安装老场镇至“花田溪谷”段太阳能路灯 112 盏。实施场镇天然气安装工程，全面开通供气。动员全镇人民积极参与全国文明县城创建行动，加大场镇环境综合整治力度，规范新老场镇停车秩序，乱搭、乱建、乱码现象得到有效治理。城镇化率 10.47%。

【乡村旅游业】 立足“创新、协调、绿色、开放、共享”五大发展理念，拟定“一心三基地”（即黄金场镇旅游服务接待中心、大岭万亩“花果山”基地、忠万路生态观光基地、戚家河休闲垂钓野炊基地）旅游发展思路，引进社会资本，发展乡村休闲旅游，打造全域旅游示范镇。黄金镇乡村旅游项目 10 个，计划投资金额 6418 万元，实际完成投资 3918 万元，完成计划的 61.05%。投入资金 105 万元制作旅游宣传牌、警示标识牌；成功组织花田溪谷开园文化旅游节、举办“黄金之恋·相约花果山”赏花节活动；自行开展旅游宣传活动 8 次。2017 年，申报并建成投入使用旅游厕所 AAA 级 1 个、A 级 2 个，项目总投资 91.51 万元。3 月，举办首届“黄金之恋·相约花果山”赏花艺术节，吸引 2 万余观光客赏花观光旅游。整合戚家河、金鳞洞旅游资源，规划完善戚家河沿线公路停车场等配套设施建设，解决旅游旺季时停车难问题。全年旅游消费总额 2300 万元，比上年同期增长 23.2%。

【三峡后续建设】 移民后期扶持和库区基金项目投资 97 万元完成甘田村人行便道硬化工程；投资 49 万元完成绍溪村至大山村连接道公路扩建改造工程；投资 48 万元完成绍（溪）戚路扩建工程建设。申报甘田村对外连接道新建工程项目和干大路塌方治理工程。

三峡后续项目 黄金集镇基础设施完善项目（街道人行路面透水砖工程）进入招投标；绍溪村移民安置区精准帮扶项目、大山村移民安置区精准帮扶项目、人行便道工程进入招投标，公路硬化工程施工图进入审查；公共服务中心和蓄水池建设项目进入施工图设计；全年完成投资 4000 万元。利用对口支援项目资金 50 万元，完成黄金镇道路路灯安装。

库区蓄退水防范监测 在库区沿线 4 个移民村（黄金村、甘田村、大山村、绍溪村）设置巡库员 14 名，实行巡查周报制，负责蓄退水一线监测与蓄退水隐患排查；移民办工作人员每月不定期巡查蓄退水库岸沿线，实行巡查月报制，负责辖区蓄退水情况综合摸排。

【维稳工作】 强化社会治安综合治理，加快建设立体化社会治安防控体系。严格落实安全生产“党政同责”“一岗双责”，常态化开展安全生产“大排查、大整治、大执法”专项行动，重点加强对非煤矿山、烟花爆竹、道路交通、建筑施工、消防等重点领域的监督、检查和执法。全年开展各类安全巡查 610 人次，排查安全隐患 136 起；下达整改指令 17 份，督促整改到位 136 处。监督检查农村家宴食品卫生 380 起，查处食品药品违法案件 7 件，处罚金额 13000 元，食品安全示范镇创建取得阶段性成效。持续排查化解各类矛盾纠纷和风险隐患，认真开展干部大下访和领导干部定期接访群众工作，全年接访群众 798 人次，受理各类信访问题 282 件次，办结 281 件次，办结率 99.6%。实行移民后期扶持核对并按季度发放到人，移民信访按月排查，全年无进京到市上访。

【党建工作】 全镇有党支部 24 个，其中村（居）党支部 19 个。有党员 1359 名，其中新发展党员 8 名，转入 21 名，转出 68 名，（其中整建制转出 50 名）。对流动党员进行摸底调查，对 229 名流出党员纳入管理站管理，发放流动党员证 229 本。

开展“解放思想·提高执行力”干部作风建设

专项整治行动、“两学一做”常态化教育。认真落实党风廉政建设责任制，大力完善镇级会议管理、公务接待、职工考评等多项制度，提高机关运行效率。严格执行招投标制度，规范公共资源交易。积极推进服务群众工作信息管理系统规范化运行，全年办理各类群众反映事项 660 余件，群众满意率 100%。（谢 丹）

善广乡

【概 况】 善广乡位于忠县西南部，距县城 30 千米，东与新生街道接壤，南与任家镇毗邻，西与丰都青龙乡相望，北与白石镇交界。境内山峦起伏，沟堑纵横，属典型深丘地貌。全乡幅员面积 51 平方千米。平均海拔 620 米，属亚热带东南季风气候，日平均气温 17℃，年降水量 1200 毫米，无霜期约 260 天。森林面积 2820 公顷，森林覆盖率 54.5%。

2017 年，全乡辖 7 个村，1 个社区、46 个村民小组，4353 户 15603 人。当年出生 163 人，出生率 5.3‰；死亡 166 人，死亡率 5.4‰；人口自然增长率–0.1‰，出生人口男女性别比 106.89：100。

【经济发展】 2017 年，全乡实现生产总值 19028 万元，同比增长 10.7%；固定资产投资 9113 万元，同比增长 20.6%；辖区内财政收入 180 万元，同比增长 21%；社会消费品零售总额 2930 万元，同比增长 13.8%；农村居民人均可支配收入 11509 元，同比增长 9.4%。

工业经济 全年实现工业总产值 19619 万元，同比增长 54.28%；工业增加值 2027 万元，同比增长 20.73%。

农业经济 全乡年末常用耕地面积 914 公顷，农作物总面积 1347.3 公顷。粮食播种面积 975.9 公顷，产量 4853 吨。种植水稻 287.5 公顷，产量 2233 吨；小麦 139.7 公顷，产量 515 吨；玉米 109.5 公顷，产量 669 吨；高粱 18.3 公顷，产量 89 吨；豆类 179.5 公顷，产量 367 吨。油料 193.2 公顷，产量 417 吨。蔬菜 202.3 公顷，产量 6196 吨。水果 42.8 公顷，产量 611 吨。实现农业总产值 9332 万元，农业增加值 6332 万元。

全年有 8 头以上的养牛大户 12 户，20 头以上的养羊大户 8 户，10 头以上的养猪大户 16 户，主要畜牧产品中，牛出栏 901 头，存栏 2277 头；羊出栏 2401 头，存栏 1933 头；生猪出栏 13407 头，存栏 9316 头；家禽出栏 80276 只，存栏 71838 只。全年畜牧业总产值 4408 万元。

全年新增农村劳动力转移 418 人，新增非农就业 110 人，城镇新增就业 81 人，下岗失业人员再就业 20 人，就业困难人员再就业 10 人。全年发放小额担保贷款 230 万元。外出务工人员 4969 人，务工收入 18000 余万元。

民营经济 2017 年，全乡新发展民营企业 4 家，其中微型企业 2 家；新增个体工商户 25 户，占计划 100%。全乡私营企业 40 户，个体工商户 204 户，从业人员 1167 人，产值 41250 万元，缴税 125 万元，利润 9934 万元。

【特色产业】 2017 年，全乡新发展白芷中药材、肉牛产业，巩固小米辣、富硒锌功能稻、黑花生等特色产业，建立一乡一业、一村一品、一户一特的产业模式。引进太极中药材种植公司、重庆研恩农业公司，采取“公司+基地+农户”模式，开展中药材订单种植，2017 年首批 416 户群众种植白芷 29.05 公顷；成立鲁泰肉牛专业合作社，发展 13 户养殖肉牛 60 头。全年新增农业企业 4 家、种养殖大户 7 户。

【招商引资】 2017 年，全乡完成招商引资项目 3 个，引资 8600 万元。其中，重庆顺通燃气公司投资 3600 万元的天然气工程项目，重庆鲁泰企业管理有限公司投资2000万元的善广乡肉牛养殖项目，重庆市研恩农业开发有限公司和重庆太极中药材种植开发有限公司投资 3000 万元合作开发的善广乡中药材白芷种植项目。

【社会事业】 文教事业 2017年，全乡有小学1所（善广乡中心小学校），幼儿园 2 所（善广乡中心小学校附属幼儿园、善广乡青蓝幼儿园）。有小学教师47人，幼儿教师8人。在校小学生388人，在园幼儿 78 人。初中适龄人口入学率、小学升初中升学率 、九年义务教育覆盖率、小学适龄儿童入学率、巩固率均 100%。全乡家庭经济贫困寄宿生生活补助支出 6.3 万元。利用节假日开展群众文化活动 28 场次，全年完成送电影下乡 150 场。

医疗卫生 全乡有中心医院1所，村级合作医疗站10所，个体诊所1个，从业人员 30 人。新型农村合作医疗参保12555人，参保金额167.08万元，参合率 94%；针对建卡贫困户实施“先诊疗后付费”制度，落实“一站式结算”，全年有2486人次获得医疗救助资金33.50万元，获得赔付资金20余万元。

民政工作 全年发放救灾救济资金23.5万元，发放最低生活保障金 139.6 万元（其中，城镇低保户 8 户 10 人，支出 4.4 万元；农村低保户 174 户401 人，支出 135.2 万元），16 人次得到大病医疗救助5.82万元。全乡有特困人员 86 人，发放资金 67.1万元。参加城镇基本养老保险456人、城镇职工基本医疗保险290人、城镇居民基本医疗保险402人；参加失业保险112人、工伤保险290人、生育保险290 人。国家抚恤、补助各类优抚对象 120 人，抚恤经费支出 69.84 万元。

扶贫工作 全乡有三星村、金钟村、尖峰村 3个贫困村，贫困人口491户1991人。开发26名公益岗位负责全乡 115 千米村社道路保洁养护工作。利用扶贫专项资金 98.5 万元，新建人行便道 11.6千米、机耕道2.8千米，受益群众315户1260人。组织200名群众参加实用技术培训2期。坚持“项目到村，资金到户、帮扶到人”的工作思路，建立起以白米辣、高粱、大豆、笋竹为主的主导产业，贫困户年均纯收入 11509 元。利用节假日为 491 户建卡贫困户发放慰问金 8 余万元。全年有 14 户 33人实现脱贫。

【基础设施建设】 村社建设 投资 90 万元，启动扩建新（生）善（广）公路项目，完成青龙至善广乡公路扩建 10 千米；投资 570.5 万元，硬化农村公路 13.31 千米；投资 61 万元，新建通达公路 3.4千米；投资 106.2 万元，新建人行道 17.7 千米；投资 73.8 万元，新建耕作道 9.46 千米。全年改造高低压杆线 25 千米，新装变压器 4 台，新立电线杆90 根，彻底解决电压不足和不稳定难题。投资 75万元，新建覆盖全乡 8 个村居的垃圾收集点 113 个、标准化垃圾池 19 个，购置垃圾桶 310 个，设置规范化标牌 132 块，生活垃圾实现收运全覆盖、常态化。全年审批建房户 96 户，建筑面积 8640 平方米，下达整改通知书 16 户。完成复垦规划 161 户，改造农村危旧房 32 户，完成杨鹤、庄子、上坪、雨台 4 个村村庄规划编制。投资 236.57 万元，整修山坪塘 20 口，新建人畜饮水池 8 口，整修人畜饮水池 4 口；投资 30 万元，对雨台村红岩沟部分河堤进行整治修复，对桂花水库进行病险加固整治。

场镇建设 引入顺通燃气公司投资近 1000 万元，安装完成白石镇至善广乡输气主管道 15 千米、场镇供气二级管网 5 千米，解决场镇近 400 户 1200余人用气问题。投资 25 万元，新建 600 平方米的江家山广场 1 个；投资 20 万元，整修公共服务中心 3 个；投入 50 万元，新建敬老院消防设施及善广小学 600 米消防通道。投资 55 万元，整修场镇破损道路 150 米，新建临时停车场 3 个共计 1000平方米，划设停车位 150 个；投资 10 万元，新建公共厕所 1 座，整修塌陷污水管网近 100 米；投资25 万元，新建 500 平方米农贸市场 1 座，拓宽场镇道路 100 米；聘请专职保洁人员 6 名，对场镇实现全天候保洁和清运；拆除过时、不规范、脱落广告100余块，处理僵尸车3辆；规范设置交通标线、标志和停车站点15处。

【乡村旅游业】 善广乡森林旅游资源丰富，境内铁山寺山脉紧邻天池森林公园，域内通往垫江、丰都的古驿道旁有千年古寺——铁山寺，铁山寺度假村地处山脊，地势高低起伏，呈南北“S”型蜿蜒走向，东西长约990米，南北宽约1290米，海拔950米，夏季气温25℃左右，实乃避暑胜地。境内动植物资源丰富，有红豆杉、杉树、柏树等多种珍稀古树，山羊、野兔、野鸡、白鹤等飞禽走兽，适合观光旅游、休闲养生。

继皇华集团启动铁山寺乡村旅游开发后，引进重庆市崇德农业开发有限公司启动铁山寺度假村生态观光园扩建项目，做活生态与文化，融入休闲、娱乐两大模块，丰富“二十四孝”忠孝文化园、红豆杉观光长廊、生态林果采摘基地等精品旅游项目建设，打造集休闲观光、中药材种植、山珍佳宴、生态养殖等于一体的多元化生态休闲观光农业景点项目。

【维稳工作】 全年开展安全检查751人次，排查整改各类安全隐患79起，查处劝导各类交通违法行为163起，组织驾乘人员开展安全学习259人次。调解民事纠纷53起，调解率100%。监管社区矫正人员3名、在册吸毒人员63名，安置帮教转化刑满释放人员24名，无重新犯罪行为发生。全年处理各类信访137件，办结率100%。

【党建工作】 全乡有党支部10个，其中村（社区）党支部8个，机关党支部1个、联合党支部1个。有党员391名，全年新发展党员5人。将85名流出党员纳入管理站管理，发放流动党员证85本；各党支部建立流动党员微信群，加强双向联系，统一教育管理。

宣传贯彻中共十九大精神，组织集中宣讲3次，班子成员开展十九大精神进村进社区宣讲8次。干部职工撰写学习心得80余篇。推进“两学一做”学习教育常态化制度化，结合“三会一课”“主题党日”等活动开展，制订实施方案和学习计划，主持召开党委中心组学习8次，学习相关篇目25篇，组织座谈交流4次，班子成员上党课16次。精准实施脱贫攻坚，严格督导3个贫困村第一书记和驻村工作队履职情况。开展基层党组织结对联建，帮助村（社区）党支部理清工作思路，通过党支部引导盘活集体闲置资产，发展肉牛、白芷等产业，壮大村级集体经济，全年新消除“空壳村”1个。落实全面从严治党，严格管理党员干部，开展“解放思想、提高执行力”干部作风建设专项整治行动，处理“吃空饷”人员1人、事业单位违纪职工1人；开展干部家属助廉座谈，纯洁干部队伍；落实村（社区）干部“三考”制度，实行机关事业单位职工每月述职测评、统一考勤考核制度，加强党员干部教育管理。开展“村霸”“蝇贪”和侵害群众利益问题整治查处工作，排查发现侵害群众利益问题线索10条，均进行组织处理。 （龚健伟）

石子乡

【概　况】 石子乡位于县境南部，幅员面积40平方千米，平均海拔500—1380米，属亚热带东南季风气候，日平均气温16.5℃，年降水量1200毫米。森林面积2560.19公顷，森林覆盖率69%。

2017年，全乡辖5个村、30个村民小组，2849户7443人。全年出生99人，出生率13.3‰；死亡63人，死亡率8.5‰；计划生育率13.3%，人口自然增长率4.8‰，出生人口男女性别比103：100。

【经济发展】 全乡实现生产总值10909万元，同比增长 11.7%；固定资产投资总额 12938 万元，同比增长 7.3%；财政收入 604 万元，同比增长 51%；社会消费品零售总额 1588 万元，同比增长 13.7%；农村居民人均可支配收入 11375 元，同比增长 9%。

工业经济　全乡规模以上工业企业有 1 户，规模以上工业企业增加值 3015 万元。全年实现工业增加值 4553 万元，同比增长 23.2%。

农业经济　全乡年末常用耕地面积 302 公顷，农作物总面积 693.13 公顷。粮食面积 358.8 公顷，产量 1848 吨。种植水稻 97.33 公顷，产量 756 吨；小麦 27.13 公顷，产量 101 吨；玉米 68.8 公顷，产量 419 吨；高粱 5.73 公顷，产量 28 吨；豆类 54.33 公顷，产量 111 吨；红苕 65.67 公顷，产量 1032 吨；洋芋 39.8 公顷，产量 156 吨。油料面积 73.33 公顷，油料产量 158 吨，其中花生 32.47 公顷，产量 62 吨；油菜籽 40.8 公顷，产量 91 吨。种植蔬菜 78.4 公顷，产量 1497 吨。水果面积 21.27 公顷，果园面积 13 公顷，水果产量 304 吨。实现农业总产值 3189 万元，农业增加值 2040 万元。

全年有 10—1000 头以上的牛养殖中小型户 4 户，100—5000 头以上的生猪养殖中小型户 1 户，200—100000 只家禽养殖中小型户 3 户。主要畜牧产品中，牛出栏 94 头，存栏 239 头；生猪出栏 4757 头，存栏 3306 头；家禽出栏 1902 只，存栏 1702 只。肉类总产量 530 吨，禽蛋产量 49 吨。

全年新增农村劳动力转移 1205 人，外出务工人员 1916 人，收入 1989 万元。

民营经济　2017 年，全乡有私营企业 44 户、个体工商户 147 户，从业人员 570 人，其中新发展私营企业 5 家（微型企业 2 家），新增个体工商户 24 户（占计划 64 %）。全年实现产值 1.91 亿元，缴税 600 万元，利润 2300 万元　。

【特色产业】　恒谷农业公司发展有限公司投入 1000 余万元，完成茶叶基地土地流转 100 公顷，完成种植 66.67 公顷；恒谷农业公司发展有限公司投资 120 万元，完成茶叶加工厂场坪建设，正实施主体建设；金科集团投资 700 余万元，完成原接待中心进行提档升级工程，无偿捐赠 700 万元为八斗台专业合作社获取 4600 平米接待用房。重庆红孜食品公司投资 200 万元建设山泉水饮用水厂，完成厂房建设和机器设备安装。

【招商引资】　采取“走出去”和“请进来”方式，先后赴重庆主城、云南昆明、四川泸州、湖北恩施等地开展招商活动；邀请云南昆明忠县商会，四川、湖北等地客商赴乡实地调研。全年实现招商引资协议资金 3.08 亿元，到位 1.2 亿元。基本完成高端黄金茶、山矿泉水厂等厂房建设。

【社会事业】　文教事业　石子乡有中心校 1 所、村小 2 所、幼儿园 3 所，有小学教师 56 人。有在校学生 288 人、在园幼儿 101 人。初中适龄人口入学率、小学升初中升学率、九年义务教育覆盖率、小学适龄儿童入学率及巩固率均 100%。投资 30 余万元新建占地面积 1000 余平方米的乡文化活动广场。在全乡开展文明家庭评“五好”活动，围绕诚实守信、孝老爱亲、勤劳兴家、邻里团结、干净整洁五个方面评选出先进家庭代表 29 户。全年发放家庭经济贫困寄宿生生活补助 10.8 万元。利用节假日开展群众文化活动 10 场次。

医疗卫生　全乡有中心医院 1 所，村级合作医疗站 5 所，从业人员 12 人。农村医疗参保 6421 人，参保金额 85.11 万元，参合率 99%；享受门诊补助 464 人次 3700 万元，住院补助 1125 人次 134 万元。

民政工作　全年发放救灾救济资金 17 万元，发放最低生活保障金 77 万元（其中，城镇低保户 11 户 13 人，支出 4.5 万元；农村低保户 79 户 188 人，支出 72.5 万元），26 人次得到大病医疗救助 13.4 万元。全乡有特困人员 20 人（其中，集中供养 4 人，散居供养 16 人），发放特困人员供养金 15.6 万元。举办残疾人技能培训 1 期 71 人。参加城乡居民基本养老保险 2820 人、城镇居民基本医疗保险 6035 人；参加失业保险 42 人、工伤保险 98 人、生育保险 98 人。国家抚恤、补助各类优抚对象 36 人，抚恤经费支出 2.55 万元。

扶贫工作　以实现贫困人口“两不愁、三保障”、贫困村建“八有”解“八难”为着力点，推进脱贫攻坚工作。完成贫困户 D 级危房改造 93 户，易地搬迁 85 户 325 人。针对 3 个贫困村，合理规划整村脱贫项目，其中杨兴村发展贵妃枣和茶叶，芋溪村发展核桃和茶叶，向阳发展茶叶和李子产业。2014 年全乡建档立卡贫困户 460 户 1543 人，贫困村 3 个（杨兴村、向阳村、芋溪村）。至 2017 年底，全乡脱贫 428 户 1445 人，未脱贫 32 户 98 人；3 个贫困村全部脱贫。

【基础设施建设】　累计投入 1000 余万元，新建社级公路 5 千米、人行便道 20 余千米。完成农村电网改造升级。完善全乡供水管网建设，实现安全饮用水全覆盖。完成海螺砂页岩矿区征地拆迁彭高片区 26 户 53 人、小山片区 29 户 67 人的拆迁工作，李高片区 70 户 220 人拆迁正在进行中。

投资 15 万元，安装杨兴村、向阳村路灯 50 余盏。争取 1000 余万元，完善曾家寨民族特色居民点道路、边坡、绿化和广场等配套基础设施，72 户易地扶贫搬迁户入住新居；争取 300 余万元，新建完成庙坝居民点基础设施。投资 80 余万元，新建乡公共服务中心；投资 60 余万元，升级改造金矿村、宝山村、向阳村级便民服务中心，规范化配套卫生室、阅览室、群众活动室；投资 300 余万元，新建杨兴村、芋溪村便民服务中心。

【乡村旅游业】　尝试旅游扶贫新模式，积极发展乡村旅游业。自 2016 年初，金科集团签订帮扶协议结对帮扶杨兴村并入驻八斗台以来，对乡村旅游产业实施提档升级、整体包装，提升了景区管理运营水平。新引进恒谷农业发展高端黄金茶，规划发展茶叶基地 200 公顷，并配套建设茶叶加工厂及博览园，将茶叶与乡村旅游有机结合，打造茶林之乡，成为“巴渝茶业的起跑线、绿水青山变金山银山的最佳体验目的地”。通过乡村旅游、茶叶产业的发展，辐射带动周边群众参与，通过务工建设、开办农家乐、售卖农产、茶叶采摘等，人均增收 800 余元。

【维稳工作】　全年开展安全检查 184 人次，排查整改各类安全隐患 379 余起，查处劝导各类交通违法行为 498 余起，查处非法营运 4 起，组织驾乘人员开展安全学习 412 人次。调解民事纠纷 315 余起，调解率 100%。开展社区矫正 3 人。全年处理各类信访 105 件，办结率 100%。

【党建工作】　全乡有党支部 8 个，其中村党支部 5 个，政府机关、医院、企业等党支部 3 个。有党员 208 名，其中新发展党员 3 人。对 54 名流出党员纳入管理站管理。发放流动党员证 54 本。在 7 个党支部 208 名党员干部中开展“提高执行力”作风整顿专项行动。组织集中学习 16 次 416 人次，撰写心得体会 68 篇；班子成员之间谈心对话 24 次，班子成员与分管科室负责同志谈心谈话 35 次；收集意见建议 83 条，整改完成 78 项，整改完成率 90%。

（汪郁婷）

磨子土家族乡

【概　况】　磨子土家族乡位于县境东南部，幅员面积 31 平方千米，平均海拔 396 米，属亚热带季风气候，日平均气温 18.1℃，年降水量 1200 毫米。森林面积 736 公顷，森林覆盖率 23%。

2017 年，全乡辖 7 个村、1 个社区居委、64 个村民小组和 7 个居民小组，7125 户 18770 人。当年出生217人，出生率11.5‰；死亡165人，死亡率8.8‰；人口自然增长率2.8‰，出生人口男女性别比123∶100。

【经济发展】 2017年，全乡实现生产总值27696万元，同比增长13.1%；固定资产投资8623万元，同比增长-11.8%；辖区内财政收入114万元，同比增长11.8%；社会消费品零售总额3764万元，同比增长13.6%；农村居民人均可支配收入12214元，同比增长9.8%。

工业经济 全年实现工业总产值9664万元，同比增长15.4%；工业增加值3156万元，同比增长20.2%。

农业经济 全乡年末常用耕地面积1294公顷，农作物总面积2166公顷。粮食播种面积1689公顷，粮食产量8746吨。种植水稻571公顷，产量4437吨；小麦22公顷，产量82吨；玉米253公顷，产量1548吨；高粱28公顷，产量136吨；豆类386公顷，产量791吨。油料面积230公顷，油料产量495吨。种植蔬菜211公顷，产量4320吨。水果面积646公顷，水果产量9231吨。实现农业总产值13298万元，农业增加值8798万元。

有100头以上养猪大户4户。主要畜牧产品中，肉牛出栏556头，存栏1407头；生猪出栏9730头，存栏6761头；肉羊出栏582头，存栏469头；家禽出栏32517只，存栏29099只。全年畜牧业总产值1200万元。

全年新增农村劳动力转移80人，外出务工人员6789人，收入20934万元。

民营经济 2017年，全乡新发展民营企业6家；新增个体工商户27户，占计划87%。全乡私营企业86户，个体工商户305户，从业人员2806人，产值53124万元，缴税108.3万元，利润5503万元。

【特色产业】 发展柑橘产业采取“公司+专业合作社+农户”模式，全乡有“爱媛38”“金秋沙糖桔”“金诺”等优良品种8个。全年种植柑橘466.67公顷，年产量1100吨。采取林下作业方式在柑橘树间隙种植西瓜，全年种植西瓜186.67公顷（其中阿甘农业种植133.33公顷，农户种植53.33公顷），年产8400吨，产值1680万元。

【招商引资】 引进安徽吉电新能源重庆市忠县200兆瓦光伏电站项目，总投资80000万元，项目选址拔山镇、马灌镇，并于6月30日并网发电；续建位于磨子土家族乡与东溪镇交界处的东溪河漂流项目，总投资5000万元（其中在磨子境内投资2000万元），2016年完成投资1400万元到位资金1700万元。

【社会事业】 文教事业 全乡有小学2所、幼儿园3所，有小学教师55人、幼儿教师4人。在校小学生436人，在园幼儿132人。小学升初中升学率、九年义务教育覆盖率、小学适龄儿童入学率及巩固率均100%。全年发放家庭经济贫困寄宿生生活补助374816元。

利用节假日开展群众文化活动75场次，全年完成送电影下乡24场。

医疗卫生 全乡有中心医院1所、村级合作医疗站8所，从业人员8人。农村医疗参保16304人，参保金额219.84万元，参合率87%；享受门诊补助0.32万人次12.8万元，住院补助0.16万人次235.4万元。

民政工作 全年发放救灾救济资金15万元，发放最低生活保障金188.3万元（其中，城镇低保户14户19人，支出9.6万元；农村低保户188户449人，支出178.7万元），35人次得到大病医疗救助16.6万元。全乡有特困供养人员106人，发放特困供养资金82.7万元。参加城镇基本养老保险1200人、城镇职工基本医疗保险160人、城镇居民基本医疗保险15882人；参加失业保险6人、工伤保险160人、生育保险160人。国家抚恤、补助各类优抚对象67人，抚恤经费支出64.3万元。

扶贫工作　全乡有石梯村、白河村贫困村2个，贫困人口185户730人。利用扶贫专项资金160万元，新修白河村、石梯村、竹山村公路7.2千米，受益群众112户386人。组织群众参加创业培训3次组织16名。坚持“项目到村，资金到户”方针，建立以柑橘、西瓜、脆红李为主的主导产业，促进贫困户增收，年均纯收入7336元。

利用节假日为314个建卡贫困户发放慰问金112900元。全年有42户134人实现脱贫。

【基础设施建设】　村社建设　全年投入4600万元，修建万福村、白河村、石梯村通达公路4.7千米，硬化磨双路、磨乌路及石梯1社、5社、9社等农村公路13.5千米，建成G50沪渝高速磨子互通连接线工程二级柏油大道2.1千米。投资110万元，改造人饮工程，解决磨子场、白河场、中塘村1620户4500人的饮水困难。投资116万元建设磨子中心小学校校园。投资28.2万元，改造农村危旧房16户。投资110万元，整治山坪塘25口；投资44万元，新建人畜饮水池1口，完成饮水工程3处，安装铺设供水管12400米，解决1100户3700人饮水难问题。推广新型农机24台，完成农机技术培训30人次。实施土地流转200公顷。

场镇建设　投入3.5万元，更换污水井盖33个；投入14.4万元，新安装路灯40盏；投入21万元，布点垃圾收运点100个，新建垃圾池20个，购置垃圾箱4个，垃圾桶400个。投资1200万元，安装场镇天然气工程主管道6.7千米。全年场镇建成区面积0.7平方千米，有磨子场镇道路、白河场镇道路等干道3千米，场镇居民0.3万人，城镇化率15.9%。

【乡村旅游业】　打造“小李山土家风情园”，建设小李村生态休闲乡村旅游目的地。以三峡港湾、东溪河漂流、石子乡八斗台等旅游景点为依托，主推现代农业观光、自然生态游乐休闲、体验少数民族民风、民俗风情三条主线。围绕现代农业产业园区，融入精品柑橘（生产、游乐、加工）文化、黑色食品基地生产加工文化，打造具有民族特色的土家风情、生态旅游观光、土家吊脚楼式文化休闲长廊；围绕乾隆湖、太极湖，打造园林式的集休闲、游乐、垂钓为一体的乡村游特色中心；围绕品牌产业，融入土家建筑、服饰、饮食、歌舞、工艺品等文化。举办土家民风民俗文化节、果、蔬采摘节、游园节，融入互联网+等载体，彰显土家民风、民俗传承。全年建成小李山环形道路5千米，柑橘园区观光道路初步形成；启动建设小李村太极湖和环湖观光休闲道；规划建设小李村乾隆湖、接待中心、休闲广场、居民点和农家乐。

【维稳工作】　全年开展安全检查1450人次，排查整改各类安全隐患390起，查处劝导各类交通违法行为600起，组织驾乘人员开展安全学习600人次。调解民事纠纷38起，调解率100%。处理各类信访131件，办结率100%。

【党建工作】　全乡有党支部11个，其中村（居）党支部8个，政府机关、企业、事业单位等党支部3个。有党员567名，其中新发展党员3人。对180名流出党员、18名流入党员均纳入管理站管理，发放流动党员证180本。

继续“两学一做”教育学习，开展“解放思想、提高执行力”干部作风建设专项整治行动，整治“四风”突出问题。组织党员学习510人次36个篇目，撰写心得体会60篇；开座谈会、讨论会10次，民主生活会2次，征求意见建议50余条，制定整改措施32条，解决群众实际问题51个。各支部坚持每月25日组织开展“主题党日”活动，乡党政班子成员到所联村上党课22次，听取机关党建工作汇报4次，专题研究4次，提出意见建议22条。抓后进支部整顿工作，选派专职副书记作为小李村后进支部第一书记，制定支部整改方案，明确整改目标、措施、时限和责任人，制定“一支一策”，挂单整改，按期完成。

建立“机关联系基层、干部联系群众”制度，密切党群干群关系。乡机关党支部与中塘村党支部开展“一对一”结对联建，与中塘村党员结成“一对一”帮扶。帮助中塘村支部规范组织生活，资助1万元配置办公用品，争取资金150万元，硬化中塘村水库至大垭口村道3千米。（崔 燕）

涂井乡

【概 况】 涂井乡位于县境东北部，幅员面积76平方千米，平均海拔260米，属亚热带东南季风气候，日平均气温19.2℃，年降水量1300毫米。森林面积3528公顷，森林覆盖率47%。

2017年，全乡辖 11个村、83个村民小组，8383户25212人。全年出生244人，出生率9.6‰；死亡263人，死亡率10.4‰；计划生育率96%，人口自然增长率-0.8‰，出生人口男女性别比104：100。

【经济发展】 2017年，全乡实现生产总值36121万元，同比增长12%；固定资产投资13074万元，同比增长20.3%；辖区内财政收入144万元，同比增长-39.5%；社会消费品零售总额2815万元，同比增长13.5%；农村居民人均可支配收入12938元，同比增长8.8%。

农业经济 全乡年末耕地面积1412公顷，粮食播种面积1936.2公顷，粮食产量9966吨。种植水稻688.93公顷，产量5351吨；小麦25.73公顷，产量95吨；玉米256.4公顷，产量1567吨；高粱60.67公顷，产量294吨；豆类508公顷，产量1039吨；油料播种面积545.67公顷，油料产量1175吨。种植蔬菜254.73公顷，产量6021吨；水果面积1110.53公顷，水果产量15862吨，其中柑橘面积1063.27公顷，产量13839吨。实现农业总产值15411万元，农业增加值10375万元。

全乡有100头以上养猪大户10户，2000只以上肉兔大户2户，2000只以上禽类大户5户。牛出栏831头，存栏1745头；生猪出栏23068头，存栏17559头；肉羊出栏2762只，存栏2731只；家禽出栏132849万只，存栏107038万只。

全年新增农村劳动力转移146人，外出务工人员总计8360人，收入30200万元。

民营经济 2017年，全乡新增民营企业12户、个体工商户23户，新发展微型企业3户、种养殖大户7户、家庭农场1家。全乡私营企业94户，个体工商户217户。引进茗兰茶叶等项目入驻协议引资2100万元，实际到位资金1000万元。

【特色产业】 2017年，在优先发展柑橘产业基础上，发展花椒产业113.33公顷、茶叶种植66.67公顷、柠檬种植33.33公顷、葛粉种植13.33公顷，建成高粱高产示范片40公顷。

【招商引资】 2017年，招商引资项目1个：忠县茗兰茶叶有限公司），实际引资1000万元。

【社会事业】 文教事业 全乡有小学2所，幼儿园6所。有小学教师64人，幼儿教师5人。小学生631人，在园幼儿63人。初中适龄人口入学率、小学升初中升学率、九年义务教育覆盖率、小学适龄儿童入学率及巩固率均100%。争取上级资金60万元，改建涂井小学教职工食堂和长溪村小学；投入资金近10万元，慰问辖区内教职员工。

医疗卫生 全乡有中心医院1所，村级合作医疗站17所，从业人员22人。农村医疗参保22461人，参保金额301.45万元，参合率96%；享受门诊补助8754人次7.84万元，住院补助1725人次116.79万元。

民政工作　全乡发放农村、城镇低保199户411人救助资金141.2万余元；发放冬令春荒救助、临时困难救助资金170余万元；发放优抚对象231人抚恤资金、医疗门诊补助资金392万元；发放60岁农村籍退役士兵生活补助109万元；发放给特困人员182人资金142万元。建成残疾人文化活动室1个，申报和完成残疾人危旧房改造7户。

扶贫工作　县乡村330名干部对全乡814户贫困户实行“一对一”帮扶，精准制定脱贫措施，贫困户住房、就医、上学、饮水等困难得到有效解决。实施创业培训、中职培训和雨露培训计划，全乡直接帮扶和慰问建卡贫困户100余万元；实施整村脱贫及扶贫项目建设工作，在沙河、龙林、长溪三村投入2600余万元，实施整村脱贫项目25个；发动全社会参与扶贫，全乡广大党员干部（含县扶贫集团）在“国家扶贫日”为贫困户捐款265.87万元，全部用于建卡贫困户帮扶和扶贫项目实施。高山生态扶贫搬迁有序推进。自2013年启动高山生态扶贫工作以来，累计完成搬迁452人，通过县级验收315人，2017年接受验收14户59人。

至2017年底，全乡有21户53人实现脱贫。未脱贫41户88人，新增2户5人，返贫1户3人，共计贫困户44户96人。

【基础设施建设】　2017年，全乡投资1500万元，完成居民点对外连接道路工程36千米；投资192万元，硬化贾古村公路2.7千米；投资78万元。完成红卫桥连接道路0.625千米，修建人行便道14千米。投资150万元，整治山坪塘24口；完成实施涂家、友谊村接县城香山自来水厂供水工程，解决全乡2万余群众饮水困难问题。全乡11个村的便民服务中心规范化建设实现全覆盖。

完成涂井新场镇总规修编，报县政府批准实施。投资1000余万元建设农贸市场和社保所综合楼、养老院、场镇排洪沟、取水口改造等工程项目。投资100余万元建成涂井湿地保护站。整合农转城和宅基地复垦政策，完成农村危旧房改造D级223户、C级680户、巴渝新居30户；完成宅基地复垦项目6个，复垦面积37.33公顷，启动实施宅基地复垦项目6个。加强对违法建设的管控，罚款及规费收入200余万元。投资10余万元完成坪山场、万顺场和老涂井场路灯建设。实施青坪滑坡、磨刀溪滑坡地质灾害搬迁避让，支付搬迁补助资金720万元。

【乡村旅游业】　编制完成并批准实施《三峡橘海旅游发展规划》，围绕三峡橘海旅游核心区域，突出“吃住游购娱”五大旅游要素加大投入。投资350万元新建旅游公厕和停车场，对友谊村村委会周围以及将军林园区内农房风貌进行整体改造，对三峡橘海核心景区和将军林园区进行环境综合整治；以“橘海人家”为载体，新发展农家客栈3户，投资30余万元，为旅游景区农家乐统一制作安装店招店牌以及景区导览图，对旅游公厕进行升级改造，加推进旅游景区提档升级。进一步完善旅游基础设施，完成将军林忠勇广场改造、将军桥直线连接道建设，推进实施园区主干道拓宽油化改造等项目，把将军林园区打造成为乡村旅游基地、爱国主义教育基地和柑橘产业示范基地。

【三峡后续建设】　至2017年底，完成第一批四个后续项目。居民点对外连接道完工送审计局审计；涂井乡加工柑橘生态农业园项目，完工验收并送县审计局审计。三峡后续工作第二批集镇帮扶小区建设项目完成初步设计。2019年，四个精准帮扶村的项目前期申报资料报市县审批。完成受蓄水影响164户557人的搬迁任务。在涂家村举办生态农业技能和农村实用技术培训54人，完成县移民局下达的公益性岗位30人到岗到位工作任务。

【维稳工作】　全年开展安全检查345人次，排查整改各类安全隐患 48 起，查处劝导各类交通违法行为 360 起，组织驾乘人员开展安全学习 212 人次。调解民事纠纷 25 起，调解率 99%。开展社区矫正 6 人，全年处理各类信访 112 件，办结率 100%。

【党建工作】 全乡共有党支部 13 个，其中村党支部 11 个，乡政府机关、乡联合支部等党支部 2 个。有党员 833 名，其中新发展党员 6 名。

结合支部“主题党日”，推进“两学一做”制度化、常态化建设。实施每月重点工作交办制度、开展挂单整改、阳光整改、销号整改，全部按规定时限完成整改。在全乡组织开展中共十九大精神进企业、进农村、进机关、进校园“四进”宣讲活动。组织开展民主评议党员、加强对后进党组织整顿转化工作及党建阵地建设，投资 10 万元推进村级便民服务中心标准化建设，投资 80 余万元新建巴山村便民服务中心，以派遣村第一书记的形式认真开展党员领导干部结对帮扶慰问活动。

（刘 欣）

金声乡

【概 况】 金声乡位于忠县东北部，幅员面积 38 平方千米，平均海拔 600 米，属亚热带温湿季风气候，日平均气温 18℃，年降水量 1160 毫米。森林面积 1519 公顷，森林覆盖率 41%。

2017 年，全乡辖 4 个村、1 个社区居委、37 个村民小组、3 个居民小组，5257 户 15074 人。当年出生 117 人，出生率 7.7‰；死亡 158 人，死亡率 10.4‰；人口自然增长率–2.7‰，出生人口男女性别比 104∶100 。

【经济发展】 2017 年，全乡实现生产总值 19712 万元，同比增长 11.1%；固定资产投资 10637 万元，同比增长–11.9%；辖区内财政收入 50 万元，同比增长–43.2%；社会消费品零售总额 2389 万元，同比增长 13.9%。城镇居民可支配收入 13342 元，同比增长 10.13%；农村居民人均可支配收入 12471 元，同比增长 13.15 %。

工业经济　全年实现工业总产值 6210 万元，同比增长 31.85%；工业增加值 2111 万元，同比增长 20.5%。

农业经济　全乡年末常用耕地面积 1057 公顷，农作物总面积 2252.9 公顷。粮食播种面积 1762.1 公顷，粮食产量 8498 吨。种植水稻 420 公顷，产量 3262 吨；小麦 207 公顷，产量 762 吨；玉米 270 公顷，产量 1650 吨；高粱 36 公顷，产量 175 吨；豆类 368.7 公顷，产量 754 吨。油料面积 315.6 公顷，油料产量 682 吨。种植蔬菜 184.07 公顷，产量 4559 吨。水果面积 31.33 公顷，水果产量 448 吨。实现农业总产值 11162 万元，农业增加值 7383 万元。

新发展土山羊养殖大户 10 户，生猪养猪大户 11 户，土鸡养殖大户 6 户，培育发展新型农业主体 4 个。主要畜牧产品中，牛出栏 158 头，存栏 400 头；生猪出栏 13861 头，存栏 9632 头；家禽出栏 84201 只，存栏 75351 只。全年畜牧业总产值 7000 余万元。

全年新增农村劳动力转移 106 人，外出务工人员 4572 人，务工收入 10972 万元。

民营经济　2017 年，全乡新发展民营企业 65 家，其中微型企业 40 家；新增个体工商户 39 户，占计划 109%。全乡有私营企业户 147 户、个体工商户 330 户，从业人员 1198 人，产值 39000 万元，缴税 40 万元。

【特色产业】 在广兴、白岩村通过土地流转发展白茶 133.33 公顷；在桂香村、白岩村、广兴村发展中药材前胡 66.67 公顷；樟岭村通过土地流转新发展榨菜 133.33 公顷。引进成功人士返乡创业，投资

300万元新建榨菜厂1个；樟岭村通过建立服务公司，为辖区内榨菜粗加工企业提供有偿服务，按10元/吨的价格收取服务费，集体经济空壳化问题初步破解。

【招商引资】 全乡招商引资项目5个，招商引资4300万元，到位资金2800万元。重庆昶燚达榨菜有限公司投资300万元，到位资金300万元，发展榨菜初加工产业；重庆考乐吉农业发展有限公司投资1500万元，到位资金1000万元，发展白茶种植产业；重庆市吉周农业发展有限公司投资500万元，到位资金500万元，发展白茶种植产业；重庆叶兢农业发展有限公司投资1200万元，到位资金600万元，发展白茶种植产业；重庆壹考乐农业发展有限公司投资800万元，到位资金400万元，发展白茶种植产业。

【社会事业】 文教事业　全乡有小学1所，附属幼儿园及教学点5所。有小学教师45人，幼儿教师7人。在校小学生735人，在园幼儿112人。全乡适龄儿童入学率、适龄少年入学率均100%，顺利完成国家义务教育基本均衡县检查。大力实施素质教育工程，不断改善教育教学条件，投资200余万元打造广兴基点校，改造特色校园文化、学校操场、教师住宿。全乡在校就读“五类”家庭1040余人次，享受国家资助近55万元。

安装有线数字电视600余台，建好5个村级文化室和4个文化大户，设立外借点15个。投资25万元，实现全乡广播村村响，举办和协助举办大型文化活动4次。利用元旦、元宵、三八妇女、“五一”劳动节、“六一”儿童节、社区文化节等开展群众文化活动12场次，全年送电影下乡68场。

医疗卫生　全乡有中心医院1所，村级合作医疗站7所，从业人员9人。农村医疗参保13288人，参保金额177.98万元，参合率88%；享受门诊补助0.95万人次19.6万元，住院补助0.17万人次310万元。加强卫生服务体系建设，完成门诊综合楼提档升级；投资60万元更新添置医疗设施设备；通过山头喇叭，加大医改、健康扶贫、公共卫生等政策宣传力度；开展家庭医生签约服务，签约率100%；提升医疗服务综合能力，业务人员进修1人，参加短期培训、学术讲座50余人次，医院业务学习12次；建立健康扶贫档案906人，入户调查906人，健康体检642人；加强公共卫生管理，居民健康档案建档率104%；帮扶43人，慰问215人次，慰问品价值1万余元；增强传染病及突发公共卫生事件管理，落实卫生协管，实地巡查190次，覆盖率100%。

民政工作　全年发放救灾救济资金20万元，发放最低生活保障金119万元（其中，城镇低保户9户10人，支出5.7万元；农村低保户119户261人，支出113.3万元），68人次得到大病医疗救助49.36万元。全乡有特困人员96人（其中集中供养3人，散居供养93人），发放资金74.9万元。举办残疾人技能培训1期30人。参加城镇基本养老保险9294人，新增135人；参加城镇职工基本医疗保险20人，参加城镇居民基本医疗保险13282人。新增城镇就业160人，完成200%；城镇登记失业就业人员22人，完成110%；城镇困难人员就业人数10人，完成100%；就业适应性培训人数50人，完成125%；农民工新市民培训人数40人，完成100%；创业培训25人，完成100%；创业担保贷款完成310万元，完成172%；新增创业人数70人，完成149%。完成小额人身意外保险4030人，完成县下达指标143.9%；参加失业保险180人、工伤保险180人、生育保险180人。国家抚恤、补助各类优抚对象127人，抚恤经费支出66.30406万元。

扶贫工作　全乡有广兴村、白岩村2个贫困村，贫困总人口622户1956人。利用扶贫专项资金160万元，新修广兴村、白岩村、嶂岭村公路4.154千米，受益群众174户620人。全乡所有建卡贫困户家庭参加农村合作医疗保险和精准脱贫保，购买扶贫小额意外伤害保险、大病医疗补充保险。

全乡务工、实用技术培训 1926 人次，先后 2 次组织 61 名群众参加创业培训。21 人享受“雨露工程”、大学新生资助等项目；“雨露计划”送培 37 余人，参加农村实用技术培训 123 人次、培训电商实践课程 50 余人次。全乡在校就读“五类”家庭 1040 余人次，享受国家资助近 55 万元；利用元旦、中秋、春节集中开展慰问 4 次，投入慰问资金近 30 万元；对身患大病的贫困户送去现金帮扶 74200 元，发放临时救助金 16 余万元。协调县政协扶贫集团扶贫帮联工作，落实帮扶资金近 600 万元；建立起以白茶、中药材、榨菜为主的主导产业，促进贫困户增收，全乡年均纯收入 8905 元。2017 全年有 7 户 21 人实现脱贫。

【基础设施建设】 村社建设　全年投入 680 万元，修建（硬化）农村公路 11.62 千米。投入 5 万元，整治小（二）型水库 1 座。投入 15 万元，治理樟岭村小流域 170 米，建设便民桥 1 座。投资 15 万元，改造减压池人饮工程 4 处，解决 5 个村（社区）5253 户 15061 人饮水困难。投入 30 万元，改建桂香村、白岩村村级办公楼 300 平方米。

投资 644 万元，新建巴渝新居 46 户，风貌改造 18 户。投资 40.95 万元，改造农村危旧房 24 户。高山生态扶贫搬迁 11 户 40 人，C、D 级危房改造 24 户。投资 216 万元，整治山坪塘 29 口。投资 113 万元，新建人畜饮水池 13 口，完成饮水工程 1 处，安装铺设供水管 23348 米，解决 105 户 430 人的饮水难问题。推广新型农机 119 台，完成农机技术培训 480 人次。实施土地流转 166 公顷，新发展专业合作社 2 个。投资 80 余万元，完成乡公共服务中心建设，完善樟岭、桂香、广兴 3 个村的便民服务中心扩建。投资 680 万元，修建白岩村、广兴村、金声水库农村公路 11.62 千米。

场镇建设　投入 10 万元，修补场镇道路 40 米，完成 1400 米街道下水管网铺设；投入 0.5 万元，新栽绿化树 640 棵；投入 1.3 万元，购置垃圾箱 60 个；投资 130 万元，新修 2400 平方米金龟石社区休闲文化广场；投资 45 万元，安装路灯 87 盏；投入 110 万元，完成敬老院改扩建工程；投入 30 万元，配套转运车辆 3 吨拉臂车 1 辆；投入 15 万元，新建占地 10 平方米生态公厕 2 个。全年场镇建成区面积 0.01841 平方千米，有金九路、金白路等干道长 2.3 千米，场镇居民 1768 人，城镇化率 16.2%。

【维稳工作】　全年开展安全检查 4284 人次，排查整改各类安全隐患 672 起，查处劝导各类交通违法行为 850 起，查处非法营运 1 起，组织驾乘人员开展安全学习 127 人次。调解处置矛盾纠纷 61 起，调解率 98%。解答法律咨询服务 16 件，提供法律援助办理案件 7 件。全乡无在册邪教人员；在册吸毒人员 37 人，社区戒毒 2 人，社区康复 1 人，吸毒人员管控人员 3 人，实现无脱失吸毒人员；精神障碍患者 69 人，肇事肇祸精神障碍患者管控 1 人，建立“一人一档”，落实管控工作。干部接访下访系统录入案件 359 件，办理群众来信来访 231 件次，其中网上信访代理 121 件次，人民建议 27 件次，及时录入率、及时受理率、按期办结率、群众满意率均 100%，群众参评率 99.44%。

【党建工作】　全乡有党支部 9 个，其中村（社区）党支部 5 个，学校、医院、企业等党支部 4 个。有党员 552 名，其中新发展党员 4 名。

落实管党治党政治责任。将党建工作与经济发展工作同部署落实、同检查考核，先后召开 6 次党委会专题研究党建工作；落实党建“一岗双责”，由 8 名班子成员联系 8 个支部，负责所联系支部党建工作指导，每季度至少到所联系支部上 1 次党课；进一步完善党建工作责任清单，细化工作措施，形成由书记负总责、带头抓，党委委员为主体、具体抓的党建工作格局，推进作风教育、纪律教育、警示教育常态化，切实抓好党员日常教育管理；狠抓意识形态，成立意识形态工作领导小组，主持中心组学习 12 次，安装山头喇叭 168 个，占据宣传阵地，发出党的声音；抓实机关党建，将机关党建纳入考核重要内容，乡人大主席兼任机关支部书记，从严从实开展支部主题党日，班子成员自觉参加组织生活。

认真开展学习宣传贯彻中共十九大精神。在全乡主要路口制作中共十九大精神宣传展架 3 个，利用山头喇叭滚动宣传中共十九大精神；开展以中共十九大精神为主题的“文艺演出”1 场，组织开展学习中共十九大精神培训班和专题宣讲 26 次，通过“支部主题党日”集中学习 32 场次，为行动不便、年老体弱党员送学 275 人次，通过微信、QQ 群为在外流动党员推送辅导资料 312 份，集中组织在家党员参加中共十九大精神集中考试 8 场。

推进“两学一做”学习教育常态化制度化。制定“两学一做”学习教育常态化制度化方案，抓好中共十九大精神、习近平新时代中国特色社会主义思想、市委五届历次全会和县委第十四届历次全会精神学习。对照“两学一做”学习教育常态化制度化要求，查摆存在问题，制定整改措施，从严从实整改落实。落实“支部主题党日”制度，规范开展“支部主题党日”活动，将无职党员评比、党性锻炼等工作创新纳入每月“主题党日”重要内容，在承办的全县后进基层党组织整顿转化推进会中邀请参与人员现场观摩樟岭村“主题党日”活动，得到好评。2017 年，全乡通过支部“主题党日”集中学习 52 场次，专题学习 23 场次。

抓党建促脱贫，大力发展集体经济。选派机关中层干部到贫困村任第一书记，加强对扶贫工作队管理，定期组织党员干部集中学习脱贫政策。引进重庆考乐吉农业公司、重庆昶燚达榨菜有限公司，在全乡大力发展白茶、榨菜产业，在各村建立专业合作社，为企业提供劳动力服务，收取服务费，在帮助农户增收的同时初步破解集体经济空壳化问题。完成 895 名农村实用人才登记造册，各村配备本土人才 4 名，发展致富带头人 6 人，引导返乡人士建立榨菜公司 1 个。

抓基层党组织建设，夯实党建基础。开展无职党员积分管理。设置“政策宣传岗、乡风文明监督岗”等 6 个岗位，按照“党员领岗、支部议岗、公示明岗、组织履岗”原则，为无职党员设岗定责，定期开展评比。落实基层党建任务。持续开展后进基层党组织整顿转化工作，完成桂香村便民服务中心扩建、解决历史遗留问题 6 件；全年慰问困难党员及群众 113 名，为各村（社区）和机关配备党建行业电视 6 台；定期对企业进行走访，完善“非公”党建台账，选派党建指导员做好指导工作。

（孙　梨）

兴峰乡

【概　况】 兴峰乡位于县境北部，幅员面积 29 平方千米，平均海拔 450 米，属亚热带东南季风山地气候，日平均气温 19℃，年降水量 1200 毫米。森林 1238.5 公顷，森林覆盖率 42.7%。

2017 年，全乡辖 4 村、1 个社区居委、32 个村民小组、8 个居民小组，3811 户 11871 人。当年出生 112 人，出生率 9.4‰，死亡 111 人，死亡率 9.3‰；人口自然增长率 0.1‰，出生人口男女性别比 155∶100。

【经济发展】 2017 年，全乡实现生产总值 16740 万元，同比增长 11.8%，固定资产投资 9660 万元，同比增长-12%；辖区内财政收入 145 万元，同比增长 12%；社会消费品零售总额 3060 万元，同比增长 13.6%；农村居民人均可支配收入 12421 元，同比增长 10.0%。

工业经济　规模以上工业企业 1 户（齐声五金加工厂），规模以上工业企业增加值 1794 万元。全年实现工业总产值 18062 万元，同比增长 20.4%；

工业增加值3062万元，同比增长34.5%。

农业经济　全乡常用耕地面积806公顷，农作物总面积1371.7公顷。粮食播种面积1072公顷，粮食产量5533吨。其中，种植水稻379.8公顷，产量2949吨；小麦100.1公顷，产量369吨；玉米69.9公顷，产量427吨；高粱38.1公顷，产量185吨；豆类175.9公顷，产量361吨。油料面积259公顷，油料产量558吨。种植蔬菜203公顷，产量5285吨。水果面积25公顷，水果产量357吨。全年实现农业总产值8157万元，农业增加值5361万元。

2017年，有100头以上养猪大户3户，2000只以上肉兔大户1户，2000只以上蛋禽大户1户，100头以上养羊大户3户。主要畜牧产品中，生猪存栏7829头，出栏11267头；牛存栏286头，出栏113头；羊存栏1118头，出栏1388头；家禽存栏23247只，出栏25978只。

全年新增农村劳动力转移48人，外出务工人员总计3371人，收入15988万元。

民营经济　2017年，全乡新发展民营企业7户，新增个体工商户33户，全乡私营企业78户，个体工商户257户。

【特色产业】　特色效益农业　以特色水果、花椒等种植企业为带动，建成南天门文化旅游景区休闲观光园、耀鸿生态农业观光园、凯城生态花椒种植基地、重庆千瑞农业开发项目400公顷和优质大豆基地200公顷；打造“一村一品”，新引进三元村花椒、中药材种植66.67公顷、太洪生态农业26.67公顷，兴峰社区甘蔗种植2公顷。

生态养殖业　依托兴峰河自然优势，建成6.67公顷流水养鱼场3个，成为带动经济发展的休闲垂钓基地；发展特色养殖业，兴峰社区建成稻蛙种养基地3.33公顷；以草食山羊、阿兴记肉兔、花椒、土鸡等养殖大户为龙头组建专业合作社，全乡有各类特色种（养）殖业专业合作社9个。

现代加工业　重庆齐声五金加工厂投资3000余万元，利用原三元纺织厂闲置厂房和废旧钢材，生产金属产品，全年实现产值6220万元；以忠县特色品牌之一的三元“铧山寿面”为引领，年加工面粉500吨，年产值300万元；澜田液化石油气充装站年充装50余吨，年产值30余万元。

【招商引资】　2017年，新引入项目3个，续建项目1个。兴峰乡三元村中药材及花椒种植基地建设，忠县彭氏生态农业发展有限公司投资440万元，流转土地23.33公顷，建成中药材种植基地3.33公顷；兴峰乡太洪村生态农业开发项目，由忠县太洪山农业开发有限公司在太洪村建设，投资450万元，完成土地流转、基地场坪及部分基础设施建设；兴峰乡稻蛙共生基地建设，由忠县穗源生态农业有限公司在兴峰社区6组建设，到位资金50万元，完成土地流转3.33公顷；兴峰乡三元村花椒种植基地建设，由重庆耀鸿生态农业开发有限公司在三元村6组建设，投资200万元，完成土地流转，清理杂草，整理土地等工作，种植花椒树13.33公顷。

【社会事业】　文教事业　全乡有小学1所，幼儿园3所。有小学教师44人，幼儿教师5人。在校小学生639人，在园幼儿109人。初中适龄人口入学率、小学升初中升学率、九年义务教育覆盖率、小学适龄儿童入学率及巩固率均100%。全乡家庭经济贫困寄宿生生活补助28.4万元。举办兴峰乡2017年春节联欢晚会，观看群众达千余人；利用元旦节、春节、端午节等开展群众文化活动15场次，全年完成送电影下乡63场。

医疗卫生　全乡有中心医院1所，村级合作医疗站8所，从业人员30人。农村医疗参保10703人，参保金额142.09万元，参合率100%；享受门诊补助6441人次11.45万元，住院补助653人次90.33万元。

民政工作　全年发放救灾救济资金21.5万元。

发放最低生活保障金96.6万元（其中城镇低保户8户11人，支出6万元；农村低保户102户251人，支出90.6万元），36人次得到大病医疗救助19.34万元。全乡有特困人员84人（其中，集中供养11人，散居供养73人），发放资金65.5万元。举办残疾人技能培训1期100人。全乡参加城乡居民养老保险8067人、城镇居民基本医疗保险10450人。国家抚恤、补助优抚对象118人86.48万元。

扶贫工作　全乡有三元村、中伏村贫困村2个，贫困人口350户 1233人。完成县下达的建卡贫困户85人的脱贫任务，贫困发生率0.61%。利用扶贫专项资金94万元，扩建硬化三元村六组公路2.75千米，补助三元村、中伏村便民服务中心加层扩建，完善功能室250平方米。春节、端午节、中秋节等给350个建卡贫困户送去慰问金、慰问品共计10万余元。全年有24户89人实现脱贫。

【基础设施建设】　村社建设　投入50万元，完成南天村豌豆田至便民中心2千米村级扩建公路硬化项目；投入40万元，完成中伏村便民服务中心改建工程；投入300万元，安装农村道路防护栏13余千米，完成公路、桥梁、地灾点150套警示标志标牌安装；完成30口山坪塘整治和太洪水库、芋头沟水库排危整治工作，建立水库周边农村生活垃圾、污水和农业面源污染管控机制，保护水环境，助推美丽乡村建设。投资32.4万元，改造农村危旧房18户。投资210万元，整治山坪塘32口。推广新型农机109台，完成农机技术培训300余人次。投资64万元，改造三元村、中伏村便民服务中心加层扩建。投资550万元，修建（续建）三元村、中伏村、太洪村农村公路8.3千米。

场镇建设　投入120万元，完成2000平方米兴峰场休闲广场建设项目；扩建油化四方丘停车场，修建化粪池、公厕各1个；完成场镇人行道改造，增设盲道；新建12米宽滨江路800米，场镇安装高清监控设备30余台、太阳能路灯130盏，改造供水管网7000米。城镇化率6.6%。

【乡村旅游业】　境内有南天村1000余级登山梯道、始建于公元628年的南天门、与梁平双桂堂齐名的雷家庵、忠县解放前第一任县委书记范新畴陵墓、摩天岭、长蛇板、兴峰河等旅游资源。2017年，稳步推进《南天门文化生态旅游景区总体规划》，依托景区内良好的生态资源，重点打造距今1000余年历史的古南天门遗址，重点保护1188级登山梯道和古建筑；依托3千米兴峰河生态休闲垂钓平台，建成133.33公顷优质水果观光园；以“铧山猪蹄”“黑豆鱼”为餐饮特色，提档升级农家餐馆8家，逐步发展集强体健身、赏花品果、休闲垂钓于一体的休闲生态观光旅游产业。

【维稳工作】　全年开展安全检查580余人次，排查整改各类安全隐患300余起，查处食品药品经营违法行为3起，查处劝导各类交通违法行为280余起，组织驾乘人员开展安全学习100余人次。全乡机关干部下访登记314件，调解民事纠纷290起，调解率99%。全年处理各类信访110余件，办结率100%。

【党建工作】　全乡有党支部10个，其中村（社区）党支部5个，医院、企业等党支部3个。有党员466名，其中新发展党4人。

学习传达中共十九大精神。组织全乡党员干部运用“读原文”“谈体会”等形式，学习交流3次，撰写心得体会100余篇；组建20人宣讲队，到辖区村（社区）、企业、学校开展以“新时代新征程、基层党员干部如何行使新使命”为主题的宣讲；利用村级广播、远程教育平台、QQ微信群等载体拓展学习渠道，全乡党员干部通过网络自主学习100余人次。推进“两学一做”学习教育常态化制度化。采取集中学习研讨与自学相结合，各党支部组织党员集中学习82余次，党员干部上党课51场次。针对外出、行动不便党员，采取邮寄资料、微信、送学上门等方式，实现学习教育全覆盖。将支部“主题党日”活动与“两学一做”学习教育活动相结合，使其成为党员政治学习的阵地、思想交流的平台、党性锻炼的熔炉。

深化党建促脱贫。选派专职副书记和组织委员为三元村、中伏村2个贫困村的党建指导员，加强党建工作指导，助推精准扶贫。三元、中伏、南天告别“空壳村”，村集体经济收入均5000元以上。开展无职党员设岗定责活动，把村里工作、公共事务等设12种不同岗位，由全乡283名无职党员认岗履责，为农村党建注入“新活力”。

加强基层组织建设。开展党员组织关系、党代表和党员违法违纪、党费收缴使用、非公企业和社会组织“两个覆盖”、人才普查等多项基层党建重点任务的排查清理。选派乡领导班子成员担任各基层党组织及非公经济组织党建指导员，坚持每月到各基层党组织及企业进行党建工作指导。严厉查处“村霸”“蝇贪”和侵害群众利益问题。选派党委书记担任后进基层党组织南天村党支部“第一书记”，通过发展村集体经济、强化基础设施建设等，让后进党组织得到转化，群众满意率98%。投资70万元，对中伏、三元2个贫困村便民服务中心改造升级，完成两级服务中心标准化建设。加大群工系统宣传使用，全年收到反映事项172件，办结率100%，满意率99%。

完善党管人才工作机制，抓好人才队伍建设。乡党委把人才工作纳入各村（社区）干部综合目标考核体系，并作为干部述职评议重要内容。鼓励和支持农村实用人才牵头建立专业合作社4个、专业技术协会1个，对35名致富带头人、科技带头人、经营带头人进行培训。对外宣传乡域经济情况及企业发展优惠政策，吸引46人返乡创业。

（周　娅）

人　物

敬业奉献“重庆好人”马刘洋

马刘洋，男，共产党员，35 岁，重庆猪太郎农业股份合作社理事长。2010 年，马刘洋组建重庆猪太郎农业股份合作社，截至 2017 年底，合作社共计培训 2000 余人次，实现销售产值 1000 余万元，社员户均增收 5800 元，先后指导建设规模化养殖场 12 个，扶持 200 多个小老板养殖创业，带动 800 余名人员就业。2011 年被忠县人民政府评为“全民创业典型代表”；2012 年被重庆市人民政府评为“重庆市劳动模范”；2013 年当选“中国工会第十六次全国代表大会”代表，是忠县建县以来第一个出席全国工代会的忠州人；2014 年获得农业部、共青团等九部委共同授予的“全国农村青年致富带头人”称号；2015 年荣获农业部“全国十佳农民”称号。所带领的合作社因示范作用明显，带领社员增产增收，先后被评为“重庆市农民专业合作社示范社”、“全国农民专业合作社示范社”；2016 年猪太郎系列产品在全国展销会上获得银奖。2017 年荣登第 55 期“重庆好人榜”，获评敬业奉献“重庆好人”。

见义勇为“重庆好人”谢术文、崔怀飞、申忠

谢术文，男，共产党员，41 岁，重庆市忠县新立镇人，四川省峨眉山市佛光医院工作。

崔怀飞，男，共产党员，23 岁，重庆市忠县新立镇人，安徽省怀远县文贤学堂国学教师。

2017 年 1 月 27 日（农历大年三十），忠县新立镇文笔社区一辆长安 SUV 小车不慎冲入山坪塘倒扣在水中。解放军退役军人谢术文正好驾车路过，随即停车带领家人崔怀飞等人，40 多分钟内先后 4 次潜入冰冷刺骨的水潭中，救出两人。他们的事迹被《重庆日报》、新华网、中国青年网等多家媒体报道。2017 年 3 月，谢术文、崔怀飞被忠县人民政府授予“忠县见义勇为先进分子”称号。2017 年荣登第 58 期“重庆好人榜”，获评见义勇为“重庆好人”。

申忠，男，共产党员，54 岁，忠县忠州街道中博社区御府豪庭小区 4 号楼楼长。2017 年 7 月 12 日，申忠回家时发现邻居家着火了，隆烟滚滚，他不假思索冲了进去，厨房内燃得通红，79 岁的万书文老人倒在门口，身上的衣服被全部烧光。申忠来不及多想，他赶紧拉紧万书文的手，使劲将其拽出门外。救出万书文后，申忠立即返回屋中，抱起躺在卧室无法动弹的万书文老伴儿，然后叫出吓呆在客厅的万书文儿子。在短短 3 分钟内先后救出 3 人，谱写了一曲可歌可泣的生命赞歌。申忠被忠州街道中博社区评为 2016 年度“优秀共产党员”。2017 年荣登第 62 期“重庆好人榜”，获评见义勇为“重庆好人”。

孝老爱亲“重庆好人”李小琼、雷先碧

李小琼，女，47岁，忠县任家镇老鹳村8社村民。24年来，李小琼用孝心和爱心守护一位毫无血缘关系的五保老人任顺远，只为兑现公公任顺山弥留之际的那一句嘱托“你一定要将他照顾好，他无儿无女，你要像对待我一样对待他”。她用时间和精力抒写了孝老爱亲的传统美德，彰显了孝老、敬老、爱老的人间大爱。2016年，获评忠县任家镇2016年度“仁义任家人”。2017年荣登第60期“重庆好人榜”，获评见义勇为孝老爱亲“重庆好人”。

雷先碧，女，48岁，忠县双桂镇仁和村11社村民。雷先碧不惧闲言碎语，19年如一日照顾瘫痪夫兄，坚持每天给大哥洗脸刷牙，端屎端尿。2016年5月，雷先碧因肾病切除一个肾，但她仍然坚持照顾大哥。雷先碧说：既然选择照顾大哥，我就会坚持下去，尽管没有过去那样有力气背大哥上下楼，但帮他煮饭、洗衣、送饭、递水是没问题的。雷先碧，一个基层普通的妇女，但他坚强、乐观，用爱筑起一个温馨和睦的家，用爱感染着每一个人。2016年，获评忠县双桂镇“最美乡贤”荣誉称号。2017年10月11日，重庆日报农村版刊登雷先碧先进事迹。2017年荣登第65期“重庆好人榜”，获评孝老爱亲“重庆好人”。

助人为乐“重庆好人”王宗兰

王宗兰，女，70岁，忠县忠州街道十字街社区居民。王宗兰家大儿子患癫痫病，小儿子为一级语言残疾，2013年丈夫过世，66岁的王宗兰不畏生活重负，独自扛起家庭重担。凭借理发的手艺在社区经营一家小理发店。她发现社区有10余名行动不便、生活困难的残疾人理发极不方便，便每月主动上门为他们免费理发，寒来暑往，一干就是5年。热情乐观的她，即使身患重病也不忘帮助邻里，2013年，她还签署遗体捐赠协议，决定尽自己最后一点力量帮助别人。王宗兰被忠州街道评为2014年度“忠州好人”、2015年度“五好家庭”。2016年7月，华龙网以《夫妻约定捐献遗体，她要像丈夫那样兑现诺言》为题报道王宗兰与丈夫约定捐献遗体的事迹。2017年荣登第61期“重庆好人榜”，获评助人为乐“重庆好人”。

艺 文

传承和弘扬“忠文化”

县国税局 王朝清

忠州，由唐太宗赐名，是我国唯一以“忠”命名的州县，积淀了千余年的“忠文化”。忠县是“忠文化”的故里，是“忠文化”的主要发祥地之一，经过一代代忠县人不断地传承和弘扬，时至今日，已诠释为以“忠于党、忠于祖国、忠于人民、忠于事业、忠于法治”为核心的新时代“忠文化”精神，包含浩然正气、义薄云天的忠义气节；勇往直前、开拓创新的忠勇精神；信念坚定、赤胆忠心的忠诚品格；孝老爱幼、和谐相处的忠孝德行；守信践诺、殚精竭力的忠信品质五大内涵，她与社会主义核心价值观一脉相承。

公元前400年，巴蔓子刎首留城，体现了对巴国的忠；三国时，严颜宁做“断头将军，不做投降将军”，反映出对信念的忠；贞观八年，唐太宗感怀巴蔓子、严颜“底边巴徼、意怀忠信”，钦赐临江为忠州，民国二年改忠州为忠县至今；“唐代四贤”陆贽、李吉甫、白居易、刘晏曾为官忠州，践行忠义；千里勤王的明朝女将秦良玉一家八将精忠报国，满门忠烈。近代，又涌现出金少穆、吴毅等一批忠于信仰的革命先驱；面对各种酷刑和诱惑矢志不渝、永不叛党的《红岩》作者罗广斌。当代，“忠文化”薪火相传、丰富发展，出现了舍小家为大家，忠心为国的移民精神；创新了独立不迁、忠心专一的柑橘文化；还有用人间大爱谱写忠厚仁义之歌的普通农民黄永明，全国敬老模范李淑娥，“缺钱不缺德”的棒棒郑定祥，最美孝心少年吴林香，百善孝为先的邓雪凤，背父打工的孝女陈玉洁等。忠县为何辈出忠臣良将，辈出道德模范，辈出英才贤官？这都与源远流长的“忠文化”有关。“忠文化”是巴渝文化中最有特色、最具价值的文化之一，也是忠县人、重庆人的骄傲。

“忠文化”，是中华民族历史文化的重要组成部分。“忠孝仁义礼智信”是儒家思想的精髓，是孔孟之道的核心，也是社会主义核心价值观的根基。其中，七个字中忠字排第一。在漫长的历史长河里，忠字就像人的一条主动脉，使中华民族生生不息。国家民族需要忠义，社会发展需要忠义，经济建设同样需要忠义。纵观“忠文化”的开启、形成、发展进程，最大特征就是始终以“忠”为核心，经历了从“忠烈忠勇—忠信忠义—忠厚忠诚”的过程。从政治属性上看，就是忠于民族团结、忠于国家统一；从社会属性看，就是忠诚守信、忠于人民；从个体属性看，就是忠于事业、忠勇勤劳。就忠县人而言，“忠文化”精神已融入到人的道德伦理中，事事都强调一个忠字，以忠为荣。

“忠文化”起源于古代，代表着当时的先进文化，但随着社会生产力的不断解放，文化也需要得到相应解放，与时俱进弘扬“忠文化”，赋予“忠文化”新的时代内涵显得尤为必要和紧迫。一要本着扬弃的态度，克服盲忠、愚忠，自卑、自闭等消极影响，在推进经济社会又好又快发展中促使“忠文化”得以科学发展。二要本着创新的态度，坚持开拓、开放、开明的原则，与时俱进地弘扬“忠文化”，在广阔的历史舞台中使“忠文化”更具时代气息，彰显一种鲜活的时代精神。三要本着融合的态度，积极冲破狭义的地域范畴，将“忠文化”与外界优秀文化相融合，使已经形成的“忠勇诚信、求实创新”的新时代忠县精神，不断与时俱进，增添新的时代特色。

楼上楼下

忠州街道鸣玉溪社区居委会　郎安红

老王、老李是邻居，他们同住一栋楼，老王住楼上，老李住楼下。

老王的老伴儿去世多年，儿子在外地工作，平时很少回家，只有春节才回家探望老父亲，老王可真算得上是“空巢老人”了。

老李与老伴儿相依为命，儿子在外打工，将一双儿女留给父母照看。

常言道，远亲不如近邻。老王、老李关系可好了。平时，老王喜欢钓鱼，经常将钓到的鱼送给老李。老王对老李说：“你家有小孩，小孩要多吃鱼。”每次做鱼，老李也总是叮嘱老伴儿：“老王一个人，可别忘了给他盛一碗去。”

老李喜欢下象棋，老王就隔三差五地陪他下几盘。老王还经常帮老李到学校接孩子，用自己的退休金给孩子买东西。

大家都说，老王、老李就像一对亲兄弟。

然而，最近几天，老王、老李却行同陌路，见面连招呼也不打，往日那股亲热劲烟消云散。到底为了啥？这还得从旧城棚户区改造说起。

二三千米是老城区，房屋大多修建于七八十年代，道路狭窄、交通拥堵，没有广场、没有绿化，设施简陋，污水直排，旧城改造是老百姓多年的梦想。

去年4月，二三千米棚户区改造项目启动，眼看自己的家园旧貌换新颜，大伙心里可高兴了。老王、老李所居住的楼院也被纳入第一批棚户区改造。

入户调查、房屋测绘、产权评估……大家积极配合，棚改工作有条不紊地进行，二三千米棚户区改造一片热火朝天。然而，随着工作不断推进，各类问题相继而出：阳台、梯间、加层等。原本和谐的邻里开始争执吵闹，有些相处几十年的老邻居，为了不到一平方米的面积争得面红耳赤，有的甚至反目为仇。

老王、老李所住的楼院矛盾也浮出水面。为了楼梯间的公摊面积，楼上楼下的住户发生争执，大家分别站在自己的立场互不相让，老王、老李也被卷入其中。

签约选房的前一晚，老王失眠了。他想起那件让他感动一辈子的事：那是一个寒冷的夜晚，老王急性阑尾炎发作，疼得直冒冷汗。夜深人静，儿子没在身边，怎么办？老王想到了楼下的老李，给他打去求助电话。老李夫妇顶着凛冽的寒风将老王送进医院，医生告诉老王：“幸亏送得及时，不然就出大事了。”

老王手术后住院一个星期，他没有告诉在外地工作的儿子。楼下的老李主动承担起照顾老王的重任，那一个星期，老李给老王擦身子，给他熬粥煲汤，扶他上厕所。出院后，老王硬要给老李付工资，老李说：“楼上楼下，相互关照，举手之劳，我哪能要你的钱呢？”老李的一席话感动得老王泪流满面，泣不成声。

往事在眼前浮现，想想自己为了几平方米的公摊面积，居然对老李不理不睬。老王不停地敲打自己的脑袋：“怎么越老越糊涂，真是不该呀！不该呀！”

此时此刻，楼下的老李更是辗转反侧，无法入睡。他想起老王给他家送鱼时的笑脸，想起老王牵着孙子上学的背影，想起老王陪他下象棋的情景……一幕幕往事历历在目。如今，棚改工作到了最关键时刻，自己作为一名楼院长，不但没有带头做好工作，反而斤斤计较。如果为了自己的一点小利益，影响棚改工作进度，岂不是误了大事？

天刚蒙蒙亮，老王、老李早早地起了床，站在楼院的空坝里。老李的小话筒响了：“同志们，起床了，大家赶紧排队签约选房了！”老王则跑上跑下，一家一家地敲门，帮着老李通知大家。

初冬的清晨，薄雾像一帘轻纱笼罩着整个县城，棚户区改造征收拆迁办公室外人山人海，大家排起长长的队伍，兴高采烈地签约选房，老王老李也在长长的队伍之中。

选房结束后，老王、老李都没有离开，站在选房公示栏前，他们在寻找彼此的名字。老王发现15楼写着老李的名字，老李发现16楼写着老王的名字。

不约而同，老王说：“我还是楼上！”老李说：“我还是楼下！”老王、老李相视而笑，那是发自内心最真诚、最欣慰的笑。

楼上楼下，亲如一家！

有一种乡愁叫“忠县”

忠县籍在外人士　李春玲

“小时候/乡愁是一枚小小的邮票/我在这头/母亲在那头；长大后/乡愁是一张窄窄的船票/我在这头/新娘在那头……”套用中国台湾诗人余光中这首脍炙人口的短诗《乡愁》，我也涂鸦了一句：小时候/乡愁是一封封或厚或薄的家书/我在这头/忠县在那头。

5岁离乡，一别38年是什么概念？我的亲身体验是对家乡的山山水水、村村寨寨记忆太稀薄。38年来，我多是以“祖籍”之名向他人介绍自己与忠县的关系。不是忘本，是心虚，心虚自己对家乡所知太少。幸运的是，我对家乡的亲人们并不陌生，这要感谢在没有网络、手机甚至家庭固定电话都算奢侈的年代里，父母一直与家乡的多位亲戚书信往来频繁。一封封或厚或薄、我们兄妹也可共阅的家书，让忠县的亲人在我心中扎了根。

第一封印象深刻的家书是1979年下半年，即我们全家离开忠县定居武汉不久寄达的，随信而至的是一个晴天霹雳的噩耗：我的嘎嘎（外婆）去世了。当时父亲出差在外，33岁的母亲捧着信哭了一天一夜。所以记忆深刻，是因为看着妈妈哭我也使劲哭，虽然5岁的年纪还不明白“死”“去世”意味着什么。

成长记忆里，一个个中午或傍晚，父亲提着公文包下班回家，进门后的第一件事是冲着正在厨房忙碌的母亲宣布：谁谁今天来信了。“谁谁”肯定是忠县的亲人。有时，母亲会主动问：“老家没人来信吗？”父亲则会戏谑般答复：“谁给你写信呀？”看得出，父母都盼望、珍视那封封盖着“四川忠县”，之后是“重庆忠县”邮戳的家书。盘点一下家书中的亲人们。

李启玉，父亲唯一的弟弟，我叫幺叔，一生在家务农，并多年担任村主任一职。透过幺叔的信，能看到20世纪80年代至21世纪初（手机普及后，家书渐成历史名词），忠县三汇镇原榜上村的发展变迁：1980年前后，村中通电了，煤油灯时代终于结束；农村推行家庭联产承包责任制，农民告别了吃不饱及靠红薯充饥的年代；农民能吃饱，但手里没钱，村里青壮年开始涌向沿海发达地区打工……当然还有家庭私事，最重大的一桩是1987年，幺叔在有了女儿后，堂弟终于出生了……此次回乡，见到了素未谋面的堂弟李刚，并不觉得陌生，因为每年幺叔都会随信寄来一张全家合影，堂弟就在合影中一年年长大。

李淑兰、吴玉和，父亲唯一的妹妹、妹夫，我的幺姑、幺姑爷。幺姑未上过学，家书由幺姑爷执笔。长兄如父，说的就是8岁丧父、14岁丧母之后，父亲在兄妹三人中承担的角色。对幺叔，父亲像“严父”；对乖巧伶俐，从未进过学堂的幺姑，父亲则充满了怜爱，是个不折不扣的“慈父”。2002年，幺姑的二女儿高中住校后，父亲终于圆了一个多年的梦想：将半生在农村操劳的幺姑，接到身边，接到大城市生活了大半年。

与父亲不同，母亲兄弟姐妹众多，5 子 6 女的家庭在当地也算首屈一指的大家族，而家书中令我印象深刻的亲人有五舅、六舅、四姨、四姨爹，幺姨、幺姨爹……太多了，数不过来！

幼小离家，38 载还乡。2017 年，我度过了一个终生难忘的春节假期。6 天时间虽短，亲人间的骨肉深情却炙热、澎湃，令人感动。还有，家乡的饭菜太好吃了，美食之乡名不虚传。

放下亲情，谈谈对忠县的感受吧。感谢这个时代，38 年时间，家乡发生了翻天覆地的变化。如今，长江边的忠州古城交通发达、高楼林立，更难得的是洁净卫生、绿树成荫，正在努力创建全国文明城市。据说，高唱过“滚滚长江东逝水”的著名歌唱家杨洪基游览完忠县后点评：不像小县城，像个大都市！回到老家——三汇镇原榜上村，父亲青少年时每周末从学校出发，跋涉七八个小时山路才能抵家的岁月一去不复返，条条盘山公路修到了大山深处。村里修起了居民点，村民们过上楼上楼下、自来水电话的幸福生活。

38 年后，终于可以自信满满地喊一声：我是重庆忠县人！忠县不再是 5 岁前朦胧虚幻的记忆，不再是承载在家书里的乡愁，忠县是我刚刚用脚丈量过的美丽故乡，是我众多可亲可爱的亲人们生活的地方。

忠县，我还会再来的！

沁园春　峰烟三国

四川省蓬溪县　曾来德

国家一级美术师，中国国家画院副院长、书法篆刻院执行院长、院艺委会委员，中国书法家协会理事、教育委员会主任，北京大学客座教授，世界华商书画院院长

三国鼎立，群雄割据，汉时江山。观蜀僻西川，魏霸中原，吴据江东，您死我删。桃园结义，草船借箭，火烧赤壁谁胜负。貂婵误，三英战吕布，假哭皇叔。

诸葛孔明神算，克周郎，气绝吐血处。云长偃月刀，劈人无数，长坂坡上，子龙神武，张飞勇猛，三计不输。烽烟三国看忠州。重演义，历史总回顾，我在何处。

沁园春　石宝寨

四川省蓬溪县　曾来德

万古沧桑，长江奇观，宝寨耸立。望江水东逝，云回浪拍，悬崖绝壁，层楼拔地。柏翠松青，怪石嶙峋，满眼湖光尽诗意。览河山，一桥飞跨去，横空天际。

巴蔓子英雄气，身首离，女将秦良玉。汉阙如神护，佛道相依，古今信徒，弃舟涉江。仰视俯伏，步履天梯，忠诚与信仰交集。问天地，观江水沉浮，朝来夕去。

悠悠仙境巴子台

县农委　成守敏

你从天上来
耸立高山巅

薄雾缭绕松竹裁
峰峦叠翠摘云彩

你从天上来
疑似迷中探
声声歌吟影自开
风光旖旎扬四海

啊，美丽的巴子台
断壁残垣今犹在
悠悠古代屯兵地
铁马冰河忠不改

哟，神奇的巴子台
喋血沙场史记载
一州忠义九州魂
留取丹心千万代

小草吟

花桥镇石鼓村居民　严冬

扎根山野长相守，
僻壤荒坡孕绿洲。
叠翠云雾染芳菲，
卑微缈迹独自留。
花开花落经风雨，
月圆月缺无所求。
光阴荏苒伴枯荣，
沧桑尘世度春秋。

文　献

中共忠县县委
忠县人民政府
关于大力发展特色工业的决定

（2017 年 5 月 10 日中国共产党忠县第十四届委员会第三次全体会议通过）

为深入贯彻落实县第十四次党代会精神，构建医药、锂电、装备制造、资源加工四大产业集群，助推县域经济快速健康发展，现结合我县实际，作出如下决定。

一、深刻认识大力发展特色工业的重要意义

工业在国民经济中占主导地位，是经济增长的主导力量、财政增收的重要来源、增加就业的主要渠道。近年来，我县工业经济发展虽然取得较大进步，但仍处于工业化的初级阶段，存在着量小质弱、创新能力较低、发展后劲不足等突出问题。随着欧美发达国家“再工业化”进程的加快和新兴经济体资源要素低成本优势的凸显，对全国、全市乃至忠县工业发展影响深远，加之，当前国内外经济环境错综复杂，消费需求不足，要素成本攀升，部分行业产能过剩，工业发展面临新的更大挑战。因此，全县上下务必要深刻认识大力发展特色工业的重大意义，切实增强发展特色工业的责任感和紧迫感，主动对接国家战略，抢抓发展机遇，锁定奋斗目标，以更大的决心、更实的举措，推动全县工业经济特色、集群发展。

二、大力发展特色工业的总体要求

（一）指导思想

今后一个时期，要深入贯彻习近平总书记系列重要讲话精神和视察重庆重要讲话精神，全面落实五大发展理念，坚持特色发展、集群发展，以增量提质为主线，以产业集群为方向，以对外开放为引领，以工业项目为抓手，着力扩大增量、盘活存量，着力挖掘潜力、培育动力，着力创新机制、优化服务，推动特色工业经济上规模、上水平、有质量、有效益。

（二）基本原则

——坚持集群发展。充分发挥集群效应，推进项目集中布局、产业加快集聚、资源集约利用、功能集合构建，不断拓展产业链条，促进产业集聚，提升产业能级，努力打造特色鲜明、竞争力强、比较优势突出、链条完整、集聚度高的特色产业集群。

——坚持开放发展。主动融入国家“一带一路”和“长江经济带”战略，积极构建开放平台，努力优化发展环境，大力引资引智引技引才，促进产业优化升级和企业做强做大，提升特色工业发展水平。

——坚持创新驱动。以科技创新为核心，鼓励引导企业提高自主创新能力，大力推进开放协同式创新，培育更多高新技术企业和创新型企业，增强特色工业核心竞争力。

——坚持绿色环保。进一步调整优化工业结构，淘汰落后产能，强化节能减排，大力发展循环经济，努力构建投入低、消耗少、产出高、效益好的资源节约型、环境友好型特色工业体系，推动工业经济可持续发展。

——坚持产城融合。以产业为支撑，以产兴城、以城聚产、产城联动、融合发展，促进产业布局、城镇体系、人口集聚、公共服务、基础设施建设和资源环境承载力有机统一，努力形成工业发展合理集聚和新区建设布局优化的互动融合格局。

（三）奋斗目标

——工业规模明显扩大。通过内生外引，盘活存量、扩大增量等多种举措，迅速做大总量。到2021年，工业总产值突破700亿元，工业增加值突破200亿元，规上工业企业达到160户。

——产业集群效应明显体现。推动资源要素向园区集中，引导产业加快集聚，补齐拉长产业链条，形成优势突出、特色鲜明的产业新形态。到2021年，乌杨新区建成面积达到16平方千米，工业集中度达到80%以上，医药、锂电、装备制造、资源加工四大产业集中度达到70%以上。

——科技创新能力明显增强。把技术创新摆在推动特色工业发展的核心位置，加快实施创新驱动发展战略。到2021年，工业企业研发投入达到3亿元以上；新培育国家高新技术企业10户以上、新增高新技术产品60个以上。

——质量效益明显提高。以提高经济发展质量和效益为中心，推动产业由中低端向中高端加快转化。到2021年，工业增加值率提高3个百分点以上，工业占GDP比重达到40%以上；工业年实现税收达到15亿元以上，新增就业岗位2万个以上。

三、大力发展特色工业的路径抉择

（一）加快发展医药产业集群。按照“扶持龙头、盘大存量，招商拓链、扩大增量”的思路，围绕打造渝东北最大医药制造基地目标，扩大原料药生产规模，引进国内知名制剂药生产企业，尽快实现与原料药协同发展。充分利用本地中药材资源优势，拓展中成药生产品种，形成中药饮片、中药提取物、丸剂、胶囊剂等系列中成药产业链。创新利用植物提取专利技术，开发系列绿色健康保健产品。顺应大健康产业发展趋势，加强与研发机构、高校院所和生产企业合作，积极引进医疗器械、康复器械和医用耗材等生产项目。到2021年，医药产业产值达到100亿元。

（二）加快发展锂电产业集群。依托我县优质石灰石资源，做大做强前端矿石加工企业，为锂电产业持续发展提供可靠原料保障。加快建设年产10万吨锂电正极材料项目，紧跟市场需求，逐年扩能增量。积极引进电池隔膜、电池电芯制造和PACK封装等企业，不断拓展消费电池、动力电池等储能产品，拓宽锂电下游终端应用。以锂电材料为支撑，通过上下游纵向延伸和关联企业横向整合，着力构建从矿石开采—锂电材料加工—锂电终端应用的完整产业链。到2021年，锂电产业产值达到200亿元。

（三）加快发展装备制造产业集群。改造提升水轮机、船舶等传统制造业，鼓励现有企业采用新技术，研发新产品，拓展新领域，提升竞争力。积极争取纯电动商用车和乘用车整车生产资质，加强与市内外汽车生产企业合资合作，以整车制造企业为龙头，带动相关零部件加工企业入驻，做大做强新能源汽车产业。策划引进高端数控机床、机器人、无人机、传感器等智能装备制造企业，进一步壮大装备制造产业。到2021年，装备制造产业产值达到120亿元。

（四）加快发展资源加工产业集群。大力发展橙汁加工，不断健全完善冷链物流和线上线下销售体系，扩大产品辐射半径，着力打造“忠州橙汁”区域性公共品牌；扶持壮大笋竹、生猪、甘薯等特色农产品加工企业，实现一二三产业融合发展；启动建设石材加工产业基地，为临港新城提供重要产业支撑。到2021年，资源加工业完成产值100亿元以上。

（五）统筹推进新兴产业协同发展。紧密对接国家产业政策，大力引进高新技术产业项目，积极培育新能源、新材料、智能终端、节能环保、物联网等战略性新兴产业，不断拓展工业发展新领域。坚持工业项目进园区发展，除极个别就地取材、农产品初加工等符合当地实际的工业项目外，乡镇原则上不再布局工业项目。

四、大力发展特色工业的主要措施

（一）加强骨干企业培育。按照“抓大壮小扶微”工作思路，深入实施“四大工程”，梯度培育骨干企业。实施旗舰型企业培育工程，在四大特色产业中分别遴选1–2户品牌知名度和科技含量高、经济效益好、核心竞争力强的骨干企业，通过产业扶持和政策倾斜，促其尽快成为辐射带动能力强、财政贡献大、吸纳就业人员多、产值规模上50亿元的行业“领头羊”。实施成长型企业培育工程，对国家认定的高新技术企业、市级授予的“专精特新”企业、相关部门认定的科技型企业和连续三年年均增长率达到50%以上的高成长性企业，给予必要的产业资金扶持和人力资源帮扶，促其尽快成长为产值规模上10亿元的行业支柱企业。实施规上企业倍增工程，继续实施“个转企”“微转小”扶持政策，对新纳入联网直报的规模以上工业企业给予一次性奖励，鼓励企业升规入库。实施“大众创业、万众创新”工程，以创业带动就业的思路，构建创新创业支撑平台，激励更多外出务工返乡人员创业兴业，着力增大县域企业总量和可持续发展后劲。力争到2021年，培育产值规模上50亿元级旗舰型企业3户以上、产值规模上10亿元级成长型企业10户以上，规上工业企业总量达到160户。

（二）加大招商引资力度。将招商引资作为助推县域经济加快发展的“生命线”和“一号工程”，坚持“一把手”亲自抓招商、亲自抓协调、亲自抓督办，切实把工作任务扛在肩上、抓在手上。大胆探索创新专业化、精准化、集群化招商引资新模式，建立专业招商组、部门、乡镇（街道）“三位一体”的联动招商机制，形成反应灵敏、信息通畅、相互协作、同台竞技的良好工作格局。进一步明晰招商引资工作方向，充分发挥专业招商组作用，重点围绕完善四大特色产业链条大招商、招大商，运用忠县籍在外成功人士或企业家人脉优势，广泛捕捉招商信息，精准对接招商项目，加强项目洽谈签约和全程服务管理，着力实现招商项目引进单位、项目建设单位、行业主管部门无缝对接，切实提高招商引资工作时效。积极营造招商引资浓厚氛围，健全完善招商引资优惠政策，整合政策措施，优化兑现落实程序，快速推进落地项目建设，实现引进来、能落地、速达产、快见效。到2021年，力争引进5000万元以上工业项目60个以上，开工建设50个以上，累计完成工业投资300亿元以上。

（三）加快乌杨新区建设。坚持“统筹规划、产城融合”并行推进产业发展和城市建设，科学合理规划布局城市新区和工业园区功能分区，充分发挥规划引领作用。完善落实征地拆迁政策，明晰职能职责，强力推进乌杨新区征地拆迁工作，提高工业用地供应能力。快速推进园区场平、道路、管网、绿化、公用码头、集中污水处理等基础设施建设。明确入园项目投资强度，严格准入条件，加强项目规划评审，切实提高园区土地集约利用率。加快园区标准厂房建设，采取企业自建、厂房租赁等多种方式，确保入园企业尽快建成达产；积极探索“长期租赁、先租后让、租让结合”供地方式，切实减轻企业投资压力。完善乌杨新区教育、医疗、商业等公共服务功能，着力实现园区与城镇、产业与人口相融互动，科学发展。到2021年，建成乌杨新区16平方千米，其中工业区12平方千米、城镇功能配套区4平方千米。

（四）加快技术创新步伐。坚持企业主体与政府引导相结合的原则，鼓励企业建立研发准备金制度，加大研发投入，加强技术攻关，加速成果转化，提高关键环节和重点领域的科技创新能力。支持企业通过自建、并购、联合高等院校、科研院所或整合企业研发设施设备等方式创建企业技术中心。大力支持行业领军企业推广应用先进模式，建立健全质量管理体系、标准化体系、计量检测体系和质量诚信体系，成立产业技术创新联盟，协同推进技术创新。鼓励企业研发新产品，政府采购优先采购本地企业重大新产品，特别是首台（套）产品。按照“提品质、创品牌”工作思路，大力弘扬“工匠精神”，加强产品质量建设，创建自主知识产权品牌，提升忠县产品知名度，扩大忠县制造影响力。力争到2021年，创建国家级企业技术中心2个以上、市级企业技术中心10个以上；新创中国驰名商标1件、国家地理标志保护产品2个、重庆市市长质量管理提名奖1个、重庆著名商标15件、重庆名牌（知名）产品20个。

（五）改造提升传统产业。坚持将技术改造作为传统产业提档升级的重要抓手，加快推进新技术、新工艺、新设备、新材料、新模式在现有企业中的推广运用。大力实施装备制造、农副产品加工、建材等传统产业技术改造专项行动，制定落实技术改造扶持政策，鼓励企业实施技术改造，全面提升设计、制造、工艺、管理水平，着力推进产业结构、产品结构、技术结构、组织结构等优化调整，切实提高劳动生产率和优质品率。加强信息基础设施建设，深入开展“互联网+”工业行动，着力推动工业化和信息化融合发展，以信息化促进工业化，实现设计数字化、产品智能化、制造智慧化、管理网络化和商务电子化。

（六）推进供给侧结构性改革。鼓励企业通过压减产能、转型转产等途径化解过剩产能，严防关闭煤炭、烟花爆竹等高危生产企业死灰复燃。通过兼并重组、破产关闭等方式，分类处置僵尸企业和空壳公司，盘活闲置资产。加大落后产能淘汰力度，严格执行国家产业结构调整指导目录，采取综合措施，促使落后产能退出。严把项目准入门槛，严禁新增落后产能；大力发展循环经济，推动工业可持续发展。到2018年，全面完成工业去产能及现有僵尸企业和空壳公司的处置任务；到2021年，万元工业增加值能耗累计下降20%，工业固废综合利用率达94%以上。

（七）优化企业发展环境。牢固树立“把企业家当家人、把企业事当家事”服务理念，着力优化项目建设和企业发展环境。坚持首问责任制、并联审批制、项目秘书制、服务承诺制、限时办结制等五项制度，从根本上解决审批效能不高的问题。继续坚持和完善“四个一”服务机制，建立精准对接、专人负责、责任捆绑、高效运行的服务体系，全力畅通企业发展“绿色通道”，确保重大项目落得下、建得快、发展好。大胆推行政府扶持中介、中介服务企业新模式，加快推进企业社会化服务体系建设。严格规范涉企检查和中介服务收费，切实维护企业合法权益。持续开展干部作风专项整治行动，解放思想，打破禁锢，创新开拓，切实提高贯彻落实县委、县政府决策部署执行力。充分发挥媒体宣传教育引导作用，着力营造全县上下关心支持特色工业发展的浓厚氛围。

五、大力发展特色工业的保障体系

（一）整合各类政策资源。全面落实西部大开发、三峡后续扶持和重庆市“创新45条”“涉企30条”“电气15条”等政策，按照非禁即准的原则，为发展特色工业提供全方位的政策支持。加大财政扶持力度，帮助指导企业申报争取中央及市级产业发展专项资金。整合县内产业资金，建立不少于10亿元的产业发展资金保障特色产业发展。制定出台支持特色工业发展具体政策，从项目引进、土地供应、企业扶持、科技创新等方面给予大力扶持。每年安排不少于200万元工作经费，专项用于工业项目前期动态策划、落地在建项目跟踪对接、投产企业持续服务。对重大项目和重点企业构建“绿色通道”，按照“一事一议”“特事特办”原则，在优先保障工业用地及用地价格等方面给予重点倾斜。坚持土地出让金“收支两条线”原则，对土地出让综合价款与实缴土地摘牌价差额部分，通过流程优化，实行即缴即补，切实减轻企业资金投入压力，加快项目建设进度。

（二）加大金融支持力度。加大乌杨新区建设投融资力度，积极争取各类支持园区建设的专项资金，充分发挥通瑞、通旭公司等融资平台作用，创新园区投融资模式，保障园区建设资金需求。引导符合条件的企业积极争取产业引导股权投资基金，支持企业与种子基金、风险投资基金合作，解决企业初创资金难题。常态化开展银政企对接活动，深化银政企三方合作。降低“助保贷”准入门槛，优化操作流程，强力推进“助保贷”扩容增量。统筹安排不少于500万元资金参与市级中小微企业应急转贷周转资金平台，缓解企业冲贷压力。鼓励企业上市融资，引导金融机构开展股权质押贷款，推广应收账款质押、仓单质押、供应链融资、票据融资等贷款品种，发展信托融资、融资租赁和特色理财产品。认真落实小微企业贷款风险补偿暂行办法，加快完善信用担保体系建设，加大工业融资担保力度，增强金融机构放贷信心，确保企业融资迅捷高效。加大非法集资打击力度，加快企业信用体系建设，着力构建良好金融生态环境。

（三）加强人才队伍建设。坚持招商引资和招才引智相结合，建立开放灵活的人才引进、培育、激励机制，鼓励企业加大对现有人才的培养培训力度，并以高薪、股权、红利等措施引进产业领军人才、高层次管理人才和特殊技能人才，整体提升企业管理水平和创新能力；进一步健全完善人才服务体系，切实为人才落户、配偶随迁、住房安置、子女入学等方面提供优质服务。建立外出务工人员信息库，积极引导忠县籍在外成功人士返乡创业兴业，切实拓宽工业人才引进渠道。加强工业经济管理职能部门队伍建设，调整优化科室设置，充分发挥企业服务中心、新区信息科技服务中心职能作用，广泛选配品行好、懂经济、善管理的干部充实到工业发展一线，对业绩突出的优秀干部予以优先提拔重用。

（四）强化工作督导考核。调整优化县工业经济发展领导小组，加强对特色工业发展的组织领导、统筹协调和重大决策。完善工业发展联席会议制度，定期研究解决工业发展重大问题。加强运行调控，强化目标管理，围绕重大项目、重点企业定期开展督导检查，推动各项工作全面落实。进一步加大工业经济考核力度，将工业经济发展实绩作为年度目标考核的重要内容，加大考核权重，强化考核结果应用，对为全县工业经济发展做出突出贡献和显著成绩的单位和个人给予重奖，对工作推进不力、落实不到位的严肃问责。

中共忠县县委
忠县人民政府
关于加快建设特色中等城市的决定

（2017年7月25日中国共产党忠县第十四届委员会第四次全体会议通过）

为深入贯彻落实中央城市工作会议、全市城市工作会议和县第十四次党代会精神，加快建设临港新城、乌杨新区，改造忠州老城，助推全县经济社会持续健康发展，现结合我县实际，就加快建设特色中等城市作出如下决定。

一、深刻认识建设特色中等城市的重要意义

城市是经济、政治、文化、社会等方面活动的中心，是各类要素资源和经济社会活动最活跃的地

方。加快建设特色中等城市，既是适应重庆统筹区域协调发展的需要，也是我县立足自身资源优势，加快改变“双欠”县情的必然选择，更是全县百万人民的殷切期盼。目前，我县城市规划缺乏前瞻性，城市骨架尚未拉开，城镇化率分别低于全国、全市15.96、20.8个百分点，城市发展空间和潜力较大；城市建设缺乏特色，山水人文资源未得到有效利用，城市记忆在逐渐消退；城市功能亟待完善，忠州老城人口密度大，公共产品和服务供给不足，城市资源环境的承载力和城市发展规模的匹配度失衡；城市管理精细化水平不高，行车难、停车难、不文明行为等矛盾较为突出，影响和制约城市发展，加快建设特色中等城市势在必行。

二、建设特色中等城市的总体要求

（一）指导思想。以习近平总书记治国理政新理念新思想新战略和视察重庆重要讲话精神为指引，统筹推进“五位一体”总体布局，协调推进“四个全面”战略布局，深入贯彻中央城市工作会议、全市城市工作会议精神，扎实践行新发展理念，按照“一尊重五统筹”总体要求，立足“一带一路”和长江经济带重要节点城市战略定位、特色中等城市综合定位和三峡库区开放高地、多式联运物流基地、特色产业基地、移动电竞之都的功能定位，坚持以人为核心，港产城融合，着力优化布局、完善功能、厚植文化、保护生态、彰显特色，转变城市发展方式，完善城市治理体系，提升城市发展质量，加快建设“诗意山水·活力港城”特色中等城市。

（二）总体目标

到2021年，“一江两岸三片区”城市骨架基本形成，城市建成区面积达到30平方千米，城区人口达到32万人，城镇化率达到50%，全县地区生产总值达到500亿元；到2025年，城市建成区面积达到40平方千米，城区人口达到40万人，城镇化率达到55%，全县地区生产总值达到800亿元。

——拉开城市骨架。规划建设联通临港新城与乌杨新区、银山与忠州老城、普乐与水坪、郑公与石宝、渝西高铁、黔万高铁、沿江高速、通用机场、铁（公）路客（货）运站等区域、组团、区间骨干交通项目，初步构建起“一江两岸三片区、内外两环连八景”的城市空间体系。

——建设临港新城。按照自然+智慧、产城融合、特色宜居思路，加快建设港口物流、产业、商住三大功能区，打造渝新欧枢纽港现代化都市典范。新建集仓储、物流、加工、交易为一体的仓储物流园；配套建设市政道路、广场、公园、学校、医院等基础设施。规划建设忠州中学暨县体育中心、污水处理厂、新生深水港码头等重大城市基础设施项目，吸引人口集聚。到2025年，建成规模达12平方千米、7万人。

——开发乌杨新区。按照产城融合的发展理念，打造医药、锂电、装备制造、资源加工四大产业集群，配套建设标准厂房、市政道路、供水供电供气、教育卫生等基础设施和住宅区。到2025年，建成区面积达16平方千米、10万人。

——改造忠州老城。以修复老城生态、修补老城功能和有效疏解老城人口为目标，着力推进棚户区、城中村改造，迁建忠州中学和中医院，规划建设行政副中心，整体搬迁部分行政事业单位。进一步完善交通网络，打通城市断头路，规划建设一批公共停车场（库），配套市政基础设施，完善城市功能。

（三）基本原则

——以人为核心。坚持人民城市为人民，从人的生存发展需求出发考虑问题，顺应人民群众期待，着力完善公共服务功能，更加体现包容性和人文关怀，让人民群众在城市生活得更方便、更舒心、更美好。

——港产城融合。强化港口、产业、城市之间的良性互动，依托新生港、工业园区，大力发展特色产业，吸引和集聚城市人口，促进以港兴城、以产兴城、港城互动、产城融合，实现资源要素配置最优化、城市整体功能最大化。

——延续历史文脉。充分挖掘和保护忠县历史文化资源，增强城市文化底蕴，弘扬优秀传统文化，顺应时代价值取向，凝聚新时期城市精神，形成独特的城市性格和品质。

——自然+智慧。尊重自然、顺应自然、保护自然，把好山好水好风光融入城市，努力把城市建设成为人与人、人与自然和谐共处的美丽家园；强化科技支撑，运用信息技术，推动城市治理信息化、智能化、精细化、标准化，打造智慧城市。

——有序发展。尊重城市发展规律，充分考虑资源禀赋和环境承载力，实现人口资源环境均衡、经济社会生态效益统一。强化规划对城市发展的引领和推动作用，明确近期、中期、远期发展目标，促进城市“精明增长”。

三、高标准规划建设管理特色中等城市

（一）发挥规划引领作用。增强规划的科学性和前瞻性。把“以人为本、自然+智慧、传承历史、绿色低碳”等理念融入城市规划全过程，科学编制各类城市规划。聘请一流设计团队，高标准编制《忠县城市总体规划（修编）》、忠州老城、乌杨新区、临港新城修建性详细规划和电竞小镇、银山片区开发等专项规划，科学谋划城市“成长坐标”。注重规划的前瞻性，立足当前、着眼长远，在规划上适当“留白”，为城市未来发展预留空间。优化城市空间体系。科学谋划城市的空间布局、功能布局、产业布局、人口分布和生态建设，处理好老城与新区、功能与特色、资源与利用、建设与管理的关系，依托独具特色的山水自然隔断，组团式布局，塑造有机疏散、簇团发展的组团式城市格局。乌杨新区包括生态工业园、乌杨街道按“特色工业发展主战场、产城融合发展示范区”功能定位，规划16平方千米、10万人；临港新城包括银山、高营铺、新生港、新生街道按“临港产业集聚区、高端宜居住宅区”功能定位，规划12平方千米、7万人；忠州老城包括忠州街道、白公街道现有建成区和水坪、苏家、九蟒按“商贸服务业集聚区、历史文化核心区”功能定位，重点疏解人口，修复生态，修补功能。强化规划刚性约束。坚持规划“一张图”、审批“一支笔”、建设“一盘棋”，强化多规协同，落实“多规合一”，依法将规划纳入县人大监督，充分发挥社会监督，确保规划的权威性和严肃性。对随意干预和变更规划行为实行终身问责，切实维护规划的连续性，确保“一张蓝图干到底”。

（二）配套城市基础设施。健全城市交通网络。加快构建城市对外大通道，推进渝西高铁、黔忠广铁路、黔万高铁、沿江铁路、新生港、通用机场等重大交通项目建设，积极争取沿江高速北线项目。建设三大片区互联互通路网系统，加快长江三桥、长江四桥前期工作，打通城市内环和外环；加快水坪至普乐忠义大道、县城至石宝寨沿江景观大道等建设。树立“窄马路、密路网”理念，优化街区路网结构，打通城市断头路。加快实施玉溪三桥、㽏井二桥、香山至西山、玉溪二桥至沙田大桥、交警大队至忠万路等市政道路项目，提升忠州老城通透性和微循环能力。配套完善功能设施。注重从方便老百姓出行需求出发，科学选址建设高铁站；坚持公交优先原则，合理布局公交换乘枢纽、公交站、充电站（桩）等设施，规划建设一批公共停车楼（库）。配套建设新城、新区供排水、供电、供气、通讯、垃圾污水处理、公厕、农贸市场、无障碍等市政公用设施，配套完善教育、卫生、文化体育、养老等公共服务设施。加快乌杨新区中学、忠州中学新校暨县体育中心、乌杨新区医院等项目建设，不断提升城市公共服务产品供给能力。突破城市建设瓶颈。坚持以规划确定项目、以项目落实规划，以精装项目包向上争取资金，将城市工作细化为项目逐一落实。完成新一轮土地利用总体规划修编，积极向上争取用地空间和土地指标，做到集约节约用地，依法收回闲置土地。加强城市土地储备和管理，坚持“深度规划后出让、生地变熟地后出让、招拍挂出让”。用好政府资金，激活投融资平台，规范PPP项目运作，有序推动有效资产证券化。按照“谁投资、谁建设、谁经营、谁受益”的原则，引进有实力、讲信誉、重质量的市场投资主体参与城市建设。科学把握建设时序。近期，重点抓好乌杨、水坪、白公和银山片区建设。中期，到 2021 年，乌杨新区建成区达到 10 平方千米，配套基础设施基本完善，新区产值达到700亿元以上；临港新城初具规模，银山组团基本建成，高营铺组团基础设施基本完善；州屏片区积极疏解人口，外迁部分行政事业单位，到 2021 年忠州老城人口密度明显降低。进一步加大招商引资力度，适时开发东溪、苏家和独珠半岛。远期，到 2025 年，全面建成特色中等城市。严把建设质量关。牢固树立“质量至上”的意识，杜绝“短命建筑”，建“良心工程”、百年建筑、经典建筑。树立精品意识，弘扬工匠精神，引进一流建设团队，打造一流建筑。关口前移，严格把控资质审核、工程报建和招投标等环节，严格落实建设、设计、勘察、施工和监理五方主体质量安全责任。积极推广应用装配式建筑、钢结构建筑等新技术新材料，大力推广绿色生态建筑。

（三）提高城市管理水平。强化管理服务。树立“管理即服务”意识，寓服务于管理和执法之中。树立“法制化管理”意识，将城市管理全面纳入法治轨道。树立“全周期管理”意识，有效衔接规划、建设、管理各环节，共同保障城市生命体的协调、高效、有序运行。加强城市综合执法，构建权责明晰、服务为先、执法规范、安全有序的城市管理体制。建设智慧城市。加快建设高速畅通、质优价廉、服务便捷的宽带网络基础设施和服务体系，大力实施“互联网+城市”行动。启动建设集数据管理、动态监测、行动指挥、信息发布、投诉受理、便民服务等功能于一体的城市管理信息平台，为城市建设和管理提供精细化、标准化、流程化手段。启动建设城市综合性大数据中心，大力建设智慧环卫、智慧照明、智慧水务、智慧交通、智慧市政、智慧环保，加大购买智慧服务力度，推进城市治理数字化、智慧化。保障城市公共安全。强化政府监管、应急联动、企业责任和公众参与，进一步提升城市公共安全保障能力。健全城市抗震、防洪、排涝、消防、交通、应对地质灾害应急指挥体系，建设全县统一的突发事件预警信息发布平台，配套完善城市防灾避难场所，提升抵御自然灾害、处置突发事件、危机管理的能力和水平。加强城市安全监管，建立专业化、职业化的救灾救援队伍，提升社会治安综合治理水平，切实保障人民群众生命财产安全。

四、彰显“诗意山水·活力港城”城市特色

（一）着力塑造特色风貌。加强城市设计。统筹生产、生活、生态三大布局，精心做好城市设计，努力实现生产空间集约高效、生活空间宜居适度、生态空间山清水秀。严格执行《忠县城区美丽山水城市规划》，杜绝高强度开发、高密度建设、大挖大填、大面积硬化等行为，严守山体、河道、水体保护线，最大限度保留山水本底，保护好天际线、山脊线、水岸线。老城和新城新区按照“空间足够开敞、公共交通便捷、特色充分彰显”的要求，精心设计“城市客厅”和“城市阳台”。确立城市色彩。综合考虑各片区的功能定位、地理环境等因素，设计独具特色的建筑风貌，邀请美术家参与色彩设计，注重与青山、绿水、蓝天映衬协调。临港新城突出高雅大气的现代建筑风格，选用红、白、黄为主色调，打造清新明快、绚丽多彩的风情风貌。乌杨新区突出简洁明快的建筑风格，建筑色彩与银山保持一致，避免两岸色彩出现大的反差。水坪电竞小镇，着力凸显电竞动漫特色，在建筑中融入各种电竞游戏元素，打造创意时尚、青春活力的电竞主题风貌。加强城市建筑风貌监督管理，避免随意修改建筑风格和色彩，破坏城市的整体美感。打造地标建筑。按照百年基业标准，建设电竞场馆、新生港、文峰塔、万福塔、四望楼等城市地标建筑，既尊重历史文化、彰显忠县特色，又融入现代元素、提高城市对外识别度、知名度和影响力。加强城市道路标识系统、公交站台、售报亭、休闲座椅、垃

圾箱、公厕等小型公共设施的设计，注重实用性和美观性的统一，在为市民提供便利的同时，体现美感和品位。

（二）**着力营造文化特色。**传承城市文化。在城市建设中将忠文化实物化、具体化、形象化。在城市道路、广场、公园和城市出入口、旅游景点沿线注入忠文化元素，让忠文化随时随地可感知、受教化、能传播。深入挖掘白居易、陆贽、李吉甫、刘晏“忠州四贤”的光辉思想、积极贡献、感人事迹和文学作品，将宝贵的历史文化遗产代代相传。结合社会主义核心价值观教育，收集、整理、编印体现忠县历史文化和人文精神的“城市故事”，纳入中小学教学计划，通过“小手牵大手”把忠县历史文化渗入全县人民的血脉和骨髓。留存城市记忆。三峡移民记忆是库区人民难以割舍的家国情怀，忠州老街留存了库区人民上千年的历史。坚持“整体保护、空间优化、人口疏解、功能置换”的思路，通过整治修缮、风貌改造、基础设施完善，实现忠州老街的保护性改造及更新。修缮保护古建筑，综合运用园艺、庭院艺术，整合老街、旧房、古树等“城市记忆”，再现老街“底片”，坚决杜绝“大拆大建、拆旧建新、毁真建假”行为。打造院落式情景消费区和三峡记忆体验区，让库区移民“记得住乡愁”。保护好三峡历史文物，建好忠州博物馆，复建天子山万福塔、翠屏山文峰塔，最大限度延续三峡历史文脉。举办城市品牌赛事。以承办全国移动电子竞技大赛总决赛为契机，加快场馆建设，完善各类服务功能，举办电竞、网球等高规格、全民性赛事活动。利用好游泳馆，积极承办区域性游泳赛事。借助长江资源，举办冬泳、龙舟赛等水上赛事活动。利用沿江景观大道，举办自行车赛事和马拉松赛事。提升《烽烟三国》实景演艺上座率，适时举办柑橘文化节等节会活动，广泛开展群众性文化活动，打造群众文化品牌。

（三）**着力凸显生态特色。**雕琢园林景观。利用长江岸线，结合沿江综合整治，打造集交通、旅游、休闲、健身等功能于一体的滨江景观带。统筹设计沿江景观大道视觉点，分区域设计主题景观，打造美丽滨江亲水空间。扩大城市绿化空间，精心规划建设鸣玉溪湿地公园、皇华岛湿地公园、南滨公园、香山体育公园、银山公园等城市公园，完善相关配套功能；社区公园建设力求“小而美、小而精、小而特”，满足社区居民日常休闲需要。创建一批园林式学校、医院、住宅小区，优化街区行道树、花坛、花箱景观，努力做到“一步一景、一街一景、处处是景”。统筹规划城区总规范围内的66.67公顷基本农田，在不改变基本农田性质的前提下，纳入城市生态绿地建设，打造田园城市。力争到2021年，城区绿化覆盖率达到40%以上，人均公园绿地面积达到12平方米以上。靓化城市夜景。充分利用山水地理优势，围绕“诗意山水·活力港城”形象定位，按照“安全、节能、美观”的原则和“见光不见灯、暖人不刺眼”的要求，优化城区夜景灯饰照明方案，以灯光为媒，巧妙构图，有机串联青山碧水、桥岛港口、亭台楼阁、明月繁星、绿树红花等元素，营造浪漫梦幻、富有诗意的意境。城区夜景灯饰二、三期工程2017年基本建成。倡导绿色生活。推进城市垃圾分类投放收集、综合循环利用，促进垃圾减量化、资源化、无害化，到2021年城区生活垃圾无害化处理率达到100%。保护长江、白石水库等重要水资源，鼓励利用再生水，迁建州屏污水处理厂，到2021年城区污水处理率达到98%以上。大力推广绿色公交、新能源汽车，稳步推进城区出租车“气”改“电”，到2021年市民出行公共交通分担率达到20%以上。加强生态文明宣传教育，倡导绿色出行、光盘行动，引导市民养成勤俭节约、绿色低碳、文明健康的生活习惯和消费方式。

（四）**着力展现治理特色。**依法治理城市。坚持依法决策，规范城市规划、建设、管理重大决策的法定程序，坚决查处领导干部随意插手干预规划实施和工程建设的问题。强化法律责任追究，严厉惩处规划建设管理领域的违法违规行为。加大执法力度，严肃查处乱摆摊、乱搭建、乱停车等行为。制定权责清单，规范执法程序，改进执法方式，完善监督机制，最大限度杜绝城市管理中的不和谐行为。创新社区治理。加强社区党建，充分发挥社区党组织的战斗堡垒作用和群团、社会组织的桥梁纽带作用，突出服务群众、维护稳定和综合治理三个重点，着力推行社区网格化管理，城区街道基本实施网格化管理“全覆盖”。积极推行社区自治，将居民诉求通过基层议事协商，按照“大事”“小事”“私事”进行分类分责处理，实现“大事政府主导办、小事社区协商办、私事自己尽力办”，不断推动社区自我管理、自我监督、自我教育、自我服务，实现社区共居一地、共同管理、共促繁荣、共保平安、共建文明、共求发展。进一步提标升级新建住宅物业管理，做好老旧住宅物业管理普及工作，充分发挥业主委员会作用，促进物业管理规范化，不断改进社区物业管理和服务水平。提升文明素养。以浅显易懂、喜闻乐见的形式，深入开展社会主义核心价值观宣传教育，加强政治政德、社会公德、职业道德、家庭美德、个人品德和未成年人的思想道德建设，促进社会良好风尚形成。以创建全国文明城市为契机，广泛开展文明社会风尚行动，进一步巩固、提升创建成果。

五、建设特色中等城市的保障体系

（一）加强组织领导。建立健全县委统一领导，县政府主导实施，县人大、县政协参与监督，各地各部门各单位协调联动的城市工作格局，切实加强对特色中等城市建设的统筹领导、战略谋划、系统部署、政策研究、监督检查。各地各部门各单位要结合实际，积极谋划，主动作为，做到守土有责、守土有方、守土有效，切实解决特色中等城市建设过程中的实际问题，真正形成齐抓共管的强大合力。加大领导干部城市工作专题培训力度，努力提高专业素养，培养一支懂城市、会管理的干部队伍。试点实施“城市合伙人”计划，引进一批城市工作紧缺人才和高端人才。加强执法队伍建设，提高执法人员综合素质，树立城市综合执法新形象。

（二）创新体制机制。推进城市管理体制改革。按照统一部署，推进城市管理体制改革，理顺城市管理体系，整合城市管理职能，增强城市管理工作的综合性、整体性和协调性。统筹“一江两岸三片区”城市管理，增强城市管理合力，提高城市管理整体效能。加快建设领域审批改革。不断深化建设领域“放管服”改革，进一步做好建设领域简政放权工作，力求审批更简、监管更强、服务更优。健全城乡征收工作机制。优化旧城棚户区征收安置方式，积极引导货币化安置。用足用好各相关法律法规和政策，抓好征地拆迁工作，妥善解决拆迁过程中出现的矛盾和问题，保证被征地、被拆迁群众的合法利益，确保依法拆迁、和谐拆迁。深化户籍制度改革，完善城市社保体系，优化城市公共服务，出台进城落户激励政策，引导农村居民、场镇居民向城市聚居，鼓励在城市务工人员市民化。

（三）严格问责问效。分解落实《关于加快建设特色中等城市的决定》中的各项任务，进一步明确工作内容、联系领导、责任部门（单位）和完成时限，纳入年度综合目标考核。加大督查力度，定期不定期督查特色中等城市建设工作的推进落实情况，及时发现问题、解决问题、推动工作，倒逼责任落实。强化执纪问责，对推动特色中等城市建设工作不力、不作为甚至乱作为的，严肃追究相关人员责任。

中共忠县县委
忠县人民政府
关于加快建设美丽乡村的决定

（2017年9月29日中国共产党忠县第十四届委员会第五次全体会议通过）

为深入贯彻落实中央农村工作会议、全市农村工作会议、县第十四次党代会精神，尽快补齐“三农”短板，加速城乡发展一体化，夯实全面建成小康社会基础，结合我县实际，就美丽乡村建设作出如下决定。

一、深刻认识建设美丽乡村的重要意义

乡村是农业、农村、农民的载体平台，美丽乡村是美丽中国的农村版，是社会主义新农村建设的升级版。建设美丽乡村是深入践行“绿水青山就是金山银山”重要理念的必然选择，是百万人民对美好生活的强烈期盼，是再现乡村生机活力的现实途径。近年来，我县农业农村虽然有了较大发展，但在工业化、城镇化、信息化、农业现代化同步推进中，“三农”短板凸显，仍然存在产业质量效益不高、生态基础脆弱、村容村貌杂乱、乡风文明程度不高、居民生活水平较低等问题。顺应新形势，破解产业空虚、农村空心、集体空壳等难题，解决增加产量与提升质量、成本攀升与价格低迷、产业发展与生态保护、小生产与大市场等矛盾，培育农业农村发展新动能，加快建设美丽乡村，是“三农”工作面临的重大任务。

二、总体要求

（一）指导思想

深学笃用习近平总书记系列重要讲话精神和党中央治国理政新理念新思想新战略，深入贯彻中共十九大精神，统筹推进“五位一体”总体布局，协调推进“四个全面”战略布局，以五大发展理念为指引，深入践行“绿水青山就是金山银山”重要理念，坚持“生态优先、绿色发展”，强化创新、改革、开放、人才“四大动力”支撑，大力发展特色效益农业，优先保护乡村生态环境，全面整治村容村貌，积极培育乡风文明，不断提高农村居民生活水平，努力打造“一兴四美·七彩大地”美丽乡村，争当“绿水青山就是金山银山”重要理念实践示范县。

（二）总体目标

今年起步，三年初见成效，五年大见成效，十年全域覆盖。实施步骤是，今年择优启动建设美丽乡村10—20个；到2021年，建成美丽乡村100个、市级特色小镇1个、国家级特色小镇1个，建成并开放“三峡橘乡”田园综合体；到2025年，实现美丽乡村全域覆盖，建成市级特色小镇2个、国家级特色小镇2个。

——产业兴。大力发展特色效益农业、推动农村一二三产业融合发展。每个村按照产加销一体化经营模式，培育1个以上生态循环型主导产业，实现公顷均“产值15万元，利润7.5万元”。到2021年，农业总产值100亿元以上，农业增加值65亿元以上，消除集体经济收入空壳村。

——生态美。生态环境不断优化，农业面源污染有效控制。到2021年，农作物秸秆综合利用率达85%以上，畜禽粪便资源化利用率达90%以上，病死畜禽无害化处理率达100%，化肥农药使用量实现零增长，森林覆盖率达到52%，实现山青、水秀、地洁、田园美、空气鲜，乡村处处是景观。

——村容美。农村人居环境有效改善，村容村貌整洁有序。到2021年，农村生活污水处置率达到80%以上，农村清扫保洁和垃圾收运覆盖率达到100%，生活垃圾无害化处置率达到95%以上，农村卫生厨房、卫生厕所、卫生圈舍普及率分别达到90%、75%、55%以上。

——乡风美。农村居民素质大幅提升，农村精神文明建设各项活动广泛开展，移风易俗深入人心，农村文化事业蓬勃发展，形成社会和谐、邻里和睦、家庭和美的融洽氛围。到2021年，新建农村文化中心户500户，基本建成乡镇（街道）和村（社区）综合性文化服务中心。

——生活美。农村基础设施有效改善，农村民主治理能力明显提升，农村居民生活质量不断提高，全面实现义务教育均衡发展，农村居民合作医疗保险、基本养老保险参保基本实现全覆盖。到2021年，农村居民人均可支配收入达2.1万元。

（三）基本原则

——政府引导，村民主体。加强统筹引导、政策激励和组织协调，放大政府支持效应；坚持农民主体地位，尊重群众意愿和首创精神，发动群众广泛参与、协同推进。

——规划先行，以点带面。突出规划的前瞻性、协调性和刚性约束，全域规划、分类指导、区域设计；坚持以点示范、分步推进，点线结合、串珠成线。

——生态优先，道法自然。以绿色为本底，坚守生态功能保障基线、环境质量安全底线、自然资源利用上线；遵循乡村自身发展规律，坚持道法自然，注意乡土味道，保留乡村风貌，留住田园乡愁。

——“接二连三”，绿色发展。培育各类市场主体，推进农业“接二连三”形成第六产业；追求绿色发展，把“绿色+”融入乡村经济社会发展各方面，实现有质量、有效益、可持续的发展。

——改革开放，创新创业。深化农村综合改革，扩大乡村对外开放，强化乡村招商引资；实施乡村创新驱动，推进“返乡下乡”行动，培育创新创业主体，拓展创新创业生态链，激发创新创业活力。

三、重点工作任务

（一）围绕“产业兴”，发展特色效益农业

1. 做大特色效益产业。坚持面上抓“大”，点上抓“小”，加快调整农村种养结构，切实做到产业生态化。高效推动柑橘“两中心两基地”、竹纤维研究分中心、0.33万公顷生态水域牧场、50万头生猪养殖一体化，以及国家级田园综合体、农光互补等重大项目建设，大力发展柑橘、笋竹、生猪、生态水产四大主导特色效益产业。到2021年，柑橘种植面积达到2.67万公顷，年产量40万吨、加工30万吨、产值40亿元以上；笋竹种植面积达到1.33万公顷，年产量12万吨、产值8亿元以上；年养殖生猪65万头、屠宰加工50万头、产值15亿元以上；建成三峡水域牧场0.33万公顷，水产品年产量达到1.7万吨、产值4亿元以上。加强品种研发、品种改良和新品种推广，因地制宜发展优质蔬菜、中药材、调味品、茶叶、木本油料等生态型特色产业，积极推动适度规模经营，实现“一乡一业、一村一品、一户一特”。大力推广“稻—渔”、“猪—沼—果”、“林—药—菌”、“橘园鸡”、农户庭院等种养结合循环型高效农业模式。到2021年，特色效益农业产业基地面积达到5.33万公顷，土地公顷均产值达到105000元，产值超万元的产业基地面积达到2万公顷。

2. 推动农业“接二连三”。坚持链条抓“长”，推动“农业+”，进一步延长产业链、提升价值链、丰富产品链、完善利益链，推进产前产中产后社会化服务、产加销贸工农旅一体化发展。抓好农产品精深加工，提高附加值。推进农业定制化、生产智能化、交易电商化、物流便捷化。推进农文旅融合发展，发展文化创意、健康养生、农耕体验、乡村旅游等“美丽经济”。到2021年，农产品加工转化率达到60%以上、农产品商品化率达到80%以上，农产品网货化率达到25%以上、农村电商年销售额达到 15 亿元以上，乡村旅游实现年接待游客 350 万人次、旅游收入 12 亿元。

3. 保障农产品质量安全。坚持品质抓“优”，推进“绿色化发展、标准化生产、信息化管理、法治化治理”，确保城乡人民群众“舌尖上的安全”。推行绿色生产方式，严控农药、化肥投入，大力推广使用有机肥。推进标准化生产，分类制订优质粮油、柑橘、笋竹、生猪、生态鱼等生产标准。实施品牌战略，打造“乡土忠州”等农产品区域公用品牌，积极开展农产品“三品一标”认证。促进农业生产智能化，推动农业资源环境精准监测、农业自然灾害预测预报和动物疫病、植物病虫害监测预警。构建农产品质量安全监管体系，强化生产经营主体管理、农业投入品监管、农产品质量安全监测、农产品质量安全可追溯。严格农产品质量安全执法，严厉打击使用剧毒高毒高残留农药、滥用激素、制售注水肉等各类违法行为。到 2018 年，成功创建国家农产品质量安全县。到 2021 年，种养殖业标准化分别达到 60%、75%，农产品质量安全合格率达到 98%以上，“三品一标”认证 190 个，农产品获中国驰名商标认定 2 件以上。

（二）围绕“生态美”，做优乡村自然生态

1. 加强乡村生态建设。坚持守住存量、扩大增量，大力建设长江上游重要生态屏障，强力推进长江防护林建设、新一轮退耕还林等重点工程，加大长江沿线乡村特别是可视范围内区域植树造林力度，努力实现“应绿尽绿”。建设山水林田湖草综合生态系统，修复重点生态区域，加强自然保护区、森林公园、湿地公园等建设，强化生物多样性保护，增加乡村空气负氧离子平均含量。积极推进清洁能源建设，实施好秸秆资源化示范项目，大力普及太阳能、天然气、沼气等新型清洁能源，到 2021 年，使用清洁能源农户占到 70%以上。

2. 狠抓乡村生态治理。以“河长制”促进“河长治”，加强长江、白石水库、金鸡水库、黄钦水库等重要水资源流域保护。采取生态、生物、物理等综合性措施，推进水源地、水源涵养区、生态敏感区治理，加强乡村长江支流、次级河流、渠堰库塘、田园水系综合整治。加大乡村污染综合治理，突出抓好水污染、土壤污染、大气污染治理，推进农业投入品废弃包装无害化处理和回收再利用。严格落实产业禁投清单和工业项目环境准入规定，除就地取材无污染农产品初加工项目外，不在乡村新布局工业项目。建立健全干部环境保护终身问责追责机制，大力开展环保督察和执法，严厉查处各类破坏生态环境的违纪违法行为。

3. 促进生态产业化。统筹规划，将生态优势转化为产业发展优势，促进生态产业化。将乡村基础开发、功能开发与形态开发有机结合起来，打造“最美森林”“最美河流”“最美梯田”“最美农庄”“最美公路”。推进“生态+”，优化要素配置，推动优美生态与一二三产业有效融合，提高生态效益、经济效益和社会效益。充分利用山水林田湖草自然生态系统，发展创意农业，着力打造一批融观赏、体验、娱乐、购物、度假于一体的特色农业观光园。大力营建经济林，培育色泽纹理丰富的苗木、花卉，发展一批森林康养基地。大力发展柑橘、笋竹等主题公园、主题酒店、科普教育基地，不断把绿水青山变成可持续发展的金山银山。

（三）围绕“村容美”，整治乡村人居环境

1. 洁净村落环境。分批次、项目化推进“三清四化七改”行动，让村落更美观、更宜居。全面清理农村垃圾、污水、杂物，继续巩固提升乡村垃圾收集、运输、处理体系，提高城镇污水处理厂运行效率，规划建设乡村连片居住区污水处理站，鼓励集中居住点建设人工湿地，引导农村居民不乱堆乱放、乱搭乱建、乱涂乱画、乱牵乱挂。在房边、水边、路边开展“净化、绿化、亮化、美化”行动，大力实施“改房、改水、改路、改厨、改厕、改圈、改线”行动，全面消除农村危旧房，逐步实现浊水变清水、死水变活水、水体变水景，农村公路逐步

达到路面平整、路边干净、绿树成荫，水、电、网、讯等空中管线逐步统一归整。

2. 改善场镇环境。分别按常住人口多少补助部分资金，对25个乡镇的场镇进行综合改造，2年内全面完成。对新立、拔山、汝溪、石宝等特大场镇，提升经济发展功能、完善社会服务功能、改进场镇治理方式，打造成“麻雀虽小，五脏俱全”的“微城”。把实施国家级、市级特色小镇项目与场镇整治结合起来，加快建设新立柑橘特色小镇、石宝旅游特色小镇、东溪文化旅游特色小镇，凸现小镇品位。其他建制场镇重点实施场镇“双修”“四化”，不断完善、优化、提升场镇功能。撤并乡场镇重点抓好道路改造、人行道铺装、增设路灯等基础设施改造升级，率先成为美丽乡村农民集中居住安置点。

3. 田园综合体引领“七彩大地”。在田园综合体规划范围内，暂停审批新建农村住房及基础设施建设用地，暂停土地流转，严禁修建大墓、豪华墓、活人墓。按照“唯一性”原则，邀请国内外一流大师和团队，创新理念、科学规划，精心设计、分区建设，市场运作、强化管理，3年内全面建成开放，成为“七彩大地”的经典范例，乡村旅游重要目的地。到2021年实现年接待游客100万人次、综合产值30亿元。以“三峡橘乡”田园综合体为示范引领，采取“原生态+美学修补”手段，在山水林田湖草综合生态系统基础上，让山更青、水更净，林成景、田成梯，绿满坡、花遍野，形成“七彩大地”生态景观。引进社会资本，在美丽乡村集中区域建设自然景点、乡村酒店、精品书吧茶吧咖吧和农事体验、养老养生、观光写生、文化创意、乡愁记忆等基地；发挥农民主体作用，以“外部质朴、内部现代”为主要方式，将古屋改建为庄园、民房改建为民宿，吸引城市居民周末度假、长期居住、体验农趣、寄托乡愁，形成“七彩大地”经济景观。

（四）围绕“乡风美”，开展乡村精神文明建设

1. 开展“破除旧观念·致富奔小康”学习教育活动。从今年秋收之后开始，到明年开春前结束，在全县乡村集中开展“破除旧观念·致富奔小康”学习教育活动，并推进学习教育常态化、长效化。学习教育活动重点引导广大农村居民在思想观念上做到“四破四立”，在行为习惯上做到“六讲六不”。采取群众喜闻乐见、易于接受的方式，加强党的十九大精神、社会主义核心价值观和市委、县委决策部署及发展成效的宣传普及，组织村民学习现代农业科技和身边致富经验，引导农民听党话跟党走、科学生产、勤劳致富、移风易俗、保护环境、美化家园。在乡村统一开展“五村五户”创建活动。到2021年，“文明户”“文明村”均达到50%以上。

2. 传承乡村记忆延续乡土文化。延续农耕文明，保留乡土味道，保护老屋、古树、传统村落、家族祠堂；抓好望水古镇、黄金老街和花桥东岩村、新生钟坝村、洋渡上祠村、永丰东方村等保护性开发；恢复重建汝溪镇开禧寺、广积寺、东溪镇三台寺等古寺庙以及天子山万福塔、翠屏山文峰塔；保护恢复乡村石刻、木雕、石雕、砖雕、牌匾、楹联等文化遗产；建造一批具有民俗文化、容易识别记忆的乡村标志性牌坊。传承乡土文化，维护石工号子、吹打乐、矮人舞、朽木虫雕等非物质文化品牌。统一规划建设场镇公墓和农村集中安葬点，逐步规范乡村安葬行为。

3. 创新乡村治理提升自治水平。创新社区治理方式，提升村民自治水平，着力构建“村民自治、社会共治、政府法治”的乡村治理新格局。强化村民自治，建立村规民约，完善村民议事制度，做到“私事自己尽力办、小事村里商量办、大事政府主导办”，让村民实现自我管理、自我服务、自我教育、自我监督、自我发展，做到“私事不出家、小事不出村、矛盾不上交”。强化社会共治，充分发挥社会组织联系群众的作用，大力支持社会力量、社会工作者和乡村志愿者开展服务群众活动。强化政府法治，在乡村推进网格化管理，完善便民服务中心，开展法律工作者进村（社区）行动，健全社会治安管理防控网，严厉打击“门徒会”“全能神”等邪教组织以及寻衅滋事、“盗抢骗”“黄赌毒”“黑拐枪”等违法行为，坚决打击“村霸”和宗族黑恶势力，切实维护乡村平安、和谐、稳定。

（五）围绕“生活美”，增进乡村民生福祉

1. 加强乡村基础性民生建设。按照硬化路、自来水、客车、光纤、广播、电视6个“村村通”的要求，加快乡村基础设施建设。按照“建好、管好、护好、运营好”要求，推进乡村公路“升等级”“加密度”。改造升级农村电网，加快城郊、乡镇天然气管网建设并向有条件的村（社区）延伸，提升有线电视、光纤（宽带）覆盖面，实现广播“村村响”。加强以山坪塘整治为主的“五小水利”建设，推进重点中型灌区续建配套与节水改造，大力建设高标准农田和高效节水灌溉区，实现田成方、渠相通、路相连、旱能灌、涝能排、渍能降。到2021年，乡村自来水、天然气、有线电视普及率分别达到85%、30%、50%，实现广播“村村响”，农户生活污水处理覆盖率达到80%以上，光纤（宽带）入户率达15%、4G网络实现全覆盖。新建高标准农田1万公顷、高效节水灌溉区0.27万公顷。

2. 统筹发展乡村社会事业。着眼保障乡村基本民生需求，加大投入，提升社会事业发展水平，促进基本公共服务均等化。加快健全乡村留守儿童、留守妇女、空巢老人关爱服务体系，切实解决农村移民发展问题。抓好教育、医疗两大基本民生，因地制宜新建、改建、扩建乡村学校和医院，鼓励“名师、名校、名校长”和“名医、名院、名院长”进乡村支教支医，精准做好乡村贫困学生资助工作，大力实施华大民生基因检测项目。建立农村社会保障资金动态调整机制，稳步提升农村居民最低生活保障、新农合补助、五保户和农村居民养老的待遇标准，确保乡村社保“应保尽保”“应兜尽兜”。整合乡村宣传文化、党员教育、科学普及、体育健身等设施，积极推进乡村综合性文化服务中心、乡村学校少年宫建设，大力开展“文化下乡”“流动文化进村”活动。到2021年，实现“村村有文化室、组组有文化中心户”，老百姓足不出村就能享受到公共文化服务。

3. 促进农村居民持续增收。加快产业发展，加速土地流转，创造就业岗位，提升社保水平，尽快缩小城乡居民收入差距。不断提高农村居民经营性收入，广泛发动群众用好用活“诚信贷”“助农贷”，大力发展特色种养殖业，组建现代农业合作社，靠发展生产增收。不断提高农村居民工资性收入，积极发展休闲农业、乡村旅游和农村服务业等劳动密集型产业，加快发展壮大农村集体经济，创造更多就业机会，靠在家门口务工增收。不断提高农村居民财产性收入，深入推进农村集体产权制度改革和集体资产股权化改革，加快农村土地承包经营权流转市场良性发展，靠资产变现增值增收。不断提高农村居民转移性收入，全面落实惠民政策，持续推进城乡居民全民参保计划，靠共享改革发展成果增收。按照“两不愁、三保障、一达标”要求，抓好建卡贫困户精准扶贫、精准脱贫，持续巩固已脱贫成果，用好“1+3”长效扶贫救助机制，确保如期实现全面建成小康社会目标。

四、主要措施

（一）实施创新驱动。用好用活县委、县政府出台的加快实施创新驱动发展战略20多条激励政策，鼓励乡村市场主体通过技术创新、产品升级和产业链延伸，培育发展新技术、新产业、新业态、新模式。大力支持柑橘、笋竹等国家级的技术创新、产品创新，加快柑橘国际协同创新中心、国家竹藤研究中心竹纤维研究分中心建设，加大新产品的研发力度，编制好竹纤维环保餐具国家标准，充分发挥行业技术标准对产业的带动作用。大力发展农光互补产业，在光伏板上发电的同时，在光伏板下发展现代农业，不断提高土地利用率、产出率。运用大数据、物联网，大力发展智慧农业、O2O等新业态，加速中国柑橘交易中心建设发展，到2021年，实现交易额100亿元以上。

（二）**推进农村改革。**以农业供给侧结构性改革为抓手，全面推进乡村综合改革。大力培育新型农业经营主体，深化完善农村土地承包经营权确权登记颁证工作，深化农村“三权分置”，加快土地流转，探索财政资金股权化，积极支持基础设施折价入股，让资源变资产、资金变股金、村民变股民。创新投入机制，整合各类支农惠农资金和项目资金，规范实施PPP项目，充分撬动社会资本，引导农民创业投资，形成“多方合作、多元投入、共建共赢”的投资格局。改革土地供给机制，编制好新一轮乡村土地规划，引导农业企业、农民合作社兴建附属设施。深化完善农业保险。组建县乡农产品质量安全监管执法机构，乡镇（街道）监管执法单位作为县级监管执法机构的派出机构管理。改革农田生态治理体制，建立生产使用有机肥补贴、田坎硬化绿化补贴、冬水田翻犁补贴等机制。深入推进户籍制度改革，鼓励农村居民稳步向居民点、场镇、县城转移就业，力争2021年，转移农村居民5万人，到2025年，累计转移10万人。

（三）**大力招商引资。**牢固树立“招商引资是经济工作的生命线”理念，围绕美丽乡村建设，全力以赴开展招商引资。大力引进经济效益好、就业岗位多、市场竞争力强、辐射范围广的绿色低碳循环种植养殖业、农产品精深加工业，大力引进先进技术和行业领军人才，带动乡村产业发展。引进社会资本参与乡村基础设施提升、人居环境整治、村容村貌改造，开发乡村旅游项目。发动引导30万外出务工人员为建设美丽乡村招商引资，带回资金、技术、市场、信息等资源。打造乡村旅游精品线路，全方位、多形式开展忠县乡村旅游推介，促进资源整合、线路延伸、市场共建，实现客源互推、资源共享。

（四）**大力培育乡村新型人才。**根据美丽乡村建设对人才的需求，重点围绕特色效益农业发展、乡村旅游开发，引进高层次农业科技人才、实用技术人才和经营管理人才。引导外出务工农民回流建设美丽乡村，鼓励大学毕业生、退役士兵下乡干事创业。推进城乡技术人员交流挂职学习锻炼，打造一批科技特派员“星创天地”。积极与高等院校、科研院所合作，扩大县职教中心教学规模，优化调整专业设置，大力培育新型职业农民。鼓励新型职业农民积极发展成为家庭农场等新型农业经营主体。充分发挥农村优秀实用人才的“传帮带”作用，鼓励“田秀才”“土专家”举办实用技术培训，提升农民职业技能。到2021年，培育爱农业、懂技术、善经营的新型职业农民3000人，农业实用技术骨干人才5000人。

五、保障体系

（一）**加强组织领导。**建立美丽乡村建设领导小组，县委统一领导，县政府主导实施，县人大、县政协参与监督，各部门各单位协调联动、乡镇（街道）具体负责，切实加强对美丽乡村建设的统筹领导、战略谋划、系统部署、政策研究、监督检查。各乡镇（街道）要高度重视，把建设美丽乡村作为重中之重，坚持党政“一把手”负总责，亲自抓，每年自行启动至少1个美丽乡村建设。各牵头部门要制定完善实施方案，加强规划、指导、协调、检查，确保步调一致，上下联动，齐抓共管。

（二）**加强干部队伍建设。**切实加强乡村党组织、群团组织、社会组织建设，配齐配强村支“两委”班子，将政治坚定、群众认可、公道正派、热心村务、带头致富的优秀人才选出来、用出来、管出来、带出来。加大对美丽乡村建设工作的理论知识、业务技能培训，提高乡镇（街道）干部、村社干部建设美丽乡村的能力和水平。切实转变干部作风，用脚步丈量大地，用细心发现问题，靠担当解决问题，靠实干赢得实绩。

（三）**维护群众合法权益。**把尊重农民意愿贯穿于美丽乡村建设的各个方面、各个环节，重大事项必须充分征求群众意见，严肃查处在美丽乡村建设过程中存在的不正之风及腐败问题，重点围绕美丽乡村建设财政专项资金、支农惠农资金、农村集体资产、农业资源管理使用等方面，加强巡察和审计监督，确保美丽乡村建设资金的安全和效益。

（四）强化督查考核问效。实行竞争申报和县委县政府指定双轨道制确定年度任务，建立美丽乡村创建工作验收评分体系和督查考核机制。对创新推动、效果达标的村予以奖励，对工作不力，不作为甚至乱作为的，严肃追责。

中共忠县县委关于把党的十九大精神全面落实在忠县大地上的决定

（2017 年 12 月 7 日）

党的十九大是在全面建成小康社会决胜阶段、中国特色社会主义进入新时代的关键时期召开的一次十分重要的会议。市委五届三次全会对全市贯彻落实党的十九大精神进行了全面部署和系统安排。为深入贯彻落实党的十九大精神和市委五届三次全会精神，组织动员全县广大党员干部群众更加紧密团结在以习近平同志为核心的党中央周围，高举中国特色社会主义伟大旗帜，以习近平新时代中国特色社会主义思想为指导，不忘初心、牢记使命，决胜全面建成小康社会、开启社会主义现代化建设新征程，把党的十九大精神全面落实在忠县大地上，作出如下决定。

一、牢固树立“四个意识”，坚决维护以习近平同志为核心的党中央权威和集中统一领导

深入学习贯彻党的十九大精神，必须注重从政治上抓落实。旗帜鲜明讲政治是我们党作为马克思主义政党的根本要求。党的十九大突出强调，政治建设的首要任务是保证全党服从中央，坚持党中央权威和集中统一领导。全县广大党员干部要牢固树立政治意识、大局意识、核心意识、看齐意识，切实把 “四个意识”落实在岗位上、落实在行动中。

（一）坚决维护习近平同志作为党中央的核心、全党的核心的地位。党的十九大把 “坚定维护以习近平同志为核心的党中央权威和集中统一领导”写入党章，进一步确立了习近平总书记在党中央和全党的核心地位。习近平总书记作为党中央的核心、全党的核心，给我们以信仰的力量、真理的力量、人格的力量，是全党拥护、人民爱戴、当之无愧的党的领袖。习近平总书记核心地位的确立是实践的选择、历史的选择，是全党的选择、人民的选择。全县各级党组织和广大党员干部必须时时处处事事维护以习近平同志为核心的党中央权威和集中统一领导，把维护习近平总书记的核心地位作为第一位的政治要求，更加自觉地在思想上政治上行动上同以习近平同志为核心的党中央保持高度一致，做到思想上充分信赖、政治上坚决维护、组织上自觉服从、感情上深刻认同、行动上始终跟随。

（二）坚决维护党中央集中统一领导。党政军民学，东西南北中，党是领导一切的。党中央集中统一领导是党的领导的最高原则，加强和维护党中央集中统一领导是全党共同的政治责任。全县各级党组织和广大党员干部要始终坚持以党的旗帜为旗帜，以党的方向为方向，以党的意志为意志，在指导思想和路线方针政策及关系全局的重大原则问题上，头脑要特别清醒、立场要特别坚定。坚定不移向习近平总书记看齐，向党中央看齐，向党的理论和路线方针政策看齐，向党中央决策部署看齐，做到党中央提倡的坚决响应、党中央决定的坚决执行、党中央禁止的坚决不做。坚决做到“四个服从”，坚决防止和反对个人主义、分散主义、自

由主义、本位主义、好人主义，决不允许自行其是、各自为政，决不允许有令不行、有禁不止，决不允许搞上有政策、下有对策。

（三）不折不扣落实党中央各项决策部署。地方和部门的工作都是对党中央决策部署的具体落实。全县各级各部门要牢固树立全国、全市、全县“一盘棋”思想，自觉把工作放到全局中去思考、谋划和推动，不打任何折扣，不要任何小聪明，不搞任何小动作。作任何决策都要从习近平新时代中国特色社会主义思想中找思路、找方法，推进任何工作都要从“五位一体”总体布局和“四个全面”战略布局中找方位、找定位。必须以坚决贯彻党中央决策部署为前提，在全面落实市委、县委工作要求的基础上，结合实际创造性地开展工作，确保政令畅通。

二、坚持知行合一，深学笃用习近平新时代中国特色社会主义思想

深入学习贯彻党的十九大精神，必须注重从思想上抓落实。党的十九大把习近平新时代中国特色社会主义思想确立为党必须长期坚持的指导思想，实现了党的指导思想的又一次与时俱进。全县各级党组织和广大党员干部必须深刻理解把握习近平新时代中国特色社会主义思想的时代背景、科学体系、精神实质、实践要求，坚定自觉地用党的创新理论武装头脑、统一思想、指导实践、推动工作。

（一）深刻领会把握习近平新时代中国特色社会主义思想精神实质和丰富内涵。习近平新时代中国特色社会主义思想，从理论和实践结合上系统回答了新时代坚持和发展什么样的中国特色社会主义、怎样坚持和发展中国特色社会主义这个重大时代课题，深刻回答了新时代坚持和发展中国特色社会主义的总目标、总任务、总体布局、战略布局和发展方向、发展方式、发展动力、战略步骤、外部条件、政治保证等一系列基本问题。必须深刻领会习近平新时代中国特色社会主义思想的重大政治意义、理论意义和实践意义，深刻领会习近平新时代中国特色社会主义思想的重大历史贡献，深刻领会习近平新时代中国特色社会主义思想“八个明确”的丰富内涵，深刻领会新时代坚持和发展中国特色社会主义“十四个坚持”的基本方略，切实增强对习近平新时代中国特色社会主义思想的政治认同、思想认同、理论认同，切实增强坚持以习近平新时代中国特色社会主义思想为行动指南的自觉性和坚定性。

（二）坚持以习近平新时代中国特色社会主义思想武装头脑、统一思想。习近平新时代中国特色社会主义思想，是马克思主义中国化最新成果，是中国特色社会主义理论体系的重要组成部分，开辟了马克思主义新境界、中国特色社会主义新境界、党治国理政新境界、管党治党新境界。必须带着信仰、带着使命、带着责任，读原著、学原文、悟原理，把学习习近平新时代中国特色社会主义思想同学习马克思列宁主义、毛泽东思想、邓小平理论、“三个代表”重要思想、科学发展观结合起来，全面准确把握核心要义和思想精髓。大力弘扬理论联系实际的学风，强化问题意识、树立问题导向，自觉运用习近平新时代中国特色社会主义思想研究解决全县经济社会发展中的重大问题。发挥领导干部“关键少数”作用，做到学在深处、谋在新处、干在实处。

（三）坚持以习近平新时代中国特色社会主义思想指导实践、推动工作。全县各级党组织和广大党员干部必须立足思想实际、工作实际和岗位实际，坚持知行合一、学做结合，不断增强改造主观世界和客观世界的能力。切实把学习成果体现在筑牢思想根基上，增强“四个意识”、坚定“四个自信”，提高政治觉悟和政治站位。切实把学习成果体现在提升能力素质上，不断增强工作的科学性、预见性、主动性和创造性。切实把学习成果体现在促进作风转变上，做到以实干兴县、以实绩惠民。切实把学习成果体现在推动事业发展上，真正把学习成效转化为推动我县改革发展的强大动力。

三、全面落实党的方针政策和市委决策部署，扎实推进我县改革发展各项事业

深入学习贯彻党的十九大精神，必须注重从战略部署上抓落实。党的十九大作出中国特色社会主义进入了新时代、我国社会主要矛盾已经转化为人民日益增长的美好生活需要和不平衡不充分的发展之间的矛盾等重大政治论断，作出从全面建成小康社会到基本实现现代化、再到全面建成社会主义现代化强国的战略安排，对统筹推进“五位一体”总体布局和协调推进“四个全面”战略布局作出全面部署。必须坚定不移贯彻党的十九大作出的重大战略部署，坚定不移践行新发展理念，坚定不移抓好“四个扎实”，认真落实市委工作部署，努力实现更高质量、更有效率、更加公平、更可持续的发展。

（一）着力建设现代化经济体系，加快提升经济发展质量和效益。坚定不移把发展作为第一要务，坚持质量第一、效益优先，深入推进供给侧结构性改革，把发展经济的着力点放在实体经济上，把提高供给质量作为主攻方向，着力去产能、去库存、去杠杆、降成本、补短板，推动经济发展质量变革、效率变革、动力变革，提高全要素生产率，着力加快建设实体经济、科技创新、现代金融、人力资源协同发展的产业体系，建立健全市场机制有效、微观主体有活力、宏观调控有度的经济体制，不断增强经济创新力和竞争力。推动互联网、大数据、人工智能和实体经济深度融合，在中高端消费、创新引领、绿色低碳、共享经济、现代供应链、人力资本服务等领域培育新增长点和形成新动能。坚持把创新作为引领发展的第一动力，推动以科技创新为核心的全面创新，建立以企业为主体、市场为导向、产学研深度融合的创新体系，支持中小企业创新，促进科技成果转化，营造良好创新生态，激发和保护企业家精神，弘扬劳模精神和工匠精神，塑造更多依靠创新驱动、更多发挥先发优势的引领型发展。加大城乡融合力度，深化城乡综合配套改革，大力发展特色效益农业，推动农业“接二连三”，着力构建以工促农、以城带乡、工农互惠、城乡一体的新型工农城乡关系，打造“一兴四美·七彩大地”美丽乡村，促进城市乡村美美与共。加大区域协调发展力度，积极开展与东部发达地区和沿海城市合作，探索发展“飞地经济”，构建互惠互赢合作体系。培育壮大民营经济，完善资源要素市场化配置，实现产权有效激励、要素自由流动、价格反应灵活、竞争公平有序、企业优胜劣汰。深化国有企业改革，支持民营经济加快发展。坚持引进来和走出去并重，全面融入西部大开发新格局，积极融入国家“一带一路”建设和长江经济带、成渝城市群发展战略，加快建设乌杨新区、临港新城开放平台，提速推进新生港、黔忠广铁路等重大工程，推动港产城融合发展，打造三峡库区开放高地，建设“一带一路”和长江经济带重要节点城市。

（二）着力发展社会主义民主政治，健全人民当家作主制度体系。坚持党的领导、人民当家作主、依法治县有机统一，把人民当家作主落到实处，体现人民意志、保障人民权益、激发人民创造活力。坚持和完善人民代表大会制度，支持和保证人大依法行使权力，完善人大代表联系群众制度，加强县乡人大工作，充分发挥地方国家权力机关的作用。统筹推进政党协商、人大协商、政府协商、政协协商、人民团体协商、基层协商以及社会组织协商，推动协商民主广泛、多层、制度化发展，保证人民在日常政治生活中有广泛持续深入参与的权利。充分发挥人民政协作为协商民主重要渠道和专门协商机构的作用，履行好政治协商、民主监督和参政议政职能，不断增进共识、促进团结。完善基层民主制度，实现政府管理和基层自治良性互动。巩固和发展最广泛的爱国统一战线，支持民主党派按照中国特色社会主义参政党要求更好履行职能，全面正确贯彻落实党的民族政策和宗教工作基本方针，扎实做好党外知识分子、新的社会阶层人士和侨务、港澳、对台工作，构建亲清新型政商关系，促进非公有制经济健康发展和非公有制经济人士健康成长，为忠县发展提供广泛力量支持。

（三）着力推动社会主义文化繁荣兴盛，加快推进文化强县建设。坚持中国特色社会主义文化发展道路，坚定文化自信，激发文化创新创造活力，推动社会主义文化繁荣兴盛。牢牢掌握意识形态工作领导权，严格落实意识形态工作责任制，加强理论武装，突出抓好习近平新时代中国特色社会主义思想的学习宣传，推动习近平新时代中国特色社会主义思想深入人心。坚持正确舆论导向，加强传播手段建设和创新，加快推进媒体深度融合发展，加强互联网内容建设和网络综合治理，提高新闻舆论传播力、引导力、影响力、公信力。以成功创建全国文明城市为契机，大力培育社会主义核心价值观，加强思想道德建设，广泛开展理想信念教育，深入实施公民道德建设工程，全面巩固和深化文明城市创建成果，进一步提高市民思想觉悟、道德水准、文明素养和全社会文明程度。繁荣发展社会主义文艺，力争创作更多具有新时代气息和忠县特色的文艺精品。加强文化遗产保护，挖掘并展现“忠文化”，促进文化事业和文化产业繁荣发展。完善公共文化服务体系，深入实施文化惠民工程，广泛开展全民健身和群众性体育活动，打造更多群众文化活动品牌。传承城市历史文脉，加大文物保护利用和文化遗产保护力度，精心打造一批留住历史记忆、彰显文化特色的城市建筑，充分展示忠县独特的历史文化和传统风貌。

（四）着力打造共建共治共享的社会治理格局，加强和创新社会治理。坚持人人尽责、人人享有，形成有效的社会治理、良好的社会秩序，使人民获得感、幸福感、安全感更加充实、更有保障、更可持续。完善党委领导、政府负责、社会协同、公众参与、法治保障的社会治理体制，坚持系统治理、依法治理、综合治理、源头治理，提升社会治理社会化、法治化、智能化、专业化水平，确保社会大局稳定、人民安居乐业、社会安定有序。加强预防和化解社会矛盾机制建设，健全利益表达、利益协调和利益保护机制，引导群众依法行使权利、表达诉求、解决纠纷，维护群众合法权益。完善社会诚信体系建设。加强社会心理服务体系建设，培育自尊自信、理性平和、积极向上的社会心态。推进社会治理领域信息共建共享共用。加强社区治理体系建设，实施基层组织、基础工作和基本素质强化工程，引导社会组织健康有序发展，推进基层社会治理网格化管理、社会化服务，推动社会治理重心向基层下移，实现政府治理和社会调节、居民自治良性互动。

（五）着力促进人与自然和谐共生，建设山清水秀美丽之地。牢固树立社会主义生态文明观，坚持节约优先、保护优先、自然恢复为主的方针，坚持走生态优先、绿色发展新路，按照“共抓大保护，不搞大开发”要求，守住发展和生态两条底线，推动形成节约资源和保护环境的空间格局、产业结构、生产方式、生活方式。把修复长江生态环境摆在压倒性位置，全面落实河长制，加强环境保护和生态建设，涵养好长江两岸绿水青山，保护好三峡库区和长江母亲河。合理优化生态空间布局，严守生态保护红线、永久基本农田、城镇开发边界三条控制线。坚守绿色本底，优化城市生态，以山为骨、以水为脉、以绿为底打造近山亲水、绿意盎然、鸟语花香的城市生态景观。推动产业发展绿色转型，推动资源能源利用方式转变，推动城乡居民生活方式绿色化，筑牢长江上游重要生态屏障。

（六）着力破除制约发展的体制机制障碍，扎实推进全面深化改革。紧密结合全县实际，无缝对接中央及市委改革部署，以“路线图、时间表、任务书”项目化推进改革，加快推进国家及全市赋予的各项改革试点，创新建立一批破除制约经济社会快速发展的体制机制。持续深化国企改革、“放管服”改革、投融资体制改革、农业农村改革、内陆开放体制改革、生态文明体制改革等重点领域改革。强化战略导向、问题导向、民生导向，以经济体制改革为重点，统筹推进政治、文化、社会和生态文明建设领域各项改革，注重推进有利于增添经济发展动力、促进社会公平正义、增强人民群众获得感、调动广大干部群众积极性的改革，提高改革精准度，扩大改革受益面。坚持“一把手抓一把手”，促进各级领导干部对标对表、亲力亲为、敢作敢为、善作善成抓改革，确保改革真正落地见效。尊重群众首创精神，总结推广基层改革经验，培育更多改革典型。

（七）着力维护社会公平正义，深入推进全面依法治县。坚持厉行法治，推进严格执法、公正司法、全民守法，切实把经济社会发展各项工作纳入法治化轨道。调整充实县委全面依法治县领导小组，加强对全县法治建设工作的统一领导。建设法治政府，推进依法行政，严格规范公正文明执法。深化司法体制综合配套改革，全面落实司法责任制，努力让人民群众在每一个司法案件中感受到公平正义。进一步加强人民法院执行工作，增强司法公信力。完善法律援助和司法救助制度，深化拓展“百名法律人才进村（社区）”工作，加快构建覆盖城乡的公共法律服务体系。全面落实国家机关“谁执法谁普法”普法责任制，加大全民普法力度，建设社会主义法治文化。各级党组织和全体党员要带头尊法学法守法用法，任何组织和个人都不得有超越宪法法律的特权，绝不允许以言代法、以权压法、逐利违法、徇私枉法。

四、突出抓重点、补短板、强弱项，决胜全面建成小康社会

深入学习贯彻党的十九大精神，必须注重从具体行动上抓落实。从现在到二〇二〇年，是全面建成小康社会决胜期。按照全面建成小康社会决胜期“抓重点、补短板、强弱项”重要方针，中央提出坚定实施科教兴国战略、人才强国战略、创新驱动发展战略、乡村振兴战略、区域协调发展战略、可持续发展战略、军民融合发展战略，坚决打好防范化解重大风险、精准脱贫、污染防治的攻坚战，市委五届三次全会立足重庆实际提出实施“八项战略行动计划”和“三项攻坚战”。全县要认真贯彻落实党的十九大作出的战略部署和市委决策部署，结合忠县实际，大力实施“十项行动方案”、打好“三项攻坚战”，确保全面建成小康社会得到人民认可、经得起历史检验。

（一）实施以美丽忠县为主题的“生态优先、绿色发展”行动方案。全面贯彻落实习近平总书记提出的“走生态优先、绿色发展之路”要求，全面落实可持续发展战略，共抓大保护，不搞大开发，加强生态空间管控，严格执行生态保护红线管控政策，实行最严格的生态环境保护制度，切实保护好库区绿水青山，推动人与自然和谐共生，努力争当“绿水青山就是金山银山”理念实践示范县。实施生态建设和修复工程，开展林业“五大行动”和国土绿化行动，提高全县及长江两岸森林覆盖率，统筹山水林田湖草系统治理，推进资源全面节约和循环利用，发展绿色低碳循环经济，推动形成绿色发展方式和生活方式，努力实现产业兴、百姓富、生态美的有机统一。

（二）实施以智能化为引领的“创新驱动发展”行动方案。贯彻创新驱动发展战略，聚焦以智能化为导向的创新发展，以智能化引领产业转型、创新政府管理、服务社会民生，加快培育经济增长新动能。依托重庆智能产业良好基础，积极承接引进智能制造装备产业。加快运用智能化手段和技术，改造提升传统产业，提升产品质量，培育知名商标和品牌，提高全要素生产率。加强智能化在交通市政、政府管理、社会治理、生态环保等领域的应用，着力建设数字忠县、智慧忠县。大力推进科技创新，支持研发创新平台建设，培育科技型企业，引进培养一批高素质、专业化人才，鼓励科技成果转化应用，高标准建设柑橘国际协同创新中心，加快打造渝东北创新驱动发展示范县。

（三）实施以四大产业集群为主导的“特色工业发展”行动方案。深化落实县委、县政府《关于大力发展特色工业的决定》，积极发挥现有龙头企业和骨干企业的聚集作用，推动关联产业项目集中布局，加快构建以锂电、医药、装备制造、资源加工为主导的特色工业集群。加快乌杨新区建设，着力打造企业承载平台、招商引资窗口、产业发展高地，提升特色工业承载能力。深化工业供给侧结构性改革，加快现有企业技改扩能，推动现有企业上档升级。抓住国家实施军民融合发展战略重要机遇，努力争取国防科技工业项目落户忠县，深入开展拥政爱民活动，形成军民融合深度发展新格局。

（四）实施以三大开发为抓手的“特色中等城市建设”行动方案。深化落实县委、县政府《关于加快建设特色中等城市的决定》，坚持以人为核心、港产城融合，大力开发乌杨新区和临港新城，拓展忠州老城功能，全力以赴加快建设“诗意山水·活力港城”特色中等城市。大力推进城市基础开发，加大新区征地拆迁力度，加快基础设施建设，促进三片区互联互通。加强城市功能开发，完善学校、医院、公园等公共服务设施，持续推进棚户区改造，大力开发银山片区，打造城市综合体，提升人口集聚能力和公共服务水平。创意开展城市形态开发，做好城市风貌设计，推进城市绿化美化亮化，让城市既有“颜值”又有“气质”。开展违法建设专项整治行动，依法规范建设活动。健全城市管理机构，理顺城市管理体制，加强城市综合执法，提升城市管理水平。

（五）实施以田园综合体为示范的“美丽乡村建设”行动方案。落实乡村振兴战略，深化落实县委、县政府《关于加快建设美丽乡村的决定》，按照产业兴、生态美、村容美、乡风美、生活美的总要求，大力推进农业农村现代化，加快建设“一兴四美·七彩大地”美丽乡村，让农业成为有奔头的产业，让农民成为有吸引力的职业，让农村成为安居乐业的家园。高水平规划建设首批田园综合体“三峡橘乡”试点项目，打造美丽乡村经典范例和远近闻名的乡村旅游目的地。通过以点示范、以点带面，加快发展柑橘、笋竹、生猪、生态水产等特色效益农业，推进一二三产业融合发展。加快建设特色小镇，大力改造建制乡场镇、撤并乡场镇，积极改善农民生产生活条件，全面整治农村人居环境，推进“厕所革命”，切实加强乡村精神文明建设，不断健全城乡融合发展体制机制，努力促进城乡一体发展。

（六）实施以全域旅游为方向的“文化旅游业发展”行动方案。积极融入全市全域旅游发展大格局，整合全县旅游资源，大力推动景点旅游向全域旅游转型发展，推动文化旅游深度融合，积极创建市级全域旅游示范县，努力打造长江三峡国际黄金旅游带重要旅游目的地。以孵化中心为平台，加快推进三峡港湾电竞小镇规划建设，促进电竞产业发展。编制全域旅游发展规划，建立旅游发展专项资金，积极争取上级政策支持，加大旅游投资和招商引资力度，构建全域旅游工作体系。依托独特的忠文化，以《烽烟三国》为龙头，推动文化旅游深度融合。加快推进三峡港湾、电竞小镇、忠州老街、游客集散中心等重大文旅项目建设，发展智慧旅游，完善旅游配套功能，培育旅游市场主体，丰富旅游产品供给，创新旅游营销模式，加强旅游市场监管，实现旅游接待人数和旅游综合收入快速增长。

（七）实施以“大商场、大市场、大流通”为目标的“商贸物流业发展”行动方案。以推进商贸物流现代化、繁荣城乡市场为主线，着力培育大商场、建设大市场、搞活大流通。创新商业模式，大力发展电子商务，加强与知名电商平台合作，营运好全国柑橘交易中心，培育和发展一批电商主体，畅通农产品上行、工业品下行、物流配送“三条线”。打造“乡土忠州”等区域公共品牌，提高农产品商品化率和网货转化率，确保本地农产品卖得出、卖得好、卖得远。加快大型商业设施建设，引进一批知名企业和高端品牌，充分激发消费活力。大力发展港口物流，加快建设新生港物流园区，积极引进货代公司、船务公司等大型物流货运企业入驻忠县，加快建设多式联运物流基地，提高聚合辐射能力，以货物的大进大出，带动人口大进大出、资金大进大出和信息大进大出。

（八）实施以新生港为重点的“基础设施建设提升”行动方案。统筹推进交通、水利、能源、环保、信息等基础设施网络建设，补齐基础设施短板，加快形成布局合理、设施配套、功能完善、安全高效的现代基础设施体系，为经济发展和人民生活提供更好环境和条件。按照“前港中仓后园”思路，加快建设新生港，着力完善铁公水集疏运体系，同步推进新生港物流园区建设。大力实施交通建设“三年会战”，加快推进重庆东站至忠县至万州高铁、黔忠万高铁、黔忠广铁路、沿江高速北线忠县段、通用航空机场等重大交通项目，完成农村公路及小康路建设目标，形成内畅外联交通网络。推进水利基础设施建设，加强水利工程建设管理，提升供水安全保障能力。完善城乡环保基础设施体系，融入全市实时在线环境监测监控系统建设。加强信息基础设施建设，推动网络提速降费，推进社会事业和公共服务领域信息化建设。加强能源、管道等基础设施建设。

（九）实施以开放平台为载体的“库区开放高地建设”行动方案。牢固树立“大开放大发展”理念，抓住“一带一路”倡议和长江经济带建设重要战略机遇，积极融入国家和全市全面开放新格局，打造库区开放高地。大力建设开放通道和开放平台，以新生港和长江黄金水道为基础，积极对接中新（重庆）互联互通示范项目，主动融入重庆自贸（试验）区建设，力争在新生港设立保税港区，进一步凸显“一带一路”和长江经济带重要节点城市的独特作用。优化开放环境，促进贸易和投资自由化便利化，营造国际化、法治化的营商环境。加大“引进来”力度，进一步改进招商引资工作机制，提高招商引资实效。增强“走出去”意识，做大一般贸易，（删除：推进加工贸易转型升级）积极培育外向型企业，发展对外贸易新业态，提高“忠县造”产品的出口竞争力。

（十）实施以民生福祉为导向的“民生改善和社会治理”行动方案。坚持把增进民生福祉作为发展的根本目的，坚持把人民对美好生活的向往作为奋斗目标，坚持从人民最关心最直接最现实的利益问题入手，全面落实中央、市委部署的各项民生工作任务，扎实做好保障和改善民生工作。促进教育优先发展，大力实施“名师名校名校长”工程，积极创建义务教育发展优质均衡县，努力办好人民满意教育，加快建设重庆教育强县。推进“健康忠县”建设，大力实施“名医名院名院长”工程，持续巩固国家县级公立医院改革示范县成果，不断提升医疗服务保障水平。广泛开展全民健身活动，丰富群众精神文化生活。积极鼓励创业，不断扩大就业，着力解决低收入群体增收乏力问题。完善社会保障体系，健全养老服务体系，提高社会保障能力。加强和创新社会治理，大力推进社区网格化管理、城乡社区自治、法律工作者进村（社区）“三个全覆盖”。落实食品安全战略，积极创建国家食品安全示范城市，确保人民“舌尖上的安全”。健全社会治安防控体系，加强安全生产监管，确保群众安居乐业。持之以恒实施民生工程、办好民生实事，做好普惠性、基础性、兜底性民生工作，不断满足人民日益增长的美好生活需要。

（十一）坚决打赢“精准脱贫与致富奔小康同步推进”攻坚战。坚持精准扶贫、精准脱贫。严格对照“两不愁、三保障、一达标”要求，聚焦基础设施建设、产业发展、就业培训、社会保障、教育扶贫、健康扶贫、金融扶贫、易地扶贫搬迁精准发力，继续落实好“3+1”精准脱贫长效机制，确保到2020年现行标准下我县农村贫困人口稳定脱贫，确保低收入群体稳定增收。

（十二）坚决打好“防范化解重大风险”攻坚战。防范化解重大风险是全面建成小康社会的重要保障，必须增强忧患意识，统筹发展和安全。深入贯彻落实总体国家安全观，坚决维护国家政治安全，坚决打击各种渗透颠覆破坏活动、民族分裂活动、宗教极端活动。防范管控化解民间借贷等经济领域各类风险，有效防范和坚决遏制重特大安全事故发生。加强地质灾害防治，加强防灾减灾救灾能力建设，有效防范网络安全风险，加强信访稳定工作，及时排查和化解重要节点、重大活动、重点领域的突出矛盾纠纷和风险隐患，努力提高防范和抵御风险能力。

（十三）坚决打好“污染防治”攻坚战。环境就是民生，青山就是美丽，蓝天也是幸福。必须坚持全民共治、源头防治，持续开展“碧水、蓝天、绿地、田园、宁静”五大环保行动。着力加强城乡污水治理，强化饮用水水源保护，加强大气污染防治，加强固体废物和垃圾处理，加强农业面源污染防治，强化土壤污染管控和修复，加强城市声环境管理，大力整治突出环境问题，依法打击环保领域违法犯罪，切实解决人民群众关心的突出环境问题，让城市乡村天蓝地绿水清，让人民生活环境赏心舒心悦心。

五、坚定不移全面从严治党，不断提高党的执政能力和领导水平

深入学习贯彻党的十九大精神，必须注重从组织领导上抓落实。全县各级党组织要牢牢把握新时代党的建设总要求，切实担负起全面从严治党主体责任，坚持和加强党的全面领导，坚持党要管党、全面从严治党，以加强党的长期执政能力建设、先进性和纯洁性建设为主线，以党的政治建设为统领，以坚定理想信念宗旨为根基，以调动各级党组织和党员干部积极性、主动性、创造性为着力点，全面推进党的政治建设、思想建设、组织建设、作风建设、纪律建设，把制度建设贯穿其中，深入推进反腐败斗争，坚决清除孙政才恶劣影响和“薄、王”思想遗毒，把坚定不移全面从严治党见诸实效。

（一）坚持把党的政治建设摆在首位。党的政治建设是党的根本性建设，决定党的建设方向和效果。要坚定执行党的政治路线，严格遵守政治纪律和政治规矩，在政治立场、政治方向、政治原则、政治道路上同以习近平同志为核心的党中央保持高度一致。要尊崇党章，严格执行新形势下党内政治生活若干准则，增强党内政治生活的政治性、时代性、原则性、战斗性。突出问题导向，坚持破立并举，全面彻底干净清除孙政才恶劣影响和“薄、王”思想遗毒，营造风清气正的良好政治生态。完善和落实民主集中制的各项制度，坚持民主基础上的集中和集中指导下的民主相结合，既充分发扬民主，又善于集中统一。发展积极健康的党内政治文化，弘扬忠诚老实、公道正派、实事求是、清正廉洁等价值观。全县各级领导干部要不断提高政治觉悟和政治能力，把对党忠诚、为党分忧、为党尽职、为民造福作为根本政治担当，永葆共产党人政治本色。

（二）切实加强对党员干部的思想理论教育。把坚定理想信念作为党的思想建设的首要任务，始终坚持用习近平新时代中国特色社会主义思想武装头脑，教育引导全县党员干部牢记党的宗旨，挺起共产党人的精神脊梁，解决好世界观、人生观、价值观这个“总开关”问题，自觉做共产主义远大理想和中国特色社会主义共同理想的坚定信仰者和忠实实践者，始终保持高度政治敏锐性，坚决抵制错误思想侵蚀，旗帜鲜明地抵制和反对各种“杂音”“噪音”干扰。弘扬马克思主义学风，严格落实党内学习制度，坚持和完善党委（党组）理论学习中心组学习制度、领导干部讲党课制度等，推进“两学一做”学习教育常态化制度化。认真开展“不忘初心、牢记使命”主题教育，促进全县广大党员干部进一步增强“四个意识”，坚定“四个自信”，更加自觉地为实现新时代党的历史使命不懈奋斗。

（三）着力锻造忠诚干净担当的干部队伍。坚持党管干部原则，坚持德才兼备、以德为先，坚持五湖四海、任人唯贤，坚持事业为上、公道正派，把好干部标准落到实处，切实把好干部选出来、用出来、管出来、带出来。坚持正确选人用人导向，突出政治标准，加强各级领导班子建设，选优配强“一把手”和关键岗位领导干部。抓好年轻干部、女干部、少数民族干部、党外干部培养选拔工作，不断优化干部队伍结构。注重干部专业能力和专业精神培养，选派干部到经济发展主战场、维护稳定第一线、服务群众最前沿培养历练，建设高素质专业化干部队伍。坚持严管和厚爱结合、激励和约束并重，完善干部考核评价机制，建立健全干部正向激励、容错纠错、能上能下机制，旗帜鲜明为那些敢于担当、踏实做事、不谋私利的干部撑腰鼓劲。对违规违纪、党性不强、为官不为的干部，集中开展“党性再锤炼、能力再提升”培训。认真做好离退休干部工作。

（四）不断增强基层党组织的生机活力。以提升组织力为重点，突出政治功能，统筹推进基层党组织建设。坚持“三会一课”制度，常态化开展软弱涣散基层党组织整顿，着力扩大党组织和党的工作覆盖面，统筹抓好学校、医院、国企和非公经济等党建工作，着力治理机关党建“灯下黑”问题。扎实做好党员发展、教育、管理和服务等基础性工作，严把入党质量关，不断优化党员队伍结构。扩大党内基层民主，推进党务公开，畅通党员参与党内事务、监督党的组织和干部、向上级党组织提出意见和建议的渠道。深入推进抓党建促脱贫攻坚，着力破解“空壳村”难题，把基层党组织建设成带领群众脱贫致富的坚强堡垒。更加关心和重视基层，加强乡镇基层政权和服务能力建设，完善县乡村三级便民服务体系，保障基层工作经费，健全干部待遇增长机制，巩固和夯实党的执政基础。

（五）持之以恒推进正风肃纪。巩固拓展落实中央八项规定精神成果，持续整治“四风”突出问题。坚持开展批评和自我批评，坚持惩前毖后、治病救人，坚持纪在法前、纪严于法，运用监督执纪“四种形态”，抓早抓小，防微杜渐。深入实施领导干部“家访”制度，及时发现和处置党员干部小微苗头性问题，促进干部健康成长。重点强化政治纪律和组织纪律，带动廉洁纪律、群众纪律、工作纪律、生活纪律严起来。党员干部要主动接受监督，习惯在受监督和约束的环境中工作生活，扎实践行“三严三实”，巩固深化干部作风建设专项整治行动成果，注重家庭、家教、家风教育引导，自觉净化社交圈、朋友圈，始终保持清正廉洁的政治本色。

（六）坚持不懈推进反腐败斗争。强化不敢腐的震慑，扎牢不能腐的笼子，增强不想腐的自觉，筑牢拒腐防变的思想防线和制度防线。深化标本兼治，坚持无禁区、全覆盖、零容忍，坚持重遏制、强高压、长震慑惩治腐败，坚持受贿行贿一起查，严肃查办发生在重点领域、关键环节和群众身边的腐败案件。健全县委巡察制度，建设覆盖纪检监察系统的检举举报平台。加强纪律教育，培育廉洁文化，建立“亲”“清”新型政商关系，营造崇廉拒腐社会氛围。

（七）进一步强化党和国家监督。加强对权力运行的制约和监督，强化自上而下的组织监督，改进自下而上的民主监督，发挥同级相互监督作用，加强对党员领导干部的日常管理监督。按照中央统一部署，推进国家监察体制改革，组建县监察委员会，同县纪委机关合署办公，实现对所有行使公权力的公职人员监察全覆盖。按照中央要求，推进审计管理体制改革，完善统计体制。构建党统一指挥、全面覆盖、权威高效的监督体系，把党内监督同国家机关监督、民主监督、司法监督、群众监督、舆论监督贯通起来，增强监督合力。

（八）全面提升党员干部本领。着眼新时代新实践新要求，不断推动全县党员干部政治过硬、本领高强。要增强学习本领，营造善于学习、勇于实践、敢于走出去的浓厚氛围，深化学习型党组织建设，推动建设学习型社会。增强政治领导本领，坚持战略思维、创新思维、辩证思维、法治思维、底线思维，坚决贯彻执行党的路线方针政策，把党总揽全局、协调各方落到实处。增强改革创新本领，保持锐意进取的精神风貌，善于结合实际创造性推动工作，运用互联网技术和信息化手段开展工作。增强科学发展本领，贯彻新发展理念，不断开创忠县发展新境界。增强依法执政本领，加强和改善对行政机关的领导。增强群众工作本领，创新群众工作体制机制和方式方法，推动工会、共青团、妇联等群团组织增强政治性、先进性、群众性，发挥联系群众的桥梁纽带作用。增强狠抓落实本领，弘扬求真务实的好作风，以钉钉子精神做实做细做好各项工作。增强驾驭风险本领，健全各方面风险防控机制，处理各种复杂矛盾，牢牢把握工作主动权。

学习贯彻党的十九大精神，是一项首要政治任务和长期战略任务。全县上下要坚决维护以习近平同志为核心的党中央权威和集中统一领导，深学笃用习近平新时代中国特色社会主义思想，拥抱新时代、践行新思想、实现新作为，推动党的十九大精神在忠县大地上落地生根，为早日形成特色产业集群、建成特色中等城市、决胜全面建成小康社会而继续奋斗！

中共忠县县委
忠县人民政府
关于撤销乌杨镇、新生镇
设立乌杨街道、新生街道有关工作的通知

各乡镇党委和人民政府，各街道党工委和办事处，县委各部委，县级国家机关各部门，各人民团体：

根据党章和国家法律法规及市政府《关于撤销忠县乌杨镇、新生镇设立乌杨街道、新生街道的批复》（渝府〔2017〕31 号）精神，现就乌杨镇、新生镇撤镇设街道有关工作通知如下：

一、撤销乌杨镇、新生镇。

二、设立乌杨街道、新生街道。

（一）乌杨街道。辖原乌杨镇朱河、沿溪、青岭 3 个社区和黄谷、将军、文峰、曹家、五岭、高寨、上坝、团结、太集、兴合、李岗、庙塘、白坪、楠木、杨峰、普乐 16 个村。街道办事处驻玲珑路 18 号（原乌杨镇人民政府驻地）。

（二）新生街道。辖原新生镇新生、望水 2 个社区和裕华、木瓜、天池、钟坝、胜利、普安、果梁、合水、香水、鹿角、万井 11 个村。街道办事处驻新生场 1 号（原新生镇人民政府驻地）。

三、撤销中共忠县乌杨镇委员会、中共忠县新生镇委员会，设立中共忠县乌杨街道工作委员会、中共忠县新生街道工作委员会。乌杨镇、新生镇党代会代表资格分别依法履行到乌杨街道、新生街道新机构成立时止。

四、撤销中共忠县乌杨镇纪律检查委员会、中共忠县新生镇纪律检查委员会，设立中共忠县乌杨街道纪律检查工作委员会、中共忠县新生街道纪律检查工作委员会。

五、依法设立忠县人大常委会乌杨街道工作委员会、忠县人大常委会新生街道工作委员会，乌杨镇、新生镇人民代表大会代表资格依法履行到乌杨街道、新生街道新机构成立时止，由县人大常委会依法作出决定。新提名的乌杨镇、新生镇人大兼职副主席暂不进行选举，待新机构成立后按有关规定办理。

六、依法撤销忠县乌杨镇人民政府、忠县新生镇人民政府，设立忠县乌杨街道办事处、忠县新生街道办事处。

七、撤销忠县乌杨镇人民武装部、忠县新生镇人民武装部，设立忠县乌杨街道人民武装部、忠县新生街道人民武装部，由县人民武装部按规定办理。

八、乌杨街道、新生街道领导班子人选，按照《党政领导干部选拔任用工作条例》、有关法律和章程的规定，由县委组织部、县纪委考察提出意见，经县委审定后按程序办理。

九、原乌杨镇、新生镇党委、人民代表大会、政府、纪委、人武部的职权、职能，依法履行到乌杨街道、新生街道新机构成立时止。

十、加强领导，严肃纪律。县撤镇设街道筹备工作领导小组要切实加强组织领导和统筹协调，研究解决重大问题。乌杨镇、新生镇要统一思想认识，坚持过渡期间各项工作不断档，确保经济运行、社会发展、党的建设等工作正常运转；严格执行有关厉行节约的规定和国家土地管理法规政策，加大资源整合力度，优化总体布局，促进经济社会协调健康发展；严格遵守政治纪律、组织人事纪律、财经纪律和机构编制纪律，严禁发生突击提拔干部、调动人员、突击审批、乱发钱物、铺张浪费等违法违纪行为；加强正面宣传和舆论引导，做好干部群众思想政治工作。县级相关部门要紧密配合，主动做好撤镇设街道的服务工作。

特此通知

中共忠县县委
忠县人民政府
2017 年 7 月 25 日

2017 年忠县国民经济和社会发展统计公报

2017 年，忠县县委、县政府深入贯彻落实五大发展理念，坚持稳中求进工作总基调，抓招商、抓工业、抓投资，撸起袖子加油干，全县经济社会保持稳中有进、稳中向好的良好发展态势。

一、综　合

全年实现地区生产总值（GDP）271.33 亿元，比上年增长 12.0%。按产业分，第一产业增加值 40.03 亿元，增长 4.4%；第二产业增加值 139.48 亿元，增长 17.6%；第三产业增加值 91.83 亿元，增长 8.3%。三次产业结构比为 14.8：51.4：33.8。三次产业对全县经济增长的贡献率分别为 6.2%、68.7%、25.1%，分别拉动全县经济增长 0.7 个百分点、8.2 个百分点、3.1 个百分点。非公有制经济实现增加值 146.60 亿元，增长 14.3%，占全县经济的 54.0%。其中，民营经济实现增加值 146.56 亿元，增长 14.3%，占全县经济的 54.0%；外商、港澳台经济实现增加值 0.04 亿元，增长 20.7%。

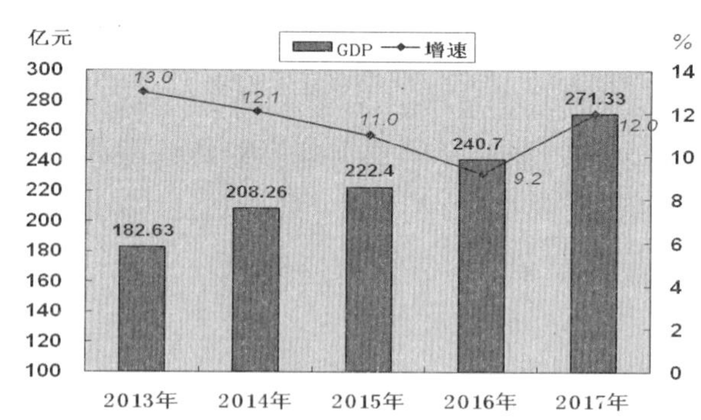

图 1　2013—2017 年忠县地区生产总值及其增长速度

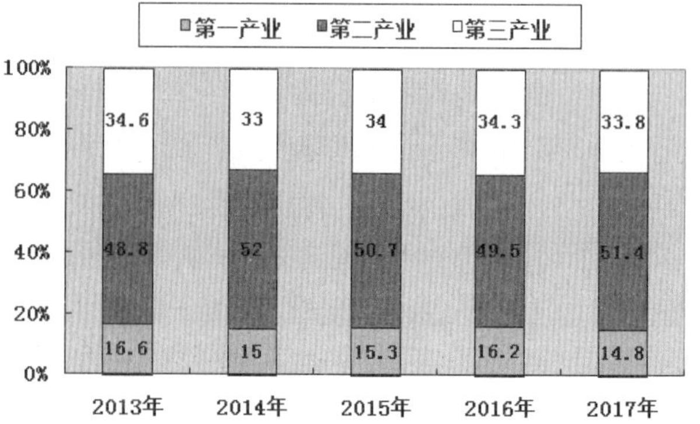

图 2　2013—2017 年忠县三次产业结构

按常住人口计算，全县人均地区生产总值达到37654元，比上年增长10.7%。

全县户籍户数34.7万户，户籍人口99.73万人，比上年减少0.58万人。按性别分，男性51.92万人，女性47.81万人。全县男女人口性别比（以女性为100，男性对女性的比例）为108.6。全年出生人口10172人，死亡人口10387人，迁入人口21207人，迁出人口26864人。全年人口出生率为10.2‰，死亡率为10.4‰，人口自然增长率（户籍口径）为-0.2‰，人口机械增长率为-5.7‰。

全县常住人口72.45万人，比上年增加0.78万人，其中城镇人口31.31万人，占常住人口比重（常住人口城镇化率）为43.21%，比上年提高1.62个百分点。

年末全县劳动力资源总数60.05万人，其中城镇11.19万人。全县从业人员达到52.45万人，比上年增加0.89万人。按产业分，第一产业13.83万人，比上年减少0.44万人；第二产业11.98万人，比上年增加0.47万人；第三产业26.64万人，比上年增加0.86万人。全年城镇新增就业人员9850人；城镇登记失业人数2413人，登记失业率3.1%，比上年下降0.1个百分点。

年末全县城镇建成区面积达42.71平方千米，比上年增加1.9平方千米，其中县城16.15平方千米（未包含新生、乌杨建成区面积），比上年增加0.37平方千米。全年完成居住区综合治理0.1平方千米。城镇建成区绿化覆盖率31.98%，建成区绿地率38.53%，人均公园绿地面积12.05平方米。

年末全县个体工商户31448户，比上年减少124户，其中本年新开业4483户，比上年增加599户。分产业看，第一产业1262户，增长11.3%；第二产业1437户，增长1.4%；第三产业28749户，下降0.9%。第二产业中，工业1423户，比上年增加22户。全县企业单位数10345户，比上年增加1747户。分产业看，第一产业2044户，增长9.8%；第二产业972户，增长7.0%；第三产业7329户，增长25.8%。第二产业中，工业663户，比上年增加19户。2017年新发展微型企业1286户，年末微型企业户数达6363户，增长2.9%。

全年居民消费价格（CPI）总水平比上年上涨1.0%。从构成居民消费的八大类商品和服务价格来看，衣着、居住、生活用品及服务、交通和通信、教育文化和娱乐、医疗保健、其他用品和服务分别同比上涨2.8%、1.9%、0.7%、1.5%、3.3%、4.2%、0.8%；食品烟酒比上年下降1.8%。

图3　2013—2017年忠县居民消费价格比上年涨跌幅度

表1　2017年忠县居民消费价格涨跌幅度

指　标	比上年增长（%）
居民消费价格指数	1.0
#食品烟酒	-1.8
衣着	2.8
居住	1.9
生活用品及服务	0.7
交通和通信	1.5
教育文化和娱乐	3.3
医疗保健	4.2
其他用品和服务	0.8

二、农　业

全年实现农林牧渔业增加值 40.03 亿元，比上年增长 4.4%。其中：种植业 28.18 亿元，增长 3.7%；林业 1.34 亿元，增长 20.2%；畜牧业 8.51 亿元，增长 3.1%；渔业 2.0 亿元，增长 14.7%。

全县农林牧渔业总产值达 59.15 亿元，比上年增长 3.2%。其中种植业、林业、畜牧业、渔业产值分别为 37.42 亿元、1.97 亿元、17.19 亿元、2.57 亿元，各增长 4.7%、17.8%、-2.3%、17.1%。

全年粮食播种面积达到 7.94 万公顷，较上年增长 0.1%。其中：小麦面积 0.54 万公顷，下降 1.3%；水稻面积 2.84 万公顷，下降 0.2%；玉米面积 1.02 万公顷，下降 2.9%。全年油料播种面积 1.57 万公顷，增长 2.2%。蔬菜播种面积 1.29 万公顷，增长 2.7%。全年水果种植面积 2.67 万公顷，增长 1.2%，其中柑橘种植面积 2.35 万公顷，增长 1.3%。

全年粮食总产量 41.7 万吨，比上年增长 0.8%。其中：小麦产量 2.01 万吨，下降 6.5%；水稻产量 22.06 万吨，增长 0.7%；玉米产量 6.23 万吨，下降 6.5%。全年油料产量 3.37 万吨，增长 1.5%。蔬菜产量 29.01 万吨，增长 6.2%。水果产量 38.14 万吨，增长 8.9%，其中柑橘产量 33.4 万吨，增长 6.1%。

全年肉类总产量达到 7.87 万吨，比上年增长 17.3%，其中猪肉产量 5.47 万吨，增长 6.1%。全年生猪出栏 68.63 万头，下降 1.4%；牛出栏 2.62 万头，增长 9.9%；羊出栏 8.12 万头，增长 14.4%；兔出栏 820.93 万只，下降 9.8%；家禽出栏 444 万只，增长 0.8%。

表 2　2017 年忠县主要农产品产量

产品名称	单位	产量	比上年增长(%)
全年粮食产量	吨	416985	0.8
#小麦	吨	20065	-6.5
水稻	吨	220570	0.7
油料产量	吨	33735	1.5
蔬菜总产量	吨	290114	6.2
水果产量	吨	381416	8.9
#柑橘	吨	334015	6.1
生猪出栏	头	686295	-1.4
羊出栏	只	81165	14.4
牛出栏	头	26224	9.9
兔出栏	万只	820.93	-9.8
出栏家禽	万只	444	0.8
禽蛋产量	吨	25067	0.3
肉类总产量	吨	78686	17.3
#猪肉	吨	54701	6.1
水产品产量	吨	14100	7.1

三、工业和建筑业

全年实现工业总产值 398 亿元，比上年增长 21.2%；实现工业增加值 95.87 亿元，增长 21.1%。工业增加值占全县地区生产总值的比重为 35.3%，对全县经济的贡献率达 51.7%，拉动全县经济增长 6.2 个百分点。

全县规模以上工业 71 家，实现产值 128.61 亿元，比上年增长 36.3%；实现增加值 43.39 亿元，增长 25.0%。在规模以上工业中，按轻重工业划分，轻工业实现产值 70.5 亿元，增长 50.0%；重工业实现产值 58.11 亿元，增长 22.7%。按聚集度划分，园区实现产值 103.98 亿元，增长 39.0%；其他区域实现产值 24.62 亿元，增长 25.9%。按产业划分，医药产业实现产值 42.78 亿元，增长 38.2%；锂电产业实现产值 9.08 亿元，增长 329.2%；装备制造业实现产值 9.52 亿元，增长 28.4%；资源加工业实现产值 46.98 亿元，增长 21.4%，其中柑橘加工实现产值 3.22 亿元，增长 60.8%。规模以上工业企业实现销售产值 122.06 亿元，增长 36.3%，其中出口交货值 1.31 亿元，增长 16.9%。

全年规模以上工业企业主营业务收入达 120.68 亿元，增长 36.7%。实现利税总额 14.62 亿元，增长 56.1%，其中利润总额 10.95 亿元，增长 52.7%。规模以上工业企业综合能源消耗 71.67 万吨标准煤，增长 4.9%。

全年实现建筑业产值 221.45 亿元，增长 22.6%，其中在本县注册建筑企业实现产值 60.54 亿元，增长 14.5%。全年实现建筑业增加值 43.61 亿元，增长 11.7%，占全县地区生产总值的 16.1%，对全县经济增长的贡献为 17.0%，拉动全县经济增长 2.0 个百分点。

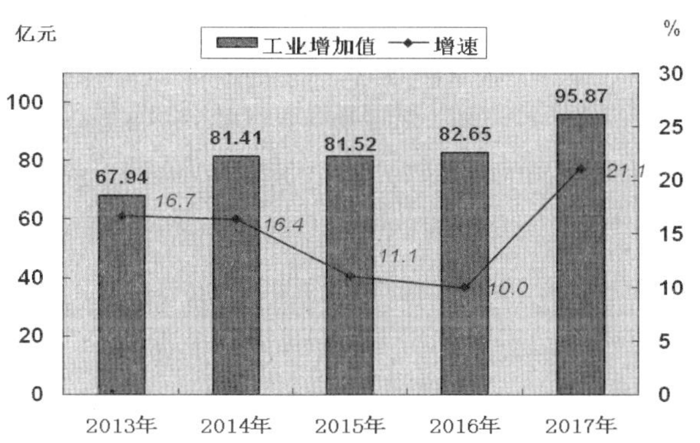

图 4　2013—2017 年忠县工业增加值及增长速度

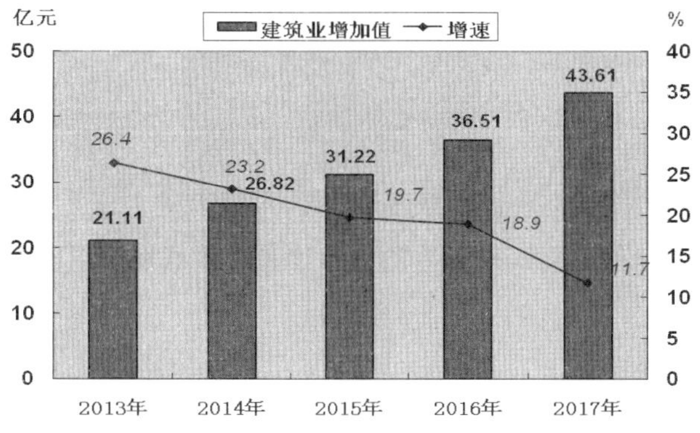

图 5　2013—2017 年忠县建筑业增加值及增长速度

四、固定资产投资和房地产开发

全年完成固定资产投资 246.56 亿元，比上年增长 18.3%。分产业看，第一产业投资 22.29 亿元，下降 11.6%；第二产业投资 55.48 亿元，增长 20.9%；第三产业投资 168.79 亿元，增长 22.9%。

从投资构成看，其中基础设施建设投资 111.47 亿元，比上年增长 50.1%，占全县固定资产投资的 45.2%。从投资主体看，国有投资 130.22 亿元，增长 7.0%，占全县固定资产投资的 52.8%；民间投资 116.34 亿元，增长 34.1%，占全县固定资产投资的 47.2%。从投资行业看，工业投资 55.48 亿元，增长 20.9%，占全县固定资产投资的 22.5%；房地产开发投资 22.76 亿元，下降 12.8%，占全县固定资产投资的 9.2%。在房地产开发投资中住宅投资 17.3 亿元，下降 18.2%；办公楼投资 0.25 亿元，增长 527.4%；商业营业用房投资 2.47 亿元，下降 35.9%。

表 3　2017 年忠县固定资产投资情况

指标	单位	绝对量	比上年增长（%）	比重（%）
固定资产投资总额	亿元	246.56	18.3	100
#项目投资	亿元	223.8	22.7	90.8
#基础设施投资	亿元	111.47	50.1	45.2
按投资主体分	亿元			
#国有投资	亿元	130.22	7.0	52.8
民间投资	亿元	116.34	34.1	47.2
按三次产业分	亿元			
第一产业	亿元	22.29	−11.6	9.0
第二产业	亿元	55.48	20.9	22.5
#工业	亿元	55.48	20.9	22.5
第三产业	亿元	168.79	22.9	68.5
#房地产开发	亿元	22.76	−12.8	9.2

全年商品房施工面积 212.5 万平方米，下降 6.6%，其中住宅施工面积 163.5 万平方米，下降 5.7%。商品房竣工面积 52.2 万平方米，下降 17.2%，其中住宅竣工面积 41.8 万平方米，增长 21.1%。商品房销售面积 55.8 万平方米，下降 0.5%，其中住宅销售面积 54.3 万平方米，增长 5.6%。竣工商品房待售面积 16.8 万平方米，下降 23.0%。

全县已建成并投入使用的保障性住房 5.07 万平方米。2017 年新建美丽宜居村庄示范点 2 个，完成城市棚户区改造 10.44 万平方米，完成农村危旧房改造 11.5 万平方米。

表 4 2017 年忠县商品房建设与销售

指标	单位	绝对量	比上年增长（%）
商品房施工面积	万平方米	212.5	−6.6
商品房竣工面积	万平方米	52.2	−17.2
商品房销售面积	万平方米	55.8	−0.5
#县城	万平方米	45.6	14.4
商品房销售额	万元	222735	5.1
#县城	万元	192750	14.2
商品房销售价格	元/平方米	3990	5.6
#县城	元/平方米	4225	−0.1
竣工商品房待售面积	万平方米	16.8	−23.0
#住宅	万平方米	12.4	−23.1

五、贸易和旅游

全年批发和零售业实现增加值 14.96 亿元，比上年增长 10.0%，占地区生产总值的 5.5%；住宿和餐饮业实现增加值 8.5 亿元，增长 10.7%，占地区生产总值的 3.1%。

全年实现社会消费品零售总额 85.06 亿元，比上年增长 14.2%。分城乡看，城镇实现社零总额 58.42 亿元，增长 14.6%；乡村实现社零总额 26.64 亿元，增长 13.2%。分行业看，批发和零售业实现社零总额 70.59 亿元，增长 13.4%；住宿和餐饮业实现社零总额 14.47 亿元，增长 18.0%。

全年实现批发和零售业商品销售总额 195.48 亿元，比上年增长 19.0%。其中，限额以上批发和零售业商品销售总额 70.76 亿元，增长 21.9%；限额以下批发和零售业商品销售总额 124.72 亿元，增长 17.5%。全年实现住宿和餐饮业营业额 31.09 亿元，比上年增长 20.2%。其中，限额以上住宿和餐饮业营业额 10.62 亿元，增长 29.1%；限额以下住宿和餐饮业营业额 20.47 亿元，增长 16.0%。

全年电子商务交易额 12.12 亿元，比上年增长 31.7%。其中限额以上商贸企业通过公共网络实现商品销售额 3.99 亿元，实现商品零售额 0.43 亿元，比上年增长 91.0%。

全年进出口总额 1707.95 万美元（全部为出口），比上年增长 20.6%。全年实际利用内资 207.87 亿元，增长 35.0%。其中，5000 万元以上项目利用内资 186.87 亿元，增长 39.1%；5000 万元以下项目利用内资 21.0 亿元，增长 7.0%。全年实际利用外资 100 万美元。

全年接待旅游人数达 479.11 万人次，增长 33.5%。其中外国人 39.31 万人次，增长 19.1%；港澳台同胞 1.56 万人次，增长 56.6%。旅游综合收入 16.23 亿元，增长 58.2%。全县旅行社 4 家，旅游从业人员 75 人。星级宾馆 5 家，星级农家乐 18 家。

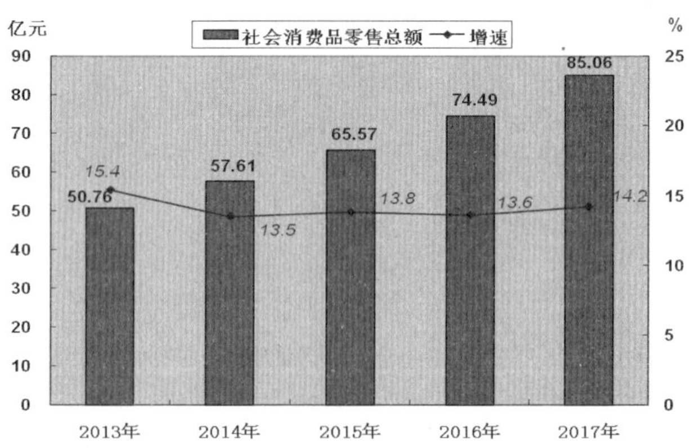

图 6 2013—2017 年忠县社会消费品零售总额及增长速度

六、财政和金融

全年财政一般公共预算收入 16.66 亿元，比上年增长 10.0%。其中，税收收入 8.75 亿元，增长 17.5%；非税收入 7.92 亿元，增长 2.8%。

全年财政一般公共预算支出 59.62 亿元，比上年增长 14.1%。其中，一般公共服务支出 4.41 元，增长 20.5%；教育、社会保障和就业、医疗卫生与计划生育、城乡社区事务、住房保障等民生事项分别支出 10.99 亿元、6.44 亿元、8.87 亿元、9.5 亿元、1.77 亿元，各增长-7.1%、-2.9%、0.3%、256.1%、5.9%。

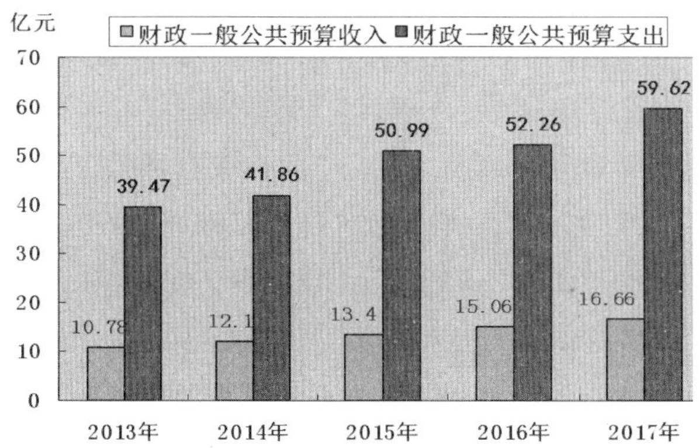

图 7 2013—2017 年忠县一般公共预算收入与一般公共预算支出

全年实现金融业增加值 4.93 亿元，比上年增长 14.0%，占地区生产总值的 1.8%。年末全县金融机构人民币存款余额 413.77 亿元，比上年增长 8.0%，其中住户存款余额 318.12 亿元，增长 10.1%。年末金融机构人民币贷款余额 182.74 亿元，比上年增长 41.8%，其中住户贷款余额 102.21 亿元，增长 54.2%。金融机构人民币存贷比为 44.2%，比上年提高 10.5 个百分点。

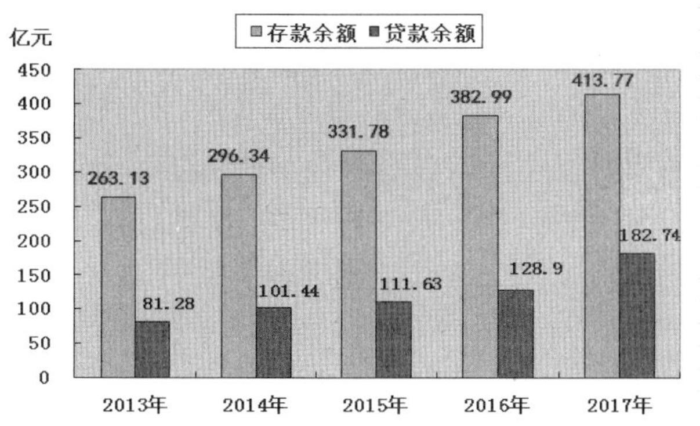

图 8 2013—2017 年忠县金融机构人民币存款、贷款余额

表 5 2017 年末金融机构人民币存款、贷款余额

指标名称	年末数（万元）	比上年增长(%)
金融机构存款余额	4137722	8.0
（一）境内存款	4137632	8.0
1.住户存款	3181152	10.1
2.非金融企业存款存款	409099	3.9
3.广义政府存款	547337	−0.1
4.非银行企业金融机构存款	44	455.8
（二）境外存款	90	4.7
金融机构贷款余额	1827383	41.8
（一）境内贷款	1827368	41.8
1.住户贷款	1022124	54.2
（1）短期贷款	229185	37.4
（2）中长期贷款	792939	59.8
2.非金融企业及机关团体贷款	805243	28.6
（1）短期贷款	110165	−6.8
（2）中长期贷款	694958	38.6
（3）票据融资	120	−98.1
（4）融资租赁	0	—
（5）各项垫款	0	—
3.非银行业金融机构贷款	0	—
（二）境外贷款	15	405.5

七、交通和邮电

全年交通邮政仓储业实现增加值 15.01 亿元，比上年增长 8.7%，占地区生产总值的 5.5%。全年完成货物运输量 1096 万吨，增长 4.5%；实现货运周转量 49.79 亿吨千米，增长 13.9%。完成旅客运输量 1057.5 万人次，下降 4.8%；实现客运周转量 6.7 亿人千米，下降 10.8%。全年水陆客货运总周转量达到 50.57 亿吨千米，增长 13.5%。

年末全县公路通车里程累计达到 6419.8 千米，其中等级公路 4942.8 千米。全县行政村公路通达率 100%，行政村公路通畅率为 100%，行政村客运班车通达率为 100%。

年末县籍汽车拥有量 6.87 万辆，比上年增长

28.3%，其中民用汽车6.43万辆，比上年增长22.9%。民用汽车中，私人汽车6.29万辆，比上年增长21.9%，其中小轿车3.42万辆，增长16.3%。公共汽车营运车辆843辆，其中客运车辆551辆、公交车72辆、出租汽车220辆。

全年完成邮政电信业务总量4.65亿元，增长9.9%。其中，邮政业务总量1.43亿元，增长20.8%；通信业务总量3.22亿元，增长5.6%。

邮政业全年完成函件平常信件375件，比上年减少615件；国内挂号信件8.09万件，比上年减少0.12万件。包裹类业务14.77万件，其中，国内普通包裹0.24万件，比上年减少0.16万件；国内快递包裹14.53万件，比上年增加11.75万件。特快专递类业务4.47万件，比上年增加0.35万件。

全县电话用户64.3万户，其中，固定电话用户7.16万户，比上年下降4.5%；移动电话用户57.14万户，比上年增长8.2%。年末固定互联网宽带接入用户11.19万户，增长24.3%。

表6　2017年全社会客货运量及周转量

指标名称	单位	绝对量	比上年增长（%）
客运量	万人次	1057.5	−4.8
陆路	万人次	1053	−4.9
水路	万人次	4.5	12.5
客运周转量	万人千米	66977	−10.8
陆路	万人千米	64116	−11.5
水路	万人千米	2861	11.0
货运量	万吨	1096	4.5
陆路	万吨	540	3.6
水路	万吨	556	5.3
货运周转量	万吨千米	497894	13.9
陆路	万吨千米	51355	11.1
水路	万吨千米	446539	14.2
客货运总周转量	万吨千米	505736	13.5
陆路	万吨千米	57767	8.1
水路	万吨千米	447970	14.2

八、教育和科技

全县共有各类学校231所，在校学生114218人。其中，普通小学校93所，在校学生65532人；普通中学校25所，在校学生45928人；职业教育学校2所，在校学生2524人；特殊教育学校1所，在校学生234人。全县专任教师6990人，其中普通小学教师3697人，普通中学教师3135人，特殊教育教师34人，职业教育教师124人。全县拥有幼儿园103所，其中民办幼儿园102所；在园儿童数22800人，其中女童10773人。全县初等义务教育阶段入学率为100%，毕业率达100%。全年高考上线人数6572人，其中重本1222人，高考上线率达到98.44%。累计改扩建寄宿制学校63所，建立留守儿童亲情室102个、“数字校园”93所。妥善解决1224名进城务工农民子女入学问题，发放各类资助款项0.72亿元，中小学营养促进工程惠及学生9.4万人。

预计全年研究与试验发展（R&D）经费支出1.3亿元，占全县地区生产总值的比重约为0.5%。全年组织实施市级重点科技项目5项，实施重点科技攻关项目28项。解决技术难题48项。引进应用新技术48项，推广应用新技术、新成果31项，推广新品种36个。组织开展农村星火适用技术人才骨干培训8.5万人次。实施农业科技项目12项，工业企业科技项目5项。截止年底，有效期内高新技术企业9家。全年申请专利1120件，授权专利215件，其中发明专利7件、实用新型专利162件、外观设计专利46件。拥有高新技术产品28个。建立市级专家大院2个，新成立企业研发中心2个。

九、文化、卫生和体育

全县公共图书馆藏书16.28万册，较上年增加2.8万册。乡镇（街道）综合文化站29个，农家书屋337个。全年组织文化活动110次。全县广播人口覆盖率99.15%，电视人口覆盖率99.2%。

全县共有各类医疗卫生机构886个，其中医院11个、乡镇卫生院42个、社区卫生服务机构4个、诊所（卫生所、医务室）114个、村卫生室713个、疾病预防控制中心1个、妇幼保健站1个。共有医疗卫生机构床位数3486张，年末卫生机构人员3963人，其中卫生技术人员3685人。卫生技术人员中执业（助理）医师1779人、注册护士和护师1555人。每万人拥有执业（助理）医师17.8人（户籍口径），每万人拥有卫生机构床位数35张（户籍口径）。婴儿死亡率7.28‰，5岁以下儿童死亡率11.85‰。社区卫生服务中心覆盖率100%。城乡居民合作医疗保险参保率达96.2%。

全年获重庆市级以上奖牌70枚，其中体育类奖牌39枚、文化类奖牌31枚。开展各类群众运动会68次，累计建成中小学塑胶运动场31片。

十、人民生活和社会保障

全县全体常住居民人均可支配收入21121元，比上年增长11.2%。按常住地分，城镇常住居民人均可支配收入32107元，增长9.6%；农村常住居民人均可支配收入13298元，增长9.9%。

全体常住居民人均生活消费支出14290元，增长6.7%。其中，食品烟酒支出5149元，增长2.7%；衣着支出956元，增长3.1%；居住支出2800元，增长2.1%；生活用品及服务支出1222元，增长5.1%；交通通信支出1355元，增长20.9%；文化教育娱乐支出1351元，增长20.3%；医疗保健支出1113元，增长12.3%；其他商品和服务支出345元，增长8.2%。

城镇常住居民人均生活消费支出19993元，增长5.0%。其中，食品烟酒支出6593元，增长3.1%；衣着支出1667元，增长0.4%；居住支出3681元，增长2.5%；生活用品及服务支出2012元，增长1.6%；交通通信支出2056元，增长14.2%；文化教育娱乐支出1901元，增长13.7%；医疗保健支出1527元，增长9.6%；其他商品和服务支出556元，增长1.4%。

农村常住居民人均生活消费支出10230元，增长6.4%。其中，食品烟酒支出4121元，增长0.8%；衣着支出449元，增长3.3%；居住支出2174元，增长0.1%；生活用品及服务支出659元，增长7.6%；交通通信支出855元，增长28.6%；文化教育娱乐支出959元，增长27.1%；医疗保健支出819元，增长13.5%；其他商品和服务支出194元，增长18.2%。

全年城镇居民家庭恩格尔系数为32.98%，比上年下降0.6个百分点；农村居民家庭恩格尔系数为40.28%，比上年下降2.26个百分点。城镇居民人均住房面积达43平方米，比上年增加3.74平方米；农村居民人均住房面积56平方米，比上年增加2.35平方米。

全年全社会保险参保达161.38万人次。其中，城镇职工医疗保险5.76万人，城乡居民医疗保险83.23万人，养老保险62.17万人，失业保险2.93万人，工伤保险4.14万人，生育保险3.15万人。全年城乡居民合作医疗保险补偿金额（各级财政补助）3.65亿元。全县社会福利单位70个，床位5292张。年末全县共有1.85万人享受最低生活保障，其中城镇0.46万人，农村1.39万人；支出低保金7712.4万元，其中城镇2455.2万元，农村5257.2万元。实施农村医疗救助8.69万人，支出救助金额2216万元；城市医疗救助6.29万人，支出救助金额1604.7万元。年末残疾人口60339人，其中已办证人数21926人。

十一、移民和扶贫

截至到2017年底，全县移民工程累计完成投资57.94亿元，三峡后续工作工程累计完成投资69.3

亿元，其中当年完成投资9.85亿元。

全年市级以上财政专项扶贫资金12454万元，其中财政扶贫发展资金9075万元，以工代赈资金756万元，少数民族发展资金130万元。年末全县有贫困户1076户，贫困人口3047人，综合贫困发生率降至0.39%。

十二、资源、环境和安全生产

全县辖区土地面积2187平方千米。全县自然保护区5个。全县森林面积1099.3平方千米，森林覆盖率50.3%。

全年全社会用电量107262万千瓦时，比上年增长8.8%。其中，城乡居民生活用电量23975万千瓦时，增长4.8%；工业用电量63477万千瓦时，增长9.9%。全年预计用水总量1.46亿立方米。治理水土流失面积12平方千米。

全年空气质量优良天数达315天，空气质量满足Ⅱ的频率86.3%。全年污水处理量908万立方米。城市生活污水集中处理率98.33%，生活垃圾无害化处理率100%。

全年安全生产事故发案数11件，安全生产事故死亡12人。

注：

1.本公报中2017年部分数据为初步测算数据或上报数据，最终数据以《忠县统计年鉴-2018》为准。

2.部分数据因四舍五入的原因，存在总计与分项合计不等的情况。

3.地区生产总值、各产业增加值绝对数按现价计算，增长速度按可比价计算。

4.恩格尔系数指居民食品消费支出占全部消费支出的比重，是衡量居民生活质量的核心指标，恩格尔系数越大说明生活质量越差。按照国际标准，恩格尔系数在59%以上为贫困，50—59%为温饱，40—50%为小康，30—40%为富裕，低于30%为最富裕。

5.“四上”企业统计标准：

规模以上工业：指年主营业务收入达2000万元及以上工业法人单位。

资质以上建筑房地产业：指有总承包、专业承包和劳务分包资质的建筑业法人单位和全部房地产开发经营业法人单位。

限额以上商贸业：指年主营业务收入2000万元及以上的批发业法人单位、年主营业务收入500万元及以上的零售业法人单位、年主营业务收入200万元及以上的住宿和餐饮业法人单位。

规模以上服务业：①年营业收入1000万元及以上，或年末从业人员50人及以上服务业法人单位。包括：交通运输、仓储和邮政业，信息传输、软件和信息技术服务业，租赁和商务服务业，科学研究和技术服务业，水利、环境和公共设施管理业，教育，卫生和社会工作；以及物业管理、房地产中介服务等行业。②年营业收入500万元及以上，或年末从业人员50人及以上服务业法人单位。包括：居民服务、修理和其他服务业，文化、体育和娱乐业。

6.常住人口包括：①居住在本县且户口在本县的人口；②户口不在本县但居住在本县半年以上的外来人口；③户口在本县但离开本县不满半年的外出人口；④居住在本县，户口待定的人口。

忠县统计局

2018年3月2日

资料来源：

本公报中户籍人口、民用汽车等数据来自县公安局；就业、失业、社会保障数据来自县人力社保局；个体工商户、企业等数据来自县工商局；财政数据来自县财政局；金融数据来自县人民银行；教育数据来自县教委；城市棚户区改造、农村危旧房改造、建成区面积等数据来自县城乡建委；进出口数据来自县商务局；交通数据来自县交委；邮政数据来自县邮政局；通信数据来自县电信公司、县联通公司、县移动公司；文化、体育及旅游数据来自县文化委；科技数据来自县科委；卫生数据来自县卫计委；移民数据来自县移民局；扶贫数据来自县扶贫办；安全生产事故数据来自县安监局；保障性住房等数据来自县国土房管局；电力数据来自县供电公司；空气监测数据来自县环保局；森林面积数据来自县林业局；低保、社会救助等数据来自县民政局；残疾人数据来自县残联；广播、电视人口覆盖率数据来自县广播电视台；其他数据来自县统计局。

附　录

忠县组织机构及负责人名录

表 28

单　位	职　务	姓　名	任职起止时间	备　注
县　委	书　记	赖　蛟	2017.1—2017.12	
	副书记	江　夏	2017.1—2017.12	
		陈　强	2017.1—2017.12	
	常　委	王建琼（女）	2017.1—2017.12	
		雷先斌	2017.1—2017.12	
		袁德祥	2017.1—2017.12	
		罗　勇	2017.1—2017.12	
		邓美涛	2017.1—2017.12	
		毛国强	2017.1—2017.3	
		冉启智	2017.1—2017.12	
		郭建伟	2017.6—2017.12	
县　委 办公室	主　任	彭善平	2017.3—2017.12	
	常务副主任	杨天甫	2017.1—2017.3	
	副主任	徐良程	2017.1—2017.3	
		罗　平	2017.5—2017.12	县委保密办（县委机要局、县国家保密局、县密码管理局）主任（局长）（兼）
		曹英（女）	2017.1—2017.12	
		熊　伟	2017.10—2017.12	
	县纪委驻县委办公室纪检组组长	刘静（女）	2017.1—2017.12	
县纪委	书　记	雷先斌	2017.1—2017.12	县委常委
	副书记、 县监察局局长	谢彩云	2017.1—2017.3	
	副书记	田海滨	2017.1—2017.12	
	县监察局局长		2017.3—2017.12	
	副书记	秦小峰	2017.1—2017.12	
		夏和琼（女）	2017.1—2017.12	

续表

单 位	职 务	姓 名	任职起止时间	备 注
县纪委	常委、县监察局副局长	张建平	2017.1—2017.12	
	常 委	王顺丰	2017.1—2017.12	
		彭华东	2017.1—2017.12	
		谭 东	2017.1—2017.12	
		张晓玲（女）	2017.1—2017.12	
	县监察局副局长	戚永勤（女）	2017.1—2017.12	
县委组织部	部 长	邓美涛	2017.1—2017.7	县委常委
		郭建伟	2017.7—2017.12	县委常委
	常务副部长、县人才办主任	王 毅	2017.1—2017.3	
	常务副部长、县人才办主任	熊元龙	2017.4—2017.12	
	副部长、县委非公工委书记		2017.1—2017.4	
	副部长	谢桂芳（女）	2017.1—2017.12	
	县委非公工委书记		2017.4—2017.12	
	县直机关工委常务副书记	任晓忠	2017.5—2017.12	
	县直机关工委副书记		2017.1—2017.5	
	县人才办副主任	潘 勇	2017.1—2017.2	
	县纪委驻县委组织部纪检组组长	刘桂英（女）	2017.2—2017.12	
	副部长	张晓蓉（女）	2017.4—2017.12	
	县委组织委员		2017.1—2017.4	
	县党员电化教育中心主任	王雪莲（女）	2017.1—2017.12	
	县人才办副主任		2017.4—2017.12	
	县委组织委员	张 平	2017.1—2017.10	
	县委非公工委专职副书记	陈龙圣	2017.7—2017.12	
县委宣传部	部 长	王建琼（女）	2017.1—2017.12	县委常委
	常务副部长	邓大庆	2017.1—2017.12	县文联主席（兼）
	县文明办主任（兼）		2017.1—2017.5	
	副部长	王光中	2017.1—2017.12	县广播电视台台长（兼）
		王志勇	2017.1—2017.3	忠州日报社社长（兼）

续表

单　位	职　务	姓　名	任职起止时间	备　注
县委宣传部	副部长、县文明办主任	李凤莲（女）	2017.5—2017.12	
	县文明办副主任		2017.1—2017.5	
	县委网信办（县网信办）主任	白建莲（女）	2017.5—2017.12	
	县网信办（县网信中心）主任		2017.1—2017.5	
	县纪委驻县委宣传部纪检组组长	刘统山	2017.1—2017.12	
	县委外宣办（县政府新闻办）主任	李晓军	2017.1—2017.12	
	县文明办副主任	冉云华	2017.7—2017.12	
县委统战部	部　长	冉启智	2017.1—2017.12	县委常委、忠县社会主义学院院长（兼）
	常务副部长	龚明宏	2017.1—2017.3	
		张云君	2017.3—2017.12	
	副部长	李宗平	2017.1—2017.12	县工商联党组书记、常务副主席
		戚光军	2017.1—2017.12	县民族宗教事务局局长、县台办主任、县侨办主任（兼）
		谢丽华（女）	2017.7—2017.12	
	县统一战线信息中心主任	陈淑华（女）	2017.5—2017.12	
县委党校（行政学校、社会主义学院）	党校校长（兼）	陈　强	2017.1—2017.12	县委副书记
	行政学校校长（兼）	毛国强	2017.1—2017.3	县政府常务副县长
		邓美涛	2017.6—2017.12	县政府常务副县长
	社会主义学院院长（兼）	冉启智	2017.1—2017.12	县委统战部长
	常务副校长	刘治国	2017.3—2017.12	
	副校长	向　波	2017.1—2017.12	
		任佳伶	2017.1—2017.12	
		谢　前	2017.1—2017.10	
	校务委员	吴文琼（女）	2017.10—2017.12	
		宋婧（女）	2017.10—2017.12	
县委老干部局	局　长	钱向阳	2017.1—2017.12	
	县委组织部副部长（兼）		2017.5—2017.12	
	副局长	周　健	2017.1—2017.12	
	老干部服务中心主任	陈健平	2017.4—2017.12	

续表

单 位	职 务	姓 名	任职起止时间	备 注
县编办（县事业单位登记管理局）	主 任	杜文成	2017.1—2017.12	
	副主任	吴尚蓉（女）	2017.1—2017.4	
		黄 海	2017.4—2017.12	
	事业单位登记管理局局长	谭家清	2017.1—2017.12	
县研究室	主 任	王志勇	2017.4—2017.12	
		彭善平	2017.1—2017.4	
	副主任	汪俊伟	2017.1—2017.12	
		唐 渝	2017.11—2017.12	
		刘 胜	2017.1—2017.11	
县信访办	主 任	罗德春	2017.1—2017.3	
		余 浪	2017.4—2017.12	
	副主任	熊 伟	2017.1—2017.10	
		付周林	2017.11—2017.12	
	纪检组长	黄仕涛	2017.1—2017.3	
	督查员	余炳燚	2017.1—2017.4	
		王晓蓉（女）	2017.4—2017.12	
		岳良华	2017.5—2017.12	
县督查室	主 任	徐良程	2017.3—2017.12	
	副主任	肖维君	2017.1—2017.8	
		罗 平	2017.1—2017.4	
		李春梅（女）	2017.4—2017.12	
县人大	主 任	郭 巍	2017.1—2017.12	党组书记
	副主任	赵友奎	2017.1—2017.12	党组副书记
		袁大凡	2017.1—2017.12	
		胥朝林	2017.1—2017.12	党组成员
		闫宗祥	2017.1—2017.12	党组成员
		胡显均	2017.1—2017.12	党组成员
县人大各委办	办公室主任 信访办主任	董古凡	2017.1—2017.3	
	财经工委主任	张治勇	2017.1—2017.3	
	办公室主任 信访办主任		2017.3—2017.12	
	人事代表工委主任	叶兴德	2017.3—2017.12	

续表

单　位	职　务	姓　名	任职起止时间	备　注
县人大各委办	人事代表工委主任	聂典兴	2017.1—2017.3	
	法制委主任委员、法制委办公室主任		2017.3—2017.12	
	农工委主任	秦灵均	2017.1—2017.3	
	财经委主任委员、财经委办公室主任		2017.3—2017.12	
	预算工委主任	朱　斌	2017.1—2017.12	
	农工委主任	王顺平	2017.3—2017.12	
	城环委主任委员、城环委办公室主任	万　毅	2017.3—2017.12	
	专职委员	吴顺清	2017.1—2017.3	
	教工委主任		2017.3—2017.12	
	专职委员	冯世祥	2017.1—2017.12	
	专职委员	张晓蓉（女）	2017.3—2017.12	
	农工委副主任	易　志	2017.1—2017.3	
	专职委员		2017.3—2017.12	
	专职委员	申桂华（女）	2017.3—2017.12	
	办公室副主任	张　磊	2017.1—2017.12	
		王秋平	2017.1—2017.12	
	信息中心主任	范景峰	2017.7—2017.12	
	人事代表工委副主任	高　慧（女）	2017.7—2017.12	
县政府	县　长	江　夏	2017.1—2017.12	党组书记
	常务副县长	毛国强	2017.1—2017.3	党组副书记
		邓美涛	2017.7—2017.12	党组副书记
	副县长	章淑莲（女）	2017.1—2017.12	
		甘　露	2017.1—2017.12	党组成员
		雷亚平	2017.1—2017.12	党组成员
				县工业园区党工委书记
		苏　丹	2017.1—2017.12	党组成员
		刘杉树	2017.1—2017.12	党组成员
		李　彬	2017.1—2017.12	党组成员
		张　健	2017.1—2017.6	挂　职
县政府办公室	主任、应急应战指挥平台运行维护中心主任	黄荣生	2017.1—2017.3	党组书记
		王　毅	2017.3—2017.12	党组书记

续表

单　位	职　务	姓　名	任职起止时间	备　注
县政府办公室	副主任	刘邦发	2017.1—2017.12	党组成员
		王本国	2017.1—2017.7	党组成员
	应急办主任	潘万锶	2017.1—2017.5	党组成员
	县纪委派驻县政府办公室纪检组组长	王奇芳（女）	2017.1—2017.12	党组成员
	副主任	张光明	2017.1—2017.5	党组成员
	应急办副主任		2017.5—2017.12	党组成员
	副主任	陈红松	2017.5—2017.12	党组成员
		蒋晓明	2017.7—2017.12	党组成员
	应急办副主任	秦玲蓉（女）	2017.1—2017.5	
		秦华军	2017.5—2017.12	
		邓元军	2017.10—2017.12	
	应急应战指挥平台运行维护中心副主任	何　云	2017.1—2017.12	
县人力社保局	局　长	刘治国	2017.1—2017.3	党组书记
		杨天甫	2017.3—2017.11	党组书记
			2017.11—2017.12	党委书记
	党委副书记	赵厚祥	2017.11—2017.12	
	副局长	周兴瑜	2017.1—2017.11	党组成员
			2017.11—2017.12	党委委员
	县就业和人才服务局分党组书记、局长	郭华林	2017.1—2017.11	党组成员
	县就业和人才服务局局长		2017.11—2017.12	
	县社会保险局分党组书记、局长	李成荣	2017.1—2017.11	党组成员
	县社会保险局局长		2017.11—2017.12	
	副局长	马　亮	2017.1—2017.7	党组成员
	纪检组长	江　平	2017.1—2017.3	党组成员
	县纪委驻县人社局纪检组长	徐赤涛	2017.3—2017.11	党组成员
			2017.11—2017.12	党委委员
	副局长	伯峥嵘（女）	2017.1—2017.11	党组成员
			2017.11—2017.12	党委委员
		陈　向	2017.11—2017.12	党委委员
县机关事务局	局　长	黄　实	2017.1—2017.12	
	副局长	刘文武	2017.1—2017.12	
		陶　成	2017.1—2017.12	

续表

单　位	职　务	姓　名	任职起止时间	备　注
县政协	主　席	陈加义	2017.1—2017.12	党组书记
	副主席	余成荣	2017.1—2017.12	党组副书记
		宋明安	2017.1—2017.12	县人民医院副院长
		杨胜明	2017.1—2017.12	党组成员
		唐代文（女）	2017.1—2017.12	民革忠县工委主任
		陈　炎	2017.1—2017.12	
		冉崇政	2017.1—2017.12	党组成员
县政协各委办	秘书长	董德清	2017.1—2017.12	党组成员
	副秘书长	甘林（女）	2017.1—2017.12	
	专职常务委员	古　平	2017.1—2017.12	
		唐志明	2017.1—2017.12	
		李明兵	2017.1—2017.7	
	办公室主任	向利（女）	2017.3—2017.12	
	办公室副主任		2017.1—2017.3	
	经发委主任	沈辉隆	2017.1—2017.12	
	经发委副主任	付成于	2017.1—2017.12	
	提案委主任	刘　文	2017.1—2017.12	
	城环委主任	李波（女）	2017.1—2017.12	
	科教文卫体委主任	谢厚华	2017.4—2017.12	
	科教文卫体委副主任	张朝虎	2017.1—2017.12	
	农业委员会主任	马建军	2017.1—2017.7	
	农业委员会副主任	王辛明	2017.7—2017.12	
	联络委主任	谭明伦	2017.1—2017.12	
	县政协信息中心主任	汪静波（女）	2017.1—2017.12	
民革忠县工委	主　任	唐代文（女）	2017.1—2017.12	县政协副主席
	副主任（兼）	何　波（女）	2017.1—2017.12	县司法局局长
	专职副主任	黄列花（女）	2017.1—2017.12	
	副主任（兼）	谢厚华	2017.1—2017.12	县政协科教文卫体委主任
		胡小平	2017.1—2017.12	忠县胡燃商行总经理
九三学社忠县支社	主　委	章淑莲（女）	2017.1—2017.12	县政府副县长
	副主委（兼）	朱正伟	2017.1—2017.12	
	专职副主委	曾艳（女）	2017.1—2017.12	

续表

单 位	职 务	姓 名	任职起止时间	备 注
县工商联	主 席	袁大凡	2017.1—2017.12	县人大副主任、县总商会会长
	党组书记、副主席	李宗平	2017.1—2017.12	县委统战部副部长（兼） 县总商会副会长
	副主席	朱光明	2017.1—2017.12	县总商会副会长
	副主席、秘书长（兼）	胡素萍（女）	2017.1—2017.12	县总商会秘书长
县总工会	主席（兼）	胥朝林	2017.1—2017.12	县人大常委会副主任
	常务副主席	胡显权	2017.1—2017.12	党组书记
	副主席	黎万尧	2017.1—2017.12	
		潘金玲（女）	2017.1—2017.12	
	县职工服务中心主任	闫力力（女）	2017.4—2017.12	
	副主席（挂职）	谭华清	2017.1—2017.12	忠县劳动人事争议仲裁院院长
	副主席（兼）	马刘洋	2017.1—2017.12	重庆猪太郎农业股份合作社 董事长
团县委	书 记	陈 科	2017.1—2017.12	
	副书记	阎丽（女）	2017.1—2017.12	
		李 超	2017.10—2017.12	
	青少年服务中心主任	喻卉晶（女）	2017.10—2017.12	
	副书记（挂职）	孙艳（女）	2017.1—2017.12	忠州街道团工委书记
	副书记（兼）	唐 亮	2017.1—2017.12	忠县主流电子商务有限公司 总经理
	副书记（兼）	李春花（女）	2017.1—2017.12	忠县中学团委书记
县妇联	主 席	傅蓉国（女）	2017.1—2017.12	
	副主席	谢丽华（女）	2017.1—2017.6	
		范远芬（女）	2017.1—2017.6	
		阳青华（女）	2017.6—2017.12	
		刘 霞（女）	2017.11—2017.12	
	副主席（挂职）	王小花（女）	2017.1—2017.12	东溪镇妇联专职副主席
县科协	主 席	张建辉	2017.1—2017.12	
	副主席	江建华	2017.1—2017.11	
	副主席（兼）	袁 军	2017.1—2017.12	忠县人民医院院长
	副主席（挂职）	高芳进	2017.1—2017.12	县果业局科教信息科长
	副主席（挂职）	黎娟（女）	2017.1—2017.12	县实验小学副校长
县侨联	主 席	范小洪	2017.1—2017.12	
	副主席	杨华（女）	2017.5—2017.12	
	副主席（挂职）	秦雄飞	2017.12—2017.12	县经济信息委办公室主任

续表

单　位	职　务	姓　名	任职起止时间	备　注
县侨联	副主席（兼）	叶兴德	2017.1—2017.12	县人大人事代表工委主任
		张培明	2017.1—2017.12	县工商局副局长
		李建平	2017.1—2017.12	忠县健鑫食品经营部
		刘西军	2017.12—2017.12	重庆天瑞有限公司董事长
县残联	理事长	余富华	2017.1—2017.12	党组书记
	副理事长	赵应柱	2017.6—2017.12	党组成员
	残疾人服务中心主任	陆良宇（女）	2017.5—2017.12	党组成员
县文联	主席（兼）	邓大庆	2017.1—2017.12	县委宣传部常务副部长
	副主席	谢晓明	2017.1—2017.12	
县计生协会	会　长	雷树成	2017.1—2017.11	县政协原主席
	会　长	丁远奎	2017.11—2017.12	县人大常委会原副主任
	党组书记		2017.10—2017.12	
	常务副会长	龚学庆	2017.1—2017.12	
	党组成员		2017.10—2017.12	
	副会长、秘书长（兼）	彭洪平	2017.1—2017.12	
	党组成员		2017.10—2017.12	
	副会长（兼）	张光霞（女）	2017.1—2017.12	
	副会长（挂职）	张青玲（女）	2017.1—2017.12	县妇幼保健计划生育服务中心副主任
		申黄承	2017.1—2017.12	县疾病预防控制中心副主任
县红十字会	名誉会长	陈　强	2017.1—2017.12	县委副书记
		甘　露	2017.1—2017.12	县政府副县长
		刘杉树	2017.12—2017.12	县政府副县长
	会　长	母银华	2017.1—2017.12	
	副会长	昌洪林	2017.1—2017.8	
	副会长（挂职）	范　涛	2017.1—2017.12	
	副会长		2017.12—2017.12	
	副会长（挂职）	黄大勇	2017.1—2017.12	县人民医院副院长
	副会长（兼）	陈永亮	2017.1—2017.10	县中医院工会主席
			2017.10—2017.12	县中医院副院长
		徐良程	2017.1—2017.3	县委办公室副主任
			2017.3—2017.12	县督查室主任
		张光明	2017.1—2017.5	县政府办公室副主任
			2017.5—2017.12	县应急办主任
		李良成	2017.1—2017.12	县民政局副局长

续表

单 位	职 务	姓 名	任职起止时间	备 注
县红十字会	副会长（兼）	孙 红	2017.1—2017.12	县财政局副局长
		陶于权	2017.1—2017.7	县卫计委党委副书记
			2017.7—2017.12	县卫生计生监督执法局局长
		周 宏	2017.1—2017.12	县运管所所长
县委政法委	书 记	罗 勇	2017.1—2017.12	县委常委
	常务副书记	杨木林	2017.1—2017.3	
		梁文政	2017.3—2017.6	
	副书记	胡永轩	2017.1—2017.7	综治办主任（兼）
	常务副书记		2017.7—2017.12	
	防范和处理邪教问题领导小组办公室主任	叶云刚	2017.1—2017.5	
	副书记		2017.5—2017.12	防范和处理邪教问题领导小组办公室主任（兼）
	政治部主任	周成勇	2017.1—2017.12	
	综治办副主任	张龙兵	2017.1—2017.12	
县公安局	局 长	苏 丹	2017.1—2017.12	县政府副县长、党委书记
	政 委	周兴龙	2017.1—2017.12	党委副书记
	副局长	秦光华	2017.1—2017.12	党委委员
		冉崇安	2017.1—2017.12	党委委员
		董 夏	2017.1—2017.12	党委委员
	党委副书记	韩自成	2017.1—2017.12	党委委员
	县纪委驻县公安局纪检组组长	黄雄炜	2017.1—2017.12	党委委员
	政治处主任	周 洪	2017.10—2017.12	党委委员
	刑事侦查大队大队长		2017.1—2017.10	党委委员
	刑事侦查大队大队长	骆桂权	2017.10—2017.12	党委委员
	交巡警大队大队长	朱此华	2017.1—2017.12	党委委员
	国内安全保卫大队大队长	刘德群	2017.1—2017.12	党委委员
县检察院	检察长	逯反修	2017.1—2017.12	党组书记
	副检察长	左凡荣	2017.1—2017.12	党组成员
		谭明亮	2017.1—2017.12	党组成员
		余善满	2017.1—2017.12	党组成员
	县纪委驻县检察院纪检组组长	熊 文	2017.1—2017.12	党组成员
	专职委员	付朝奎	2017.1—2017.12	党组成员
	职侦局长	罗文斌	2017.1—2017.12	党组成员

续表

单　位	职　务	姓　名	任职起止时间	备　注
县法院	院　长	李春燕（女）	2017.1—2017.12	党组书记
	副院长	蒋大明	2017.1—2017.12	党组成员
		肖仁华	2017.1—2017.12	党组成员
		李　伟	2017.1—2017.12	党组成员
	纪检组长	谢德全	2017.1—2017.12	党组成员
	政治处主任	王为民	2017.1—2017.12	党组成员
县司法局	局　长	易坤华	2017.1—2017.3	党组书记
		何波（女）	2017.3—2017.12	民革党员
	党组书记	吕为民	2017.3—2017.12	党组成员
	副局长	袁瑜华	2017.1—2017.12	党组成员
		周成明	2017.1—2017.12	党组成员
		吴后权	2017.1—2017.12	党组成员
	社区矫正局局长	罗海峰	2017.1—2017.12	党组成员
县消防大队	政治教导员	胡金华	2017.1—2017.12	党委书记
	大队长	孙　兴	2017.1—2017.3	党委副书记
	副大队长	苏劲瑞	2017.1—2017.12	党委委员
		张　雳	2017.1—2017.12	党委委员
县城乡建委	主　任	李　彬	2017.1—2017.4	党委书记
		田长忠	2017.4—2017.12	党委书记
	副书记	万　毅	2017.1—2017.3	党委委员
	副主任	肖维华	2017.1—2017.4	党委委员
	专职党委副书记		2017.4—2017.12	党委委员
	副主任	欧锡博	2017.1—2017.12	党委委员
	纪委书记	黄德平	2017.1—2017.3	党委委员
	副主任		2017.4—2017.12	党委委员
	副主任	王琳（女）	2017.1—2017.6	
	县纪委驻县城乡建委纪检组组长	黄智华	2017.3—2017.12	党委委员
	县村镇服务中心主任	张龙琼	2017.1—2017.12	党委委员
	县市政园林所所长	杨　俊	2017.1—2017.12	党委委员
	副主任		2017.12—2017.12	党委委员
	县纪委驻县城乡建委纪检组组长	李承红	2017.12—2017.12	党委委员
县农委	农工委书记	袁德祥	2017.1—2017.12	县委常委
	主　任	徐正龙	2017.1—2017.12	农工委副书记
	农工委副书记	黎万尧	2017.1—2017.5	农工委委员

续表

单 位	职 务	姓 名	任职起止时间	备 注
县农委	副主任	刘炳扬	2017.1—2017.5	农工委委员
	农工委副书记		2017.5—2017.12	农工委委员
	副主任	牟方英（女）	2017.1—2017.12	农工委委员
		王柏胜	2017.1—2017.12	农工委委员
	纪工委书记	李伟杰	2017.1—2017.3	农工委委员
	副主任		2017.3—2017.12	农工委委员
	县纪委驻县农委纪检组组长	潘 勇	2017.3—2017.12	农工委委员
县果业局	局 长	刘巨龙	2017.1—2017.12	
		熊长春	2017.12—2017.12	
	副局长	吴 强	2017.1—2017.12	
		牟其林	2017.1—2017.12	
县畜牧局	局 长	赵 荣	2017.1—2017.12	党组书记
		刘巨龙	2017.12—2017.12	党组书记
	副局长	杨培发	2017.1—2017.12	党组成员
		王顺平	2017.1—2017.3	
		田厚鑫	2017.1—2017.3	党组成员
	副局长		2017.3—2017.12	党组成员
		李其伟	2017.4—2017.5	党组成员
	动物卫生监督所所长		2017.5—2017.12	党组成员
	县畜牧兽医服务中心主任	吴 勇	2017.1—2017.12	
县林业局	局 长	胡 刚	2017.1—2017.12	党组书记
	副局长	刘金龙	2017.1—2017.12	党组成员
		兰贵安	2017.1—2017.12	党组成员
		戈长城	2017.1—2017.12	党组成员
	县森林防火指挥部办公室主任、县森林公安局局长（兼）	张宗权	2017.12—2017.12	党组成员
县水务局	局 长	王精华	2017.1—2017.12	党组书记
	副局长	邓德礼	2017.1—2017.12	党组成员
		张丙武	2017.1—2017.12	党组成员
	县水务服务中心主任	杨 文	2017.1—2017.7	党组成员
	副局长		2017.7—2017.12	党组成员
	纪检组长	徐春明	2017.1—2017.2	党组成员

续表

单　位	职　务	姓　名	任职起止时间	备　注
县水务局	县纪委驻县水务局纪检组组长	邹　峰	2017.3—2017.12	党组成员
	县水务服务中心主任	何正雄	2017.8—2017.12	党组成员
县农业行政执法大队	大队长	秦玲蓉（女）	2017.5—2017.12	
	副大队长	杨　猛	2017.5—2017.12	
		涂学斌	2017.7—2017.12	
县经济信息委	主　任	陈晓敏	2017.1—2017.3	党委书记
		吴冬明	2017.3—2017.12	党委书记
	党委副书记	秦建平	2017.1—2017.12	党委委员
	副主任	陈忠胜	2017.1—2017.12	党委委员
		唐大学	2017.1—2017.12	党委委员
		陈永革	2017.1—2017.12	党委委员
	纪委书记	李春琼（女）	2017.1—2017.2	党委委员
	县纪委驻县经济信息委纪检组组长	徐春明	2017.3—2017.12	党委委员
县工业园区管委会	主任（兼）	吴玉书	2017.1—2017.12	党工委常务副书记
	常务副主任（兼）	范和平	2017.1—2017.6	党工委副书记
	党工委副书记	陈宗平	2017.1—2017.12	
	副主任（兼）	吴明亮	2017.1—2017.12	
		黎　杰	2017.1—2017.12	
	县工业园区信息科技服务中心主任	刘亚梅（女）	2017.1—2017.6	
	副主任（兼）		2017.6—2017.12	
	副主任（兼）	唐　勇	2017.6—2017.12	
县供电公司	总经理	唐　军	2017.1—2017.12	党委副书记
	副总经理	钟美华	2017.1—2017.12	党委书记
		李　健	2017.1—2017.12	党委委员
	纪委书记、工会主席	王　劲	2017.1—2017.12	党委副书记
	副总经理	李自若	2017.1—2017.12	党委委员
		高华军	2017.1—2017.12	党委委员
		毛泽文	2017.1—2017.12	党委委员
县燃气公司	执行董事、总经理	梁海燕	2017.1—2017.12	
	副总经理、安全总监	黄万忠	2017.1—2017.12	
	工会主席	雷海涛	2017.1—2017.12	
县石油公司	经　理	汪万清	2017.1—2017.12	
	副经理	陶友贵	2017.1—2017.12	
		成仕华	2017.1—2017.12	

续表

单 位	职 务	姓 名	任职起止时间	备 注
县自来水公司	执行董事	朱伟杰	2017.1—2017.8	
		童小兵	2017.8—2017.12	党委书记
	总经理	谭久清	2017.6—2017.12	党委副书记
	纪委书记	张志明	2017.12—2017.12	
	副总经理	傅正发	2017.1—2017.12	工会主席
		冷中强	2017.8—2017.12	
县交委	主 任	陈 频	2017.1—2017.12	党委书记
	党委副书记	卢文广	2017.1—2017.12	党委委员
	副主任	王忠明	2017.1—2017.12	党委委员
		蒋送军	2017.1—2017.12	党委委员
		甘大富	2017.1—2017.12	党委委员
	县纪委驻县交委纪检组组长	周 泉	2017.1—2017.12	党委委员
长江忠县海事处	处 长	贾嵩华	2017.1—2017.12	
	石柱海事处处长	王 涌	2017.1—2017.12	
	副处长	黄仕祥	2017.1—2017.12	
		廖伟林	2017.1—2017.12	
万港忠县分公司	经 理	肖荣跃	2017.1—2017.6	
		王 勇	2017.6—2017.12	
	副经理	杨仕旺	2017.1—2017.12	
		魏太勇	2017.1—2017.12	
邮政公司	总经理	周 陈	2017.1—2017.12	
	副总经理	熊永富	2017.2—2017.12	
电信忠县分公司	总经理	况 忠	2017.1—2017.4	
		黄联伟	2017.5—2017.12	
	副总经理	陈 敏	2017.1—2017.12	
		卢 军	2017.1—2017.12	
移动忠县公公司	总经理	李克强	2017.1—2017.3	
		夏 斐	2017.3—2017.12	
联通忠县公公司	总经理	姚文峰	2017.1—2017.12	
	副总经理	王 军	2017.1—2017.12	
		陈洪伟	2017.1—2017.12	
县规划局	局 长	凌 宏	2017.1—2017.12	党组书记
	副局长	伯 平	2017.1—2017.12	党组成员
		周厚军	2017.1—2017.12	

续表

单　位	职　务	姓　名	任职起止时间	备　注
县综合执法局	局　长	秦光华	2017.1—2017.12	党组书记
	副局长	范华侨	2017.1—2017.12	党组委员
		黄　海	2017.1—2017.3	党组成员
		彭家林	2017.1—2017.12	
		乐金华	2017.4—2017.12	党组成员
县移民局	局　长	彭　飙	2017.1—2017.3	党组书记
		黄荣生	2017.3—2017.12	党组书记
	移民工委副书记	赵厚祥	2017.1—2017.11	党组成员
	副局长	王辛明	2017.1—2017.5	党组成员
		郭　盛	2017.1—2017.12	党组成员
		周晓琼	2017.1—2017.12	党组成员
		李卫华	2017.4—2017.12	党组成员
		伯志若	2017.4—2017.12	党组成员
县环保局	局　长	方　波	2017.1—2017.12	党组书记
	副局长	王　勇	2017.1—2017.12	党组成员
		龚明炳	2017.1—2017.12	党组成员
	县纪委驻县环保局纪检组长	张晓灵	2017.1—2017.12	党组成员
	县环境行政执法支队队长	范家奎	2017.1—2017.12	
	县生态环境监测站站长	李仁芳（女）	2017.1—2017.12	
县商务局	局　长	张云君	2017.1—2017.4	党组书记
		刘淑（女）	2017.4—2017.12	
	党组书记	罗德春	2017.3—2017.7	党组成员
		刘明文	2017.7—2017.12	党组成员
	副局长	陶文华	2017.1—2017.12	党组成员
		袁　鹏	2017.1—2017.12	党组成员
		叶盛舟	2017.1—2017.12	党组成员
	县纪委驻县商务局纪检组组长	郭丽（女）	2017.1—2017.12	党组成员
县供销社	主　任	何小军	2017.1—2017.12	党组书记
	副主任	邓柏礼	2017.9—2017.12	党组成员
		钟卫明	2017.7—2017.12	党组成员
		樵江英（女）	2017.1—2017.12	党组成员

续表

单　位	职　务	姓　名	任职起止时间	备　注
县烟草专卖局	局长（经理）	夏刚东	2017.1—2017.12	党组书记
	副局长	杨　波	2017.1—2017.12	党组成员
	副经理	申晓东	2017.1—2017.4	党组成员
		陆　勇	2017.5—2017.12	党组成员
县盐业专卖局	局长（经理）	王俊（女）	2017.1—2017.12	兼
	副局长（副经理）、华中大区副总经理	段　祎	2017.1—2017.12	兼
	副经理	沈腾飞	2017.1—2017.12	
县财政局	局　长	冉崇政	2017.1—2017.3	党组书记
		成鸿羽	2017.3—2017.12	党组书记
	县纪委驻县财政局纪检组组长	邓凤莲（女）	2017.2—2017.12	党组成员
	县国有资产管理中心主任	成耕耘	2017.3—2017.12	党组成员
	县非税收入管理局局长	王本国	2017.7—2017.12	党组成员
	副局长	李兴文	2017.1—2017.7	党组成员
	纪检组长	闫　辙	2017.1—2017.2	党组成员
	副局长	孙　红	2017.1—2017.12	党组成员
	县会计集中核算中心主任	韩红星	2017.1—2017.7	党组成员
	副局长		2017.7—2017.12	党组成员
	县国库集中支付中心主任	范远亮	2017.1—2017.7	党组成员
	副局长		2017.7—2017.12	党组成员
	县非税收入管理局局长	唐　平	2017.1—2017.7	党组成员
	县国库集中支付中心主任		2017.7—2017.10	党组成员
	县国库集中支付中心主任		2017.10—2017.12	
	县财政投资评审中心主任	叶　毅	2017.1—2017.10	党组成员
	县财政投资评审中心主任		2017.10—2017.12	
	县非税收入管理局副局长	秦大庆	2017.7—2017.12	
	县国有资产管理中心副主任	钟树青	2017.7—2017.12	
	县会计集中核算中心主任	谢松柏	2017.7—2017.12	

续表

单　位	职　务	姓　名	任职起止时间	备　注
县国税局	局　长	刘　希	2017.1—2017.12	党组书记
	副局长	佘　舰	2017.1—2017.12	党组成员
		吴江勇	2017.1—2017.12	党组成员
		范家成	2017.1—2017.12	党组成员
	纪检组长	周　军	2017.1—2017.12	党组成员
	总经济师	童　召	2017.1—2017.12	党组成员
县地税局	局　长	席振宇	2017.1—2017.12	党组书记
	副局长	文　政	2017.1—2017.12	
		刘邦宏	2017.1—2017.12	党组成员
		蒋　刚	2017.1—2017.12	党组成员
	纪检组长	刘志宏	2017.1—2017.12	党组成员
人行忠县支行	行　长	陈时顺	2017.3—2017.12	党组书记
	副行长		2017.1—2017.2	党组成员
	副行长	冉县忠	2017.3—2017.12	党组成员
	纪检组长	丁红兵	2017.11—2017.12	党组成员
中行忠县支行	行　长	叶新华	2017.1—2017.12	
	副行长	周锡华	2017.1—2017.12	
		高　辉	2017.1—2017.12	
建行忠县支行	行　长	郑启斌	2017.1—2017.12	
	副行长	刘　涌	2017.1—2017.12	
		陈文青	2017.1—2017.12	
工行忠县支行	行　长	易坤兵	2017.1—2017.12	
	副行长	周继成	2017.1—2017.12	
		胡永春	2017.1—2017.12	
	行长助理	冉　浪	2017.1—2017.12	
农行忠县支行	行　长	罗宪光	2017.1—2017.7	党委书记
		鞠鹏志	2017.7—2017.12	党委书记
	副行长	幸万平	2017.1—2017.12	纪委书记
		张建明	2017.1—2017.12	党委委员
		陈碧云	2017.10—2017.12	党委委员
		聂世春	2017.1—2017.3	党委委员
农发行忠县支行	行　长	梁伟华（女）	2017.9—2017.12	
	副行长		2017.1—2017.8	
	副行长	董延琦	2017.4—2017.12	
重庆银行忠县支行	行　长	范　越	2017.1—2017.12	
	行长助理	康敏（女）	2017.1—2017.12	

续表

单 位	职 务	姓 名	任职起止时间	备 注
三峡银行忠县支行	行 长	袁长春	2017.1—2017.12	
	副行长	周俊杰	2017.1—2017.12	
农商行忠县支行	行 长	黄小京	2017.1—2017.12	党委书记
	副行长	周 斌	2017.1—2017.12	党委委员
		杜 翌	2017.1—2017.12	党委委员
	行长助理	周丽霞	2017.1—2017.12	党委委员
邮储银行忠县支行	行 长	段云军	2017.1—2017.12	
	副行长	田利华	2017.1—2017.12	
县稠州银行	行 长	陈阿林	2017.1—2017.12	
	副行长	马忠义	2017.1—2017.12	
	副行长	陈余娟（女）	2017.1—2017.12	
中国人寿忠县支公司	总经理	毛昌刚	2017.1—2017.12	
	副总经理	余国珏	2017.1—2017.12	
	总经理助理	陶友娟（女）	2017.1—2017.12	
人保财险忠县支公司	总经理	卢建军	2017.1—2017.12	
	副总经理	胡杨华	2017.1—2017.12	
	总经理助理	张光林	2017.1—2017.12	
平安产险忠县支公司	总经理	闫江林	2017.1—2017.9	
		甘奥奥	2017.9—2017.12	
太平洋寿险忠县支公司	总经理	黄大江	2017.1—2017.12	
太平洋产险忠县支公司	总经理	霍之军	2017.1—2017.6	
		喻淇芮	2017.7—2017.12	
泰康人寿忠县支公司	总经理	刘 璐	2017.7—2017.12	
忠县阳光人寿	总经理	王 勇	2017.1—2017.12	
通达公司	董事长	陈伟琳	2017.1—2017.12	党委书记
	总经理	王小平	2017.1—2017.12	党委副书记
	监事会主席	黄仕满	2017.1—2017.12	党委委员
	副总经理	刘 毅	2017.1—2017.12	党委委员
	副总经理	李友才	2017.1—2017.12	党委委员
	副总经理	陈 露	2017.6—2017.12	党委委员
	副总经理	邓小勇	2017.1—2017.6	党委委员
	副总经理	周义兵	2017.1—2017.6	党委委员

续表

单　位	职　务	姓　名	任职起止时间	备　注
通瑞公司	董事长	吴玉书	2017.1—2017.12	党委书记
	总经理	范和平	2017.1—2017.6	党委副书记
	监事长	陈宗平	2017.1—2017.12	党委副书记、纪委书记
	副总经理	吴明亮	2017.1—2017.12	党委委员
		黎　杰	2017.1—2017.12	党委委员
		刘亚梅（女）	2017.1—2017.12	党委委员
		唐　勇	2017.6—2017.12	党委委员
新生港公司	董事长	陈　平	2017.1—2017.8	党委书记
		陈伟琳	2017.9—2017.12	党委书记
	总经理	龚学勇	2017.1—2017.12	党委副书记
	监事会主席	谢彩云	2017.3—2017.12	党委副书记
	副总经理	白　炼	2017.1—2017.12	党委委员
	总经理助理	周晓波	2017.5—2017.12	
畅达公司	董事长、总经理	范和平	2017.6—2017.12	党委书记
	监事会主席	梁文政	2017.8—2017.12	党委副书记、纪委书记
	副总经理	王盛权	2017.6—2017.12	党委委员
		邓大玉	2017.8—2017.12	党委委员
		罗小清	2017.8—2017.12	
	总经理助理	周建平	2017.10—2017.12	
橘城公司	董事长	吴英良	2017.7—2017.12	党委书记
	总经理	闫　波	2017.7—2017.12	党委副书记
	监事会主席	唐世文	2017.8—2017.12	党委副书记
	副总经理	秦永海	2017.7—2017.12	党委委员
		熊　勇	2017.8—2017.12	党委委员
		杨　曦	2017.8—2017.12	党委委员
兴忠公司	董事长、总经理	李兴文	2017.7—2017.12	党委书记
	副总经理、董事	陶应大	2017.6—2017.12	党委委员
		邓小勇	2017.6—2017.12	党委委员
		周义兵	2017.6—2017.12	党委委员
县发展改革委	主　任	叶世久	2017.1—2017.12	党组书记
	县投资促进中心主任	唐志宏	2017.5—2017.12	党组成员
	副主任		2017.1—2017.5	党组成员
	副主任	蒋晓明	2017.1—2017.7	党组成员
		刘　胜	2017.12—2017.12	党组成员
		文　猛	2017.1—2017.12	党组成员

续表

单 位	职 务	姓 名	任职起止时间	备 注
县发展改革委	县纪委驻县发展改革委纪检组组长	胡显忠	2017.1—2017.12	党组成员
	副主任	范丽华	2017.8—2017.12	党组成员
	县经济信息中心主任		2017.1—2017.7	党组成员
	县价格认证中心主任	彭善锋	2017.5—2017.12	
	县投资促进中心副主任	郭海蓉（女）	2017.5—2017.12	
	县投资促进中心主任		2017.1—2017.4	党组成员
	县经济信息中心副主任	彭 军	2017.9—2017.12	
	县投资促进中心副主任	傅群英（女）	2017.10—2017.12	
县国土房管局	局 长	李心国	2017.1—2017.12	党委书记
	副局长	张春成	2017.1—2017.12	党委成员
		周 阳	2017.1—2017.12	党委成员
	县纪委驻县国土房管局纪检组组长	闫 辙	2017.4—2017.12	党委成员
	副局长	刘艳权	2017.4—2017.12	党委成员
县审计局	局 长	成耕耘	2017.1—2017.3	党组书记
		易文明	2017.3—2017.12	党组书记
	副局长	肖晓明	2017.1—2017.12	党组成员
		范 宏	2017.1—2017.12	党组成员
		沈仁平	2017.1—2017.12	
	纪检组长	王洪春	2017.1—2017.12	党组成员
县统计局	局 长	谭其忠	2017.1—2017.12	党组书记
	副局长	冉龙芳（女）	2017.1—2017.12	党组成员
	社会经济调查队队长		2017.11—2017.12	党组成员
	副局长	陈红松	2017.1—2017.3	党组成员
	纪检组长	张仁东	2017.1—2017.3	党组成员
	副局长	李春琼（女）	2017.3—2017.12	党组成员
		刘 源	2017.1—2017.12	
县工商局	局 长	任 杰	2017.1—2017.12	党组书记
	副局长	吴 红	2017.1—2017.12	党组成员
		周武文	2017.1—2017.12	党组成员
		张培明	2017.1—2017.12	党组成员
	副局长、执法大队队长（兼）	李学斌	2017.1—2017.12	党组成员
	纪检组长	关泽乐	2017.1—2017.12	党组成员

续表

单　位	职　务	姓　名	任职起止时间	备　注
县质监局	局　长	王　敏	2017.1—2017.12	党组书记
	副局长、纪检组长	袁　洪	2017.1—2017.12	党组成员
	副局长	万贵斌	2017.1—2017.12	党组成员
		马兴华	2017.1—2017.12	党组成员
县安监局	局　长	岳忠华	2017.1—2017.12	党组书记
	副局长	甘大富	2017.1—2017.6	党组成员
		袁万林	2017.6—2017.12	党组成员
		陈小平	2017.1—2017.12	民革党员
		刘　鹏	2017.1—2017.12	党组成员
	县安全生产监察执法大队大队长	董世军	2017.11—2017.12	党组成员
县食药监忠县分局	局　长	陈　建	2017.1—2017.8	党组书记
		郝名锋	2017.8—2017.12	党组书记
	副局长	周金成	2017.1—2017.8	党组成员
		王泽明	2017.8—2017.12	党组成员
		杨　辉	2017.1—2017.12	党组成员
		谭定军	2017.1—2017.12	党组成员
	纪检组长	岳小容（女）	2017.1—2017.12	党组成员
县行政服务中心管理办	主　任	敬广行	2017.1—2017.12	党组书记
	副主任	刘宏彦	2017.1—2017.3	党组成员
		田　中	2017.1—2017.12	党组成员
		罗秦（女）	2017.3—2017.12	党组成员
县科委	主　任	刘淑（女）	2017.1—2017.4	
		陈晓敏	2017.4—2017.12	党组书记
	副主任	吕为民	2017.1—2017.4	党组书记
		谭胜才	2017.1—2017.12	党组成员
		牟小红	2017.8—2017.12	党组成员
县气象局	局　长	吴　军	2017.1—2017.12	
	副局长	陈　鑫	2017.1—2017.12	
县档案局	局（馆）长	蒋大学	2017.1—2017.12	党组书记
	副局（馆）长	王光华	2017.1—2017.12	党组成员
县史志办	主　任	田玉峰	2017.1—2017.12	
	副主任	袁　征	2017.1—2017.12	
		刘　皇	2017.3—2017.12	

续表

单 位	职 务	姓 名	任职起止时间	备 注
县教委	主任，县政府教育督导室主任	梁文政	2017.1—2017.3	教育工委书记
	主任	陶卫东	2017.3—2017.12	教育工委书记
	副主任	易坤权	2017.1—2017.3	工委委员
	县政府教育督导室主任		2017.3—2017.12	工委委员
	教育工委副书记	袁伟晋	2017.1—2017.12	工委委员
	副主任	李 红	2017.1—2017.12	工委委员
		陈吉明	2017.1—2017.12	工委委员
	教育纪工委书记	李林峡	2017.1—2017.3	工委委员
	副主任		2017.3—2017.12	工委委员
	县纪委驻县教委纪检组组长	黄仕涛	2017.3—2017.12	工委委员
	县政府教育督导室副主任	徐亚强	2017.1—2017.12	
县文化委	主 任	吴英良	2017.1—2017.3	党委书记
		易 会	2017.3—2017.12	党委书记
	党委副书记	蒋 平	2017.1—2017.12	党委委员
	县文物局局长	陈云华	2017.1—2017.12	党委委员
	副主任	郭娟（女）	2017.1—2017.12	党委委员
		程 杰	2017.1—2017.12	党委委员
		黄建华	2017.1—2017.7	党委委员
		马 亮	2017.7—2017.12	党委委员
	纪检组长	刘 皇	2017.1—2017.3	党委委员
	县纪委驻县文化委纪检组组长	张仁东	2017.3—2017.12	党委委员
县文物局	局 长	陈云华	2017.1—2017.12	
	副局长	丁少华	2017.1—2017.12	
		王庆华	2017.1—2017.12	
		曾艳（女）	2017.5—2017.12	
县电视台	台 长（兼）	王光中	2017.1—2017.12	党组书记、县委宣传部副部长
	副台长	王 波	2017.1—2017.12	
		万山红	2017.1—2017.12	党组成员

续表

单　位	职　务	姓　名	任职起止时间	备　注
县电视网络公司	总经理	钟　建	2017.1—2017.12	
	副总经理	陶彬华	2017.1—2017.12	工会主席
	总经理助理	张龙奎	2017.1—2017.3	
	副总经理		2017.3—2017.12	
忠州日报社	社　长	王志勇	2017.1—2017.4	党组书记、县委宣传部副部长
		邓大庆	2017.6—2017.12	党组书记、县委宣传部副部长
	副社长、总编辑	毛金权	2017.1—2017.12	党组成员
	副社长、副总编辑	谢素洁（女）	2017.1—2017.12	党组成员
		李道洪	2017.1—2017.12	党组成员
县卫计委	主　任	申继旭	2017.1—2017.12	党委书记
	党委副书记	莫官寰	2017.7—2017.12	党委委员
	副主任		2017.1—2017.7	党委委员
	党委副书记	陶于权	2017.1—2017.7	党委委员
	县卫生计生监督执法局局长		2017.7—2017.12	党委委员
	副主任	张春明	2017.1—2017.12	党委委员
	纪委书记	眭凡荣（女）	2017.1—2017.4	党委委员
	县纪委驻县卫生计生委纪检组组长	余炳燚	2017.4—2017.12	党委委员
	副主任	昌洪林	2017.7—2017.12	党委委员
		张　平	2017.11—2017.12	党委委员
		赵应柱	2017.1—2017.6	党委委员
县疾控中心	主　任	陈　林	2017.1—2017.12	
	副主任	申黄承	2017.1—2017.12	
		袁瑞华	2017.1—2017.12	
	工会主席	张春艳（女）	2017.1—2017.12	
县妇幼保健计划生育服务中心	主　任	张建华	2017.1—2017.10	
		何　魁	2017.10—2017.12	
	副主任	张青玲（女）	2017.1—2017.12	
		邓俊杰（女）	2017.1—2017.12	
		邓治平	2017.9—2017.12	
	工会主席	李远东	2017.1—2017.12	

续表

单　位	职　务	姓　名	任职起止时间	备　注
县卫生计生监督执法局	局　长	陶于权	2017.7—2017.12	县卫生计生委党委委员
		秦大庆	2017.1—2017.7	县卫生计生委党委委员
	副局长	范文斌	2017.1—2017.12	
		汪和平	2017.1—2017.12	
		黎　忠	2017.10—2017.12	
县民政局	局　长	张启群	2017.1—2017.3	党组书记
		董古凡	2017.3—2017.12	党组书记
	副局长	李良成	2017.1—2017.12	党组成员
		鞠小琼（女）	2017.1—2017.12	党组成员
		谢厚华	2017.1—2017.3	民革支委成员
		江　平	2017.3—2017.12	党组成员
	县纪委驻县民政局纪检组组长	秦树德	2017.3—2017.12	党组成员
忠州街道	党工委书记	李忠平	2017.1—2017.12	
	办事处主任	向利洪	2017.1—2017.11	党工委副书记
		周　岗	2017.11—2017.12	党工委副书记
	人大工委主任	彭兴安	2017.1—2017.12	党工委委员
	党工委专职副书记	向秀伟（女）	2017.1—2017.12	
	政法书记	李启权	2017.1—2017.11	党工委委员
	人武部长、办事处副主任	李启权	2017.11—2017.12	党工委委员
	办事处副主任	颜　军	2017.1—2017.12	党工委委员
	纪工委书记	申剑（女）	2017.1—2017.12	党工委委员
	人武部长、办事处副主任	乐明双	2017.1—2017.11	党工委委员
	办事处副主任	陈　前	2017.1—2017.12	
		陈忠华	2017.1—2017.12	党工委委员
	宣传委员、统战委员	王助民	2017.1—2017.12	
	组织委员	冉静（女）	2017.1—2017.12	
	政法书记	叶　洪	2017.11—2017.12	党工委委员
白公街道	党工委书记	马洪鹤	2017.1—2017.12	
	政法书记	罗军兴	2017.1—2017.4	
	办事处主任	罗军兴	2017.4—2017.12	党工委副书记
	办事处主任	易文明	2017.1—2017.3	党工委副书记
	人大工委主任	张明文	2017.1—2017.12	党工委委员
	党工委专职副书记	成守和	2017.1—2017.12	

续表

单　位	职　务	姓　名	任职起止时间	备　注
白公街道	办事处副主任	杨家祥	2017.1—2017.12	党工委委员
		刘　勇	2017.1—2017.12	
	宣传委员、统战委员	吴文林	2017.1—2017.12	
	办事处副主任	袁家华	2017.1—2017.12	党工委委员
	办事处副主任、人武部长	田立明	2017.1—2017.12	
	纪工委书记	吴德春	2017.1—2017.12	党工委委员
	组织委员	刘伶伶	2017.1—2017.12	
	政法书记	张华忠	2017.10—2017.12	党工委委员
乌杨街道	党委书记	黄登奎	2017.1—2017.8	
	党工委书记		2017.8—2017.12	
	镇　长	康兴明	2017.1—2017.2	党委副书记
	镇　长	黄　海	2017.3—2017.8	党委副书记
	办事处主任		2017.8—2017.12	党工委副书记
	人大主席	吴　彪	2017.1—2017.8	党委副书记
	人大工委主任	袁海峰	2017.8—2017.12	党工委委员
	组织委员		2017.1—2017.8	党委委员
	专职副书记	晏　平	2017.1—2017.8	
	党工委专职副书记		2017.8—2017.12	
	纪委书记	范正文	2017.1—2017.8	党委委员
	纪工委书记		2017.8—2017.12	党工委委员
	宣传委员、统战委员	沈国琼（女）	2017.1—2017.8	党委委员
			2017.8—2017.12	党工委委员
	人武部长、副镇长	万书凡	2017.1—2017.8	党委委员
	人武部长、办事处副主任		2017.8—2017.12	党工委委员
	副镇长	向成军	2017.1—2017.8	党委委员
	办事处副主任		2017.8—2017.12	党工委委员
	副镇长	杨瑞彪	2017.1—2017.8	
	办事处副主任		2017.8—2017.12	
	政法书记	陈明春	2017.1—2017.8	党委委员
			2017.8—2017.12	党工委委员
	副镇长	王建昌	2017.1—2017.8	党委委员
	办事处副主任		2017.8—2017.12	党工委委员
	副镇长	赵　虹	2017.1—2017.8	
	办事处副主任		2017.8—2017.12	
	组织委员	张雪利（女）	2017.9—2017.12	党工委委员

续表

单 位	职 务	姓 名	任职起止时间	备 注
新生街道	党委书记	周 平	2017.1—2017.8	
	党工委书记		2017.8—2017.12	
	镇 长	谭 曦	2017.1—2017.8	党委副书记
	办事处主任		2017.8—2017.12	党工委副书记
	人大主席	付英德	2017.1—2017.8	党委副书记
	人大工委主任		2017.8—2017.12	党工委委员
	专职副书记	李 辉	2017.1—2017.8	党委委员
	党工委专职副书记		2017.8—2017.12	党工委委员
	纪委书记	何正文	2017.1—2017.8	党委委员
	纪工委书记		2017.8—2017.12	党工委委员
	政法书记	马海龙	2017.1—2017.8	党委委员
			2017.8—2017.12	党工委委员
	人武部长、副镇长	周 刚	2017.1—2017.8	党委委员
	人武部长、办事处副主任		2017.8—2017.12	党工委委员
	副镇长	杨声明	2017.1—2017.8	党委委员
	办事处副主任		2017.8—2017.12	党工委委员
	副镇长	罗百花（女）	2017.1—2017.8	党委委员
	办事处副主任		2017.8—2017.12	党工委委员
	副镇长	马 飞	2017.1—2017.8	
	办事处副主任		2017.8—2017.12	
	组织委员	陶小容（女）	2017.1—2017.8	党委委员
			2017.8—2017.12	党工委委员
	宣传委员、统战委员	阳青华（女）	2017.1—2017.6	党委委员
		冉小军	2017.8—2017.12	党工委委员
任家镇	书 记	成 杰	2017.1—2017.12	
	镇 长	方绍建	2017.1—2017.12	
	人大主席	叶世权	2017.1—2017.12	
	专职副书记	田先淮	2017.1—2017.12	
	副镇长	梁华斌	2017.1—2017.12	
	宣传委员、统战委员	熊志军（女）	2017.1—2017.12	
	副镇长、人武部长	张 强	2017.1—2017.12	
	纪委书记	杨家奎	2017.1—2017.12	
	副镇长、政法书记	张华忠	2017.1—2017.10	
	组织委员	刘 波	2017.1—2017.12	

续表

单位	职务	姓名	任职起止时间	备注
洋渡镇	党委书记	杨鸣钟	2017.1—2017.12	
	镇长	章宗明	2017.1—2017.12	
	人大主席	黄安民	2017.1—2017.12	
	专职副书记	许聪	2017.1—2017.12	
	纪委书记	向育华	2017.1—2017.12	
	宣统委员、统战委员	秦美联	2017.1—2017.12	
	组织委员	易翠红	2017.1—2017.12	
	副镇长	黄松山	2017.1—2017.12	
		陈明忠	2017.1—2017.12	
	人武部长、副镇长(兼)	刘林	2017.1—2017.12	
东溪镇	书记	彭善智	2017.1—2017.12	
	镇长	周岗	2017.1—2017.11	
		乐明双	2017.11—2017.12	
	人大主席	冯承钢	2017.1—2017.12	
	专职副书记	黄智华	2017.1—2017.3	
	人武部长、副镇长	张雪松	2017.1—2017.4	
	专职副书记		2017.4—2017.12	
	政法书记、副镇长	秦海清	2017.1—2017.12	
	宣传委员、统战委员	罗宏	2017.1—2017.12	
	副镇长	刘斌	2017.1—2017.12	
	纪委书记	刘巧玲(女)	2017.1—2017.12	
	组织委员	肖海燕(女)	2017.1—2017.12	
	人大副主席		2017.7—2017.12	
	武装部长、副镇长	张剑锋	2017.5—2017.12	
复兴镇	书记	成波	2017.1—2017.12	
	镇长	王义军	2017.1—2017.12	
	人大主席	张鹏程	2017.1—2017.12	
	专职副书记	范亚	2017.1—2017.12	
	纪委书记	张攀	2017.1—2017.12	
	政法书记、副镇长	周成顺	2017.1—2017.12	
	人武部长、副镇长	雷成忠	2017.1—2017.4	
		成钧	2017.5—2017.12	
	副镇长	谭家才	2017.1—2017.12	
	组织委员	颜君	2017.1—2017.12	
	宣传委员、统战委员	陈家梅(女)	2017.1—2017.12	

续表

单　位	职　务	姓　名	任职起止时间	备　注
石宝镇	书　记	杨广斌	2017.1—2017.12	
	镇　长	闫　波	2017.1—2017.6	
		吴　彪	2017.7—2017.12	
	人大主席	陈一友	2017.1—2017.12	
	专职人大副主席	袁双全	2017.1—2017.12	
	专职副书记	向　东	2017.1—2017.12	
	纪委书记	范小玲（女）	2017.1—2017.12	
	政法书记	杨小柳	2017.1—2017.12	
	副镇长、人武部长	邓横峰	2017.1—2017.12	
	副镇长	唐桂平	2017.1—2017.12	
		聂书娟（女）	2017.1—2017.12	
		范书恺	2017.1—2017.12	
	组织委员	陈江华	2017.1—2017.12	
	宣传委员、统战委员	陶　林	2017.1—2017.12	
汝溪镇	书　记	欧应群	2017.1—2017.8	
	书　记	鲍和平	2017.8—2017.12	
	镇　长		2017.1—2017.10	
	副书记	肖维君	2017.8—2017.12	
	镇　长		2017.10—2017.12	
	人大主席	徐义贵	2017.1—2017.12	
	专职副书记	孙宗才	2017.1—2017.12	
	政法书记	成守安	2017.1—2017.12	
	纪委书记	秦　波	2017.1—2017.12	
	人武部部长、副镇长	向光兴	2017.1—2017.12	
	副镇长	刘　平	2017.1—2017.12	
		谭逢吉	2017.1—2017.12	
		周　尧	2017.1—2017.12	
	组织委员	杨　彬	2017.1—2017.12	
	宣传委员、统战委员	杜慧平（女）	2017.1—2017.12	
野鹤镇	书　记	邓　君	2017.1—2017.9	
		向利洪	2017.11—2017.12	
	镇　长	牟方英（女）	2017.1—2017.6	
		范远芬（女）	2017.7—2017.12	
	人大主席	陈　平	2017.1—2017.12	
	专职副书记	刘治好	2017.1—2017.12	

续表

单　位	职　务	姓　名	任职起止时间	备　注
野鹤镇	纪委书记	陈万春	2017.1—2017.12	
	政法书记、副镇长	谈泉忠	2017.1—2017.12	
	人武部长、副镇长	杨祥林	2017.1—2017.12	
	副镇长	官小红	2017.1—2017.12	
	组织委员	任关华	2017.1—2017.12	
	宣传委员、统战委员	邓礼斌	2017.1—2017.12	
官坝镇	书　记	余　浪	2017.1—2017.3	
	书　记	雷春生	2017.4—2017.12	
	镇　长		2017.1—2017.4	
	镇　长	成　君	2017.4—2017.12	
	人大主席		2017.1—2017.4	
	人大主席	胡国才	2017.4—2017.12	
	专职副书记	杨义华	2017.10—2017.12	
	人武部长、副镇长	凌钦平	2017.1—2017.12	
	宣传委员、统战委员	王翠萍（女）	2017.1—2017.12	
	纪委书记	李　超	2017.1—2017.10	
	纪委书记	郑俊涛	2017.10—2017.12	
	副镇长	谢显文	2017.1—2017.12	
	副镇长	王万凡	2017.1—2017.12	
	副镇长	田家国	2017.1—2017.12	
	组织委员	张晓芹（女）	2017.1—2017.12	
石黄镇	书　记	吴冬明	2017.1—2017.3	
	书　记	袁忠明	2017.4—2017.12	
	镇　长		2017.1—2017.4	
	镇　长	吴　飞	2017.4—2017.12	
	人大主席	周世坤	2017.1—2017.12	
	专职副书记	胡书平	2017.1—2017.12	
	纪委书记	吴　刚	2017.1—2017.12	
	副镇长、政法书记	张　政	2017.1—2017.12	
	副镇长、人武部长	周成洪	2017.1—2017.12	
	组织委员	陈　静	2017.1—2017.12	
	宣传委员、统战委员	冉春兰（女）	2017.1—2017.12	
	副镇长	郝义树	2017.1—2017.12	

续表

单 位	职 务	姓 名	任职起止时间	备 注
马灌镇	书 记	易 会	2017.1—2017.4	
		潘万镪	2017.4—2017.12	
	镇 长	李 浩	2017.1—2017.12	
	人大主席	张朝旺	2017.1—2017.12	
	专职副书记	张照平	2017.1—2017.12	
	政法书记	冉广煦	2017.1—2017.12	
	纪委书记	刘江华	2017.1—2017.12	
	副镇长	吴宗立	2017.1—2017.12	
	宣传委员、统战委员	乐邦安	2017.1—2017.12	
	副镇长	周廷惠（女）	2017.1—2017.12	
	人武部长、副镇长	陈章伟	2017.1—2017.12	
	副镇长	刘先洪	2017.1—2017.12	
	组织委员	叶 艳	2017.1—2017.12	
金鸡镇	书 记	张小平	2017.1—2017.12	
	镇 长	丁明华	2017.1—2017.12	
	人大主席	罗广含	2017.1—2017.12	
	专职副书记	刘永胜	2017.1—2017.12	
	纪委书记	曾道平	2017.1—2017.12	
	政法书记、副镇长	张光军	2017.1—2017.12	
	人武部长、副镇长	彭海涛	2017.1—2017.12	
	副镇长	欧良琼（女）	2017.1—2017.12	
	组织委员	刘雄伟	2017.1—2017.12	
	宣传委员、统战委员	肖 闲	2017.1—2017.12	
新立镇	书 记	熊长春	2017.1—2017.4	
		欧应群	2017.9—2017.12	
	镇 长	方建国	2017.1—2017.12	
	人大主席	李敬花（女）	2017.1—2017.12	
	专职副书记	陈克平	2017.1—2017.12	
	纪委书记	唐少华	2017.1—2017.12	
	政法书记	王志权	2017.1—2017.12	
	人武部长、副镇长	万 权	2017.1—2017.12	
	副镇长	廖福柳	2017.1—2017.12	
		付洪武	2017.1—2017.12	
		张 杰	2017.1—2017.12	
	组织委员	汪学渊	2017.1—2017.12	
	宣传委员、统战委员	王绍云	2017.1—2017.12	

续表

单　位	职　务	姓　名	任职起止时间	备　注
双桂镇	书　记	肖　波	2017.1—2017.12	
	镇　长	郭文龙	2017.1—2017.12	
	人大主席	秦永海	2017.1—2017.8	
		田　飞	2017.9—2017.12	
	专职副书记	秦思国	2017.1—2017.12	
	纪委书记	黎梦秋	2017.1—2017.12	
	政法书记、副镇长	孙光平	2017.1—2017.12	
	人武部长	周红彪	2017.1—2017.12	
	副镇长	尹有江	2017.1—2017.12	
	组织委员	章　华	2017.1—2017.12	
	宣传委员、统战委员	明玲（女）	2017.1—2017.12	
拔山镇	书　记	成鸿羽	2017.1—2017.4	
	书　记	陈家文	2017.4—2017.12	
	镇　长		2017.1—2017.4	
	镇　长	吴尚蓉（女）	2017.4—2017.12	
	人大主席	邹启中	2017.1—2017.12	
	专职副书记	丁和平	2017.1—2017.12	
	纪委书记	周殿源	2017.1—2017.12	
	政法书记	王朝林	2017.1—2017.12	
	人武部长、副镇长	阳勇明	2017.1—2017.12	
	副镇长	王国维	2017.1—2017.12	
		谢承云	2017.1—2017.12	
	组织委员	毛世洪	2017.1—2017.12	
	宣传委员、统战委员	林乾坤	2017.1—2017.12	
	副镇长	汤国富	2017.1—2017.12	
花桥镇	书　记	叶天强	2017.1—2017.12	
	镇　长	成惠明	2017.1—2017.12	
	人大主席	成卫国	2017.1—2017.12	
	专职副书记	张　杰	2017.12—2017.12	
		田　飞	2017.1—2017.8	
	纪委书记	李光伟	2017.1—2017.12	
	政法书记、副镇长	王怀柳	2017.1—2017.12	
	副镇长、人武部长	冯成祥	2017.1—2017.12	
	副镇长	王怀伟	2017.1—2017.12	
	组织委员	陈良蓉（女）	2017.1—2017.12	
	宣传委员、统战委员	黄建林	2017.1—2017.12	

续表

单　位	职　务	姓　名	任职起止时间	备　注
永丰镇	书　记	邓洪波	2017.1—2017.12	
	镇　长	周建平	2017.1—2017.12	
	人大主席	叶国兵	2017.1—2017.12	
	专职副书记	吴庆华（女）	2017.1—2017.12	
	纪委书记	戴家明	2017.1—2017.12	
	政法书记、副镇长	邱华祥	2017.1—2017.12	
	武装部长、副镇长	袁昌生	2017.1—2017.12	
	组织委员	谢可（女）	2017.1—2017.12	
	宣传委员、统战委员	李　凌	2017.1—2017.12	
	副镇长	冯勇（女）	2017.1—2017.12	
三汇镇	书　记	田长忠	2017.1—2017.3	
		康兴明	2017.4—2017.12	
	镇　长	邱建华	2017.1—2017.12	
	人大主席	熊康卫	2017.1—2017.12	
	专职副书记	范正媛（女）	2017.1—2017.12	
	纪委书记	卢　林	2017.1—2017.12	
	副镇长、政法书记	刘治发	2017.1—2017.12	
	副镇长、人武部长	杨声武	2017.1—2017.12	
	副镇长	王春明	2017.1—2017.12	
	组织委员	李明红	2017.1—2017.12	
	宣传委员、统战委员	毛青海	2017.1—2017.12	
白石镇	书　记	谢富程	2017.1—2017.12	
	镇　长	郑　权	2017.1—2017.12	
	人大主席	胡建明	2017.1—2017.12	
	专职人大副主席	毛　华	2017.1—2017.12	
	专职副书记	彭　权	2017.1—2017.12	
	纪委书记	吴大春	2017.1—2017.12	
	政法书记	罗仕斌	2017.1—2017.12	
	人武部长、副镇长	任　于	2017.1—2017.12	
	副镇长	黄平（女）	2017.1—2017.12	
		黄　军	2017.1—2017.12	
	组织委员	胡桂英（女）	2017.1—2017.12	
	宣传委员、统战委员	丁明润	2017.1—2017.12	
	副镇长	刘晓明	2017.1—2017.12	

续表

单　位	职　务	姓　名	任职起止时间	备　注
黄金镇	书　记	李发明	2017.1—2017.12	
	镇　长	郭小民	2017.1—2017.12	
	人大主席	曾庆平	2017.1—2017.12	
	专职副书记	袁　碧	2017.1—2017.12	
	专职人大副主席	李兴仁	2017.1—2017.12	
	纪委书记	吴　君	2017.1—2017.12	
	政法书记、副镇长	李宗仕	2017.1—2017.12	
	人武部长、副镇长	黄春红	2017.1—2017.12	
	副镇长	冉　敏	2017.1—2017.12	
	组织委员	王　怡	2017.1—2017.12	
	宣传委员、统战委员	桂登秀（女）	2017.1—2017.12	
善广乡	书　记	何国辉	2017.1—2017.12	
	乡　长	余仲军	2017.1—2017.12	
	人大主席	周　鹏	2017.1—2017.12	
	专职副书记	敖世龙	2017.1—2017.12	
	纪委书记	蔡贵宝	2017.1—2017.12	
	副乡长、人武部长(兼)	熊康林	2017.1—2017.12	
	宣传委员、统战委员	杜晓华	2017.1—2017.12	
	副乡长	胡秀洪（女）	2017.1—2017.12	
	组织委员	郑超文	2017.1—2017.12	
石子乡	书　记	刘新春	2017.1—2017.12	
	乡　长	王福全	2017.1—2017.12	
	人大主席	龚长虎	2017.1—2017.12	
	专职副书记	任华林	2017.1—2017.12	
	纪委书记	雷　寒	2017.1—2017.12	
	副乡长	范志蓉（女）	2017.1—2017.12	
		李文勇	2017.1—2017.12	
		吴方卓	2017.1—2017.12	
	宣传委员、统战委员	李宗大	2017.1—2017.12	
	组织委员	马永兰（女）	2017.1—2017.12	
磨子土家族乡	书　记	康和宝	2017.1—2017.12	
	乡　长	冉慧君（女）	2017.1—2017.12	
	人大主席	陈传林	2017.1—2017.12	
	专职副书记	罗　敏	2017.1—2017.12	
	纪委书记	王卫国	2017.1—2017.12	

续表

单 位	职 务	姓 名	任职起止时间	备 注
磨子土家族乡	政法书记	罗海明	2017.1—2017.12	
	人武部长	谢世海	2017.1—2017.12	
	副乡长	傅松乔	2017.1—2017.12	
	组织委员	郭代淑（女）	2017.1—2017.12	
	宣传委员、统战委员	曾庆国	2017.1—2017.12	
涂井乡	书 记	邓 君	2017.8—2017.12	
		刘明文	2017.1—2017.07	
	乡 长	陈 平	2017.9—2017.12	
		邓柏礼	2017.1—2017.8	
	人大主席	廖朝伟	2017.1—2017.12	
	专职副书记	张素华	2017.1—2017.12	
	纪委书记	孙秀萍	2017.1—2017.12	
	政法书记、副乡长	李荣飞	2017.1—2017.12	
	人武部长、副乡长	彭小平	2017.1—2017.12	
	副乡长	吴小平	2017.1—2017.12	
	组织委员	罗辉群	2017.1—2017.12	
	宣传委员、统战委员	谢文权	2017.1—2017.12	
金声乡	书 记	范建明	2017.1—2017.12	
	乡 长	喻户晓	2017.1—2017.12	
	人大主席	刘邦奎	2017.1—2017.12	
	专职副书记	秦伯萍（女）	2017.1—2017.12	
	纪委书记	冉华明	2017.1—2017.12	
	政法书记、副乡长	吴德勇	2017.1—2017.12	
	武装部长、副乡长	姚兴波	2017.1—2017.12	
	副乡长	赵松山	2017.1—2017.12	
	组织委员	孙 梨	2017.1—2017.12	
	宣传委员、统战委员	聂宗明	2017.1—2017.12	
兴峰乡	书 记	李屈杰（女）	2017.1—2017.12	
	乡 长	刘 羽	2017.1—2017.12	
	人大主席	黄 锐	2017.1—2017.12	
	专职副书记	罗书彬（女）	2017.1—2017.12	
	纪委书记	熊鹏飞	2017.1—2017.12	
	政法书记、人武部长、副乡长	黄昌见	2017.1—2017.12	
	副乡长	刘先芳（女）	2017.1—2017.12	
	组织委员	王祥伟	2017.1—2017.12	
	宣传委员、统战委员	冯国林	2017.1—2017.12	

索　引

一、本索引采用主题分析索引法编制。按主题词首字汉语拼音（同音字按声调）顺序排列，若首字拼音相同则按第二字音序排列，以此类推。索引主题词后的阿拉伯数字表示该主题内容所在页码。

二、“大事记”“特载”“人物”“艺文”“文献”“附录”等部目的具体内容和县的“综述”“概况”，街道、镇（乡）的“经济发展”“特色产业”“招商引资”“社会事业”“基础设施建设”“乡村旅游业”“维稳工作”“党建工作”“三峡后续建设”（移民乡镇）“表彰奖励”统一条目及正文中的图、表、名单未做索引。

三、类目、分目和次分目的索引款目用黑体字排印，其余款目用宋体字排印。

四、索引款目下缩进两格各占一行分别排列的款目为同一主题的“附见”，索引款目后标有2个以上页码的为同一主题的“参见”。为便于读者检索，内容有交叉的款目在索引中重复出现。

五、以引号、书名号等符号开头的索引词与其他索引词混编。

A

B

C

D

E

F

G

H

J

K

L

M

N

P

Q

R

S

T

W

X

Y

Z